코로나19 바이러스
"**친환경** 99.9% **항균잉크 인쇄**"
**전격 도입**

KB126579

언제 끝날지 모를 코로나19 바이러스
99.9% 항균잉크(V-CLEAN99)를 도입하여 「**안심도서**」로
독자분들의 건강과 안전을 위해 노력하겠습니다.

Clean Zone

본 도서는 항균잉크로 인쇄하였습니다.

**항균✚99.9%** 안심도서

## 항균잉크(V-CLEAN99)**의 특징**

◉ 바이러스, 박테리아, 곰팡이 등에 항균효과가 있는 산화아연을 적용

◉ 산화아연은 한국의 식약처와 미국의 FDA에서 식품첨가물로 인증받아 **강력한 항균력**을 구현하는 소재

◉ 황색포도상구균과 대장균에 대한 테스트를 완료하여 **99.9%의 강력한 항균효과** 확인

◉ 잉크 내 중금속, 잔류성 오염물질 등 **유해 물질 저감**

## TEST REPORT

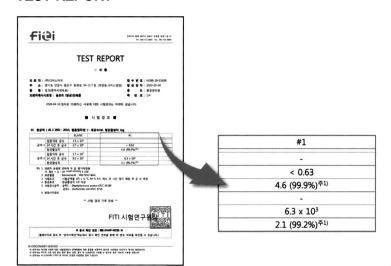

| #1 |
| --- |
| - |
| < 0.63 |
| 4.6 (99.9%)주1) |
| - |
| 6.3 x 10³ |
| 2.1 (99.2%)주1) |

Clean Zone

**SD에듀**
(주)시대고시기획

공무원 객관식

# 경제학

## 기출문제집
## + 빈출계산문제 50선

economics

economics

**SD에듀**
(주)시대고시기획

## Always with you

사람이 길에서 우연하게 만나거나 함께 살아가는 것만이 인연은 아니라고 생각합니다.
책을 펴내는 출판사와 그 책을 읽는 독자의 만남도 소중한 인연입니다.
(주)시대고시기획은 항상 독자의 마음을 헤아리기 위해 노력하고 있습니다.
늘 독자와 함께하겠습니다.

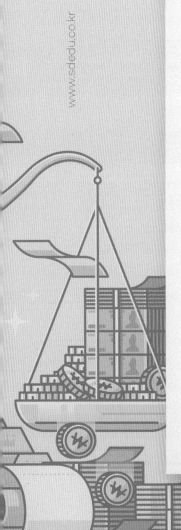

# 머리말

학문으로써의 경제학은 정교하고, 체계적이며, 논리적인 학문 중 하나라고 할 수 있습니다. 따라서 방대한 경제학 이론을 효과적으로 공부하기 위해서는 경제학의 논리적인 틀을 이해하고, 구조화시켜야 합니다. 나아가 공무원 시험을 위한 경제학 공부라면, 경제학 이론을 공부하는 것에서 그치는 것이 아니라 다양한 경제학 문제를 직접 풀어보면서 자신이 공부한 경제학 이론이 객관식 문제로 출제되는 경우 어떤 형태로 출제되는지 파악하고, 해당 문제를 가장 빠르고, 정확하게 풀 수 있는 노하우를 습득해야 합니다.

7급과 9급 공무원을 준비하는 많은 수험생들이 경제학이라는 과목에 많은 어려움을 느끼고 있습니다. 문제 자체도 날이 갈수록 어려워지고, 출제되는 내용 역시 다양해지고 있어 수험생들을 난감하게 하는 과목입니다.

수험생들이 경제학을 어려워하는 가장 큰 이유는 경제학 시험에서 필수적으로 출제되는 계산문제의 존재 때문일 것입니다. 이는 학창시절에 생성된 수학에 대한 두려움에서 기인하는 것으로 보이지만, 실제로 경제학에서 사용되는 수학적 계산문제는 미분과 연립방정식 등에 한정되어 있습니다. 따라서 많은 문제를 반복적으로 풀다보면 자연스럽게 익숙해질 것입니다.

경제학은 과거나 현재나 이론적인 부분은 크게 달라지지 않았습니다. 그렇기 때문에 다른 어떤 과목보다도 기출문제가 중요하다고 할 수 있습니다. 과거에 중요시되던 내용은 현재도 중요한 내용일 뿐만 아니라 해당 부분은 반복적으로 출제되고 있기 때문입니다. 따라서 기출문제를 통해 경제학의 어떤 부분이 주로 출제되는지 파악하고, 이에 대한 풀이 연습을 꾸준히 하는 것만으로도 공무원 경제학 시험에서 고득점을 획득할 수 있을 것입니다.

본서를 통해 다양한 직렬의 과년도 기출문제를 반복적으로 학습한다면, 다가올 공무원 시험에서 경제학만큼은 자신감 있게 대처하실 수 있으리라 믿습니다. 본서를 통해 공부하시는 수험생 분들이 다가올 시험에서 모두 합격의 기쁨을 누리실 수 있기를 기원합니다. 마지막으로 본서를 출간하는 데 큰 도움을 주신 ㈜시대고시기획 공무원출판부에 감사의 말씀을 드립니다. 감사합니다.

강승모

# 경제학 최근 출제 경향 분석

## 1. 최근 5개년(2021~2017년) 직렬별 경제학 출제 경향

### (1) 국가직 7급

| 영역 | 2021년 | 2020년 | 2019년 | 2018년 | 2017년 (10월) | 2017년 (8월) |
|---|---|---|---|---|---|---|
| 미시경제학 | 11문항 | 7문항 | 7문항 | 10문항 | 9문항 | 7문항 |
| 거시경제학 | 9문항 | 10문항 | 10문항 | 7문항 | 9문항 | 9문항 |
| 국제경제학 | 5문항 | 3문항 | 3문항 | 3문항 | 2문항 | 4문항 |

※ 국가직 7급 시험 개편에 따라 2021년부터 25문항으로 문항 수 변경

### (2) 지방직 7급

| 영역 | 2021년 | 2020년 | 2019년 | 2018년 | 2017년 |
|---|---|---|---|---|---|
| 미시경제학 | 9문항 | 6문항 | 6문항 | 8문항 | 10문항 |
| 거시경제학 | 10문항 | 10문항 | 10문항 | 9문항 | 8문항 |
| 국제경제학 | 1문항 | 4문항 | 4문항 | 3문항 | 2문항 |

### (3) 서울시 7급

| 영역 | 2021년 | 2020년 | 2019년 (10월) | 2019년 (2월) | 2018년 (6월) | 2018년 (3월) | 2017년 |
|---|---|---|---|---|---|---|---|
| 미시경제학 | 8문항 | 10문항 | 9문항 | 10문항 | 9문항 | 10문항 | 9문항 |
| 거시경제학 | 9문항 | 8문항 | 8문항 | 8문항 | 9문항 | 8문항 | 9문항 |
| 국제경제학 | 3문항 | 2문항 | 3문항 | 2문항 | 2문항 | 2문항 | 2문항 |

### (4) 국회직 8급

| 영역 | 2021년 | 2020년 | 2019년 | 2018년 | 2017년 |
|---|---|---|---|---|---|
| 미시경제학 | 11문항 | 12문항 | 13문항 | 13문항 | 14문항 |
| 거시경제학 | 11문항 | 10문항 | 8문항 | 9문항 | 8문항 |
| 국제경제학 | 3문항 | 3문항 | 4문항 | 3문항 | 3문항 |

### 5) 국가직 9급

| 영역 | 2021년 | 2020년 | 2019년 | 2018년 | 2017년 |
|---|---|---|---|---|---|
| 미시경제학 | 8문항 | 9문항 | 9문항 | 11문항 | 7문항 |
| 거시경제학 | 9문항 | 7문항 | 8문항 | 7문항 | 10문항 |
| 국제경제학 | 3문항 | 4문항 | 3문항 | 2문항 | 3문항 |

합격의 공식 SD에듀

## 2. 최근 출제 경향 분석

공무원 7급 경제학 시험의 세부 영역을 미시경제학, 거시경제학, 국제경제학으로 나눴을 때, 매년 약간의 차이는 있겠지만, 최근 5개년(2021~2017년) 동안 평균적으로 **미시경제학과 거시경제학은 전체 문항 수의 약 80%를 차지**하며, 해당 비율 안에서 두 영역이 비슷한 수로 나뉘어 출제되고 있고, 국제경제학은 전체 문항 수의 약 20% 정도를 차지하고 있다.

### ▶ 미시경제학

2021년 국가직 7급 시험을 기준으로 할 때, **미시경제학 영역에서만 총 11문항**이 출제되어 2018년을 제외하고 최근 5년 중 가장 많은 문항이 출제되었다. 세부항목으로는 **수요·공급이론**, **시장실패와 정보경제학**, **시장조직이론**, **생산요소시장과 소득분배**, **소비자이론**, **생산자이론**, **금융경제학** 등 골고루 출제되었지만, 특히 생산요소시장과 소득분배에 관한 문제가 가장 많은 비율을 차지한 것으로 보아 소득분배에 대한 이슈가 어느 정도는 반영된 것으로 분석된다. 대통령 선거가 치러지는 2022년에는 경제 정책에 있어서 특히 많은 변화가 예상되는 바 미시경제학에서도 **정부 개입과 관련된 내용을 주목해서 공부해야** 할 것으로 보인다.

### ▶ 거시경제학

거시경제학의 경우 2021년 국가직 7급의 경우 미시경제학보다 적은 문항 수가 출제되었지만, 보통은 1~2문항 차이로 많거나 적게 출제되고 있으므로, **미시경제학과의 비중 차이는 크지 않다.** 올해의 경우 대통령 선거가 진행되어 정부의 경제 정책에서 많은 변화가 예상되므로, 국가 경제 전반에 대한 이론인 거시경제학의 출제 비중이 더 높아질 것으로 예상된다. 따라서 거시경제학의 이론 중 **총수요·총공급 이론**, **국민소득결정이론**, **인플레이션**과 **실업**에 대한 중점적인 학습 및 문제 풀이 연습이 필요할 것으로 보인다.

### ▶ 국제경제학

국제경제학은 매년 10~20%의 비중으로 출제되고 있다. 세부 항목으로 보면, 대부분 **외환시장**과 **국제수지**와 관련된 문항들이 출제되고 있으므로, 국제경제학을 공부할 때 해당 항목은 철저하게 학습하고 대비해둬야 할 것으로 보인다. 나아가 국내외적으로 특별한 이슈가 있는 경우 해당 영역에 대한 출제 비중이 올라갈 수 있으니 평소 국제 정세에 대해 관심을 갖고 지켜보길 권한다.

# 구성과 특징

## 문제편

- **최근 5개년(2021~2017년) 기출문제 수록**
국가직 7·9급, 지방직·서울시 7급, 국회직 8급 경제학 기출문제
총 28회를 연도별로 수록하였습니다.

- **소요시간 및 점수 체크**
각 기출문제별로 자신의 소요시간 및 점수를 기입할 수 있도록
구성하여 스스로 실력을 점검해볼 수 있도록 하였습니다.

## 해설편

- **문항별 체크리스트와 My Analysis를 통한 취약유형 파악**
문항별 체크리스트를 통해 맞은 문제와 틀린 문제를 확인해 보고,
My Analysis를 작성하여 학습자 본인의 취약한 유형이 무엇인지
파악하고, 보완할 수 있도록 구성하였습니다.

- **문항별 오답률과 난도 수록**
빅데이터 분석을 통한 실제 수험생들의 문항별 오답률과 난도를
통해 학습자의 학습 수준을 파악할 수 있도록 하였습니다.

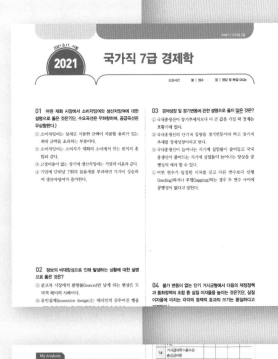

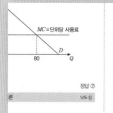

③ 균형보다 높은 수준의 실질임금인 효율임금은 근로자의 이직을 감소시킬 수 있다.

**합격생의 필기노트**

효율임금이론

효율임금이론은 시장균형 임금보다 높은 수준의 임금을 지급하면 생산성을 높일 수 있다고 보는 이론이다. 생산성이 임금을 결정하는 것이 아니라 임금이 생산성을 결정한다고 본다. 근로자에게 높은 임금을 지급하면 이직률이 낮아지고, 근로 열의가 높아지며, 우수한 근로자를 채용할 수 있다는 것이다. 효율임금이론은 시장에 비자발적 실업이 존재하는 이유를 설명해준다.

정답 ②
난도 상

---

**07** 오답률 58%
정답 ②
영역 거시경제학>화폐금융론
난도 상

정답의 이유
② 이자율의 기간구조에 대한 분할시장이론이란 단기이자율과 장기이자율은 특정 만기에 대한 시장 참가자의 선호도가 결정한다고 설명한다. 만기가 서로 다른 채권 간에는 대체 관계가 존재하지 않고, 단기 자금과 장기 자금의 시장은 분리되어 있다는 것이다. 분할시장이론은 단기 채권과 장기채권의 이자율이 시간의 흐름에 따라 같은 방향으로 움직이는 이유를 설명해주지 못한다.

오답의 이유
① 수익률곡선이란 만기 외에 다른 조건이 동일한 채권의 만기와 이자율 사이의 관계를 나타내는 곡선이다. 일반적으로 만기가 길수록 이자율

것이 아니라 임금이 생산성을 결정한다고 본다. 근로자에게 높은 임금을 지급하면 이직률이 낮아지고, 근로 열의가 높아지며, 우수한 근로자를 채용할 수 있다는 것이다. 효율임금이론은 시장에 비자발적 실업이 존재하는 이유를 설명해준다.

**09** 오답률 60%
영역 미시경제학>소비자이론

정답의 이유
① 먼저 효용극대화식을 풀어 원래의 효용 수준 수의 도출).
Max $u(x, y) = 2\sqrt{xy}$ s.t. $x + y = 60$
(가격변화 전의 소득은 60, $P_x = 1$, $P_y = 1$)

---

**01** 미시경제학 - 합리적 선택

200만 원을 가진 갑은 다음 A, B프로젝트 중 B프로젝트에 투자하기로 하였다. 갑의 선택이 이기 위한 B프로젝트 연간 예상 수익률의 최저 수준으로 가장 적절한 것은?(단, 각 프로젝트의 기간은 1년이다.)

• A프로젝트는 200만 원의 투자 자금이 소요되고, 연 9.0%의 수익률이 예상된다.
• B프로젝트는 400만 원의 투자 자금이 소요되고, 부족한 돈은 연 5.0%의 금리로 대출받을 수 있다.

정답 ②

정답의 이유
갑의 선택이 합리적이기 위해서는 B프로젝트를 선택했을 때의 편익이 기회비용(명시적 비용+암묵적 비용)보다 커야 한다. B프로젝트를 선택하면 200만 원의 9%인 18만 원의 이익을 얻을 수 있다(암묵적 비용). 그러나 B프로젝트를 선택함으로써 200만 원의 투자 자금을 대출해야 하고, 이에 대한 연 5%의 이자를 지급해야 한다(명시적 비용). 따라서 갑의 선택이 합리적이기 위해서는 400만 원에서 28만 원 이상의 수익을 올려야 한다. 따라서 400만 원×100=7% 이상이어야 한다.

**합격생의 포인트**

합리적 선택을 위한 조건은 편익이 기회비용보다

---

## • 합격생의 필기노트를 통한 핵심 이론 학습

합격생의 필기노트를 수록하여 문제 관련 주요 개념 및 핵심 이론을 함께 학습할 수 있도록 하였습니다.

## • 정확하고 상세한 해설

5급 공무원 최종합격생이 경제학 공부 경험에 비추어 처음 공무원 경제학을 준비하는 수험생들의 눈높이에 맞춰 정답과 오답에 대한 해설을 상세하고 정확하게 집필하였습니다.

## • 빈출계산문제 50선 수록

과년도 기출문제를 철저히 분석하여 시험에 자주 출제되는 경제학 계산문제 50문제를 선별하여 부록으로 수록하였으며, 합격생의 유형별 접근법과 노하우를 자세한 해설과 함께 수록하였습니다.

공무원 객관식 경제학 # 문제편 목차

안녕이 영어 SD에듀

공무원
객관식 경제학
기출문제집
+빈출계산문제 50선

# PART 1

## 국가직 7급 문제편

# 국가직 7급 경제학

소요시간　분 | 점수　점 | 정답 및 해설 002p

**01** 어떤 재화 시장에서 소비자잉여와 생산자잉여에 대한 설명으로 옳은 것은?(단, 수요곡선은 우하향하며, 공급곡선은 우상향한다.)

① 소비자잉여는 실제로 지불한 금액이 지불할 용의가 있는 최대 금액을 초과하는 부분이다.

② 소비자잉여는 소비자가 재화의 소비에서 얻는 편익의 총합과 같다.

③ 고정비용이 없는 장기에 생산자잉여는 기업의 이윤과 같다.

④ 기업에 단위당 T원의 물품세를 부과하면 가격이 상승하여 생산자잉여가 증가한다.

**02** 정보의 비대칭성으로 인해 발생하는 상황에 대한 설명으로 옳은 것은?

① 중고차 시장에서 불량품(lemon)만 남게 되는 현상은 도덕적 해이의 사례이다.

② 유인설계(incentive design)는 대리인의 감추어진 행동 때문에 발생하는 문제를 해결하기 위한 수단이다.

③ 강제적인 단체보험 프로그램의 도입은 본인-대리인 문제 (principal-agent problem)를 해결하기 위한 수단이다.

④ 자동차 보험 가입 후 운전을 더 부주의하게 하는 것은 역선택의 사례이다.

**03** 경제성장 및 경기변동에 관한 설명으로 옳지 <u>않은</u> 것은?

① 국내총생산이 장기추세치보다 더 큰 값을 가질 때 경제는 호황기에 있다.

② 국내총생산의 단기적 동향을 경기변동이라 하고 장기적 추세를 경제성장이라고 한다.

③ 국내총생산이 늘어나는 시기에 실업률이 줄어들고 국내총생산이 줄어드는 시기에 실업률이 늘어나는 양상을 공행성의 예라 할 수 있다.

④ 어떤 변수가 일정한 시차를 갖고 다른 변수보다 선행 (leading)하거나 후행(lagging)하는 경우 두 변수 사이에 공행성이 없다고 말한다.

**04** 물가 변동이 없는 단기 거시균형에서 다음의 재정정책과 통화정책의 조합 중 실질 이자율을 높이는 것은?(단, 실질이자율에 미치는 각각의 정책적 효과의 크기는 동일하다고 가정한다.)

① 통화정책과 재정정책을 확장적으로 운영한다.

② 통화정책은 확장적으로 재정정책은 긴축적으로 운영한다.

③ 통화정책은 긴축적으로 재정정책은 확장적으로 운영한다.

④ 통화정책과 재정정책을 긴축적으로 운영한다.

**05** 동종 산업 내에서 수출과 수입이 동시에 나타나는 무역을 산업내 무역(intra-industry trade)이라고 한다. 이러한 형태의 무역이 발생하는 원인으로 옳은 것만을 모두 고르면?

> ㄱ. 비교우위
> ㄴ. 규모의 경제
> ㄷ. 제품 차별화
> ㄹ. 상이한 부존자원

① ㄱ, ㄴ

② ㄱ, ㄷ

③ ㄴ, ㄷ

④ ㄴ, ㄹ

**06** 다음 상황에서 기업 A가 선택하는 기본요금과 단위당 사용료를 바르게 연결한 것은?

> 독점기업 A의 비용함수는 $C(Q)=20Q$이고 개별 소비자의 수요함수는 모두 동일하게 $Q=100-P$($Q$ : 수량, $P$ : 가격)이다. 이 기업은 이부가격제(two-part tariff)를 이용해 이윤을 극대화하려고 한다.

| | 기본요금 | 단위당 사용료 |
|---|---|---|
| ① | 2,250 | 60 |
| ② | 2,800 | 60 |
| ③ | 3,000 | 20 |
| ④ | 3,200 | 20 |

**07** 수익률곡선(yield curve)에 대한 설명으로 옳지 않은 것은?

① 만기 외에 다른 조건이 동일한 채권의 만기와 이자율 사이의 관계를 나타내는 곡선이다.

② 이자율의 기간구조에 대한 분할시장이론(segmented markets theory)은 단기채권과 장기채권의 이자율이 시간의 흐름에 따라 같은 방향으로 움직이는 이유를 설명해 준다.

③ 이자율의 기간구조에 대한 유동성 프리미엄 이론(liquidity premium theory)은 수익률곡선이 전형적으로 우상향하는 이유를 설명해 준다.

④ 이자율의 기간구조에 대한 기대이론(expectations theory)에 따르면, 중앙은행이 앞으로 계속 단기이자율을 낮추겠다는 공약을 할 경우 장기이자율은 하락해야 한다.

**08** 효율임금이론(efficiency wage theory)에 대한 설명으로 옳지 않은 것은?

① 효율임금이론은 임금의 하방경직성을 설명할 수 있다.

② 효율임금은 근로자의 도덕적 해이를 완화시킬 수 있다.

③ 효율임금은 근로자의 이직을 감소시킬 수 있다.

④ 효율임금은 노동의 공급과잉을 해소시킬 수 있다.

**09** 효용이 극대가 되도록 두 재화 x, y를 소비하는 을의 효용함수는 $u(x, y)=2\sqrt{xy}$이다. y의 가격이 4배가 되었을 때 원래의 효용 수준을 유지하기 위해 필요한 추가 소득을 구하면? (단, 가격 변화 전의 소득은 60, x와 y의 가격은 각각 10이다.)

① 60

② 80

③ 100

④ 120

**10** A 국과 B 국의 거시경제 모형이 각각 다음과 같을 때 이에 대한 설명으로 옳은 것은?

| A국 | B국 |
|---|---|
| • $C=20+0.8Y_D$ | • $C=20+0.8Y_D$ |
| • $Y_D=Y-T$ | • $Y_D=Y-T$ |
| • $T=30+0.25Y$ | • $T=30$ |
| • $I=40$ | • $I=40$ |
| • $G=50$ | • $G=50$ |
| • $X=M=0$ | • $X=M=0$ |

(단, C는 소비, $Y_D$는 가처분소득, Y는 국민소득, T는 조세, I는 투자, G는 정부지출, X는 수출, M은 수입을 나타내며, 측정 단위는 조 원이다.)

① A국의 균형국민소득이 215조 원이라고 할 때 균형국민소득을 4% 증가시키기 위해서는 정부지출을 8.6조 원 증대시키면 된다.

② B국의 균형국민소득이 430조 원이라고 할 때 균형국민소득을 4% 증가시키기 위해서는 투자를 3.44조 원 증대시키면 된다.

③ 정부지출의 증대가 균형국민소득에 미치는 영향의 크기는 A국과 B국이 동일하다.

④ A국의 한계세율이 증가하면 균형국민소득 역시 증가한다.

**11** 어느 나라의 생산가능인구 중 취업자가 900만 명, 실업자가 100만 명, 비경제활동인구가 1,000만 명이라고 가정하자. 이 나라의 경제활동참가율과 실업률을 바르게 연결한 것은?

| | 경제활동참가율 | 실업률 |
|---|---|---|
| ① | 50% | 5% |
| ② | 50% | 10% |
| ③ | 55% | 5% |
| ④ | 55% | 10% |

**12** 통화량을 감소시키는 요인만을 모두 고르면?(단, 부분 준비제도하의 화폐공급 모형에서 법정지급준비율과 초과지급준비율의 합이 1보다 작고, 다른 조건은 일정하다.)

ㄱ. 중앙은행의 공개시장매도
ㄴ. 중앙은행의 재할인율 인상
ㄷ. 예금자의 현금통화비율$\left(\dfrac{현금통화}{요구불예금}\right)$ 감소
ㄹ. 시중은행의 초과지급준비율 감소

① ㄱ, ㄴ
② ㄱ, ㄷ
③ ㄴ, ㄹ
④ ㄷ, ㄹ

**13** 기술진보가 없는 단순한 솔로우 모형(Solow model)에 대한 설명으로 옳지 않은 것은?

① 노동과 자본에 대한 생산함수가 규모에 대한 수익불변(constant returns to scale)이라고 가정한다.

② 균제상태(steady state)에서 1인당 자본량과 1인당 생산량은 시간이 지남에 따라 변하지 않고 안정적으로 유지된다.

③ 균제상태에서 총자본의 성장률은 인구증가율과 같고 총생산량의 성장률은 0이 된다.

④ 1인당 소비를 극대화하는 1인당 자본량의 균제상태 값을 자본의 황금률 수준이라 한다.

**14** 어떤 폐쇄경제 국가의 거시경제 모형이 다음과 같을 때 균형이자율을 구하면?

- $C = 130 + 0.5Y_D$
- $Y_D = Y - T$
- $T = 0.2Y$
- $I = 120 - 90r$
- $G = 200$
- $M_D = 25 + 0.5Y - 25r$
- $M_S = 200$

(단, C는 소비, $Y_D$는 가처분소득, Y는 국민소득, T는 조세, I는 투자, r은 이자율, G는 정부지출, $M_D$는 화폐수요, $M_S$는 화폐공급을 나타낸다.)

① 1.5%
② 2.0%
③ 2.5%
④ 3.0%

**15** 소국인 A국은 쌀 시장이 전면 개방되었으나 국내 생산자를 보호하기 위해 관세를 부과하기로 하였다. 관세 부과의 경제적 효과로 옳지 <u>않은</u> 것은?(단, 국내수요곡선은 우하향하고 국내공급곡선은 우상향하며, 부분균형분석을 가정한다.)

① 국내소비량은 감소하며, 수요가 가격탄력적일수록 감소 효과가 커진다.
② 국내생산과 생산자잉여가 증가한다.
③ 사회후생의 손실이 발생한다.
④ 수입의 감소로 국제가격이 하락하므로 국내가격은 단위당 관세보다 더 적게 상승한다.

**16** 단기의 완전경쟁시장에서 기업 A의 고정비용은 0이고, 평균가변비용이 $AVC(q) = q^2 - 6q + 18$(q : 생산량)이라 할 때 옳지 <u>않은</u> 것은?

① 시장가격이 6일 때 한계비용이 최소가 된다.
② 시장가격이 7이면 기업은 생산을 중단하는 편이 낫다.
③ 시장가격이 8이면 생산하는 것이 하지 않는 것보다 순손실을 줄일 수 있다.
④ 시장가격이 9일 때 기업의 경제적 이윤이 0이 된다.

**17** 소국인 A국에서 X재의 국내 수요함수와 공급함수는 각각 $P = 12 - Q$, $P = Q$(P : 가격, Q : 수량)이며, 세계시장에서의 X재 가격은 4이다. A국이 X재 시장을 전면 개방한 직후 국내수요함수와 공급함수에 변화가 없다면, 개방 후 A국의 후생 변화는?(단, 후생은 소비자잉여와 생산자잉여의 합이다.)

① 4만큼 증가
② 6만큼 증가
③ 8만큼 증가
④ 10만큼 증가

**18** 먼델-플레밍(Mundell-Fleming) 모형을 가정할 때 다음의 상황에서 나타날 수 있는 현상으로 옳지 <u>않은</u> 것은?(단, 마셜-러너 조건이 충족된다고 가정한다.)

- A국과 B국은 소규모 개방경제하에서 변동환율제도를 채택하고 있고 단기적으로 물가가 고정되어 있으며 자본 유출입은 자유롭다.
- 글로벌 경기 침체를 극복하기 위해 A국은 국채를 통한 재정지출을 증가시키고 B국은 통화량을 증가시켰다.

① 자본이 B국에서 A국으로 이동한다.
② A국의 경상수지가 악화된다.
③ A국의 통화가 평가절상된다.
④ A국과 B국의 경기가 회복된다.

**19** 현재 총수요와 총공급이 자연산출량(완전고용산출량)에서 균형을 이루고 있을 때 총수요 증가의 결과로 옳지 않은 것은?

① 단기에는 생산량은 증가하고 물가는 상승한다.

② 단기에는 실질임금이 하락하고 고용은 증가한다.

③ 장기에는 총공급이 감소하여 물가는 단기보다 더 상승한다.

④ 장기에는 기대인플레이션이 낮아지고 고용이 완전고용 수준으로 감소한다.

**20** A국은 교역의존도가 높은 경제로 변동환율제도를 채택하고 있다. 다른 조건이 일정할 때 A국 통화의 가치를 단기적으로 상승시키는 사건은?(단, 모든 사건은 외생적으로 발생하였다고 가정한다.)

① 국내 물가의 상승

② 수입품에 대한 국내 수요 감소

③ 해외 경기의 침체

④ 외국인 주식투자액 한도의 축소

**21** (가)와 (나)에 해당하는 값을 바르게 연결한 것은?

> (가) 갑의 재산 x에 대한 효용함수는 $u(x)=\sqrt{x}$이며, 재산은 사고가 없을 때 100원, 사고가 나면 0원이 되고, 사고가 날 가능성이 20%일 때 갑의 위험프리미엄
>
> (나) (가)와 같은 상황에서 사고 시 보험료 지불 후의 최종 재산이 64원이 되도록 보장하는 보험에 가입한다면 지불할 용의가 있는 최대 보험료

|     | (가)  | (나)  |
| --- | ---- | ---- |
| ①   | 8원   | 32원  |
| ②   | 8원   | 36원  |
| ③   | 16원  | 32원  |
| ④   | 16원  | 36원  |

**22** 병은 하루 24시간을 여가시간(l)과 노동시간(L)으로 나누어 사용한다. 효용은 노동을 통해 얻는 근로소득(Y)과 여가시간을 통해서만 결정된다고 할 때, 병의 노동공급곡선에 대한 설명으로 옳은 것은?(단, Y=wL이며 w는 시간당 임금이다.)

① 여가가 열등재일 경우 노동공급곡선의 후방굴절(backward bending)이 나타날 수 있다.

② 시간당 임금 상승으로 인한 대체효과는 노동공급량을 증가시킨다.

③ 여가가 정상재일 경우 시간당 임금 상승 시 소득효과가 대체효과보다 더 크면 노동공급량이 증가한다.

④ 근로소득과 여가가 완전보완관계일 경우 시간당 임금 상승 시 소득효과가 발생하지 않는다.

**23** 개인 A와 B로 구성된 한 사회에서 개인의 소득이 각각 $l_A$=400만 원, $l_B$=100만 원이다. 개인 i=A, B의 효용함수가 $U_i=l_i$이고, 이 사회의 사회후생함수(SW)가 다음과 같을 때, 앳킨슨 지수(Atkinson index)를 구하면?

$$SW=\min(U_A,\ 2U_B)$$

① 0.20

② 0.25

③ 0.30

④ 0.35

**24** A, B, C 3인으로 구성된 사회에서 공공재에 대한 개인의 수요함수는 각각 $P_A = 40 - 2Q$, $P_B = 50 - Q$, $P_C = 60 - Q$로 주어져 있다. 공공재 생산의 한계비용이 90으로 일정할 때, 사회적으로 최적인 공급 수준에서 A가 지불해야 하는 가격을 구하면?(단, $P_i$는 개인 i=A, B, C의 공공재에 대한 한계편익, Q는 수량이다.)

① 10

② 15

③ 20

④ 25

**25** 어느 은행의 재무상태가 다음과 같을 때, 은행의 레버리지 비율$\left(\dfrac{총자산}{자기자본}\right)$은 대출이 회수 불가로 판명되기 전에 비해 몇 배가 되는가?(단, 소수 첫째자리에서 반올림한다.)

- 최초 자기자본은 1,000만 원이고 예금으로 9,000만 원을 예치하고 있다.
- 예금액의 10%를 지급준비금으로 보유하고 있으며, 잔여 자산을 모두 대출하고 있다.
- 전체 대출 금액 중 10%가 회수 불가로 판명되었다.

① 3배

② 5배

③ 10배

④ 12배

2020

2020.09.26. 시행

# 국가직 7급 경제학

소요시간　　분 | 점수　　점 | 정답 및 해설 009p

**01** X재에 대한 시장수요곡선과 시장공급곡선이 다음과 같을 때 옳지 <u>않은</u> 것은?(단, $Q^D$는 수요량, $Q^S$는 공급량, P는 가격이다.)

- 시장수요곡선 : $Q^D = 100 - P$
- 시장공급곡선 : $Q^S = -20 + P$

① 균형 시장가격은 60이다.
② 균형 시장거래량은 40이다.
③ 소비자잉여는 800이다.
④ 생산자잉여가 소비자잉여보다 크다.

**02** 지방자치제도의 당위성을 이론적으로 뒷받침하는 티부모형(Tiebout model)의 기본 가정에 해당하지 <u>않는</u> 것은?

① 사람들이 각 지역에서 제공하는 재정 프로그램의 내용에 대한 완전한 정보를 갖는다.
② 사람들의 이동성에 제약이 없다.
③ 생산기술이 규모수익체증의 특성을 갖는다.
④ 외부성이 존재하지 않는다.

**03** IS-LM 모형에서 확장적 통화정책에 대한 설명이다. ㉠, ㉡에 들어갈 내용으로 옳게 짝지은 것은?(단, IS 곡선은 우하향, LM 곡선은 우상향한다.)

- IS 곡선의 기울기가 완만할수록 확장적 통화정책으로 인한 국민소득의 증가폭이 ( ㉠ ).
- LM 곡선의 기울기가 완만할수록 확장적 통화정책으로 인한 국민소득의 증가폭이 ( ㉡ ).

| | ㉠ | ㉡ |
|---|---|---|
| ① | 커진다 | 커진다 |
| ② | 커진다 | 작아진다 |
| ③ | 작아진다 | 커진다 |
| ④ | 작아진다 | 작아진다 |

**04** 경제활동인구가 일정한 경제에서 안정상태(steady state)의 실업률이 10%이다. 매월 취업자 중 2%가 직장을 잃고 실업자가 되는 경우, 기존의 실업자 중 매월 취업을 하게 되는 비율은?

① 2%
② 8%
③ 10%
④ 18%

**05** A기업의 단기생산함수가 다음과 같을 때, 완전경쟁시장에서 A기업은 이윤을 극대화하는 생산수준에서 노동 50단위를 고용하고 있다. 노동 한 단위당 임금이 300일 경우, 이윤을 극대화하는 생산물 가격은?(단, 노동시장은 완전경쟁시장이고, Q는 생산량, L은 노동이다.)

| A기업의 단기생산함수 : $Q(L) = 200L - L^2$ |
|---|

① 1

② 3

③ 5

④ 9

**06** X재 시장은 완전경쟁적이며, 각 기업의 장기총비용함수와 X재에 대한 시장수요곡선은 다음과 같다. X재 시장의 장기균형에서 시장균형가격과 진입하여 생산하는 기업의 수를 옳게 짝지은 것은?(단, P는 가격이고, q는 각 기업의 생산량이고, 모든 기업들의 비용함수 및 비용조건은 동일하다.)

- 장기총비용함수 : $TC(q) = 2q^3 - 12q^2 + 48q$
- 시장수요곡선 : $D(P) = 600 - 5P$

|  | 장기시장균형가격 | 기업의 수 |
|---|---|---|
| ① | 20 | 100 |
| ② | 20 | 120 |
| ③ | 30 | 150 |
| ④ | 30 | 180 |

**07** 현재 시점에서 A국 경제의 채권시장에 1년 만기, 2년 만기, 3년 만기 국채만 존재하고 각각의 이자율이 3%, 5%, 6%이다. 현재 시점으로부터 2년 이후에 성립하리라 기대되는 1년 만기 국채의 이자율 예상치에 가장 가까운 값은?(단, 이자율의 기간구조에 대한 기대이론이 성립한다.)

① 4%

② 6%

③ 8%

④ 10%

**08** 밑줄 친 ㉠에 대한 근거로 옳지 <u>않은</u> 것은?

> 경기침체가 지속되면서 정부는 소득세의 대폭 감면을 통해 경기회복을 꾀하고 있다. 하지만 정부가 정부지출을 일정하게 유지하면서, 세금감면에 따른 적자를 보전하기 위해 국채를 발행하게 되면 이러한 재정정책의 결과로 ㉠ 소비가 증가하지 않는다는 주장이 있다.

① 소비자들이 현재 저축을 증가시킬 것으로 예상된다.

② 소비자들은 현재소득과 미래소득 모두를 고려하여 소비를 결정한다.

③ 소비자들은 미래에 세금이 증가할 것이라고 예상한다.

④ 소비자들은 미래에 금리가 하락할 것이라고 예상한다.

**09** 다음 성장회계(growth accounting)식에서 노동자 1인당 GDP 증가율이 4%, 노동자 1인당 자본 증가율이 6%일 때, 총요소생산성 증가율은?

$$성장회계식 : \frac{\Delta Y}{Y} = \frac{\Delta A}{A} + \frac{1}{3}\frac{\Delta K}{K} + \frac{2}{3}\frac{\Delta L}{L}$$

(단, $\frac{\Delta Y}{Y}$, $\frac{\Delta A}{A}$, $\frac{\Delta K}{K}$, $\frac{\Delta L}{L}$ 은 각각 GDP 증가율, 총요소생산성 증가율, 자본 증가율, 노동자 증가율이다.)

① 1%
② 2%
③ 3%
④ 4%

**10** 중앙은행이 공개시장조작정책을 시행하여 국채를 매입하는 경우, 예상되는 경제현상으로 옳은 것만을 모두 고르면?(단, 총수요곡선은 우하향한다.)

> ㄱ. 유동성선호이론에 의하면, 국채매입은 화폐시장에 초과공급을 유발하여 이자율을 상승시킨다.
> ㄴ. 단기적으로 총수요 증가를 통해 산출량은 증가하고 물가도 상승한다.
> ㄷ. 장기적으로 경제는 자연산출량 수준으로 회귀한다.
> ㄹ. 새고전학파에 따르면, 경제주체의 정책 예상이 완벽한 경우 단기에도 산출량은 불변이고 물가만 상승한다.

① ㄱ, ㄴ
② ㄴ, ㄷ
③ ㄷ, ㄹ
④ ㄴ, ㄷ, ㄹ

**11** 공공재와 공유자원에 대한 설명으로 옳은 것만을 모두 고르면?

> ㄱ. 공공재는 경합성이 낮다는 점에서 공유자원과 유사하다.
> ㄴ. 공유자원은 남획을 통한 멸종의 우려가 존재한다.
> ㄷ. 정부의 사유재산권 설정은 공유자원의 비극을 해결하는 방안 중 하나이다.
> ㄹ. 막히지 않는 유료도로는 공공재의 예라고 할 수 있다.

① ㄱ, ㄴ
② ㄱ, ㄷ
③ ㄴ, ㄷ
④ ㄴ, ㄹ

**12** 헥셔-오린(Heckscher-Ohlin) 모형의 기본 가정으로 옳지 않은 것은?

① 각 산업에서 규모수익은 일정하게 유지된다.
② 양국 간 기술수준 및 선호는 다르다.
③ 노동과 자본의 산업 간 이동은 완전히 자유롭다.
④ 노동과 자본의 국가 간 이동은 완전히 불가능하다.

**13** 재정의 자동안정장치(automatic stabilizer)에 대한 설명으로 옳은 것만을 모두 고르면?

> ㄱ. 경제정책의 내부시차를 줄여주는 역할을 한다.
> ㄴ. 경기회복기에는 경기회복을 더디게 만들 수 있다.
> ㄷ. 누진적 소득세제와 실업보험제도는 자동안정장치이다.

① ㄱ, ㄴ
② ㄱ, ㄷ
③ ㄴ, ㄷ
④ ㄱ, ㄴ, ㄷ

**14** 독점기업 A는 동일한 상품을 생산하는 두 개의 공장을 가지고 있다. 두 공장의 비용함수와 A기업이 직면한 시장수요곡선이 다음과 같을 때, A기업의 이윤을 극대화하는 각 공장의 생산량을 옳게 짝지은 것은?(단, P는 가격, Q는 총생산량, $Q_1$은 공장 1의 생산량, $Q_2$는 공장 2의 생산량이다.)

---
• 공장 1의 비용함수 : $C_1(Q_1) = 40 + Q_1^2$
• 공장 2의 비용함수 : $C_2(Q_2) = 90 + 6Q_2$
• 시장수요곡선 : $P = 200 - Q$
---

| | $Q_1$ | $Q_2$ |
|---|---|---|
| ① | 3 | 94 |
| ② | 4 | 96 |
| ③ | 5 | 98 |
| ④ | 6 | 100 |

**15** A국 경제의 인구와 기술 수준은 고정되어 있다. 안정상태(steady state)에서 자본의 한계생산물은 0.125, 감가상각률은 0.1이다. 현재 안정상태의 자본량에 대한 설명으로 옳은 것은?(단, 표준적인 솔로우 모형이다.)

① 황금률수준(golden rule level)의 자본량보다 많다.

② 황금률수준의 자본량보다 적다.

③ 황금률수준의 자본량과 동일하다.

④ 황금률수준의 자본량보다 많을 수도 적을 수도 있다.

**16** 단기적으로 대미 환율(₩/$)을 가장 크게 하락시킬 가능성이 있는 우리나라 정부와 중앙은행의 정책 조합으로 옳게 짝지은 것은?(단, 우리나라는 자본이동이 완전히 자유롭고, 변동환율제도를 채택하고 있는 소규모 개방경제 국가이다. IS와 LM 곡선은 각각 우하향, 우상향하며, 경제주체들의 환율 예상은 정태적이다.)

① 확장적 재정정책, 확장적 통화정책

② 확장적 재정정책, 긴축적 통화정책

③ 긴축적 재정정책, 확장적 통화정책

④ 긴축적 재정정책, 긴축적 통화정책

**17** 부분지급준비제도하의 통화공급 모형에서 법정지급준비율과 초과지급준비율의 합이 1보다 작다. 다른 조건이 일정할 때, C/D 비율의 증가로 발생하는 현상은?(단, C는 현금, D는 요구불예금이다.)

① 현금 유통량이 증가하고 통화공급도 증가한다.

② 통화공급은 증가하지만 지급준비금은 변화가 없다.

③ 통화공급이 감소한다.

④ 현금 유통량은 증가하지만 통화공급은 변화가 없다.

**18** A국과 B국은 노동만을 사용하여 X재와 Y재만을 생산한다. 재화 한 단위를 생산하기 위한 노동시간이 다음 표와 같을 때 옳은 것은?(단, 양국은 비교우위에 따라 교역을 하고, 교역에 따른 비용은 없다.)

(단위 : 시간)

| 국가＼재화 | X | Y |
|---|---|---|
| A | 3 | 6 |
| B | 3 | 7 |

① X재 1단위가 Y재 $\frac{1}{3}$단위와 교환되는 교역조건이면 두 나라 사이에 무역이 일어나지 않는다.

② A국은 X재 생산에, B국은 Y재 생산에 비교우위가 있다.

③ A국은 X재와 Y재의 생산에 절대우위가 있다.

④ X재 생산의 기회비용은 A국이 작다.

**19** 차별적 과점시장에서 활동하는 두 기업 1, 2가 직면하는 수요곡선은 다음과 같다. 두 기업은 가격을 전략변수로 이용하며, 기업 1이 먼저 가격을 책정하고, 기업 2는 이를 관찰한 후 가격을 정한다. 두 기업의 균형가격을 옳게 짝지은 것은?(단, $Q_1$은 기업 1의 생산량, $Q_2$는 기업 2의 생산량, $P_1$은 기업 1의 가격, $P_2$는 기업 2의 가격이고, 각 기업의 한계비용과 고정비용은 0이다.)

- 기업 1의 수요곡선 : $Q_1 = 20 - P_1 + P_2$
- 기업 2의 수요곡선 : $Q_2 = 32 - P_2 + P_1$

|   | $P_1$ | $P_2$ |
|---|---|---|
| ① | 34 | 32 |
| ② | 36 | 34 |
| ③ | 38 | 36 |
| ④ | 40 | 38 |

**20** 실물경기변동(real business cycle)이론에 대한 설명으로 옳지 <u>않은</u> 것은?

① 일시적으로 이자율이 하락하는 경우 노동자들은 노동공급량을 증가시킨다.

② 화폐의 중립성이 장기뿐만 아니라 단기에도 성립한다고 가정하여 통화량 변화는 경기에 아무런 영향을 미치지 못한다.

③ 경기변동을 유발하는 주요 요인은 기술충격(technical shock)이다.

④ 임금 및 가격이 신속히 조정되어 시장이 청산된다.

# 국가직 7급 경제학

소요시간    분 | 점수    점 | 정답 및 해설 015p

**01** 인플레이션과 관련된 설명으로 옳지 <u>않은</u> 것은?

① 예상치 못한 인플레이션은 채권자와 채무자 사이의 소득 재분배를 야기할 수 있다.

② 피셔방정식에 따르면 명목이자율은 실질이자율에 인플레이션율을 더한 것이다.

③ 필립스 곡선은 실업률과 인플레이션율 사이의 관계를 보여 준다.

④ 피셔효과에 따르면 인플레이션율의 상승은 실질이자율을 변화시킨다.

**02** 신성장이론(New Growth Theory)에 대한 설명으로 옳지 <u>않은</u> 것은?

① 기술혁신은 우연한 과학적 발견 등에 의해 외생적으로 주어진다고 간주한다.

② 기업이 연구개발에 참여하거나 기술변화에 기여할 때 경제의 지식자본스톡이 증가한다.

③ 개별 기업이 아닌 경제 전체 수준에서 보면 지식자본의 축적을 통해 수확체증(increasing returns)이 나타날 수 있다.

④ 지식 공유에 따른 무임승차 문제를 완화하기 위해 지적재산권에 대한 정부의 보호가 필요하다고 강조한다.

**03** 리디노미네이션(redenomination)에 대한 일반적인 설명으로 옳지 <u>않은</u> 것은?

① 화폐단위 변경에 따라 큰 단위 금액의 표기가 간소화되어 금융거래 시 오류 가능성이 감소한다.

② 자국 통화의 대외적 위상을 높일 목적으로 시행되기도 한다.

③ 인플레이션을 낮추어 물가안정에 기여할 수 있다.

④ 경제 전반에 일시적으로 상당한 메뉴비용(menu cost)을 발생시킨다.

**04** 갑국과 을국은 X, Y재만을 생산하며, 교역 시 비교우위가 있는 재화 생산에 완전특화한다. 양국의 생산가능곡선이 다음과 같을 때 이에 대한 설명으로 옳은 것은?(단, 양국의 생산요소 양은 같고 교역은 양국 간에만 이루어진다.)

- 갑국 : $4X+Y=40$
- 을국 : $2X+3Y=60$

① 갑국이 X재 생산을 1단위 늘리려면 Y재 생산을 2단위 줄여야 한다.

② 갑국은 X재 생산에 절대우위를 갖는다.

③ 을국은 X재 생산에 비교우위를 갖는다.

④ X재와 Y재의 교역비율이 1 : 1이라면 갑국만 교역에 응할 것이다.

**05** 완전경쟁시장에서 거래되는 어느 재화의 수요곡선과 공급곡선이 다음과 같다. 정부가 균형가격을 시장가격으로 설정하고 시장 거래량을 2로 제한할 때, 소비자잉여와 생산자잉여의 합은?(단, $Q_D$는 수요량, $Q_S$는 공급량, P는 가격이다.)

- 수요곡선 : $Q_D = 10 - 2P$
- 공급곡선 : $Q_S = -2 + 2P$

① 2
② 4
③ 6
④ 8

**06** 불가능한 삼위일체(Impossible Trinity)에 대한 설명으로 옳은 것만을 모두 고르면?

ㄱ. 한 경제가 자유로운 자본이동, 물가안정 및 통화정책의 독립성을 동시에 모두 유지하는 것은 불가능하다는 이론이다.
ㄴ. 이 이론에 따르면 자본시장을 완전히 개방한 국가가 고정환율제도를 채택하는 경우 통화정책을 이용하여 경기조절이 가능하다.
ㄷ. 이 이론에 따르면 고정환율제도를 운영하면서 동시에 통화정책의 독립성을 확보하기 위해서는 자본이동에 대한 제한이 필요하다.

① ㄴ
② ㄷ
③ ㄱ, ㄴ
④ ㄱ, ㄷ

**07** 다음은 A국의 2019년 3월 경상수지와 4월에 발생한 모든 경상 거래를 나타낸 것이다. 전월 대비 4월의 경상수지에 대한 설명으로 옳은 것은?

| 경상수지(2019년 3월) | 100억 달러 |
|---|---|
| 상품수지 | 60억 달러 |
| 서비스수지 | 20억 달러 |
| 본원소득수지 | 50억 달러 |
| 이전소득수지 | −30억 달러 |

〈2019년 4월 경상거래〉
- 상품 수출 250억 달러, 상품 수입 50억 달러
- 특허권 사용료 30억 달러 지급
- 해외 투자로부터 배당금 80억 달러 수취
- 국내 단기 체류 해외 노동자의 임금 20억 달러 지불
- 지진이 발생한 개도국에 무상원조 90억 달러 지급
- 외국인 여객 수송료 10억 달러 수취

① 상품 수출액은 150억 달러 증가하였다.
② 경상수지 흑자 폭이 감소하였다.
③ 서비스수지는 흑자를 유지하였다.
④ 본원소득수지는 흑자 폭이 증가하였다.

**08** A국에서 국민 20%가 전체 소득의 절반을, 그 외 국민 80%가 나머지 절반을 균등하게 나누어 가지고 있다. A국의 지니계수는?

① 0.2
② 0.3
③ 0.4
④ 0.5

**09** 다음 표는 기업 A, B의 광고 여부에 따른 두 기업의 보수를 나타낸 것이다. 두 기업이 광고 여부를 동시에 결정할 때, 이에 대한 설명으로 옳은 것은?(단, 괄호에서 앞의 숫자는 기업 A의 보수, 뒤의 숫자는 기업 B의 보수이다.)

| 구분 | | 기업 B | |
|---|---|---|---|
| | | 광고 | 광고 안 함 |
| 기업 A | 광고 | (10, 10) | (20, 5) |
| | 광고 안 함 | (5, 20) | (15, 15) |

① 이 게임의 우월전략균형과 순수전략 내쉬균형은 다르다.

② 이 게임의 내쉬균형은 파레토 효율적이다.

③ 기업 A가 먼저 결정을 내리고 기업 B가 이를 관찰한 후 결정을 내리는 경우에도 각 기업의 결정은 변하지 않는다.

④ 이 게임이 2회 반복되면 파레토 효율적인 상황이 균형으로 달성될 수 있다.

**10** 효용함수가 U=Ly인 A는 매주 주어진 80시간을 노동과 여가에 배분하여 효용을 극대화한다. 시간당 임금은 1주일에 40시간까지는 1만 원이고, 40시간을 초과한 시간에 대해서는 2만 원이다. 효용이 극대화될 때 A의 1주일간 노동소득은?(단, L은 여가, y는 소득이며, A에게 노동 소득을 제외한 다른 소득은 없다.)

① 30만 원

② 40만 원

③ 50만 원

④ 60만 원

**11** 경제활동인구가 일정한 경제에서 매기 취업자의 4%가 직장을 잃고 실업자가 되지만, 실업자의 60%는 취업에 성공한다. 이 경제에서 균제상태(steady state)의 실업률은?

① 5.50%

② 5.75%

③ 6.00%

④ 6.25%

**12** 다음과 같이 주어진 폐쇄경제에서 균형 실질이자율(r)은? (단, Y는 총소득, C는 소비, G는 정부지출, T는 조세, I는 투자이다.)

$$Y=1000, C=600, G=100, T=50, I=400-50r$$

① 1

② 2

③ 3

④ 4

**13** 실질 GDP와 화폐유통속도 증가율이 각각 5%이고 통화량 증가율이 10%이다. 화폐수량방정식으로 계산한 물가상승률에 가장 가까운 것은?

① −10%

② 10%

③ −15%

④ 15%

**14** X재의 수요함수가 $Q_X=200-0.5P_X+0.4P_Y+0.3M$이다. $P_X$는 100, $P_Y$는 50, M은 100일 때, Y재 가격에 대한 X재 수요의 교차탄력성은?(단, $Q_X$는 X재 수요량, $P_X$는 X재 가격, $P_Y$는 Y재 가격, M은 소득이다.)

① 0.1

② 0.2

③ 0.3

④ 0.4

**15** 경제안정화정책에 대한 설명으로 옳은 것은?

① 준칙에 따른 정책은 미리 정해진 규칙에 따라 정책을 운용하므로 적극적 정책으로 평가될 수 없다.

② 정책의 내부시차는 대체로 재정정책이 통화정책에 비해 짧다.

③ 시간불일치(time inconsistency) 문제는 주로 준칙에 따른 정책에서 나타난다.

④ 루카스 비판(Lucas critique)은 정책 변화에 따라 경제 주체의 기대가 변화할 수 있음을 강조한다.

**16** 독점기업 A의 수요함수와 평균비용이 다음과 같다. 정부가 A의 생산을 사회적 최적 수준으로 강제하는 대신 A의 손실을 보전해 줄 때, 정부가 A에 지급하는 금액은?(단, $Q_D$는 수요량, P는 가격, AC는 평균비용, Q는 생산량이다.)

- 수요함수 : $Q_D = \dfrac{25}{2} - \dfrac{1}{4}P$
- 평균비용 : $AC = -Q + 30$

① 50

② 100

③ 150

④ 200

**17** 다음과 같이 주어진 IS-LM 모형에서 정부지출(G)이 600에서 700으로 증가할 때, 균형 총소득의 증가 폭은?(단, Y는 총소득, C는 소비, I는 투자, T는 조세, M은 명목통화공급, P는 물가, r은 이자율, $\left(\dfrac{M}{P}\right)^d$는 실질화폐수요량이다.)

- 소비함수 : $C = 100 + 0.6(Y - T)$
- 투자함수 : $I = 200 - 10r$
- 화폐수요함수 : $\left(\dfrac{M}{P}\right)^d = Y - 100r$
- $T = 1000$, $M = 1000$, $P = 2$

① 200

② 300

③ 400

④ 500

**18** 양식장 A의 한계비용은 10x+70만 원이고, 고정비용은 15만 원이다. 양식장 운영 시 발생하는 수질오염으로 인해 인근 주민이 입는 한계피해액은 5x만 원이다. 양식장 운영의 한계편익은 x에 관계없이 100만 원으로 일정하다. 정부가 x 1단위당 일정액의 세금을 부과하여 사회적 최적 생산량을 유도할 때 단위당 세금은?(단, x는 양식량이며 소비 측면의 외부효과는 발생하지 않는다.)

① 5만 원

② 10만 원

③ 20만 원

④ 30만 원

**19** 소비이론에 대한 설명으로 옳은 것만을 모두 고르면?

> ㄱ. 소비의 무작위행보(random walk) 가설이 성립하면 예상된 정책 변화는 소비에 영향을 미치지 못한다.
>
> ㄴ. 리카도의 대등정리(Ricardian equivalence)가 성립하면 정부지출에 변화가 없는 한 조세의 삭감은 소비에 영향을 미치지 못한다.
>
> ㄷ. 기간간 선택모형에 따르면 소비는 소득과 상관없이 매기 일정하다.
>
> ㄹ. 항상소득가설에 따르면 한계소비성향은 현재소득에 대한 항상소득의 비율에 의존한다.

① ㄱ, ㄴ

② ㄱ, ㄷ

③ ㄴ, ㄹ

④ ㄷ, ㄹ

**20** 기술진보가 없으며 1인당 생산(y)과 1인당 자본량(k)이 $y=2\sqrt{k}$의 함수 관계를 갖는 솔로우 모형이 있다. 자본의 감가상각률($\delta$)은 20%, 저축률(s)은 30%, 인구증가율(n)은 10%일 때, 이 경제의 균제상태(steady state)에 대한 설명으로 옳은 것은?

① 균제상태의 1인당 생산은 4이다.

② 균제상태의 1인당 자본량은 2이다.

③ 균제상태의 1인당 생산 증가율은 양(+)으로 일정하다.

④ 균제상태의 1인당 자본량 증가율은 양(+)으로 일정하다.

# 국가직 7급 경제학

2018.08.18. 시행

소요시간　　분 | 점수　　점 | 정답 및 해설 021p

**01** 공개시장조작을 통한 중앙은행의 국채매입이 본원통화와 통화량에 미치는 영향에 대한 설명으로 옳은 것은?

① 본원통화와 통화량 모두 증가한다.

② 본원통화와 통화량 모두 감소한다.

③ 본원통화는 증가하고 통화량은 감소한다.

④ 본원통화는 감소하고 통화량은 증가한다.

**02** 다음은 어느 은행의 대차대조표이다. 이 은행이 초과지급준비금을 전부 대출할 때, 은행시스템 전체를 통해 최대로 증가할 수 있는 통화량의 크기는?(단, 법정지급준비율은 20%이며 현금통화비율은 0%이다.)

| 자산(억 원) | | 부채(억 원) | |
|---|---|---|---|
| 지급준비금 | 600 | 예금 | 2,000 |
| 대출 | 1,400 | | |

① 120억 원

② 400억 원

③ 1,000억 원

④ 2,000억 원

**03** A국에서 어느 재화의 수요곡선은 $Q_d = 280 - 3P$이고, 공급곡선은 $Q_s = 10 + 7P$이다. A국 정부는 이 재화의 가격상한을 20원으로 설정하였고, 이 재화의 생산자에게 보조금을 지급하여 공급량을 수요량에 맞추고자 한다. 이 조치에 따른 단위당 보조금은?(단, P는 이 재화의 단위당 가격이다.)

① 10원

② 12원

③ 14원

④ 16원

**04** 다음은 통화정책의 전달 경로를 나타낸 것이다. 이에 대한 설명으로 옳은 것은?

> 통화량 변화 → 이자율 변화 → 투자 변화 → 총수요 변화 → 국민소득 변화

① 화폐수요의 이자율 탄력성이 클수록 정책효과가 크다.

② 투자의 이자율 탄력성이 클수록 정책효과가 작다.

③ IS곡선이 수평선에 가까울수록 정책효과가 크다.

④ 한계소비성향이 클수록 정책효과가 작다.

**05** 甲의 효용함수는 $u(x)=\sqrt{x}$로 표현된다. 甲은 현재 소득이 0원이며, $\frac{1}{3}$의 당첨 확률로 상금 100원을 받는 복권을 갖고 있다. 상금의 일부를 포기하는 대신에 당첨될 확률을 $\frac{2}{3}$로 높일 수 있을 때, 甲이 포기할 용의가 있는 최대 금액은?(단, x는 원으로 표시된 소득이다.)

① $\frac{100}{3}$원

② 50원

③ $\frac{200}{3}$원

④ 75원

**06** 두 명의 주민이 사는 어느 마을에서 가로등에 대한 개별 주민의 수요함수는 P=10−Q로 표현되며, 주민 간에 동일하다. 가로등 설치에 따르는 한계비용이 6일 때, 이 마을에 설치할 가로등의 적정 수량은?(단, Q는 가로등의 수량이다.)

① 4

② 5

③ 6

④ 7

**07** 다음은 A국 중앙은행이 따르는 테일러준칙이다. 현재 인플레이션율이 4%이고 GDP갭이 1%일 때, A국의 통화정책에 대한 설명으로 옳지 않은 것은?(단, r은 중앙은행의 목표 이자율, $\pi$는 인플레이션, $Y^*$는 잠재 GDP, Y는 실제 GDP이다.)

$$r=0.03+\frac{1}{4}(\pi-0.02)-\frac{3}{4}\frac{Y^*-Y}{Y^*}$$

① 목표 이자율은 균형 이자율보다 높다.

② 목표 인플레이션율은 2%이다.

③ 균형 이자율은 3%이다.

④ 다른 조건이 일정할 때, 인플레이션갭 1%p 증가에 대해 목표 이자율은 0.25%p 증가한다.

**08** 변동환율제하에서의 국제수지표에 대한 설명으로 옳은 것만을 모두 고르면?(단, 국제수지표에서 본원소득수지, 이전소득수지, 오차와 누락은 모두 0과 같다.)

> ㄱ. 국민소득이 국내총지출보다 크면 경상수지는 적자이다.
> ㄴ. 국민저축이 국내투자보다 작으면 경상수지는 적자이다.
> ㄷ. 순자본유출이 정(+)이면 경상수지는 흑자이다.

① ㄱ

② ㄴ

③ ㄱ, ㄷ

④ ㄴ, ㄷ

**09** A국에서 어느 재화의 국내 수요곡선과 국내 공급곡선은 다음과 같다.

> • 국내 수요곡선 : $Q_d=16-P$
> • 국내 공급곡선 : $Q_s=-6+P$

A국이 자유무역을 허용하여 이 재화가 세계시장 가격 $P_w=6$으로 거래되고 있다고 하자. 이때, 단위당 2의 수입관세를 부과할 경우의 국내시장 변화에 대한 설명으로 옳지 않은 것은?(단, P는 이 재화의 가격이며, A국의 수입관세 부과는 세계시장 가격에 영향을 미치지 못한다.)

① 소비자잉여는 18만큼 감소한다.

② 생산자잉여는 2만큼 증가한다.

③ 수요량은 4만큼 감소한다.

④ 사회후생은 4만큼 감소한다.

**10** 어느 공항의 이윤함수는 $28x-x^2$이고, 공항 근처에 주택을 개발하고자 하는 업체의 이윤함수는 $20y-y^2-xy$이다. 만일 한 기업이 공항과 주택개발업체를 모두 소유한다면, 이 기업이 이윤을 극대화하는 주택의 수(a)는? 한편, 공항과 주택개발업체를 서로 다른 기업이 소유한다면 공항은 주택개발업체에게 이착륙 소음으로 인한 보상금으로 $xy$를 지불해야 한다. 이때 주택개발업체가 이윤을 극대화하는 주택의 수(b)는?(단, $x$는 하루에 이착륙하는 비행기의 수이며, $y$는 주택개발업체가 건설할 주택의 수이다.)

|     | a | b |
|-----|---|----|
| ① | 4 | 4 |
| ② | 4 | 10 |
| ③ | 6 | 4 |
| ④ | 6 | 10 |

**11** 완전경쟁 기업, 독점적 경쟁 기업, 독점 기업에 대한 설명으로 옳지 않은 것은?

① 단기균형하에서, 완전경쟁 기업이 생산한 제품의 가격은 한계수입이나 한계비용과 동일한 반면, 독점적 경쟁 기업과 독점 기업이 생산한 제품의 가격은 한계수입이나 한계비용보다 크다.

② 완전경쟁 기업이 직면하는 수요곡선은 수평선인 반면, 독점적 경쟁 기업과 독점 기업이 직면하는 수요곡선은 우하향한다.

③ 장기균형하에서, 완전경쟁 기업과 독점적 경쟁 기업이 존재하는 시장에는 진입장벽이 존재하지 않는 반면, 독점 기업이 존재하는 시장에는 진입장벽이 존재한다.

④ 장기균형하에서, 완전경쟁 기업의 이윤은 0인 반면, 독점적 경쟁 기업과 독점 기업의 이윤은 0보다 크다.

**12** A대학 경제학과는 2017년도 졸업생 100명을 대상으로 2018년 4월 현재 취업 현황을 조사했다. 조사 결과, 40명은 취업했으며 20명은 대학원에 등록하여 재학 중이었다. 다른 일은 하지 않고 취업준비와 진학준비를 하고 있는 졸업생은 각각 20명과 10명이었다. 나머지 10명은 실업자로 분류되었다. A대학 경제학과의 2017년도 졸업생 100명이 모두 생산가능인구에 포함될 때, 이들의 실업률, 고용률, 경제활동참가율은?

|     | 실업률 | 고용률 | 경제활동참가율 |
|-----|--------|--------|----------------|
| ① | 20% | 40% | 40% |
| ② | 20% | 40% | 50% |
| ③ | 30% | 30% | 40% |
| ④ | 30% | 30% | 50% |

**13** 기업 A의 생산함수는 $Q=\min\{2L, K\}$이다. 고정비용이 0원이고 노동과 자본의 단위당 가격이 각각 2원과 1원이라고 할 때, 기업 A가 100단위의 상품을 생산하기 위한 총비용은?(단, $L$은 노동투입량, $K$는 자본투입량이다.)

① 100원

② 200원

③ 250원

④ 500원

**14** 갑국과 을국으로 이루어진 세계경제가 있다. 생산요소는 노동과 자본이 있는데, 갑국은 노동 200단위와 자본 60단위, 을국은 노동 800단위와 자본 140단위를 보유하고 있다. 양국은 두 재화 X와 Y를 생산할 수 있는데, X는 노동집약적 재화이고 Y는 자본집약적 재화이다. 헥셔–올린 모형에 따를 때 예상되는 무역 패턴은?(단, 노동과 자본은 양국에서 모두 동질적이다.)

① 갑국은 Y를 수출하고 을국은 X를 수출한다.

② 갑국은 X를 수출하고 을국은 Y를 수출한다.

③ 갑국과 을국은 X와 Y를 모두 생산하며, 그중 일부를 무역으로 교환한다.

④ 갑국과 을국은 X와 Y를 모두 생산하며, 각자 자급자족한다.

**15** A 산업 부문의 노동시장에서 균형 임금의 상승이 예상되는 상황만을 모두 고르면?(단, 노동수요곡선은 우하향하는 직선이고 노동공급곡선은 우상향하는 직선이다.)

> ㄱ. A 산업 부문의 노동자에게 다른 산업 부문으로의 취업 기회가 확대되고, 노동자의 생산성이 증대되었다.
> ㄴ. A 산업 부문의 노동자를 대체하는 생산기술이 도입되었고, A 산업 부문으로의 신규 취업 선호가 증대되었다.
> ㄷ. A 산업 부문에서 생산되는 재화의 가격이 하락하고, 노동자 실업보험의 보장성이 약화되었다.

① ㄱ

② ㄴ

③ ㄱ, ㄷ

④ ㄴ, ㄷ

**16** 어느 재화의 가격이 1천 원에서 1% 상승하면 판매 수입은 0.2% 증가하지만, 5천 원에서 가격이 1% 상승하면 판매 수입은 0.1% 감소한다. 이 재화에 대한 설명으로 옳은 것은?(단, 수요곡선은 수요의 법칙이 적용된다.)

① 가격이 1천 원에서 1% 상승 시, 가격에 대한 수요의 탄력성은 탄력적이다.

② 가격이 5천 원에서 1% 상승 시, 가격에 대한 수요의 탄력성은 비탄력적이다.

③ 가격이 1천 원에서 1% 상승 시, 수요량은 0.2% 감소한다.

④ 가격이 5천 원에서 1% 상승 시, 수요량은 1.1% 감소한다.

**17** 기대인플레이션과 자연실업률이 부가된 필립스(Phillips) 곡선에 대한 설명으로 옳지 **않은** 것은?

① 실제 실업률이 자연실업률과 같은 경우, 실제 인플레이션은 기대인플레이션과 같다.

② 실제 실업률이 자연실업률보다 높은 경우, 실제 인플레이션은 기대인플레이션보다 낮다.

③ 실제 실업률이 자연실업률과 같은 경우, 기대인플레이션율은 0과 같다.

④ 사람들이 인플레이션을 완전히 예상할 수 있는 경우, 실제 실업률은 자연실업률과 일치한다.

**18** 다음 중 솔로우(Solow) 성장 모형에 대한 설명으로 옳은 것은?

① 자본 투입이 증가함에 따라 경제는 지속적으로 성장할 수 있다.

② 저축률이 상승하면 정상상태(steady state)의 일인당 자본은 증가한다.

③ 자본투입이 증가하면 자본의 한계생산이 일정하게 유지된다.

④ 인구 증가율이 상승하면 정상상태의 일인당 자본이 증가한다.

**19** 어느 재화를 생산하는 기업이 직면하는 수요곡선은 $Q_d$ =200-P이고, 공급곡선 $Q_s$는 P=100에서 수평선으로 주어져 있다. 정부가 이 재화의 소비자에게 단위당 20원의 물품세를 부과할 때, 초과부담을 조세수입으로 나눈 비효율성계수(coefficient of inefficiency)는?(단, P는 가격이다.)

① $\dfrac{1}{8}$

② $\dfrac{1}{4}$

③ $\dfrac{1}{2}$

④ 1

**20** 어느 경제에서 총생산함수는 $Y=100\sqrt{N}$이고, 노동공급함수는 $N=2,500\left(\dfrac{W}{P}\right)$이며, 생산가능인구는 3,000명이다. 이 경제에서는 실질임금이 단기에는 경직적이지만 장기에는 신축적이라고 가정하자. 이 경제의 단기와 장기에서 일어나는 현상으로 옳지 <u>않은</u> 것은?(단, W는 명목임금, P는 물가수준을 나타낸다.)

① 장기균형에서 취업자 수는 2,500명이다.

② 장기균형에서 명목임금이 10이라면 물가수준은 10이다.

③ 장기균형에서 실업자는 500명이다.

④ 기대치 않은 노동수요 감소가 발생할 경우 단기적으로 실업이 발생한다.

2017.10.21. 시행

# 2017 국가직 7급 경제학

소요시간　　분 | 점수　　점 | 정답 및 해설 028p

**01** 甲은 영화 DVD 대여료가 4,000원일 때 한 달에 5개를 빌려 보다가, DVD 대여료가 3,000원으로 하락하자 한 달에 9개를 빌려 보았다. 甲의 DVD 대여에 대한 수요의 탄력성과 수요곡선의 모양에 대한 설명으로 가장 적절한 것은?

① 수요는 탄력적이고, 이때의 수요곡선은 상대적으로 완만하다.

② 수요는 탄력적이고, 이때의 수요곡선은 상대적으로 가파르다.

③ 수요는 비탄력적이고, 이때의 수요곡선은 상대적으로 완만하다.

④ 수요는 비탄력적이고, 이때의 수요곡선은 상대적으로 가파르다.

**02** 다음은 소득과 소비의 관계에 대한 두 의견이다. 이에 대한 설명으로 옳은 것은?

> (가) 소비는 처분가능소득에 가장 큰 영향을 받는다. 처분가능소득이 증가하면 소비는 증가한다.
> (나) 사람들은 현재의 소득이 아니라 일생 동안의 소득을 고려하여 소비 수준을 결정한다. 사람들은 전 생애에 걸쳐 안정적 소비 패턴을 유지하려고 하므로 소비는 그때그때의 소득에 민감하게 반응하지 않는다.

① (가)에 따르면 소액 복권에 당첨된 사람은 소비를 늘리지 않을 것이다.

② (가)에 따르면 경기 상승으로 회사 영업실적이 좋아져 받은 특별 상여금은 모두 저축될 것이다.

③ (나)에 따르면 일시적 실업자는 소비를 크게 줄일 것이다.

④ (나)에 따르면 장기간의 소득세 감면은 경기 활성화에 도움이 될 것이다.

**03** 단기 총공급곡선에 대한 설명으로 옳은 것은?

① 단기에 있어서 물가와 총생산물 공급량 간의 음(−)의 관계를 나타낸다.

② 소매상점들의 바코드 스캐너 도입에 따른 재고관리의 효율성 상승은 단기 총공급곡선을 오른쪽으로 이동시킨다.

③ 원유가격의 상승으로 인한 생산비용의 상승은 단기 총공급곡선을 오른쪽으로 이동시킨다.

④ 명목임금의 상승은 단기 총공급곡선을 이동시키지 못한다.

**04** 환율에 대한 설명으로 옳지 <u>않은</u> 것은?

① 원화의 평가절상은 원유 등 생산 원자재를 대량으로 수입하는 우리나라의 수입 원가부담을 낮춰 내수 물가안정에 기여한다.

② 미국의 기준금리 인상은 원화의 평가절하를 유도하여 우리나라의 수출 기업에 유리하게 작용한다.

③ 대규모 외국인 직접투자가 우리나라로 유입되면 원화의 평가절하가 발생하고 우리나라의 수출 증대로 이어진다.

④ 실질환율은 한 나라의 재화와 서비스가 다른 나라의 재화와 서비스로 교환되는 비율을 말한다.

안심Touch

**05** 수요의 법칙과 공급의 법칙이 성립하는 상황에서 소비자잉여와 생산자잉여에 대한 설명으로 옳은 것만을 모두 고른 것은?

> ㄱ. 콘플레이크와 우유는 보완재로, 콘플레이크의 원료인 옥수수 가격이 하락하면 콘플레이크 시장의 소비자잉여는 증가하고 우유 시장의 생산자잉여도 증가한다.
> ㄴ. 콘플레이크와 떡은 대체재로, 콘플레이크의 원료인 옥수수 가격이 상승하면 콘플레이크 시장의 소비자잉여는 감소하고 떡 시장의 생산자잉여도 감소한다.
> ㄷ. 수요와 공급의 균형 상태에서 생산된 재화의 수량은 소비자잉여와 생산자잉여를 동일하게 하는 수량이다.

① ㄱ
② ㄴ
③ ㄱ, ㄷ
④ ㄴ, ㄷ

**06** 단기 필립스곡선에 대한 설명으로 옳은 것은?

① 기대 인플레이션이 적응적 기대에 의해 이루어질 때, 실업률 증가라는 고통 없이 디스인플레이션(disinflation)이 가능하다.
② 단기 필립스곡선은 인플레이션과 실업률 사이의 양(+)의 관계를 나타낸다.
③ 기대 인플레이션이 높아지면 단기 필립스곡선은 위쪽으로 이동한다.
④ 실제 인플레이션이 기대 인플레이션보다 낮은 경우 단기적으로 실제 실업률은 자연실업률보다 낮다.

**07** 기술진보가 없는 솔로우 성장모형의 황금률(Golden Rule)에 대한 설명으로 옳은 것은?

① 황금률하에서 정상상태(steady state)의 1인당 투자는 극대화 된다.
② 정상상태(steady state)의 1인당 자본량이 황금률 수준보다 많은 경우 소비 극대화를 위해 저축률을 높이는 것이 바람직하다.
③ 솔로우 성장모형에서는 저축률이 내생적으로 주어져 있기 때문에 황금률의 자본축적이 항상 달성된다.
④ 황금률하에서 자본의 한계생산물은 인구증가율과 감가상각률의 합과 같다.

**08** 경제성장에 대한 설명으로 옳은 것은?

① 솔로우 성장모형에서는 1인당 소득이 높은 나라일수록 경제가 빠르게 성장한다.
② 성장회계는 현실에서 이룩된 경제성장을 각 요인별로 분해해 보는 작업을 말한다.
③ 쿠즈네츠 가설에 따르면 경제성장의 초기 단계에서 발생한 소득불평등은 처음에 개선되다가 점차 악화된다.
④ 내생적 성장이론은 일반적으로 자본에 대한 수확체감을 가정한다.

**09** 정부는 최저임금제 시행이 실업 증가라는 부작용을 초래한다는 논리와 최저 생활수준의 보장을 위해 최저임금 인상이 불가피하다는 여론 사이에서 고민하고 있다. 정부가 실업을 최소로 유발하면서 최저임금을 인상할 수 있는 경우는?

① 숙련 노동자의 노동수요가 탄력적인 경우
② 숙련 노동자의 노동수요가 비탄력적인 경우
③ 비숙련 노동자의 노동수요가 비탄력적인 경우
④ 비숙련 노동자의 노동수요가 탄력적인 경우

**10** 위험자산 A와 B의 기대수익률은 각각 5%, 20%이고, 표준편차는 각각 5%, 10%이다. 이 두 자산으로 구성된 포트폴리오가 무위험이기 위한 조건으로 옳은 것은?(단, 위험자산 A와 B의 상관계수는 −1이다.)

① A의 비중이 $\frac{1}{3}$, B의 비중이 $\frac{2}{3}$가 되게 포트폴리오를 구성한다.

② A의 비중이 $\frac{1}{2}$, B의 비중이 $\frac{1}{2}$이 되게 포트폴리오를 구성한다.

③ A의 비중이 $\frac{2}{3}$, B의 비중이 $\frac{1}{3}$이 되게 포트폴리오를 구성한다.

④ A의 비중이 $\frac{3}{4}$, B의 비중이 $\frac{1}{4}$이 되게 포트폴리오를 구성한다.

**11** 다음은 A국과 B국이 노트북과 전기차를 생산하기 위한 단위당 노동소요량을 나타낸다. 이에 대한 설명으로 옳은 것은?

| 단위당 노동소요량(재화 한 단위 생산을 위한 노동투입시간) | | |
|---|---|---|
| 구분 | 노트북 | 전기차 |
| A국 | 10 | 120 |
| B국 | 20 | 400 |

① A국은 노트북 생산에, B국은 전기차 생산에 비교우위가 있다.

② A국은 전기차 생산에, B국은 노트북 생산에 비교우위가 있다.

③ A국은 노트북과 전기차 두 재화 생산 모두에 비교우위가 있다.

④ B국은 노트북과 전기차 두 재화 생산 모두에 절대우위가 있다.

**12** 생산함수가 $Q=L^2K^2$으로 주어져 있다. 이 생산함수에 대한 설명으로 옳은 것만을 모두 고른 것은?(단, Q는 생산량, L은 노동량, K는 자본량이다.)

ㄱ. 2차 동차함수이다.
ㄴ. 규모에 따른 수확체증이 있다.
ㄷ. 주어진 생산량을 최소비용으로 생산하는 균형점에서 생산요소 간 대체탄력성은 1이다.

① ㄱ

② ㄴ

③ ㄱ, ㄷ

④ ㄴ, ㄷ

**13** 국민연금제도하에서 연간 기본연금액은 $\alpha(A+B)(1+0.05y)$로 결정된다. $\alpha$는 가입한 시점에 따라 달라지며, A는 연금 수급 전 3년간 전체 가입자의 평균소득월액의 평균액이고, B는 가입자 개인의 가입기간 중 기준소득월액의 평균액이다. 그리고 y는 가입연수에서 20년을 뺀 값이다. 연금에 40년간 가입한 김씨의 B값이 100만 원이라고 할 때, 김씨가 수령하게 될 연금의 소득 대체율은?(단, $\alpha$는 1.8로 고정되어 있으며, A는 100만 원이라고 가정한다.)

① 30%

② 40%

③ 50%

④ 60%

**14** 다음 특징을 지닌 시장의 장기균형에 대한 설명으로 옳은 것은?

| 특징 | 응답 |
| --- | --- |
| 비가격경쟁 존재 | 아니다 |
| 가격차별화 실시 | 아니다 |
| 차별화된 상품 생산 | 아니다 |
| 새로운 기업의 자유로운 진입 가능 | 그렇다 |
| 장기이윤이 0보다 작으면 시장에서 이탈 | 그렇다 |

① 단골 고객이 존재한다.

② 규모를 늘려 평균비용을 낮출 수 있다.

③ 시장 참여 기업 간 상호 의존성이 매우 크다.

④ 개별 기업은 시장 가격에 영향을 미칠 수 없다.

**15** 이윤극대화를 추구하는 어느 독점기업의 이윤극대화 생산량은 230단위, 이윤극대화 가격은 3,000원이고, 230번째 단위의 한계비용은 2,000원이다. 만약 이 재화가 완전경쟁시장에서 생산된다면, 균형생산량은 300단위이고 균형가격은 2,500원이다. 수요곡선과 한계비용곡선이 직선일 때, 이 독점기업에 의해 유발되는 경제적 순손실(deadweight loss)은?

① 20,000원

② 28,000원

③ 35,000원

④ 50,000원

**16** 수요함수와 공급함수가 각각 $D = 10 - P$와 $S = 3P$인 재화에 1원의 종량세를 공급자에게 부과했다. 이 조세의 경제적 귀착(economic incidence)에 대한 설명으로 옳은 것은?(단, D는 수요량, S는 공급량, P는 가격을 나타낸다.)

① 소비자 : 0.75원, 생산자 : 0.25원

② 소비자 : 0.5원, 생산자 : 0.5원

③ 소비자 : 0.25원, 생산자 : 0.75원

④ 소비자 : 0원, 생산자 : 1원

**17** 정부의 거시경제정책 중 재량적 정책과 준칙에 따른 정책에 대한 설명으로 옳은 것은?

① 준칙에 따른 정책은 소극적 경제정책의 범주에 속한다.

② 매기의 통화증가율을 k%로 일정하게 정하는 것은 통화공급량이 매기 증가한다는 점에서 재량적 정책에 해당한다.

③ 동태적 비일관성(dynamic inconsistency)은 재량적 정책 때문이 아니라 준칙에 따른 정책 때문에 발생한다.

④ 케인즈 경제학자들의 미세조정 정책은 준칙에 따른 정책보다는 재량적 정책의 성격을 띤다.

**18** 경제의 여러 측면을 측정하는 지표들의 문제점에 대한 비판 중에서 가장 옳지 <u>않은</u> 것은?

① 소비자물가지수는 대체효과, 품질변화 등으로 인해 실제 생활비 측정에 왜곡을 초래할 수 있다.

② 국민소득 지표로 가장 널리 사용되는 국내총생산은 시장경제에서 거래되지 않고 공급되는 정부 서비스의 가치를 모두 제외하고 있기 때문에 문제점이 있다.

③ 실업률 지표는 잠재적으로 실업자에 가까운 실망실업자(discouraged worker)를 실업자에 포함하지 않기 때문에 문제점이 있다.

④ 소비자물가지수는 대표적인 소비자가 구입하는 재화와 서비스의 전반적인 비용을 나타내는 지표이므로 특정 가계의 생계비 변화와 괴리가 발생할 수 있다.

**19** 정부의 총수요 확대 정책 수단에는 정부지출 확대 및 조세 감면 정책이 있다. 균형 국민소득결정 모형에서 2,000억 원의 정부지출 확대와 2,000억 원의 조세 감면의 효과에 대한 설명으로 옳은 것은?(단, 밀어내기 효과(crowding-out effect)는 없으며 한계소비성향은 $\frac{3}{4}$이다.)

① 정부지출 확대는 6,000억 원, 조세 감면은 6,000억 원의 총수요 확대 효과가 있다.

② 정부지출 확대는 6,000억 원, 조세 감면은 8,000억 원의 총수요 확대 효과가 있다.

③ 정부지출 확대는 8,000억 원, 조세 감면은 6,000억 원의 총수요 확대 효과가 있다.

④ 정부지출 확대는 8,000억 원, 조세 감면은 8,000억 원의 총수요 확대 효과가 있다.

**20** 통화정책의 전달경로 중 신용경로(credit channel)에 대한 설명으로 옳지 않은 것은?

① 기준금리가 낮아지면 명목환율이 상승하여 수출입에 영향을 미치는 것이다.

② 통화정책이 가계와 기업의 대차대조표를 변화시킴으로써 소비와 투자에 영향을 미치는 것이다.

③ 팽창적 통화정책이 역선택 및 도덕적 해이 문제를 완화시킴으로써 실물 부문에 영향을 미치는 것이다.

④ 증권화의 진전이나 금융 자유화가 되면 은행의 자금조달 경로가 다양해져 신용경로의 중요성이 작아진다.

# 국가직 7급 경제학

소요시간　　분 | 점수　　점 | 정답 및 해설 035p

**01** GDP(Gross Domestic Product)의 측정에 대한 설명으로 옳은 것은?

① 식당에서 판매하는 식사는 GDP에 포함되지만, 아내가 가족을 위해 제공하는 식사는 GDP에 포함되지 않는다.

② 발전소가 전기를 만들면서 공해를 발생시키는 경우, 전기의 시장가치에서 공해의 시장가치를 뺀 것이 GDP에 포함된다.

③ 임대 주택이 제공하는 주거서비스는 GDP에 포함되지만, 자가 주택이 제공하는 주거서비스는 GDP에 포함되지 않는다.

④ A와 B가 서로의 아이를 돌봐주고 각각 임금을 상대방에게 지불한 경우, A와 B 중 한 사람의 임금만 GDP에 포함된다.

**02** 다음은 A국의 15세 이상 인구 구성이다. 이 경우 경제활동참가율과 실업률은?

- 임금근로자 : 60명
- 무급가족종사자 : 10명
- 직장은 있으나 질병으로 인해 일시적으로 일을 하고 있지 않은 사람 : 10명
- 주부 : 50명
- 학생 : 50명
- 실업자 : 20명

(단, 주부와 학생은 모두 부업을 하지 않는 전업 주부와 순수 학생을 나타낸다.)

|     | 경제활동참가율 | 실업률 |
| --- | --- | --- |
| ① | 40% | 20% |
| ② | 50% | 25% |
| ③ | 40% | 25% |
| ④ | 50% | 20% |

**03** 다음은 경제통합 형태에 대한 내용이다. 자유무역지역(free trade area), 관세동맹(customs union), 공동시장(common market)의 개념을 바르게 연결한 것은?

> (가) 가맹국 간에는 상품에 대한 관세를 철폐하고, 역외 국가의 수입품에 대해서는 가맹국이 개별적으로 관세를 부과한다.
>
> (나) 가맹국 간에는 상품뿐만 아니라 노동, 자원과 같은 생산요소의 자유로운 이동이 보장되며, 역외 국가의 수입품에 대해서는 공동관세를 부과한다.
>
> (다) 가맹국 간에는 상품의 자유로운 이동이 보장되지만, 역외 국가의 수입품에 대해서는 공동관세를 부과한다.

|     | (가) | (나) | (다) |
| --- | --- | --- | --- |
| ① | 자유무역지역 | 관세동맹 | 공동시장 |
| ② | 자유무역지역 | 공동시장 | 관세동맹 |
| ③ | 관세동맹 | 자유무역지역 | 공동시장 |
| ④ | 관세동맹 | 공동시장 | 자유무역지역 |

**04** '한 기업이 여러 제품을 함께 생산하는 경우가 각 제품을 별도의 개별기업이 생산하는 경우보다 생산비용이 더 적게 드는 경우'를 설명하는 것은?

① 범위의 경제
② 규모에 대한 수확체증
③ 규모의 경제
④ 비경합적 재화

**05** 다음 그림은 자본이동이 자유로운 소규모 개방경제를 나타낸다. $IS_0$, $LM_0$, $BP_0$ 곡선이 만나는 점 A에서 균형이 이루어졌을 때, 이에 대한 설명으로 옳은 것은?

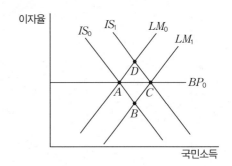

① 변동환율제 하에서 확장적 재정정책의 새로운 균형은 A이다.
② 변동환율제 하에서 확장적 통화정책의 새로운 균형은 D이다.
③ 고정환율제 하에서 확장적 통화정책의 새로운 균형은 C이다.
④ 고정환율제 하에서 확장적 재정정책의 새로운 균형은 B이다.

**06** 생산함수가 $Y = L^{\frac{2}{3}} K^{\frac{1}{3}}$인 경제의 저축률이 s, 감가상각률이 $\delta$이다. 인구증가나 기술진보가 없다고 가정할 때, 정상상태(steady state)에서 1인당 생산량을 s와 $\delta$의 함수로 바르게 나타낸 것은?

① $\left(\dfrac{s}{\delta}\right)^{\frac{1}{3}}$

② $\left(\dfrac{s}{\delta}\right)^{\frac{1}{2}}$

③ $\left(\dfrac{s}{2\delta}\right)^{\frac{1}{3}}$

④ $\left(\dfrac{s}{\delta}\right)^{\frac{2}{3}}$

**07** 다음 그림은 보통사람과 중증환자에 대한 의료서비스 수요곡선을 나타낸다. 보통사람의 수요곡선은 D₁, 중증환자의 수요곡선은 D₂일 때, 옳지 않은 것은?

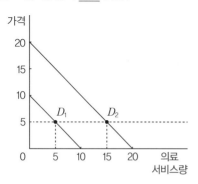

① 보통사람은 가격 5에서 탄력성이 −1이다.

② 중증환자는 가격 5에서 탄력성이 $-\frac{1}{3}$이다.

③ 이윤을 극대화하는 독점병원은 보통사람보다 중증환자에게 더 높은 가격을 부과한다.

④ 가격 5에서 가격 변화율이 동일할 경우 보통사람이나 중증환자 모두 수요량의 변화율은 동일하다.

**08** 효용함수가 u(x, y)＝x＋y인 소비자가 있다. $p_x$＝2, $p_y$＝3일 때, 이 소비자의 소득소비곡선(income−consumption curve)을 바르게 나타낸 식은?

① x＝0

② y＝0

③ $y=\frac{2}{3}x$

④ $y=\frac{3}{2}x$

**09** 다음 표는 각국의 시장환율과 빅맥가격을 나타낸다. 빅맥가격으로 구한 구매력평가 환율을 사용할 경우, 옳은 것은?(단, 시장환율의 단위는 '1달러 당 각국 화폐'로 표시되며, 빅맥가격의 단위는 '각국 화폐'로 표시된다.)

| 국가<br>(화폐 단위) | 시장환율 | 빅맥가격 |
|---|---|---|
| 미국(달러) | 1 | 5 |
| 브라질(헤알) | 2 | 12 |
| 한국(원) | 1,000 | 4,000 |
| 중국(위안) | 6 | 18 |
| 러시아(루블) | 90 | 90 |

① 브라질의 화폐가치는 구매력평가 환율로 평가 시 시장환율 대비 고평가된다.

② 한국의 화폐가치는 구매력평가 환율로 평가 시 시장환율 대비 저평가된다.

③ 중국의 화폐가치는 구매력평가 환율로 평가 시 시장환율 대비 고평가된다.

④ 러시아의 화폐가치는 구매력평가 환율로 평가 시 시장환율 대비 저평가된다.

**10** 지급준비율과 관련하여 옳지 않은 것은?

① 우리나라는 부분지급준비제도를 활용하고 있다.

② 은행들은 법정지급준비금 이상의 초과지급준비금을 보유할 수 있다.

③ 100% 지급준비제도 하에서는 지급준비율이 1이므로 통화승수는 0이 된다.

④ 지급준비율을 올리면 본원통화의 공급량이 변하지 않아도 통화량이 줄어들게 된다.

**11** A국에서는 고전학파의 이론인 화폐수량설이 성립한다. 현재 A국의 실질 GDP는 20,000, 물가수준은 30, 그리고 통화량은 600,000일 때, 옳지 않은 것은?

① A국에서 화폐의 유통속도는 1이다.

② A국 중앙은행이 통화량을 10% 증가시켰을 때, 물가는 10% 상승한다.

③ A국 중앙은행이 통화량을 10% 증가시켰을 때, 명목 GDP는 10% 증가한다.

④ A국 중앙은행이 통화량을 4% 증가시켰을 때, 실질 GDP는 4% 증가한다.

**12** 완전경쟁시장에서 정부가 시행하는 가격상한제에 대한 설명으로 옳은 것은?

① 최저임금제는 가격상한제에 해당하는 정책이다.

② 가격상한제를 실시할 경우 초과공급이 발생한다.

③ 가격상한은 판매자가 부과할 수 있는 최소가격을 의미한다.

④ 가격상한이 시장균형가격보다 높게 설정되면 정책의 실효성이 없다.

**13** 다음 그림은 A국의 명목 GDP와 실질 GDP를 나타낸다. 이에 대한 설명으로 옳지 <u>않은</u> 것은?(단, A국의 명목 GDP와 실질 GDP는 우상향하는 직선이다.)

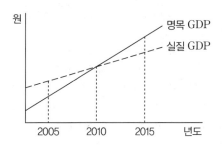

① 기준연도는 2010년이다.

② 2005년의 GDP 디플레이터는 100보다 큰 값을 가진다.

③ 2010년에서 2015년 사이에 물가는 상승하였다.

④ 2005년에서 2015년 사이에 경제성장률은 양(+)의 값을 가진다.

**14** 다음은 재화시장만을 고려한 케인지안 폐쇄경제 거시모형이다. 이에 대한 설명으로 옳지 <u>않은</u> 것은?

> 총지출은 $E=C+I+G$이며, 여기서 E는 총지출, C는 소비, I는 투자, G는 정부지출이다. 생산물 시장의 균형은 총소득 (Y)과 총지출(E)이 같아지는 것을 의미한다. 투자와 정부지출은 외생적으로 고정되어 있다고 가정한다. 즉, $I=\bar{I}$이고 $G=\bar{G}$이다. 소비함수 $C=0.8(Y-\bar{T})$이고 $\bar{T}$는 세금이며, 고정되어 있다고 가정한다.

① $\bar{I}=100$, $\bar{G}=50$, $\bar{T}=50$이면 총소득은 550이다.

② 정부지출을 1 단위 증가시키면 발생하는 총소득 증가분은 5이다.

③ 세금을 1 단위 감소시키면 발생하는 총소득 증가분은 4이다.

④ 투자를 1 단위 증가시키면 발생하는 총소득 증가분은 4이다.

**15** 다음 표는 A국이 소비하는 빵과 의복의 구입량과 가격을 나타낸다. 물가지수가 라스파이레스 지수(Laspeyres index)인 경우, 2010년과 2011년 사이의 물가상승률은?(단, 기준연도는 2010년이다.)

| 구분 | 빵 | | 의복 | |
|---|---|---|---|---|
| | 구입량 | 가격 | 구입량 | 가격 |
| 2010년 | 10만 개 | 1만 원 | 5만 벌 | 3만 원 |
| 2011년 | 12만 개 | 3만 원 | 6만 벌 | 6만 원 |

① 140%

② 188%

③ 240%

④ 288%

**16** A국은 한 단위의 노동으로 하루에 쌀 5kg을 생산하거나 옷 5벌을 생산할 수 있다. B국은 한 단위의 노동으로 하루에 쌀 4kg을 생산하거나 옷 2벌을 생산할 수 있다. 두 나라 사이에 무역이 이루어지기 위한 쌀과 옷의 교환비율이 <u>아닌</u> 것은?(단, A국과 B국의 부존노동량은 동일하다.)

① $\dfrac{P_쌀}{P_옷}=0.9$

② $\dfrac{P_쌀}{P_옷}=0.6$

③ $\dfrac{P_쌀}{P_옷}=0.4$

④ $\dfrac{P_쌀}{P_옷}=0.8$

**17** A기업의 장기 총비용곡선은 $TC(Q)=40Q-10Q^2+Q^3$ 이다. 규모의 경제와 규모의 비경제가 구분되는 생산규모는?

① $Q=5$

② $Q=\dfrac{20}{3}$

③ $Q=10$

④ $Q=\dfrac{40}{3}$

**18** 총 노동량과 총 자본량이 각각 12 단위인 경제를 가정하자. 완전보완관계인 노동 1 단위와 자본 2 단위를 투입하여 X재 한 개를 생산하며, 완전대체관계인 노동 1 단위 혹은 자본 1 단위를 투입하여 Y재 한 개를 생산한다. 이 경우 X재 생산량이 6일 때, 생산의 파레토 최적 달성을 위한 Y재 생산량은?

① 8

② 6

③ 4

④ 3

**19** 다음은 2기간 소비선택모형이다. 이에 대한 설명으로 옳지 <u>않은</u> 것은?

> 소비자의 효용함수는 $U(C_1, C_2)=\ln(C_1)+\beta\ln(C_2)$이다. 여기서 $C_1$은 1기 소비, $C_2$는 2기 소비, $\beta\in(0, 1)$, ln은 자연로그이다. 소비자의 1기 소득은 100이며, 2기 소득은 0이다. 1기의 소비 중에서 남은 부분은 저축 할 수 있으며, 저축에 대한 이자율은 r로 일정하다.

① 소비자의 예산제약식은 $C_1+\dfrac{C_2}{1+r}=100$

② $\beta(1+r)=1$이면, 1기의 소비와 2기의 소비는 같다.

③ $\beta>\dfrac{1}{1+r}$이면, 1기의 소비가 2기의 소비보다 크다.

④ 효용함수가 $U(C_1, C_2)=C_1, C_2^\beta$인 경우에도, 1기 소비와 2기 소비의 균형은 변하지 않는다.

**20** 다음 그림은 필립스곡선을 나타낸다. 현재 균형점이 A인 경우, (가)와 (나)로 인한 새로운 단기 균형점은?

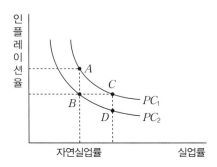

> (가) 경제주체들의 기대형성이 적응적 기대를 따르고 예상하지 못한 화폐공급의 감소가 일어났다.
> (나) 경제주체들의 기대형성이 합리적 기대를 따르고 화폐공급의 감소가 일어났다. (단, 경제주체들은 정부를 신뢰하며, 정부 정책을 미리 알 수 있다.)

|   | (가) | (나) |
|---|------|------|
| ① | B | C |
| ② | B | D |
| ③ | C | B |
| ④ | C | D |

# PART 2

## 지방직 7급 문제편

2021.10.16. 시행

# 2021 지방직 7급 경제학

소요시간    분 | 점수    점 | 정답 및 해설 044p

**01** 국민총소득은 1,000조 원이고 정부지출은 200조 원, 조세수입은 150조 원, 투자는 250조 원인 폐쇄경제에서의 민간저축은?

① 200조 원

② 250조 원

③ 300조 원

④ 450조 원

**02** 甲국은 폐쇄경제로 IS-LM곡선이 만나는 균형상태에 있다. 甲국에서 이자율은 현 수준을 유지하면서 국민소득만 상승시키는 것이 가능한 정책 조합은?(단, IS곡선과 LM곡선은 각각 우하향, 우상향한다.)

① 정부지출을 늘리고, 통화량을 증가시킨다.

② 정부지출을 늘리고, 통화량을 감소시킨다.

③ 정부지출을 줄이고, 통화량을 증가시킨다.

④ 정부지출을 줄이고, 통화량을 감소시킨다.

**03** 어느 공장의 생산활동으로 지역 주민들이 대기오염 피해를 입는 외부불경제가 발생하였다. 공장의 사적 한계비용함수는 $PMC = 1 + 2Q$이고 사회적 한계비용함수는 $SMC = 4 + 2Q$이다. 수요곡선이 $Q_D = 40 - P$일 때 외부불경제로 인한 사회적 후생손실은?(단, P는 가격, $Q_D$는 수요량, Q는 생산량이다.)

① 0.5

② 1.0

③ 1.5

④ 2.0

**04** 甲국에서 X재에 대한 국내 수요곡선과 국내 공급곡선은 다음과 같다.

- 국내 수요곡선 : $Q_D = 100 - P$
- 국내 공급곡선 : $Q_S = P$

甲국 정부가 X재의 최저가격을 P=60으로 설정하는 대신 X재를 구입하는 소비자에게 단위당 일정액의 보조금을 지급하려고 한다. 甲국 정부가 최저가격 설정 전의 거래량을 유지하고자 할 때 필요한 보조금의 총액은?(단, $Q_D$는 국내 수요량, $Q_S$는 국내 공급량, P는 X재 가격이다.)

① 250

② 500

③ 750

④ 1,000

**05** 甲國은 자본이동이 완전히 자유로운 소규모 개방경제로 IS-LM 곡선이 만나는 거시경제 균형상태에 있다. 甲國이 고정환율제도를 포기하고 변동환율제도를 채택하였다고 가정할 때 정책 효과의 변화에 대한 설명으로 옳지 <u>않은</u> 것은?(단, IS곡선과 LM곡선은 각각 우하향, 우상향한다.)

① 정부지출의 증가는 자본 유입을 유발한다.

② 정부지출의 증가는 순수출을 악화시킨다.

③ 통화정책이 소득에 미치는 효과가 커진다.

④ 통화정책의 독립성을 상실한다.

**06** 통화승수(본원 통화 대비 통화량의 비율)가 증가하는 원인으로 옳지 <u>않은</u> 것은?

① 경제불안의 해소로 은행부도의 위험이 낮아졌다.

② 은행의 요구불 예금에 대한 이자율이 하락하였다.

③ 가계가 보유하는 화폐 중 현금보유 비중이 감소하였다.

④ 은행의 초과 지급준비금 보유가 감소하여 은행 대출이 증가하였다.

**07** 완전경쟁시장에서 기업 A의 총비용함수는 $TC = 10Q^2 + 4Q + 10$이다. 기업 A가 생산하는 재화의 시장가격이 64일 때 생산자잉여는?(단, Q는 생산량이다.)

① 54

② 80

③ 90

④ 128

**08** 총생산함수 Y=AK를 가정하는 경제성장 이론에 대한 설명으로 옳지 <u>않은</u> 것은?(단, Y는 총산출량, A는 상수, K는 자본이다.)

① 경제성장률이 저축률에 의존하지 않는다.

② 자본은 인적자본과 지식자본을 포함하는 포괄적 개념이다.

③ 개별 기업 차원에서는 자본의 한계생산이 체감할 수 있다.

④ 외생적 기술진보가 없어도 지속적 성장이 가능하다.

**09** X재를 공급하는 독점기업 A는 시장 1과 시장 2가 각기 다른 형태의 수요곡선을 갖고 있음을 알고 있다. 기업 A가 당면하는 시장 1과 시장 2에서의 역수요함수는 다음과 같다.

- 시장 1 : $P_1 = 12 - 2Q_1$
- 시장 2 : $P_2 = 8 - 2Q_2$

상품의 한계비용이 2일 때, 이윤을 극대화하는 독점기업 A에 대한 설명으로 옳은 것은?(단, $P_i$는 시장 i에서 X재의 가격, $Q_i$는 시장 i에서 X재의 수요량이다.)

① 시장 2에서의 판매량이 시장 1에서의 판매량보다 크다.

② 시장 2에서의 한계수입이 시장 1에서의 한계수입보다 크다.

③ 시장 1에서의 판매가격을 시장 2에서의 판매가격보다 높게 책정한다.

④ 두 시장에서 수요의 가격 탄력성이 동일하므로 각 시장에서 같은 가격을 책정한다.

**10** 소비이론에 대한 설명으로 옳지 <u>않은</u> 것은?

① 생애주기가설에 따르면 청장년기에 비해 노년기에 평균소비 성향이 낮아진다.

② 항상소득가설에 따르면 단기에 소득이 증가함에 따라 평균소비 성향이 낮아진다.

③ 케인즈(Keynes)에 따르면 소득이 증가함에 따라 평균소비성향이 낮아진다.

④ 상대소득가설에 따르면 현재 소득이 동일하더라도 과거의 최고소득 수준이 높을수록 평균소비성향이 높다.

**11** 甲국의 중앙은행은 다음해 실질경제성장률과 물가상승률 목표를 각각 4%와 3%로 두고 있다. 甲국의 화폐유통속도 증가율이 다음해에도 2%가 될 것으로 예상된다. 화폐수량설에 기초할 때 甲국의 다음해 적정 통화성장률은?

① 3%

② 4%

③ 5%

④ 6%

**12** 甲국에서 X재에 대한 국내 수요곡선과 국내 공급곡선은 다음과 같다.

> • 국내 수요곡선 : $Q_D = 16 - P$
> • 국내 공급곡선 : $Q_S = 2P - 8$

甲국 정부가 X재의 최고가격을 P=7로 설정하는 정책을 실시할 때 甲국의 사회후생의 변화는?(단, $Q_D$는 국내 수요량, $Q_S$는 국내 공급량, P는 X재 가격이다.)

① 3만큼 증가

② 3만큼 감소

③ 6만큼 증가

④ 6만큼 감소

**13** 다음과 같은 단기 필립스곡선에 대한 설명으로 옳지 <u>않은</u> 것은?(단, $\pi$는 현재 인플레이션, $\pi^e$는 기대인플레이션, u는 현재 실업률, $u_N$은 자연실업률이다.)

$$\pi = \pi^e - \alpha(u - u_N),\ \alpha > 0$$

① 임금과 가격이 신축적일수록 $\alpha$의 절댓값이 커진다.

② 기대인플레이션의 상승은 실제 인플레이션의 상승을 낳는다.

③ 합리적 기대하에서 예상된 통화정책은 단기적으로 실업률에 영향을 미친다.

④ 합리적 기대하에서 예상되지 못한 통화정책은 단기적으로 실업률에 영향을 미친다.

**14** 어느 소비자가 재화 A를 $x_A$만큼 소비하고 재화 B를 $x_B$만큼 소비할 때 얻는 효용은 $x_A^{0.4} x_B^{0.6}$이다. 재화 A의 가격은 20이고 재화 B의 가격은 40, 그리고 이 소비자의 소득이 250일 때, 이 소비자의 효용과 최적 선택에 대한 설명으로 옳은 것은?

① 재화 A의 최적 소비 단위는 4이다.

② 재화 B의 최적 소비 단위는 3.75이다.

③ 최적 선택 상태에서 한계대체율은 상대가격 비율보다 작다.

④ 두 재화의 소비를 동시에 2배 증가시킬 때, 효용은 2배보다 크게 증가한다.

**15** 기업 A는 노동만을 이용하여 재화 X를 생산한다. 기업 A의 생산함수는 $Q = \sqrt{L}$이며 X의 시장가격은 500이다. 기업 A는 노동에 대해 수요독점자이며, 노동시장에서 노동공급은 w=L이다. 기업 A가 선택할 임금률과 고용량을 바르게 연결한 것은?(단, w는 임금률, L은 노동량, Q는 생산량이다.)

| | 임금률 | 고용량 |
|---|---|---|
| ① | 25 | 25 |
| ② | 25 | 50 |
| ③ | 50 | 25 |
| ④ | 50 | 50 |

**16** 노동시장에 대한 설명으로 옳지 <u>않은</u> 것은?

① 고용률과 실업률은 동반 상승할 수 있다.

② 경제활동참가율과 실업률은 동반 상승할 수 있다.

③ 경제활동참가율과 고용률은 동반 상승할 수 있다.

④ 실업률은 일정한데 고용률이 상승했다면 경제활동참가율이 감소했기 때문이다.

**17** 甲국에서 X재에 대한 국내 수요곡선과 국내 공급곡선은 다음과 같다.

- 국내 수요곡선 : $Q_D = 700 - P$
- 국내 공급곡선 : $Q_S = 200 + 4P$

소비자에게 X재 1개당 10의 세금이 부과될 때, 소비자가 지불하는 가격($P_B$)과 공급자가 받는 가격($P_S$)을 바르게 연결한 것은?(단, $Q_D$는 국내 수요량, $Q_S$는 국내 공급량, P는 X재 가격이다.)

| | $P_B$ | $P_S$ |
|---|---|---|
| ① | 98 | 108 |
| ② | 108 | 98 |
| ③ | 100 | 110 |
| ④ | 110 | 100 |

**18** 독점적 경쟁시장에서 조업하고 있으며 평균비용곡선이 U자형인 기업의 장기균형에 대한 설명으로 옳지 <u>않은</u> 것은?

① 경제적 이윤은 0이다.

② 규모의 경제가 발생한다.

③ 가격과 한계비용이 일치한다.

④ 균형 산출량이 평균비용이 극소화되는 산출량보다 작다.

**19** 재정정책에 대한 설명으로 옳지 <u>않은</u> 것은?

① 고전학파에 따르면 구축효과가 정부지출 증가의 효과를 완전히 상쇄할 만큼 크다.

② 리카도 동등성 정리에 따르면 정부공채는 민간부문의 자산이 아닐 수 있다.

③ 공급중시 경제학자에 따르면 소득세율 인하가 조세수입의 증가를 낳을 수 있다.

④ 케인즈 단순 모형에 따르면 정액세승수가 정부지출승수보다 절댓값이 더 크다.

**20** 甲국 경제는 기술 진보가 없는 솔로우 경제성장모형의 균제상태(steady state)에 있다. 현재의 1인당 자본량 $k^*$는 황금률(golden rule) 수준의 자본량 $k_G$보다 크다. 甲국은 저축률을 변화시켜 황금률 수준의 자본량을 달성하는 균제상태로 이동하고자 한다. 이에 대한 설명으로 옳은 것은?

① 저축률이 하락하면 황금률 수준의 자본량이 달성될 수 있다.

② 황금률 수준의 자본량을 달성하면 자본의 한계생산은 감소한다.

③ 황금률 수준의 자본량을 달성하면 일인당 소득이 상승한다.

④ $k^*$ 수준에서의 자본의 한계생산은 감가상각률과 인구증가율의 합보다 크다.

# 2020 지방직 7급 경제학

소요시간    분 | 점수    점 | 정답 및 해설 050p

**01** 국민소득계정 항등식의 투자에 대한 설명으로 옳은 것은?

① 생산에 사용될 소프트웨어 구매는 고정투자에 포함되지 않는다.

② 음(−)의 값을 갖는 재고투자는 해당 시기의 GDP를 감소시킨다.

③ 신축 주거용 아파트의 구매는 고정투자에서 제외되고 소비지출에 포함된다.

④ 재고투자는 유량(flow)이 아니라 저량(stock)이다.

**02** 경기변동에 대한 설명으로 옳은 것은?

① 케인즈는 경기변동의 원인으로 총수요의 변화를 가장 중요하게 생각하였다.

② IS−LM 모형에 의하면 통화정책은 총수요에 영향을 미칠 수 없다.

③ 케인즈에 의하면 불황에 대한 대책으로 재정정책은 효과를 갖지 않는다.

④ 재정정책은 내부시차보다 외부시차가 길어서 효과가 나타날 때까지 시간이 오래 걸린다.

**03** 갑은 사업안 A와 B를 고려하고 있다. 두 안의 성공 및 실패에 따른 수익과 확률은 다음과 같다. 이에 대한 설명으로 옳은 것만을 모두 고르면?(단, 위험은 분산으로 측정한다.)

| 구분 | 성공 | | 실패 | |
|------|------|------|------|------|
| 사업안 | 확률 | 수익(만 원) | 확률 | 수익(만 원) |
| A | 0.9 | +100 | 0.1 | +50 |
| B | 0.5 | +200 | 0.5 | −10 |

ㄱ. A안의 기대수익은 95만 원이다.

ㄴ. B안의 기대수익은 95만 원이다.

ㄷ. 갑이 위험을 회피하는(risk averse) 사람인 경우 A안을 선택할 가능성이 더 크다.

ㄹ. A안의 기대수익에 대한 위험은 B안의 기대수익에 대한 위험보다 더 크다.

① ㄱ, ㄴ, ㄷ

② ㄱ, ㄴ, ㄹ

③ ㄱ, ㄷ, ㄹ

④ ㄴ, ㄷ, ㄹ

**04** 미국산 연필은 1달러, 중국산 연필은 2위안, 미국과 중국의 화폐 교환비율은 1달러당 5위안이다. 이때 미국 연필당 중국 연필로 표시되는 실질환율은?(단, 미국산 연필과 중국산 연필은 완벽하게 동일하다.)

① 0.1

② 0.4

③ 2.5

④ 10

**05** 커피에 대한 수요함수가 $Q^d = 2,400 - 2P$일 때, 가격 $P^*$에서 커피 수요에 대한 가격탄력성의 절댓값은 $\frac{1}{2}$이다. 이때 가격 $P^*$는?(단, $Q^d$는 수요량, P는 가격이다.)

① 400
② 600
③ 800
④ 1,000

**06** 제품 A는 완전경쟁시장에서 거래되며, 수요곡선은 $Q^d = 150 - 5P$이다. 이 시장에 참여하고 있는 갑 기업의 한계수입곡선은 $MR = -\frac{2}{5}Q + 30$, 한계비용은 20이다. 갑 기업이 제품 A에 대한 독점기업이 되면서, 한계비용은 22가 되었다. 독점에 의한 사회적 후생 손실은?(단, $Q^d$는 수요량, P는 가격이다.)

① 30
② 60
③ 90
④ 120

**07** 물가와 국민소득의 평면에 그린 단기 총공급곡선은 우상향한다. 이에 대한 설명으로 옳은 것만을 모두 고르면?

> ㄱ. 소비 수요와 투자 수요가 이자율에 민감하지 않을수록, 물가와 국민소득의 평면에 그린 총수요곡선의 기울기는 작아진다.
> ㄴ. 소비 수요와 투자 수요가 이자율에 민감하지 않을수록, 유가 상승에 따른 물가 상승효과는 크다.
> ㄷ. 소비 수요와 투자 수요가 이자율에 민감하지 않을수록, 유가 상승으로 경기가 침체되면 경기 회복을 위해서는 재정정책이 통화정책보다 효과적이다.

① ㄱ, ㄴ
② ㄱ, ㄷ
③ ㄴ, ㄷ
④ ㄱ, ㄴ, ㄷ

**08** 통화정책에 대한 설명으로 옳지 <u>않은</u> 것은?

① 중앙은행이 법정지급준비율을 인하하면 총지급준비율이 작아져 통화승수는 커지고 통화량은 증가한다.
② 중앙은행이 재할인율을 콜금리보다 낮게 인하하면 통화량이 증가한다.
③ 중앙은행이 양적완화를 실시하면 본원통화가 증가하여 단기 이자율은 상승한다.
④ 중앙은행이 공개시장조작으로 국채를 매입하면 통화량이 증가한다.

**09** 통화정책의 테일러준칙(Taylor rule)과 인플레이션목표제(inflation targeting)에 대한 설명으로 옳지 않은 것은?

① 테일러준칙을 따르는 정책당국은 경기가 호황일 때 이자율을 상승시키고, 경기가 불황일 때 이자율을 하락시켜 경기를 안정화시킨다.

② 테일러준칙에서 다른 변수들은 불변일 때 정책당국이 목표인 플레이션율을 높이면 정책금리도 높여야 한다.

③ 인플레이션목표제는 미래 인플레이션의 예측치에 근거하며, 테일러준칙은 후향적(backward-looking)이어서 과거 인플레이션을 따른다.

④ 인플레이션목표제는 중앙은행의 목표를 구체적인 수치로 제시하므로 중앙은행의 책임감을 높일 수 있다.

**11** 이자율 평가설(interest rate parity theory)에 대한 설명으로 옳은 것은?(단, 환율은 외국통화 1단위에 대한 자국통화의 교환비율이다.)

① 외국의 명목이자율과 기대환율이 고정되었을 때 자국의 명목 이자율이 증가하면 환율은 상승한다.

② 외국의 명목이자율과 자국의 명목이자율이 고정되었을 때 기대환율이 증가하면 외국통화의 가치가 상승한다.

③ 양국의 생산물시장에서 동일한 상품을 동일한 가격에 구매할 수 있도록 환율이 결정된다.

④ 이자율 평가설이 성립하면 실질이자율은 항상 1이다.

**12** 재정정책에 대한 설명으로 옳은 것은?

① 완전고용 재정적자(full-employment budget deficit) 또는 경기순환이 조정된 재정적자(cyclically adjusted budget deficit)는 자동안정화장치를 반영하므로 경기순환 상에서의 현재 위치를 파악하게 한다.

② 조세의 사회적 비용이 조세 크기에 따라 체증적으로 증가할 때는 균형예산을 준칙으로 하고 법제화하여야 한다.

③ 리카도 대등정리(Ricardian equivalence theorem)에 따르면 정부의 지출 흐름이 일정할 때 민간보유 국·공채는 민간부문의 순자산이 된다.

④ 소비자가 근시안적으로 소비수준을 설정하거나 자본시장이 불완전한 경우에는 리카도 대등정리가 성립하지 않는다.

**10** 이자율의 기간구조에 대한 설명으로 옳지 않은 것은?

① 만기가 서로 다른 채권들이 완전대체재일 경우 유동성 프리미엄이 0에 가까워지더라도 양(+)의 값을 갖는다.

② 기대이론에 따르면 현재와 미래의 단기이자율이 같을 것이라고 예상하는 경제주체들이 많을수록 수익률곡선은 평평해진다.

③ 유동성 프리미엄 이론에 따르면 유동성 프리미엄은 항상 양(+)의 값을 갖고 만기가 길어질수록 커지는 경향을 보인다.

④ 미래에 단기이자율이 대폭 낮아질 것으로 예상되면 수익률 곡선은 우하향한다.

**13** 갑국의 중앙은행은 금융기관의 초과지급준비금에 대한 금리를 -0.1%로 인하했다. 이 통화정책의 기대효과로 옳지 않은 것은?

① 중앙은행에 하는 저축에 보관료가 발생할 것이다.

② 은행들은 가계나 기업에게 하는 대출을 확대할 것이다.

③ 기업들이 투자와 생산을 늘려서 고용을 증대시킬 것이다.

④ 기업의 투자자금이 되는 가계부문의 저축이 증가할 것이다.

**14** 공공사업 A에 투입할 100억 원의 자금 중에서 40억 원은 민간부문의 투자에 사용될 자금이었고, 60억 원은 민간부문의 소비에 사용될 자금이었다. 이 공공사업을 평가하기 위한 사회적 할인율(social discount rate)은?(단, 민간부투자의 세전 수익률과 세후 수익률은 각각 15.0%와 10.0%이다.)

① 11.5%

② 12.0%

③ 12.5%

④ 13.0%

**15** 교역재인 자동차와 비교역재인 돌봄서비스만을 생산하는 갑국과 을국의 생산량과 가격은 다음과 같다. 이에 대한 설명으로 옳지 <u>않은</u> 것은?(단, 교역재와 비교역재를 모두 포함한 표준적 소비바구니(consumption basket)는 자동차 1대와 돌봄서비스 10회로 구성된다.)

| 구분 | 자동차 | | 돌봄서비스 | |
| --- | --- | --- | --- | --- |
| 국가 | 1인당 생산량(대) | 가격 | 1인당 생산량(회) | 가격 |
| 갑 | 10 | 10 | 100 | 2 |
| 을 | 1 | 10 | 10 | 1 |

① 교역재만을 대상으로 한 갑국 통화와 을국 통화의 교환비율은 1 : 1이다.

② 표준적 소비바구니를 대상으로 한 구매력평가(purchasing power parity) 반영 환율은 갑국 통화 3단위에 대해 을국 통화 2단위이다.

③ 교역재만을 대상으로 한 환율을 적용하면 을국 1인당 GDP는 갑국 1인당 GDP의 $\frac{1}{10}$이다.

④ 표준적 소비바구니를 대상으로 한 구매력평가 반영 환율을 적용하면 을국 1인당 GDP는 갑국 1인당 GDP의 $\frac{1}{10}$이다.

**16** 상품 A의 수요함수를 추정하기 위해서 다음과 같은 모형을 구성했다. 분석 결과로 $\beta_2$가 −0.0321로 추정되었을 때 이에 대한 설명으로 옳은 것은?(단, $Q^d$는 수요량, P는 가격, $\varepsilon$은 오차항이다.)

$$\ln Q^d = \beta_1 + \beta_2 \ln P + \varepsilon$$

① 가격 P가 1% 상승하면, 수요량 $Q^d$가 3.21% 감소한다.

② 가격 P가 1% 상승하면, 수요량 $Q^d$가 0.0321% 감소한다.

③ 가격 P가 1% 포인트 상승하면, 수요량 $Q^d$가 3.21% 포인트 감소한다.

④ 가격 P가 1% 포인트 상승하면, 수요량 $Q^d$가 0.0321% 포인트 감소한다.

**17** 주요 국제통화제도 또는 협정에 대한 설명으로 옳은 것은?

① 1960년대 미국의 경상수지 흑자는 국제 유동성 공급을 줄여 브레튼우즈(Bretton Woods)체제를 무너뜨리는 요인이었다.

② 1970년대 초 금 태환을 정지시키고 동시에 미 달러화를 평가절상하면서 브레튼우즈체제는 종식되었다.

③ 1970년대 중반 킹스턴(Kingston)체제는 통화로서 금의 역할을 다시 확대하여 고정환율체제로의 복귀를 시도하였다.

④ 1980년대 중반 플라자(Plaza)협정으로 미 달러화의 평가절하가 추진되었다.

**18** 갑국의 생산함수는 $Y_갑 = A_갑 L_갑^{0.5} K_갑^{0.5}$, 을국의 생산함수는 $Y_을 = A_을 L_을^{0.3} K_을^{0.7}$이다. 두 국가 모두 노동증가율이 10%, 자본 증가율이 20%일 때, 두 국가의 총생산증가율을 같게 하기 위한 설명으로 옳은 것은?(단, Y는 각국의 총생산량, A는 각국의 총요소생산성, L은 각국의 노동량, K는 각국의 자본량이다.)

① 갑국의 총요소생산성 증가율은 을국의 총요소생산성 증가율보다 2% 포인트 더 높아야 한다.

② 갑국의 총요소생산성 증가율은 을국의 총요소생산성 증가율보다 2% 포인트 더 낮아야 한다.

③ 갑국의 총요소생산성 증가율은 을국의 총요소생산성 증가율보다 4% 포인트 더 높아야 한다.

④ 갑국의 총요소생산성 증가율은 을국의 총요소생산성 증가율보다 4% 포인트 더 낮아야 한다.

**19** 갑국의 생산함수는 $Y = [K(1-u)L^{1/2}]$이다. 자연실업률이 4%, 저축률, 인구성장률, 자본의 감가상각률이 모두 10%일 때, 솔로우(Solow) 모형의 균제상태(steady state)에서 1인당 생산량은?(단, Y는 총생산량, L은 노동량, K는 자본량, u는 자연실업률이다.)

① 0.24

② 0.48

③ 0.72

④ 0.96

**20** 같은 집에 거주하는 갑과 을은 일주일마다 한 번씩 '청소하기'와 '쉬기' 중에서 하나를 선택할 수 있고, 선택에 따른 효용은 다음과 같다. '청소하기'를 선택할 때의 비용은 10이다. 갑과 을은 '보복'을 선택할 수 있다. '보복'은, 한 사람이 '청소하기'를 선택할 때 다른 사람이 일방적으로 '쉬기'를 선택하면 '청소하기'를 선택했던 사람은 그다음 주부터 몇 주의 '쉬기'를 선택하는 것이다. 보복 기간이 종료되면, 둘은 다시 함께 청소하는 관계로 복귀한다. '쉬기'를 선택하는 유인을 줄이고 함께 청소하는 협력 관계를 지속하기 위한 보복 기간의 최솟값은?(단, 표의 괄호에서 앞의 숫자는 갑의 효용, 뒤의 숫자는 을의 효용이다.)

| 구분 | | 을 | |
|---|---|---|---|
| | | 청소하기 | 쉬기 |
| 갑 | 청소하기 | (13, 13) | (11, 11) |
| | 쉬기 | (11, 11) | (2, 2) |

① 7주

② 8주

③ 9주

④ 10주

2019.10.12. 시행

# 2019 지방직 7급 경제학

소요시간    분 | 점수    점 | 정답 및 해설 055p

**01** 어떤 상품의 수요곡선과 공급곡선은 직선이며, 상품 1단위당 5,000원의 세금이 부과되었다고 하자. 세금의 부과는 상품에 대한 균형거래량을 200개에서 100개로 감소시켰으며, 소비자잉여를 450,000원 감소시키고, 생산자잉여는 300,000원 감소시켰다. 세금부과에 따른 자중손실은?

① 250,000원

② 500,000원

③ 750,000원

④ 1,000,000원

**02** 정부는 재정적자를 줄이기 위해 조세를 인상하고, 중앙은행은 기존의 통화량을 변함없이 유지한다면, 통상적인 기울기를 보이는 IS-LM 모형에서 발생하는 효과는?

① 소득은 증가하고 이자율은 감소한다.

② 소득은 감소하고 이자율은 증가한다.

③ 소득과 이자율 모두 감소한다.

④ 소득과 이자율 모두 증가한다.

**03** 중앙은행이 공개시장 매입정책을 실시하는 경우, 이자율은 (A)하고 투자지출이 (B)하여 총수요 곡선이 (C)으로 이동한다. (A)~(C)에 들어갈 내용을 옳게 짝지은 것은?

|   | (A) | (B) | (C) |
|---|---|---|---|
| ① | 하락 | 감소 | 오른쪽 |
| ② | 상승 | 증가 | 왼쪽 |
| ③ | 하락 | 증가 | 오른쪽 |
| ④ | 상승 | 감소 | 왼쪽 |

**04** 인플레이션이 경제에 미치는 영향으로 옳지 <u>않은</u> 것은?

① 확실하게 예상되는 인플레이션은 노동자보다 기업에 더 큰 비용을 초래한다.

② 인플레이션이 확실하게 예상되는 경우, 예상 인플레이션율은 명목이자율과 실질이자율 간 차이와 같게 된다.

③ 인플레이션에 대한 예상이 어려우면 장기계약 체결이 어려워진다.

④ 예상되지 않은 인플레이션은 고정 연금 수령자에게 불리하다.

**05** 작년에 쌀 4가마니와 옷 2벌을 소비한 영희는 올해는 쌀 3가마니와 옷 6벌을 소비하였다. 작년에 쌀 1가마니의 가격은 10만 원, 옷 1벌의 가격은 5만 원이었는데 올해는 쌀 가격이 15만 원, 옷 가격이 10만 원으로 각각 상승하였다. 우리나라의 소비자물가지수 산정방식을 적용할 때, 작년을 기준으로 한 올해의 물가지수는?

① 120

② 160

③ 175

④ 210

**06** 다음은 영국과 스페인의 치즈와 빵 생산에 관련된 자료와 그에 대한 주장이다. 옳은 것으로만 묶은 것은?

| 구분 | 1개 생산에 소요되는 시간 | | 40시간 일할 때 생산량 | |
|------|------|------|------|------|
| | 치즈 | 빵 | 치즈 | 빵 |
| 영국 | 1시간 | 2시간 | 40개 | 20개 |
| 스페인 | 2시간 | 8시간 | 20개 | 5개 |

ㄱ. 영국에서 생산하는 치즈 1개의 기회비용은 빵 2개이다.

ㄴ. 영국에서 생산하는 치즈 1개의 기회비용은 빵 1/2개이다.

ㄷ. 스페인에서 생산하는 치즈 1개의 기회비용은 빵 1/4개이다.

ㄹ. 영국에서 생산하는 빵 1개의 기회비용은 치즈 2개이다.

ㅁ. 영국에서 생산하는 빵 1개의 기회비용은 치즈 1/2개이다.

ㅂ. 영국은 빵 생산에 절대우위가 있고, 치즈 생산에는 비교우위가 있다.

ㅅ. 영국은 빵 생산에 비교우위가 있고, 스페인은 치즈 생산에 비교우위가 있다.

① ㄱ, ㄷ, ㄹ

② ㄱ, ㅁ, ㅂ

③ ㄴ, ㄷ, ㅅ

④ ㄴ, ㅂ, ㅅ

**07** 수요의 가격탄력성에 대한 설명으로 옳지 <u>않은</u> 것은?

① 재화의 수요가 비탄력적일 때, 재화의 가격이 상승하면 그 재화를 생산하는 기업의 총수입은 증가한다.

② 재화에 대한 수요의 가격탄력성이 1일 때, 재화의 가격이 변하더라도 그 재화를 생산하는 기업의 총수입에는 변화가 없다.

③ 재화의 수요가 탄력적일 때, 재화의 가격이 하락하면 그 재화를 소비하는 소비자의 총지출은 증가한다.

④ 수요곡선이 우하향의 직선인 경우 수요의 가격탄력성은 임의의 모든 점에서 동일하다.

**08** 실업에 대한 설명으로 옳지 <u>않은</u> 것은?

① 실업보험제도가 강화될수록 자연실업률은 낮아진다.

② 생산가능연령인구는 5,000명, 비경제활동인구는 2,000명, 취업자는 2,880명이라면 실업률은 4%이다.

③ 구조적 실업의 주원인은 임금 경직성이며, 임금 경직성은 최저임금제, 노동조합, 효율적 임금 때문에 발생한다.

④ 구직활동을 포기하는 사람들이 증가하면 실업률은 낮아진다.

**09** 다음은 유동성 함정에 처한 경우 통화신용정책에 대한 설명이다. (A)~(C)에 들어갈 내용을 옳게 짝지은 것은?

한 국가가 유동성 함정에 처한 경우, 중앙은행이 통화량을 지속적으로 증가시키는 정책은 기대인플레이션의 (A)을 가져와서 실질이자율의 (B)을 유도할 수 있다. 그러면 IS-LM 모형의 (C)곡선을 오른쪽으로 이동시켜 총수요를 증가시킬 수 있다.

| | (A) | (B) | (C) |
|---|------|------|------|
| ① | 상승 | 하락 | IS |
| ② | 상승 | 하락 | LM |
| ③ | 하락 | 상승 | IS |
| ④ | 하락 | 상승 | LM |

**10** 현재 완전경쟁시장에서 사적 이윤극대화를 추구하고 있는 어떤 기업이 생산하는 재화의 가격은 350이며, 사적 한계비용은 MC=50+10Q이다. 한편 이 재화의 생산과정에서 환경오염이 발생하는데 이로 인해 사회가 입는 피해는 생산량 1단위당 100이라고 한다. 앞으로 이 기업이 사회적 최적 생산량을 생산하기로 한다면 생산량의 변동은?(단, Q는 생산량이다.)

① 10단위 감소시킨다.
② 10단위 증가시킨다.
③ 20단위 감소시킨다.
④ 20단위 증가시킨다.

**11** 그림은 독점기업의 단기균형을 나타낸다. 이에 대한 설명으로 옳은 것은?(단, MR은 한계수입곡선, D는 수요곡선, MC는 한계비용곡선, AC는 평균비용곡선이다.)

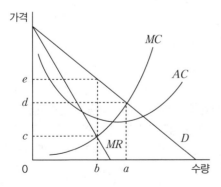

① 단기균형에서 이 기업의 생산량은 a이다.
② 단기균형에서 이 기업의 이윤은 b×(e−c)이다.
③ d는 균형가격을 나타낸다.
④ 균형생산량 수준에서 평균비용이 한계비용보다 크다.

**12** 투자자들이 위험에 대하여 중립적인 경우, 현재 환율이 1달러당 1,000원이고, 1년 만기 채권의 이자율이 미국에서는 1%, 우리나라에서는 2%일 때, 국가 간 자금이 이동하지 않을 조건에 해당하는 것은?

① 우리나라의 이자율이 1년 후 1%로 하락한다.
② 투자자가 1년 후 환율이 1달러당 1,010원이 될 것으로 예상한다.
③ 미국의 이자율이 1년 후 2%로 상승한다.
④ 투자자가 1년 후에도 환율이 1달러당 1,000원으로 유지될 것으로 예상한다.

**13** 경제주체들의 환율 예상이 정태적으로 형성되는 경우, 변동환율제도를 채택한 소규모 개방경제 국가에서 중앙은행이 긴축적 통화정책을 실시할 때 나타나는 현상은?(단, 국가 간 자본이동이 완전하고, 다른 조건이 일정하다.)

① 실질소득은 감소하고 자국화폐는 평가절상된다.
② 자국화폐는 평가절하되고 실질소득은 증가한다.
③ 실질소득은 변화가 없고 자국화폐는 평가절상된다.
④ 환율은 변화가 없고 실질소득은 감소한다.

**14** 헥셔-올린(Heckscher-Ohlin) 모형과 관련한 설명으로 옳지 <u>않은</u> 것은?

① 자본이 노동에 비해 상대적으로 풍부한 국가는 자본집약적인 상품을 수출한다.
② 생산요소들은 국내에서는 자유롭게 이동할 수 있지만 국가 간 이동은 불가능하다고 가정한다.
③ 생산요소의 국가 간 이동이 불가능한 경우 상품의 국제무역이 발생해도 생산요소의 가격은 불변이다.
④ 교역 대상 상품들의 국가 간 생산기술의 차이는 없다고 가정한다.

**15** 종량세(specific tax) 부과의 효과에 대한 설명으로 옳지 않은 것은?

① 공급의 가격탄력성이 완전탄력적인 재화의 공급자에게 종량세를 부과할 경우 조세 부담은 모두 소비자에게 귀착된다.

② 종량세가 부과된 상품의 대체재가 많을수록 공급자에게 귀착되는 조세부담은 작아진다.

③ 수요와 공급의 가격탄력성이 큰 재화일수록 종량세 부과의 자중손실이 크다.

④ 종량세 부과가 균형거래량을 변동시키지 않는다면 종량세 부과는 자중손실을 발생시키지 않는다.

**16** 인플레이션 조세(inflation tax)에 대한 설명으로 옳지 않은 것은?

① 정부가 세금부과나 차입 등 통상적인 방법을 통해 필요한 재원을 조달할 수 없는 경우에 나타날 수 있다.

② 화폐발행권자는 통화량을 증가시킴으로써 주조차익(seigniorage)을 얻는다.

③ 인플레이션 조세의 실질적인 부담자는 화폐를 보유한 모든 경제주체이다.

④ 인플레이션 조세는 형평성 차원에서 경제전반에 나타나는 부익부 빈익빈 현상의 완화에 기여한다.

**17** X, Y 두 종류의 재화가 있다. X재 수요의 가격탄력성은 0.7이고, Y재 가격이 1% 상승할 때 Y재 수요량은 1.4% 감소한다고 한다. 램지원칙에 따라 과세하는 경우 Y재 세율이 10%일 때, X재의 최적 세율은?

① 0.5%

② 5%

③ 7%

④ 20%

**18** 한 국가의 총생산함수는 $Y = AL^{2/3}K^{1/3}$ 1인당 자본량의 변동은 $\Delta k = (1-b)y - \delta k$라고 할 때, 생산물 시장의 균형조건이 $Y = C + I$이며, 소비함수는 $C = bY$, $0 < b < 1$인 솔로우 성장 모형에서 황금률 수준의 소비율 b는?(단, Y는 총생산량, L은 인구(노동량), K는 자본량, A는 기술수준, y는 1인당 생산량, k는 1인당 자본량, C는 소비, I는 투자, b는 소비율, $\delta$는 감가상각률을 의미한다.)

① $\dfrac{1}{9}$      ② $\dfrac{1}{3}$

③ $\dfrac{4}{9}$      ④ $\dfrac{2}{3}$

**19** 내생적 성장이론의 다양한 시사점이 아닌 것은?

① 이윤극대화를 추구하는 민간기업의 연구개발투자는 양(+)의 외부효과와 음(−)의 외부효과를 동시에 발생시킬 수 있다.

② 연구개발의 결과인 기술진보는 지식의 축적이므로 지대추구행위를 하는 경제주체들에 의하여 빠르게 진행될 수 있다.

③ 교육에 의하여 축적된 인적자본은 비경합성과 배제가능성을 가지고 있다.

④ 노동력 중 연구개발부문의 종사자는 기술진보를 통하여 간접적으로 생산량 증가에 기여한다.

**20** A국가의 경제주체들은 화폐를 현금과 예금으로 절반씩 보유한다. 또한 상업은행의 지급준비율은 10%이다. A국의 중앙은행이 본원통화를 440만 원 증가시켰을 때 A국의 통화량 변동은?

① 800만 원 증가

② 880만 원 증가

③ 1,100만 원 증가

④ 4,400만 원 증가

# 지방직 7급 경제학

**01** 본원통화량이 불변인 경우, 통화량을 증가시키는 요인만을 모두 고르면?(단, 시중은행의 지급준비금은 요구불예금보다 적다.)

ㄱ. 시중은행의 요구불예금 대비 초과지급준비금이 낮아졌다.
ㄴ. 사람들이 지불수단으로 요구불예금보다 현금을 더 선호하게 되었다.
ㄷ. 시중은행이 준수해야 할 요구불예금 대비 법정지급준비금이 낮아졌다.

① ㄱ, ㄴ
② ㄱ, ㄷ
③ ㄴ, ㄷ
④ ㄱ, ㄴ, ㄷ

**02** 직장인 K는 거주할 아파트를 결정할 때 직장까지 월별 통근시간의 기회비용과 아파트 월별 임대료만을 고려한다. 통근시간과 임대료가 다음과 같은 경우 K의 최적 선택은?(단, K의 통근 1시간당 기회비용은 1만 원이다.)

| 거주 아파트 | 월별 통근시간 (단위 : 시간) | 월별 임대료 (단위 : 만 원) |
|---|---|---|
| A | 10 | 150 |
| B | 15 | 135 |
| C | 20 | 125 |
| D | 30 | 120 |

① A 아파트
② B 아파트
③ C 아파트
④ D 아파트

**03** 국내총생산(Gross Domestic Product)에 포함되지 않는 것은?

① 자국기업이 해외 공장에서 생산하여 국내에 들여온 재화의 양
② 자국기업이 국내 공장에서 생산하여 외국 지사에 중간재로 보낸 재화의 양
③ 외국기업이 국내 공장에서 생산하여 제3국에 수출한 재화의 양
④ 외국기업이 국내 공장에서 생산하여 국내 소비자에게 판매한 재화의 양

**04** 완전경쟁시장에서 활동하는 A기업의 고정비용인 사무실 임대료가 작년보다 30% 상승했다. 단기균형에서 A기업이 제품을 계속 생산하기로 했다면 전년대비 올해의 생산량은?(단, 다른 조건은 불변이다.)

① 30% 감축
② 30%보다 적게 감축
③ 30%보다 많이 감축
④ 전년과 동일

**05** 다음은 가계, 기업, 정부로 구성된 케인즈 모형이다. 이때 투자지출은 120으로, 정부지출은 220으로, 조세수입은 250으로 각각 증가할 경우 균형국민소득의 변화는?

> • 소비함수 : $C = 0.75(Y-T) + 200$
> • 투자지출 : $I = 100$
> • 정부지출 : $G = 200$
> • 조세수입 : $T = 200$

① 10 감소
② 10 증가
③ 20 감소
④ 20 증가

**06** 갑과 을이 150만 원을 각각 x와 y로 나누어 가질 때, 갑의 효용함수는 $u(x) = \sqrt{x}$, 을의 효용함수는 $u(y) = 2\sqrt{y}$이다. 이때 파레토 효율적인 배분과 공리주의적 배분은?(단, 공리주의적 배분은 갑과 을의 효용의 단순 합을 극대화하는 배분이며 단위는 만 원이다.)

| 파레토 효율적인 배분 | 공리주의적 배분 |
|---|---|
| ① $(x+y=150)$을 만족하는 모든 배분이다. | $(x=75, y=75)$ |
| ② $(x=30, y=120)$의 배분이 유일하다. | $(x=75, y=75)$ |
| ③ $(x=75, y=75)$의 배분이 유일하다. | $(x=30, y=120)$ |
| ④ $(x+y=150)$을 만족하는 모든 배분이다. | $(x=30, y=120)$ |

**07** 리카디안 등가(Ricardian Equivalence)는 정부가 부채를 통해 재원을 조달할 경우 조세삭감은 소비에 영향을 미치지 않는다는 것이다. 이에 대한 반론으로 옳은 것만을 모두 고르면?

> ㄱ. 소비자들은 합리적이지 못한 근시안적 단견을 갖고 있다.
> ㄴ. 소비자들은 자금을 조달할 때 차용제약이 있다.
> ㄷ. 소비자들은 미래에 부과되는 조세를 장래세대가 아닌 자기세대가 부담할 것으로 기대한다.

① ㄱ, ㄴ
② ㄱ, ㄷ
③ ㄴ, ㄷ
④ ㄱ, ㄴ, ㄷ

**08** 단기적으로 100개의 기업이 존재하는 완전경쟁시장이 있다. 모든 기업은 동일한 총비용함수 $TC(q) = q^2$을 가진다고 할 때, 시장 공급함수(Q)는?(단, p는 가격이고 q는 개별기업의 공급량이며, 생산요소의 가격은 불변이다.)

① $Q = p/2$
② $Q = p/200$
③ $Q = 50p$
④ $Q = 100p$

**09** 다음은 두 기간에 걸친 어느 소비자의 균형조건을 보여준다. 이 소비자의 소득 부존점은 E이고 효용극대화 균형점은 A이며, 이 경제의 실질이자율은 r이다. 이에 대한 설명으로 옳지 <u>않은</u> 것은?(단, 원점에 볼록한 곡선은 무차별곡선이다.)

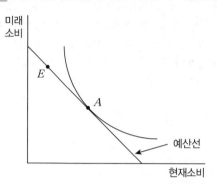

① 실질이자율(r)이 하락하면, 이 소비자의 효용은 감소한다.

② 효용극대화를 추구하는 이 소비자는 차입자가 될 것이다.

③ 현재소비와 미래소비가 모두 정상재인 경우, 현재소득이 증가하면 소비평준화(Consumption smoothing) 현상이 나타난다.

④ 유동성 제약이 있다면, 이 소비자의 경우 한계대체율은 1+r보다 클 것이다.

**10** 중앙은행은 다음과 같은 테일러 준칙(Taylor rule)에 따라서 명목이자율을 결정한다. 이에 대한 설명으로 옳은 것만을 〈보기〉에서 모두 고르면?

$$i_t = \pi_t + \rho + \alpha(\pi_t - \pi^*) + \beta(u_n - u_t)$$

(단, $i_t$는 t기의 명목이자율, $\pi_t$는 t기의 인플레이션율, $\rho$는 자연율 수준의 실질이자율, $\pi^*$는 목표 인플레이션율, $u_n$은 자연실업률, $u_t$는 t기의 실업률이며, $\alpha$와 $\beta$는 1보다 작은 양의 상수라고 가정하자.)

── 〈보 기〉 ──

ㄱ. t기의 인플레이션율이 1%p 증가하면, 중앙은행은 t기의 명목이자율을 $(1+\alpha)$%p 올려야 한다.

ㄴ. t기의 실업률이 1%p 증가하면, 중앙은행은 t기의 명목이자율을 1%p 낮춰야 한다.

ㄷ. t기의 인플레이션율이 목표인플레이션율과 같고 t기의 실업률이 자연실업률과 같으면, t기의 실질이자율은 $\rho$와 같다.

① ㄱ

② ㄴ

③ ㄱ, ㄷ

④ ㄴ, ㄷ

**11** A국가의 생산가능인구는 1,600만 명이고 실업자가 100만 명일 때, 경제활동참가율이 75%라면 실업률은?(단, 소수점 둘째 자리까지만 계산)

① 6.25%

② 8.33%

③ 9.10%

④ 18.75%

**12** 자유무역을 하는 소규모 경제의 A국이 X재 수입품에 관세를 부과했다. 관세부과 이후의 균형에 대한 설명으로 옳은 것만을 모두 고르면?(단, 관세부과 이후에도 수입은 계속된다. 또한 A국의 X재에 대한 수요곡선과 공급곡선에는 각각 수요의 법칙과 공급의 법칙이 적용된다.)

> ㄱ. A국의 생산량은 증가하고 정부의 관세수입이 발생한다.
> ㄴ. A국의 생산자잉여는 감소하고, 소비자잉여는 증가한다.
> ㄷ. A국에서 경제적 순손실(Deadweight loss)이 발생한다.

① ㄱ, ㄴ
② ㄱ, ㄷ
③ ㄴ, ㄷ
④ ㄱ, ㄴ, ㄷ

**13** 역선택 문제에 대한 대책으로 옳은 것은?

① 교통사고 시 자동차 보험료 할증
② 피고용인의 급여에 성과급적 요소 도입
③ 감염병 예방주사 무료 접종
④ 의료보험 가입 시 신체검사를 통한 의료보험료 차등화

**14** 경매이론(Auction theory)에 대한 설명으로 옳은 것은?

① 비공개 차가 경매(Second price sealed bid auction)에서는 구매자가 자신이 평가하는 가치보다 낮게 입찰하는 것이 우월전략이다.
② 영국식 경매(English auction)의 입찰전략은 비공개 차가 경매의 입찰전략보다는 비공개 최고가 경매(First price sealed bid auction)의 입찰전략과 더 비슷하다.
③ 네덜란드식 경매(Dutch auction)는 입찰자가 경매를 멈출 때까지 가격을 높이는 공개 호가식 경매(Open outcry auction)이다.
④ 수입등가정리(Revenue equivalence theorem)는 일정한 가정하에서 영국식 경매, 네덜란드식 경매, 비공개 최고가 경매, 비공개 차가 경매의 판매자 기대수입이 모두 같을 수 있다는 것을 의미한다.

**15** 다음 자료의 내용과 부합하는, A 씨의 1년 후 예상 환율은?

> A 씨는 은행에서 운영 자금 100만 원을 1년간 빌리기로 했다. 원화로 대출받으면 1년 동안의 대출 금리가 21%인 반면, 동일한 금액을 엔화로 대출받으면 대출 금리는 10%이지만 대출금은 반드시 엔화로 상환해야 한다. 현재 원화와 엔화 사이의 환율은 100엔당 1,000원이고, A 씨는 두 대출 조건이 같다고 생각한다.

① 1,000원/100엔
② 1,100원/100엔
③ 1,200원/100엔
④ 1,250원/100엔

**16** 다음 제시문의 ㉠~㉢에 들어갈 용어를 바르게 연결한 것은?

> 구매력평가이론(Purchasing Power Parity theory)은 양국의 화폐 1단위의 구매력이 같도록 환율이 결정된다는 것이다. 구매력평가이론에 따르면 양국 통화의 ( ㉠ )은 양국의 ( ㉡ )에 따라 결정되며, 구매력평가이론이 성립하면 ( ㉢ )은 불변이다.

| | ㉠ | ㉡ | ㉢ |
|---|---|---|---|
| ① | 실질환율 | 경상수지 | 명목환율 |
| ② | 명목환율 | 경상수지 | 실질환율 |
| ③ | 명목환율 | 물가수준 | 실질환율 |
| ④ | 실질환율 | 물가수준 | 명목환율 |

**17** 큰 기업인 A와 다수의 작은 기업으로 구성된 시장이 있다. 작은 기업들의 공급함수를 모두 합하면 $S(p)=200+p$, 시장의 수요곡선은 $D(p)=400-p$, A의 비용함수는 $c(y)=20y$이다. 이때 A의 잔여수요함수($D_A(p)$)와 균형가격($p$)은? (단, $y$는 A의 생산량이다.)

| | 잔여수요함수 | 균형가격 |
|---|---|---|
| ① | $D_A(p)=400-2p$ | $p=50$ |
| ② | $D_A(p)=200-2p$ | $p=60$ |
| ③ | $D_A(p)=200-2p$ | $p=50$ |
| ④ | $D_A(p)=400-2p$ | $p=60$ |

**18** 어느 경제의 총생산함수는 $Y=AL^{1/3}K^{2/3}$이다. 실질 GDP 증가율이 5%, 노동증가율이 3%, 자본증가율이 3%라면 솔로우 잔차(Solow residual)는?(단, $Y$는 실질 GDP, $A$는 기술수준, $L$은 노동, $K$는 자본이다.)

① 2%

② 5%

③ 6%

④ 12%

**19** A점에서 장기 균형을 이루고 있는 AD-AS 모형이 있다. 오일쇼크와 같은 음(−)의 공급충격이 발생하여 단기 AS 곡선이 이동한 경우에 대한 설명으로 옳지 않은 것은?

① 단기균형점에서 물가수준은 A점보다 높다.

② A점으로 되돌아오는 방법 중 하나는 임금의 하락이다.

③ 통화량을 증가시키는 정책을 실시하면, A점의 총생산량 수준으로 되돌아올 수 있다.

④ 정부지출을 늘리면 A점의 물가수준으로 되돌아올 수 있다.

**20** A국가의 통화량이 5,000억 원, 명목 GDP가 10조 원, 실질 GDP가 5조 원이라면 화폐수량설이 성립하는 A국가의 화폐유통속도는?

① 10

② 15

③ 20

④ 25

# 지방직 7급 경제학

소요시간    분 | 점수    점 | 정답 및 해설 067p

**01** 미국 국적의 A는 2016년 1년 동안 한국에 거주하며 일했다. A는 한국 소재 기업에서 총 5,000만 원의 연봉을 받았으며, 한국 소재 어학원에 연 500만 원을 지불하고 한국어를 배웠다. 이 두 금액이 한국의 2016년 GDP와 GNI에 미친 영향의 차이는?

① 5,500만 원
② 5,000만 원
③ 4,500만 원
④ 500만 원

**02** 시장실패(market failure)에 대한 설명으로 옳은 것만을 모두 고른 것은?

> ㄱ. 사회적으로 효율적인 자원배분이 이루어지지 않는 경우이다.
> ㄴ. 공공재와 달리 외부성은 비배제성과 비경합성의 문제로부터 발생하는 시장실패이다.
> ㄷ. 각 경제주체가 자신의 이익을 위해서만 행동한다면 시장실패는 사회전체의 후생을 감소시키지 않는다.

① ㄱ
② ㄴ
③ ㄱ, ㄷ
④ ㄴ, ㄷ

**03** 원점에 대해 오목한 생산가능곡선에 대한 설명으로 옳지 않은 것은?

① 기술진보가 이루어지면 생산가능곡선은 원점으로부터 바깥쪽으로 이동한다.
② 생산가능곡선이 원점에 대해 오목한 것은 재화 생산의 증가에 따른 기회비용이 체증하기 때문이다.
③ 원점에 대해 볼록한 사회무차별곡선이 주어진다면 생산가능곡선 선상의 한 점에서 최적의 생산수준이 결정된다.
④ 생산가능곡선의 외부에 위치하는 점은 비효율적인 생산점인 반면, 내부에 위치하는 점은 실현이 불가능한 생산점이다.

**04** 어느 독점기업이 직면하는 시장수요함수는 $P=30-Q$이며, 한계비용은 생산량과 상관없이 20으로 일정하다. 이 독점기업이 이윤을 극대화할 때의 생산량과 이윤의 크기는?(단, Q는 생산량이다.)

|   | 생산량 | 이윤 |
|---|---|---|
| ① | 5 | 10 |
| ② | 5 | 25 |
| ③ | 10 | 10 |
| ④ | 10 | 25 |

**05** 수요함수가 우하향하는 직선의 형태일 때, 수요의 가격탄력성에 대한 설명으로 옳은 것은?

① 필수재에 비해 사치재의 수요는 가격변화에 대해 보다 비탄력적이다.

② 수요의 가격탄력성이 1일 때 총지출은 최대가 된다.

③ 수요의 가격탄력성은 수요곡선의 어느 점에서 측정하더라도 같은 값을 가진다.

④ 수요곡선의 임의의 점에서 수요의 가격탄력성은 수요곡선 기울기의 역수로 계산된다.


**06** 솔로우(Solow) 성장모형에 대한 설명으로 옳지 <u>않은</u> 것은?

① 기술진보 없이 지속적인 성장을 할 수 없다.

② 정상상태(steady state)에서 인구증가율의 변화는 1인당 경제성장률에 영향을 미치지 않는다.

③ 한계생산이 체감하는 생산함수와 외생적인 기술진보를 가정한다.

④ 자본축적만으로도 지속적인 성장이 가능하다.


**07** 생산함수가 $Q(L, K)=\sqrt{LK}$이고 단기적으로 K가 1로 고정된 기업이 있다. 단위당 임금과 단위당 자본비용이 각각 1원 및 9원으로 주어져 있다. 단기적으로 이 기업에서 규모의 경제가 나타나는 생산량 Q의 범위는?(단, Q는 생산량, L은 노동투입량, K는 자본투입량이다.)

① $0 \leq Q \leq 3$

② $3 \leq Q \leq 4.5$

③ $4.5 \leq Q \leq 6$

④ $3 \leq Q \leq 6$


**08** 실업률과 고용률에 대한 설명으로 옳지 <u>않은</u> 것은?

① 18시간 이상 일한 무급가족종사자는 실업자에 포함된다.

② 실망실업자는 실업자에 포함되지 않는다.

③ 경제활동참가율과 실업률이 주어지면 고용률을 알 수 있다.

④ 경제활동참가율이 일정할 때 실업률이 높아지면 고용률이 낮아진다.


**09** 동일 제품을 생산하는 복점기업 A사와 B사가 직면한 시장수요 곡선은 $P=50-5Q$이다. A사와 B사의 비용함수는 각각 $C_A(Q_A)=20+10Q_A$ 및 $C_B(Q_B)=10+15Q_B$이다. 두 기업이 비협조적으로 행동하면서 이윤을 극대화하는 쿠르노 모형을 가정할 때, 두 기업의 균형생산량은?(단, Q는 A기업 생산량 $(Q_A)$과 B기업 생산량$(Q_B)$의 합이다.)

| | $Q_A$ | $Q_B$ |
|---|---|---|
| ① | 2 | 2.5 |
| ② | 2.5 | 2 |
| ③ | 3 | 2 |
| ④ | 3 | 4 |


**10** 2 기간 소비선택모형에서 소비자의 효용함수는 $U(C_1, C_2)=C_1 C_2$이고, 예산제약식은 $C_1+\dfrac{C_2}{1+r}=Y_1+\dfrac{Y_2}{1+r}$이다. 이 소비자의 최적소비 행태에 대한 설명으로 옳지 <u>않은</u> 것은?(단, $C_1$은 1기의 소비, $C_2$는 2기의 소비, $Y_1$은 1기의 소득으로 100, $Y_2$는 2기의 소득으로 121, r은 이자율로 10%이다.)

① 한계대체율과 $(1+r)$이 일치할 때 최적소비가 발생한다.

② 1기보다 2기에 소비를 더 많이 한다.

③ 1기에 이 소비자는 저축을 한다.

④ 유동성제약이 발생하면 1기의 소비는 감소한다.

**11** A국 시중은행의 지급준비율이 0.2이며 본원통화는 100억 달러이다. A국의 통화승수와 통화량은 얼마인가?(단, 현금통화비율은 0이다.)

| | 통화승수 | 통화량 |
|---|---|---|
| ① | 0.2 | 500억 달러 |
| ② | 5 | 500억 달러 |
| ③ | 0.2 | 100억 달러 |
| ④ | 5 | 100억 달러 |

**12** 어느 재화에 대한 수요곡선은 $Q=100-P$이다. 이 재화를 생산하여 이윤을 극대화하는 독점기업의 비용함수가 $C(Q)=20Q+10$일 때, 이 기업의 러너 지수(Lerner index) 값은?

① $\frac{1}{4}$   ② $\frac{1}{3}$

③ $\frac{2}{3}$   ④ $\frac{3}{4}$

**13** 국내총생산(GDP)의 측정방법으로 옳지 <u>않은</u> 것은?

① 일정기간 동안 국내에서 새로이 생산된 최종생산물의 시장가치를 합한다.
② 일정기간 동안 국내 생산과정에서 새로이 창출된 부가가치를 합한다.
③ 일정기간 동안 국내 생산과정에 참여한 경제주체들이 받은 요소소득을 합한다.
④ 일정기간 동안 국내 생산과정에서 투입된 중간투입물의 시장가치를 합한다.

**14** 다음은 개방경제의 국민소득결정 모형이다. 정부지출이 100에서 200으로 증가할 경우, 균형국민소득의 변화량은? (단, Y, C, I, G, X, M은 각각 국민소득, 소비, 투자, 정부지출, 수출, 수입이다.)

> • $Y=C+I+G+(X-M)$
> • $C=200+0.5Y$
> • $I=100$
> • $G=100$
> • $X=100$
> • $M=50+0.3Y$

① 100
② 125
③ 150
④ 500

**15** 어느 재화의 시장에서 가격수용자인 기업의 비용함수는 $C(Q)=5Q+\frac{Q^2}{80}$이며, 이 재화의 판매가격은 85원이다. 이 기업이 이윤극대화를 할 때, 생산량과 생산자잉여의 크기는? (단, Q는 생산량이며, 회수 가능한 고정비용은 없다고 가정한다.)

| | 생산량 | 생산자잉여 |
|---|---|---|
| ① | 3,000 | 128,000 |
| ② | 3,000 | 136,000 |
| ③ | 3,200 | 128,000 |
| ④ | 3,200 | 136,000 |

**16** 레온티에프 역설(Leontief paradox)에 대한 설명으로 옳지 않은 것은?

① 제품의 성숙단계, 인적자본, 천연자원 등을 고려하면 역설을 설명할 수 있다.

② 2차세계대전 직후 미국의 노동자 일인당 자본장비율은 다른 어느 국가보다 낮았다.

③ 미국에서 수출재의 자본집약도는 수입재의 자본집약도보다 낮은 것으로 나타났다.

④ 헥셔올린 정리에 따르면 미국은 상대적으로 자본집약적 재화를 수출할 것으로 예측되었다.

**17** 시장이자율이 상승할 때 동일한 액면가(face value)를 갖는 채권의 가격변화에 대한 설명으로 옳지 않은 것은?

① 무이표채(discount bond)는 만기가 일정할 때 채권가격이 하락한다.

② 이표채(coupon bond)는 만기가 일정할 때 채권가격이 하락한다.

③ 실효만기가 길수록 채권가격은 민감하게 변화한다.

④ 무이표채의 가격위험은 장기채보다 단기채가 더 크다.

**18** 다음은 A국의 소득세제에 대한 특징이다. 이에 대한 설명으로 옳은 것은?(단, 최종소득은 소득에서 소득세를 뺀 값이다.)

> • 소득이 5,000만 원 미만이면 소득세를 납부하지 않음
> • 소득이 5,000만 원 이상이면 5,000만 원을 초과하는 소득의 20%를 소득세로 납부함

① 소득 대비 최종소득의 비중은 소득이 증가할수록 감소한다.

② 고소득자의 최종소득이 저소득자의 최종소득보다 작을 수 있다.

③ 소득 증가에 따른 최종소득 증가분은 소득이 증가할수록 작아진다.

④ 소득이 5,000만 원 이상인 납세자의 소득 대비 소득세 납부액 비중은 소득이 증가할수록 커진다.

**19** 자본이동이 불완전하고 변동환율제도를 채택한 소규모 개방경제의 IS-LM-BP 모형에서 균형점이 $(Y_0, i_0)$으로 나타났다. 이 때, 확장적 재정정책에 따른 새로운 균형점에 대한 설명으로 옳은 것은?(단, Y는 총소득, i는 이자율이다.)

① 총소득은 $Y_0$보다 크고, 이자율은 $i_0$보다 높다.

② 총소득은 $Y_0$보다 크고, 이자율은 $i_0$보다 낮다.

③ 총소득은 $Y_0$보다 작고, 이자율은 $i_0$보다 높다.

④ 총소득은 $Y_0$보다 작고, 이자율은 $i_0$보다 낮다.

**20** 어느 폐쇄경제에서 총생산함수가 $y = k^{1/2}$, 자본 축적식이 $\Delta k = sy - \delta k$, 국민소득계정 항등식이 $y = c + i$인 솔로우 모형에 대한 설명으로 옳지 않은 것은?(단, y는 1인당 산출, k는 1인당 자본량, c는 1인당 소비, i는 1인당 투자, $\delta$는 감가상각률이다. 이 경제는 현재 정상상태(steady state)에 놓여 있으며, 저축률 s는 40%로 가정한다.)

① 저축률이 50%로 상승하면 새로운 정상상태에서의 1인당 산출은 현재보다 크다.

② 저축률이 50%로 상승하면 새로운 정상상태에서의 1인당 소비는 현재보다 크다.

③ 저축률이 60%로 상승하면 새로운 정상상태에서의 1인당 산출은 현재보다 크다.

④ 저축률이 60%로 상승하면 새로운 정상상태에서의 1인당 소비는 현재보다 크다.

나는 내가 더 노력할수록,
운이 더 좋아진다는 걸 발견했다.


-토마스 제퍼슨(Thomas Jefferson)-

# PART 3

## 서울시 7급 문제편

# 2021 서울시 7급 경제학

소요시간　　분 | 점수　　점 | 정답 및 해설 074p

**01** 갑(甲)국에서 홍차의 가격이 10% 상승하자 홍차의 수요량이 5% 감소하였다. 이와 동시에 잼의 수요량이 12% 감소하였다. 이로부터 추정할 수 있는 사실을 〈보기〉에서 모두 고른 것은?(단, 홍차 가격의 변화 외에 홍차와 잼의 수요에 변화를 일으킬 수 있는 어떤 요소도 변화하지 않았다고 가정한다.)

─────── 〈보 기〉 ───────
ㄱ. 홍차는 열등재(inferior goods)이다.
ㄴ. 잼의 수요는 탄력적(elastic)이다.
ㄷ. 홍차의 판매 수입(revenue)은 증가한다.
ㄹ. 홍차와 잼은 보완재 관계를 갖는다.

① ㄱ, ㄷ
② ㄱ, ㄹ
③ ㄴ, ㄹ
④ ㄷ, ㄹ

**02** 독점시장에서 시장수요와 독점기업의 평균비용함수가 〈보기〉와 같다. 독점기업의 이윤과 이때의 소비자잉여는?

─────── 〈보 기〉 ───────
• 시장수요 : Q=210-2P
• 평균비용 : AC=5+2Q

| | 이윤 | 소비자잉여 |
|---|---|---|
| ① | 800 | 80 |
| ② | 900 | 90 |
| ③ | 1,000 | 100 |
| ④ | 1,100 | 110 |

**03** 갑(甲)회사가 2020년에 생산한 뒤 재고로 보관중이던 제품을 2021년에 소비자 을(乙)에게 판매하였다. 국내총생산(GDP)에 대한 설명으로 가장 옳은 것은?

① 제품의 가치가 2020년 GDP에 영향을 주지 않되, 2021년 GDP의 소비에 더해진다.
② 제품의 가치가 2020년 GDP에 영향을 주지 않되, 2021년 GDP의 투자에 더해진다.
③ 제품의 가치가 2020년 GDP의 투자에 더해지고, 2021년 GDP의 투자에 더해지며, 2021년 GDP의 소비에서 감해진다.
④ 제품의 가치가 2020년 GDP의 투자에 더해지고, 2021년 GDP의 소비에 더해지며, 2021년 GDP의 투자에서 감해진다.

**04** 재화 X의 시장은 완전경쟁적이고, 동질적인 기업들로 구성되어 있다. 이 시장에 속한 기업의 한계비용(MC)은 그 기업의 산출량이 q일 때 MC(q)=2q로 나타낼 수 있다. 이 시장은 현재 장기균형(long-run equilibrium) 상태에 있으며, 각 기업의 산출량은 10이다. 각 기업의 총고정비용(total fixed cost)은 100달러이다. 각 기업의 평균가변비용(average variable cost)은?

① 5달러
② 10달러
③ 15달러
④ 20달러

**05** 복점시장을 구성하고 있는 갑(甲)과 을(乙)이 할인행사를 진행할 것인지 고려한다. 상대의 결정에 따른 갑과 을의 보수함수가 〈보기〉와 같을 때, 설명 중 가장 옳은 것은?(단, 괄호의 첫째, 둘째 값은 각각 갑과 을의 보수를 의미한다.)

| | | 을(乙) | |
|---|---|---|---|
| | | 가격유지 | 가격할인 |
| 갑(甲) | 가격유지 | (15, 15) | (5, 10) |
| | 가격할인 | (10, 5) | (7, 7) |

① 가격을 유지하는 것이 두 기업의 우월전략이다.
② 유일한 내쉬균형이 존재한다.
③ 내쉬균형에서 두 기업은 서로 같은 전략을 선택한다.
④ 갑과 을은 공범자의 딜레마(prisoner's dilemma)에 처해 있다.

**06** 총수요–총공급모형에서 단기에 균형물가수준을 하락시키는 경우에 해당하는 것은?

① 예상 물가수준의 하락
② 태풍으로 인한 도로, 공항 등 사회간접자본의 파괴
③ 장래 경기에 대한 낙관적인 전망
④ 해외 경기의 호황

**07** 1985년의 소비자물가지수는 28이고, 2020년의 소비자물가지수는 245라고 하자. 1985년 자장면 한 그릇의 가격이 600원이었다. 1985년 자장면 한 그릇의 가격을 2020년 화폐로 환산할 경우 해당하는 가격은?

① 5,100원
② 5,250원
③ 5,450원
④ 5,600원

**08** 완전대체재 관계인 X재와 Y재를 소비하는 김씨의 효용함수는 U=X+Y로 주어졌다. (여기서 U는 효용의 크기, X와 Y는 각 재화의 수량을 의미한다.) 김씨는 두 재화의 소비를 위해 총 50원을 지출하려고 한다. 그리고 X재의 시장가격은 단위당 2원이고, Y재의 시장가격은 단위당 10원이다. 이 경우 효용을 극대화하는 최적선택에서 김씨가 최대로 얻을 수 있는 효용의 크기는?

① 5
② 25
③ 30
④ 60

**09** 〈보기〉와 같은 경제에서 자연산출량은 6,000이다. 이 경제의 국민소득을 자연산출량과 같은 수준으로 만들기 위해 정부지출을 늘린다면, 현재의 정부지출에서 더 늘려야 하는 정부지출은?

〈보 기〉
$C=200+0.8(Y-T)$, $I=1,000$, $G=200$, $T=500$, $NX=0$
(단, C는 소비지출, I는 투자지출, G는 정부지출, T는 조세, NX는 순수출, Y는 국민소득)

① 100
② 200
③ 300
④ 400

**10** 4개의 기업이 각각 밀가루, 치즈, 토마토, 피자를 생산하는 나라를 상정하자. 이외에 생산되는 다른 재화는 없다. 밀가루, 치즈, 토마토 생산은 토지와 노동력만을 필요로 하지만, 피자의 생산에는 토지와 노동력 외에도 밀가루, 치즈, 토마토를 필요로 한다. 이 경제 내 생산된 밀가루, 치즈, 토마토는 모두 피자 회사에 판매되어 피자 생산에 사용된다. 〈보기〉는 각 재화의 생산 과정에서 각 생산요소가 벌어들인 소득과 산출물의 판매액을 나타낸다. 이 나라의 국내총생산(GDP)은?

〈보 기〉

| 구분 | 밀가루 회사 | 치즈 회사 | 토마토 회사 | 피자 회사 |
|------|-----------|----------|-----------|----------|
| 총임금 | 25 | 28 | 30 | 75 |
| 총지대 | 20 | 47 | 15 | 45 |
| 판매액 | 55 | 80 | 60 | 350 |

① 158

② 195

③ 285

④ 350

**11** 〈보기〉는 유동성선호 이론(liquidity preference theory)에서 화폐 수요(demand for money)에 영향을 미치는 요소들에 관한 것이다. 빈칸에 들어갈 단어들을 가장 적절하게 묶은 것은?

〈보 기〉

___(가)___ 은(는) 화폐 보유에 대한 기회비용을 의미하기 때문에 ___(가)___ 이(가) 높아지면 화폐에 대한 수요는 ___(나)___. 한편, ___(다)___ 은(는) 재화와 서비스의 거래에 필요한 화폐의 양을 의미하므로, ___(다)___ 이(가) 높아지면 화폐에 대한 수요는 ___(라)___.

| | (가) | (나) | (다) | (라) |
|---|------|------|------|------|
| ① | 이자율 | 감소한다 | 물가수준 | 증가한다 |
| ② | 국민소득 | 증가한다 | 물가수준 | 증가한다 |
| ③ | 물가수준 | 증가한다 | 국민소득 | 증가한다 |
| ④ | 이자율 | 증가한다 | 국민소득 | 증가한다 |

**12** 갑(甲)의 소득은 화재가 발생하지 않을 때 100, 화재가 발생할 때 36이다. 화재가 발생할 확률이 0.50이고 갑(甲)의 효용함수가 $U = \sqrt{소득}$ 이라고 할 때, 위험 프리미엄(risk premium)의 값은?

① 0.25

② 2

③ 4

④ 6

**13** 가격차별(price discrimination)에 관한 〈보기〉의 설명 중 옳은 것을 모두 고른 것은?

〈보 기〉

ㄱ. 독점기업이 가격차별을 하는 경우 독점기업의 이윤은 단일가격(uniform pricing)의 경우보다 증가한다.

ㄴ. 완전한 가격차별(perfect price discrimination)이 이루어지면 소비자잉여는 0이다.

ㄷ. 독점기업이 완전한 가격차별을 행하는 경우 독점기업의 수요곡선과 한계수입곡선은 일치하게 된다.

ㄹ. 두 소비자 그룹에게 다른 가격을 부과하는 3차 가격차별의 경우 두 그룹 중 더 높은 가격에 직면하는 소비자 그룹의 소비자잉여는 단일가격을 부과하는 상황(uniform pricing)에 비해 낮아질 수밖에 없다.

① ㄱ, ㄴ

② ㄴ, ㄹ

③ ㄱ, ㄴ, ㄷ

④ ㄱ, ㄴ, ㄷ, ㄹ

**14** 유동성함정에 대한 설명으로 가장 옳은 것은?

① 화폐보유에 대한 비용이 아주 크다.

② 실질화폐수요는 이자율에 대해 비탄력적이어서 이자율이 아주 크게 변해야만 실질화폐수요가 변화한다.

③ 유동성함정에 빠진 경우 재정정책보다 통화정책이 더 유효하다.

④ 유동성함정에서라도 확장적 통화정책으로 기대인플레이션율을 높인다면 주어진 명목이자율 수준에서 실질이자율을 낮추는 것이 가능하다.

**15** 개방경제(open economy) 모형에서 한국 경제 내 재정적자가 증가함으로써 발생하는 상황으로 가장 옳은 것은? (단, 원/달러 환율은 1달러와 교환되는 원화의 양을 가리킨다.)

① 순자본유출은 증가하고 외환시장 내 원화공급이 증가하여 원/달러 환율은 상승한다.

② 순자본유출은 증가하고 외환시장 내 원화공급이 증가하여 원/달러 환율이 하락한다.

③ 순자본유출은 감소하고 외환시장 내 원화공급이 감소하여 원/달러 환율이 상승한다.

④ 순자본유출은 감소하고 외환시장 내 원화공급이 감소하여 원/달러 환율은 하락한다.

**16** 지난 2년간 갑(甲)국의 인플레이션율과 실업률이 〈보기〉와 같고 기대인플레이션율이 일정할 때, 필립스 곡선을 이용하여 구한 갑국의 자연실업률은?

〈보 기〉

| 구분 | 2019년 | 2020년 |
|---|---|---|
| 인플레이션율(%) | 5% | 9% |
| 실업률(%) | 10% | 8% |

① 7.5%

② 10%

③ 12.5%

④ 15%

**17** 새고전학파의 주장에 대한 설명 중 가장 옳지 <u>않은</u> 것은?

① 경제주체들이 합리적 기대에 입각하여 행동한다고 가정한다.

② 새고전학파의 접근방법은 총수요곡선의 이동이 총생산에는 영향을 미치지 못하며 물가에만 영향을 미친다는 고전학파의 견해로 회귀하는 것이었다.

③ 예상된 총수요확장정책은 단기적으로도 물가만 상승시킬 뿐 실업률에 영향을 주지 못한다는 정책무력성의 명제를 제시했다.

④ 경제주체들이 예상하지 못한 정책은 단기적으로도 실업률에 영향을 줄 수 없다.

**18** 우리나라 원화와 미국 달러화 간에 구매력평가설이 성립한다고 하자. 우리나라 물가가 3% 상승하고 미국의 물가가 1% 상승할 때의 설명으로 옳은 것은?

① 우리나라 원화가 미국 달러화에 대해 2% 절상된다.

② 우리나라 원화가 미국 달러화에 대해 2% 절하된다.

③ 우리나라 원화가 미국 달러화에 대해 4% 절상된다.

④ 우리나라 원화가 미국 달러화에 대해 4% 절하된다.

**19** 갑(甲)과 을(乙)은 하루에 8시간을 X재와 Y재의 생산에 투입할 수 있고, 하루 8시간 동안에 생산할 수 있는 X재와 Y재의 조합을 나타내는 생산가능곡선은 갑(甲)의 경우 $2X+Y=16$, 을(乙)의 경우 $X+2Y=16$이다. 설명 중 가장 옳은 것은?

① 갑은 을보다 X재와 Y재 모두에 있어서 절대우위를 갖는다.

② X재와 Y재를 각각 240개씩 만드는 데 소요되는 기간은 갑이 을보다 더 짧다.

③ 전문화(specialization)를 하여 X재와 Y재를 1대1로 교환하면, 갑과 을 모두 이득을 본다.

④ 갑이 X재의 생산에 대한 교육을 받은 후 하루 8시간 동안의 생산가능곡선이 $2X+3Y=48$이 되었다면, 갑은 을보다 X재에 있어서 비교우위를 갖게 된다.

**20** 파전의 수요곡선은 우하향하고, 공급곡선은 우상향한다. 파전 가격의 하락을 야기할 것으로 가장 옳은 것은?(단, 파전 시장은 경쟁적이며, 김치전은 파전의 대체재이다.)

① 김치전 가격의 하락과 파 가격의 하락

② 김치전 가격의 하락과 파 가격의 상승

③ 김치전 가격의 상승과 파 가격의 하락

④ 김치전 가격의 상승과 파 가격의 상승

2020.10.17. 시행

# 2020 서울시 7급 경제학

소요시간    분 | 점수    점 | 정답 및 해설 080p

**01** 한 달 소득이 10만 원인 어떤 소비자가 있다. 이 소비자는 쌀과 밀가루만 소비한다고 가정할 때, 1kg당 쌀은 1만 원, 밀가루는 2만 원이다. 이 소비자는 특정 소비조합 (쌀, 밀가루)=(x, y)에서 한계대체율(MU쌀/MU밀가루)이 0.5라고 한다. 만약 밀가루를 구입할 때 정부가 1kg당 1만 원씩 보조금을 지급한다면, 다음 중 가장 옳은 것은?

① 밀가루에 대한 정부의 보조금 지급으로 특정 소비조합 (쌀, 밀가루)=(x, y)에서 이 소비자의 효용은 극대화된다.

② 밀가루에 대한 정부의 보조금 지급으로 이 소비자는 더 많은 쌀과 밀가루를 소비할 수 있게 되었다.

③ 밀가루에 대한 정부의 보조금이 지급될 경우, 특정 소비조합(쌀, 밀가루)=(x, y)에서 이 소비자가 효용을 극대화하기 위해서는 쌀 소비를 늘리고 밀가루 소비는 줄여야 한다.

④ 정부의 보조금이 쌀과 밀가루에 각각 1kg당 5천 원씩 지급된다면, 밀가루에 1kg당 1만원씩 지급될 때보다 언제나 더 많은 쌀과 밀가루를 소비할 수 있다.

**02** 어떤 완전경쟁시장 안에 100개의 동질적인 기업들이 생산 활동을 하고 있는데, 각 기업의 단기 총비용함수는 $TC=120+10Q+5Q^2$으로 주어져 있다고 한다. 그리고 기업이 지출한 고정비용은 모두 매몰비용의 성격을 갖고 있다. 또한 시장의 수요곡선은 $Q_D=1,100-2P$로 나타낼 수 있다. 이 시장의 균형가격(P)과 균형거래량(Q)을 옳게 짝지은 것은?

|     | P   | Q   |
| --- | --- | --- |
| ①   | 70  | 600 |
| ②   | 80  | 700 |
| ③   | 90  | 800 |
| ④   | 100 | 900 |

**03** 정부가 기업의 노동수요를 진작하기 위하여 보조금을 통해 기업이 실질적으로 부담하는 노동의 가격을 낮추는 정책을 추진하려 한다. 이 정책이 기업의 노동수요에 미치는 영향에 대한 설명으로 가장 옳지 <u>않은</u> 것은?

① 다른 조건이 동일할 때 노동의 한계생산이 빠르게 체감하는 기업일수록 노동수요가 크게 증가할 것이다.

② 다른 조건이 동일할 때 다른 생산요소를 노동으로 대체하기 쉬운 기업일수록 노동수요가 크게 증가할 것이다.

③ 다른 조건이 동일할 때 총생산비용 중 노동비용이 차지하는 비중이 큰 기업일수록 노동수요가 크게 증가할 것이다.

④ 다른 조건이 동일할 때 상품수요의 가격탄력성이 큰 기업일수록 노동수요가 크게 증가할 것이다.

**04** 〈보기〉에서 제시된 재화들이 공통적으로 나타내는 특성은?

─── 〈보 기〉 ───
국방 및 치안 서비스, 케이블 TV, 공중파 라디오 방송

① 배제성

② 비배제성

③ 경합성

④ 비경합성

**05** 두 제품만 생산할 수 있는 경제의 생산가능곡선에 대한 설명으로 가장 옳지 않은 것은?

① 생산 비효율적인 생산점이 생산 효율적인 생산점으로 이동하기 위해서는 경제성장이 이루어져야 한다.

② 생산가능곡선이 원점에 대하여 오목하다면 생산 효율적인 생산점에서 한 제품을 더 생산할수록 기회비용이 점점 커진다.

③ 이 경제에서 생산하는 두 제품에서 기술진보가 이루어진다면 생산가능곡선이 바깥쪽으로 이동한다.

④ 생산가능곡선이 직선이라면 두 제품의 기회비용은 일정하다.

**06** 노동시장에서 최저임금제도가 시행됨에 따라 임금이 25% 높아졌으며, 이러한 최저임금 수준에서 노동자에 대한 기업들의 수요는 비탄력적인 것으로 확인되었다. 만약 정부가 현재 시행되는 최저임금제도를 폐지하는 경우, 해당 시장에서 발생할 상황에 대한 설명으로 가장 옳은 것은?

① 고용은 감소하나, 그 감소량은 현재 고용수준 대비 25%를 넘지 않을 것이다.

② 고용은 증가하나, 그 증가량은 현재 고용수준 대비 25%를 넘지 않을 것이다.

③ 고용이 현재에 비해 25% 이상 감소할 것이다.

④ 고용이 현재에 비해 25% 이상 증가할 것이다.

**07** 탄력성에 대한 설명 중 가장 옳지 않은 것은?

① 가격 변화와 관계없이 반드시 소비해야 하는 물건에 대한 가격탄력성은 0이다.

② 대체관계인 연필과 샤프펜슬의 교차탄력성은 양(+)의 값을 가진다.

③ 사치품의 경우 가격탄력성은 1보다 크지만 소득탄력성은 1보다 작은 경향이 있다.

④ 소득탄력성이 0보다 크면 정상재라고 한다.

**08** 두 재화(X재화와 Y재화)를 소비함으로써 효용극대화를 하는 소비자가 있고, 그의 선호는 효용함수 $U = 2 \times (x+y) + 100$으로 표현된다고 한다. 주어진 효용함수로부터 유추할 수 있는 것으로 가장 옳은 것은?(단, x와 y는 각 재화의 소비량을 의미한다.)

① 이 소비자는 두 재화를 완전 대체재로 인식하고 있다.

② 이 소비자는 두 재화를 완전 보완재로 인식하고 있다.

③ 이 소비자는 두 재화를 열등재로 인식하고 있다.

④ 이 소비자는 두 재화를 비재화로 인식하고 있다.

**09** 완전경쟁시장에 대한 설명으로 가장 옳지 않은 것은?

① 개별기업이 직면하는 수요곡선은 시장가격에서 그은 수평선이다.

② 단기에서 기업은 초과이윤을 얻을 수 있다.

③ 기업은 한계비용이 상품의 가격보다 낮다면 이윤 증대를 위해 생산량을 늘려야 한다.

④ 기업은 고정비용이 모두 매몰비용일 때 가격이 평균 비용보다 낮다면 생산을 중단한다.

**10** 〈보기〉의 국내총생산(GDP)에 대한 설명 중 옳은 것을 모두 고른 것은?

〈보 기〉

ㄱ. 국내총생산에서 생산, 지출, 분배 측면의 값은 본질적으로 동일하다.

ㄴ. 개인 간 중고거래는 국내총생산에 포함되지 않는다.

ㄷ. H기업은 2020년 100억 원어치의 자동차를 생산하였으나 시장에서 80억 원만 거래되었다. 기업 활동 중 2020년 국내총생산에 포함되는 것은 시장에서 거래된 80억 원이다.

ㄹ. 개인투자자 A씨의 2020년 주식시장 시세차익은 1,000만 원이다. 이는 국내총생산에서 가계부문의 금융소득에 포함된다.

① ㄱ, ㄴ
② ㄱ, ㄴ, ㄷ
③ ㄱ, ㄷ, ㄹ
④ ㄱ, ㄴ, ㄷ, ㄹ

**11** 〈보기〉와 같은 경제에서 균형국민소득은 6,500이다. 만약 투자지출이 2,000으로 증가한다면 균형국민소득은 A로 증가하고 그때의 투자승수는 B이다. A와 B의 값을 옳게 짝지은 것은?

〈보 기〉

• C=1,000+0.5(Y−T)
• I=1,500
• G=1,000
• T=500
(단, C는 소비지출, I는 투자지출, G는 정부지출, T는 조세, Y는 국민소득)

|  | A | B |
|---|---|---|
| ① | 7,000 | 1 |
| ② | 7,500 | 2 |
| ③ | 8,000 | 3 |
| ④ | 8,500 | 4 |

**12** 사람들은 정부정책을 포함한 사용 가능한 모든 정보를 적정하게 이용하여 장래를 예측한다는 이론이 있다. 거시경제학 여러 분야에 영향을 준 이 이론과 가장 관련이 없는 것은?

① 합리적 기대 이론
② 로버트 루카스
③ 희생비율이 매우 낮거나 0이라는 주장
④ 행동경제학

**13** 변동환율제도하의 자본이동이 완전한 개방경제에서 정부지출이 정부수입을 초과할 때 발생하는 현상에 대한 설명으로 가장 옳지 않은 것은?

① 이자율이 상승한다.
② 순자본유출이 감소한다.
③ 재정정책이 통화정책보다 더 효과적인 경기조절 수단이다.
④ 환율이 하락한다.

**14** 갑(甲)과 을(乙)은 TV를 생산하여 판매하고 있다. 그런데 갑의 제품이 을의 제품보다 고장 가능성이 낮지만, 소비자들은 이를 모른다. 따라서 갑은 이를 알리기 위해 품질보증(warranty)을 시행하였고, 을의 제품보다 더 높은 가격으로 제품을 판매하였다. 이 사례의 품질보증과 가장 관련 있는 개념에 해당하는 것은?

① 외부효과(externality)
② 신호발송(signaling)
③ 가격차별(price discrimination)
④ 골라내기(screening)

**15** 어떤 국가의 총요소생산성(total factor productivity)이 증가하여 총공급곡선이 이동하였다. 이 국가의 균형공급량과 균형물가수준의 변화 방향에 대한 설명으로 가장 옳은 것은?

① 균형공급량이 감소하고 균형물가수준은 하락한다.
② 균형공급량이 감소하고 균형물가수준은 상승한다.
③ 균형공급량이 증가하고 균형물가수준은 하락한다.
④ 균형공급량이 증가하고 균형물가수준은 상승한다.

**16** '70의 법칙(rule of seventy)'에 따르면, 국내총생산이 연간 7%의 비율로 성장할 경우 약 10년이 지나면 원래의 두 배 수준에 이른다고 한다. 어떤 국가의 국내총생산이 연간 2%로 성장하고 있다. 이 국가의 국내총생산이 두 배가 되는 데 소요되는 기간으로 가장 옳은 것은?

① 15년
② 25년
③ 35년
④ 45년

**17** 경매(auction)에 관한 설명으로 가장 옳은 것은?

① 경매는 상대방의 입찰금액을 모르는 상황에서 자신의 입찰금액을 정해야 하므로 게임이론으로 연구하기 적합하지 않다.
② 예술품 경매로 유명한 소더비와 크리스티에서는 입찰제(sealed bid) 방식의 경매를 실시한다.
③ 제2가격입찰제(second-price auction)는 두 번째로 높은 가격을 제시한 사람에게도 기회를 주는 경매방식이다.
④ 승자의 불행(winner's curse)은 경매의 승자가 실제 가치보다 더 높은 금액을 지불하는 경향을 뜻한다.

**18** 화폐금융정책에 대한 설명으로 가장 옳지 않은 것은?

① 통화량 등의 정책변수의 변화가 실물부문에 파급되는 경로를 화폐금융정책의 전달경로라고 한다.
② 확장적 화폐금융정책은 폐쇄경제보다 변동환율제도하의 개방경제에서 더 큰 총수요증대효과를 가져온다.
③ 고정환율제도에서 이자율을 내리는 확장적 화폐금융정책은 국제수지를 악화시키고, 이자율을 올리는 긴축적 화폐금융정책은 실업의 감소를 가져온다.
④ 물가안정목표제는 화폐금융정책의 대외적 측면을 중시하고 정책의 비일관성에서 오는 신뢰문제를 완화한다.

**19** 솔로우의 성장모형에 대한 설명으로 가장 옳은 것은?

① 한 경제 내에 1인당 자본량이 증가하면 1인당 소득이 높아진다.
② 최초에 경제가 어디서 출발하는지에 따라 정상상태의 1인당 자본량은 달라진다.
③ 인구증가율이 양수(+)인 경제라도 정상상태(steady state)에 도달한 이후에는 총국민소득이 증가하지 않는다.
④ 현실적으로 신기술의 국가 간 빠른 전파속도를 감안할 때 솔로우 성장모형은 국가 간의 성장률 격차를 잘 설명해준다.

**20** (일본)엔화 환율은 (미국)달러당 엔화 금액으로 표시한다. 현재 엔화 환율이 달러당 100엔이라고 하자. 미국은 물가상승률이 3%이고 일본은 2%일 때, 구매력 평가설이 예측하는 엔화의 명목환율과 실질환율의 변화 방향에 대한 설명으로 가장 옳은 것은?

① 명목환율 하락, 실질환율 상승
② 명목환율 하락, 실질환율 변화 없음
③ 명목환율 상승, 실질환율 상승
④ 명목환율 상승, 실질환율 변화 없음

# 서울시 7급 경제학

소요시간          분 | 점수          점 | 정답 및 해설 086p

**01** 주어진 소득으로 밥과 김치만을 소비하는 소비자가 있다. 동일한 소득에서 김치가격이 하락할 경우 나타날 현상에 대한 설명으로 가장 옳은 것은?(단, 밥은 열등재라고 가정한다.)

① 밥의 소비량 감소

② 김치의 소비량 감소

③ 밥의 소비량 변화 없음

④ 김치의 소비량 변화 없음

**02** 탄력성에 대한 설명으로 가장 옳지 <u>않은</u> 것은?

① 공급곡선이 원점을 지나는 직선일 때, 공급의 가격탄력성은 1이다.

② X재와 Y재 간 수요의 교차탄력성이 1보다 작을 때, 두 재화는 보완재이다.

③ 수요의 가격탄력성은 재화를 정의하는 범위와 탄력성 측정 기간에 영향을 받는다.

④ 기펜재(Giffen goods)에 대한 수요의 소득탄력성은 영(0)보다 작다.

**03** 〈보기〉의 경우에서 사회 전체적으로 가장 효율적인 세탁량은?

――――― 〈보 기〉―――――

• 의류를 세탁하는 한계 편익(MB)과 사적인 한계 비용(MCP)이 다음과 같이 주어져 있다.

$$MB = 200 - Q \qquad MC_P = Q$$

• 사적인 한계 비용과 더불어 세탁에 따른 외부 한계 비용이 세탁량(Q)당 10원이 발생한다.

① 0

② 55

③ 95

④ 100

**04** 갑국은 두 재화 X, Y만을 생산할 수 있다. 갑국은 생산가능곡선이 직선이며, X재만 생산하면 40단위, Y재만 생산하면 20단위를 생산할 수 있다. 국제시장에서 X재와 Y재가 동일한 가격에 거래될 때, 갑국의 선택에 대한 설명으로 가장 옳은 것은?(단, 갑국은 두 재화 모두를 소비하는 것을 선호한다.)

① X재만 생산하여 교역에 응한다.

② Y재만 생산하여 교역에 응한다.

③ X재, Y재를 모두 생산하여 교역에 응한다.

④ 교역에 응하지 않는다.

**05** 갑국의 생산함수는 $Y=AK^{0.3}L^{0.7}$이다. 노동량 증가율은 2%, 자본량 증가율은 9%이고, 총생산량은 5% 증가하였다면, 이때 총요소생산성 증가율은?(단, Y는 총생산량, A는 총요소생산성, K는 자본량, L은 노동량을 의미한다.)

① 0.8%

② 0.9%

③ 1.0%

④ 2.0%

**06** 담배에 대한 수요함수는 $Q=10-P$로 주어졌다. 담배 가격이 4원인 경우 소비자잉여는?

① 36

② 18

③ 9

④ 0

**07** 보몰-토빈(Baumol-Tobin)의 거래적 화폐수요이론에 대한 설명으로 가장 옳지 <u>않은</u> 것은?

① 거래적 화폐수요는 이자율의 감소함수이다.

② 거래적 화폐수요는 소득의 증가함수이다.

③ 화폐를 인출할 때 발생하는 거래비용이 증가하면 거래적 화폐수요는 증가한다.

④ 거래적 화폐수요의 소득탄력성은 1이다.

**08** 시장에 갑, 을 두 기업이 존재하며, 기업 갑, 을은 $S_1$, $S_2$ 전략 중 최선의 의사결정을 하려 한다. 〈보기〉의 표는 두 기업의 게임에 대한 보수를 나타낸 것이다. 이에 대한 설명으로 가장 옳지 <u>않은</u> 것은?(단, 괄호 안의 앞의 숫자는 기업 갑의 보수, 뒤의 숫자는 기업 을의 보수를 나타낸다.)

〈보 기〉

| | | 을 | |
|---|---|---|---|
| | | $S_1$ | $S_2$ |
| 갑 | $S_1$ | (10, 10) | (5, 20) |
| | $S_2$ | (20, 5) | (8, 8) |

① 갑, 을 모두에게 각각 우월전략이 존재한다.

② 균형에서 갑의 보수는 8이다.

③ 갑, 을 간 협조가 이루어질 수 있다면 파레토개선이 가능하다.

④ 위 게임의 균형은 우월전략균형일지는 몰라도 내쉬균형은 아니다.

**09** 소득분배의 상태를 평가하기 위한 척도로서 지니계수가 널리 사용되고 있다. 어떤 국가의 소득이 국민 절반에게만 집중되어 있고 그들 사이에서는 균등하게 분포되어 있다면 지니계수의 값은?

① $\frac{1}{4}$

② $\frac{1}{3}$

③ $\frac{1}{2}$

④ 1

**10** 갑과 을 두 사람만 사는 어느 마을이 있다. 이 마을의 공공재(Z)에 대한 갑의 수요는 Z=20−P이고 을의 수요는 Z=32−2P일 때, 사회적으로 바람직한 공공재의 수량은?(단, 공공재 생산의 한계비용(MC)은 9이다.)

① 18

② 19

③ 20

④ 21

**11** 갑국의 필립스 곡선은 $\pi = \pi^e + 4.0 - 0.8u$로 추정되었다. 이에 따른 설명으로 가장 옳지 <u>않은</u> 것은?(단, $\pi$는 실제인플레이션율, $\pi^e$는 기대인플레이션율, u는 실제실업률이다.)

① 단기필립스곡선은 우하향하며 기대인플레이션율이 상승하면 위로 평행이동한다.

② 잠재 GDP에 해당하는 실업률은 5%이다.

③ 실제실업률이 자연실업률 수준보다 높으면 실제인플레이션율은 기대인플레이션율보다 높다.

④ 5%의 인플레이션율이 기대되는 상황에서 실제인플레이션율이 3%가 되기 위해서는 실제실업률은 7.5%가 되어야 한다.

**12** 실물경기변동이론(Real Business Cycle theory)에 대한 설명으로 가장 옳지 <u>않은</u> 것은?

① 임금은 신축적이나 상품가격은 경직적이라고 가정한다.

② 개별 경제주체들의 동태적 최적화 행태를 가정한다.

③ 경기변동은 시장청산의 결과이다.

④ 공급 측면에서의 생산성 충격이 경기변동의 주요한 원인이다.

**13** 〈보기〉 중 화폐수요를 증가시키는 요인은?

─── 〈보 기〉 ───
ㄱ. 국민소득의 증가
ㄴ. 이자율의 상승
ㄷ. 물가수준의 상승
ㄹ. 기대물가상승률의 증가

① ㄱ

② ㄱ, ㄷ

③ ㄱ, ㄴ, ㄷ

④ ㄱ, ㄷ, ㄹ

**14** 노동만을 이용해 제품을 생산하는 기업이 있다. 생산량을 Q, 노동량을 L이라 할 때, 이 기업의 생산함수는 $Q=\sqrt{L}$이다. 이 기업이 생산하는 제품의 단위당 가격이 20이고 노동자 1인당 임금이 5일 때, 이 기업의 최적 노동 고용량은?(단, 생산물시장과 노동시장은 모두 완전경쟁적이라고 가정한다.)

① 1

② 2

③ 4

④ 8

**15** 경제가 장기균형상태에 있다고 하자. 유가 충격으로 인해 석유가격이 크게 상승했다. 다음 설명 중 가장 옳지 <u>않은</u> 것은?

① 단기 총공급곡선의 이동으로 인해 단기에는 스태그플레이션이 발생한다.

② 단기균형상태에서 정부지출을 증가시키면 실질 GDP가 증가하지만 물가수준의 상승을 피할 수 없다.

③ 단기균형상태에서 통화량을 감소시키면 물가수준이 하락하고 실질 GDP는 감소한다.

④ 생산요소 가격이 신축성을 가질 정도의 시간이 주어지면 장기 공급곡선이 이동하여 새로운 장기균형이 형성된다.

**16** 총수요확장정책이 장기뿐 아니라 단기에서도 물가만 상승시킬 뿐 실업률 감소에는 기여하지 못한다는 정책무력성 명제와 가장 관계 깊은 이론은?

① 합리적기대이론
② 화폐수량설
③ 내생적성장이론
④ 항상소득이론

**17** 자연독점에 대한 설명으로 가장 옳지 <u>않은</u> 것은?

① 규모의 경제가 있을 때 발생할 수 있다.
② 평균비용이 한계비용보다 크다.
③ 생산량 증가에 따라 한계비용이 반드시 하락한다.
④ 가격을 한계비용과 같게 설정하면 손실이 발생할 수 있다.

**18** 미국 달러화 대비 갑, 을, 병국 화폐의 가치 변동률이 각각 −2%, 3%, 4%일 때 가장 옳은 것은?

① 갑국 화폐의 가치가 상대적으로 가장 크게 상승했다.
② 을국 제품의 달러 표시 가격이 상승했다.
③ 1달러당 병국 화폐 환율이 상승했다.
④ 병국 화폐 1단위당 을국 화폐 환율이 하락했다.

**19** 한 국가의 무역수지가 흑자인 경우, 〈보기〉에서 옳은 것을 모두 고른 것은?

〈보 기〉
ㄱ. $Y > C + I + G$ (단, Y는 국민소득, C는 소비, I는 투자, G는 정부지출을 의미한다.)
ㄴ. 국내 투자 > 국민저축
ㄷ. 순자본유출 > 0

① ㄱ, ㄴ
② ㄱ, ㄷ
③ ㄴ, ㄷ
④ ㄱ, ㄴ, ㄷ

**20** 폐쇄경제하의 국민소득결정에 관한 IS−LM모형이 〈보기〉와 같다. 생산물시장과 화폐시장이 동시에 균형을 이룰 때 균형이자율과 균형국민소득은?

〈보 기〉
• 소비함수 $C = 200 + 0.8(Y - T)$
• 투자함수 $I = 260 - 20R$
• 정부지출 $G = 140$
• 조세 $T = 0.375Y$
• 물가수준 $P = 100$
• 화폐공급 $M^S = 20{,}000$
• 화폐수요 $\dfrac{M^d}{P} = 100 + 0.2Y - 20R$

(단, Y는 국민소득, R은 이자율을 나타낸다.)

| | 균형이자율 | 균형국민소득 |
|---|---|---|
| ① | 4 | 900 |
| ② | 5 | 900 |
| ③ | 4 | 1,000 |
| ④ | 5 | 1,000 |

2019.02.23. 시행
2019

# 서울시 7급 경제학

소요시간      분 | 점수      점 | 정답 및 해설 092p

**01** 자산가격이 그 자산의 가치에 관한 모든 공개된 정보를 반영한다는 이론은?

① 효율적 시장 가설

② 공개정보 가설

③ 자산시장 가설

④ 위험프리미엄 가설

**02** 갑국과 을국 두 나라는 각각 A재와 B재를 생산하고 있다. 갑국은 1시간에 A재 16개 또는 B재 64개를 생산할 수 있다. 을국은 1시간에 A재 24개 또는 B재 48개를 생산할 수 있다. 두 나라 사이에서 교역이 이루어질 경우에 대한 설명으로 가장 옳은 것은?

① 갑국은 A재 생산에 절대우위가 있다.

② 을국은 B재 생산에 절대우위가 있다.

③ 갑국은 A재 생산에 비교우위가 있다.

④ 양국 간 교역에서 교환비율이 A재 1개당 B재 3개일 경우, 갑국은 B재 수출국이 된다.

**03** 어느 소비자에게 X재와 Y재는 완전대체재이며 X재 2개를 늘리는 대신 Y재 1개를 줄이더라도 동일한 효용을 얻는다. X재의 시장가격은 2만 원이고 Y재의 시장가격은 6만 원이다. 소비자가 X재와 Y재에 쓰는 예산은 총 60만 원이다. 이 소비자가 주어진 예산에서 효용을 극대화할 때 소비하는 X재와 Y재의 양은?

| | X재(개) | Y재(개) |
|---|---|---|
| ① | 0 | 10 |
| ② | 15 | 5 |
| ③ | 24 | 2 |
| ④ | 30 | 0 |

**04** 사람들의 선호체계가 변화하여 막걸리 수요가 증가하고 가격이 상승했다고 하자. 이와 같은 막걸리 가격 상승이 막걸리를 생산하는 인부의 균형고용량과 균형임금에 미치는 효과에 대한 설명으로 가장 옳은 것은?(단, 막걸리를 생산하는 인부의 노동시장은 완전경쟁적이다.)

① 노동의 한계생산가치는 증가하여 고용량은 증가하고 임금은 증가한다.

② 노동의 한계생산가치는 증가하여 고용량은 감소하고 임금은 증가한다.

③ 노동의 한계생산가치는 감소하여 고용량은 증가하고 임금은 감소한다.

④ 노동의 한계생산가치는 감소하여 고용량은 감소하고 임금은 감소한다.

**05** 어느 나라의 생산가능 인구는 100명이다. 이들 중 70명은 취업자이고 비경제활동 인구는 20명일 때, 이 나라의 실업자의 수는?

① 30명

② 20명

③ 10명

④ 0명

**06** 외부불경제를 초래하는 독점기업을 고려하자. 외부불경제의 크기는 이 기업의 생산량 Q에 비례하는 kQ이다. 이 기업의 총비용은 $50+0.5Q^2$이고 이 시장의 수요량은 가격 P의 함수 Q=200−2P로 주어진다. 다음 중 가장 옳지 <u>않은</u> 것은?

① 이 기업의 이윤극대화 산출량은 50이다.

② k=20일 때 사회적 후생 극대화를 위해서는 독점기업에 kQ의 조세를 부과하면 된다.

③ k=25일 때 시장의 거래량은 사회적 후생을 극대화하고 있다.

④ 이 기업은 이윤극대화를 위해 가격을 75로 설정할 것이다.

**07** 어느 경제에서 생산량과 기술 및 요소 투입 간에 Y=AF(L, K)의 관계가 성립하며, F(L, K)는 노동, 자본에 대하여 규모에 대한 수익불변(CRS)의 특징을 가지고 있다. 이에 대한 설명으로 가장 옳은 것은?(단, Y, A, L, K는 각각 생산량, 기술수준, 노동, 자본을 나타낸다.)

① 생산요소인 노동이 2배 증가하면 노동단위 1인당 생산량은 증가한다.

② 생산요소인 노동과 자본이 각각 2배 증가하면 노동단위 1인당 생산량은 증가한다.

③ 생산요소인 노동과 자본이 각각 2배 증가하고 기술수준이 2배로 높아지면 노동단위 1인당 생산량은 2배 증가한다.

④ 생산요소인 자본이 2배 증가하고 기술수준이 2배로 높아지면 노동단위 1인당 생산량은 2배 증가한다.

**08** A는 현재 시가로 1,600만 원인 귀금속을 보유하고 있는데, 이를 도난당할 확률이 0.4라고 한다. A의 효용함수는 $U=2\sqrt{W}$(W는 보유자산의 화폐가치)이며, 보험에 가입할 경우 도난당한 귀금속을 현재 시가로 전액 보상해준다고 한다. 보험 가입 전 A의 기대효용과 A가 보험에 가입할 경우 지불할 용의가 있는 최대 보험료는?

| | 기대효용 | 최대보험료 |
|---|---|---|
| ① | 36 | 1,276만 원 |
| ② | 48 | 1,024만 원 |
| ③ | 36 | 1,024만 원 |
| ④ | 48 | 1,276만 원 |

**09** 인플레이션은 사전에 예상된 부분과 예상하지 못한 부분으로 구분할 수 있다. 그리고 예상하지 못한 인플레이션은 여러 가지 경로로 사회에 부정적 영향을 미친다. 예상하지 못한 인플레이션으로 인한 부정적 영향에 대한 설명으로 가장 옳지 <u>않은</u> 것은?

① 투기가 성행하게 된다.

② 소득재분배 효과가 발생한다.

③ 피셔(Fisher) 가설이 성립하게 된다.

④ 장기계약이 만들어지기 어렵게 된다.

**10** 적극적인 경기 안정화 정책의 사용이 바람직한지에 대한 논쟁에서 정책의 동태적인 비일관성(또는 시간 비일관성)의 의미에 대한 서술로 가장 옳은 것은?

① 정책의 집행과 효과 발생 과정에 시차가 존재하기 때문에 정책 효과가 의도한 대로 나타나지 않을 수 있다.

② 정책 당국은 시장의 암묵적 신뢰를 깨고 단기적인 정책목표를 추구할 인센티브를 가진다.

③ 정권마다 다른 정책의 방향을 가지므로 거시 경제정책은 장기적으로 일관성을 가지기 어렵다.

④ 시장의 상황은 지속적으로 변화하므로 정책의 방향을 시의적절하게 선택하는 것이 바람직하다.

**11** 노동시장의 수요와 공급에 대한 조사 결과가 다음 표와 같다고 하자.

| 시간당 임금(원) | 6 | 7 | 8 |
|---|---|---|---|
| 수요량(개) | 40 | 30 | 20 |
| 공급량(개) | 20 | 30 | 40 |

시간당 최저임금을 8원으로 할 경우 발생하는 비자발적 실업의 규모는 ㉠이고, 이때 실업을 완전히 없애기 위한 보조금으로 소요되는 필요 예산이 ㉡이다. ㉠과 ㉡을 순서대로 바르게 나열한 것은?

① 10, 20

② 10, 40

③ 20, 40

④ 20, 80

**12** 변동환율제도를 채택한 개방경제에서, 〈보기〉 중 이 경제의 통화가치를 하락시키는(환율 상승) 경우를 모두 고른 것은?

---
〈보 기〉
---
ㄱ. 원유 수입액의 감소

ㄴ. 반도체 수출액의 증가

ㄷ. 외국인의 국내주식 투자 위축

ㄹ. 자국 은행의 해외대출 증가

---

① ㄱ, ㄷ

② ㄱ, ㄹ

③ ㄴ, ㄷ

④ ㄷ, ㄹ

**13** 어떤 독점기업이 시장을 A와 B로 나누어 이윤극대화를 위한 가격차별정책을 시행하고자 한다. A시장의 수요함수는 $Q_A = -2P_A + 60$이고 B시장의 수요함수는 $Q_B = -4P_B + 80$이라고 한다($Q_A$, $Q_B$는 각 시장에서 상품의 총수요량, $P_A$, $P_B$는 상품의 가격임). 이 기업의 한계비용이 생산량과 관계없이 2원으로 고정되어 있을 때, A시장과 B시장에 적용될 상품가격은?

| | A시장 | B시장 |
|---|---|---|
| ① | 14 | 10 |
| ② | 16 | 11 |
| ③ | 14 | 11 |
| ④ | 16 | 10 |

**14** 중앙은행이 테일러 준칙(Taylor rule)하에서 통화정책을 실행한다고 하자. 현재의 인플레이션율이 중앙은행의 인플레이션 목표치와 같고 현재의 생산량이 잠재생산량 수준과 같을 경우 중앙은행의 통화정책에 대한 설명으로 가장 옳은 것은?

① 중앙은행은 기준금리를 낮추는 확장적 통화정책을 펼친다.

② 중앙은행은 기준금리를 높이는 긴축적 통화정책을 펼친다.

③ 중앙은행은 기준금리를 종전과 동일한 수준으로 유지하는 통화정책을 펼친다.

④ 중앙은행은 인플레이션 갭과 생산량 갭이 모두 양이라고 판단하고 이에 따른 통화정책을 펼친다.

**15** 최근 A는 비상금으로 숨겨두었던 현금 5천만 원을 은행에 요구불예금으로 예치하였다고 한다. 현재 이 경제의 법정지급준비율은 20%라고 할 때, 예금 창조에 대한 〈보기〉의 설명 중 옳은 것을 모두 고르면?

─── 〈보 기〉 ───

ㄱ. A의 예금으로 인해 이 경제의 통화량은 최대 2억 5천만 원까지 증가할 수 있다.

ㄴ. 시중은행의 초과지급준비율이 낮을수록, A의 예금으로 인해 경제의 통화량이 더 많이 늘어날 수 있다.

ㄷ. 전체 통화량 가운데 민간이 현금으로 보유하는 비율이 낮을수록, A의 예금으로 인해 경제의 통화량이 더 많이 늘어날 수 있다.

ㄹ. 다른 조건이 일정한 상황에서 법정지급준비율이 25%로 인상되면, 인상 전보다 A의 예금으로 인해 경제의 통화량이 더 많이 늘어날 수 있다.

① ㄱ, ㄴ  ② ㄴ, ㄷ

③ ㄱ, ㄴ, ㄷ  ④ ㄱ, ㄴ, ㄷ, ㄹ

**16** 어떤 경제의 완전고용국민소득이 400조 원이며, 중앙은행이 결정하는 이 경제의 총화폐공급은 현재 30조 원이다. 다음 표는 이 경제의 이자율에 따른 총화폐수요, 총투자, 실질국민소득의 변화를 나타낸 것이다. 이 경제에 대한 설명으로 가장 옳은 것은?

| 이자율(%) | 총화폐수요 (조 원) | 총투자 (조 원) | 실질국민소득 (조 원) |
|---|---|---|---|
| 1 | 70 | 120 | 440 |
| 2 | 60 | 110 | 420 |
| 3 | 50 | 100 | 400 |
| 4 | 40 | 80 | 360 |
| 5 | 30 | 50 | 320 |

① 실질국민소득이 완전고용수준과 같아지려면 중앙은행은 총화폐공급을 20조 원만큼 증가시켜야 한다.

② 현재 이 경제의 실질국민소득은 완전고용수준보다 40조 원만큼 작다.

③ 중앙은행이 총화폐공급을 지금보다 30조 원만큼 증가시키면 균형이자율은 1%가 된다.

④ 현재 이 경제의 균형이자율은 4%이다.

**17** 〈보기〉에서 임대료 규제의 효과로 옳은 것을 모두 고르면?

─── 〈보 기〉 ───

ㄱ. 암시장의 발생 가능성 증가

ㄴ. 장기적으로 주택공급의 감소

ㄷ. 주택의 질적 수준의 하락

ㄹ. 비가격 방식의 임대방식으로 임대주택의 비효율성 발생

① ㄱ

② ㄱ, ㄴ

③ ㄱ, ㄷ

④ ㄱ, ㄴ, ㄷ, ㄹ

**18** 경기부양을 위해 재정정책과 통화정책의 사용을 고려한다고 하자. 이와 관련한 서술로 가장 옳지 <u>않은</u> 것은?

① 두 정책의 상대적 효과는 소비와 투자 등 민간지출의 이자율탄력성 크기와 관련이 있다.

② 두 정책이 이자율에 미치는 영향은 동일하다.

③ 이자율에 미치는 영향을 줄이고자 한다면 두 정책을 함께 사용할 수 있다.

④ 두 정책 간의 선택에는 재정적자의 누적이나 인플레이션 중 상대적으로 어느 것이 더 심각한 문제일지에 대한 고려가 필요하다.

**19** 어떤 마을에 오염 물질을 배출하는 기업이 총 3개 있다. 오염물 배출에 대한 규제가 도입되기 이전에 각 기업이 배출하는 오염배출량과 그 배출량을 한 단위 감축하는 데 소요되는 비용은 아래 표와 같다.

| 기업 | 배출량(단위) | 배출량 단위당 |
|---|---|---|
| A | 50 | 20 |
| B | 60 | 30 |
| C | 70 | 40 |

정부는 오염배출량을 150단위로 제한하고자 한다. 그래서 각 기업에게 50단위의 오염배출권을 부여하였다. 또한, 이 배출권을 기업들이 자유롭게 판매·구매할 수 있다. 다음 중 가장 옳은 것은?(단, 오염배출권 한 개당 배출 가능한 오염물의 양은 1단위이다.)

① 기업 A가 기업 B와 기업 C에게 오염배출권을 각각 10단위와 20단위 판매하고, 이때 가격은 20만 원에서 30만 원 사이에 형성된다.

② 기업 A가 기업 C에게 20단위의 오염배출권을 판매하고, 이때 가격은 30만 원에서 40만 원 사이에서 형성된다.

③ 기업 A가 기업 B에게 10단위의 오염배출권을 판매하고, 기업 B는 기업 C에게 20단위의 오염배출권을 판매한다. 이때 가격은 20만 원에서 40만 원 사이에서 형성된다.

④ 기업 B가 기업 C에게 20단위의 오염배출권을 판매하고, 이때 가격은 30만 원에서 40만 원 사이에서 형성된다.

**20** 어떤 사람이 소득 수준에 상관없이 소득의 절반을 식료품 구입에 사용한다. 〈보기〉 중 옳은 것을 모두 고르면?

---〈보 기〉---
ㄱ. 식료품의 소득 탄력성의 절댓값은 1보다 작다.
ㄴ. 식료품의 소득 탄력성의 절댓값은 1이다.
ㄷ. 식료품의 가격 탄력성의 절댓값은 1보다 크다.
ㄹ. 식료품의 가격 탄력성의 절댓값은 1이다.

① ㄱ, ㄷ
② ㄱ, ㄹ
③ ㄴ, ㄷ
④ ㄴ, ㄹ

# 서울시 7급 경제학

소요시간    분 | 점수    점 | 정답 및 해설 099p

**01** 정상재(normal goods)의 수요곡선은 반드시 우하향한다. 그 이유로 가장 옳은 것은?

① 소득효과와 대체효과는 같은 방향으로 움직이기 때문이다.

② 소득효과의 절대적 크기가 대체효과의 절대적 크기보다 크기 때문이다.

③ 소득효과의 절대적 크기가 대체효과의 절대적 크기보다 작기 때문이다.

④ 소득이 증가함에 따라 소비자는 재화의 소비를 줄이기 때문이다.

**02** 어떤 상품의 시장은 수많은 기업들이 비슷하지만 차별화된 제품을 생산하는 시장구조를 가지고 있으며 장기적으로 이 시장으로의 진입과 탈퇴가 자유롭다. 장기균형에서 이 시장에 대한 설명으로 가장 옳은 것은?

① 가격은 한계비용 및 평균비용보다 높다.

② 가격은 평균비용보다는 높지만 한계비용과는 동일하다.

③ 가격은 한계비용보다는 높지만 평균비용과는 동일하다.

④ 가격은 한계비용 및 평균비용보다 낮다.

**03** IS-LM모형을 이용한 분석에서 LM곡선은 수평이고 소비함수는 $C=200+0.8Y$이다. 정부지출을 2,000억 원 증가시킬 때, 균형소득의 증가량은?(단, C는 소비, Y는 소득이다.)

① 8,000억 원

② 1조 원

③ 1조 2,000억 원

④ 유동성함정 상태이므로 소득증가는 발생하지 않는다.

**04** 〈보기〉의 빈칸에 들어갈 것으로 가장 옳은 것은?

――――― 〈보 기〉 ―――――
먼델-플레밍 모형에서 정부가 수입규제를 시행할 경우, 변동환율제에서는 순수출이 _____ ㉠ _____, 고정환율제에서는 순수출이 _____ ㉡ _____.

|   | ㉠ | ㉡ |
|---|---|---|
| ① | 증가하고 | 증가한다 |
| ② | 증가하고 | 불변이다 |
| ③ | 불변이고 | 불변이다 |
| ④ | 불변이고 | 증가한다 |

**05** 갑(甲)은 주유소에 갈 때마다 휘발유 가격에 상관없이 매번 일정 금액만큼 주유한다. 갑(甲)의 휘발유에 대한 수요의 가격탄력성과 수요곡선의 형태에 대한 설명으로 가장 옳은 것은?(단, 수요곡선의 가로축은 수량, 세로축은 가격이다.)

|   | 수요의 가격탄력성 | 수요곡선 |
|---|---|---|
| ① | 단위탄력적 | 직각쌍곡선 |
| ② | 완전비탄력적 | 수직선 |
| ③ | 단위탄력적 | 수직선 |
| ④ | 완전비탄력적 | 직각쌍곡선 |

**06** 〈보기〉의 빈칸에 들어갈 것으로 가장 옳은 것은?

---〈보 기〉---
어느 재화에 대한 수요가 증가했지만 공급곡선은 변화하지 않을 경우, 소비자잉여는 _____.

① 감소한다
② 불변이다
③ 증가한다
④ 알 수 없다

**07** 금융시장과 금융상품에 관한 서술 중 옳은 것을 〈보기〉에서 모두 고른 것은?

---〈보 기〉---
ㄱ. 효율시장가설(efficient markets hypothesis)에 따르면 자산가격에는 이미 공개되어 있는 모든 정보가 반영되어 있다.
ㄴ. 주가와 같이 예측 불가능한 자산가격 변수가 시간이 흐름에 따라 나타나는 움직임을 임의보행(random walk)이라 한다.
ㄷ. 어떤 자산이 큰 손실없이 재빨리 현금으로 전환될 수 있을 때 그 자산은 유동적이며, 그 반대의 경우는 비유동적이다.
ㄹ. 일정한 시점 혹은 기간 동안에 미리 정해진 가격으로 어떤 상품을 살 수 있는 권리를 풋옵션(put option)이라고 한다.

① ㄱ, ㄴ
② ㄱ, ㄴ, ㄷ
③ ㄱ, ㄷ, ㄹ
④ ㄱ, ㄴ, ㄷ, ㄹ

**08** 우리나라 고용통계에서 고용률이 높아지는 경우로 가장 옳은 것은?

① 구직활동을 하던 실업자가 구직단념자가 되는 경우
② 부모님 농장에서 무급으로 주당 18시간 일하던 아들이 회사에 취직한 경우
③ 주당 10시간 일하던 비정규직 근로자가 정규직으로 전환된 경우
④ 전업 주부가 주당 10시간 마트에서 일하는 아르바이트를 시작한 경우

**09** 〈보기〉의 빈칸에 들어갈 것으로 가장 옳은 것은?

〈보 기〉

정부에 의한 가격통제가 효력을 발휘하기 위해서 가격상한 (price ceiling)은 균형가격보다 ___㉠___ 하고 가격하한 (price floor)은 ___㉡___ 한다.

| | ㉠ | ㉡ |
|---|---|---|
| ① | 낮아야 | 낮아야 |
| ② | 높아야 | 높아야 |
| ③ | 낮아야 | 높아야 |
| ④ | 높아야 | 낮아야 |

**10** 완전경쟁적인 노동시장에서 노동의 한계생산(marginal product of labor)을 증가시키는 기술진보와 함께 보다 많은 노동자들이 노동시장에 참여하는 변화가 발생하였다. 노동시장에서 일어나게 되는 변화에 대한 설명으로 가장 옳은 것은? (단, 다른 외부조건들은 일정하다.)

① 균형노동고용량은 반드시 증가하지만 균형임금의 변화는 불명확하다.

② 균형임금은 반드시 상승하지만 균형노동고용량의 변화는 불명확하다.

③ 임금과 균형노동고용량 모두 반드시 증가한다.

④ 임금과 균형노동고용량의 변화는 모두 불명확하다.

**11** 〈보기〉의 그래프는 어느 경제의 장단기 총공급곡선과 총수요곡선이다. 이 경제의 장기균형에 대한 설명으로 가장 옳은 것은?

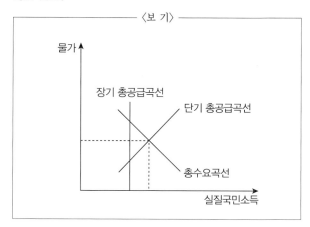

〈보 기〉

물가

장기 총공급곡선

단기 총공급곡선

총수요곡선

실질국민소득

① 이 경제는 현재 장기균형상태에 있다.

② 장기 총공급곡선이 오른쪽으로 움직이며 장기균형을 달성하게 된다.

③ 임금이 상승함에 따라 단기 총공급곡선이 왼쪽으로 움직이며 장기균형을 달성하게 된다.

④ 확장적 재정정책을 사용하지 않는다면 이 경제는 경기 침체에 머무르게 된다.

**12** 어떤 독점기업은 1,000개의 재화를 개당 5만 원에 판매하고 있다. 이 기업이 추가로 더 많은 재화를 시장에서 판매하게 된다면 이때의 한계수입(marginal revenue)은 5만 원보다 작다. 그 이유로 가장 옳은 것은?

① 추가로 판매하게 되면 한계비용이 증가하기 때문이다.

② 추가로 판매하기 위해서는 가격을 내려야하기 때문이다.

③ 추가로 판매하게 되면 평균비용이 증가하기 때문이다.

④ 추가로 판매하게 되면 한계비용이 감소하기 때문이다.

**13** 필립스곡선에 대한 설명으로 가장 옳지 <u>않은</u> 것은?

① 예상인플레이션율의 상승은 단기 필립스곡선을 위쪽으로 이동시킨다.

② 부의 공급충격이 발생하면 단기 필립스곡선은 위쪽으로 이동하고 스태그플레이션이 발생한다.

③ 단기 필립스곡선의 기울기가 급할수록 인플레이션율 1% 포인트를 낮추기 위해 필요한 GDP의 %포인트 감소분으로 표시되는 희생비율이 높아진다.

④ 단기 필립스곡선의 기울기가 급할수록 총수요-총공급 모형에서의 단기 총공급곡선의 기울기도 급해진다.

**14** 중앙은행이 국공채시장에서 국공채를 매입하는 공개시장 조작 정책을 수행하기로 결정하였다. 이 정책이 통화량, 국공채 가격 및 국공채 수익률에 미치는 영향으로 가장 옳은 것은?

① 통화량 증가, 국공채 가격 상승, 국공채 수익률 상승

② 통화량 증가, 국공채 가격 상승, 국공채 수익률 하락

③ 통화량 증가, 국공채 가격 하락, 국공채 수익률 상승

④ 통화량 감소, 국공채 가격 상승, 국공채 수익률 상승

**15** 어떤 독점기업이 동일한 상품을 수요의 가격탄력성이 다른 두 시장에서 판매한다. 가격차별을 통해 이윤을 극대화하려는 이 기업이 상품의 가격을 A시장에서 1,500원으로 책정한다면 B시장에서 책정해야 하는 가격은?(단, A시장에서 수요의 가격탄력성은 3이고, B시장에서는 2이다.)

① 1,000원

② 1,500원

③ 2,000원

④ 2,500원

**16** 한 기업의 사적 생산비용 $TC = 0.5Q^2 + 10Q$이다. 그러나 이 기업은 생산과정에서 공해물질을 배출하고 있으며, 공해물질 배출에 따른 외부비경제를 비용으로 추산하면 추가로 20Q의 사회적 비용이 발생한다. 이 제품에 대한 시장수요가 $Q = 30 - 0.5P$일 때 사회적 관점에서 최적의 생산량은?(단, Q는 생산량, P는 가격이다.)

① 7

② 10

③ 17

④ 20

**17** 한 나라의 쌀 시장에서 국내 생산자의 공급곡선은 $P = 2Q$, 국내 소비자의 수요곡선은 $P = 12 - Q$이며, 국제시장의 쌀 공급곡선은 $P = 4$이다. 만약 이 나라 정부가 수입 쌀에 대해 50%의 관세를 부과한다면 정부의 관세수입 규모는?(단, 이 나라는 소규모 경제이며 Q는 생산량, P는 가격이다.)

① 2

② 3

③ 6

④ 8

**18** 프리드먼(M. Friedman)의 항상소득이론에 대한 설명으로 가장 옳지 <u>않은</u> 것은?

① 소비는 미래소득의 영향을 받는다.

② 소비자들은 소비를 일정한 수준에서 유지하고자 한다.

③ 일시적 소득세 감면이 지속적인 감면보다 소비지출 증대 효과가 작다.

④ 불황기의 평균소비성향은 호황기에 비해 감소한다.

**19** 솔로우(Solow) 성장모형이 〈보기〉와 같이 주어져 있을 때 균제상태(steady state)에서 일인당 자본량은?(단, 기술진보는 없다.)

───── 〈보 기〉 ─────
• 생산함수 : $y = 2k^{1/2}$
  (단, $y$는 일인당 생산량, $k$는 일인당 자본량이다.)
• 감가상각률 5%, 인구증가율 5%, 저축률 20%

① 2
② 4
③ 8
④ 16

**20** 리카도의 대등정리(Ricardian equivalence theorem)에 대한 설명으로 가장 옳지 않은 것은?

① 정부지출의 규모가 동일하게 유지되면서 조세감면이 이루어지면 합리적 경제주체들은 가처분소득의 증가분을 모두 저축하여 미래에 납부할 조세의 증가를 대비한다는 이론이다.

② 현실적으로 대부분의 소비자들이 유동성제약(liquidity constraint)에 직면하기 때문에 리카도의 대등정리는 현실 설명력이 매우 큰 이론으로 평가된다.

③ 리카도의 대등정리에 따르면 재정적자는 장기뿐만 아니라 단기에서조차 아무런 경기팽창 효과를 내지 못한다.

④ 정부지출의 재원조달 방식이 조세든 국채든 상관없이 경제에 미치는 영향에 아무런 차이가 없다는 이론이다.

2018.03.24. 시행

# 2018 서울시 7급 경제학

소요시간    분 | 점수    점 | 정답 및 해설 105p

**01** 최근 소득불평등에 대한 사회적 관심이 커지고 있다. 소득불평등 측정과 관련한 다음의 설명 중 가장 옳은 것은?

① 10분위 분배율의 값이 커질수록 소득분배가 불평등하다는 것을 의미한다.

② 지니계수의 값이 클수록 소득분배는 평등하다는 것을 의미한다.

③ 완전균등한 소득분배의 경우 앳킨슨 지수값은 0이다.

④ 로렌츠 곡선이 대각선에 가까워질수록 소득분배는 불평등하다.

**02** 시장에서 거래되는 재화에 물품세를 부과하였을 경우 조세전가가 발생하게 된다. 조세전가로 인한 소비자부담과 생산자부담에 대한 설명 중 가장 옳지 <u>않은</u> 것은?

① 우상향하는 공급곡선의 경우 수요의 가격탄력도가 클수록 생산자부담이 커지게 된다.

② 우하향하는 수요곡선의 경우 공급의 가격탄력도가 작을수록 소비자부담은 작아지게 된다.

③ 소비자 또는 생산자 중 누구에게 부과하느냐에 따라 소비자부담과 생산자부담의 크기는 달라진다.

④ 수요가 가격변화에 대해 완전탄력적이면 조세는 생산자가 전적으로 부담하게 된다.

**03** 완전경쟁시장에서 조업하는 동질적인 기업들은 $Q^d = 50 - P$의 시장수요함수를 가지며, $Q^s = 5P - 10$인 시장공급함수를 가진다. 개별 기업들의 평균비용곡선은 $AC(Q) = Q + \dfrac{2}{Q} + 2$일 때 이윤극대화를 위한 개별기업의 생산량은?

① 2

② 3

③ 4

④ 5

**04** 다음 표는 노동과 자본의 다양한 결합으로 얻을 수 있는 생산물의 양을 나타낸다. 예를 들면 노동 1단위와 자본 1단위를 결합하여 생산물 100단위를 얻을 수 있다. 표에 나타난 생산함수에 대한 설명으로 가장 옳지 <u>않은</u> 것은?

| 노동량<br>자본량 | 1 | 2 | 3 |
|---|---|---|---|
| 1 | 100 | 140 | 150 |
| 2 | 130 | 200 | 240 |
| 3 | 150 | 230 | 300 |

① 규모에 대한 수익불변(constant returns to scale)이 성립한다.

② 규모의 경제(economies of scale)가 성립한다.

③ 자본의 한계생산은 체감한다.

④ 노동의 한계생산은 체감한다.

**05** IS-LM 모형에서, IS곡선이 $Y=1,200-60r$, 화폐수요 곡선은 $\frac{M^d}{P}=Y-60r$, 통화량은 800, 물가는 2이다. 통화량이 1,200으로 상승하면, Y는 얼마나 증가하는가?(단, Y는 국민 소득, r은 실질이자율, P는 물가이다.)

① 50
② 100
③ 150
④ 200

**06** 영수는 자신의 노동력(시간)을 투입하여 산삼을 채취하고 그 산삼을 팔아서 소득을 얻으며, 쌀과 산삼, 그리고 여가 시간을 소비한다. 만일 쌀 가격은 일정한데 산삼 가격이 상승한다면, 영수가 보일 행동에 관한 설명으로 가장 옳은 것은?(단, 쌀과 산삼, 여가는 모두 정상재이며, 산삼 채취량은 노동시간에 비례한다고 가정한다.)

① 노동시간은 늘리고 쌀의 소비는 줄일 것이다.
② 노동시간은 늘리고 산삼의 소비는 줄일 것이다.
③ 노동시간은 늘릴지 줄일지 알 수 없고, 산삼의 소비는 줄일 것이다.
④ 노동시간은 늘릴지 줄일지 알 수 없고, 산삼의 소비도 늘릴지 줄일지 알 수 없다.

**07** 독점적 경쟁의 장기균형에 대한 설명으로 가장 옳지 않은 것은?

① 개별기업이 직면하는 수요곡선은 우하향한다.
② 한계수입곡선은 수평선으로 그 자체가 시장가격을 의미한다.
③ 광고 및 애프터서비스 등을 통해 차별화 전략을 추진한다.
④ 진입과 퇴출이 자유로우며 초과설비가 존재한다.

**08** 어느 한 국가의 기대를 반영한 필립스곡선이 〈보기〉와 같을 때 가장 옳은 것은?(단, $\pi$는 실제인플레이션율, $\pi^e$는 기대인플레이션율, u는 실업률이다.)

〈보 기〉
$$\pi=\pi^e-0.5u+2.2$$

① 기대인플레이션율의 변화 없이 실제인플레이션율이 전기에 비하여 1%p 감소하면 실업률이 7.2%가 된다.
② 기대인플레이션율이 상승하면 장기 필립스곡선이 오른쪽으로 이동한다.
③ 잠재GDP에 해당하는 실업률은 4.4%이다.
④ 실제 실업률이 5%이면 실제인플레이션율은 기대인플레이션율보다 높다.

**09** 경제성장모형에 대한 설명으로 가장 옳은 것을 〈보기〉에서 모두 고른 것은?

〈보 기〉
ㄱ. 해로드-도마(Harrod-Domar)성장모형은 자본과 노동의 대체불가능성을 가정하여 완전고용에서 균형성장이 가능하지만, 기본적으로 자본주의 경제의 성장경로가 불안하다는 모형이다.
ㄴ. 솔로우(Solow)성장모형은 장기적으로 생산요소 간의 기술적 대체가 가능함을 전제하여 자본주의 경제의 안정적 성장을 설명하는 모형이다.
ㄷ. 내생적(endogenous)성장이론은 각국의 지속적인 성장률 격차를 내생변수 간의 상호작용으로 설명하는 이론이다.

① ㄱ, ㄴ
② ㄱ, ㄷ
③ ㄴ, ㄷ
④ ㄱ, ㄴ, ㄷ

**10** 유동성 함정(liquidity trap)에 대한 설명 중 가장 옳지 <u>않은</u> 것은?

① 채권의 가격이 매우 높아서 더 이상 높아지지 않으리라 예상한다.

② 통화정책이 효과가 없다.

③ 화폐수요곡선이 우상향한다.

④ 추가되는 화폐공급이 모두 투기적 수요로 흡수된다.

**11** 상품시장과 경쟁에 대한 설명으로 가장 옳지 <u>않은</u> 것은?

① 최소효율규모(minimum efficient scale)란 평균비용곡선의 최저점이 나타나는 생산수준이다.

② 꾸르노경쟁(Cournot competition)에서는 각 기업이 상대방의 현재가격을 주어진 것으로 보고 자신의 가격을 결정하는 방식으로 경쟁한다.

③ 부당염매행위(predatory pricing)는 일시적 출혈을 감수하면서 가격을 낮춰 경쟁기업을 몰아내는 전략이다.

④ 자연독점(natural monopoly)은 규모의 경제가 현저해 두 개 이상의 기업이 살아남기 어려워 형성된 독점체계이다.

**12** 독점기업이 당면하고 있는 시장수요곡선은 $P = 12 - \frac{1}{2}Q$ 이고, 한계비용은 항상 2로 일정하다. 이 시장에 정부가 개당 2의 종량세(quantity tax)를 부과할 때 추가적으로 발생하는 자중손실(deadweight loss)은?

① 11

② 12

③ 14

④ 15

**13** 〈보기〉의 경기자 갑은 A와 B, 경기자 을은 C와 D라는 전략을 가지고 있다. 각 전략 조합에서 첫 번째 숫자는 경기자 갑, 두 번째 숫자는 경기자 을의 보수이다. 이 게임에 대한 설명 가운데 가장 옳은 것은?

— 〈보 기〉 —

| 갑 \ 을 | C | D |
|---|---|---|
| A | (5, 15) | (10, 12) |
| B | (−2, 10) | (8, 5) |

① 우월전략을 갖지 못한 경기자가 있지만, 내쉬균형은 1개 존재한다.

② 각 경기자 모두 우월전략을 가지므로 죄수의 딜레마 게임이다.

③ 다른 경기자의 선택을 미리 알 경우, 모르고 선택하는 경우와 다른 선택을 하는 경기자가 있다.

④ 내쉬균형은 파레토 효율적이다.

**14** A국가에 대한 B국가의 명목환율(A국가의 통화 1단위와 교환되는 B국가의 통화량)이 매년 10%씩 상승한다고 하자. 만일 두 국가 사이에 구매력평가설(Purchasing Power Parity)이 성립한다면 다음 중 가장 옳은 것은?

① A국가의 물가상승률이 B국가의 물가상승률보다 낮을 것이다.

② A국가의 물가상승률이 B국가의 물가상승률보다 높을 것이다.

③ A국가에 대한 B국가의 실질환율은 해마다 10%씩 상승할 것이다.

④ A국가에 대한 B국가의 실질환율은 해마다 10%씩 하락할 것이다.

**15** 경기침체에 대한 대응책으로 재정정책을 택했을 때, 이자율에 대한 투자수요와 화폐수요의 조합 중 재정정책의 효과가 가장 큰 경우는?

① 투자수요는 비탄력적이고, 화폐수요는 탄력적인 경우
② 투자수요는 탄력적이고, 화폐수요는 비탄력적인 경우
③ 투자수요는 비탄력적이고, 화폐수요도 비탄력적인 경우
④ 투자수요는 탄력적이고, 화폐수요도 탄력적인 경우

**16** 물가지수에 대한 설명으로 가장 옳은 것은?

① GDP 디플레이터(deflator)는 파세지수(Paasche index)의 일종이다.
② 파세지수(Paasche index)는 고정된 가중치를 적용해 가격의 평균적 동향을 파악하는 방식으로 구한 물가지수이다.
③ GDP 디플레이터(deflator)는 어떤 한해 실질국내총생산을 명목국내총생산으로 나누어 얻은 값에 100을 곱하여 구한다.
④ 라스파이레스지수(Laspeyres index)는 해마다 다른 가중치를 적용해 가격의 평균적 동향을 파악하는 방식으로 구한 물가지수이다.

**17** 외부효과(external effect)에 대한 설명으로 가장 옳지 않은 것은?

① 학교 주변에 고가도로가 건설되어 학교 수업이 방해를 받으면 외부불경제이다.
② 노숙자들에 대한 자원봉사로 노숙자들의 상황이 좋아졌다면 외부경제이다.
③ 노후 경유차로 인하여 미세먼지가 증가하였다면 외부불경제이다.
④ 내가 만든 정원이 다른 사람에게 즐거움을 주면 외부경제이다.

**18** A는 하루에 6시간, B는 하루에 10시간 일해서 물고기와 커피를 생산할 수 있다. 다음 표는 각 사람이 하루에 생산할 수 있는 물고기와 커피의 양이다. 다음 설명 중 가장 옳은 것은?(단, 생산가능곡선은 가로축에 물고기, 세로축에 커피를 표시한다.)

| 구분 | 물고기(kg) | 커피(kg) |
|------|-----------|----------|
| A | 12 | 12 |
| B | 15 | 30 |

① B가 물고기와 커피 모두 절대우위를 가지고 있다.
② A의 생산가능곡선의 기울기가 B의 생산가능곡선의 기울기보다 더 가파르다.
③ A와 B가 같이 생산할 때의 생산가능곡선은 원점에 대해서 볼록하다.
④ 물고기 1kg당 커피 1.5kg과 교환하면 A, B 모두에게 이익이다.

**19** 단순 케인지안모형에서 승수(multiplier)는 $\frac{1}{1-b}$ 이다. 그러나 현실 경제에서 승수는 이렇게 크지 않다. 그 이유로 가장 옳지 <u>않은</u> 것은?(단, b는 한계소비성향이다.)

① 조세가 소득의 증가함수이기 때문이다.
② 수입(import)이 소득의 증가함수이기 때문이다.
③ 화폐수요가 이자율의 감소함수이기 때문이다.
④ 투자가 소득의 증가함수이기 때문이다.

**20** 어느 한 국가의 생산함수가 $Y=AK^{0.6}L^{0.4}$이다. 이때, A가 1%, K가 5%, L이 5% 증가하는 경우, 노동자 1인당 소득의 증가율은?(단, A는 총요소생산성, K는 자본투입량, L은 노동투입량이다.)

① 1%
② 2%
③ 3%
④ 4%

# 서울시 7급 경제학

소요시간　　분 | 점수　　점 | 정답 및 해설 111p

**01** 무차별곡선(indifference curve)에 대한 설명으로 가장 옳은 것은?

① 선호체계에 있어서 이행성(transitivity)이 성립한다면, 무차별곡선은 서로 교차할 수 있다.

② 두 재화가 완전대체재일 경우의 무차별곡선은 원점에 대해서 오목하게 그려진다.

③ 무차별곡선이 원점에 대해서 볼록하게 생겼다는 것은 한계대체율체감의 법칙이 성립하고 있다는 것을 의미한다.

④ 두 재화 중 한 재화가 비재화(bads)일 경우에도 상품조합이 원점에서 멀리 떨어질수록 더 높은 효용수준을 나타낸다.

**02** 철수는 장롱 안에서 현금 100만 원을 발견하고 이를 A은행의 보통예금 계좌에 입금하였다. 이로 인한 본원통화와 협의통화(M1)의 즉각적인 변화는?

① 본원통화는 100만 원 증가하고, 협의통화는 100만 원 증가한다.

② 본원통화는 100만 원 감소하고, 협의통화는 100만 원 감소한다.

③ 본원통화는 변화가 없고, 협의통화는 100만 원 증가한다.

④ 본원통화와 협의통화 모두 변화가 없다.

**03** 효용가능경계(utility possibilities frontier)에 대한 설명으로 옳은 것을 모두 고르면?

> ㄱ. 효용가능경계 위의 점들에서는 사람들의 한계대체율이 동일하며, 이 한계대체율과 한계생산변환율이 일치한다.
>
> ㄴ. 어느 경제에 주어진 경제적 자원이 모두 고용되면 이 경제는 효용가능경계 위에 있게 된다.
>
> ㄷ. 생산가능곡선상의 한 점에서 생산된 상품의 조합을 사람들 사이에 적절히 배분함으로써 얻을 수 있는 최대 효용수준의 조합을 효용가능경계라고 한다.

① ㄱ

② ㄷ

③ ㄱ, ㄴ

④ ㄱ, ㄷ

**04** 내생적 성장이론에 대한 다음 설명 중 가장 옳지 <u>않은</u> 것은?

① R&D 모형에서 기술진보는 지식의 축적을 의미하며, 지식은 비경합성과 비배제성을 갖는다고 본다.

② R&D 모형과 솔로우(Solow) 모형은 한계수확체감의 법칙과 경제성장의 원동력으로서의 기술진보를 인정한다는 점에서는 동일하다.

③ 솔로우(Solow) 모형과 달리 AK 모형에서의 저축률 변화는 균제상태에서 수준효과뿐만 아니라 성장효과도 갖게 된다.

④ AK 모형에서 인적자본은 경합성과 배제가능성을 모두 가지고 있다.

**05** 다음 중 코우즈 정리(Coase theorem)에 따른 예측으로 가장 옳지 <u>않은</u> 것은?(단, 만족 수준 한 단위가 현금 1만 원과 동일한 수준의 효용이다.)

> 김 씨와 이 씨가 한집에 살고 있다. 평상시 두 사람의 만족 수준을 100이라고 하자. 김 씨는 집 안 전체에 음악을 틀고 있으면 만족 수준이 200이 된다. 반면, 이 씨는 음악이 틀 어져 있는 공간에서는 만족 수준이 50에 그친다.

① 음악을 트는 것에 대한 권리가 누구에게 있든지 집 안 전 체의 음악 재생여부는 동일하다.
② 음악을 트는 것에 대한 권리가 이 씨에게 있는 경우 둘 사 이에 자금의 이전이 발생한다.
③ 음악을 트는 것에 대한 권리가 김 씨에게 있는 경우 그는 음악을 틀 것이다.
④ 음악을 트는 것에 대한 권리가 이 씨에게 있는 경우 집 안 은 고요할 것이다.

**06** 정부가 소비자 보호를 위해 쌀 시장에 가격상한제 (price ceiling)를 적용하고 있다고 하자. 이런 상황에서 쌀 농 사에 유리한 기후 조건으로 쌀 공급이 소폭 증가했을 때 예상 되는 현상으로 옳은 것은?(단, 시장 균형가격은 과거나 지금 이나 가격상한선보다 높다.)

① 규제로 인한 자중후생손실(deadweight loss)이 감소한다.
② 시장에서의 거래 가격이 하락한다.
③ 공급자잉여가 감소한다.
④ 소비자잉여가 감소한다.

**07** 케인즈(J. M. Keynes)의 단순 국민소득 결정모형(소득 지출모형)에 대한 설명으로 가장 옳지 <u>않은</u> 것은?

① 한계저축성향이 클수록 투자의 승수효과는 작아진다.
② 디플레이션 갭(deflation gap)이 존재하면 일반적으로 실 업이 유발된다.
③ 임의의 국민소득 수준에서 총수요가 총공급에 미치지 못 할 때, 그 국민소득 수준에서 디플레이션 갭이 존재한다 고 한다.
④ 정부지출 증가액과 조세감면액이 동일하다면 정부지출 증가가 조세감면보다 국민소득 증가에 미치는 영향이 더 크다.

**08** A국, B국은 X재와 Y재만을 생산하고, 생산가능곡선은 각각 $X = 2 - 0.2Y$, $X = 2 - 0.05Y$이다. A국과 B국이 X재와 Y 재의 거래에서 서로 합의할 수 있는 X재의 가격은?

① Y재 4개
② Y재 11개
③ Y재 21개
④ 거래가 불가능하다.

**09** 다음은 먼델-플레밍 모형을 이용하여 고정환율제도를 취하고 있는 국가의 정책 효과에 대해서 설명한 것이다. ㉠과 ㉡을 바르게 연결한 것은?

> 정부가 재정지출을 ( ㉠ )하면 이자율이 상승하고 이로 인해 해외로부터 자본 유입이 발생한다. 외환 시장에서 외화의 공급이 증가하여 외화 가치가 하락하고 환율의 하락 압력이 발생한다. 하지만 고정환율제도를 가지고 있기 때문에 환율이 변할 수는 없다. 결국 환율을 유지하기 위해 중앙은행은 외화를 ( ㉡ )해야 한다.

| | ㉠ | ㉡ |
|---|---|---|
| ① | 확대 | 매입 |
| ② | 확대 | 매각 |
| ③ | 축소 | 매입 |
| ④ | 축소 | 매각 |

**10** 아래의 그림은 기업 A와 B의 의사결정에 따른 이윤을 나타낸다. 두 기업은 모든 선택에 대한 이윤을 사전에 알고 있다. A사가 먼저 선택하고, B사가 A사의 결정을 확인하고 선택을 하게 된다. 두 회사 간의 신빙성 있는 약속이 없을 때 각 기업이 얻게 되는 이윤의 조합은?(단, 괄호 안은 A사가 얻는 이윤, B사가 얻는 이윤을 나타낸다.)

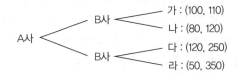

① 가
② 나
③ 다
④ 라

**11** 자본이동이 완전한 소규모 개방경제가 있다. 정부재정이 균형예산이고 상품수지(무역수지)가 균형일 때 a값은?(단, Y는 국민소득, C는 소비, I는 투자, G는 정부구매, NX는 순수출, T는 조세이다.)

> • $Y=C+I+G+NX$
> • $C=250+0.75(Y-T)$, $T=aY$, $I=750$, $Y=5,000$

① 0.1
② 0.2
③ 0.3
④ 0.4

**12** 비용에 대한 설명으로 가장 옳은 것은?

① 조업을 중단하더라도 남아 있는 계약 기간 동안 지불해야 하는 임대료는 고정비용이지만 매몰비용은 아니다.

② 평균총비용곡선이 U자 모양일 때, 한계비용은 평균총비용의 최저점을 통과하지 않는다.

③ 한계수확체감 현상이 발생하고 있는 경우, 생산량이 증가함에 따라 한계비용은 감소한다.

④ 가변비용과 고정비용이 발생하고 있고 평균총비용곡선과 평균가변비용곡선이 모두 U자 모양일 때, 평균가변비용의 최저점은 평균총비용의 최저점보다 더 낮은 생산량 수준에서 발생한다.

**13** 2020년도에 어떤 나라의 밀 생산 농부들은 밀을 생산하여 그 중 반을 소비자에게 1,000억 원에 팔고, 나머지 반을 1,000억 원에 제분회사에 팔았다. 제분회사는 밀가루를 만들어 그 중 절반을 800억 원에 소비자에게 팔고 나머지를 제빵회사에 800억 원에 팔았다. 제빵회사는 빵을 만들어 3,200억 원에 소비자에게 모두 팔았다. 이 나라의 2020년도 GDP는?(단, 이 경제에서는 밀, 밀가루, 빵만을 생산한다.)

① 1,600억 원

② 2,000억 원

③ 3,200억 원

④ 5,000억 원

**14** 형과 동생이 한집에 살고 있다. 형은 매일 5만 원의 소득이 있으나 동생은 현재 소득이 없다. 형은 소득 5만 원의 일부를 떼어 매일 동생의 용돈으로 나누어 주고자 한다. 각 소비금액에 대한 형과 동생의 효용은 아래 표와 같다고 가정한다. 형이 소득의 분배에 있어서 단순 공리주의적 입장을 취한다고 할 때, 매일 동생에게 나누어 주는 금액은?

| 소비금액 | 0만 원 | 1만 원 | 2만 원 | 3만 원 | 4만 원 | 5만 원 |
|---|---|---|---|---|---|---|
| 형의 효용 | 0 | 60 | 70 | 80 | 90 | 100 |
| 동생의 효용 | 0 | 10 | 20 | 30 | 50 | 70 |

① 1만 원

② 2만 원

③ 3만 원

④ 4만 원

**15** A국의 명목이자율이 6%이고 B국의 명목이자율이 4%라고 하자. 양국의 실질이자율이 동일하고 구매력평가설이 적용된다고 할 때, 피셔방정식을 이용한 다음 설명 중 가장 옳은 것은?

① A국의 기대인플레이션이 B국의 기대인플레이션보다 2%p 더 높고, A국의 통화가치는 B국의 통화에 비해 2% 떨어질 것으로 기대된다.

② A국의 기대인플레이션이 B국의 기대인플레이션보다 2%p 더 높고, A국의 통화가치는 B국의 통화에 비해 2% 올라갈 것으로 기대된다.

③ A국의 기대인플레이션이 B국의 기대인플레이션보다 2%p 더 낮고, A국의 통화가치는 B국의 통화에 비해 2% 올라갈 것으로 기대된다.

④ A국의 기대인플레이션이 B국의 기대인플레이션보다 2%p 더 낮고, A국의 통화가치는 B국의 통화에 비해 2% 떨어질 것으로 기대된다.

**16** 어느 기업의 자본의 한계생산물($MP_k$)이 $50-0.1K$라고 하자. 자본재 가격은 단위당 10,000원, 감가상각률은 5%로 일정하며, 생산물 가격은 단위당 200원으로 일정하다. 실질이자율이 초기 10%에서 5%로 하락하였을 때, 이 기업의 초기 자본량($K_0$)과 바람직한 투자수준(I)은?(단, K는 자본량이다.)

① $K_0=375$, $I=25$

② $K_0=375$, $I=50$

③ $K_0=425$, $I=25$

④ $K_0=425$, $I=50$

**17** 실업과 인플레이션 및 이들의 관계를 나타내는 필립스 곡선에 대한 다음 설명 중 가장 옳은 것은?

① 총공급 측면에서의 충격은 실업과 인플레이션 사이의 상충 관계를 가져온다.

② 미래 인플레이션에 대한 합리적 기대하에서는 예상하지 못한 확장적 통화정책도 단기적으로 실제 실업률을 자연 실업률보다 낮은 수준으로 하락시킬 수 없다.

③ 프리드만(M. Friedman)과 펠프스(E. Phelps)의 기대가 부가된 필립스 곡선에서 인플레이션에 대한 예측은 적응적 기대 방식으로 이루어진다.

④ 총공급곡선이 우상향하는 경우 재정확대 정책은 필립스 곡선을 좌측으로 이동시킨다.

**18** A국은 자동차 수입을 금하고 있다. 이 나라에서 자동차 한 대의 가격은 2억 원이고 판매량은 40만대에 불과하다. 어느 날 새로 선출된 대통령이 자동차 시장을 전격 개방하기로 결정했다. 개방 이후 자동차 가격은 국제시세인 1억 원으로 하락하였고, 국내 시장에서의 자동차 판매량도 60만대로 증가하였다. 이에 대한 설명으로 가장 옳은 것은?(단, 수요곡선과 공급곡선은 직선이며, 공급곡선은 원점을 지난다.)

① 국내 소비자잉여 증가분은 국내 생산자잉여 감소분의 2배 이상이다.

② 국내 사회적잉여 증가분은 국내 생산자잉여 감소분보다 크다.

③ 국내 소비자잉여는 예전보다 2배 이상 증가하였다.

④ 국내 사회적잉여 증가분은 국내 소비자잉여 증가분의 절반 이상이다.

**19** X재의 생산자는 A와 B, 두 기업밖에 없다고 하자. X재의 시장수요함수는 $Q = 32 - 0.5P$이고, 한계비용은 24로 일정하다. A와 B가 공모해서 독점 기업처럼 이윤극대화를 하고 생산량을 똑같이 나누기로 한다면, 기업 A가 얻는 이윤은? (단, 고정비용은 0이다.)

① 20

② 64

③ 88

④ 100

**20** 갑작스러운 국제 유가 상승으로 A국에서 총생산이 줄어들고 물가가 높아지는 스태그플레이션(stagflation)이 발생하였다. 〈보기〉는 이에 대한 대책으로 중앙은행 총재와 재무부 장관이 나눈 대화이다. 본 대화에 대한 논평으로 가장 옳지 <u>않은</u> 것은?

---
〈보 기〉
- 중앙은행 총재 : 무엇보다도 서민 생활안정을 위해 이자율을 올려 물가를 안정시키는 일이 급선무입니다.
- 재무부 장관 : 물가안정도 중요하지만 경기침체 완화를 위해 재정을 확대하는 정책이 절실합니다.
---

① 이자율을 높이는 정책은 총수요를 감소시키는 결과를 가져오기 때문에 실업률을 보다 높일 수 있다.

② 재정확대 정책은 자연산출량(natural rate of output)을 증대할 수 있는 방안이다.

③ 재정확대 정책을 실시할 경우 현재보다 물가 수준이 더욱 높아질 것을 각오해야 한다.

④ 만약 아무 조치도 취하지 않는다면, 침체가 장기화될 수 있다.

자신의 능력을 믿어야 한다.
그리고 끝까지 굳세게 밀고 나가라.


-로잘린 카터(Rosalynn Carter)-

# PART 4

## 국회직 8급 문제편

**01** 현재의 균형국민소득은 완전고용국민소득보다 1,750억 원이 작다. 조세와 국제무역이 존재하지 않는 가장 단순한 모형에서 한계소비성향이 0.6이라면 완전고용국민소득을 달성하기 위하여 증가시켜야 하는 정부지출액은?

① 500억 원

② 550억 원

③ 600억 원

④ 650억 원

⑤ 700억 원

**02** X재와 Y재만 소비하는 소비자 A의 효용함수는 U= min{2X,Y}이다. A의 효용함수와 최적의 소비 선택에 대한 설명으로 옳은 것은?

① X재와 Y재를 2:1 비율로 소비한다.

② 어느 한 상품의 소비 증가만으로 효용이 높아진다.

③ X재 가격이 Y재 가격보다 낮으면 X재를 상대적으로 많이 소비하게 된다.

④ 한계대체율은 무차별곡선상의 모든 점에서 일정하다.

⑤ X재와 Y재의 상대가격은 최적의 소비 선택에 영향을 미치지 않는다.

**03** 소득과 이자율이 주어졌을 때 효용(U)을 극대화하는 소비자 A와 B의 효용함수는 다음과 같다. 각 소비자는 2기간(현재와 미래)에만 생존하고, A의 소득은 현재에만 발생하며, B의 소득은 현재와 미래에 동일하다. 이자율 상승의 효과에 대한 설명으로 옳은 것은?

$$U(C_1, C_2) = \sqrt{C_1 C_2}$$
(단, $C_1$과 $C_2$는 각각 현재와 미래의 소비를 나타낸다.)

① 소비자 A의 $C_1$은 반드시 증가한다.

② 소비자 A의 $C_2$는 반드시 증가한다.

③ 대체효과는 소비자 A의 $C_1$을 증가시킨다.

④ 소득효과는 소비자 B의 $C_1$을 증가시킨다.

⑤ 소비자 B의 $C_2$는 반드시 증가한다.

**04** X재와 Y재만 소비하는 소비자 A의 X재에 대한 수요함수는 $Q_x = \dfrac{I}{3P_x}$이다. 이에 대한 설명으로 옳지 <u>않은</u> 것은?(단, $Q_x$와 $P_x$는 각각 X재에 대한 소비량과 가격을, 그리고 I는 소득을 나타낸다)

① A의 Y재 소비액은 X재 소비액보다 항상 크다.

② A의 X재 수요는 가격에 대해 단위탄력적이다.

③ A의 Y재 수요의 소득탄력성은 1/3이다.

④ A의 Y재 수요의 교차탄력성은 0이다.

⑤ A에게 두 재화는 모두 정상재이다.

**05** 기업 A는 노동에 대한 수요를 독점하고 있다. A의 노동의 한계수입 생산은 MRP$_L$=8,000－10L이며, 노동공급곡선은 W=2,000＋5L이다. 이때 정부가 최저임금제를 도입하여 최저임금을 4,500으로 설정한 경우에 대한 설명으로 옳은 것은?(단, L은 노동량, W는 단위임금이다)

① 최저임금 도입 이전의 균형에서 고용량은 450이다.

② 최저임금 도입 이전의 균형에서 한계수입생산과 임금은 동일하다.

③ 최저임금 도입으로 고용량이 감소한다.

④ 최저임금 도입 이후에 균형에서의 한계수입생산은 최저임금 도입 이전보다 감소한다.

⑤ 최저임금 도입 이후에 실업은 감소한다.

**06** 어느 산업에 동질적 재화를 생산하는 200개의 기업이 있다. 각 기업의 고정비용은 1,000원이고 평균가변비용은 다음 표와 같다. 시장 가격이 1,000원일 경우에 대한 설명으로 옳은 것은?

| 생산량 | 평균가변비용 |
| --- | --- |
| 1 | 300원 |
| 2 | 400원 |
| 3 | 500원 |
| 4 | 600원 |
| 5 | 700원 |
| 6 | 800원 |

① 각 기업은 4개를 생산하고, 전체 생산량은 800개이다. 장기적으로 동일한 비용 구조를 가진 기업들이 이 시장에 진입하거나 이 시장에서 퇴출할 수 있다면, 이 시장에는 진입이 발생한다.

② 각 기업은 3개를 생산하고, 전체 생산량은 600개이다. 장기적으로 동일한 비용 구조를 가진 기업들이 이 시장에 진입하거나 이 시장에서 퇴출할 수 있다면, 이 시장에는 진입이 발생한다.

③ 각 기업은 4개를 생산하고, 전체 생산량은 800개이다. 장기적으로 동일한 비용 구조를 가진 기업들이 이 시장에 진입하거나 이 시장에서 퇴출할 수 있다면, 이 시장에는 퇴출이 발생한다.

④ 각 기업은 3개를 생산하고, 전체 생산량은 600개이다. 장기적으로 동일한 비용 구조를 가진 기업들이 이 시장에 진입하거나 이 시장에서 퇴출할 수 있다면, 이 시장에는 퇴출이 발생한다.

⑤ 각 기업은 4개를 생산하고, 진입도 퇴출도 발생하지 않는다.

**07** 다음과 같이 주어진 정보에 따를 때 전기자동차 배터리 생산이 정부의 개입 없이 시장에서 자율적으로 결정될 경우 사회적 후생의 감소분은?

- 전기자동차 배터리 시장은 완전경쟁시장이다.
- 전기자동차 배터리 생산은 지하수를 오염시켜 공장 주변의 주민 건강에 심각한 위험을 초래한다.
- 전기자동차 배터리에 대한 수요곡선은 P=40－0.5Q이다.
- 전기자통차 배터리에 대한 공급곡선은 P=10＋2Q이다.
- 전기자동차 배터리 생산 시 발생하는 오염물질로 인한 주민들의 의료 비용곡선은 C=0.5Q이다.

(단, P, Q, C는 각각 전기자통차 배터리에 대한 가격, 수량, 전기자통차 배터리 생산 시 발생하는 오염물질로 인한 주민들의 의료 비용이다.)

① 5

② 6

③ 7

④ 8

⑤ 9

**08** 솔로(R. Solow)의 경제성장모형에 대한 설명으로 옳지 않은 것만을 〈보기〉에서 모두 고르면?

———— 〈보 기〉 ————

ㄱ. 균형성장경로에서 완전고용성장이 이루어진다.

ㄴ. 황금률 자본량은 1인당 산출이 극대화되는 자본량 수준을 의미한다.

ㄷ. 균제상태에서 1인당 소득증가율은 0%이다.

ㄹ. 인구증가율이 감소하면 균제상태에서 1인당 산출도 감소한다.

① ㄱ, ㄴ

② ㄱ, ㄷ

③ ㄴ, ㄷ

④ ㄴ, ㄹ

⑤ ㄷ, ㄹ

**09** A는 두 종류의 일자리를 제안 받았고, 다음과 같은 상황에 처해 있다. A가 두 번째 일자리를 선택하기 위한 연간보수 X의 최솟값은?

• A의 효용함수 : $U = 2\sqrt{Y}$(단, Y는 연간보수)

• 첫 번째 일자리에는 일시해고가 없으며, 연간보수는 4,900만 원이다.

• 두 번째 일자리에는 일시해고에 대한 불확실성이 존재한다.

• 두 번째 일자리에서 전체의 1/4에 해당하는 연도는 경기가 좋아 일시해고가 되지 않으며, 이때의 연간보수는 X이다.

• 두 번째 일자리에서 전체의 3/4에 해당하는 연도는 경기가 좋지 않아 일시해고가 되며, 이때의 연간보수는 3,600만 원이다.

① 1억 원

② 1억 2,100만 원

③ 1억 4,400만 원

④ 1억 6,900만 원

⑤ 1억 9,600만 원

**10** 경제지표에 대한 설명으로 옳은 것만을 〈보기〉에서 모두 고르면?

———— 〈보 기〉 ————

ㄱ. 전업 학생이 졸업하여 바로 취업하면 경제활동참가율은 상승한다.

ㄴ. 전업 학생이 졸업하여 바로 취업하더라도 실업률은 변하지 않는다.

ㄷ. 전업 학생이 졸업하여 바로 취업하면 고용률은 상승한다.

ㄹ. 통화공급은 동전, 지폐, 예금, 신용카드 사용 한도 등을 포함한다.

ㅁ. 이자율이 오르면 이미 발행된 채권 가격은 하락한다.

① ㄱ, ㄴ, ㄹ

② ㄱ, ㄷ, ㅁ

③ ㄱ, ㄴ, ㄷ, ㅁ

④ ㄱ, ㄷ, ㄹ, ㅁ

⑤ ㄴ, ㄷ, ㄹ, ㅁ

**11** 9명의 개별 경기자가 존재하는 어느 경제에서 공공재 공급에 필요한 기금을 모으기 위해 기여금을 낼지의 여부를 동시에 비협조적으로 결정하는 게임을 한다. 9명 중 5명 이상이 기여금을 내면 공공재 공급이 이루어지며, 5명 미만이면 공공재 공급이 이루어지지 않는다. 납부한 기여금은 공공재 공급이 이루어지지 않더라도 돌려받지 못한다. 모든 경기자의 선호체계가 다음과 같을 때, 게임의 결과에 대한 설명으로 옳은 것은?

• 1순위 : 공공재 공급이 이루어지고 자신은 기여금을 내지 않은 상황

• 2순위 : 공공재 공급이 이루어지고 자신은 기여금을 낸 상황

• 3순위 : 공공재 공급이 이루어지지 않고 자신은 기여금을 내지 않은 상황

• 4순위 : 공공재 공급이 이루어지지 않고 자신은 기여금을 낸 상황

① 순수전략 내쉬균형은 하나만 존재한다.

② 모든 순수전략 내쉬균형에서 공공재 공급은 이루어진다.

③ 9명 모두 기여금을 내는 것도 순수전략 내쉬균형에 해당한다.

④ 9명 모두 기여금을 내지 않는 것도 순수전략 내쉬균형에 해당한다.

⑤ 순수전략 내쉬균형에서 1순위의 선호를 얻는 경기자는 존재하지 않는다.

**13** 국내에서 X재의 생산은 기업 A가 독점하며, X재의 수입은 금지되어 있었는데, 다음과 같이 주어진 정보에 따라 정부가 수입쿼터제를 도입하여 수입쿼터를 40으로 정하였다. 다음 설명 중 옳은 것은?

- $C = 50Q + Q^2$
- $Q_d = 450 - P$
- X재의 국제 거래가격은 250이다.

(단, $Q$, $Q_d$, $P$, $C$는 각각 기업 A의 생산량, 국내 수요량, 국내 가격, 생산비용을 의미하며, 수입에 따른 관세나 운송비용은 0으로 가정한다)

① X재 수입이 금지되어 있는 경우 균형에서 기업 A의 한계수입은 350이다.

② 쿼터제 도입으로 국내 수요량은 40만큼 증가한다.

③ 쿼터제 도입으로 국내 가격은 40만큼 감소한다.

④ 쿼터제 도입 후 균형에서 기업 A의 한계비용은 감소한다.

⑤ 국제 거래가격이 230으로 하락하면 쿼터제하에서 기업 A의 생산량은 감소한다.

**12** 재정정책에 대한 설명으로 옳은 것만을 〈보기〉에서 모두 고르면?

─── 〈보 기〉 ───

ㄱ. 경제가 유동성 함정에 빠진 경우 확장적 재정정책의 구축효과는 없다.

ㄴ. 최적조세와 같은 재정정책에서도 경제정책의 동태적 비일관성 문제가 발생할 수 있다.

ㄷ. 재정의 자동안정화장치가 강화되면 승수효과는 커진다.

ㄹ. 재정의 자동안정화장치는 정책의 외부시차가 없어 경기안정화 효과가 즉각적이다.

① ㄱ

② ㄱ, ㄴ

③ ㄴ, ㄷ

④ ㄱ, ㄴ, ㄷ

⑤ ㄴ, ㄷ, ㄹ

**14** 한계소비성향이 0.5이고 소득세율이 20%인 경우, 소득이 30만 원 증가할 때 소비지출액의 증가분은?

① 12만 원

② 15만 원

③ 19만 원

④ 21만 원

⑤ 24만 원

**15** 두 재화(X재와 Y재)와 두 사람(A와 B)만 존재하는 경제에서 A의 효용함수는 $U_A = 2X + Y$이며, B의 효용함수는 $U_B = XY^2$이다. A는 X재 8단위와 Y재 4단위를 가지고 있으며, B는 X재 10단위와 Y재 20단위를 가지고 있다. 두 사람이 자발적 교환에 참여한다고 할 때 다음 설명 중 옳은 것은? (단, 교환에 수반되는 거래비용은 없다)

① 교환이 이루어지기 전에 A와 B의 두 재화에 대한 한계대체율은 동일하다.

② 교환에서 B에게 모든 협상력이 있다면 B는 A에게 X재 2단위를 주고 Y재 4단위를 받는다.

③ 교환 후 A와 B의 한계대체율은 모두 변한다.

④ 교환 후 A의 Y재에 대한 한계효용은 증가한다.

⑤ 교환 후 B의 X재에 대한 한계효용은 감소한다.

**16** 소비자 A, B, C, D가 라면 한 그릇에 대해 지불할 용의가 있는 가격은 각각 10, 20, 30, 40이고, 판매자 E, F, G, H가 라면 한 그릇에 대해 수용할 용의가 있는 가격은 각각 40, 30, 20, 15이다. 이에 대한 설명으로 옳은 것만을 〈보기〉에서 모두 고르면?(단, 각 소비자는 라면 한 그릇만 소비할 수 있고, 각 판매자는 라면 한 그릇만 판매할 수 있다)

〈보 기〉

ㄱ. 총잉여를 극대화하기 위한 균형 거래량은 2그릇이다.
ㄴ. 총잉여를 극대화하기 위한 균형 가격은 40이다.
ㄷ. 극대화된 총잉여는 35이다.
ㄹ. 판매자 중 E만 판매하지 않는 것이 총잉여를 극대화하는 방법이다.
ㅁ. 소비자 중 A와 B만 소비하지 않는 것이 총잉여를 극대화하는 방법이다.

① ㄴ

② ㄱ, ㄷ

③ ㄴ, ㄷ

④ ㄴ, ㄹ

⑤ ㄱ, ㄷ, ㅁ

**17** 표준적인 U자 형의 장단기 평균비용곡선을 가지는 생산 관계에 대한 설명으로 옳은 것만을 〈보기〉에서 모두 고르면?

〈보 기〉

ㄱ. 단기 평균비용곡선이 상승할 때 단기 한계비용곡선은 단기 평균비용곡선보다 위에 있다.
ㄴ. 장기 평균비용곡선이 하락할 때 장기 한계비용곡선은 장기 평균비용곡선보다 아래에 있다.
ㄷ. 특정 규모의 단기 한계비용곡선이 장기 한계비용곡선과 교차할 때 단기 평균비용은 장기 평균비용보다 크다.
ㄹ. 장기 평균비용곡선의 최소점에서 해당 규모의 단기 한계비용곡선과 장기 한계비용곡선은 교차한다.

① ㄱ, ㄴ

② ㄱ, ㄴ, ㄷ

③ ㄱ, ㄴ, ㄹ

④ ㄱ, ㄷ, ㄹ

⑤ ㄴ, ㄷ, ㄹ

**18** 다음과 같이 주어진 정보에 따를 때 A, B, C 세 사람이 공동으로 소비하는 공공재 X의 사회적으로 최적인 산출수준은?

- $Q_A = -2P + 24$
- $Q_B = -3P + 51$
- $Q_C = -P + 34$
- 공공재 X를 생산하는 데 드는 한계비용은 30이다.

(단, $Q_A$, $Q_B$, $Q_C$는 각각 A, B, C의 공공재 X에 대한 수요량을 의미하며, P는 공공재 X의 가격을 의미한다.)

① 9

② 14

③ 18

④ 23

⑤ 28

**19** 자본이동이 완전히 자유로우며 자유변동환율제도를 채택하고 있는 소규모 개방경제가 국공채를 매입하였다고 할 때, IS−LM−BP모형에 따른 설명으로 옳은 것은?(단, IS곡선은 우하향하며, LM곡선은 우상향한다.)

① LM곡선이 우측으로 이동하였다가 원위치로 돌아온다.

② IS곡선은 좌측으로 이동한다.

③ 새로운 균형에서 국내이자율은 하락한다.

④ 새로운 균형에서 순수출은 증가한다.

⑤ 자본이동이 불가능한 경우에 비해 소득 증가 폭이 작다.

**20** 어느 경제의 필립스곡선과 중앙은행의 손실함수가 다음과 같다고 하자. 필립스곡선은 중앙은행에게 제약조건으로 작용하며, 중앙은행은 손실함수가 최소화되도록 인플레이션율($\pi$)을 선택한다. 장기균형에서의 인플레이션율($\pi$)은?

> • 필립스곡선 : $u=u_n-(\pi-\pi^e)$
> • 손실함수 : $L=4(u-0.02)^2+6(\pi-0.01)^2$
> (단, u는 실제실업률, $u_n$자연실업률로 0.05(5%), $\pi^e$는 기대인플레이션율이다.)

① 0%

② 1%

③ 2%

④ 3%

⑤ 5%

**21** 은행권 전체가 보유하는 지급준비금 총액이 100이다. 요구불예금에 대한 법정지급준비율이 5%이고, 은행은 초과지급준비금을 보유하지 않으며, 가계는 현금을 보유하지 않는다. 이러한 상황에서 중앙은행이 법정지급준비율을 10%로 인상한다고 할 때, 이전과 비교한 예금통화승수와 화폐공급량의 변화에 대한 설명으로 옳은 것은?

① 예금통화승수는 10만큼 하락하고, 화폐공급량은 1,000만큼 감소한다.

② 예금통화승수는 10만큼 상승하고, 화폐공급량은 1,000만큼 증가한다.

③ 예금통화승수는 10만큼 하락하고, 화폐공급량은 2,000만큼 감소한다.

④ 예금통화승수는 20만큼 상승하고, 화폐공급량은 2,000만큼 증가한다.

⑤ 예금통화승수는 20만큼 하락하고, 화폐공급량은 2,000만큼 감소한다.

**22** 다음은 A국의 연도별 명목 GDP, 실질 GDP, GDP 디플레이터에 대한 자료이다. (ㄱ)~(ㄹ)에 들어갈 수치를 바르게 연결한 것은?

| 연도 | 명목 GDP | 실질 GDP (2020년 기준) | GDP 디플레이터 |
|---|---|---|---|
| 2000 | (ㄱ) | 5,000 | 60 |
| 2010 | 6,000 | (ㄴ) | 100 |
| 2020 | 8,000 | (ㄷ) | (ㄹ) |

| | (ㄱ) | (ㄴ) | (ㄷ) | (ㄹ) |
|---|---|---|---|---|
| ① | 5,000×0.6 | 8,000 | 8,000 | 100 |
| ② | 5,000/0.6 | 8,000 | 6,000 | (100/60)×100 |
| ③ | 5,000×0.6 | 6,000 | 8,000 | 100 |
| ④ | 5,000/0.6 | 6,000 | 8,000 | 100 |
| ⑤ | 5,000×0.6 | 6,000 | 6,000 | (100/60)×100 |

**23** 국가 간 거래에 있어 정부의 개입에 대한 설명으로 옳은 것만을 〈보기〉에서 모두 고르면?(단, 소규모 개방경제를 가정한다.)

— 〈보 기〉 —

ㄱ. 수입국이 부과하는 수입관세와 수입쿼터는 모두 수입가격을 상승시키는 효과가 있다.

ㄴ. 수입관세의 부과는 관세수입과 생산자잉여를 모두 증가시킨다.

ㄷ. 수입쿼터의 부과로 인한 생산자잉여의 증가분은 소비자잉여의 감소분보다 크다.

ㄹ. 수입관세의 부과로 인한 수입국의 순국내손실이 수입쿼터의 부과로 인한 순국내손실보다 크다.

① ㄱ, ㄴ

② ㄱ, ㄷ

③ ㄴ, ㄷ

④ ㄱ, ㄴ, ㄹ

⑤ ㄴ, ㄷ, ㄹ

**24** 차별화된 재화를 생산하는 기업 A와 기업 B가 직면한 수요함수는 각각 $q_A = 25 - p_A + 0.5p_B$, $q_B = 35 - p_B + p_A$이다. A와 B의 한계생산비용은 생산량과 관계없이 5로 동일하다. 두 기업이 동시에 비협조적으로 가격을 결정하는 게임을 한다고 할 때 내쉬균형에서의 기업 A의 가격은?(단 $q_i$와 $p_i$는 각각 기업 i(i = A, B)의 생산량과 가격을 나타낸다.)

① 50/3

② 160/7

③ 70/3

④ 92/3

⑤ 220/7

**25** 생산량이 자연율 수준에 있는 국가에서 중앙은행이 통화량을 증가시키고, 이에 대해 사람들이 인플레이션율이 상승할 것으로 기대하고 있다. 장기적으로 이 국가에서 발생할 현상에 대한 설명으로 옳은 것은?

① 생산량 수준은 장기적으로 증가한다.

② 물가 수준이 상승하지만 실질화폐잔고는 일정하다.

③ 총공급곡선이 우상향하므로 총수요곡선의 이동은 물가와 총생산에 영향을 준다.

④ 통화공급에 의한 총수요 증가 효과는 기대인플레이션에 의한 단기 총공급 증가로 인해 사라진다.

⑤ 인플레이션율은 상승하지만 실업률은 변하지 않는다.

# 2020 국회직 8급 경제학

2020.06.06. 시행

소요시간　　　분 | 점수　　　점 | 정답 및 해설 126p

**01** 시장수요가 $Q = 120 - 2P$이며 총비용이 $C = 0.5Q^2 + 50$인 독점기업이 현재 규제에 의해 가격과 한계비용이 일치하도록 가격을 설정하고 있다. 로비에 의해 이런 규제를 없앨 수 있다고 할 때, 이 기업이 로비를 위해 지불할 용의가 있는 최대 금액으로 옳은 것은?

① 50

② 75

③ 100

④ 125

⑤ 150

**02** IS곡선에 대한 설명으로 〈보기〉에서 옳은 것만을 모두 고르면?

─── 〈보 기〉 ───
ㄱ. 한계소비성향이 클수록 IS곡선의 기울기가 커진다.
ㄴ. IS곡선 상방의 한 점은 생산물시장의 초과수요상태이다.
ㄷ. 투자의 이자율탄력성이 작을수록 재정정책의 효과가 작아진다.
ㄹ. 정부지출과 조세를 같은 규모만큼 증가시키면 IS곡선이 우측으로 이동한다.
ㅁ. 유발투자가 존재하면 IS곡선은 보다 완만한 형태로 도출된다.

① ㄱ, ㄴ

② ㄱ, ㄹ

③ ㄴ, ㄷ

④ ㄷ, ㅁ

⑤ ㄹ, ㅁ

**03** 도덕적 해이에 관한 예시로 옳지 <u>않은</u> 것은?

① 정부의 은행예금보험으로 인해 은행들이 위험한 대출을 더 많이 한다.

② 경영자가 자신의 위신을 높이기 위해 회사의 돈을 과도하게 지출한다.

③ 정부부처가 예산낭비가 심한 대형국책사업을 강행한다.

④ 정부가 신용불량자에 대한 구제책을 내놓자 채무자들이 빚을 갚지 않고 버틴다.

⑤ 은행이 대출이자율을 높이면 위험한 사업에 투자하려는 기업들이 자금 차입을 하는 경우가 늘어난다.

**04** 위험선호자에 대한 설명으로 옳은 것만을 〈보기〉에서 모두 고르면?

─── 〈보 기〉 ───
ㄱ. 확실성등가가 복권의 기대수익 이상이다.
ㄴ. 효용함수가 원점에 대해 볼록하다.
ㄷ. 소득에 대한 한계효용이 체감한다.
ㄹ. 위험 프리미엄이 양수이다.

① ㄱ, ㄴ

② ㄱ, ㄷ

③ ㄴ, ㄷ

④ ㄴ, ㄹ

⑤ ㄷ, ㄹ

시대에듀(www.sdedu.co.kr)

**05** 빵과 옷만을 소비하는 A씨의 선호체계는 완비성, 이행성, 연속성, 단조성을 모두 만족시킨다. A씨가 주어진 예산제약 아래 빵과 옷 두 재화만을 소비하여 효용을 극대화할 때 A씨의 빵과 옷의 소비에 대한 설명으로 옳은 것은?

① A씨는 항상 빵과 옷을 모두 소비한다.

② A씨는 항상 자신의 예산을 모두 사용한다.

③ 예산제약 아래 A씨가 가장 선호하는 빵과 옷에 대한 소비량은 항상 유일하다.

④ 빵의 가격이 상승하면 A씨의 빵에 대한 소비량은 감소한다.

⑤ A씨의 소득이 증가할 때 A씨의 빵과 옷에 대한 소비량은 모두 증가한다.

**06** A사는 노동(L)과 자본(K)을 사용하여 자동차를 생산하고 있으며, A사의 생산기술은 $Q=K\sqrt{L}$로 주어져 있다. 단기에서 A사의 자본량은 K=4로 고정되어 있고, 자동차의 가격 p는 0보다 크다. 노동의 가격은 w=2로 주어져 있으며 자본의 가격은 r=1로 주어져 있다. 〈보기〉에서 옳은 것만을 모두 고르면?

─── 〈보 기〉 ───
ㄱ. 단기에서 A사는 이윤극대화를 달성할 수 있다.
ㄴ. 단기에서 A사는 자동차의 가격이 너무 낮으면 생산을 하지 않을 것이다.
ㄷ. 장기에서 A사는 이윤극대화를 달성할 수 있다.

① ㄱ
② ㄴ
③ ㄱ, ㄴ
④ ㄱ, ㄷ
⑤ ㄱ, ㄴ, ㄷ

**07** 두 재화 X와 Y만을 소비하는 어느 소비자의 효용함수가 $U(X, Y)=2\sqrt{X}+Y$이다. X재와 Y재의 가격이 모두 1일 때, 이 소비자에 대한 설명으로 옳은 것만을 〈보기〉에서 모두 고르면?

─── 〈보 기〉 ───
ㄱ. 이 소비자에게 X재는 정상재이다.
ㄴ. 소득이 1보다 작으면 Y재만 소비한다.
ㄷ. 소득이 1보다 클 때 소득소비곡선은 직선이다.
ㄹ. 한계대체율이 Y재 소비량에 영향을 받지 않는다.

① ㄱ, ㄴ
② ㄱ, ㄷ
③ ㄴ, ㄷ
④ ㄴ, ㄹ
⑤ ㄷ, ㄹ

**08** 통화정책에 대한 설명으로 옳은 것만을 〈보기〉에서 모두 고르면?

─── 〈보 기〉 ───
ㄱ. 재할인율을 높이면 시중의 통화량은 감소한다.
ㄴ. 시중은행의 법정지급준비율을 높이면 통화량은 감소한다.
ㄷ. 중앙은행이 공개시장에서 국채를 매입하면 통화량은 감소한다.
ㄹ. 중앙은행이 화폐를 추가로 발행하면 통화승수가 커진다.

① ㄱ, ㄴ
② ㄱ, ㄹ
③ ㄴ, ㄷ
④ ㄴ, ㄹ
⑤ ㄷ, ㄹ

**100** PART 4 국회직 8급 문제편

**09** 소비이론에 대한 설명으로 옳은 것만을 〈보기〉에서 모두 고르면?

━━━━〈보 기〉━━━━

ㄱ. 케인즈(J. M. Keynes)의 절대소득가설은 사람들의 장기소비 행태를 설명할 수 있다.

ㄴ. 프리드만(M. Friedman)의 항상소득가설에 따르면 임시소득의 비중이 높을수록 평균소비성향이 감소한다.

ㄷ. 안도(A. Ando)와 모딜리아니(F. Modigliani)의 생애주기가설에 따르면 사람들의 평균소비성향은 유 · 소년기와 노년기에는 높고 청 · 장년기에는 낮다.

① ㄱ

② ㄱ, ㄴ

③ ㄱ, ㄷ

④ ㄴ, ㄷ

⑤ ㄱ, ㄴ, ㄷ

**10** A국의 GDP에 포함되는 사항만을 〈보기〉에서 모두 고르면?

━━━━〈보 기〉━━━━

ㄱ. B국 국적자인 김씨가 A국 방송에 출연하여 받은 금액

ㄴ. A국에서 생산된 자동차에 들어갈 부품을 납품한 뒤 받은 대가

ㄷ. A국의 중고차 딜러가 서비스를 제공한 뒤 받은 대가

ㄹ. A국 소재 주택에서 발생한 임대료

(단, ㄱ~ㄹ은 모두 A국 내에서 발생하였다.)

① ㄱ, ㄴ

② ㄴ, ㄷ

③ ㄱ, ㄷ, ㄹ

④ ㄴ, ㄷ, ㄹ

⑤ ㄱ, ㄴ, ㄷ, ㄹ

**11** 우리나라의 물가수준을 P(원)이라 하고 미국의 물가수준을 $P^f$(달러)라 하자. 또한, 우리나라의 실질이자율을 r이라 하고 미국의 실질이자율을 $r^f$라 하자. 우리나라와 미국 사이의 환율결정과 관련된 논의들 중 옳은 것만을 〈보기〉에서 모두 고르면?(단, 여기서 환율은 원/달러 환율을 의미한다.)

━━━━〈보 기〉━━━━

ㄱ. 구매력평가설에 따르면 환율은 $e = \dfrac{P}{P^f}$로 결정된다.

ㄴ. 구매력평가설에 따르면 국내 물가상승률이 미국의 물가상승률보다 클 경우 환율은 하락한다.

ㄷ. 이자율평가설에 따르면 $r < r^f$일 경우 다른 조건이 일정할 때 미래환율은 상승할 것으로 예상된다.

ㄹ. 이자율평가설에 따르면 r이 상승하면 다른 조건이 일정할 때 미래환율은 상승할 것으로 예상된다.

① ㄱ, ㄷ

② ㄱ, ㄹ

③ ㄴ, ㄷ

④ ㄴ, ㄹ

⑤ ㄴ, ㄷ, ㄹ

**12** A국과 B국의 주민들은 다음과 같이 노동을 통해 쌀과 옷을 생산하여 생활한다.

---
- A국의 주민들은 쌀 1kg의 생산에 2시간의 노동을 투입하며 옷 1벌의 생산에 3시간의 노동을 투입한다.
- B국의 주민들은 쌀 1kg의 생산에 3시간의 노동을 투입하며 옷 1벌의 생산에 4시간의 노동을 투입한다.
- A국의 주민들은 주어진 기간 동안 1,400시간의 노동을 할 수 있으며, B국의 주민들은 주어진 기간 동안 1,200시간의 노동을 할 수 있다.
---

이러한 상황에서 A국과 B국 사이에 무역이 이루어지는 경우 〈보기〉에서 옳은 것만을 모두 고르면?(단, A국과 B국 간 거래비용은 존재하지 않는다.)

---
〈보 기〉

ㄱ. 무역이 이루어지기 전에 A국의 쌀 1kg은 옷 $\frac{2}{3}$벌과 교환된다.

ㄴ. 무역이 이루어지기 전에 B국의 옷 1벌은 쌀 $\frac{3}{4}$kg과 교환된다.

ㄷ. 두 국가 사이에 무역이 이루어지면 A국이 생산하는 쌀의 양은 700kg이다.

ㄹ. 두 국가 사이에 무역이 이루어지면 쌀 1kg은 최대 옷 $\frac{2}{3}$벌과 교환될 수 있다.
---

① ㄱ, ㄷ
② ㄴ, ㄹ
③ ㄱ, ㄷ, ㄹ
④ ㄴ, ㄷ, ㄹ
⑤ ㄱ, ㄴ, ㄷ, ㄹ

**13** 두 재화 X와 Y만을 소비하는 사람이 있다. 기준연도 t=0에서의 가격은 $P^0=(P^0_x, P^0_y)=(12, 25)$이고 소비는 $(X^0, Y^0)=(20, 10)$이었다. 비교연도 t=1에서의 가격은 $P^1=(P^1_x, P^1_y)=(15, 15)$이고 소비는 $(X^1, Y^1)=(15, 12)$이었다면 이 사람의 후생은 어떻게 평가할 수 있는가?

① 비합리적인 소비행동을 보여주고 있다.
② 비교연도에 비해 기준연도의 후생수준이 높았다.
③ 기준연도에 비해 비교연도의 후생수준이 높았다.
④ 기준연도와 비교연도의 후생수준을 비교할 수 없다.
⑤ 기준연도와 비교연도의 후생수준에는 아무런 차이가 없다.

**14** 100명이 편익을 얻는 공공재가 있다. 100명 중 40명의 공공재에 대한 수요함수는 $Q=50-\frac{1}{3}P$로 표현되고 나머지 60명의 공공재에 대한 수요함수는 $Q=100-\frac{1}{2}P$로 표현된다. 공공재의 생산비용이 $C=3000Q+1000$일 때, 사회적으로 바람직한 이 공공재의 생산량은?

① 55
② 57.5
③ 60
④ 62.5
⑤ 65

**15** 다음 식으로 나타낼 수 있는 경제를 가정할 경우, 개인
저축과 균형이자율은?

> - $Y=C+I+G$
> - $Y=5000$
> - $T=800$
> - $G=1200$
> - $C=250+0.75(Y-T)$
> - $I=1100-50r$
>
> ($Y$ : 국민소득, $G$ : 정부지출, $T$ : 세금, $C$ : 소비, $I$ : 투자,
> $r$ : 이자율)

|   | 개인저축 | 균형이자율 |
|---|---|---|
| ① | 600 | 6 |
| ② | 600 | 14 |
| ③ | 800 | 6 |
| ④ | 800 | 14 |
| ⑤ | 800 | 20 |

**16** X재 시장에 두 소비자 A와 B만이 존재한다. 두 소비자
A와 B의 수요곡선이 각각 〈보기〉와 같고 X재의 가격이 P=2
일 때, X재에 대한 시장수요의 가격탄력성은?

> ─── 〈 보 기 〉 ───
> - $P=5-\dfrac{1}{2}Q_A$ (단, $Q_A$는 소비자 A의 수요량)
> - $P=15-\dfrac{1}{3}Q_B$ (단, $Q_B$는 소비자 B의 수요량)

① $\dfrac{25}{144}$

② $\dfrac{1}{5}$

③ $\dfrac{2}{9}$

④ $\dfrac{1}{4}$

⑤ $\dfrac{1}{2}$

**17** 정상재에 대한 설명으로 옳은 것만을 〈보기〉에서 모두
고르면?

> ─── 〈 보 기 〉 ───
> ㄱ. 소득과 소비량 간에 정(+)의 관계가 존재한다.
> ㄴ. 가격 상승 시 대체효과는 소비량을 증가시킨다.
> ㄷ. 가격 하락 시 소득효과는 소비량을 증가시킨다.
> ㄹ. 가격 변화 시 소득효과와 대체효과가 반대 방향으로 작
> 용한다.

① ㄱ, ㄴ

② ㄱ, ㄷ

③ ㄴ, ㄷ

④ ㄱ, ㄴ, ㄹ

⑤ ㄱ, ㄷ, ㄹ

**18** 물가수준이 하락할 때의 설명으로 옳은 것만을 〈보기〉
에서 모두 고르면?

> ─── 〈 보 기 〉 ───
> ㄱ. IS-LM모형에서 실질화폐공급이 증가하여 실질이자율
> 이 하락하고 투자가 증가한다.
> ㄴ. 실질환율이 하락하여 순수출이 감소한다.
> ㄷ. 가계의 실질자산가치가 상승하여 소비가 증가한다.

① ㄱ

② ㄴ

③ ㄱ, ㄷ

④ ㄴ, ㄷ

⑤ ㄱ, ㄴ, ㄷ

**19** 가격수용자인 기업의 단기평균비용곡선이 $AC(Q) = \dfrac{300}{Q}$ $+12+3Q$이다. 다음 〈보기〉의 설명 중 옳은 것만을 모두 고르면?(단, Q는 생산량임)

───── 〈보 기〉 ─────
ㄱ. 생산물의 가격이 132인 경우 이 기업의 이윤은 450이다.
ㄴ. 생산물의 가격이 132에서 66으로 하락하는 경우 이 기업은 계속하여 제품을 생산하는 것이 유리하다.
ㄷ. 생산물의 가격이 12 이하인 경우 이 기업은 조업을 중단한다.

① ㄱ
② ㄴ
③ ㄱ, ㄷ
④ ㄴ, ㄷ
⑤ ㄱ, ㄴ, ㄷ

**20** 아래의 그래프는 사탕수수의 생산을 장려하기 위해 생산자에게 보조금을 S만큼 지급하기 전($S_1$)과 후($S_2$)의 수요공급 곡선이다. 〈보기〉에서 이에 대한 설명으로 옳은 것만을 모두 고르면?

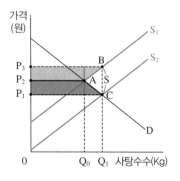

───── 〈보 기〉 ─────
ㄱ. 소비자잉여의 증가분은 $\square P_1ABP_3$이다.
ㄴ. 생산자잉여의 증가분은 $\square P_1ABP_3$이다.
ㄷ. 이 보조금을 지불하기 위해 필요한 세금의 양은 $\square P_2CBP_3$이다.
ㄹ. 이 보조금 정책의 시행으로 사회적 후생이 증가했다.

① ㄱ, ㄴ
② ㄴ, ㄷ
③ ㄱ, ㄷ, ㄹ
④ ㄴ, ㄷ, ㄹ
⑤ ㄱ, ㄴ, ㄷ, ㄹ

**21** 균형국민소득과 균형물가에 대한 설명들 중 〈보기〉에서 옳은 것만을 모두 고르면?

───── 〈보 기〉 ─────
ㄱ. 균형국민소득이 완전고용국민소득보다 더 크면 인플레이션갭이 존재한다.
ㄴ. 인플레이션갭이 존재하는 경우 장기균형으로 수렴하는 과정에서 물가가 상승한다.
ㄷ. 경기침체갭이 존재하면 장기 조정과정에서 임금이 하락한다.
ㄹ. 발생한 경기침체갭이 해소되는 과정에서 총공급이 감소한다.

① ㄱ, ㄴ, ㄷ
② ㄱ, ㄴ, ㄹ
③ ㄱ, ㄷ, ㄹ
④ ㄴ, ㄷ, ㄹ
⑤ ㄱ, ㄴ, ㄷ, ㄹ

**22** 다음 중 솔로우(R. Solow)의 경제성장모형에 대한 설명으로 옳지 <u>않은</u> 것은?

① 인구증가율이 상승하면 1인당 자본축적량이 감소한다.
② 기술진보는 균제상태에서의 경제성장률을 증가시킨다.
③ 저축률이 증가하면 균제상태에서의 1인당 소비가 감소한다.
④ 저축률이 증가하면 균제상태에서의 1인당 자본축적량이 상승한다.
⑤ 인구증가율이 상승하면 균제상태에서의 1인당 소득증가율은 변화하지 않는다.

**23** 어떤 나라의 국민소득을 Y라 할 때, 이 나라의 경제는 다음과 같이 표현된다고 한다.

- $Y = C + I + G + EX - IM$
- $C = 120 + 0.8Y_d$
- $T = 100 + 0.25Y$
- $TR = 200$
- $I = 80 + 0.2Y$
- $G = 120$
- $EX = 160$
- $IM = 60 + 0.2Y$

(Y : 소득, $Y_d$ : 가처분소득, C : 소비, T : 조세, I : 투자, G : 정부지출, TR : 정부이전지출, EX : 수출, IM : 수입)

이 나라의 정부는 정부이전지출을 50만큼 증가시키고 이에 대한 재원 마련을 위해 정부지출을 50만큼 감소시키기로 했다. 이러한 정책의 장기적 효과로 옳은 것만을 〈보기〉에서 모두 고르면?

─〈보 기〉─
ㄱ. 국민소득이 변화하지 않는다.
ㄴ. 가처분소득이 감소한다.
ㄷ. 소비가 감소한다.
ㄹ. 정부의 조세수입이 증가한다.
ㅁ. 순수출이 감소한다.

① ㄱ
② ㄴ, ㄷ
③ ㄹ, ㅁ
④ ㄱ, ㄴ, ㄷ
⑤ ㄱ, ㄹ, ㅁ

**24** 수요가 $Q = 200 - 2P$인 독점기업이 있다. 이 기업의 한계비용은 $MC = 2Q + 10$이다. 이 기업이 생산하는 재화는 단위당 40의 공해비용이 발생한다. 이윤을 극대화하는 이 독점기업의 생산량과 사회적 최적생산량 간 차이는?

① 0
② 5
③ 10
④ 15
⑤ 20

**25** 〈보기〉에서 원화의 가치가 하락하는 경우는 모두 몇 개인가?(단, 우리나라는 변동환율제도를 채택하고 있다고 가정한다.)

─〈보 기〉─
ㄱ. 우리나라 기업들의 해외공장 설립이 늘어날 때
ㄴ. 우리나라에서 확장적인 통화정책이 시행될 때
ㄷ. 국내 항공사들의 미국산 항공기에 대한 수요가 증가할 때
ㄹ. 국내 물가수준이 상승할 때
ㅁ. 해외 투자의 예상 수익률이 상승할 때

① 1개
② 2개
③ 3개
④ 4개
⑤ 5개

소요시간    분 | 점수    점 | 정답 및 해설 136p

**01** 다음 그림에 따를 때 휘발유 가격이 리터당 3,000원인 경우 휘발유의 시장 수요량으로 옳은 것은?(단, 이 경제에는 갑과 을이라는 두 명의 소비자만 존재한다.)

(단위: 리터)

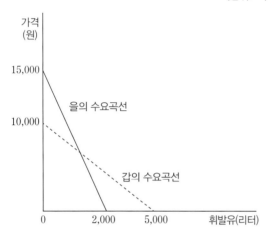

① 5,100

② 5,200

③ 5,300

④ 5,400

⑤ 5,500

**02** 총수요－총공급 분석에서 부정적 수요충격과 일시적인 부정적 공급충격이 발생할 경우 장기적인 현상에 대한 설명으로 옳은 것은?

① 물가수준과 총생산은 초기 균형수준으로 돌아간다.

② 물가수준은 영구적으로 상승하는 반면, 총생산은 잠재생산량 수준으로 돌아간다.

③ 총생산은 잠재생산량 수준으로 돌아가나, 물가수준은 초기대비 상승할 수도 있고 하락할 수도 있다.

④ 물가수준은 영구적으로 하락하는 반면, 총생산은 잠재생산량 수준으로 돌아간다.

⑤ 물가수준은 영구적으로 하락하고, 총생산도 감소한다.

**03** 중앙은행이 긴축적 통화정책을 시행할 때 나타나는 현상에 대한 설명으로 옳은 것만을 〈보기〉에서 모두 고르면?

─── 〈보 기〉 ───

ㄱ. 이자율이 상승한다.

ㄴ. 외환에 대한 수요가 증가한다.

ㄷ. 국내 통화가치가 상승한다.

ㄹ. 수입가격의 하락으로 무역수지가 개선된다.

① ㄱ, ㄴ

② ㄱ, ㄷ

③ ㄴ, ㄷ

④ ㄴ, ㄹ

⑤ ㄷ, ㄹ

**04** 시간당 임금이 상승할 때 노동공급이 줄어든다면 다음 중 옳은 것은?

① 대체효과와 소득효과가 동일하다.

② 노동공급곡선이 후방굴절하지 않는다.

③ 노동공급곡선이 우상향한다.

④ 소득효과가 대체효과보다 작다.

⑤ 대체효과가 소득효과보다 작다.

**05** 다음 그림에 따를 때 A국과 B국 사이에서 특화를 통한 무역이 가능하게 되는 컴퓨터 가격의 범위로 옳은 것은?

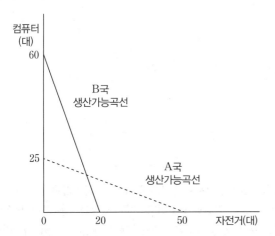

① $(P_{최저}, P_{최고})$ = (자전거 $\frac{1}{2}$대, 자전거 2대)

② $(P_{최저}, P_{최고})$ = (자전거 $\frac{1}{2}$대, 자전거 3대)

③ $(P_{최저}, P_{최고})$ = (자전거 $\frac{1}{3}$대, 자전거 2대)

④ $(P_{최저}, P_{최고})$ = (자전거 $\frac{1}{3}$대, 자전거 3대)

⑤ $(P_{최저}, P_{최고})$ = (자전거 2대, 자전거 3대)

**06** A국 경제 성장의 급격한 둔화로 A국으로 유입되었던 자금이 B국으로 이동할 때, B국의 상품수지와 이자율의 변화로 옳은 것은?

① 상품수지 악화, 이자율 하락

② 상품수지 악화, 이자율 상승

③ 상품수지 개선, 이자율 하락

④ 상품수지 개선, 이자율 상승

⑤ 상품수지 변화 없음, 이자율 하락

**07** 다음 표는 수정과와 떡 두 가지 재화만을 소비하는 어떤 소비자의 한계효용을 나타낸 것이다. 이 소비자가 14,000원의 소득으로 효용극대화를 달성하였을 때 소비자잉여의 크기로 옳은 것은?(단, 수정과의 가격은 개당 1,000원이고 떡의 가격은 개당 3,000원이다.)

(단위: 개, 원)

| 수량 | 한계효용 | |
|---|---|---|
| | 수정과 | 떡 |
| 1 | 10,000 | 18,000 |
| 2 | 8,000 | 12,000 |
| 3 | 6,000 | 6,000 |
| 4 | 4,000 | 3,000 |
| 5 | 2,000 | 1,000 |
| 6 | 1,000 | 600 |

① 24,000

② 32,000

③ 38,000

④ 46,000

⑤ 52,000

**08** 케인즈 단순모형에서 총소득은 100, 민간소비는 80, 소비승수는 2라고 가정할 때 총소득이 110으로 변화한다면 민간소비로 옳은 것은?(단, 정부지출, 조세 및 순수출은 각각 0이다.)

① 80

② 85

③ 90

④ 95

⑤ 100

**09** X재와 Y재 두 가지 재화만을 소비하는 어떤 소비자의 효용함수는 U(X, Y)=X+Y이다. 이 소비자의 효용함수와 최적 소비량에 대한 다음 설명으로 옳은 것은?(단, X와 Y는 각각 X재와 Y재의 소비량을 의미하며 수평축에 X재의 수량을, 수직축에 Y재의 수량을 표시한다.)

① 효용함수의 한계대체율($MRS_{XY}$)을 정의할 수 없다.

② 만약 $\dfrac{P_X}{P_Y}$<$MRS_{XY}$라면, Y재만을 소비한다.

③ $MRS_{XY}=\dfrac{Y}{X}$이다.

④ 이 소비자의 효용함수는 선형함수와 비선형함수의 합으로 이루어져 있다.

⑤ 만약 X재의 가격이 Y재의 가격보다 낮다면, 소득이 증가해도 X재만을 소비한다.

**10** 시장형태에 따른 특징을 설명한 것으로 옳은 것만을 〈보기〉에서 모두 고르면?

― 〈보 기〉 ―

ㄱ. 완전경쟁시장에서 각 개별 공급자가 직면하는 수요곡선은 서로 다르다.

ㄴ. 완전경쟁시장에서 새로운 기업이 진입할 경우 생산요소의 비용이 상승하면 장기시장공급곡선은 우상향으로 나타난다.

ㄷ. 시장수요곡선이 우하향의 직선인 경우 독점기업은 수요의 가격탄력성이 비탄력적인 구간에서 생산한다.

ㄹ. 독점적 경쟁기업이 직면하는 수요곡선이 탄력적일수록 이윤이 커질 가능성이 높다. 따라서 독점적 경쟁기업은 비가격 전략을 사용하여 제품을 차별화한다.

ㅁ. 자연독점의 경우 큰 고정비용으로 평균비용이 높기 때문에 정부가 한계비용가격설정을 하면 공급이 이루어지지 않을 수 있다.

① ㄱ, ㄴ

② ㄴ, ㄹ

③ ㄴ, ㅁ

④ ㄱ, ㄷ, ㅁ

⑤ ㄴ, ㄹ, ㅁ

**11** 완전경쟁시장에서 A기업의 총비용함수는 $TC(q)=10{,}000+100q+10q^2$이고 현재 시장가격은 제품 단위당 900원일 때, 이 기업의 이윤극대화 수준에서 생산자잉여와 기업의 이윤으로 옳은 것은?

(단위 : 원)

| | 생산자잉여 | 기업의 이윤 |
|---|---|---|
| ① | 16,000 | 6,000 |
| ② | 16,000 | 12,000 |
| ③ | 24,000 | 6,000 |
| ④ | 24,000 | 12,000 |
| ⑤ | 32,000 | 6,000 |

**12** 다음 글에 따를 때 살충제 시장의 생산자가 외부효과를 고려하지 않았을 경우의 살충제 생산량과 사회적으로 바람직한 살충제 생산량으로 옳은 것은?

- 살충제 시장은 완전경쟁시장이다.
- 살충제 생산은 환경오염을 초래한다.
- 환경오염으로 인한 한계외부비용의 크기는 살충제 생산의 한계사적비용의 크기와 동일하다.
- 살충제의 시장공급곡선은 $Q^s = \frac{2}{5}P$이고, 시장수요곡선은 $Q^d = 60 - \frac{2}{5}P$이다.

① 20, 10
② 20, 15
③ 30, 10
④ 30, 15
⑤ 30, 20

**13** 기업의 단기한계비용곡선이 통과하는 점으로 옳은 것만을 〈보기〉에서 모두 고르면?

〈보 기〉
ㄱ. 단기총비용곡선의 최저점
ㄴ. 단기평균고정비용곡선의 최저점
ㄷ. 단기평균가변비용곡선의 최저점
ㄹ. 단기평균총비용곡선의 최저점

① ㄱ, ㄴ
② ㄴ, ㄷ
③ ㄷ, ㄹ
④ ㄱ, ㄴ, ㄷ
⑤ ㄴ, ㄷ, ㄹ

**14** A국은 콩과 쌀을 국내에서 생산하고, 밀은 수입한다. GDP 디플레이터의 관점에서 A국의 물가수준 변화로 옳은 것은?(단, A국에는 콩, 쌀, 밀 세 가지 상품만 존재한다.)

(단위 : kg, 천 원)

| 상품 | 기준년도 | | 비교년도 | |
|---|---|---|---|---|
| | 수량 | 가격 | 수량 | 가격 |
| 콩 | 2 | 10 | 3 | 15 |
| 쌀 | 3 | 20 | 4 | 20 |
| 밀 | 4 | 30 | 5 | 20 |

① 비교년도의 물가가 13.6% 상승하였다.
② 비교년도의 물가가 12.5% 상승하였다.
③ 비교년도의 물가가 13.6% 하락하였다.
④ 비교년도의 물가가 12.5% 하락하였다.
⑤ 물가수준에 변동이 없다.

**15** 에지워스 박스(Edgeworth Box)를 사용한 일반균형분석에 대한 설명으로 옳지 <u>않은</u> 것만을 〈보기〉에서 모두 고르면?(단, 이 경제에는 A와 B 두 사람, X와 Y 두 재화만 존재하며 재화의 총량은 $\overline{X}$와 $\overline{Y}$로 결정되어 있다.)

〈보 기〉
ㄱ. 재화 X, Y의 가격이 변동할 때 계약곡선은 이동한다.
ㄴ. 계약곡선은 분배적 형평성을 실현했음을 의미한다.
ㄷ. 두 사람의 한계대체율이 서로 같게 되는 모든 점은 파레토효율점을 의미한다.
ㄹ. 만약 $X_A + X_B < \overline{X_A} + \overline{X_B}$라면, X재의 가격이 상승하여야 일반균형이 달성된다.
　(단, $X_A$, $X_B$는 각각 A와 B의 X재화 수요량을, $\overline{X_A}$, $\overline{X_B}$는 각각 A와 B의 X재화 초기 소유량을 의미한다.)

① ㄴ
② ㄱ, ㄷ
③ ㄴ, ㄹ
④ ㄱ, ㄴ, ㄹ
⑤ ㄱ, ㄴ, ㄷ, ㄹ

**16** 다음 글에 따를 때 이 경제의 민간저축(private saving)으로 옳은 것은?

- 이 경제는 폐쇄경제이다.
- Y=C+I+G+NX가 성립한다.
  (단, Y는 국민소득, C는 소비, I는 투자, G는 정부지출, NX는 순수출을 의미한다.)
- 국민저축(national saving)은 500, 조세는 200, 정부지출은 300이다.

① 200
② 400
③ 600
④ 800
⑤ 1,000

**17** A국은 글로벌 과잉유동성에 따른 대규모 투기 자본 유입에 대응하기 위해 A국의 주식 및 채권에 대한 외국인 투자자금에 2%의 금융거래세를 부과하고자 한다. A국의 금융거래세 도입 정책에 대한 설명으로 옳지 <u>않은</u> 것은?

① A국 통화의 절하 요인이다.
② A국 자본수지의 흑자 요인이다.
③ A국 증권시장의 변동성을 줄이는 요인이다.
④ A국으로의 외환 유입을 줄이는 요인이다.
⑤ A국 기업의 외자조달 비용을 높이는 요인이다.

**18** 거시경제의 총수요 · 총공급 모형에 대한 설명으로 옳은 것만을 〈보기〉에서 모두 고르면?

〈보 기〉
ㄱ. 단기 총공급곡선이 우상향하는 이유는 임금과 가격이 경직적이기 때문이다.
ㄴ. 예상 물가수준이 상승하면 단기 총공급곡선이 오른쪽으로 이동한다.
ㄷ. 총수요곡선이 우하향하는 이유는 물가수준이 하락하면 이자율이 하락하고 자산의 실질가치가 상승하기 때문이다.
ㄹ. 자국화폐의 가치하락에 따른 순수출의 증가는 총수요곡선을 오른쪽으로 이동시킨다.

① ㄱ, ㄷ
② ㄴ, ㄷ
③ ㄱ, ㄴ, ㄹ
④ ㄱ, ㄷ, ㄹ
⑤ ㄴ, ㄷ, ㄹ

**19** 다음 글에 따를 때 A국에서 균제상태의 효율적 노동 1단위당 자본을 변화시켜 황금률수준의 효율적 노동 1단위당 자본을 달성하기 위하여 필요한 조건으로 옳은 것은?

- A국의 총생산함수는 $Y=K^{\alpha}(E \times L)^{1-\alpha}$이다.
  (단, K는 총자본, L은 총노동, E는 노동효율성, Y는 총생산, $\alpha$는 자본의 비중을 의미한다.)
- $\alpha=0.5$, s=0.5, $\delta=0.1$, n=0.05, g=0.03
  (단, s는 저축률, $\delta$는 감가상각률, n은 인구증가율, g는 노동효율성 증가율을 의미한다.)

① 균제상태에서 효율적 노동 1단위당 자본이 황금률수준의 효율적 노동 1단위당 자본보다 많아서 저축률을 증가시켜야 한다.
② 균제상태에서 효율적 노동 1단위당 자본이 황금률수준의 효율적 노동 1단위당 자본보다 적어서 저축률을 증가시켜야 한다.
③ 균제상태에서 효율적 노동 1단위당 자본이 황금률수준의 효율적 노동 1단위당 자본보다 많아서 저축률을 감소시켜야 한다.

④ 균제상태에서 효율적 노동 1단위당 자본이 황금률수준의 효율적 노동 1단위당 자본보다 적어서 저축률을 감소시켜야 한다.

⑤ 균제상태에서 효율적 노동 1단위당 자본을 황금률수준의 효율적 노동 1단위당 자본으로 변화시키기 위한 추가 조건은 없다.

**21** A기업의 생산함수는 $Q = K^{0.5}L^{0.5}$이고 단기에 자본투입량은 1로 고정되어 있다. 임금이 10, 생산품 가격이 100이라면 이 기업의 단기 균형에 대한 설명으로 옳은 것만을 〈보기〉에서 모두 고르면?(단, Q는 산출량, K는 자본투입량, L은 노동투입량을 의미한다.)

─── 〈보 기〉 ───
ㄱ. 단기의 이윤극대화 노동투입량은 10이다.
ㄴ. 단기의 이윤극대화 생산량은 5이다.
ㄷ. 최대 이윤은 400이다.
ㄹ. 자본재 가격이 100을 넘으면 이윤이 음의 값을 가진다.

① ㄴ
② ㄱ, ㄷ
③ ㄴ, ㄷ
④ ㄷ, ㄹ
⑤ ㄴ, ㄷ, ㄹ

**20** 구매력평가설에 대한 설명으로 옳지 <u>않은</u> 것만을 〈보기〉에서 모두 고르면?

─── 〈보 기〉 ───
ㄱ. 구매력평가설은 일물일가의 법칙에 근거한다.
ㄴ. 구매력평가설에 따르면 두 나라 화폐의 실질환율은 두 나라 물가수준의 차이를 반영해야 한다.
ㄷ. 구매력평가설에 따르면 실질환율은 항상 일정해야 한다.

① ㄱ
② ㄴ
③ ㄷ
④ ㄴ, ㄷ
⑤ ㄱ, ㄴ, ㄷ

**22** 노동시장에 대한 설명으로 옳은 것만을 〈보기〉에서 모두 고르면?

─── 〈보 기〉 ───
ㄱ. 노동이 유일한 변동생산요소일 경우, 기업의 노동에 대한 수요곡선은 노동의 한계생산물수입곡선이다.
ㄴ. 생산물시장이 독점일 경우, 경쟁시장일 경우보다 노동고용량이 늘어난다.
ㄷ. 기업이 노동시장에서 수요독점력을 가질 경우, 경쟁시장일 경우보다 노동고용량이 감소하며 임금이 낮아진다.

① ㄱ
② ㄱ, ㄴ
③ ㄱ, ㄷ
④ ㄴ, ㄷ
⑤ ㄱ, ㄴ, ㄷ

안심Touch

**23** 다음 글에 따를 때 이 경제의 2010년 화폐의 유통속도와 2019년 통화량으로 옳은 것은?

- 이 경제는 폐쇄경제이며 화폐수량설을 따른다.
- 이 경제는 단일 재화인 빵을 생산한다.
- 2010년 빵의 가격은 개당 1, 생산량은 100이며 통화량은 5이다.
- 2019년 빵의 생산량은 2010년 대비 50% 증가하였고 화폐의 유통속도는 절반으로 줄어들었으며 빵의 가격은 변함이 없다.

① 10, 10
② 10, 30
③ 15, 15
④ 20, 15
⑤ 20, 30

**24** 어떤 상품시장의 수요함수는 $Q^d = 1,000 - 2P$, 공급함수는 $Q^s = -200 + 2P$이다. 이 상품시장에 대한 설명으로 옳은 것만을 〈보기〉에서 모두 고르면?

〈보 기〉

ㄱ. 현재 상품시장의 생산자잉여는 40,000이다.
ㄴ. 최고가격이 150으로 설정되는 경우, 초과수요량은 500이 된다.
ㄷ. 최고가격이 150으로 설정되는 경우, 암시장가격은 450이 된다.
ㄹ. 최고가격이 150으로 설정되는 경우, 사회적 후생손실은 40,000이 된다.

① ㄱ, ㄴ
② ㄱ, ㄷ
③ ㄴ, ㄷ
④ ㄱ, ㄴ, ㄷ
⑤ ㄴ, ㄷ, ㄹ

**25** 다음 글에 따를 때 슈타켈버그(Stackelberg) 경쟁의 결과로 옳은 것은?

- 시장에는 A, B 두 기업만 존재한다.
- 시장수요곡선 : $Q = 30 - P$
  (단, $Q = Q_A + Q_B$이고, $Q_A$, $Q_B$는 각각 A기업과 B기업의 생산량을 의미함)
- 한계비용 : $MC_A = MC_B = 0$
- B기업은 A기업의 반응곡선을 알고, A기업은 B기업의 반응곡선을 모른다.

| | $Q_A$ | $Q_B$ |
|---|---|---|
| ① | 6 | 12 |
| ② | 6.5 | 13 |
| ③ | 7 | 14 |
| ④ | 7.5 | 15 |
| ⑤ | 8 | 16 |

# 국회직 8급 경제학

소요시간    분 | 점수    점 | 정답 및 해설 145p

**01** 정보의 비대칭성에 대한 설명으로 옳은 것은?

① 정보의 비대칭성이 존재하면 항상 역선택과 도덕적 해이의 문제가 발생한다.

② 통신사가 서로 다른 유형의 이용자들로 하여금 자신이 원하는 요금제도를 선택하도록 하는 것은 선별(screening)의 한 예이다.

③ 공동균형(pooling equilibrium)에서도 서로 다른 선호체계를 갖고 있는 경제주체들은 다른 선택을 할 수 있다.

④ 사고가 날 확률이 높은 사람일수록 이 사고에 대한 보험에 가입할 가능성이 큰 것은 도덕적 해이의 한 예이다.

⑤ 신호(signaling)는 정보를 보유하지 못한 측이 역선택 문제를 해결하기 위해 사용할 수 있는 수단 중 하나이다.

**02** 커피와 크루아상은 서로 보완재이고, 커피와 밀크티는 서로 대체재이다. 커피 원두값이 급등하여 커피 가격이 인상될 경우, 각 시장의 변화로 옳은 것을 〈보기〉에서 모두 고르면?(단, 커피, 크루아상, 밀크티의 수요 및 공급곡선은 모두 정상적인 형태이다.)

───── 〈보 기〉 ─────
ㄱ. 커피의 공급곡선은 왼쪽으로 이동한다.
ㄴ. 크루아상 시장의 생산자잉여는 감소한다.
ㄷ. 크루아상의 거래량은 증가한다.
ㄹ. 밀크티 시장의 총잉여는 감소한다.
ㅁ. 밀크티의 판매수입은 증가한다.

① ㄱ, ㄴ, ㄷ

② ㄱ, ㄴ, ㅁ

③ ㄴ, ㄷ, ㄹ

④ ㄴ, ㄷ, ㅁ

⑤ ㄷ, ㄹ, ㅁ

**03** 완전경쟁시장에서 어떤 재화가 거래되고 있다. 이 시장에는 총 100개의 기업이 참여하고 있으며 각 기업의 장기비용함수는 $c(q) = 2q^2 + 10$으로 동일하다. 이 재화의 장기균형가격과 시장 전체의 공급량은?(단, q는 개별기업의 생산량이다.)

| | 장기균형가격 | 시장 전체의 공급량 |
|---|---|---|
| ① | $\sqrt{40}$ | $25\sqrt{80}$ |
| ② | $\sqrt{40}$ | $100\sqrt{80}$ |
| ③ | $\sqrt{80}$ | $\sqrt{80}/4$ |
| ④ | $\sqrt{80}$ | $25\sqrt{80}$ |
| ⑤ | $\sqrt{80}$ | $100\sqrt{80}$ |

**04** 한 국가의 명목 GDP는 1,650조 원이고, 통화량은 2,500조 원이라고 하자. 이 국가의 물가수준은 2% 상승하고, 실질 GDP는 3% 증가할 경우에 적정 통화공급 증가율은 얼마인가?(단, 유통속도 변화 $\Delta V = 0.0033$이다.)

① 2.5%

② 3.0%

③ 3.5%

④ 4.0%

⑤ 4.5%

**05** 자본이동이 완전히 자유로운 소규모 개방경제의 IS-LM-BP 모형에서 화폐수요가 감소할 경우 고정환율제도와 변동환율제도하에서 발생하는 변화에 대한 설명으로 옳지 않은 것을 〈보기〉에서 모두 고르면?

─── 〈보 기〉 ───

ㄱ. 변동환율제도하에서 화폐수요가 감소하면 LM곡선이 오른쪽으로 이동한다.

ㄴ. 변동환율제도하에서 이자율 하락으로 인한 자본유출로 외환수요가 증가하면 환율이 상승한다.

ㄷ. 변동환율제도하에서 평가절하가 이루어지면 순수출이 증가하고 LM곡선이 우측으로 이동하여 국민소득은 감소하게 된다.

ㄹ. 고정환율제도하에서 외환에 대한 수요증가로 환율상승 압력이 발생하면 중앙은행은 외환을 매각한다.

ㅁ. 고정환율제도하에서 화폐수요가 감소하여 LM곡선이 오른쪽으로 이동하더라도 최초의 위치로는 복귀하지 않는다.

① ㄱ, ㄴ
② ㄴ, ㄷ
③ ㄷ, ㄹ
④ ㄷ, ㅁ
⑤ ㄹ, ㅁ

**06** IS-LM 모형에 대한 설명으로 옳은 것을 〈보기〉에서 모두 고르면?

─── 〈보 기〉 ───

ㄱ. 투자의 이자율탄력성이 클수록 IS곡선과 총수요곡선은 완만한 기울기를 갖는다.

ㄴ. 소비자들의 저축성향 감소는 IS곡선을 왼쪽으로 이동시키며, 총수요곡선도 왼쪽으로 이동시킨다.

ㄷ. 화폐수요의 이자율 탄력성이 클수록 LM곡선과 총수요곡선은 완만한 기울기를 갖는다.

ㄹ. 물가수준의 상승은 LM곡선을 왼쪽으로 이동시키지만 총수요곡선을 이동시키지는 못한다.

ㅁ. 통화량의 증가는 LM곡선을 오른쪽으로 이동시키며 총수요곡선도 오른쪽으로 이동시킨다.

① ㄱ, ㄷ, ㄹ
② ㄱ, ㄹ, ㅁ
③ ㄴ, ㄷ, ㅁ
④ ㄴ, ㄹ, ㅁ
⑤ ㄱ, ㄴ, ㄷ, ㅁ

**07** 수요와 공급의 가격탄력성에 대한 설명으로 옳은 것을 〈보기〉에서 모두 고르면?

─── 〈보 기〉 ───

ㄱ. 어떤 재화에 대한 소비자의 수요가 비탄력적이라면, 가격이 상승할 경우 그 재화에 대한 지출액은 증가한다.

ㄴ. 수요와 공급의 가격탄력성이 클수록 단위당 일정한 생산보조금 지급에 따른 자중손실(deadweight loss)은 커진다.

ㄷ. 독점력이 강한 기업일수록 공급의 가격탄력성이 작아진다.

ㄹ. 최저임금이 인상되었을 때, 최저임금이 적용되는 노동자들의 총임금은 노동의 수요보다는 공급의 가격탄력성에 따라 결정된다.

① ㄱ, ㄴ
② ㄱ, ㄷ
③ ㄴ, ㄹ
④ ㄱ, ㄴ, ㄷ
⑤ ㄱ, ㄴ, ㄷ, ㄹ

**08** 현시선호이론에 대한 설명으로 옳은 것을 〈보기〉에서 모두 고르면?

───〈보 기〉───
ㄱ. 소비자의 선호체계에 이행성이 있다는 것을 전제로 한다.
ㄴ. 어떤 소비자의 선택행위가 현시선호이론의 공리를 만족시킨다면, 이 소비자의 무차별곡선은 우하향하게 된다.
ㄷ. $P_0 Q_0 \geq P_0 Q_1$일 때, 상품묶음 $Q_0$가 선택되었다면, $Q_0$가 $Q_1$보다 현시선호되었다고 말한다.
   (단, $P_0$는 가격벡터를 나타낸다.)
ㄹ. 강공리가 만족된다면 언제나 약공리는 만족된다.

① ㄱ, ㄴ
② ㄴ, ㄷ
③ ㄴ, ㄹ
④ ㄱ, ㄴ, ㄷ
⑤ ㄴ, ㄷ, ㄹ

**09** 어떤 기업의 생산함수는 $Q = \dfrac{1}{2000} K L^{\frac{1}{2}}$이고 임금은 10, 자본임대료는 20이다. 이 기업이 자본 2,000 단위를 사용한다고 가정했을 때, 이 기업의 단기비용함수는?(단, K는 자본투입량, L은 노동투입량이다.)

① $10Q^2 + 20,000$
② $10Q^2 + 40,000$
③ $20Q^2 + 10,000$
④ $20Q^2 + 20,000$
⑤ $20Q^2 + 40,000$

**10** 어떤 기업에 대하여 〈보기〉의 상황을 가정할 때, 이 기업의 가치에 대한 설명으로 옳지 않은 것은?

───〈보 기〉───
• 이 기업의 초기 이윤은 $\pi_0 = 100$이다.
• 이 기업의 이윤은 매년 g＝5%씩 성장할 것으로 기대된다.
• 이 기업이 자금을 차입할 경우, 금융시장에서는 i＝10%의 이자율을 적용한다.

① 이 기업의 가치는 $PV = \pi_0 \dfrac{1+g}{i-g}$로 계산된다.
② 이 기업의 가치는 2,200이다.
③ 이 기업의 가치는 i가 상승하면 감소한다.
④ 이 기업의 가치는 g가 커지면 증가한다.
⑤ 초기 이윤을 모두 배당으로 지급하면 이 기업의 가치는 2,100이 된다.

**11** 어떤 경제의 총수요곡선은 $P_t = -Y_t + 2$, 총공급 곡선은 $P_t = P_t^e + (Y_t - 1)$이다. 이 경제가 현재 $P = \dfrac{3}{2}$, $Y = \dfrac{1}{2}$에서 균형을 이루고 있다고 할 때, 다음 중 옳은 것은?(단, $P_t^e$는 예상물가이다.)

① 이 경제는 장기균형 상태에 있다.
② 현재 상태에서 $P_t^e$는 $\dfrac{1}{2}$이다.
③ 현재 상태에서 $P_t^e$는 $\dfrac{3}{2}$이다.
④ 개인들이 합리적 기대를 한다면 $P_t^e$는 1이다.
⑤ 개인들이 합리적 기대를 한다면 $P_t^e$는 2이다.

**12** 어떤 경제를 다음과 같은 필립스(Phillips) 모형으로 표현할 수 있다고 할 때, 다음 설명 중 옳은 것은?

$$\pi_t = \pi_t^e - \alpha(u_t - \bar{u})$$
$$\pi_t^e = 0.7\pi_{t-1} + 0.2\pi_{t-2} + 0.1\pi_{t-3}$$
(단, $\pi_t$는 t기의 인플레이션율, $\pi_t^e$는 t기의 기대 인플레이션율, $\alpha$는 양의 상수, $u_t$는 t기의 실업률, $\bar{u}$는 자연실업률임)

① 기대 형성에 있어서 체계적 오류 가능성은 없다.

② 경제주체들은 기대를 형성하면서 모든 이용 가능한 정보를 활용한다.

③ 가격이 신축적일수록 $\alpha$값이 커진다.

④ $\alpha$값이 클수록 희생률(sacrifice ratio)이 커진다.

⑤ t기의 실업률이 높아질수록 t기의 기대 인플레이션율이 낮아진다.

**13** 어떤 국가의 인구가 매년 1%씩 증가하고 있고, 국민들의 연평균 저축률은 20%로 유지되고 있으며, 자본의 감가상각률은 10%로 일정할 경우, 솔로우(Solow) 모형에 따른 이 경제의 장기균형의 변화에 대한 설명으로 옳은 것은?

① 기술이 매년 진보하는 상황에서 이 국가의 1인당 자본량은 일정하게 유지된다.

② 이 국가의 기술이 매년 2%씩 진보한다면, 이 국가의 전체 자본량은 매년 2%씩 증가한다.

③ 인구증가율의 상승은 1인당 산출량의 증가율에 영향을 미치지 못한다.

④ 저축률이 높아지면 1인당 자본량의 증가율이 상승한다.

⑤ 감가상각률이 높아지면 1인당 자본량의 증가율이 상승한다.

**14** 어떤 기업의 비용함수가 $C(Q) = 100 + 2Q^2$이다. 이 기업이 완전경쟁시장에서 제품을 판매하며 시장 가격은 20일 때, 다음 설명 중 옳지 <u>않은</u> 것은?(단, Q는 생산량이다.)

① 이 기업이 직면하는 수요곡선은 수평선이다.

② 이 기업의 고정비용은 100이다.

③ 이윤극대화 또는 손실최소화를 위한 최적산출량은 5이다.

④ 이 기업의 최적산출량 수준에서 P≥AVC를 만족한다.
　(단, P는 시장가격이고, AVC는 평균가변비용이다).

⑤ 최적산출량 수준에서 이 기업의 손실은 100이다.

**15** 투자이론에 대한 다음 설명 중 옳지 <u>않은</u> 것은?

① 투자는 토빈(Tobin) q의 증가함수이다.

② 자본의 한계생산이 증가하면 토빈(Tobin) q값이 커진다.

③ 투자옵션모형에 따르면, 상품가격이 정상이윤을 얻을 수 있는 수준으로 상승하더라도 기업이 바로 시장에 진입하여 투자하지 못하는 이유는 실물부문의 투자가 비가역성을 갖고 있기 때문이다.

④ 재고투자모형은 수요량 변화에 따른 불확실성의 증가가 재고투자를 증가시킬 수도 있다는 점을 설명한다.

⑤ 신고전학파에 따르면 실질이자율 하락은 자본의 한계편익을 증가시켜 투자의 증가를 가져온다.

**16** 균형경기변동이론(Equilibrium Business Cycle Theory)에 대한 설명으로 옳은 것을 〈보기〉에서 모두 고르면?

――――〈보 기〉――――

ㄱ. 흉작이나 획기적 발명품의 개발은 영구적 기술 충격이다.
ㄴ. 기술충격이 일시적일 때 소비의 기간 간 대체효과는 크다.
ㄷ. 기술충격이 일시적일 때 실질이자율은 경기순행적이다.
ㄹ. 실질임금은 경기역행적이다.
ㅁ. 노동생산성은 경기와 무관하다.

① ㄱ, ㄴ
② ㄱ, ㄹ
③ ㄴ, ㄷ
④ ㄷ, ㄹ
⑤ ㄹ, ㅁ

**17** 다음 그림은 국내 통화의 실질절하(real depreciation)가 $t_0$에 발생한 이후의 무역수지 추이를 보여준다. 이에 대한 설명 중 옳지 <u>않은</u> 것은?(단, 초기 무역수지는 균형으로 0이다.)

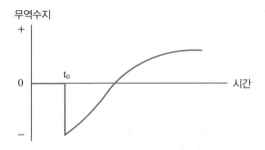

① 그림과 같은 무역수지의 조정과정을 J-곡선(J-curve)이라 한다.
② 실질절하 초기에 수출과 수입이 모두 즉각 변화하지 않아 무역수지가 악화된다.
③ 실질절하 후 시간이 흐름에 따라 수출과 수입이 모두 변화하므로 무역수지가 개선된다.
④ 수출수요탄력성과 수입수요탄력성의 합이 1보다 작다면 장기적으로 실질절하는 무역수지를 개선한다.
⑤ 마샬-러너 조건(Marshall-Lerner condition)이 만족되면 장기적으로 실질절하는 무역수지를 개선한다.

**18** 어떤 소비자의 효용함수는 $U(x, y)=20x-2x^2+4y$이고, 그의 소득은 24이다. 가격이 $P_X=P_Y=2$에서 $P_X=6$, $P_Y=2$로 변화했다면 가격변화 이전과 이후의 X재와 Y재의 최적 소비량은?(단, x, y는 각각 X재와 Y재의 소비량이다.)

| | 가격변화 이전 | 가격변화 이후 |
|---|---|---|
| ① | (x=2, y=6) | (x=2, y=8) |
| ② | (x=2, y=6) | (x=4, y=8) |
| ③ | (x=4, y=8) | (x=2, y=6) |
| ④ | (x=4, y=8) | (x=4, y=6) |
| ⑤ | (x=4, y=8) | (x=6, y=2) |

**19** 완전경쟁시장에서 물품세가 부과될 때 시장에서 나타나는 현상들에 대한 설명으로 옳은 것을 〈보기〉에서 모두 고르면?

――――〈보 기〉――――

ㄱ. 소비자에게 종가세가 부과되면 시장수요곡선은 아래로 평행이동한다.
ㄴ. 수요곡선이 수평선으로 주어져 있는 경우 물품세의 조세부담은 모두 공급자에게 귀착된다.
ㄷ. 소비자에게 귀착되는 물품세 부담의 크기는 공급의 가격탄력성이 클수록 증가한다.
ㄹ. 소비자와 공급자에게 귀착되는 물품세의 부담은 물품세가 소비자와 공급자 중 누구에게 부과되는가와 상관없이 결정된다.
ㅁ. 물품세 부과에 따라 감소하는 사회후생의 크기는 세율에 비례하여 증가한다.

① ㄴ, ㄷ
② ㄱ, ㄴ, ㄹ
③ ㄱ, ㄷ, ㅁ
④ ㄴ, ㄷ, ㄹ
⑤ ㄷ, ㄹ, ㅁ

**20** 절약의 역설(paradox of thrift)에 대한 설명 중 옳은 것을 〈보기〉에서 모두 고르면?

─── 〈보 기〉 ───
ㄱ. 경기침체가 심한 상황에서는 절약의 역설이 발생하지 않는다.
ㄴ. 투자가 이자율 변동의 영향을 적게 받을수록 절약의 역설이 발생할 가능성이 크다.
ㄷ. 고전학파 경제학에서 주장하는 내용이다.
ㄹ. 임금이 경직적이면 절약의 역설이 발생하지 않는다.

① ㄱ
② ㄴ
③ ㄱ, ㄷ
④ ㄴ, ㄹ
⑤ ㄴ, ㄷ, ㄹ

**21** 쿠르노(Cournot) 복점기업 1과 2의 수요함수가 $P=10-(Q_1+Q_2)$이고 생산비용은 0일 때, 다음 설명 중 옳지 <u>않은</u> 것은?(단, P는 시장가격, $Q_1$는 기업 1의 산출량, $Q_2$는 기업 2의 산출량이다.)

① 기업 1의 한계수입곡선은 $MR_1=10-2Q_1-Q_2$이다.

② 기업 1의 반응함수는 $Q_1=5-\dfrac{1}{2}Q_2$이다.

③ 기업 1의 쿠르노 균형산출량은 $Q_1=\dfrac{10}{3}$이다.

④ 산업전체의 산출량은 $Q=\dfrac{20}{3}$이다.

⑤ 쿠르노 균형산출량에서 균형가격은 $P=\dfrac{20}{3}$이다.

**22** 노동시장에서 현재 고용상태인 개인이 다음 기에도 고용될 확률을 $P_{11}$, 현재 실업상태인 개인이 다음 기에 고용될 확률을 $P_{21}$이라고 하자. 이 확률이 모든 기간에 항상 동일하다고 할 때, 이 노동시장에서의 균형실업률은?

① $\dfrac{P_{21}}{(1-P_{21})}$

② $\dfrac{P_{21}}{P_{11}}$

③ $\dfrac{(1-P_{11})}{(1-P_{11}+P_{21})}$

④ $\dfrac{(1-P_{11})}{(P_{11}+P_{21})}$

⑤ $\dfrac{(1-P_{11})}{(1-P_{21})}$

**23** 어떤 마을에 총 10개 가구가 살고 있다. 각 가구는 가로등에 대해 동일한 수요함수 $p_i=10-Q(i=1, \cdots, 10)$를 가지며, 가로등 하나를 설치하는 데 소요되는 비용은 20이다. 사회적으로 효율적인 가로등 설치에 대한 설명으로 옳지 <u>않은</u> 것은?

① 어느 가구도 단독으로 가로등을 설치하려 하지 않을 것이다.
② 가로등에 대한 총수요는 $P=100-10Q$이다.
③ 이 마을의 사회적으로 효율적인 가로등 수량은 9개이다.
④ 사회적으로 효율적인 가로등 수량을 확보하려면 각 가구는 가로등 1개당 2의 비용을 지불해야 한다.
⑤ 가구 수가 증가하는 경우, 사회적으로 효율적인 가로등 수량은 증가한다.

**24** 어떤 국가의 통신시장은 2개의 기업(A와 B)이 복점의 형태로 수량경쟁을 하며 공급을 담당하고 있다. 기업 A의 한계비용은 $MC_A = 2$, 기업 B의 한계비용은 $MC_B = 4$이고, 시장수요곡선은 $P = 36 - 2Q$이다. 다음 설명 중 옳은 것을 〈보기〉에서 모두 고르면?(단, P는 시장가격, Q는 시장의 총공급량이다.)

---

**〈보 기〉**

ㄱ. 균형상태에서 기업 A의 생산량은 6이고 기업 B의 생산량은 4이다.

ㄴ. 균형가격은 14이다.

ㄷ. 균형상태에서 이 시장의 사회후생은 243이다.

ㄹ. 균형상태에서 이 시장의 소비자잉여는 100이다.

ㅁ. 균형상태에서 이 시장의 생산자잉여는 122이다.

---

① ㄱ, ㄹ

② ㄴ, ㄷ

③ ㄱ, ㄹ, ㅁ

④ ㄴ, ㄷ, ㅁ

⑤ ㄴ, ㄹ, ㅁ

**25** 두 폐쇄경제 A국과 B국의 총생산함수는 모두 $Y = EK^{0.5}L^{0.5}$와 같은 형태로 나타낼 수 있다고 하자. A국은 상대적으로 K가 풍부하고 B국은 상대적으로 L이 풍부하며, A국은 기술수준이 높지만 B국은 기술수준이 낮다. 만약 현재 상태에서 두 경제가 통합된다면 B국의 실질임금률과 실질이자율은 통합 이전에 비하여 어떻게 변화하는가?(단, Y, K, L은 각각 총생산, 총자본, 총노동을 나타내며, E는 기술수준을 나타낸다.)

① 임금률은 상승하고 이자율은 하락할 것이다.

② 임금률은 하락하고 이자율은 상승할 것이다.

③ 임금률과 이자율 모두 상승할 것이다.

④ 임금률은 상승하지만 이자율의 변화는 알 수 없다.

⑤ 이자율은 하락하지만 임금률의 변화는 알 수 없다.

# 국회직 8급 경제학

소요시간　　분 | 점수　　점 | 정답 및 해설 151p

**01** 다음 중 이자율이 소비에 미치는 영향에 대한 설명으로 옳지 <u>않은</u> 것은?

① 이자율이 상승하면 현재소비의 기회비용은 증가한다.

② 이자율이 상승하면 정상재의 경우 소득효과에 의해 현재 소비가 증가한다.

③ 이자율이 상승하면 대체효과에 의해 현재소비가 감소한다.

④ 이자율이 상승하면 대체효과에 의해 미래소비가 증가한다.

⑤ 이자율이 상승하면 현재소비는 증가하지만 미래소비는 증가하거나 감소할 수 있다.

**02** 의류 판매업자인 A씨는 아래와 같은 최대지불용의 금액을 갖고 있는 두 명의 고객에게 수영복, 수영모자, 샌들을 판매한다. 판매전략으로 묶어팔기(Bundling)를 하는 경우, 수영복과 묶어 팔 때가 따로 팔 때보다 이득이 더 생기는 품목과 해당상품을 수영복과 묶어 팔 때 얻을 수 있는 최대 수입은?

| 구분 | 최대지불용의금액 | | |
|---|---|---|---|
| | 수영복 | 수영모자 | 샌들 |
| 고객 (ㄱ) | 400 | 250 | 150 |
| 고객 (ㄴ) | 600 | 300 | 100 |

① 수영모자, 1300

② 수영모자, 1400

③ 샌들, 1000

④ 샌들, 1100

⑤ 샌들, 1200

**03** 어떤 제약회사의 신약은 특허 기간 중에는 독점적으로 공급되지만, 특허 소멸 후 다른 제약회사들의 복제약과 함께 경쟁적으로 공급된다. 이 약의 시장 수요는 $P = 20 - Q$로 주어지고, 총생산비용은 $TC(Q) = 4Q$라고 한다. 이 약의 특허 기간 중 생산량과 특허 소멸 후 생산량은 각각 얼마인가?

| | 특허 기간 중 생산량 | 특허 소멸 후 생산량 |
|---|---|---|
| ① | 6 | 10 |
| ② | 6 | 12 |
| ③ | 8 | 14 |
| ④ | 8 | 16 |
| ⑤ | 10 | 18 |

**04** 반도체 시장은 완전경쟁시장이며 개별 기업의 장기 평균 비용곡선은 $AC(q_i) = 40 - q_i + \dfrac{1}{100}q_i^2$으로 동일하다고 가정하자(단, $q_i$는 개별 기업의 생산량). 반도체 시장수요는 $Q = 25,000 - 1,000P$이다(단, $Q$는 시장수요량, $P$는 시장가격). 반도체 시장에서 장기균형 가격과 장기균형 하에서의 기업의 수는 얼마인가?

| | 장기균형 가격 | 기업의 수 |
|---|---|---|
| ① | 5 | 200 |
| ② | 10 | 150 |
| ③ | 10 | 300 |
| ④ | 15 | 100 |
| ⑤ | 15 | 200 |

**05** 효용함수가 $U(X, Y)=\sqrt{XY}$인 소비자의 소비 선택에 대한 설명으로 옳은 것을 〈보기〉에서 모두 고르면?

─── 〈보 기〉 ───
ㄱ. 전체 소득에서 X재에 대한 지출이 차지하는 비율은 항상 일정하다.
ㄴ. X재 가격변화는 Y재 소비에 영향을 주지 않는다.
ㄷ. X재는 정상재이다.
ㄹ. Y재는 수요의 법칙을 따른다.

① ㄱ, ㄴ
② ㄴ, ㄷ
③ ㄱ, ㄷ, ㄹ
④ ㄴ, ㄷ, ㄹ
⑤ ㄱ, ㄴ, ㄷ, ㄹ

**06** 다음 표와 같이 복점시장에서 기업 A와 기업 B가 서로 경쟁한다. 각 기업은 자신의 이윤을 극대화하기 위해서 생산량 Q=2 또는 Q=3을 결정해야 한다. 다음 표에서 괄호 안에 앞의 숫자는 기업 A의 이윤을, 뒤의 숫자는 기업 B의 이윤을 나타낸다. 다음 〈보기〉 중 옳은 것을 모두 고르면?

| | | 기업 B | |
|---|---|---|---|
| | | Q=2 | Q=3 |
| 기업 A | Q=2 | (10, 12) | (8, 10) |
| | Q=3 | (12, 8) | (6, 6) |

─── 〈보 기〉 ───
ㄱ. 기업 A의 우월전략은 Q=3이다.
ㄴ. 기업 B의 우월전략은 Q=2이다.
ㄷ. 내쉬균형은 기업 A는 Q=3을, 기업 B는 Q=2를 선택하는 것이다.
ㄹ. 기업 A와 기업 B 모두가 우월전략을 가지지 않기때문에 내쉬균형은 존재하지 않는다.

① ㄱ, ㄷ
② ㄱ, ㄹ
③ ㄴ, ㄷ
④ ㄴ, ㄹ
⑤ ㄱ, ㄴ, ㄷ

**07** 두 기업이 슈타켈버그(Stackelberg) 모형에 따라 행동할 때, 시장수요곡선이 $P=50-Q_1-Q_2$, 개별 기업의 한계비용이 0으로 동일하다고 가정하자(단, P는 시장가격, $Q_1$은 기업 1의 산출량, $Q_2$는 기업 2의 산출량). 기업 1은 선도자로, 기업 2는 추종자로 행동하는 경우 달성되는 슈타켈버그 균형상태에 있을 때, 〈보기〉의 설명 중에서 옳은 것을 모두 고르면?

─── 〈보 기〉 ───
ㄱ. 기업 1의 생산량은 기업 2의 생산량의 2배이다.
ㄴ. 시장가격은 12.5이다.
ㄷ. 시장거래량은 25보다 크다.
ㄹ. 기업 1의 이윤은 기업 2의 이윤의 1.5배이다.

① ㄱ, ㄷ
② ㄴ, ㄷ
③ ㄱ, ㄴ, ㄷ
④ ㄱ, ㄴ, ㄹ
⑤ ㄱ, ㄷ, ㄹ

**08** 살충제 시장의 수요곡선은 $P=150-\dfrac{5}{2}Q_d$이고, 공급곡선은 $P=\dfrac{5}{2}Q_s$이다. 사회적 한계비용(SMC)은 사적한계비용(PMC)의 2배가 된다. 호수에 대한 소유권이 어느 누구에게도 없을 때, (ㄱ) 생산되는 살충제의 양과 (ㄴ) 사회적으로 바람직한 살충제 생산량은 각각 얼마인가?

| | (ㄱ) | (ㄴ) |
|---|---|---|
| ① | 20 | 10 |
| ② | 20 | 20 |
| ③ | 30 | 10 |
| ④ | 30 | 20 |
| ⑤ | 40 | 20 |

안심Touch

**09** 고용주는 채용된 근로자가 얼마나 열심히 일을 하는지에 대해 완벽하게 관찰하는 것이 불가능하여 고용주와 근로자 간에 비대칭 정보가 존재한다고 하자. 이 상황에서 발생되는 문제와 그 해결방법에 대한 〈보기〉의 설명 중 옳은 것을 모두 고르면?

〈보 기〉

ㄱ. 이 상황에서 생산성이 낮은 근로자가 고용되는 역선택(adverse selection)이 발생한다.

ㄴ. 이 상황에서 근로자의 도덕적 해이(moral hazard)가 발생한다.

ㄷ. 고용주가 근로자에게 효율임금(efficiency wage)을 지급한다면 이 상황을 해결할 수 있다.

ㄹ. 고용주가 근로자의 보수 지급을 연기한다면 이 상황을 해결할 수 있다.

ㅁ. 근로자가 고용주에게 자신의 높은 교육수준을 통해 자신의 생산성이 높다는 것을 신호보내기(signaling)한다면 이 상황을 해결할 수 있다.

① ㄱ, ㄷ
② ㄱ, ㅁ
③ ㄴ, ㄹ
④ ㄱ, ㄷ, ㅁ
⑤ ㄴ, ㄷ, ㄹ

**10** 최근 정부는 경유차의 구매 수요를 현재보다 20% 줄이고 대기 정화를 위한 재원을 확보하기 위해 유류가격을 인상하려고 한다. 경유자동차 구매 수요의 경유가격 탄력성은 3, 경유자동차 구매 수요의 휘발유가격 탄력성은 2이다. 경유가격을 10% 인상하였다면 위 목표를 달성하기 위해서는 휘발유가격을 얼마나 인상하여야 하는가?

① 5%
② 7.5%
③ 10%
④ 12.5%
⑤ 15%

**11** 어떤 생산물시장의 수요곡선이 $Q_d = -\frac{1}{2}P + \frac{65}{2}$로, 공급곡선이 $Q_s = \frac{1}{3}P - 5$로 주어졌다. 정부가 가격을 통제하기 위해서 가격상한 또는 가격하한을 55로 설정할 때 총잉여(사회적 잉여)는 각각 얼마인가?

| | 가격상한 시 총잉여 | 가격하한 시 총잉여 |
|---|---|---|
| ① | 125 | 125 |
| ② | 125 | 187.5 |
| ③ | 187.5 | 250 |
| ④ | 250 | 187.5 |
| ⑤ | 250 | 250 |

**12** 다음 〈보기〉에서 옳은 것을 모두 고르면?

〈보 기〉

ㄱ. 원유의 가격은 크게 하락하였으나 거래량은 가격 하락폭에 비해 상대적으로 하락폭이 적었다. 이는 원유의 수요와 공급이 비탄력적인 경우에 나타나는 현상이라 할 수 있다.

ㄴ. A는 항상 매달 소득의 $\frac{1}{5}$을 일정하게 뮤지컬 혹은 영화티켓 구입에 사용한다. 이 경우, 뮤지컬 혹은 영화티켓의 가격이 10% 상승하면 A의 뮤지컬 혹은 영화티켓 수요량은 10% 감소한다.

ㄷ. B기업이 판매하고 있는 C상품의 수요의 가격탄력성은 1.2이다. B기업은 최근 C상품의 가격을 인상하기로 결정했고 이로 인해 총수입이 증가할 것으로 예상하고 있다.

ㄹ. 다른 모든 요인이 일정 불변할 때, 담배세 인상 이후 정부의 담배세 수입이 증가했다. 이는 담배 수요가 가격에 대해 탄력적임을 의미한다.

① ㄱ, ㄴ
② ㄱ, ㄷ
③ ㄴ, ㄷ
④ ㄱ, ㄴ, ㄹ
⑤ ㄴ, ㄷ, ㄹ

**13** 수요와 공급곡선이 다음과 같이 주어져 있다.

- $Q_d = 400 - 2P$
- $Q_s = 100 + 3P$

단위당 T만큼의 조세를 소비자에게 부과하는 경우, 사회적 후생손실이 135라면 단위당 조세의 크기는 얼마인가?

① 6
② 9
③ 10
④ 15
⑤ 30

**15** 어떤 거시경제가 〈보기〉와 같은 조건을 만족하고, 최초에 장기균형 상태에 있다고 할 때, 다음 중 옳지 <u>않은</u> 것은?(단, Y는 생산량, P는 물가수준이다.)

───〈보 기〉───
- 장기 총공급곡선은 Y=1,000에서 수직인 직선이다.
- 단기 총공급곡선은 P=3에서 수평인 직선이다.
- 총수요곡선은 수직이거나 수평이 아닌 우하향곡선이다.

① 불리한 수요충격을 받을 경우 단기균형에서 Y<1,000, P=3이다.
② 불리한 수요충격을 받을 경우 장기균형에서 Y=1,000, P<3이다.
③ 불리한 공급충격을 받을 경우 단기균형에서 Y<1,000, P>3이다.
④ 불리한 공급충격을 받을 경우 장기균형에서 Y=1,000, P=3이다.
⑤ 불리한 공급충격을 중앙은행이 통화량을 증가시켜 전부 수용할 경우 단기균형에서 Y=1,000, P>3이며 장기균형에서 Y=1,000, P=3이다.

**14** K국에서 농산물의 국내 수요곡선은 $Q_d = 100 - P$, 국내 공급곡선은 $Q_s = P$이고, 농산물의 국제가격은 20이다. 만약 K국 정부가 국내 생산자를 보호하기 위해 단위당 10의 관세를 부과한다면, 국내 생산자잉여의 변화량과 사회적 후생손실은?

| | 국내 생산자잉여 변화량 | 사회적 후생손실 |
|---|---|---|
| ① | 250 증가 | 500 |
| ② | 250 증가 | 100 |
| ③ | 250 감소 | 500 |
| ④ | 250 감소 | 100 |
| ⑤ | 450 증가 | 100 |

**16** 정부가 재정지출을 ΔG만큼 늘리는 동시에 조세를 ΔG만큼 증가시키고, 화폐공급량을 ΔG만큼 줄인 경우 (ㄱ) IS곡선의 이동과 (ㄴ) LM곡선의 이동에 대한 설명 중 옳은 것은?(단, 한계소비성향은 0.75이다.)

| | (ㄱ) | (ㄴ) |
|---|---|---|
| ① | 이동하지 않음 | 좌측이동 |
| ② | 우측이동 | 우측이동 |
| ③ | 우측이동 | 좌측이동 |
| ④ | 좌측이동 | 좌측이동 |
| ⑤ | 좌측이동 | 우측이동 |

**17** 어떤 국가의 거시경제가 다음과 같다. 이 국가의 현재 경기상황은 어떠하며, 이를 안정시키기 위한 정부의 조세정책으로서 한계조세율은 어떻게 조정되어야 하는가?

- $Y = C + I + G$
- $C = 50 + 0.75(Y - T)$
- $I = 150$
- $G = 250$
- $T = 200 + 0.25Y$
- $\overline{Y} = 750$

(Y : 소득, C : 소비, I : 투자, G : 정부구매, T : 조세, $\overline{Y}$ : 자연생산량)

|  | 경기상황 | 한계조세율 조정 |
|---|---|---|
| ① | 경기침체 | 2.5%p 감소 |
| ② | 경기침체 | 5%p 감소 |
| ③ | 경기침체 | 7%p 감소 |
| ④ | 경기과열 | 2.5%p 증가 |
| ⑤ | 경기과열 | 5%p 증가 |

**18** 내생적 성장이론에 대한 다음의 설명 중 옳지 <u>않은</u> 것은?

① R&D모형에 따르면 연구인력의 고용이 늘어나면 장기 경제성장률을 높일 수 있다.

② AK모형은 자본을 폭넓게 정의하여 물적자본 뿐만 아니라 인적자본도 자본에 포함한다.

③ AK모형에서는 기술진보가 이루어지지 않으면 성장할 수 없다.

④ R&D모형에 따르면, 지식은 비경합적이므로 지식자본의 축적이 지속적인 성장을 가능하게 한다.

⑤ AK모형에서는 자본에 대해 수확체감이 나타나지 않는다.

**19** 투자수요함수가 $I = \overline{i} - dr$, 실질화폐수요함수 $\dfrac{M}{P} = kY - hr$일 때 금융정책이 총수요에 미치는 영향으로 옳은 것은?

① d가 작을수록 h가 작을수록 금융정책이 상대적으로 강력해진다.

② d가 클수록 h가 작을수록 금융정책이 상대적으로 강력해진다.

③ d가 작을수록 h가 클수록 금융정책이 상대적으로 강력해진다.

④ d가 클수록 h가 클수록 금융정책이 상대적으로 강력해진다.

⑤ d와 h는 영향을 미치지 못한다.

**20** 총수요곡선 및 총공급곡선에 대한 설명으로 옳은 것을 〈보기〉에서 모두 고르면?

〈보 기〉

ㄱ. IT 기술의 발전은 장기 총공급곡선을 우측으로 이동시킨다.

ㄴ. 기업들이 향후 물가가 하락하여 실질임금이 상승할 것으로 예상하는 경우 총공급곡선이 우측으로 이동한다.

ㄷ. 주식가격의 상승은 총수요곡선을 우측으로 이동시킨다.

ㄹ. 물가의 하락은 총수요곡선을 좌측으로 이동시킨다.

① ㄱ, ㄴ

② ㄷ, ㄹ

③ ㄱ, ㄴ, ㄷ

④ ㄱ, ㄴ, ㄹ

⑤ ㄴ, ㄷ, ㄹ

**21** 변동환율제도를 도입하고 있으며 자본이동이 완전히 자유로운 소규모 개방경제에서, 최근 경기침체에 대응하여 정부가 재정지출을 확대하는 경우 나타날 수 있는 현상으로 옳은 것을 〈보기〉에서 모두 고르면?

─〈보 기〉─

ㄱ. 균형이자율과 균형국민소득은 변화가 없다.
ㄴ. 국내통화가 평가절상되고 자본수지가 개선된다.
ㄷ. 수출이 감소하고 경상수지가 악화된다.
ㄹ. 균형이자율과 균형국민소득 모두 증가한다.

① ㄱ, ㄴ
② ㄱ, ㄷ
③ ㄷ, ㄹ
④ ㄱ, ㄴ, ㄷ
⑤ ㄴ, ㄷ, ㄹ

**22** 만성적인 국제수지적자를 기록하고 있는 나라에서는 확대재정정책이 확대금융정책보다 더 효과적일 수 있다. 그 이유로 옳은 것은?

① 확대재정정책과 확대금융정책은 수입을 증가시킬 우려가 있다.
② 확대금융정책의 실시로 단기자본이 유출될 가능성이 있다.
③ 확대금융정책은 이자율을 상승시키고, 투자와 생산성을 위축시킨다.
④ 확대재정정책은 자국통화의 평가절하를 가져오고 이로 인해 수출이 감소한다.
⑤ 금융정책은 필립스곡선에 의해 제약되나 재정정책은 그렇지 않다.

**23** 다음 설명 중 옳은 것은?

① 화폐수요의 이자율탄력성이 음의 무한대($-\infty$)일 때 금융정책은 효과가 없다.
② 소비에 실질잔고효과(혹은 피구효과)가 도입되면 물가가 하락할 때 LM곡선이 우측으로 이동한다.
③ 고전학파의 화폐수량설이 성립할 때 LM곡선은 수평의 형태를 보인다.
④ 유동성함정에서 사람들은 채권의 예상수익률이 정상적인 수준보다 높다고 생각한다.
⑤ 케인지안은 투자수요의 이자율탄력도가 크고 화폐수요의 이자율탄력도가 작다고 보는 반면, 통화주의자는 투자수요의 이자율탄력도는 작고 화폐수요의 이자율탄력도는 크다고 본다.

**24** GDP에 대한 설명으로 옳은 것을 〈보기〉에서 모두 고르면?

─〈보 기〉─

ㄱ. 정부가 출산장려금으로 자국민에게 지급하는 금액은 GDP에 포함된다.
ㄴ. A사가 생산한 자동차의 재고 증가는 GDP 증가에 영향을 주지 못하지만, 중고자동차의 거래량 증가는 GDP를 증가시킨다.
ㄷ. 중국인의 한국 내 생산활동은 한국의 GDP 산출에 포함된다.
ㄹ. 아파트 옥상에서 상추를 재배한 전업주부가 이 생산물을 가족들의 저녁식사에 이용한 경우 이는 GDP에 포함되지 않는다.
ㅁ. 한국의 의류회사가 베트남에서 생산하여 한국으로 수입 판매한 의류의 가치는 한국의 GDP에 포함되지 않는다.

① ㄱ, ㄴ, ㄷ
② ㄱ, ㄴ, ㅁ
③ ㄱ, ㄷ, ㅁ
④ ㄴ, ㄷ, ㄹ
⑤ ㄷ, ㄹ, ㅁ

**25** 거시경제의 물가수준을 측정하기 위해 사용되는 물가 지수에 대한 다음 〈보기〉 중 옳은 것을 모두 고르면?

---〈보 기〉---

ㄱ. 소비자물가지수는 매년 변화하는 재화 바스켓에 기초하여 계산된 지수이다.

ㄴ. 소비자물가지수는 대용품 간의 대체성이 배제되어 생활비의 인상을 과대평가하는 경향이 있다.

ㄷ. GDP 디플레이터에 수입물품은 반영되지 않는다.

ㄹ. GDP 디플레이터는 새로운 상품의 도입에 따른 물가수준을 반영한다.

ㅁ. 소비자물가지수와 생산자물가지수는 라스파이레스 방식이 아니라 파셰 방식으로 계산한다.

① ㄱ, ㄴ, ㄷ

② ㄱ, ㄷ, ㄹ

③ ㄴ, ㄷ, ㄹ

④ ㄴ, ㄷ, ㅁ

⑤ ㄷ, ㄹ, ㅁ

# PART 5

## 국가직 9급 문제편

2021.04.17. 시행

# 2021 국가직 9급 경제학

소요시간　　　　분 | 점수　　　　점 | 정답 및 해설 158p

**01** 2020년 우리나라의 국내총생산(GDP)에 포함되는 것은?

① 2020년에 국내기업이 미국 공장에서 생산한 반도체

② 2020년에 외국기업이 부산 공장에서 생산하여 수출한 자동차

③ 2019년에 국내기업이 대전 공장에서 생산하여 수출한 냉장고

④ 2019년에 국내기업이 광주 공장에서 생산한 자동차의 2020년 중고 거래액

**02** 통화량을 증가시키는 금융정책은?

① 중앙은행의 국채매입

② 재할인율 인상

③ 법정지급준비율 인상

④ 지급준비금에 대한 이자율 인상

**03** 배를 생산하는 기업 A가 강을 오염시켜 지역주민들에게 피해를 끼치는 문제가 발생하였다. 코즈정리(Coase Theorem)를 적용하는 해결방안에 대한 설명으로 가장 적절한 것은?

① 코즈정리는 기업 A와 지역주민들 간의 협상보다는 정부의 직접 개입이 효율적인 해결방안임을 강조한다.

② 기업 A에 오염물질을 배출할 수 있는 권리가 인정된다면 기업 A는 지역주민들의 피해를 보상해야 한다.

③ 지역주민들에게 깨끗한 강을 이용할 수 있는 권리가 인정된다면 기업 A에 의해 오염된 강의 문제는 지역주민들 스스로 해결해야 한다.

④ 기업 A와 지역주민들 간의 협상에 따르는 거래비용이 작거나 거래 당사자가 적어질수록 코즈정리에 의한 문제해결이 용이해진다.

**04** 다음의 보도 자료로 판단할 때 이번 달 고용 지표에서 나타날 변화로 옳은 것은?(단, 다른 모든 조건은 변함이 없다.)

> 이번 달에는 그동안 실업률이 2%로 매우 낮았던 노동시장에 곤란한 현상이 발생했다. 지난달까지 구직단념자(discouraged workers)였던 사람들 가운데 5만 명이 이번 달에 취업시장의 문을 두드린 것이다. 그 배경은 아직 분명하지 않지만, 통계 당국에 의하면 이들이 활발하게 구직 활동에 나섰음에도 아무도 일자리를 구하지 못했다.

① 실업률 상승

② 고용률 하락

③ 경제활동참가율 하락

④ 비경제활동인구 증가

**05** 수요곡선이 우하향하는 선분인 경우 수요의 가격탄력성에 대한 설명으로 옳은 것은?

① 가격탄력성이 1보다 작은 경우 생산량을 늘리면 총수입이 증가한다.

② 가격탄력성이 1보다 작은 경우 한계수입은 양(+)이 된다.

③ 가격탄력성이 1일 때 총수입이 극대가 된다.

④ 독점기업의 경우 한계비용이 0일 때 가격탄력성이 1보다 큰 구간에서 생산량을 결정한다.

**06** 솔로우 경제성장 모형(Solow growth model)의 균제상태(steady state)에 대한 설명으로 옳은 것은?(단, 기술진보가 없는 경제이다.)

① 저축률과 관계없이 모든 나라의 1인당 경제성장률은 같아진다.

② 저축률이 높아지면 1인당 소득수준은 낮아진다.

③ 인구증가율이 높아지면 1인당 소득수준은 높아진다.

④ 감가상각률이 높아지면 1인당 소득수준은 높아진다.

**07** 어느 마을에 세 가구가 살고 있다. 세 가구의 마을방송에 대한 수요는 각각 $W_1 = 150 - T$, $W_2 = 200 - 2T$, $W_3 = 250 - T$이다. 마을방송은 순수한 공공재이며, 이 공공재 공급의 한계비용이 시간당 200원일 때, 효율적인 마을방송 시간은?(단, T는 방송시간, $W_i$는 가구 i의 방송에 따른 한계편익이다.)

① 50

② 100

③ 150

④ 200

**08** 총수요 정책에 대한 설명으로 옳지 않은 것은?

① 재정정책의 구축효과는 투자의 이자율 탄력성이 클수록 커진다.

② 재정정책의 구축효과는 화폐수요의 이자율 탄력성이 클수록 커진다.

③ 재정정책은 상대적으로 내부시차가 긴 반면 통화정책은 외부시차가 길다.

④ 확장적 통화정책의 국민소득 증대효과는 투자의 이자율 탄력성이 클수록 커진다.

**09** 고전학파의 화폐수량설을 따를 경우 통화량이 두 배 증가했을 때 나타나는 현상은?

① 물가는 두 배 증가하지만 명목소득은 변화하지 않는다.

② 물가는 변화하지 않지만 명목소득은 두 배 증가한다.

③ 물가와 명목소득 모두 두 배 증가한다.

④ 물가와 명목소득 모두 두 배 감소한다.

**10** 독점적 경쟁시장에 대한 설명으로 옳지 않은 것은?

① 시장가격이 평균비용보다 높은 경우 새로운 기업의 진입이 발생한다.

② 제품가격보다는 품질과 판매서비스를 통한 기업 간 경쟁이 심화된다.

③ 각 기업은 장기균형 상태에서 양(+)의 이윤을 얻는 것이 가능하다.

④ 장기균형 상태에서 시장가격은 장기평균비용과 일치한다.

**11** X재를 공급하는 독점기업 A는 시장1과 시장2가 각기 다른 형태의 수요곡선을 갖고 있음을 알고 있다. 독점기업 A가 시장1과 시장2에 판매했을 때 얻는 한계수입은 각각 $MR_1 = 200 - 2Q_1$ 및 $MR_2 = 80 - Q_2$이며, 한계비용은 20일 때, 이윤을 극대화하는 독점기업 A에 대한 설명으로 옳은 것은? (단, $Q_1$은 시장1의 수요량, $Q_2$는 시장2의 수요량이다.)

① 시장1과 시장2에 각각 60개와 90개의 상품을 판매한다.

② 시장1과 시장2에 각각 90개와 60개의 상품을 판매한다.

③ 시장1과 시장2에서의 판매가격과 판매량은 동일하다.

④ 시장1과 시장2에서의 판매가격은 상이하지만 판매량은 동일하다.

**12** X재와 Y재만을 소비하는 소비자의 효용함수 U는 U = XY로 주어져 있다. 효용을 극대화하는 이 소비자의 Y재 소비량이 X재 소비량보다 2배 많다고 하자. X재의 가격이 3일 때 Y재의 가격은?

① 1

② 1.5

③ 2

④ 6

**13** 그림은 무역이 전혀 없는 소국 경제 A국에서 완전경쟁적인 국내 X재 시장에서의 수요곡선(D), 공급곡선(S), 균형(E)을 나타낸다. A국에서 X재의 자유무역이 허용되어 국제가격이 $P_1$에서 형성되었을 때, 국제시장에서 가격수용자이며 X재를 무제한으로 공급이 가능한 A국에 대한 설명으로 옳은 것은?(단, P는 가격, Q는 수량이다.)

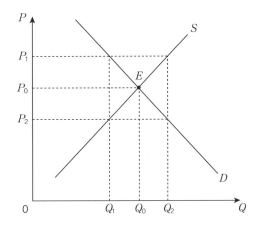

① $\overline{Q_0Q_2}$만큼 수출한다.

② 국내 시장 가격은 $P_1$이 된다.

③ 국내 소비자잉여가 증가한다.

④ 국내에 $\overline{Q_1Q_2}$만큼 초과수요가 발생한다.

**14** 다음은 어느 토마토 농가의 평균비용을 나타낸 표이다. 이 농가의 고정비용은 35만 원이며 토마토의 시장가격이 한 상자에 15만 원일 때, 이윤을 극대화하는 생산량(상자)은?(단, 토마토는 완전경쟁시장에서 판매되고 있다.)

| 토마토 생산량 (상자) | 상자당 평균 고정비용 (만 원) | 상자당 평균 가변비용 (만 원) | 상자당 평균비용 (만 원) |
|---|---|---|---|
| 1 | 35 | 24 | 59 |
| 2 | 18 | 20 | 38 |
| 3 | 12 | 20 | 32 |
| 4 | 9 | 21 | 30 |
| 5 | 7 | 23 | 30 |

① 0

② 1

③ 3

④ 5

**15** 다음은 3년 간 한국과 미국의 가상의 빅맥 가격이다. 빅맥 가격을 이용하여 구매력평가설로 예측한 적정환율에 대한 설명으로 옳지 <u>않은</u> 것은?(단, 3년 간 달러에 대한 원화의 시장환율은 1,200원/달러로 일정하다.)

| 가격<br>연도(년) | 빅맥 가격 | |
|---|---|---|
| | 한국(원) | 미국(달러) |
| 2030 | 4,000 | 4 |
| 2031 | 5,400 | 4 |
| 2032 | 4,800 | 5 |

① 구매력평가설로 예측한 2030년 적정환율은 1,000원/달러이다.

② 구매력평가설로 예측한 2031년 적정환율은 전년도에 예측한 적정환율에 비해 35% 상승하였다.

③ 구매력평가설로 예측한 2032년 적정환율이 실제 환율에 반영된다면 달러에 대한 원화가치는 상승할 것이다.

④ 2031년에 미국을 방문한 한국인은 미국의 빅맥 가격이 한국보다 비싸다고 느낄 것이다.

**16** 다음 국민소득계정 자료에 기초할 때, 이 경제의 투자(I) 규모는?(단, T는 조세, G는 정부지출, X는 수출, M은 수입이다.)

(단위 : 조 원)

| | |
|---|---|
| 국내총생산(Y) | 1,000 |
| 가처분소득(Y−T) | 900 |
| 재정적자(G−T) | 200 |
| 소비(C) | 600 |
| 순수출(X−M) | −100 |

① 100조 원

② 200조 원

③ 300조 원

④ 500조 원

**17** 다음 소비함수에서 기울기 b가 커질 때 나타나는 영향으로 옳은 것은?(단, Y는 가처분소득, C는 소비이다.)

$$C = a + bY \ (단, \ a>0, \ 0<b<1)$$

① 정부지출승수가 작아진다.

② 한계소비성향이 낮아진다.

③ 평균저축성향이 낮아진다.

④ 평균소비성향이 낮아진다.

**18** 수요독점(monopsony) 노동시장에 대한 설명으로 옳은 것은?(단, 산출물시장은 완전경쟁시장이다.)

① 완전경쟁적인 노동시장의 경우에 비해 고용이 증가한다.

② 완전경쟁적인 노동시장의 경우에 비해 임금이 상승한다.

③ 노동공급곡선과 한계생산가치곡선이 교차하는 점에서 임금이 결정된다.

④ 한계요소비용곡선과 한계생산가치곡선이 교차하는 점에서 고용량이 결정된다.

**19** 범위의 경제(economies of scope)에 대한 설명으로 옳지 <u>않은</u> 것은?

① 결합생산물(joint products)은 범위의 경제가 발생할 수 있는 사례이다.

② 한 기업이 여러 제품을 동시에 생산함으로써 비용상 이점이 생기는 경우를 말한다.

③ 어떤 한 제품을 생산하는 과정에서 부산물이 생길 때 범위의 경제가 발생할 수 있다.

④ 생산과정에서 규모의 불경제(diseconomies of scale)가 존재하면 범위의 경제가 발생하지 않는다.

**20** 두 명의 친구가 여름휴가를 가기 위해 자신들의 저축성 예금(savings deposit) 중 1년 만기의 정기예금 계좌에서 각각 300,000원을 현금으로 인출했을 때, 통화지표 M1과 M2에 생길 수 있는 변화는?

① M1은 증가하고 M2는 변화가 없다.

② M1은 증가하고 M2는 감소한다.

③ M1은 감소하고 M2는 변화가 없다.

④ M1은 감소하고 M2는 증가한다.

2020.07.11. 시행

## 2020 국가직 9급 경제학

소요시간    분 | 점수    점 | 정답 및 해설 164p

**01** X재에 대한 시장수요곡선과 시장공급곡선은 다음과 같다. X재 시장균형에서의 소비자잉여는?(단, $Q_D$는 수요량, $Q_S$는 공급량, P는 가격이다.)

- 시장수요곡선 : $Q_D = 9 - P$
- 시장공급곡선 : $Q_S = 2P$

① 12
② 14
③ 16
④ 18

**02** 우리나라 외환시장에서 달러에 대한 수요가 지속적으로 증가하였다. 이에 따른 환율 변화로 인하여 우리 경제가 받게 될 영향으로 옳지 <u>않은</u> 것은?(단, 외환시장에서는 수요와 공급법칙이 적용된다.)

① 달러 대비 원화 가치가 하락한다.
② 대미 수출 상품의 가격 경쟁력이 낮아진다.
③ 미국으로부터 수입되는 상품의 원화표시 가격이 상승한다.
④ 미국 유학 중인 자녀에게 생활비를 보내는 부모의 부담이 커진다.

**03** 현재 경제가 장기균형 상태에 있다. 총수요가 감소할 경우 새로운 장기균형에 대한 설명으로 옳은 것은?

① 물가수준과 산출량이 현재의 장기균형보다 높은 수준으로 이동한다.
② 물가수준과 산출량이 현재의 장기균형보다 낮은 수준으로 이동한다.
③ 물가수준은 현재의 장기균형과 동일하지만 산출량은 감소한다.
④ 물가수준은 현재의 장기균형보다 낮아지지만 산출량은 동일하다.

**04** 매몰비용(sunk cost)에 대한 설명으로 옳지 <u>않은</u> 것은?

① 일단 지출된 후에는 어떠한 방법으로도 회수가 불가능한 비용이다.
② 매몰비용의 기회비용은 0이다.
③ 일단 지출된 후에는 기업의 의사결정 과정에서 고려할 필요가 없는 비용이다.
④ 고정비용이면서 매몰비용인 경우는 없다.

안심Touch

**05** 甲국은 자본이동이 완전히 자유롭고 변동환율제도를 채택하고 있는 소규모 개방경제 국가이다. IS-LM-BP 곡선이 모두 만나는 초기 균형 상태에 있다. 정책효과에 대한 설명으로 옳은 것은?(단, IS와 LM 곡선은 각각 우하향, 우상향하며 경제 주체들의 환율 예상은 정태적이다.)

① 확대재정정책 실시 이후, 조정과정에서 환율이 하락하며 새로운 균형에서 국민소득은 증가한다.

② 확대재정정책 실시 이후, 조정과정에서 환율이 상승하며 새로운 균형에서 국민소득은 증가한다.

③ 확대금융정책 실시 이후, 조정과정에서 환율이 하락하며 새로운 균형에서 국민소득은 증가한다.

④ 확대금융정책 실시 이후, 조정과정에서 환율이 상승하며 새로운 균형에서 국민소득은 증가한다.

**06** 다음과 같은 조건에서 중앙은행이 민간으로부터 1조원 규모의 국채를 매입했을 때, 은행제도 전체를 통해 최대로 변화될 수 있는 통화량은?

- 중앙은행이 법정지급준비율을 10%로 정해 놓고 있다.
- 예금은행은 법정지급준비금 외에는 전액 대출하고 있다.
- 요구불예금만 존재하며, 저축성예금은 없다.
- 현금통화비율은 0%이다.

① 9조 원 감소

② 9조 원 증가

③ 10조 원 감소

④ 10조 원 증가

**07** 효율적 임금가설(efficient wage hypothesis)에 대한 설명으로 옳지 <u>않은</u> 것은?

① 노동시장에서 비자발적 실업이 발생하는 원인을 설명하는 이론이다.

② 임금과 노동자의 노력 간에 양의 상관관계가 있다고 보는 이론이다.

③ 효율적 임금이란 기업의 이윤을 극대화하는 임금이므로 노동시장의 균형 임금보다 낮은 수준이다.

④ 임금의 하방경직성을 설명하는 이론이다.

**08** 효용함수 $U(I) = \frac{1}{100}\sqrt{I}$를 가진 구직자가 새로운 직장을 찾고 있다. 새로운 직장에서는 자신의 노력 여부와 상관없이 기업의 성과에 따라 64만 원의 월 소득을 받거나 혹은 196만 원의 월 소득을 받을 수 있다. 64만 원을 받을 확률과 196만 원을 받을 확률이 각각 50%로 동일할 경우, 기대효용은?(단, U는 효용이고, I는 원으로 표시된 월 소득이다.)

① 11

② 12

③ 13

④ 14

**09** 한국에서는 노동자가 1주일 일하면 쌀 6섬을 생산할 수도 있고, 옷 5벌을 생산할 수도 있다. 한편 베트남에서는 노동자가 1주일 일하면 쌀 4섬을 생산할 수도 있고, 옷 3벌을 생산할 수도 있다. 이에 대한 설명으로 옳은 것은?

| 구분 | 한국 | 베트남 |
|------|------|--------|
| 쌀(섬) | 6 | 4 |
| 옷(벌) | 5 | 3 |

① 한국과 베트남 모두 쌀 생산에 비교우위를 가지고 있다.

② 한국은 옷 생산에 비교우위를 가지고 있으며, 베트남은 쌀 생산에 비교우위를 가지고 있다.

③ 한국은 쌀 생산에 비교우위를 가지고 있으며, 베트남은 옷 생산에 비교우위를 가지고 있다.

④ 한국과 베트남 모두 옷 생산에 비교우위를 가지고 있다.

**10** 甲국에서 X재에 대한 국내 수요곡선과 국내 공급곡선은 다음과 같다.

- 국내 수요곡선 : $Q_D = -\dfrac{P}{4} + 100$
- 국내 공급곡선 : $Q_S = \dfrac{P}{2} + 10$

X재의 국제가격이 100인 상황에서 甲국은 자유무역을 허용하였다. 이때 甲국 정부에서 국내 X재 생산자를 보호하기 위해 수입관세를 단위당 8만큼 부과하는 경우 자중손실 (deadweight loss)은?(단, $Q_D$는 국내 수요량, $Q_S$는 국내 공급량, P는 X재 가격이고 甲국은 소규모 개방경제 국가이다.)

① 14

② 24

③ 28

④ 36

**11** "X재는 열등재(inferior goods)이다."라는 주장을 증명할 수 있는 탄력성은?

① X재 수요의 가격탄력성

② X재 수요의 소득탄력성

③ X재 공급의 가격탄력성

④ X재 공급의 교차탄력성

**12** 솔로우(Solow) 성장 모형에서 장기적으로 1인당 소득을 증가시키는 요인으로 옳은 것만을 모두 고르면?

ㄱ. 생산기술의 향상
ㄴ. 국민저축률의 감소
ㄷ. 인구증가율의 증가

① ㄱ

② ㄱ, ㄴ

③ ㄴ, ㄷ

④ ㄱ, ㄴ, ㄷ

**13** 외부효과에 대한 설명으로 옳은 것만을 모두 고르면?

ㄱ. 외부효과가 있는 경우 자원의 비효율적 배분이 발생한다.
ㄴ. 소비측면에서 긍정적 외부효과가 발생하는 경우 사회적으로 바람직한 수준보다 많이 거래된다.
ㄷ. 생산측면에서 부정적 외부효과가 발생하는 경우 사회적비용이 사적 비용보다 크다.

① ㄱ, ㄴ

② ㄱ, ㄷ

③ ㄴ, ㄷ

④ ㄱ, ㄴ, ㄷ

**14** 확장적 통화정책과 확장적 재정정책의 장·단기 효과에 대한 설명으로 옳은 것은?

① 확장적 통화정책은 단기적으로 이자율의 하락을 통해 투자를 증가시키지만, 장기적으로 물가상승만을 초래한다.

② 확장적 통화정책은 단기적으로 이자율을 상승시켜 자산 가격을 안정화시키고, 장기적으로 소비와 투자를 증가시킨다.

③ 확장적 재정정책은 단기적으로 총공급을 증가시켜 경기를 활성화시키고, 장기적으로 민간투자를 활성화시킨다.

④ 확장적 재정정책은 단기적으로 외부 정책 시차가 길어 효과가 없지만, 장기적으로 경기를 활성화시킨다.

**15** 다음 표는 경합성과 배제성의 여부에 따라 A~D재를 구분하고 있다. 이에 대한 설명으로 옳은 것은?

| 구분 | | 경합성 | |
|---|---|---|---|
| | | 있음 | 없음 |
| 배제성 | 있음 | A | B |
| | 없음 | C | D |

① A재는 무임승차 문제가 발생한다.

② 혼잡한 유료 고속도로는 B재에 해당한다.

③ C재는 공유자원이다.

④ D재는 무임승차 문제가 발생하지 않는다.

**16** 수량방정식(quantity equation)은 통화량과 산출량의 명목가치 사이의 관계를 나타낸다. 물가가 10이고 통화량이 1,000억 원일 때, 수량방정식이 성립하는 화폐유통속도와 산출량(실질 GDP)의 조합으로 옳게 짝지은 것은?

| | 화폐유통속도 | 산출량(실질 GDP) |
|---|---|---|
| ① | 500 | 20억 원 |
| ② | 20 | 500억 원 |
| ③ | 200 | 2억 원 |
| ④ | 2 | 200억 원 |

**17** 甲국은 사과와 배 두 재화만 생산한다. 2018년과 2019년에 생산된 두 재화의 가격과 수량은 다음 표와 같다. 甲국의 2019년 실질 GDP와 GDP 디플레이터를 옳게 짝지은 것은?(단, 2018년은 실질 GDP 산출을 위한 기준연도이다.)

| 구분 | 사과<br>(가격, 수량) | 배<br>(가격, 수량) |
|---|---|---|
| 2018년 | (20원, 200개) | (20원, 100개) |
| 2019년 | (20원, 200개) | (30원, 200개) |

| | 2019년 실질 GDP | 2019년 GDP 디플레이터 |
|---|---|---|
| ① | 6,000원 | 125 |
| ② | 6,000원 | 150 |
| ③ | 8,000원 | 125 |
| ④ | 8,000원 | 150 |

**18** 다음 표는 경기자 1과 경기자 2의 전략 A와 전략 B의 선택에 따른 두 경기자의 보수(payoff)를 나타낸 것이다. 두 경기자가 전략을 동시에 선택할 때, 내쉬균형(Nash equilibrium) 전략은?(단, 표의 괄호에서 앞의 숫자는 경기자 1의 보수, 뒤의 숫자는 경기자 2의 보수이다.)

| 경기자 1 \ 경기자 2 | A | B |
|---|---|---|
| A | (−1, −1) | (−7, 0) |
| B | (0, −7) | (−5, −5) |

① 경기자 1은 A, 경기자 2는 A를 선택

② 경기자 1은 A, 경기자 2는 B를 선택

③ 경기자 1은 B, 경기자 2는 A를 선택

④ 경기자 1은 B, 경기자 2는 B를 선택

**19** 그림은 소득분배상태를 나타내는 로렌츠곡선(Lorenz curve)이다. 이에 대한 설명으로 옳지 않은 것은?

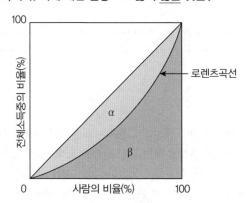

① 소득분배가 완전 균등할 경우 로렌츠곡선은 대각선이 된다.

② 두 경제의 로렌츠곡선이 서로 교차하는 경우 소득분배상태를 비교할 수 있다.

③ 지니계수(Gini coefficient)는 $\dfrac{\alpha}{\alpha+\beta}$ 이다.

④ 지니계수 값이 클수록 더욱 불평등한 소득분배상태를 나타낸다.

**20** 다음 ㉠, ㉡에 들어갈 내용을 옳게 짝지은 것은?

> 오쿤의 법칙(Okun's law)이 경험적으로 타당하고, 정책 신뢰도가 높은 甲국 중앙은행이 반인플레이션(disinflation) 정책을 펼치려 한다. 이 경우 ( ㉠ ) 기대를 하는 노동자의 비중이 높고, 우하향하는 필립스곡선의 기울기가 ( ㉡ )에 가까울수록 낮은 희생비율을 예상할 수 있다.

| | ㉠ | ㉡ |
|---|---|---|
| ① | 합리적 | 수직 |
| ② | 합리적 | 수평 |
| ③ | 적응적 | 수직 |
| ④ | 적응적 | 수평 |

# 국가직 9급 경제학

소요시간　　분 | 점수　　점 | 정답 및 해설 169p

**01** 우리나라 중앙은행의 공개시장조작을 설명한 것으로 옳은 것은?

① 주식시장에서 주식을 매입하거나 매도하여 주가지수를 조절한다.

② 중앙은행이 시중은행에 빌려주는 자금에 적용되는 금리를 조절한다.

③ 국공채나 기타 유가증권을 사거나 팔아 본원통화의 양을 조절한다.

④ 시중은행이 중앙은행에 예치해야 하는 법정지급준비율을 조절한다.

**02** 그림은 乙의 소득에 대한 효용을 나타낸 것이다. 이에 대한 설명으로 옳은 것은?

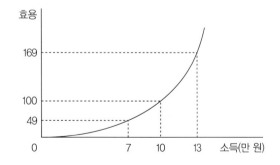

① 乙은 위험회피적(risk−averse)이다.

② 乙은 위험중립적(risk−neutral)이다.

③ 乙은 소득의 증가에 따라 위험에 대한 선호가 변화한다.

④ 한계효용체감의 법칙이 乙에게는 적용되지 않는다.

**03** 최근 막걸리 생산에 고용되는 노동자의 임금이 상승하였다. 동시에 건강에 대한 관심 증대로 소비자들이 소주보다는 막걸리를 더 선호하게 되었다. 이와 같은 현상이 막걸리 시장에 미치는 영향으로 옳은 것은?(단, 막걸리에 대한 수요곡선은 우하향하고, 공급 곡선은 우상향한다.)

① 균형가격은 상승하고 균형거래량은 감소한다.

② 균형거래량은 증가하고 균형가격은 하락한다.

③ 균형가격은 상승하고 균형거래량 변화는 알 수 없다.

④ 균형거래량은 증가하고 균형가격 변화는 알 수 없다.

**04** 어떤 사람에게 두 가지 선택권이 있다. 첫 번째는 현재 200만 원을 받고 1년 뒤에 추가로 200만 원을 받는 것이고, 두 번째는 현재 100만 원을 받고 1년 뒤에 추가로 305만 원을 받는 것이다. 두 가지 선택의 현재가치를 동일하게 하는 이자율은?

① 1%

② 3%

③ 5%

④ 7%

**05** 甲은 보유하고 있는 중고 의자를 일상생활에서 사용하기 위해 이미 18만 원을 수리비로 지불하였다. 甲에게 현재 이 의자의 주관적 가치는 13만 원이다. 만약 이 의자를 20만 원을 주고 추가로 손질하면 시장에 36만 원에 팔 수 있고, 현재 상태로 팔면 10만 원에 팔 수 있다고 한다. 甲의 합리적인 의사결정은?

① 추가로 손질해서 36만 원에 판다.

② 그대로 이 의자를 보유한다.

③ 10만 원을 받고 이 의자를 현재 상태로 판다.

④ 甲이 어떠한 의사결정을 하든 결과는 같다.

**06** 甲은 한정된 소득을 가지고 X재와 Y재만을 소비하며, 본인의 효용을 극대화하는 소비선택을 한다. 두 재화의 소비량이 각각 X와 Y일 때, 甲의 효용은 $U = X^{\alpha}Y^{\beta}$이다. X재 가격이 Y재 가격의 2배일 경우, 옳지 <u>않은</u> 것은?(단, $\alpha > 0$, $\beta > 0$)

① $\alpha$가 1보다 크다면 X재에 대한 한계효용은 체증한다.

② 효용을 극대화하는 소비선택에서 Y재로 표시한 X재의 한계 대체율은 0.5이다.

③ 소득이 2배로 증가하면 두 재화의 소비량은 모두 2배로 증가한다.

④ $\alpha$와 $\beta$의 크기가 같다면 Y재의 소비량이 X재의 소비량보다 2배 많다.

**07** 호황기와 불황기에 대한 설명으로 옳은 것만을 모두 고르면?

> ㄱ. 호황기에는 GDP 갭이 0이다.
> ㄴ. 호황기에는 물가상승의 압력을 받는 문제가 발생할 수 있다.
> ㄷ. 불황기에는 국내총생산이 장기추세치보다 높다.
> ㄹ. 경기변동의 과정에서 국내총생산과 실업률 사이에는 공행성(co-movement)이 존재한다.

① ㄱ, ㄴ

② ㄱ, ㄷ

③ ㄴ, ㄷ

④ ㄴ, ㄹ

**08** 다음은 한 국민경제의 총수요를 정의한 것이다. ⑤~ⓔ에 대한 설명으로 옳은 것은?

> 총수요 = ⑤ 소비 + ⓛ 투자 + ⓒ 정부지출 + ⓔ 순수출

① ⑤에는 수입 소비재에 대한 지출이 제외된다.

② 당해에 발생한 재고는 ⓛ에 포함되어 국내총생산의 일부가 된다.

③ ⓒ에는 이전지출(transfer payments)이 포함된다.

④ ⓔ은 개방경제에서 0이 될 수 없다.

**09** 재화는 배제성과 경합성의 정도에 따라 사적 재화, 공유자원, 공공재, 클럽재(club goods)로 분류할 수 있다. 다음 재화에 대한 분류를 바르게 연결한 것은?

> ㉠ 막히는 유료도로
> ㉡ 막히지 않는 유료도로
> ㉢ 막히는 무료도로
> ㉣ 막히지 않는 무료도로

| | ㉠ | ㉡ | ㉢ | ㉣ |
|---|---|---|---|---|
| ① | 사적 재화 | 클럽재 | 공유자원 | 공공재 |
| ② | 사적 재화 | 공공재 | 클럽재 | 공유자원 |
| ③ | 사적 재화 | 공유자원 | 클럽재 | 공공재 |
| ④ | 사적 재화 | 클럽재 | 공공재 | 공유자원 |

**10** 완전경쟁시장에서 X재를 생산하는 어느 기업의 고정비용은 18,000원이다. 현재 생산량 수준에서 가변비용은 24,000원, 평균 비용은 10.5원이며, 현재 평균가변비용의 최저점에서 생산하고 있다. 시장가격이 9원일 때, 옳은 것은?

① 이윤극대화를 위해서 이 기업은 생산량을 줄여야 한다.
② 현재의 생산량 수준에서 이 기업의 한계비용은 8원이다.
③ 이 기업은 단기적으로 조업을 중단해야 한다.
④ 현재의 생산량 수준에서 이 기업의 평균가변비용은 6원이다.

**11** 乙은 자신의 저축 1,000만 원과 은행으로부터 대출받은 2,000만 원을 투자하여 사업을 시작하였다. 저축예금 이자율과 대출 이자율이 모두 연 5%로 동일할 경우, 이 사업에 투입된 금융자본의 연간 기회비용은?

① 100만 원
② 150만 원
③ 2,000만 원
④ 3,000만 원

**12** 원유 수입의존도가 높은 A국은 최근 국제유가 상승으로 심각한 경기침체를 경험하였다. 다른 경기변동요인에 변화가 없다면, 이와 같은 현상이 A국의 경제에 미친 영향을 총수요곡선과 총공급 곡선을 이용하여 분석한 것으로 옳은 것은? (단, 총수요곡선은 우하향하고, 총공급곡선은 우상향한다.)

① 국민소득은 증가하고 물가는 하락한다.
② 국민소득은 감소하고 물가는 하락한다.
③ 국민소득은 증가하고 물가는 상승한다.
④ 국민소득은 감소하고 물가는 상승한다.

**13** 국내총생산에 대한 설명으로 옳은 것은?

① 어떤 한 시점에서 측정되는 저량(stock)의 성격을 갖는다.
② 중간재(intermediate goods)의 가치는 국내총생산의 계산에 포함된다.
③ 어떤 나라의 수출품 가격이 하락하면 실질무역손실이 발생하기 때문에 국내총생산은 국내총소득보다 작아진다.
④ 대외수취 요소소득이 대외지급 요소소득보다 클 경우, 국내 총생산은 국민총생산보다 작다.

**14** 어떤 경제에서 솔로우 모형(Solow growth model)의 1인당 생산 함수가 $y=\sqrt{k}$이고, 인구증가와 기술진보가 없다고 한다. 저축률과 감가상각률이 각각 0.3, 0.1일 때 균제상태에서의 1인당 생산량은?(단, y는 1인당 생산량, k는 1인당 자본량이다.)

① 2
② 3
③ 9
④ 16

**15** 오쿤의 법칙(Okun's law)에 따르면, 실업률이 1% 포인트 늘어나면 실질 GDP는 2% 포인트 줄어든다. 희생률(sacrifice ratio)이 5이라면 인플레이션을 2% 포인트 낮출 때 발생하는 경기순환적 실업의 변화는?

① 5% 포인트 감소
② 5% 포인트 증가
③ 10% 포인트 감소
④ 10% 포인트 증가

**16** 우리나라 국제수지표의 경상수지에 포함되지 <u>않는</u> 것은?

① 국내 A은행이 차입한 외화증권 이자로 일본 B은행에 지급한 100만 달러
② 한국 정부가 C국에 무상원조로 제공한 1,000만 달러
③ 국내 해운사가 수출화물 운송 대가로 외국 D기업으로부터 받은 10만 달러
④ 외국 증권투자자가 국내 주식시장에서 매입한 주식 대금 500만 달러

**17** 경기변동에 대한 설명으로 옳지 <u>않은</u> 것은?

① 케인즈학파는 수요감소가 경기후퇴의 원인이며, 경기회복을 위해서 확장적 재정·금융정책이 필요하다고 강조하였다.
② 새케인즈학파는 가격경직성이 수요충격에 따른 산출량의 변동을 증폭시킬 수 있음을 강조하였다.
③ 새고전학파는 단기적 경기변동을 경제주체들의 화폐적 충격과 실물부문의 기술충격에 대한 최적행위와 시장청산의 결과로 설명하였다.
④ 통화주의학파는 경기변동에 대해서 준칙(rule)에 의한 통화 정책보다는 재량(discretion)에 의한 통화정책을 강조하였다.

**18** 정부가 연 소득 2,000만 원까지는 10%의 세금을 부과하고, 추가적인 3,000만 원에 대해서는 20%, 5,000만 원을 초과하는 소득에 대해서는 30%의 세금을 부과한다면, 연 소득 7,000만 원에 대한 평균세율과 한계세율을 바르게 연결한 것은?

| | 평균세율 | 한계세율 |
|---|---|---|
| ① | 20% | 30% |
| ② | 20% | 25% |
| ③ | 30% | 25% |
| ④ | 30% | 30% |

**19** 그림은 甲국과 乙국의 생산 가능 곡선이다. 이에 대한 설명으로 옳은 것은?(단, 양국은 비교우위에 따라 교역을 하며, 교역에 따른 비용은 없다.)

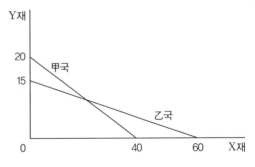

① 교역조건은 Y재 1단위당 X재 2~4단위 사이에서 결정된다.
② 甲국의 경우 X재 1단위를 생산하는 기회비용은 Y재 2단위이다.
③ 甲국은 X재 생산, 乙국은 Y재 생산에 비교우위가 있다.
④ 甲국은 X재 생산, 乙국은 Y재 생산에 절대우위가 있다.

**20** 레온티에프의 역설(Leontief paradox)에 대한 설명으로 옳은 것만을 모두 고르면?

ㄱ. 각국은 비교우위를 가진 재화를 수출한다.
ㄴ. 요소비율이론과 부합하는 실증적 연구이다.
ㄷ. 요소풍부성에 대한 기준을 요소가격이 아닌 요소 부존량으로 보았다.
ㄹ. 헥셔−올린(Heckscher−Ohlin) 이론이 미국의 현실과 부합함을 실증적으로 검증하였다.

① ㄱ, ㄴ
② ㄱ, ㄷ
③ ㄴ, ㄷ
④ ㄴ, ㄹ

# 국가직 9급 경제학

소요시간　　분 | 점수　　점 | 정답 및 해설 174p

**01** 폐쇄 경제하에서의 IS-LM 모형에서 LM곡선은 수평이며 소비함수는 $C=300+0.75Y$이다. 투자와 정부지출은 외생적으로 주어진다. 이때 정부지출을 1조 원 증가시키면 국민소득은 얼마나 증가하는가?(단, Y는 국민소득이다.)

① 1조

② 2조

③ 3조

④ 4조

**02** 어느 기업의 총비용함수가 $TC(Q)=20Q^2-15Q+4500$일 때, 평균비용을 최소화하는 생산량은?(단, Q는 생산량이다.)

① 10

② 15

③ 20

④ 25

**03** A국의 2016년 처분가능소득(disposable income)과 소비가 각각 100만 달러와 70만 달러였다. 2017년에 A국의 처분가능소득과 소비가 각각 101만 달러와 70만 7천 달러로 증가하였다면 A국의 한계저축성향은 얼마인가?

① 0.3

② 0.5

③ 0.7

④ 0.8

**04** 완전경쟁시장에서 이윤을 극대화하는 어느 기업이 현재 단기적으로 300만 원의 경제적 이윤을 얻고 있다. 이 기업에 대한 설명으로 옳은 것은?(단, 이 기업의 한계비용곡선은 U자 형태이다.)

① 장기균형에서도 초과이윤을 얻는 것이 가능하다.

② 현재 단기적으로 한계비용은 평균비용보다 크다.

③ 현재의 생산량을 감소시키면 가격이 상승할 것이다.

④ 현재의 생산량을 증가시키면 평균비용이 감소할 것이다.

**05** 소비자 甲은 X재와 Y재를 소비하고 있다. 甲의 X재에 대한 한계효용은 $\dfrac{1}{Q_X}$이고, Y재에 대한 한계효용은 $\dfrac{1}{Q_Y}$이다. X재의 가격과 Y재의 가격이 각각 0.5 및 2로 주어져 있다. 甲의 소득이 120일 때, 효용을 극대화하는 $Q_X$의 크기는?(단, $Q_X$, $Q_Y$는 각각 X재의 소비량과 Y재의 소비량을 의미한다.)

① 30

② 60

③ 120

④ 240

**06** A국에서는 IS, LM 곡선이 만나는 점 B에서 균형을 이루고 있다. A국 정부가 정부지출을 증가시켰을 때, 총수요에 대한 정부지출 증대 효과에 대한 설명으로 옳지 <u>않은</u> 것은?

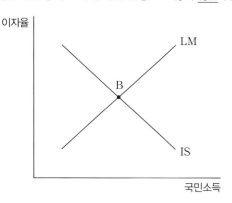

① 정부지출승수가 클수록 정부지출 증대 효과가 커진다.

② 한계소비성향이 클수록 정부지출 증대 효과가 커진다.

③ 투자의 이자율탄력성이 클수록 정부지출 증대 효과가 적어진다.

④ 화폐수요의 이자율탄력성이 클수록 정부시출 증대 효과가 적어진다.

**07** 기업 A는 차별화된 전통주를 독점적으로 생산하여 판매하고 있다. 이 제품에 대한 수요곡선은 $Q_d = -3P + 480$으로 표현된다. 기업 A가 판매수입을 극대화하기 위해 책정해야 하는 전통주 1병당 가격은?(단, P는 만원 단위로 표시된 1병당 가격이다.)

① 50

② 60

③ 70

④ 80

**08** 독점적 경쟁(monopolistic competition) 시장에 대한 설명으로 옳지 <u>않은</u> 것은?

① 장기균형에서 기업의 이윤은 0이 되므로 균형가격은 한계비용과 같게 된다.

② 장기적으로 기업들의 균형산출량은 평균비용이 극소화되는 산출량보다 적다.

③ 각 기업은 자사 제품에 대해 어느 정도의 시장지배력을 가지며, 시장 진입과 퇴출이 자유롭다.

④ 각 기업들은 서로 강한 대체성을 갖지만 완전대체성은 갖지 않는 차별화된 제품을 생산하면서 경쟁한다.

**09** 다음은 A국, B국, C국을 대상으로 지난 10년 기간의 성장회계(growth accounting)를 실시한 결과이다. 이에 대한 설명으로 옳은 것은?

(단위 : %)

| 구분 | 경제성장률 | 자본배분율 | 노동배분율 | 자본 증가율 | 노동 증가율 |
|------|-----------|-----------|-----------|-----------|-----------|
| A국 | 9 | 40 | 60 | 10 | 5 |
| B국 | 7 | 50 | 50 | 4 | 4 |
| C국 | 8 | 50 | 50 | 10 | 4 |

① 경제성장에 대한 자본의 기여도가 가장 큰 국가는 A국이다.

② A국의 경우 노동이나 자본보다 총요소생산성 증가가 경제성장에 가장 큰 기여를 했다.

③ 총요소생산성 증가의 경제성장에 대한 기여도가 가장 큰 국가는 B국이다.

④ C국의 총요소생산성의 경제성장에 대한 기여도는 2%이다.

**10** A국은 무역규제의 일환으로 관세부과나 수입할당제를 고려하고 있다. 이에 대한 설명으로 옳지 <u>않은</u> 것은?

① 관세부과 시 A국 생산자들은 해당 상품을 더 높은 가격에 판매할 수 있다.

② 수입할당제는 가격에 대한 영향 없이 수입량을 줄일 수 있다.

③ 일부 관세는 무역구제(trade remedies)의 목적으로 시행된다.

④ 관세부과는 정부수입을 증가시키나, 수입할당제는 수입 허가서를 보유한 업체의 수입을 증가시킨다.

**11** 실업에 대한 설명으로 옳은 것은?

① 구직 단념자를 실업자로 분류하면 실업률이 더 낮아진다.

② 완전고용실업률하에서 실업률은 항상 0%이다.

③ 경기적 실업과 구조적 실업은 비자발적 실업이고, 마찰적 실업은 자발적 실업에 해당한다.

④ 자연실업률에는 구조적 실업과 경기적 실업이 포함되지 않는다.

**12** 소득 불평등 지표에 대한 설명으로 옳지 <u>않은</u> 것은?

① 십분위분배율의 값이 커질수록 더 평등한 분배 상태를 나타낸다.

② 로렌츠곡선이 대각선과 일치할 경우 지니계수는 0이다.

③ 지니계수가 $\frac{1}{2}$이면 소득분배가 완전히 균등하다.

④ 지니계수의 값이 커질수록 더 불평등한 분배 상태를 나타낸다.

**13** 돼지고기와 닭고기는 서로 대체관계에 있는 재화이다. 돼지고기의 가격이 하락함에 따라 닭고기 시장에서 나타날 현상으로 적절한 것은?

① 균형가격 상승, 균형거래량 증가

② 균형가격 상승, 균형거래량 감소

③ 균형가격 하락, 균형거래량 증가

④ 균형가격 하락, 균형거래량 감소

**14** 다음 A, B, C에 들어갈 내용으로 옳은 것은?

> 구매력평가(purchasing power parity)에 의하면 국내가격(P) = 해외가격($P^*$) × 환율(E)이 성립한다. 이때 환율은 외환의 구매력(A)과 원화의 구매력(B)의 비율, 즉 E = (A)/(B)로 표시된다. 한편 실질환율은 (C)로 정의된다.

① A = $1/P^*$, B = $1/P$, C = $(E \times P)/P^*$

② A = $1/P^*$, B = $1/P$, C = $(E \times P^*)/P$

③ A = $P^*$, B = P, C = $(E \times P)/P^*$

④ A = $P^*$, B = P, C = $(E \times P^*)/P$

**15** 생산함수 Q = f(L, K)에 대해 모든 생산요소를 h배 투입하였을 때 f(hL, hK) < hf(L, K)의 관계가 성립한다. 이 생산함수에 대한 설명으로 옳은 것은?(단, L은 노동, K는 자본이다.)

① 규모에 대한 수익 감소

② 규모에 대한 수익 불변

③ 규모에 대한 수익 증가

④ 한계생산 체감

**16** 동일한 재화를 두 개의 공장에서 생산하는 기업이 있다. 공장 1과 공장 2의 비용함수는 각각 $C_1(Q_1)=6Q_1^2$ 및 $C_2(Q_2)=4Q_2^2$이다. 이 기업이 총 100단위의 재화를 생산할 때, 이윤을 극대화하는 공장 1의 최적 생산량은?(단, $Q_1$은 공장 1의 생산량, $Q_2$는 공장 2의 생산량이다.)

① 20

② 30

③ 40

④ 60

**17** 기업 A와 기업 B가 신제품 개발 참여를 검토하고 있다. 개발에 드는 비용은 기업 A는 50억 원이며 기업 B는 40억 원이라고 알려져 있다. 여기에 정부는 개발에 참여하는 기업에 각 30억 원의 개발비용을 지원한다. 만일 한 기업만 개발에 참여하면 그 기업에 30억 원의 수입이 보장되지만, 두 기업 모두 개발에 참여하면 각각 15억 원씩의 수입이 보장된다. 내쉬균형전략에 의한 기업 A와 기업 B의 선택은?

① 기업 A와 기업 B 모두 개발에 참여한다.

② 기업 A는 개발에 참여하고 기업 B는 참여하지 않는다.

③ 기업 A는 개발에 참여하지 않고 기업 B는 참여한다.

④ 기업 A와 기업 B 모두 개발에 참여하지 않는다.

**18** 중앙은행이 통화정책을 통해 경기를 활성화하고자 한다. 중앙은행의 통화량 확대를 위한 정책에 대한 설명으로 옳지 않은 것은?

① 재할인율을 인하한다.

② 시중은행으로부터 국공채를 매입한다.

③ 지급준비율 정책은 통화승수에, 공개시장 조작은 본원통화 규모에 영향을 미친다.

④ 지급준비율 인하에 따른 통화량 확대 효과는 개인과 기업이 더 많은 현금을 보유하고자 할수록 더 커진다.

**19** 현재(1기)와 미래(2기)로 구성된 2기간 모형을 가정한다. 리카도 대등 정리(Ricardian equivalence theorem)가 성립할 경우, 1기에 발생한 정부 조세의 변화에 대한 설명으로 옳은 것은?(단, 정부 지출은 일정하여 변하지 않는다.)

① 조세가 증가하면, 1기에 민간저축이 줄어든다.

② 조세가 감소하면, 1기에 민간저축이 줄어든다.

③ 조세가 감소하면, 1기에 민간소비가 늘어난다.

④ 조세가 증가하면, 1기에 민간소비가 줄어든다.

**20** X재 시장의 공급곡선은 우상향하는 직선이고 수요곡선은 우하향하는 직선이다. 현재 X재의 균형가격과 균형수량은 각각 100원 및 1,000개이다. 정부가 개당 10원의 세금을 부과하여 소비자가 지불하는 가격이 106원으로 상승하고 균형수량이 900개로 감소하였다면, 세금부과로 인한 경제적 순손실(deadweight loss)은?

① 200

② 300

③ 500

④ 1,000

# 국가직 9급 경제학

소요시간 　분 | 점수 　점 | 정답 및 해설 179p

**01** "화폐는 중립적이다"라는 명제에 대한 설명으로 옳은 것은?

① 화폐공급량을 증가시키면 명목소득의 변화가 없다.

② 화폐공급량을 증가시키면 물가가 상승한다.

③ 화폐공급량을 증가시키면 실질소득의 변화가 생긴다.

④ 화폐공급량을 증가시켜도 실질소득과 명목소득 모두 변화가 없다.

**02** 다음 화폐의 기능에 대한 설명이 옳게 짝지어진 것은?

> (가) 욕망의 상호일치(double coincidence of wants)를 위해 아까운 시간과 노력을 써야 할 필요가 없어진다.
> (나) 한 시점에서 다른 시점까지 구매력을 보관해 준다.

| | (가) | (나) |
|---|---|---|
| ① | 교환의 매개수단 | 가치의 저장수단 |
| ② | 교환의 매개수단 | 회계의 단위 |
| ③ | 가치의 저장수단 | 교환의 매개수단 |
| ④ | 가치의 저장수단 | 회계의 단위 |

**03** 다음 실업 유형에 대한 설명으로 옳지 <u>않은</u> 것은?

> 근로자들이 마음에 드는 일자리를 얻기 위해 옮겨 다니는 과정에서 발생하는 실업

① 완전 고용 상태에서도 이러한 실업은 나타난다.

② 산업구조 재편 등 경제구조의 변화가 이러한 실업을 늘린다.

③ 일반적으로 실업 보험 급여는 이러한 실업을 늘린다.

④ 정부의 실직자 재훈련 및 직장 알선 노력 등으로 이러한 실업은 줄어들 수 있다.

**04** 다음 설명에 부합하는 GDP의 변화로 옳게 짝지어진 것은?

> (가) 기업 A는 기존의 기술을 이용하여 제품을 생산해 오다가, 대기 오염물질을 적게 배출하는 새로운 기술로 바꾸었다. 그 결과 생산된 제품의 양은 같은데 대기 오염 물질의 배출량은 절반 이하로 줄었다.
> (나) 주부 B는 자신의 아이를 직접 돌봐 왔는데, 육아가 너무 힘이 들어 보모를 고용하고 임금을 지불하기 시작하였다. 보모는 이를 소득으로 인식하여 세금을 신고하였다.

| | (가) | (나) |
|---|---|---|
| ① | GDP는 변함이 없다. | GDP는 증가한다. |
| ② | GDP는 변함이 없다. | GDP는 감소한다. |
| ③ | GDP는 증가한다. | GDP는 증가한다. |
| ④ | GDP는 증가한다. | GDP는 감소한다. |

안심Touch

**05** A국은 경쟁시장인 주택시장에서 결정된 높은 임대료를 규제하기 위해 가격상한제를 시행하고자 한다. 이 경우 단기와 장기 관점에서의 설명으로 옳은 것은?

① 주택물량 부족 규모는 단기적으로 크고 장기적으로도 크다.

② 주택물량 부족 규모는 단기적으로 작으나 장기적으로는 크다.

③ 주택물량 과잉 규모는 단기적으로 크고 장기적으로도 크다.

④ 주택물량 과잉 규모는 단기적으로 작으나 장기적으로는 크다.

**06** 다음은 비합리적 소비에 대한 설명이다. ㉠과 ㉡에 들어갈 효과를 바르게 연결한 것은?

> 고가품일수록 과시욕에 따른 수요가 증가하는 ( ㉠ ) 효과는 가격에 직접 영향을 받고, 보통사람과 자신을 차별하고 싶은 욕망으로 나타나는 ( ㉡ ) 효과는 가격이 아닌 다른 사람의 소비에 직접 영향을 받는다.

|  | ㉠ | ㉡ |
|---|---|---|
| ① | 밴드왜건(bandwagon) | 베블렌(Veblen) |
| ② | 밴드왜건(bandwagon) | 스놉(snob) |
| ③ | 베블렌(Veblen) | 스놉(snob) |
| ④ | 스놉(snob) | 밴드왜건(bandwagon) |

**07** 위험자산 K의 기대수익률과 표준편차는 각각 24%와 28%이고, 무위험자산 F의 수익률은 4%이다. 이 두 가지 자산으로 구성된 포트폴리오 P의 기대수익률이 15%라면, 포트폴리오 P의 수익률의 표준편차는?

① 14.0%

② 15.4%

③ 16.8%

④ 18.2%

**08** 다음 그림은 소비자 甲의 예산선 및 무차별곡선을 나타내고 있다. 이 그림에 대한 설명으로 옳지 <u>않은</u> 것은?(단, 한계대체율을 $\dfrac{-\Delta Y}{\Delta X}$ 로 정의한다.)

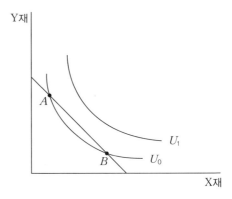

① 한계대체율은 A점이 B점보다 크다.

② 무차별곡선 $U_0$에서의 상품묶음이 무차별곡선 $U_1$에서의 어떤 상품묶음보다도 효용이 작다.

③ 소비자 甲이 B점에서 소비하는 경우, 효용을 극대화하기 위해서는 X재의 소비를 감소시키고 Y재의 소비를 증가시켜야 한다.

④ A점에서 X재의 1원당 한계효용은 Y재의 1원당 한계효용보다 작다.

**09** 변동환율제도와 고정환율제도에 대한 설명으로 옳은 것만을 모두 고른 것은?

> ㄱ. 변동환율제도와 고정환율제도 모두에 있어서 외환시장의 수급상황이 국내통화량에 영향을 미치지 못한다.
>
> ㄴ. 고정환율제도하에서 통화정책보다는 재정정책이 더 효과적이다.
>
> ㄷ. 변동환율제도하에서 자국의 경기안정화를 위한 독립적인 통화정책이 가능하다.

① ㄱ

② ㄴ

③ ㄱ, ㄷ

④ ㄴ, ㄷ

**10** 내생적 성장 모형을 중심으로 하는 신성장이론의 대표 모형인 AK 모형에 대한 설명으로 옳지 <u>않은</u> 것은?

① 저소득 국가의 경제성장률은 고소득 국가의 경제성장률 보다 높기 때문에 저소득 국가의 경제성장률은 고소득 국가의 경제성장률에 수렴하게 된다.

② 저축률의 상승이 영구적으로 경제성장률을 높일 수 있다.

③ 노동단위당 자본에 대하여 수확체감의 법칙이 성립하지 않는다.

④ 자본의 개념에 물적자본 외에 인적자본을 포함한다.

**11** 관세부과에 따른 경제적 효과에 해당하지 <u>않는</u> 것은?

① 국내생산 증가 효과

② 재정수입 증가 효과

③ 사회후생 증가 효과

④ 국제수지 개선 효과

**12** 다음 표는 A국의 명목 GDP와 GDP 디플레이터를 나타낸 것이다. 실질 GDP가 가장 큰 연도와 가장 작은 연도가 옳게 짝지어진 것은?

| 연도 | 명목 GDP(단위 : 억 원) | GDP 디플레이터 |
|---|---|---|
| 2010 | 5,000 | 100 |
| 2011 | 5,200 | 105 |
| 2012 | 5,600 | 110 |

| | 실질 GDP가 가장 큰 연도 | 실질 GDP가 가장 적은 연도 |
|---|---|---|
| ① | 2012년도 | 2011년도 |
| ② | 2012년도 | 2010년도 |
| ③ | 2011년도 | 2010년도 |
| ④ | 2010년도 | 2011년도 |

**13** 소비자 甲은 주어진 소득하에서 효용을 극대화하는 상품묶음을 선택한다. 모든 상품의 가격이 3배 오르고, 소비자 甲의 소득도 3배 늘었을 때 예상할 수 있는 결과는?

① 정상재의 소비만 증가한다.

② 모든 상품에 대한 수요가 증가한다.

③ 모든 상품에 대한 수요가 감소한다.

④ 기존에 소비하던 상품의 수요는 불변이다.

**14** 어떤 지역에서 독점적으로 영화관을 운영하는 기업은 영화관 이용자를 A와 B 두 집단으로 나눌 수 있다고 가정할 때, 다음 설명으로 옳지 <u>않은</u> 것은?(단, 이 기업이 영화를 제공하는 데 들어가는 한계비용은 10이고, A집단과 B집단의 수요함수는 각각 $Q_A = 10 - \frac{1}{2}P_A$와 $Q_B = 14 - P_B$이다.)

① 영화관 이용자는 두 집단으로 구분될 수 있고, 이용자 간의 거래가 불가능해야만 가격차별이 가능하다.

② 독점기업은 A집단에게는 낮은 가격으로, B집단에게는 높은 가격으로 가격차별을 할 수 있다.

③ 독점기업은 가격차별을 통해 이윤을 증가시킬 수 있다.

④ A와 B 두 집단 각각에 대해 독점기업의 한계수입이 10일 때 이윤이 극대화된다.

**15** 다음 그림은 장단기 총공급곡선과 장단기 필립스곡선을 나타낸 것이다. 현재 경제가 'C'점과 '3'점에서 균형을 이루고 있다고 하자. 예상하지 못한 화폐공급의 감소로 총수요곡선이 이동하였을 때, 새로운 단기 균형점으로 적절한 것은?

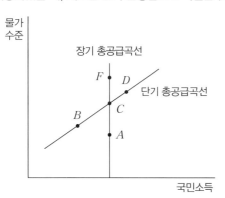

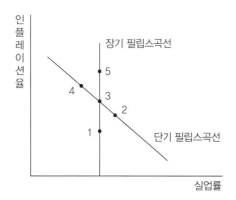

① B와 1
② B와 2
③ D와 2
④ D와 4

**16** 국민소득, 소비, 투자, 정부지출, 순수출, 조세를 각각 Y, C, I, G, NX, T라 표현하자. 국민경제의 균형이 다음과 같이 결정될 때, 균형재정승수(balanced budget multiplier)는?

- $C = 100 + 0.8(Y-T)$
- $Y = C + I + G + NX$

① 0.8
② 1
③ 4
④ 5

**17** 완전경쟁시장에서 X재의 수요곡선은 우하향하고 공급곡선은 우상향한다고 하자. 정부는 X재 1단위당 t만큼의 물품세를 부과하고, X재의 공급자는 그 세금을 납부하고 있다. 정부의 세제 개편으로 X재에 부과되던 물품세가 감소했을 때 나타나는 현상에 대한 설명으로 옳은 것은?

① 소비자가 지불하는 가격이 낮아지고 거래량이 증가한다.
② 소비자가 지불하는 가격이 높아지고 거래량이 증가한다.
③ 공급자가 세제개편 후에 받는 가격이 높아지고 거래량이 감소한다.
④ 공급자가 세제개편 후에 받는 가격이 낮아지고 거래량이 감소한다.

**18** IS-LM 모형에서 재정정책과 통화정책에 대한 설명으로 옳은 것은?

① LM 곡선이 수직선일 때, 재정정책은 통화정책보다 더 효과적이다.
② IS 곡선의 기울기가 가파를수록 재정정책으로 인한 국민소득의 증가폭이 작아진다.
③ LM 곡선의 기울기가 가파를수록 재정정책으로 인한 국민 소득의 증가폭이 작아진다.
④ 유동성함정에서는 통화정책이 재정정책보다 더 효과적이다.

**19** 정상적인 수요곡선과 공급곡선하에서 일반적으로 조세는 경제적 비용을 유발한다. 이러한 현상에 대한 설명으로 옳지 않은 것은?

① 주어진 수요곡선하에서 공급의 가격탄력성이 비탄력적일수록 세금 부과에 의한 경제적 순손실은 작다.

② 주어진 공급곡선하에서 수요의 가격탄력성이 비탄력적일수록 세금 부과에 의한 경제적 순손실은 작다.

③ 세금이 부과되면 거래량이 감소하고 소비자잉여와 생산자잉여가 감소한다.

④ 세금이 부과되면 소비자잉여의 감소분과 생산자잉여의 감소분의 합은 정부의 조세수입과 같아지게 된다.

**20** 국제무역에서 립진스키의 정리(Rybczynski Theorem)에 대한 설명으로 옳은 것은?

① 한 국가는 그 나라에 상대적으로 풍부하게 부존되어 있는 요소를 집약적으로 사용하는 재화에 비교우위를 갖게 되어 그 재화를 수출하고 다른 재화를 수입하게 된다.

② 국제무역은 국가 간에 생산요소의 직접적인 이동이 없이도 국가 간에 요소가격의 균등화를 가져올 수 있다.

③ 어떤 재화의 가격상승은 그 재화를 생산하는 데 집약적으로 사용된 생산요소의 실질가격을 증가시키고 다른 생산요소의 실질가격을 하락시킨다.

④ 어떤 생산요소의 부존량이 증가하게 되면 그 생산요소를 집약적으로 사용하는 재화의 절대생산량은 증가하고 다른 재화의 절대생산량은 감소한다.

할 수 있다고 믿는 사람은 그렇게 되고,
할 수 없다고 믿는 사람 역시 그렇게 된다.

-샤를 드골(Charles de Gaulle)-

# 부록

## 빈출계산문제 50선

---

빈출계산문제 50선

## 01 미시경제학 - 합리적 선택

200만 원을 가진 갑은 다음 A, B프로젝트 중 B프로젝트에 투자하기로 하였다. 갑의 선택이 이기 위한 B프로젝트 연간 예상 수익률의 최저 수준으로 가장 적절한 것은?(단, 각 프로젝트의 기간은 1년이다.)

- A프로젝트는 200만 원의 투자 자금이 소요되고, 연 9.0%의 수익률이 예상된다.
- B프로젝트는 400만 원의 투자 자금이 소요되고, 부족한 돈은 연 5.0%의 금리로 대출받을 수 있다.

① 8.1%
② 7.1%
③ 6.1%
④ 5.1%

**정답** ②

[정답의 이유]

갑의 선택이 합리적이기 위해서는 B프로젝트를 선택함으로써 갑이 얻는 편익이 기회비용(명시적 비용+암묵적 비용)보다 커야 한다. 갑이 A프로젝트를 선택했다면 200만 원의 9%인 18만 원의 수익을 얻을 수 있었다(암묵적 비용). 그러나 B프로젝트를 선택함으로써 200만 원의 부족한 투자 사금을 대출해야 하고, 이에 대한 연 5%의 이자 10만 원을 지불해야 한다(명시적 비용). 따라서 갑의 선택이 합리적이기 위해서는 B프로젝트에서 28만 원 이상의 수익을 올려야 한다. 따라서 수익률은 28만 원÷400만 원×100＝7% 이상이어야 한다.

**합격생의 포인트**

합리적 선택을 위한 조건은 편익이 기회비용보다 커야 한다는 것임을 알아야 하는 문제입니다. 경제학의 기초적인 내용이지만 제대로 공부하지 않았다면 쉽지 않았을 문제이므로, 반드시 학습하고 넘어가시길 바랍니다.

## 02 미시경제학 - 기회비용 1

표는 ○○국 경제에서 부존자원과 생산 기술을 이용하여 생산할 수 있는 자전거와 오토바이의 최대 생산량 조합을 나타낸 것이다. 이에 대한 설명으로 가장 옳은 것은?

(단위 : 대)

| 최대 생산량 조합 | A | B | C | D | E |
|---|---|---|---|---|---|
| 자전거 | 100 | 80 | 60 | 35 | 10 |
| 오토바이 | 1 | 2 | 3 | 4 | 5 |

① 오토바이 3대와 자전거 50대 생산은 불가능하다.
② B에서 C로 이동할 때, 오토바이 1대의 추가 생산에 따른 기회비용은 자전거 60대이다.
③ 자전거의 생산량을 늘려감에 따라, 자전거 생산의 기회비용은 점차 감소한다.
④ 생산량 조합이 B에서 C보다 C에서 D로 변할 때, 오토바이 생산의 기회비용은 증가한다.

**정답** ④

[정답의 이유]

④ 생산량 조합이 B에서 C로 변할 때 기회비용은 자전거 20대이고, C에서 D로 변할 때 기회비용은 자전거 25대로 오토바이 생산의 기회비용은 증가한다.

[오답의 이유]

① 최대 오토바이 3대와 자전거 60대를 생산할 수 있으므로 오토바이 3대와 자전거 50대 생산은 가능하다.
② B에서 C로 이동할 때, 오토바이 1대의 추가 생산에 따른 기회비용은 자전거 20대이다.
③ D점에서 C점으로 변화할 때 자전거 생산의 기회비용은 오토바이 1/25대이고 C점에서 B점으로 변화할 때 자전거 생산의 기회비용은 오토바이 1/20대이므로 자전거의 생산량을 늘려감에 따라, 자전거 생산의 기회비용은 증가한다.

**합격생의 포인트**

경제학을 처음 공부할 때부터 배우는 내용이 바로 기회비용입니다. 그만큼 경제학의 기본 베이스라고 할 수 있는데, 이에 대한 문제도 빈출 문제이므로, 확실하게 공부하고 넘어가야 합니다. 기회비용은 후에 비교우위를 구할 때도 사용하므로, 반드시 익혀두셔야 합니다.

<table>
<tr><td>**03**</td><td>**미시경제학 - 기회비용 2**</td></tr>
</table>

**다음 자료에 대한 분석으로 옳은 것은?**

- A와 B의 가처분 소득은 각각 40만 원씩이다.
- A와 B는 가처분 소득 전부를 고급 레스토랑 외식 또는 뮤지컬 관람에 소비한다.
- 고급 레스토랑 외식은 1회에 10만 원, 뮤지컬 관람은 1회에 20만 원이다.

〈소비량에 따른 총 만족감의 크기〉

| 구분 | | 고급 레스토랑 외식 | | | | 뮤지컬 관람 | |
|------|---|---|---|---|---|---|---|
| | | 1회 | 2회 | 3회 | 4회 | 1회 | 2회 |
| 총 만족감 | A | 8 | 16 | 23 | 29 | 25 | 45 |
| | B | 10 | 19 | 27 | 33 | 28 | 31 |

① B의 경우 가처분 소득 전부로 고급 레스토랑 외식만 하는 것이 총 만족감이 가장 크다.
② 뮤지컬 관람 횟수를 1회에서 2회로 늘릴 때 총 만족감의 증가는 B가 A보다 크다.
③ 고급 레스토랑에서 1회 외식할 때의 비용이 증가하면 뮤지컬을 1회 관람할 때의 기회비용도 증가한다.
④ A의 합리적 선택은 뮤지컬 관람만 하는 것이다.

정답 ④

정답의 이유
④ A는 뮤지컬 관람만을 2회 할 때 총 만족감이 45로 극대화되므로 옳은 설명이다.

오답의 이유
① B의 경우 가처분 소득 전부로 고급 레스토랑 외식만 할 경우 총 만족감은 33이다. 40만 원으로 뮤지컬 관람 1회와 외식을 2회 할 경우는 총 만족감은 37이 되므로 틀린 설명이다.
② 뮤지컬 관람 횟수를 1회에서 2회로 늘릴 때 A는 20, B는 13으로 총 만족감의 증가는 A가 더 크다. 따라서 틀린 설명이다.
③ 현재 외식 비용은 1회에 10만 원, 뮤지컬 관람은 20만 원이다. 즉, 외식 1회를 위해 포기해야 하는 뮤지컬 관람 비용을 나타내는 기회비용이 2배만큼 큰 상황이다. 만약에 1회 외식 비용이 10만 원이 아니라 15만 원, 20만 원 같이 증가한다면 그만큼 뮤지컬 관람을 포기하게 되는 기회비용은 작아지게 된다.

**합격생의 포인트**

다양한 형태로 출제가 가능한 기회비용 문제 연습을 위해 수록했습니다. 기본적인 내용이므로, 이 내용을 확실하게 체득한 후 고난도 문제로 넘어가야 합니다.

## 04 미시경제학 - 수요·공급이론 1

**다음에서 설명하고 있는 소형 주택 시장에 생긴 변화를 적절하게 분석한 것은?**

> 갑국에서는 소형 주택에 대한 선호가 높아져서 소형 주택 가격이 상승하였고, 이와 같은 소형 주택의 가격 상승에 따라 건설사들은 공급량을 늘리고 있다.

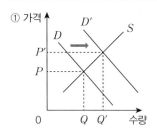

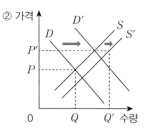

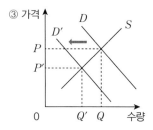

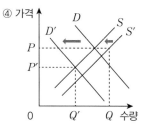

**정답** ①

[정답의 이유]

갑국에서 소형 주택에 대한 선호가 높아졌다고 하였으므로 소형 주택에 대한 수요가 증가할 것이다. 수요가 증가할 경우 수요 곡선은 오른쪽으로 이동한다. 수요가 증가하고 공급이 불변일 때 균형 가격은 상승(P → P')하고, 균형 거래량은 증가(Q → Q')한다.

소형 주택 시장에 생긴 변화는 수요의 증가이다. 수요의 증가로 인한 소형 주택의 가격 상승에 따라 건설사(생산자)들은 공급량을 증가시키고, 수요자들은 수요량을 감소시킬 것이므로 수요량과 공급량이 일치하는 새로운 균형이 달성된다.

**합격생의 포인트**

선택지 ②의 경우와 같이 소형 주택의 가격 상승에 따른 공급량의 증가를 공급의 증가로 해석하지 않도록 주의해야 합니다. 공급량은 해당 재화의 가격 변동에 따라 공급량이 변동하는 것이고, 공급은 해당 재화의 가격 변동 이외의 다른 요인으로 변동하는 것임을 충분히 이해하셔야 합니다.

## 05 미시경제학 - 수요·공급이론 2

어떤 재화에 대한 시장수요함수가 $P=80-12Q$로 주어진다. 그리고 이 시장의 수요자는 모두 동일한 개별수요함수를 갖는다. 이 경우 시장 내 수요자의 수가 2배로 된다면 새로운 시장수요함수는?

① $P=160-24Q$

② $P=160-12Q$

③ $P=80-24Q$

④ $P=80-6Q$

정답 ④

정답의 이유

시장의 수요량은 개별 시장참가자들의 수요량의 수평 합이다. 수요량을 더할 때는 Q에 대해 정리한 후 더한다.

$P=80-12Q$

$Q=\dfrac{80-P}{12}$

시장 내 수요자의 수가 2배가 된다면,

$2Q=\dfrac{80-P}{6}$

이를 다시 P로 정리하면, $P=80-6Q$가 된다.

합격생의 포인트

수요가 증가했을 때 수요함수의 변화를 묻는 문제 역시 빈출 문제입니다. 위 계산 결과를 통해서도 알 수 있듯이 $P=a-bQ$인 시장의 수요가 n배 증가한 경우 시장수요함수는 $P=a-\dfrac{b}{n}Q$가 됩니다. 이를 알고 있었다면 쉽게 해결할 수 있는 문제이니 반드시 암기해두시기 바랍니다.

## 06 미시경제학 - 시장균형 1

메모리 반도체 시장의 수요 함수가 $Q_D = 3{,}200 - 250P$이고, 공급 함수가 $Q_S = 1{,}600 + 150P$이라고 할 때 균형거래량(Q)과 가격(P)을 각각 구하면?

① $Q = 2{,}200$, $P = 2$

② $Q = 1{,}600$, $P = 4$

③ $Q = 2{,}200$, $P = 4$

④ $Q = 1{,}600$, $P = 2$

정답 ③

정답의 이유

시장의 균형에서 수요와 공급은 일치하므로 $Q_D = Q_S$가 성립한다.

• 균형가격(P)

균형에서 수요량과 공급량이 같으므로,

$Q_D = Q_S$에서

$3{,}200 - 250P = 1{,}600 + 150P$

$400P = 1{,}600$

$P = 4$

따라서 균형가격(P)은 4이다.

• 균형거래량(Q)

$P = 4$이므로,

$Q_D = 3{,}200 - 250P$에서

$3{,}200 - (250 \times 4) = 2{,}200$

$Q_S = 1{,}600 + 150P$에서

$1{,}600 + (150 \times 4) = 2{,}200$

따라서 균형거래량(Q)은 2,200이다.

### 합격생의 포인트

물론 실제 시험에서는 이보다 훨씬 난도가 높은 문항이 출제됩니다. 다만 이러한 기본 계산 문제를 확실히 이해하고 있어야 이어질 고난도 문제에도 대처할 수 있으므로, 쉽다고만 생각하지 마시고, 차근차근 베이스부터 쌓아나가시길 바랍니다.

## 07 미시경제학 - 시장균형 2

다음은 X재와 Y재 시장에서 각 재화의 가격에 대한 수요량과 공급량을 나타낸 것이다. 두 재화의 주어진 가격하에서 X재와 Y재의 수요량이 각각 200개 증가할 때, 각 재화 시장에 일어나는 균형 변화에 대한 설명으로 옳은 것은?

| 재화(개) | 가격(원) | 80 | 90 | 100 | 110 | 120 |
|---|---|---|---|---|---|---|
| X재 | 수요량 | 800 | 700 | 600 | 500 | 400 |
| | 공급량 | 400 | 500 | 600 | 700 | 800 |
| Y재 | 수요량 | 800 | 700 | 600 | 500 | 400 |
| | 공급량 | 600 | 600 | 600 | 600 | 600 |

① Y재의 균형 가격이 X재의 균형 가격보다 높아진다.
② X재와 달리 Y재의 균형 거래량은 증가한다.
③ Y재의 판매 수입이 X재의 판매 수입보다 많아진다.
④ 각 재화의 균형 가격 상승률과 판매 수입 증가율은 동일하다.

---

정답 ①

정답의 이유

X재와 Y재의 수요량이 각각 200개 증가할 경우, 각 재화 시장의 변화는 다음과 같이 나타낼 수 있다.

| 재화(개) | 가격(원) | 80 | 90 | 100 | 110 | 120 |
|---|---|---|---|---|---|---|
| X재 | 기존 수요량 | 800 | 700 | 600 | 500 | 400 |
| | 200개 증가 | 1,000 | 900 | 800 | 700 | 600 |
| | 공급량 | 400 | 500 | 600 | 700 | 800 |
| Y재 | 기존 수요량 | 800 | 700 | 600 | 500 | 400 |
| | 200개 증가 | 1,000 | 900 | 800 | 700 | 600 |
| | 공급량 | 600 | 600 | 600 | 600 | 600 |

① 수요량이 200개 증가할 경우 X재의 균형 가격은 110원, Y재의 균형 가격은 120원으로 Y재의 균형 가격이 X재의 균형 가격보다 높아진다.

오답의 이유

② X재의 경우 균형 거래량은 600개에서 700개로 증가하지만, Y재의 균형 거래량은 여전히 600개로 불변이다.
③ 수요량이 200개 증가할 경우 X재의 판매 수입은 77,000원(110원×700개)이고 Y재의 판매 수입은 72,000원(120원×600개)이므로, Y재의 판매 수입이 X재의 판매 수입보다 감소한다.
④ 균형 가격 상승률과 판매 수입 증가율이 동일하려면 거래량이 계속 동일해야 한다. Y재는 거래량이 600개로 동일하므로 가격 상승률과 판매 수입 증가율이 동일하지만 X재는 거래량이 바뀌었으므로 가격 상승률과 판매 수입 증가율이 동일하지 않다.

합격생의 포인트

앞선 시장균형 관련 문제보다 한 단계 더 어려운 문제입니다. 이렇듯 기초부터 차근차근 쌓아가면서 점차 고난도의 문제를 풀 수 있어야 관련 내용으로 어떠한 문제가 출제되더라도 풀 수 있는 능력이 생깁니다.

## 08 미시경제학 - 탄력성 1

다음 표는 A~D재의 가격이 현재 수준에서 1% 인상될 경우 수요량의 변화율을 나타낸다. 이에 대한 분석으로 옳은 것은?

| 재화 | A재 | B재 | C재 | D재 |
|---|---|---|---|---|
| 수요량 변화율 (%) | −0.5 | 0 | −1 | 1 |

① A재의 수요는 가격에 대해 탄력적이다.

② B재의 판매량이 변하지 않는다.

③ C재의 수요는 가격에 대해 완전 탄력적이다.

④ D재는 판매 수입이 변하지 않는다.

---

**정답** ②

[정답의 이유]

수요의 가격탄력성의 공식은 '|수요량의 변동률(%) ÷ 가격의 변동률(%)|'이다. 각 재화를 분석한 결과는 다음과 같다.

| 구분 | 가격 변동률 | 수요량 변동률 | 계산 | 수요의 가격탄력성 |
|---|---|---|---|---|
| A재 | +1% | −0.5% | $\|-0.5 \div 1\|$ $=0.5$ | 비탄력적 |
| B재 | +1% | 0% | $\|0 \div 1\| = 0$ | 완전 비탄력적 |
| C재 | +1% | −1% | $\|-1 \div 1\| = 1$ | 단위 탄력적 |

② B재의 수요는 가격에 대해 완전 비탄력적이다. B재는 가격이 상승해도 수요량이 변화하지 않으므로, B재의 판매량은 변하지 않는다.

[오답의 이유]

① A재의 수요는 가격에 대해 비탄력적이다.

③ C재의 수요는 가격에 대해 단위 탄력적이다.

④ D재는 가격과 수요량이 정(+)의 관계에 있으므로 수요 법칙이 적용되지 않는 재화이다. D재는 가격이 상승할 때 수요량이 증가하므로 판매 수입이 증가한다.

**합격생의 포인트**

탄력성에 관한 문제는 빈출되는 문제입니다. 여기서는 가장 기초적인 문제를 수록했는데, 이에 대한 이해를 바탕으로 충분한 연습을 통해 완벽하게 체화시켜 두어야 합니다.

## 09 미시경제학 - 탄력성 2

**다음 자료에 대한 분석으로 가장 옳은 것은?**

> 서울항공은 A 집단과 B 집단에 대해 항공기 탑승권의 현재 가격을 기준으로 가격 변동에 따른 탑승객 수의 변동을 조사하였더니 다음과 같은 결과가 나타났다(단, 탑승권의 현재 가격은 100만 원이며, 가격 외에 다른 변수는 고려하지 않는다).

| 가격 변동 | 수요량 변동 | | | |
| --- | --- | --- | --- | --- |
| | A 집단 | | B 집단 | |
| | 변동 전 | 변동 후 | 변동 전 | 변동 후 |
| 10만 원 하락 | 10만 명 | 15만 명 | 10만 명 | 10만 5천 명 |
| 10만 원 상승 | 10만 명 | 5만 명 | 10만 명 | 9만 5천 명 |

① A 집단은 수요의 가격 탄력성이 1보다 작다.

② A 집단은 가격 변동률보다 판매 수입 변동률이 작다.

③ B 집단은 가격 변동 방향과 판매 수입 변동 방향이 일치한다.

④ 판매 수입 증대를 위해서 A 집단에 대해서는 가격 인상, B 집단에 대해서는 가격 인하를 할 것이다.

---

**정답** ③

**정답의 이유**

탑승권의 현재 가격이 100만 원인 상황이다. A 집단은 가격이 10만 원(10%) 변동할 때 수요량은 5만 명씩(50%) 변동하므로, 수요의 가격 탄력성은 5로 탄력적인 수요를 보인다. B 집단은 가격이 10만 원(10%) 변동할 때 수요량은 5천 명씩(5%) 변동하므로, 수요의 가격 탄력성은 0.5로 비탄력적인 수요를 보인다.

③ B 집단은 가격이 10% 변동할 때 수요량은 5%씩 변동하므로 비탄력적이다. 다시 말해, 가격이 변동해도 수요량의 변동 폭이 크지 않다는 것을 나타낸다. 가격을 올릴 경우는 총판매 수입이 증가하고, 가격을 내릴 경우는 총판매 수입이 감소하므로 변동 방향이 일치한다.

**오답의 이유**

① A 집단의 수요의 가격 탄력성은 5이므로 틀린 설명이다.

② A 집단의 경우 가격 변동이 없는 100만 원에서는 수요량이 10만 명이므로 총판매 수입은 1,000억이다. 가격이 90만 원으로 10% 변동할 경우 수요량은 15만 명으로 변동하고 이에 따라 총판매 수입은 1,350억으로 수입 변동률(35%)이 가격 변동률보다 훨씬 크다는 것을 알 수 있다.

④ A 집단은 탄력적 수요를 보이므로 총판매 수입 증대를 위해 가격을 인하해야 한다. B 집단은 비탄력적 수요를 보이므로 총판매 수입 증대를 위해 가격을 인상해야 한다.

**합격생의 포인트**

> 탄력성에 관한 문제는 매년 출제되다시피 하므로, 확실하게 이해하고 있어야 합니다. 관련 문제를 많이 풀어보고 익힌다면 시험장에서는 어렵지 않게 정답을 도출하실 수 있을 것입니다.

## 10 미시경제학 - 탄력성 3

○○기업이 생산하는 재화의 절반은 수요의 가격탄력성이 3인 소비자 10,000명이 구입하고, 나머지 절반은 수요의 가격탄력성이 6인 소비자 20,000명이 구입한다고 할 때, 해당 재화의 수요의 가격탄력성은?

① 4

② 4.5

③ 5

④ 5.5

**정답** ②

정답의 이유

재화가 두 시장으로 나뉘어 판매되는 경우 해당 재화의 수요의 가격탄력성은 수요자의 비율이 아닌 판매수량의 비율로 가중평균하여 구한다.

수요의 가격탄력성이 3인 시장을 A, 6인 시장을 B라고 할 때, $Q = Q_A + Q_B$가 성립한다.

두 시장이 존재하는 재화의 수요의 가격탄력성

$$= -\frac{\Delta Q}{\Delta P} \times \frac{P}{Q} = -\frac{\Delta(Q_A + Q_B)}{\Delta P} \times \frac{P}{Q_A + Q_B}$$

$$= -\frac{\Delta Q_A}{\Delta P} \times \frac{P}{(Q_A + Q_B)} - \frac{\Delta Q_B}{\Delta P} \times \frac{P}{(Q_A + Q_B)}$$

$$= \frac{\Delta Q_A}{\Delta P} \times \frac{P}{Q_A} \times \frac{Q_A}{Q_A + Q_B} - \frac{\Delta Q_B}{\Delta P} \times \frac{P}{Q_B} \times \frac{Q_B}{Q_A + Q_B}$$

$$= 3 \times \frac{1}{2} + 6 \times \frac{1}{2} = 4.5$$

**합격생의 포인트**

경제학 시험에서 탄력성이 어렵게 출제된다면 이 정도 수준이지 않을까 싶습니다. 해당 문항의 경우 이론에 대한 완벽한 이해가 전제되어야 하기 때문에 이론을 확실하게 이해한 상태에서 이러한 유형의 문제를 풀어봐야 합니다.

## 11 미시경제학 - 소비자잉여와 생산자잉여 1

완전경쟁시장의 수요함수와 공급함수가 다음과 같을 때, 소비자잉여와 생산자잉여를 옳게 짝지은 것은?(단, $Q_D$는 수요량, $Q_S$는 공급량, P는 가격을 나타낸다.)

> • 시장수요함수 : $Q_D = 200 - 5P$
> • 시장공급함수 : $Q_S = -100 + 5P$

| | 소비자잉여 | 생산자잉여 |
|---|---|---|
| ① | 250 | 250 |
| ② | 250 | 500 |
| ③ | 500 | 250 |
| ④ | 500 | 500 |

정답의 이유

ⅰ) 수요곡선과 공급곡선이 일치하는 지점이 균형가격과 균형거래량이다. 시장의 균형에서 수요와 공급은 일치하므로 $Q_D = Q_S$가 성립한다.
   • 균형가격(P)
     균형에서 수요량과 공급량이 같으므로($Q_D = Q_S$),
     $200 - 5P = -100 + 5P$
     $10P = 300$, $P = 30$
     따라서 균형가격(P)은 30이다.
   • 균형거래량(Q)
     P=30이므로,
     $Q_D = 200 - (5 \times 30) = 50$
     $Q_S = -100 + (5 \times 30) = 50$
     따라서 균형거래량(Q)은 50이다.

ⅱ) 수요곡선과 공급곡선의 함수를 통해 그래프를 그려 소비자잉여와 생산자잉여를 구할 수 있다.
   • 소비자잉여 = $250(50 \times 10 \times 1/2)$
   • 생산자잉여 = $250(50 \times 10 \times 1/2)$

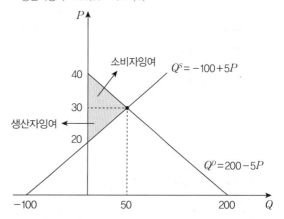

### 합격생의 포인트

소비자잉여와 생산자잉여를 구하는 문제는 정말 빈출되는 문제입니다. 계산 방법을 확실히 숙지해서 해당 문제가 출제되었을 때 빠르게 해결할 수 있어야 합니다.

## 12  미시경제학 - 소비자잉여와 생산자잉여 2

표는 X재 1개에 대한 소비자와 생산자 각각의 최대 지불 용의 금액과 최소 요구 금액을 나타낸 것이다. 이 상황에서 정부가 X재 1개당 2,000원의 소비세를 부과하자 소비자들이 지불하는 가격이 9,000원으로 상승하고 생산자들이 받는 가격은 7,000원으로 하락하였다. 이에 대한 분석으로 옳지 않은 것은?(단, 소비자와 생산자는 X재를 각각 1개씩만 소비하고 생산하며, 조세의 행정 비용은 없다.)

| 소비자 | 최대 지불 용의 금액 | 생산자 | 최소 요구 금액 |
| --- | --- | --- | --- |
| 갑 | 10,000원 | 가 | 6,000원 |
| 을 | 9,000원 | 나 | 7,000원 |
| 병 | 8,000원 | 다 | 8,000원 |

① 소비세 부과 전 X재의 거래량은 3개이다.

② 소비세 부과 전 총생산자 잉여는 3,000원이다.

③ 소비세 부과에 따른 총소비자 잉여 감소액은 1,000원이다.

④ 소비세 부과로 얻는 정부의 조세 수입은 4,000원이다.

**정답** ③

[정답의 이유]

③ 정부의 소비세 부과 전 소비자잉여는 갑에게 2,000원, 을에게 1,000원, 병에게는 0원이므로 총소비자 잉여는 3,000원에 해당한다. 정부의 소비세 부과 후 소비자잉여는 갑에게 1,000원, 을에게 0원이므로 총소비자 잉여는 1,000원에 해당한다. 병은 소비를 하지 못하므로 소비자 잉여는 발생하지 않는다. 따라서 소비세 부과에 따른 총소비자 잉여 감소액은 2,000원이다.

[오답의 이유]

① 정부가 X재 1개당 2,000원의 소비세를 부과하자 소비자들이 지불하는 가격이 9,000원으로 상승하고 생산자들이 받는 가격은 7,000원으로 하락하였으므로 소비세 부과 전 X재의 가격은 8,000원이다. 이 경우 소비자는 갑, 을, 병이며 생산자는 가, 나, 다이므로 소비세 부과 전 X재의 거래량은 3개이다.

② 소비세 부과 전 생산자잉여는 가에게는 2,000원, 나에게는 1,000원, 다에게는 0원이므로 총생산자 잉여는 3,000원이다.

④ 정부가 소비세를 부과하는 경우에는 소비자 갑과 을이 소비하며, 생산자 가와 나가 생산하게 되므로 2개가 거래된다. 정부가 X재 1개당 2,000원의 소비세를 부과하므로 정부의 조세 수입은 4,000원이다.

**합격생의 포인트**

소비자잉여와 생산자잉여에서 한 단계 더 높은 난도의 문제가 바로 정부가 조세를 부과했을 때의 소비자잉여와 생산자잉여의 변동을 묻는 문제입니다. 소비자잉여와 생산자잉여에 대한 학습이 제대로 되어 있다면 어렵지 않게 해결할 수 있으니 해당 이론 내용을 확실히 학습해두시고, 여러 문제를 풀어보시기 바랍니다.

## 13 미시경제학 - 사회적 잉여

다음 자료에 대한 분석으로 〈보기〉에서 옳은 것만을 모두 고르면?(단, a~j는 각 영역의 면적에 해당하며, 갑국은 X재만을 거래한다.)

D와 S는 T기에 갑국의 X재 국내수요곡선과 국내공급곡선이다. 시장을 개방하지 않았던 갑국은 T+1기에 시장을 개방하여 자유 무역을 통해 국제 가격 수준에서 X재를 수입하였으나, T+2기에는 국내 X재 산업 보호를 위해 $P_1P_2$만큼의 관세를 부과하였다.

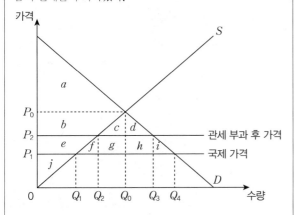

〈보 기〉
ㄱ. T기에 비해 T+1기에 갑국의 사회적잉여는 d+h+i만큼 증가한다.
ㄴ. T+2기에 갑국 정부의 관세 수입은 g+h이다.
ㄷ. T+1기에 비해 T+2기에 갑국에서는 f+i만큼의 사회 후생의 손실이 발생한다.
ㄹ. T+2기에 갑국의 생산자잉여는 T+1기보다 j+e만큼 증가한다.

① ㄱ, ㄴ
② ㄱ, ㄹ
③ ㄴ, ㄷ
④ ㄷ, ㄹ

---

정답 ③

정답의 이유
③ T+1기에 시장을 개방하여 자유 무역을 통해 국제 가격 수준에서 X재를 수입한 것은 국내시장의 가격에 비해 국제시장의 가격이 더 저렴하기 때문이므로 X재의 국제시장 가격은 P1이 된다.
ㄴ, ㄷ. 정부가 개방 전 T기에 소비자잉여는 a, 생산자잉여는 b, e, j에 해당하며, T+1기에는 소비자잉여는 a, b, c, d, e, f, g, h, i에 해당하며, 생산자잉여는 j에 해당한다. 그리고 T+2기의 경우에 소비자잉여는 a, b, c, d이며 생산자잉여는 e, j에 해당한다. 따라서 정부의 조세수입은 g+h이며 사회적 손실은 f, i가 해당된다.

오답의 이유
ㄱ. T기에 비해 T+1기에 갑국의 사회적잉여는 c, d, f, g, h, i만큼 증가한다.
ㄹ. T+2기에 갑국의 생산자잉여는 T+1기 보다 e만큼 증가한다.

합격생의 포인트
관세 부과 후 사회적잉여에 관한 문제도 빈출되는 문제입니다. 이 유형의 문제는 자칫 계산 과정에서 헷갈릴 우려가 존재하므로, 차근차근 풀어나가는 게 무엇보다 중요합니다. 또한 관세 부과 후 발생하는 후생 손실도 잘 파악해줘야 합니다.

## 14 미시경제학 - 이부가격제도

A텔레콤의 휴대전화 통화요금은 10초당 20원이며, 휴대전화에 대한 직장인 B씨의 (보상)수요곡선은 매월 $P = 220 - Q$로 표시된다고 한다[단, P는 통화요금(원), Q는 수량(10초 단위)]. A텔레콤은 B씨에게 월정기본료를 얼마까지 부과할 수 있겠는가?

① 20,000원
② 22,000원
③ 30,000원
④ 40,000원

**정답** ①

[정답의 이유]
직장인 B씨는 자신의 소비자잉여만큼은 요금을 지불하고 사용할 의향이 있으므로, A텔레콤은 최대 소비자잉여분을 기본요금으로 받을 수 있다. 이러한 가격제도를 이부가격제도라고 한다. B씨의 소비자잉여는 $0.5 \times 200 \times 200 = 20,000$원이므로, A텔레콤은 B씨에게 월정기본료로 20,000원까지 부과할 수 있다.

**합격생의 포인트**

소비자잉여를 이용한 이부가격제도에 대한 문제입니다. 이부가격제도의 개념을 알고 있다면 어렵지 않게 해결할 수 있으므로, 해당 내용을 잘 숙지해놓으시길 바랍니다.

## 15 미시경제학 - 가격통제(가격상한제)

특정 시장의 수요함수는 $Q_d = 1,000 - 7P$이고, 공급함수는 $Q_S = 200 + 3P$이다. 정부가 가격 상한을 50으로 정한다면 발생하는 상황은?(단, $Q_d$=수요량(개), $Q_S$=공급량(개), P=가격(원)이다.)

① 200개의 초과수요 발생
② 300개의 초과수요 발생
③ 200개의 초과공급 발생
④ 300개의 초과공급 발생

**정답** ②

[정답의 이유]
제시된 수요함수와 공급함수를 연립하여 계산하면 균형 가격은 80원, 균형 거래량은 440개가 도출된다. 정부가 가격 상한을 50원으로 정한다면, 균형 가격보다 낮은 가격이 형성되므로, 초과수요가 발생하게 된다. 가격이 50원일 때의 수요량은 $1,000 - 7 \times 50 = 650$개이고, 공급량은 $200 + 3 \times 50 = 350$개이다. 따라서 초과수요량은 300개가 된다.

**합격생의 포인트**

가격상한제에 대한 문제입니다. 정부의 가격 통제 수단 중 하나로 공무원 경제학에서 빈출되는 문제입니다. 가격상한제는 수요자(소비자)를 보호하는 정부의 제도임을 잘 이해하고 있어야 합니다.

## 16 미시경제학 - 조세

수요함수와 공급함수가 다음과 같을 때, 상품 한 단위당 200원의 소비세가 공급자에게 부과되는 경우 과세 후 균형 가격과 균형 거래량은 얼마인가?

- 수요함수 : $Q_D = 1,300 - 3P$
- 공급함수 : $Q_S = 300 + P$

| | 균형 가격 | 균형 거래량 |
|---|---|---|
| ① | 300 | 550 |
| ② | 250 | 550 |
| ③ | 250 | 400 |
| ④ | 300 | 400 |

**정답** ④

**정답의 이유**

공급자에게 상품 한 단위당 200원의 소비세가 부과된다면, 공급곡선이 수직으로 200원 상승하게 된다. 이를 구하기 위해서는 공급곡선을 P로 정리한 뒤 200원을 더한 후 다시 정리해야 한다.

$P = Q_S - 300 + 200 = Q_S - 100$

$Q_S = 100 + P$

변경된 공급곡선으로 균형 가격과 균형 거래량을 구하면, 균형 가격은 300, 균형 거래량은 400이 된다.

조세 부과 전 균형 가격은 250, 균형 거래량은 550이므로, 결과적으로 시장가격 상승분인 50만큼 소비자가 부담하게 되고, 150만큼 공급자가 부담하게 된다.

**합격생의 포인트**

조세 부과에 따른 균형 가격 및 균형 거래량 변동에 관한 문제입니다. 조세와 관련된 문제가 출제된다면 대부분 이러한 유형으로 빈출되고 있으니 꼭 확실히 학습해두시고, 나아가 조세 부담이 소비자와 공급자 중 누구에게 부과되는 지에 따른 조세부담액을 구하는 것까지 학습해두시길 바랍니다.

## 17 미시경제학 - 한계대체율

어떤 사람의 효용함수는 $U = X^2 Y$이다. 이 사람이 $X = 3$, $Y = 2$를 소비한다고 할 때, 한계대체율($MRS_{XY}$)은 얼마인가?

① $\dfrac{1}{3}$

② $\dfrac{1}{4}$

③ $\dfrac{3}{4}$

④ $\dfrac{4}{3}$

**정답** ④

**정답의 이유**

한계대체율$(MRS_{XY}) = \dfrac{MU_X}{MU_Y}$

주어진 효용함수에 따를 때,

$MU_X = 2XY$, $MU_Y = X^2$

따라서 이 사람의 한계대체율$(MRS_{XY})$은 $\dfrac{2XY}{X^2} = \dfrac{12}{9} = \dfrac{4}{3}$가 된다.

**합격생의 포인트**

한계대체율은 합리적인 소비를 위해 꼭 필요한 개념입니다. 따라서 한계대체율을 구하는 공식을 반드시 암기해두고, 다양한 문제를 통해 연습해보시기를 권합니다.

## 18 미시경제학 - 효용극대화 1

어떤 사람이 자신의 총소득 20,000원으로 다음 표에서와 같이 김밥과 라면을 소비한다고 할 때, 효용극대화를 위하여 이 사람이 취해야 할 행동은?

| 구분 | 가격(원) | 구매량 | 총효용 | 한계효용 |
| --- | --- | --- | --- | --- |
| 김밥 | 1,000 | 14 | 500 | 30 |
| 라면 | 500 | 12 | 1,000 | 20 |

① 김밥을 덜 소비하고, 라면을 더 소비해야 한다.

② 김밥을 현재와 같이 소비하고, 라면을 더 소비해야 한다.

③ 김밥을 더 소비하고, 라면을 현재와 같이 소비해야 한다.

④ 현재 효용이 극대화되고 있으므로, 소비를 변화시킬 필요가 없다.

**정답** ①

[정답의 이유]

효용극대화가 되는 경우는 한계효용균등의 법칙이 성립하는 경우이다. 라면과 김밥의 1원당 효용은 다음과 같다.

- $\dfrac{MU_{김}}{P_{김}} = \dfrac{30}{1,000} = 0.03$

- $\dfrac{MU_{라}}{P_{라}} = \dfrac{20}{500} = 0.04$

따라서 효용을 극대화하기 위해서는 김밥을 덜 소비하고, 라면을 더 소비해야 한다.

**합격생의 포인트**

효용극대화는 경제학의 궁극적인 목표라고도 할 수 있습니다. 그만큼 중요한 내용이기도 하니 확실히 공부해두시기 바랍니다. 이론에서 특별한 부분은 없고, 이를 이용한 다양한 문제를 풀어보시길 권합니다.

## 19 미시경제학 - 효용극대화 2

이 팀장의 효용함수는 U=3X+Y이다. X재의 가격은 1원, Y재의 가격은 3원이며, 이 팀장은 두 재화에 총 100원을 지출하려고 한다. 이 경우 이 팀장이 얻을 수 있는 최대효용은 얼마인가?

① 100

② 200

③ 300

④ 400

**정답** ③

[정답의 이유]

효용함수를 Y재를 기준으로 다시 정리하면, Y=U−3X가 된다. 따라서 무차별곡선은 기울기가 −3인 우하향하는 직선이 되므로, X재와 Y재는 완전대체재 관계임을 알 수 있다. 완전대체재 관계인 X재와 Y재의 가격이 서로 다르므로, 둘 중 어느 한 재화만 소비하는 경우에 효용이 극대화된다.

$MRS_{XY} = \dfrac{MU_X}{MU_Y} = \dfrac{3}{1} = 3$, $\dfrac{P_X}{P_Y} = \dfrac{1}{3}$으로, $MRS_{XY} > \dfrac{P_X}{P_Y}$가 되어 합리적인 소비를 위해서는 X재만 소비해야 한다. 이 팀장은 두 재화에 100원을 지출하려고 하고, $P_X$=1원, $P_Y$=3원이므로, X재만 소비할 경우 100단위를 소비할 수 있다. 따라서 X재만 100단위 소비하는 경우의 최대효용은 (3×100)+0=300이다.

**합격생의 포인트**

거의 매년 반복적으로 $MRS_{XY}$와 $\dfrac{P_X}{P_Y}$를 이용하는 문제가 출제되고 있습니다. 해당 내용은 정말 중요한 내용이니 반드시 숙달하고 넘어가야 합니다. 이론을 확실히 공부하고, 문제도 많이 풀어보시기 바랍니다.

## 20 미시경제학 - 생산자이론 1

표는 한 기업의 X재 생산량 증가에 따른 추가 수입과 추가 비용을 나타낸 것이다. 이에 대한 분석으로 옳은 것은?

(단위 : 만 원)

| 생산량 | 1개 | 2개 | 3개 | 4개 | 5개 | 6개 |
|--------|-----|-----|-----|-----|-----|-----|
| 추가 수입 | 10 | 10 | 10 | 10 | 10 | 10 |
| 추가 비용 | 7 | 6 | 6 | 7 | 11 | 13 |

① 총이윤은 생산량이 2개일 때와 3개일 때 같다.

② 생산량이 1개씩 증가할 때마다 평균 비용은 증가한다.

③ 평균 비용이 가장 작을 때 이윤은 최대가 된다.

④ 위의 사례에서 최대로 얻을 수 있는 총이윤은 14만 원이다.

---

**정답** ④

**정답의 이유**

주어진 자료에 따라 평균 비용, 총수입, 총비용, 총이윤을 계산하면 다음과 같다.

(단위 : 개, 만 원)

| 생산량 | 1 | 2 | 3 | 4 | 5 | 6 |
|--------|-----|-----|-----|-----|-----|-----|
| 한계 수입 | 10 | 10 | 10 | 10 | 10 | 10 |
| 한계 비용 | 7 | 6 | 6 | 7 | 11 | 13 |
| 총수입 | 10 | 20 | 30 | 40 | 50 | 60 |
| 총비용 | 7 | 13 | 19 | 26 | 37 | 50 |
| 평균 비용 | 7 | 6.5 | 약 6.3 | 6.5 | 7.4 | 약 8.3 |
| 총이윤 | 3 | 7 | 11 | 14 | 13 | 10 |

④ 제시된 사례에서 최대로 얻을 수 있는 총이윤은 14만 원이다.

**오답의 이유**

① 생산량이 2개일 때의 총이윤은 7만 원이고, 생산량이 3개일 때의 총이윤은 11만 원이므로, 같지 않다.

② 생산량이 2개로 증가할 때와 3개로 증가할 때는 평균 비용이 직전보다 감소하였다.

③ 평균 비용이 가장 작을 때는 생산량이 3개일 때지만, 이윤이 최대가 될 때는 생산량이 4개일 때이다.

**합격생의 포인트**

쉬운 문제지만, 한계 수입과 한계 비용, 총이윤과 평균 비용을 모두 이해하는 데 도움이 되는 문제입니다. 문제에서 생산량 증가에 따른 추가 수입과 추가 비용을 한계 수입과 한계 비용이라고 하며, 평균 비용은 '총비용÷생산량'으로 도출하고, 총이윤은 '총수입-총비용'으로 도출합니다.

## 21 미시경제학 - 생산자이론 2

어느 기업의 총비용함수는 TC = 50 + 10Q이다. 이에 관한 설명으로 옳지 **않은** 것은?(단, TC = 총비용, Q = 산출량이다.)

① 생산량이 5일 때 평균고정비용은 10이다.
② 생산량이 5일 때 평균가변비용은 10이다.
③ 생산량이 5일 때 한계비용은 10이다.
④ 생산량이 증가할수록 한계비용이 상승한다.

**정답** ④

[정답의 이유]

④ 한계비용(MC)은 총비용함수(TC)를 미분하여 구한다. 주어진 총비용함수를 미분하면, MC = 10이 도출되므로, 한계비용은 생산량이 증가하더라도 10으로 일정하다.

[오답의 이유]

① 평균고정비용(AFC)은 총고정비용을 생산량으로 나누어서 도출한다. 총비용함수에서 총고정비용은 상수 값인 50이므로, 생산량이 5일 때 평균고정비용은 50÷5 = 10이 된다.

② 평균가변비용(AVC)은 총가변비용을 생산량으로 나누어서 도출한다. 총가변비용은 총비용함수에서 총고정비용을 제외한 나머지 값이므로, 주어진 식의 10Q가 총가변비용함수이다. 따라서 생산량이 5일 때의 총가변비용은 50이 되고, 평균가변비용은 이를 생산량으로 나눈 10이 된다.

③ MC = 10으로 일정하므로, 생산량이 5일 때에도 한계비용은 10이다.

### 합격생의 포인트

생산자이론의 가장 기본적인 내용에 관해 묻는 문제입니다. 하지만 이를 완벽하게 알아야 이를 적용하는 문제에 대처할 수 있기 때문에 반드시 완벽하게 숙달하고 지나가야 합니다. 개념만 알면 어렵지 않게 해결할 수 있는 문제들이 출제되니 확실히 공부하시기 바랍니다.

## 22 미시경제학 - 규모에 대한 수확

1차동차 콥 – 더글라스 생산함수를 이용하는 Solow 성장 모형에서 노동탄력성이 0.6일 때, 노동량은 일정하고, 자본량이 5% 증가하는 경우 **생산량은 얼마 증가하는가?**

① 2%
② 3%
③ 4%
④ 5%

**정답** ①

[정답의 이유]

1차동차 콥 – 더글라스 생산함수를 이용하는 Solow 성장 모형에서는 규모에 대한 수확 불변인 함수를 가정한다. 따라서 생산요소 지수의 합은 1이 되므로, 노동탄력성이 0.6인 경우 노동생산요소 지수가 0.60이고, 자본생산요소 지수가 0.4임을 의미한다. 자본량이 5% 증가하는 경우 생산량은 5% × 0.4 = 2% 증가한다.

### 합격생의 포인트

규모에 대한 수확에 관한 문제 역시 빈출 문제 중 하나입니다. 여기서는 규모에 대한 수확 불변이 가정된 문제를 수록했지만 규모에 대한 수확 체증, 규모의 대한 수확 체감 역시 반드시 알아두어야 할 개념입니다.

## 23 미시경제학 - 완전경쟁시장

완전경쟁시장에서 어떤 기업이 직면하는 가격이 10이고, 이 기업의 비용곡선은 $\frac{1}{3}q^3 - \frac{5}{2}q^2 + 16q - 10$일 때($q$ = 생산량), 이 기업의 이윤 극대화 생산량은?

① 2

② 3

③ 2 또는 3

④ 5

**정답** ②

**정답의 이유**

이윤 극대화 생산량은 한계 수입과 한계 비용의 가격이 일치하는 점에서 결정된다.

$TC = \frac{1}{3}q^3 - \frac{5}{2}q^2 + 16q - 10$에서

$MC = q^2 - 5q + 16$

$MC = P$이어야 하므로,

$q^2 - 5q + 16 = 10$

$q = 2$ 또는 $q = 3$

이윤 극대화의 2차 조건(한계 수입의 기울기 < 한계 비용의 기울기)을 적용하면, 이윤 극대화 생산량은 3임을 알 수 있다. 생산량이 2인 경우는 이윤 극소점(손실 극대화)이 된다.

**합격생의 포인트**

완전경쟁시장, 독점시장, 독점적 경쟁시장에 관한 문제는 매년 꼭 출제되는 부분이니 반드시 학습해두어야 합니다. 각 시장별 이윤 극대화 계산은 필수 학습 사항입니다.

## 24 미시경제학 - 독점시장

이윤 극대화를 추구하는 한 독점기업은 2개의 공장을 가지고 있다. 제1공장과 제2공장의 총비용함수가 다음과 같을 때, 제1공장의 생산량이 10인 경우 제2공장의 생산량은?

$$TC_1 = 10Q_1 + 2Q_1^2$$
$$TC_2 = 20Q_2 + Q_2^2$$

- $TC_1$ : 제1공장 총비용 / $Q_1$ : 제1공장 생산량
- $TC_2$ : 제2공장 총비용 / $Q_2$ : 제2공장 생산량

① 15

② 20

③ 25

④ 30

**정답** ①

**정답의 이유**

공장을 다수 보유하고 있는 독점기업의 균형 조건은 $MR = MC_1 = MC_2$이다. 문제에 제시된 공장의 경우

$MC_1 = 10 + 4Q_1 = 10 + 4 \times 10 = 50$

$MC_2 = 20 + 2Q_2$

$MC_1 = MC_2$이어야 하므로,

$50 = 20 + 2Q_2$

$Q_2 = 15$

**합격생의 포인트**

완전경쟁시장, 독점시장, 독점적 경쟁시장에 관한 문제는 매년 꼭 출제되는 부분이니 반드시 학습해두어야 합니다. 각 시장별 이윤 극대화 계산은 필수 학습 사항입니다.

## 25 미시경제학 - 일반균형과 후생경제학

**다음 표에 대한 설명으로 옳지 않은 것은?**

| 구성원 \ 나라 | A국 | B국 | C국 |
|---|---|---|---|
| 갑 | 100 | 300 | 150 |
| 을 | 100 | 50 | 150 |
| 병 | 100 | 30 | 90 |

① 롤스에 따를 때, A국의 사회적 후생이 가장 크다.

② 공리주의적 후생함수에 따를 때, B국의 사회적 후생이 가장 크다.

③ 평등주의적 후생함수에 따를 때, 각국의 사회적 후생은 가중치에 따라 다르다.

④ 화폐 1원의 효용을 1이라고 할 때, A국의 지니계수는 0이 된다.

**정답** ②

**정답의 이유**

공리주의적 후생함수에 따르면, 최대 다수의 최대 행복이 실현될수록 사회적 후생이 크다고 할 것이다. 따라서 공리주의적 후생함수에 따를 때, 각국의 구성들 효용의 총합인 '총 효용'이 클수록 사회적 후생이 크다. A국은 300, B국은 380, C국은 390이므로, 공리주의적 후생함수에 따를 때, C국의 사회적 후생이 가장 크다.

**합격생의 포인트**

국가직 경제학 시험에서는 빈출이 아닐 수 있으나 그 외에 시험인 지방직이나 서울시 경제학에서는 빈번하게 출제되는 내용입니다. 미시경제학의 마지막 부분에 나오기도 하므로, 자칫 쉽게 넘어갈 수 있으나 이 부분 역시 꼼꼼하게 학습하셔야 합니다.

## 26 미시경제학 - 시장실패 1

**어떤 상품에 대한 수요함수와 공급함수가 다음과 같이 주어져있다. 정부가 소비자에게 해당 상품 1개당 10원의 세금을 부과한다면, 공급자가 받는 가격($P_S$)과 소비자가 지불하는 가격($P_D$)으로 바르게 짝지어진 것은?**

- $Q_D = 700 - P$
- $Q_S = 200 + 4P$

|  | $P_S$ | $P_D$ |
|---|---|---|
| ① | 98원 | 108원 |
| ② | 100원 | 110원 |
| ③ | 108원 | 98원 |
| ④ | 110원 | 100원 |

**정답** ①

**정답의 이유**

세금 부과 전 시장 균형 가격과 균형 거래량을 계산해보면, 시장 균형 가격은 100원, 균형 거래량은 600개가 도출된다.

소비자에게 상품 1개당 10원의 세금을 부과했다고 했으므로, 수요곡선만 하방으로 10만큼 이동하게 되어 세금 부과 후 수요곡선은 다음과 같이 변경된다.

$Q_D = 700 - \{P - (-10)\} = 690 - P$

이를 다시 공급곡선과 연립하여 정리하면, 시장 균형 가격은 98원, 균형 거래량은 592개가 된다. 이를 각각의 수요곡선(세금 부과 전)과 공급곡선에 적용하면, 공급자가 받는 가격($P_S$)은 98원, 소비자가 지불하는 가격($P_D$)은 108원이 된다.

**합격생의 포인트**

정부의 조세 부과 전과 후의 소비자 및 공급자의 가격을 비교하는 문제는 정말 많이 출제되는 문제입니다. 우선 세금을 소비자와 공급자 중 어느 쪽에 부과했는지를 주의 깊게 봐야 하고, 이에 따른 수요곡선 혹은 공급곡선의 변화와 그로 인해 도출된 균형 가격 및 균형 거래량을 구할 줄 알아야 합니다. 또한 주의해야 할 점은 이렇게 구해진 균형 거래량에 따라 각 주체가 부담해야 하는 가격은 조세 부과 전 곡선에 대입하여 도출해야 한다는 점입니다. 이와 같은 문제를 반복적으로 풀어보아서 실수가 나오지 않도록 해야 합니다.

## 27 미시경제학 - 시장실패 2

부정적인 외부효과를 발생시키는 한 공장이 있다. 사적 한계비용(PMC)과 사회적 한계비용(SMC), 수요곡선이 다음과 같을 때, 정부에서 시행할 적절한 정책과 이를 시행함으로써 증가하는 사회적 후생으로 옳은 것은?

- 사적 한계비용(PMC)=2+Q
- 사회적 한계비용(SMC)=4+Q
- 수요곡선 : Q=30−P

| | 정책 | 사회적 후생 증가량 |
|---|---|---|
| ① | 조세 | 1 |
| ② | 조세 | 2 |
| ③ | 보조금 | 1 |
| ④ | 보조금 | 2 |

**정답 ①**

**정답의 이유**

사회적 균형을 구하기 위해서는 사회적 한계비용곡선과 수요곡선을 연립하여 풀어야 한다.

$4+Q=30−P$

$Q=13, P=17$

사적 한계비용과 사회적 한계비용이 2만큼 차이가 나므로, 그 만큼을 상쇄시킬 수 있는 조세를 부과해야 한다. 즉, 사회적 최적생산량에서 한계외부효과만큼을 책정하면 되는데, 가장 적절한 정책은 종량세로서 피구세이므로, 2만큼의 피구세를 부과하면 된다. 이 경우 조세 부과 후 생산량은 14에서 13으로 감소하므로, 사중적 손실만큼은 사회적 후생이 증가한다.

사회적 후생 증가량=1/2×산출량 감소분(1)×피구세(2)=1

**합격생의 포인트**

시장실패에 관하여 정부의 정책적 개입을 묻는 문제가 자주 출제되므로, 이에 대한 학습도 소홀히 할 수 없습니다. 어떤 경우에 조세를 부과하고, 어떤 경우에 보조금을 부과해야 하는지 잘 구분하고, 정부 정책을 시행한 후 증가하는 사회적 후생의 양을 계산하는 연습도 꼭 해두시길 바랍니다.

## 28 거시경제학 - 명목 GDP와 실질 GDP

어떤 경제에서 다음 표와 같이 사과와 오렌지 두 재화만 생산하고 있다. 2021년 명목 GDP와 실질 GDP의 값으로 바르게 짝지어진 것은?

| 연도 | 사과 | | 오렌지 | |
|---|---|---|---|---|
| | 가격 | 수량 | 가격 | 수량 |
| 2019년 | 20 | 10 | 40 | 20 |
| 2021년 | 30 | 20 | 50 | 40 |

| | 명목 GDP | 실질 GDP |
|---|---|---|
| ① | 1,500 | 1,300 |
| ② | 1,500 | 2,000 |
| ③ | 2,600 | 1,300 |
| ④ | 2,600 | 2,000 |

**정답 ④**

**정답의 이유**

명목 GDP는 당해연도(2021년)의 시장가격으로 추계한 GDP를 의미하고, 실질 GDP는 기준연도(2019년)의 시장가격으로 추계한 GDP를 의미한다. 따라서 명목 GDP와 실질 GDP는 다음과 같이 계산한다.

- 명목 GDP=(30×20)+(50×40)=2,600
- 실질 GDP=(20×20)+(40×40)=2,000

**합격생의 포인트**

거시경제학의 기초 부분에 나오는 명목 GDP와 실질 GDP에 대한 문제입니다. 기초적인 내용이지만 매년 출제될 만큼 빈출 문제이니 확실하게 개념을 알아두고 가시기 바랍니다.

## 29 거시경제학 - GDP 디플레이터 1

다음 표에서 기준 연도인 T년 대비 (T+1)년의 GDP 디플레이터 변화에 대한 설명으로 옳은 것은?(단, A국은 X와 Y 두 상품만 생산한다.)

| 상품 | T년 | | (T+1)년 | |
|------|------|------|------|------|
| | 생산량 (개) | 시장가격 (원) | 생산량 (개) | 시장가격 (원) |
| X | 50 | 200 | 60 | 250 |
| Y | 70 | 100 | 80 | 90 |

① 11.0% 상승
② 11.0% 하락
③ 9.9% 상승
④ 9.9% 하락

**정답** ①

**정답의 이유**

주어진 자료를 바탕으로 명목 GDP, 실질 GDP, GDP 디플레이터를 다음과 같이 정리할 수 있다.

| 상품 | 명목 GDP | | 실질 GDP | | GDP 디플레이터 |
|------|------|------|------|------|------|
| X | $60 \times 250$ = 15,000 | 22,200 | $60 \times 200$ = 12,000 | 20,000 | $22,200 \div 20,000 \times 100 = 111$ |
| Y | $80 \times 90$ = 7,200 | | $80 \times 100$ = 8,000 | | |

물가 지수(GDP 디플레이터)는 111이다. 물가 지수가 111이라는 것은 기준 연도(T년)에 비해 물가가 11% 상승했음을 의미한다.

**합격생의 포인트**

거시경제학에서 물가 이론에 대한 문제가 출제될 때 가장 많이 출제되는 부분입니다. GDP 디플레이터에 대한 충분한 이해가 필요하고, 이를 계산하고 해석하는 능력을 키워야 합니다.

## 30 거시경제학 - GDP 디플레이터 2

다음 제시된 자료를 근거로 할 때, 2020년 GDP 디플레이터의 크기와 2015년 대비 2020년의 경제성장률로 바르게 짝지어진 것은?(단, 기준연도는 2015년이다.)

| 연도 | 배 | | 딸기 | |
|------|------|------|------|------|
| | 가격 | 수량 | 가격 | 수량 |
| 2015년 | 20 | 10 | 40 | 20 |
| 2020년 | 30 | 20 | 50 | 40 |

| | GDP 디플레이터 | 경제성장률 |
|------|------|------|
| ① | 130 | 40% |
| ② | 130 | 100% |
| ③ | 200 | 40% |
| ④ | 200 | 100% |

**정답** ②

**정답의 이유**

GDP 디플레이터 및 경제성장률을 구하기 위해 각 연도의 명목 GDP와 실질 GDP를 다음과 같이 정리할 수 있다.

| 2015년 | 명목 GDP | $20 \times 10 + 40 \times 20 = 1,000$ |
|------|------|------|
| | 실질 GDP | $20 \times 10 + 40 \times 20 = 1,000$ |
| 2020년 | 명목 GDP | $30 \times 20 + 50 \times 40 = 2,600$ |
| | 실질 GDP | $20 \times 20 + 40 \times 40 = 2,000$ |

각각의 명목 GDP와 실질 GDP에 따를 때,

2020년의 GDP 디플레이터는 $\frac{2,600}{2,000} \times 100 = 130$이고, 2015년 대비

2020년 경제성장률은 $\frac{2,000 - 1,000}{1,000} \times 100 = 100(\%)$이다.

**합격생의 포인트**

GDP 디플레이터는 매년 출제되는 문제입니다. 문제 자체는 상대적으로 어렵지 않으나 풀이시간을 최대한 단축해야 다른 어려운 문제를 풀 시간을 벌 수 있으니 앞선 문제와 함께 충분한 연습이 필요합니다.

## 31 거시경제학 - 국민소득결정이론 1

한계소비성향이 0.9, 소득세율이 0.1, 한계수입성향이 0.01일 때, 독립투자가 300만큼 증가하였다. 저축의 변화는 얼마인가?

① 105

② 115

③ 125

④ 135

---

**정답** ④

[정답의 이유]

저축의 변화를 알기 위해서는 먼저 투자승수를 구해야 한다. 투자승수는

$\dfrac{1}{1-b(1-t)+m}$ (b : 한계소비성향, t : 소득세율, m : 한계수입성향)=

$\dfrac{1}{1-0.9(1-0.1)+0.01} = \dfrac{1}{0.2} = 5$이다. 독립투자가 300만큼 증가했다고

했으므로, 투자승수가 5일 때 균형국민소득은 1,500만큼 증가하게 된다. 소득세율이 0.10이므로, 가처분 국민소득은 1,350만큼 증가하는 것이므로, 저축의 증가는 1,350×0.1=135만큼 증가한다.

> **합격생의 포인트**
>
> 국민소득결정이론에서 계산 문제가 출제되는 경우 승수와 관련된 문제가 자주 출제됩니다. 승수의 개념 및 계산법을 확실하게 익혀두시기 바랍니다.

## 32 거시경제학 - 국민소득결정이론 2

케인즈의 단순 국민소득결정 모형에서 정부지출이 2만큼 증가할 경우 균형국민소득이 10만큼 증가한다면 정부지출승수는?

① 0.5

② 0.8

③ 2

④ 5

---

**정답** ④

[정답의 이유]

정부지출승수는 $\dfrac{\Delta y^*}{\Delta G_0}$이다. 제시된 조건을 적용하면, $\dfrac{\Delta y^*}{\Delta G_0} = \dfrac{10}{2} = 5$가 되

므로, 정부지출승수는 50이다.

> **합격생의 포인트**
>
> 케인즈의 국민소득결정 모형은 정말 많이 출제되는 영역이므로, 반드시 이해하고 있어야 합니다. 특히 승수와 관련된 문제가 자주 출제되니 이 부분을 확실하게 공부하시고, 추가로 케인즈 모델의 한계를 알아두셔야 합니다.

## 33 거시경제학 - 국민소득결정이론 3

〈보기〉와 같은 경제상황에서의 균형국민소득은 얼마인가?(단, Y=국민소득, C=소비지출, I=투자지출, G=정부지출, T=조세, X=수출, M=수입을 의미한다.)

─── 〈보 기〉 ───
- $C = 30 + 0.75Y_D$
- $Y_D = Y - T$
- $I = 200$
- $G = 100$
- $T = 0.2Y$
- $X = 50$
- $M = 0.1Y$

① 560

② 660

③ 760

④ 860

정답 ③

[정답의 이유]

균형국민소득은 시장 전체의 총수요와 총공급이 일치하는 지점의 국민소득을 의미하므로, $Y_D = Y_S$를 가정하여 계산한다.

$Y_S = C + I + G + X - M$

$Y_S = 30 + 0.75(Y_S - 0.2Y_S) + 200 + 100 + (50 - 0.1Y_S)$

식을 정리하면,

$Y_S = 760 = y^*$

**합격생의 포인트**

균형국민소득을 계산하는 것은 가장 기본적인 내용입니다. 하지만 이 내용을 숙지해놓아야 다음에 이어지는 문제들의 답을 도출할 수 있으므로, 반드시 학습하시고 넘어가시기 바랍니다.

## 34 거시경제학 - 국민소득결정이론 4

다음과 같은 거시경제 모형에서 알 수 있는 사항으로 옳은 것을 〈보기〉에서 모두 고르면?(단, Y=국민소득, C=소비지출, I=투자지출, G=정부지출, T=조세를 의미한다.)

- $Y=C+I+G$
- $C=0.8(Y-T)+300$
- $I=100$
- $G=100$
- $T=0.25Y$

――――――――〈보 기〉――――――――
ㄱ. 투자승수는 2.5이다.
ㄴ. 균형국민소득은 1,250이다.
ㄷ. 한계세율은 0.25이다.
ㄹ. 투자가 200으로 증가하면 소비지출은 900이 된다.

① ㄱ, ㄴ
② ㄱ, ㄷ
③ ㄱ, ㄴ, ㄷ
④ ㄱ, ㄷ, ㄹ

**정답** ③

**정답의 이유**

ㄱ. 투자승수 $=\dfrac{1}{1-b(1-t)}=\dfrac{1}{1-0.8(1-0.25)}=2.5$

ㄴ. 균형국민소득은 다음과 같이 계산한다.
$Y=0.8(Y-T)+300+I+G$
$Y=0.8(Y-0.25Y)+300+100+100$
$Y=1,250=y^*$

ㄷ. 조세(T)는 0.25Y이므로, 한계세율은 0.25가 된다.

**오답의 이유**

ㄹ. 투자가 200으로 100 증가하면, 국민소득은 1,5000이 되며, 조세는 375가 된다. 이에 따라 Y=0.8(Y-0.25Y)+300+200+100이 되고, 소비지출 다음과 같다.
$C=0.8(Y-0.25Y)+300$
$C=0.8(1,500-375)+300$
$C=1,200$

**합격생의 포인트**

이 문제는 CPA에서 출제된 문제입니다. 이 한 문제에서 국민소득결정이론에서 다루는 거의 모든 것을 계산해야 하는 좋은 문제로, 이 문제를 어렵지 않게 해결할 수 있다면, 공무원 경제학에서의 해당 부분에 대한 문제 역시 어렵지 않게 해결하실 수 있을 것입니다.

## 35 거시경제학 - 화폐금융론 1

다음은 전통적 화폐수량설에 관한 문제이다. A국은 우유와 빵만을 생산하며, 그 생산량과 가격은 아래 표와 같다. 2020년도의 통화량이 20억 원이라면 2021년도의 통화량은?(단, 통화의 유통속도는 2020년과 2021년이 동일하다.)

| 연도 | 우유 | | 빵 | |
|---|---|---|---|---|
| | 가격 (원/병) | 생산량 (백만 병) | 가격 (원/개) | 생산량 (백만 개) |
| 2020년 | 250 | 40 | 200 | 10 |
| 2021년 | 300 | 40 | 400 | 15 |

① 20억 원

② 25억 원

③ 30억 원

④ 35억 원

**정답** ③

**정답의 이유**

전통적 화폐수량설에서는 MV=PY가 성립하는데, 이 공식을 2020년에 적용해보면, 20억 원×V=250원×0.4억 병+200원×0.1억 개이므로, 통화의 유통속도인 V는 6이 도출된다. 통화의 유통속도는 2021년도 동일하다고 했으므로, M×6=300원×0.4억 병+400원×0.15억 개이므로, 통화량 M은 30억 원이 도출된다.

**합격생의 포인트**

화폐금융론은 매년 1문제 이상 출제되는 영역이고, 전통적 화폐수량설은 그 중에서도 가장 빈출되는 부분입니다. 해설에 있는 공식을 확실히 이해하고, 이를 적용해야 하는 문제를 많이 풀어보시기를 권합니다.

## 36 거시경제학 - 화폐금융론 2

통화량 증가율은 연 10%, 실질 GDP 증가율은 연 −2%, 인플레이션율은 연 2%이다. 화폐수량설이 성립할 때, 연간 화폐유통속도 증가율은?

① −12%

② −10%

③ 10%

④ 12%

**정답** ②

**정답의 이유**

아래의 통화공급방정식을 이용하여 계산해야 한다.

$$\frac{\Delta M}{M}+\frac{\Delta V}{V}=\frac{\Delta P}{P}+\frac{\Delta Y}{Y}$$

제시된 조건을 대입하면 다음과 같다.

$$10\%+\frac{\Delta V}{V}=2\%+(-2\%)$$

따라서 화폐유통속도 증가율$\left(\frac{\Delta V}{V}\right)$은 −10%이다.

**합격생의 포인트**

화폐금융론 부분에서 계산 문제가 출제된다면, 통화공급방정식을 이용하는 문제가 출제될 가능성이 높습니다. 통화공급방정식을 알고 있다면 주어진 조건을 적용해 어렵지 않게 해결할 수 있으니 반드시 숙지해두기 바랍니다.

## 37 거시경제학 - 화폐금융론 3

한 경제상황에서 통화량 중 현금통화가 차지하는 비율이 20%이고, 지불준비율도 20%이다. 은행의 지급준비금이 200억 원이라고 할 때, 본원통화와 통화량으로 바르게 짝지어진 것은?(단, 민간 주체들은 현금을 제외한 나머지는 모두 요구불예금으로 보유한다.)

| | 본원통화 | 통화량 |
|---|---|---|
| ① | 250억 원 | 1,000억 원 |
| ② | 250억 원 | 1,250억 원 |
| ③ | 450억 원 | 1,000억 원 |
| ④ | 450억 원 | 1,250억 원 |

**정답** ④

정답의 이유

지불준비율이 20%인데, 은행의 지급준비금이 200억 원이라고 했으므로, 총요구불예금은 1,000억 원이 된다. 이중 현금통화가 차지하는 비율이 20%이므로, 현금통화량은 다음과 같이 계산한다.

$$현금통화\,비율 = 0.2 = \frac{현금통화량}{통화량}$$

$$= \frac{현금통화량}{현금통화량 + 총요구불예금}$$

$$= \frac{현금통화량}{현금통화량 + 1,000억}$$

현금통화향 = 250억 원

본원통화 = 현금통화 + 지급준비금이므로, 본원통화는 250억 원 + 200억 원 = 450억 원이다.

통화량 = 현금통화 + 총요구불예금이므로, 통화량은 250억 원 + 1,000억 원 = 1,250억 원이다.

**합격생의 포인트**

화폐금융론 부분에서 문제가 출제되는 경우 본원통화와 통화량을 구하는 문제가 다수 출제되므로, 해당 부분에 대한 계산법을 반드시 익혀두시기 바랍니다.

## 38 거시경제학 - 화폐금융론 4

화폐유통속도가 일정하다고 가정하고, 통화량 증가율이 10%, 실질경제성장률이 5%, 실질이자율이 0%라고 할 때, 다음 중 화폐수량설과 피셔효과를 이용하여 도출한 내용으로 옳은 것은?

① 인플레이션율과 명목이자율은 모두 5%이다.

② 인플레이션율과 명목이자율은 모두 10%이다.

③ 인플레이션율은 5%, 명목이자율은 15%이다.

④ 인플레이션율은 15%, 명목이자율은 5%이다.

**정답 ①**

[정답의 이유]

화폐수량설 공식을 증가율로 나타내면 다음과 같다.

$$\frac{\Delta M}{M} = \frac{\Delta P}{P} + \frac{\Delta Y}{Y} - \frac{\Delta V}{V}$$

이를 풀어서 써보면, 통화량 증가율=물가상승률+실질경제성장률−화폐유통속도 증가율이 된다.

이 식에 주어진 조건을 대입하면 다음과 같다.

$$10\% = \frac{\Delta P}{P} + 5\% - 0\%$$

$$\frac{\Delta P}{P} = 5\%$$

피셔효과에 따를 때 명목이자율=실질이자율+물가상승률(인플레이션율)인데, 주어진 조건에 따를 때 실질이자율이 0%이므로, 명목이자율은 물가상승률(인플레이션율)과 같은 5%이다. 따라서 인플레이션율과 명목이자율은 모두 5%이다.

**합격생의 포인트**

화폐금융론에서 한 단계 어렵게 출제된다면, 화폐수량설과 피셔효과를 이용한 물가상승률(인플레이션율)과 명목이자율을 계산하는 문제가 출제될 수 있습니다. 공식만 제대로 이해하고 있다면 어렵지 않게 풀 수 있는 문제이니 반드시 해당 공식을 암기해두시기 바랍니다.

## 39 거시경제학 - 총수요·총공급이론 1

경제 상황이 다음과 같을 때, IS곡선과 LM곡선으로 바르게 짝지어진 것은?

- $C = 20 + \dfrac{3}{4}Y$
- $I = 10 - 2.5r$
- $G = 50$
- $M_D = 0.2Y - 2r$
- $M_S = 40$

|  | IS곡선 | LM곡선 |
|---|---|---|
| ① | $Y = 350 - 10r$ | $Y = 200 + 10r$ |
| ② | $Y = 350 - 10r$ | $Y = 100 + 10r$ |
| ③ | $Y = 320 - 10r$ | $Y = 200 + 10r$ |
| ④ | $Y = 320 - 10r$ | $Y = 100 + 10r$ |

정답의 이유

- IS곡선

  IS곡선은 생산물시장의 균형을 나타내는 곡선을 의미한다. 따라서 $Y = C + I + G + (X - M)$을 만족해야 하므로, 주어진 조건을 적용하면 다음과 같다.

  $Y = 20 + \dfrac{3}{4}Y + 10 - 2.5r + 50$

  $Y = 320 - 10r$

- LM곡선

  LM곡선은 화폐시장의 균형을 나타내는 곡선을 의미한다. 따라서 $M_D = M_S$를 만족해야 하므로, 주어진 조건을 적용하면 다음과 같다.

  $0.2Y - 2r = 40$

  $Y = 200 + 10r$

합격생의 포인트

총수요 이론과 총공급 이론에서 가장 기본적인 내용이 IS곡선과 LM곡선의 도출입니다. 공무원 경제학에서도 이 내용이 가장 기본적이고 중요한 내용으로 다뤄지고 있으니 반드시 학습하셔야 합니다. 각 곡선의 도출 방법 및 각 곡선이 의미하는 바를 학습해두어야 합니다.

## 40 거시경제학 - 총수요·총공급이론 2

경제 상황이 다음과 같은 국가가 있다. 완전고용국민소득이 200이라면, 정부지출을 얼마나 증가해야 하는가?(단, 조세는 존재하지 않고, 물가수준은 일정하다.)

- C＝40＋0.75Y
- L＝75＋0.75Y－500r
- I＝45－500r
- M＝180

① 10
② 20
③ 30
④ 40

**정답** ①

**정답의 이유**

완전고용국민소득이 200이라는 것은 IS곡선과 LM곡선이 교차하는 지점의 국민소득이 200이라는 것을 의미한다.

- IS곡선
  생산물시장에서 균형을 이루는 곡선에 해당하므로, $C+I+G+(X-M)=Y$를 만족해야 한다. 주어진 조건을 적용해보면 다음과 같다.
  $40+0.75Y+45-500r+G=Y$
  $0.25Y=85-500r+G$ … ㉠

- LM곡선
  화폐시장에서 균형을 이루는 곡선에 해당하므로, $M_D=M_S$를 만족해야 한다. 주어진 조건을 적용해보면 다음과 같다.
  $75+0.75Y-500r=180$
  $0.75Y=105+500r$ … ㉡

국민소득(Y)이 200인 경우를 가정하므로, ㉠과 ㉡에 이를 대입해야 한다. r이 도출될 수 있는 LM곡선에 먼저 대입하면, $r=\dfrac{45}{500}$가 도출되고, 이를 IS곡선에 대입하면, G＝10이 도출된다.

**합격생의 포인트**

수록된 문제는 완전고용에 도달하기 위한 정부지출의 크기를 묻는 문제입니다. 취업 문제가 해소되지 않는 한 얼마든지 계속 출제될 수 있는 문제입니다. 매년 기출문제에서 1문제 정도는 총수요·총공급이론 부분에서 출제되니 해당 부분도 확실하게 공부해두시기 바랍니다.

## 41 거시경제학 - 총수요·총공급이론 3

다음 폐쇄경제 모형에서 생산물시장과 화폐시장의 균형을 동시에 달성하는 물가수준은?(단, Y＝국민소득, C＝소비, I＝투자, G＝정부지출, r＝이자율, $M_D$＝명목화폐수요, $M_S$＝명목화폐공급, P＝물가이다.)

- Y＝C＋I＋G(생산물시장 균형)
- Y＝100
- C＝20＋0.5Y
- I＝30−50r
- G＝10
- $M_D$＝$M_S$(화폐시장 균형)
- $\dfrac{M_D}{P}$＝0.01Y−r
- $M_S$＝20

① 15

② 25

③ 35

④ 45

정답 ②

정답의 이유

IS곡선은 생산물시장에서의 균형을 의미하므로, 이를 적용하면 다음과 같다.

Y＝20＋0.5Y＋30−50r＋10

LM곡선은 화폐시장에서의 균형을 의미하므로, 이를 적용하면 다음과 같다.

$\dfrac{20}{P}$＝0.01Y−r

Y＝100이므로, 이를 적용하여 연립방정식으로 풀어보면, 생산물시장과 화폐시장의 균형을 동시에 달성하는 물가수준 P＝25이다.

**합격생의 포인트**

IS곡선과 LM곡선을 이용하여 생산물시장과 화폐시장의 균형을 동시에 달성하는 물가수준을 구하는 문제입니다. 총수요·총공급이론에서 출제되는 계산문제의 전형적인 유형이므로, 위 해설을 바탕으로 확실하게 학습해두시기 바랍니다.

## 42 거시경제학 - 인플레이션과 실업 1

단기 필립스곡선이 $\pi$＝4.3−u＋$\pi^e$인 어떤 나라의 실제 실업률이 2.8%, 실제 인플레이션율이 5%, 예상인플레이션율이 3.5%라고 할 때, 이 나라의 자연실업률은 얼마인가?(단, $\pi$＝인플레이션율, u＝실업률, $\pi^e$＝예상인플레이션율을 의미한다.)

① 3.5%

② 4.3%

③ 5.3%

④ 6.3%

정답 ②

정답의 이유

자연실업률은 실제 물가를 완벽하게 예상했을 때의 실업률을 의미하므로, $\pi$＝$\pi^e$＝5%가 되어, 자연실업률(u)은 4.3%가 된다.

**합격생의 포인트**

인플레이션과 실업 부분에서 가장 기본적으로 출제되는 문제 유형입니다. 자연실업률의 개념을 잘 숙지하고 있다면 빠른 시간 내에 해결할 수 있는 문제이므로, 자연실업률에 대한 개념을 확실하게 숙지해두시기 바랍니다.

## 43 거시경제학 - 인플레이션과 실업 2

표는 쌀과 닭고기 두 가지 재화만 생산하는 어느 국가의 경제 활동 결과를 나타낸 것이다. 표에 대한 설명으로 옳은 것은?(단, 기준 연도는 2013년이며, 물가 지수는 GDP 디플레이터로, 경제 성장률은 실질 GDP 증가율로 각각 측정한다.)

| 구분 | 연도 | 2019 | 2020 | 2021 |
|------|------|------|------|------|
| 쌀 | kg당 가격($) | 10 | 15 | 17 |
| | 생산량(kg) | 100 | 80 | 100 |
| 닭고기 | kg당 가격($) | 5 | 10 | 15 |
| | 생산량(kg) | 40 | 40 | 60 |

※ GDP 디플레이터=(명목 GDP/실질 GDP)×100

① 2020년의 물가 지수는 150이다.

② 2020년의 경제 성장률은 −20%이다.

③ 2021년의 물가 지수는 200이다.

④ 2021년의 경제 성장률은 20%이다.

---

**정답** ③

**정답의 이유**

명목 GDP는 당해 연도의 가격과 당해 연도의 생산량으로 계산하고, 실질 GDP는 기준 연도의 가격과 당해 연도의 생산량으로 계산한다.

③ GDP 디플레이터는 '명목 GDP/실질 GDP×100'으로 구할 수 있다. 2021년의 명목 GDP는 2,600달러이고, 2021년의 실질 GDP는 1,300달러이다. 따라서 2021년의 GDP 디플레이터(물가 지수)는 200[명목 GDP(2,600)/실질 GDP(1,300)×100]이다.

**오답의 이유**

① GDP 디플레이터는 '명목 GDP/실질 GDP×100'으로 구할 수 있다. 2020년의 명목 GDP는 1,600달러이고, 2020년의 실질 GDP는 1,000달러이다. 따라서 2020년의 GDP 디플레이터(물가 지수)는 160[명목 GDP(1,600)/실질 GDP(1,000)×100]이다.

② 경제 성장률은 '(금년도 실질 GDP−전년도 실질 GDP)/전년도 실질 GDP×100'으로 구할 수 있다. 2019년의 실질 GDP는 1,200달러이고, 2020년의 실질 GDP는 1,000달러이다. 따라서 2020년의 경제 성장률은 약 −6.67%[{금년도 실질 GDP(1,000)−전년도 실질 GDP(1,200)}/전년도 실질 GDP(1,200)×100]이다.

④ 2020년의 실질 GDP는 1,000달러이고, 2021년의 실질 GDP는 1,300달러이다. 따라서 2021년의 경제 성장률은 30%[{금년도 실질 GDP(1,300)−전년도 실질 GDP(1,000)}/전년도 실질 GDP(1,000)×100]이다.

**합격생의 포인트**

앞선 문제에서 언급했듯이 거시경제학에서 물가 이론에 대한 문제가 출제될 때 가장 많이 출제되는 부분입니다. 특히 이번 문항의 경우 GDP 디플레이터(물가 지수)와 경제 성장률에 대한 내용을 다루고 있어 충분한 연습이 반드시 필요합니다.

## 44 거시경제학 - 인플레이션과 실업 3

다음 ㉠~㉣에 들어갈 숫자 중 옳은 것으로만 묶은 것은?

- A국 : 생산가능인구(노동인구) 10,000명 중 비경제 활동 인구가 40%일 때, 실업자가 ( ㉠ )명이면 고용률은 ( ㉡ )% 이다.
- B국 : 실업률이 2%이고 실업자가 300명일 때, 생산가능 인구가 ( ㉢ )명이면 경제활동참가율은 ( ㉣ )%가 된다.

|     | ㉠   | ㉡  | ㉢     | ㉣  |
| --- | ---- | --- | ------ | --- |
| ①   | 200  | 58  | 30,000 | 55  |
| ②   | 300  | 57  | 25,000 | 60  |
| ③   | 300  | 63  | 25,000 | 60  |
| ④   | 200  | 62  | 30,000 | 55  |

**정답** ②

정답의 이유

고용지표는 다음과 같이 구한다.

| 실업률 | 실업자 수/경제활동인구×100<br>=실업자 수/실업자 수＋취업자 수×100 |
| --- | --- |
| 취업률 | 취업자 수/경제활동인구×100 |
| 고용률 | 취업자 수/노동가능인구×100 |
| 경제활동참가율 | 경제활동인구/노동가능인구×100 |

- A국 : 생산가능인구 10,000명 중 비경제활동인구가 40%이면 경제활동인구가 60%(6,000명)이다. 이때 실업자가 200명이면 취업자가 5,800명이므로 고용률은 58%, 실업자가 300명이면 취업자가 5,700명이므로 고용률은 57%가 된다.
- B국 : 실업률이 2%이고 실업자가 300명일 때 경제활동인구는 15,000명이다. 이때 생산가능인구가 25,000명이면 경제활동참가율은 60%, 30,000명이면 경제활동참가율은 50%가 된다.

**합격생의 포인트**

실업에 관한 문제가 출제된다면 반드시 고용지표에 대해 알아야 합니다. 기본적인 고용지표의 도출방법은 충분히 연습을 해두셔야 시험장에서 빠르게 풀고 지나갈 수 있습니다.

## 45 거시경제학 - 동태경제이론 1

어느 경제의 국민총생산함수가 $Y = AL^{1/2}K^{1/2}$로 주어진다. 어느 기간 동안의 자료를 분석한 결과 국민총생산 증가율이 10%, 노동증가율이 4%, 자본증가율이 4%로 나타났다. 이 기간 동안의 총요소생산성증가율은?(단, Y는 국민총생산, L은 노동. K는 자본이다.)

① 2%

② 4%

③ 6%

④ 8%

**정답** ③

정답의 이유

솔로우의 성장회계방정식에 관한 문제이다. 솔로우의 성장회계방정식은 $\dfrac{\Delta Y}{Y} = \dfrac{\Delta A}{A} + \alpha\dfrac{\Delta L}{L} + (1-\alpha)\dfrac{\Delta K}{K}$를 말한다. 문제에 제시된 조건을 적용하면, $10\% = \dfrac{\Delta A}{A} + \dfrac{1}{2}\times 4\% + \dfrac{1}{2}\times 4\%$가 되므로, $\dfrac{\Delta A}{A} = 6\%$가 도출된다.

**합격생의 포인트**

동태경제이론에 관한 문제는 상대적으로 중급 이상으로 어렵게 출제됩니다. 동태경제학에서 등장하는 각 학파나 학자별 이론을 완전히 이해하고 있어야 해결이 가능한 문제가 출제되는데, 거시경제학에서 가장 마지막에 나오는 부분이라 집중력을 유지한 채 공부하기가 쉽지 않습니다. 하지만 이 부분에서도 1문제 이상 자주 출제되니 다른 사람보다 한 문제라도 더 맞혀야 하는 공무원 시험에서는 무시할 수 없는 비중입니다. 확실하게 이해하고 공부하시기 바랍니다.

## 46 거시경제학 - 동태경제이론 2

솔로우(Solow) 단순경제성장 모형에서 총생산함수가 $Y = 2L^{0.5}K^{0.5}$이고, 다음과 같은 조건이 주어진 경우 균제상태(steady state)에서 1인당 국민소득(y)의 값은?

- 민간부문만 있는 폐쇄경제이다.
- 인구증가율은 0이다.
- 저축함수는 $S = 0.2Y$이다.
- 각 기간의 저축과 투자는 일치한다.
- 자본의 감가상각률은 0.1이다.

① 2
② 4
③ 8
④ 12

**정답** ③

정답의 이유

솔로우의 성장이론에서 균제상태가 되기 위해서는 다음과 같은 조건이 성립해야 한다.

$$\frac{sf(k)}{k} = n + d$$

총생산함수 $Y = 2L^{0.5}K^{0.5}$를 집약형 생산함수로 정리하면,

$$\frac{Y}{L} = \frac{2L^{0.5}K^{0.5}}{\sqrt{L}} \rightarrow y = 2\sqrt{k}$$가 된다.

저축성향이 0.2, 감가상각률이 0.1이므로, 균제상태 조건에 대입하면,

$$\frac{0.2 \times 2\sqrt{k}}{k} = 0 + 0.1$$

$$\sqrt{k} = 4$$

따라서 균제상태에서 1인당 국민소득(y)은 $2 \times \sqrt{k} = 2 \times 4 = 8$이 된다.

**합격생의 포인트**

동태경제이론에서 가장 많이 출제되는 유형의 문제입니다. 솔로우 성장이론은 어느 직렬에서건 매년 1문제는 꼭 나오는 부분이니 반드시 공부해두셔야 합니다. 균제상태 조건과 총생산함수를 정리하는 부분은 충분한 연습을 해야 하고, 다양한 문제를 많이 풀어보는 것 역시 중요합니다.

## 47 국제경제학 - 국제무역 1

다음 표는 갑국과 을국이 동일한 생산 요소를 투입하여 한 달 간 최대로 생산할 수 있는 곡물과 육류의 양을 나타낸 것이다. 양국이 비교우위의 원리에 따라 교역을 할 경우 표에 대한 옳은 설명은?(단, 생산 요소는 노동 하나뿐이고, 양국에서 투입 가능한 노동의 양은 동일하다고 가정한다.)

(단위 : 톤)

| 구분 | 갑국 | 을국 |
|---|---|---|
| 곡물 | 10 | 20 |
| 육류 | 20 | 50 |

① 갑국은 육류 생산에 비교우위를 갖고 있다.

② 곡물 생산의 기회비용은 갑국이 을국보다 작다.

③ 을국의 육류 1톤 생산의 기회비용은 곡물 2.5톤이다.

④ 곡물과 육류를 1:1의 비율로 교환하면 양국 모두 이익이 발생한다.

**정답** ②

[정답의 이유]

갑국과 을국의 재화 생산에 대한 기회비용을 통해 비교우위를 도출할 수 있다.

② 곡물 생산의 기회비용은 갑국이 작으므로 비교우위가 있고, 육류 생산의 기회비용은 을국이 작으므로 비교우위가 있다.

| 구분 | 갑국 | 을국 |
|---|---|---|
| 곡물 1톤 생산의 기회비용 | 20/10=육류 2톤 | 50/20=육류 2.5톤 |
| 육류 1톤 생산의 기회비용 | 10/20=곡물 0.5톤 | 20/50=곡물 0.4톤 |

[오답의 이유]

① 갑국은 곡물 생산에 비교우위를 갖고 있다.

③ 을국의 육류 1톤 생산의 기회비용은 곡물 0.4톤이다.

④ 기회비용을 고려하여 곡물 1톤은 육류 2톤~2.5톤과 교환해야 하고, 육류 1톤은 곡물 0.5톤~0.4톤과 교환해야 한다. 곡물과 육류를 1:1로 교환하면 이익이 발생하지 않는다.

**합격생의 포인트**

공무원 경제학에서는 비교우위를 구하는 문제가 정말 많이 출제됩니다. 비교우위는 기회비용을 도출해서 구하는데, 이에 대한 연습을 해두지 않으면 쉬운 문제지만 정답을 도출하지 못할 수도 있으니 이에 대한 공부를 철저히 해두셔야 합니다.

## 48 국제경제학 - 국제무역 2

A국의 B재화에 대한 수요함수와 공급함수가 다음과 같다. 국제시장가격이 1.5라고 가정할 때, A국의 B재화에 대해 1만큼의 관세(종량세)를 부과하는 경우 A국의 B재화의 수입량은 얼마인가?

- 수요함수 : $Q_D = 20 - 4P$
- 공급함수 : $Q_S = 8 + 2P$

  ($Q_D$ = 수요량, $Q_S$ = 공급량, P = 가격)

① 0

② 6

③ 10

④ 12

**정답 ①**

정답의 이유

국제무역이 이루어지지 않는 폐쇄경제 하에서의 국내시장가격은 수요함수와 공급함수의 교점인 2이다. 국제시장가격이 1.5인데, 1만큼의 관세를 부과하는 경우 B재화의 수입 후 가격은 2.5가 되어 기존 폐쇄경제 하에서의 국내시장가격보다 비싸진다. 따라서 국내시장에서 B재화의 초과공급 상태가 되어 폐쇄경제 상태(자급자족)로 돌아가게 됨에 따라 수입량은 0이 된다.

**합격생의 포인트**

관세 부과 후의 가격을 도출하고, 이를 폐쇄경제 하에서의 가격과 비교하는 문제로, 국제무역의 기본적인 내용을 묻는 문제입니다. 단순하게 생각하더라도, 수입 후 해당 재화의 가격이 오히려 증가한다면, 해당 재화는 더 이상 수입하지 않고, 국내 생산으로만 소비될 것이라는 것을 이해하는 것이 중요합니다.

**49** 국제경제학 - 환율 1

그림은 미국 달러 대비 A국, B국, C국의 통화가치 변동률이다. 이와 같은 상황이 장기간 지속될 경우, 예상되는 변화에 대한 설명으로 옳은 것은?(단, 다른 조건은 일정하다.)

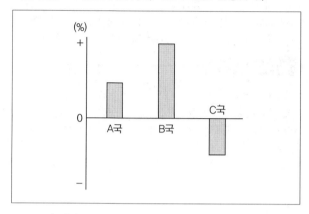

① B국에 대한 미국의 수출이 장기적으로 감소할 것이다.

② C국의 자국 통화/미국 달러 표시 환율은 지속적으로 하락할 것이다.

③ B국으로 여행할 미국 사람은 B국 통화로 미리 환전해 두는 것이 유리하다.

④ B국의 부품을 미국 달러로 결제하여 수입하는 A국 제조 기업의 생산비는 인하될 것이다.

---

**정답** ③

[정답의 이유]

③ A, B, C 세 국가 중 B국의 달러 대비 통화가치가 가장 많이 상승하였다. 즉, 현재 B국의 화폐가 제일 비싸다는 의미이다. 이와 같은 상황이 장기간 지속될 경우 B국으로 여행할 미국 사람들은 B국 통화의 가치가 더 상승하기 전에 미리 환전해 두는 것이 유리하다.

[오답의 이유]

① B국의 달러 대비 통화가치가 상승하였으므로 B국의 수출은 감소하나, B국에 대한 미국의 수출은 증가한다.

② C국의 달러 대비 통화가치는 하락하고 있으므로 환율은 지속적으로 상승할 것이다.

④ B국의 통화가치가 높기 때문에 달러로 B국의 부품을 수입해야 하는 A국 제조 기업의 생산비는 인상될 것이다.

**합격생의 포인트**

환율에 관한 전형적인 유형의 문제입니다. 환율 문제는 자칫 헷갈릴 우려가 큰 문제인 만큼 정확하게 이해하고 있는 것이 중요합니다. 따라서 이론은 정확히 이해하고, 문제도 다양하게 풀어보면서 확실히 알고 넘어가야 합니다.

## 50 국제경제학 - 환율 2

구매력평가설과 이자율평가설이 성립한다고 가정할 때, 한국과 미국의 명목이자율이 각각 5%, 6%이며, 한국의 예상 물가상승률이 3%일 경우 다음 설명 중 옳지 <u>않은</u> 것은?

① 미국의 예상 물가상승률은 4%이다.

② 달러에 대한 원화의 실질환율은 상승한다.

③ 한국과 미국의 실질이자율은 동일하다.

④ 원/달러 환율은 1% 하락할 것으로 예상된다.

**정답 ②**

정답의 이유

이자율평가설에 따를 때, 환율상승률＝자국의 이자율－타국의 이자율이므로, 한국의 환율상승률은 5%－6%＝－1%가 된다. 이를 구매력평가설에 적용시키면 다음과 같다.

• 환율상승률＝자국의 물가상승률－타국의 물가상승률－1%＝3%－미국의 물가상승률미국의 물가상승률＝4%

• 실질환율의 증가율은 명목환율의 증가율＋타국의 물가상승률－자국의 물가상승률이므로, －1%＋4%－3%＝0이 되어, 실질환율은 동일하다.

**합격생의 포인트**

구매력평가설과 이자율평가설에 대한 기본 개념을 알고 있다면 어렵지 않게 해결할 수 있는 문제입니다. 해당 부분 역시 빈출되는 내용이므로, 구매력평가설과 이자율평가설의 공식을 반드시 숙지해두어야 합니다.

MEMO

# 좋은 책을 만드는 길
# 독자님과 함께하겠습니다.

도서나 동영상에 궁금한 점, 아쉬운 점, 만족스러운 점이
있으시다면 어떤 의견이라도 말씀해 주세요.
시대고시기획은 독자님의 의견을 모아 더 좋은 책으로 보답하겠습니다.

## www.sidaegosi.com

2022 공무원 객관식 경제학 기출문제집+빈출계산문제 50선

| | |
|---|---|
| 초 판 발 행 | 2022년 04월 04일 (인쇄 2022년 02월 18일) |
| 발 행 인 | 박영일 |
| 책 임 편 집 | 이해욱 |
| 저 자 | 강승모 · SD 공무원시험연구소 |
| 편 집 진 행 | 송재병 · 남미희 · 정유진 |
| 표지디자인 | 박종우 |
| 편집디자인 | 채경신 · 김예슬 · 박서희 |
| 발 행 처 | (주)시대고시기획 |
| 출 판 등 록 | 제 10-1521호 |
| 주 소 | 서울시 마포구 큰우물로 75 [도화동 538 성지 B/D] 9F |
| 전 화 | 1600-3600 |
| 팩 스 | 02-701-8823 |
| 홈 페 이 지 | www.sidaegosi.com |
| I S B N | 979-11-383-1649-1 (13320) |
| 정 가 | 27,000원 |

MY TURN

# my TuRn

my turn

면접 시리즈
# NO.1

MY TURN

# 면 접

## 시리즈

해양경찰공무원 면접 대비

## MY TURN
### 해양경찰 면접

경찰공무원 면접 대비

## MY TURN
### 경찰 면접

국가직 전 직렬
면접 대비

## MY TURN
### 국가직 공무원 면접

지방직 전 직렬
면접 대비

## MY TURN
### 지방직 공무원 면접

※ 도서의 이미지는 변경될 수 있습니다.

MY TURN

도서 구입 및 내용 문의
# 1600-3600

# 경제학

## 기출문제집
## + 빈출계산문제 50선

economics

공무원 객관식

# 경제학

## 기출문제집
## +빈출계산문제 50선

국가직 · 지방직 · 서울시 7 · 9급 / 국회직 8급 공무원 경제학 시험 대비

## 2022 최신판

공무원 객관식

# 경제학

## 기출문제집
## + 빈출계산문제 50선

강승모 ·
SD 공무원시험연구소  공저

## 정답 및 해설

SD에듀
(주)시대고시기획

# 정답 및 해설 목차

공무원
객관식 경제학
기출문제집
+빈출계산문제 50선

# PART 1

## 국가직 7급 정답 및 해설

2021.09.11. 시행

# 국가직 7급 경제학 정답 및 해설

문제편 002p

## 정답 체크

| 01 | 02 | 03 | 04 | 05 | 06 | 07 | 08 | 09 | 10 |
|----|----|----|----|----|----|----|----|----|----|
| ③ | ② | ④ | ③ | ③ | ④ | ② | ④ | ① | ② |
| 11 | 12 | 13 | 14 | 15 | 16 | 17 | 18 | 19 | 20 |
| ② | ① | ③ | ② | ④ | ③ | ① | ④ | ④ | ② |
| 21 | 22 | 23 | 24 | 25 | | | | | |
| ④ | ② | ① | ① | ③ | | | | | |

## My Analysis

| 총 맞힌 개수 | 개 |
|---|---|
| 획득 점수 | 점 |
| 약한 영역 | |

※ '약한 영역'에는 문항별 체크리스트 상에서 자신이 가장 많이 틀린 영역을 표시해두고, 추후에 해당 영역을 집중적으로 학습하시는 데 활용하시기 바랍니다.

## 문항별 체크리스트

| 문항 | 문항 영역 | 맞힘 | | 틀림 | |
|---|---|---|---|---|---|
| | | A | B | C | D |
| 01 | 미시경제학>수요·공급이론 | | | | |
| 02 | 미시경제학>시장실패와 정보경제학 | | | | |
| 03 | 거시경제학>동태경제이론 | | | | |
| 04 | 거시경제학>총수요·총공급이론 | | | | |
| 05 | 국제경제학>국제무역이론과 무역정책 | | | | |
| 06 | 미시경제학>시장조직이론 | | | | |
| 07 | 거시경제학>화폐금융론 | | | | |
| 08 | 미시경제학>생산요소 시장이론과 소득분배 | | | | |
| 09 | 미시경제학>소비자이론 | | | | |
| 10 | 거시경제학>국민소득 결정이론 | | | | |
| 11 | 거시경제학>인플레이션과 실업 | | | | |
| 12 | 거시경제학>화폐금융론 | | | | |
| 13 | 거시경제학>동태경제이론 | | | | |
| 14 | 거시경제학>총수요·총공급이론 | | | | |
| 15 | 국제경제학>외환시장과 국제수지 | | | | |
| 16 | 미시경제학>생산자이론 | | | | |
| 17 | 국제경제학>외환시장과 국제수지 | | | | |
| 18 | 국제경제학>외환시장과 국제수지 | | | | |
| 19 | 거시경제학>총수요·총공급이론 | | | | |
| 20 | 국제경제학>외환시장과 국제수지 | | | | |
| 21 | 미시경제학>소비자이론 | | | | |
| 22 | 미시경제학>생산요소 시장이론과 소득분배 | | | | |
| 23 | 미시경제학>생산요소 시장이론과 소득분배 | | | | |
| 24 | 미시경제학>시장실패와 정보경제학 | | | | |
| 25 | 미시경제학>금융경제학 | | | | |

| 미시경제학 | / 11 | 거시경제학 | / 9 |
|---|---|---|---|
| 국제경제학 | / 5 | | |

\* A : 알고 맞힘　　　　　　　B : 찍어서 맞힘
　 C : 의도·내용 파악 부족　　D : 매번 틀리는 유형

## 01 오답률 6%

정답 ③

| 영역 미시경제학>수요 · 공급이론 | 난도 하 |

[정답의 이유]

③ 고정비용이 없는 장기에 생산자잉여는 기업의 이윤과 같다. 생산자잉여=이윤+고정비용이다.

[오답의 이유]

① 소비자잉여는 최대지불용의 금액이 실제 지불한 금액을 초과하는 부분이다.

② 소비자잉여는 소비자가 재화의 소비에서 얻는 편익의 총합에 지불금액을 뺀 것과 같다.

④ 기업에 단위당 T원의 물품세를 부과하면 소비자 가격이 상승하나, 생산자가 실제로 받는 가격은 하락하여 생산자잉여가 감소한다.

## 02 오답률 8%

정답 ②

| 영역 미시경제학>시장실패와 정보경제학 | 난도 하 |

[정답의 이유]

② 유인설계란 주인-대리인의 문제를 해결하기 위해 대리인에게 적절한 행동을 하도록 보상구조를 설계하는 것을 뜻한다. 유인설계가 이루어진 경우 대리인의 감추어진 행동 때문에 발생하는 문제를 해결할 수 있다.

[오답의 이유]

① 중고차 시장에서 불량품만 남게 되는 현상은 역선택의 사례이다.

③ 강제적인 단체보험 프로그램의 도입은 역선택의 문제를 해결해준다.

④ 자동차 보험 가입 후 운전을 더 부주의하게 하는 것은 도덕적 해이의 사례이다.

## 03 오답률 10%

정답 ④

| 영역 거시경제학>동태경제이론 | 난도 하 |

[정답의 이유]

④ 어떠한 변수가 일정한 시차를 가지고 다른 변수보다 선행하거나 후행하는 경우에도 공행성이 있을 수 있다. 전자를 경기선행적이라고 하고, 후자를 경기후행적이라고 한다.

[오답의 이유]

① 국내총생산이 장기추세치보다 더 큰 값을 가질 때 인플레이션 갭이 존재한다고 하며, 이때 경제는 호황기에 있다.

② 국내총생산의 단기적 동향을 경기변동이라고 하고, 장기적 추세를 경제성장이라고 한다.

③ 경기변동의 확장과 수축 국면에서 물가, 고용량, 실업, 소비와 투자 등 다양한 거시경제변수들이 산출량 변화와 일정한 관계를 가지고 함께 움직이는 것을 공행성이라고 한다. 단기적으로 국내총생산과 실업률이 반대로 움직이는 것도 공행성의 예라고 할 수 있다.

## 04 오답률 11%

정답 ③

| 영역 거시경제학>총수요 · 총공급이론 | 난도 하 |

[정답의 이유]

③ 긴축적 통화정책은 LM곡선을 좌측으로 이동시키고, 확장적 재정정책은 IS곡선을 우측으로 이동시킨다. 피셔방정식에 따르면 $i=r+\pi^e$이며 물가 변동이 없는 단기이므로 $\pi^e$는 고정일 것이다. IS-LM 모형에 따르면 명목 이자율이 상승하고, $\pi^e$는 고정이므로 실질 이자율이 상승할 것이다.

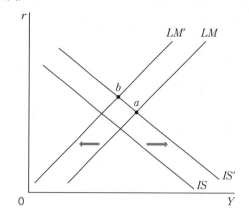

## 05 오답률 30%

정답 ③

| 영역 국제경제학>국제무역이론과 무역정책 | 난도 중 |

[정답의 이유]

③ 산업내 무역이란 동종 산업 내에서 차별화된 상품들을 각국 기업들이 생산하고 무역을 하는 것이다.

ㄴ. 규모의 경제는 같은 산업 내에서라도 기업들마다 차이가 있다. 시장개방과 완전특화로 인해 산업내 무역이 발생한다.

ㄷ. 제품의 차별화로 인해 서로 다른 국가에 속한 각 기업들은 같은 산업군에 속해 있더라도 일부제품에 특화하게 되고, 이로 인해 산업내 무역이 발생한다.

[오답의 이유]

ㄱ. 비교우위는 산업 간 무역을 발생시킨다. 요소부존도나 노동생산성으로 인해 비교우위가 발생하고, 이는 산업 간 무역을 발생시킨다.

ㄹ. 상이한 부존자원은 국가 간의 생산성 차이를 만들어 내고, 이로 인해 산업 간 무역이 발생한다. 헥셔-올린 이론과 관련되어 있다.

## 06 오답률 28% 정답 ④

**영역** 미시경제학>시장조직이론 난도 중

정답의 이유

④ 개별 소비자의 수요함수가 모두 같으므로 이부가격제를 실시할 때 단위당 사용료는 한계비용만큼 받고, 소비자잉여분만큼을 기본요금으로 받는다면 최대의 이윤을 누릴 수 있다. 한계비용이 20이므로 단위당 사용료는 20이고, 기본요금은 3,200이다.

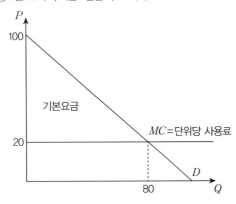

## 07 오답률 58% 정답 ②

**영역** 거시경제학>화폐금융론 난도 상

정답의 이유

② 이자율의 기간구조에 대한 분할시장이론이란 단기이자율과 장기이자율은 특정 만기에 대한 시장 참가자의 선호도가 결정한다고 설명한다. 만기가 서로 다른 채권 간에는 대체 관계가 존재하지 않고, 단기 자금과 장기 자금의 시장은 분리되어 있다는 것이다. 분할시장이론은 단기채권과 장기채권의 이자율이 시간의 흐름에 따라 같은 방향으로 움직이는 이유를 설명해주지 못한다.

오답의 이유

① 수익률곡선이란 만기 외에 다른 조건이 동일한 채권의 만기와 이자율 사이의 관계를 나타내는 곡선이다. 일반적으로 만기가 길수록 이자율이 높은 우상향의 형태를 띤다.

③ 이자율의 기간구조에 대한 유동성 프리미엄 이론은 장기이자율은 미래단기이자율에 그동안 현금보유를 포기하는 대가(유동성 프리미엄)를 합한 값으로 결정된다고 설명한다. 만기가 길수록 프리미엄이 커지며 그 값은 항상 양(+)이다. 따라서 수익률곡선이 전형적으로 우상향하는 이유를 설명해 준다.

④ 이자율의 기간구조에 대한 기대이론이란 시장 참가자들이 평균적으로 예상하는 미래의 단기 이자율이 장기 이자율을 결정한다는 이론이다. 만기가 서로 다른 채권을 완전 대체재로 보며, 장기 이자율은 단기 이자율을 여러 차례 재투자한 결과 얻을 수 있는 이자율(평균이자율)로 본다. 기대이론에 따르면 중앙은행이 앞으로 계속 단기이자율을 낮추겠다는 공약을 할 경우 장기이자율은 하락할 것이다.

## 08 오답률 12% 정답 ④

**영역** 미시경제학>생산요소시장이론과 소득분배 난도 하

정답의 이유

④ 효율임금으로 인하여 시장 균형가격보다 높은 임금이 책정된다. 이로 인해 초과공급이 생기며, 비자발적 실업이 발생하는 것이다. 효율임금은 노동의 공급과잉을 해소시킨다기보다 유발한다고 할 수 있다.

오답의 이유

① 효율임금이론은 임금의 하방경직성을 설명할 수 있다. 균형임금보다 효율임금 수준에서 임금이 결정되기 때문이다.

② 균형보다 높은 수준의 실질임금을 지급하는 효율임금은 근로자의 도덕적 해이를 완화시킬 수 있다고 본다.

③ 균형보다 높은 수준의 실질임금인 효율임금은 근로자의 이직을 감소시킬 수 있다.

**합격생의 필기노트**

효율임금이론
효율임금이론은 시장균형 임금보다 높은 수준의 임금을 지급하면 생산성을 높일 수 있다고 보는 이론이다. 생산성이 임금을 결정하는 것이 아니라 임금이 생산성을 결정한다고 본다. 근로자에게 높은 임금을 지급하면 이직률이 낮아지고, 근로 열의가 높아지며, 우수한 근로자를 채용할 수 있다는 것이다. 효율임금이론은 시장에 비자발적 실업이 존재하는 이유를 설명해준다.

## 09 오답률 60% 정답 ①

**영역** 미시경제학>소비자이론 난도 상

정답의 이유

① 먼저 효용극대화식을 풀어 원래의 효용 수준 값을 구한다(보상수요함수의 도출).

$\text{Max } u(x, y) = 2\sqrt{xy} \quad \text{s.t. } x + y = 60$

(가격변화 전의 소득은 60, $P_x = 1$, $P_y = 1$)

$MRS_{xy} = \dfrac{P_x}{P_y}$

$x^* = 30$, $y^* = 30$, $u^* = 2\sqrt{x^* y^*} = 60$

비용최소화식을 풀어 원래 효용 수준을 유지하기 위한 소득 수준 값을 구한다(지출함수의 도출).

$\text{Min } M = x + 4y \quad \text{s.t. } 2\sqrt{xy} = 60$

$\dfrac{P_x}{P_y} = MRS_{xy}$

$x^* = 60$, $y^* = 15$, $M^* = 120$

따라서 필요한 추가 소득은 60(= 120 − 60)이다.

## 10 오답률 35% 정답 ②

영역 거시경제학>국민소득결정이론 난도 중

정답의 이유

② B국의 투자승수를 구하면 다음과 같다.

$$투자승수 = \frac{1}{1-MPC} = \frac{1}{1-0.8} = 5$$

균형국민소득이 430조 원인 경우, 430조의 4%는 17.2조 원이다.

$\Delta I \times$ 투자승수 = 17.2

∴ $\Delta I = 17.2/5 = 3.44$조 원이다.

오답의 이유

① A국의 정부지출승수를 구하면 다음과 같다.

$$정부지출승수 = \frac{1}{1-MPC(1-t)} = \frac{1}{1-0.8(1-0.25)} = 2.5$$

균형국민소득이 215조 원인 경우, 215조의 4%는 8.6조 원이다.

$\Delta G \times$ 정부지출승수 = 8.6

∴ $\Delta G = 8.6/2.5 = 3.44$조 원이다.

③ 정부지출의 증대가 균형국민소득에 미치는 영향의 크기는 A국은 2.5배, B국은 5배로 다르다.

④ A국의 한계세율이 증가하면 균형국민소득은 감소한다.

## 11 오답률 7% 정답 ②

영역 거시경제학>인플레이션과 실업 난도 하

정답의 이유

② 경제활동참가율 = $\frac{취업자 + 실업자}{생산가능인구}$ 이다. 생산가능 인구 = 경제활동인구 + 비경제활동인구이다.

• 경제활동참가율 = $\frac{900 + 100}{2000} = 50\%$

• 실업률 = $\frac{실업자}{경제활동인구} = \frac{100}{1000} = 10\%$

## 12 오답률 15% 정답 ①

영역 거시경제학>화폐금융론 난도 하

정답의 이유

ㄱ. 중앙은행의 공개시장매도란 단기금융시장이나 채권시장과 같은 공개시장에서 금융기관을 상대로 국공채 등 유가증권을 매도하는 것이다. 공개시장매도가 있으면, 본원통화가 줄어들고 통화량이 감소한다.

ㄴ. 중앙은행이 재할인율을 인상하면 일반 은행이 중앙은행으로부터 대출할 경우에 적용되는 금리가 인상되는 것이므로 일반 은행의 중앙은행으로부터의 대출이 감소하고, 시중 통화량이 감소한다.

오답의 이유

ㄷ. 예금자의 현금통화비율이 감소하면 통화승수가 감소하여 통화량이 감소한다.

ㄹ. 시중은행의 초과지급준비율이 감소하면 통화승수가 감소하여 통화량이 감소한다.

## 13 오답률 8% 정답 ③

영역 거시경제학>동태경제이론 난도 하

정답의 이유

③ 균제상태에서 총자본의 성장률은 인구증가율과 같고 총생산량의 성장률도 인구증가율과 같다. 균제상태에서 $\dot{k} = 0$이고, $\dot{K} = \dot{k} + n = n$인 것과 마찬가지로 균제상태에서 $\dot{y} = 0$이고 $\dot{Y} = \dot{y} + n = n$이기 때문이다.

오답의 이유

① 솔로우 모형에서는 노동과 자본에 대한 생산함수가 규모에 대한 수익불변(CRS)이라고 가정한다.

② 균제상태에서 1인당 자본량과 1인당 생산량의 변화율은 0이다. 즉 해당 값은 시간이 지나도 변하지 않고 안정적으로 유지된다.

④ 솔로우 모형에서 1인당 소비를 극대화하는 1인당 자본량의 균제상태 값을 자본의 황금률 수준이라고 한다.

## 14 오답률 25% 정답 ②

영역 거시경제학>총수요ㆍ총공급이론 난도 중

정답의 이유

② IS : $Y = C + I + G = 130 + 0.5(Y - 0.2Y) + 120 - 90r + 200$

$\quad\quad 0.6Y = 450 - 90r$

$\quad\quad Y = 750 - 150r$

LM : $M_D = M_S$

$\quad\quad 0.5Y = 25r + 175$

$\quad\quad Y = 50r + 350$

IS-LM 균형 : $Y^* = 450$, $r^* = 2$

## 15 오답률 10%  정답 ④

| 영역 국제경제학>외환시장과 국제수지 | 난도 하 |

정답의 이유

④ 문제에 따르면 A국은 소국이므로 관세를 부과하여도 국제가격을 하락시키지 않는다. 소국은 국제가격에 영향을 미치지 못한다.

오답의 이유

① 관세부과 시 국내 가격의 상승으로 국내소비량은 감소하고, 수요가 가격탄력적일수록 가격 상승에 따른 소비량 감소 효과가 커진다.

② 관세부과로 인해 국내 가격이 상승하므로 국내생산과 생산자잉여는 증가한다.

③ 쌀 시장 전면 개방 이후 관세의 부과로 인해 시장 개입에 따른 사회후생의 손실이 발생한다.

## 16 오답률 15%  정답 ③

| 영역 미시경제학>생산자이론 | 난도 하 |

정답의 이유

③ 단기의 완전경쟁시장에서 기업 A의 고정비용은 0이므로, 평균가변비용이 곧 평균총비용이 된다.

- $AVC(q) = q^2 - 6q + 18$
- $ATC(q) = q^2 - 6q + 18$
- $TC(q) = q^3 - 6q^2 + 18q$
- $MC(q) = 3q^2 - 12q + 18$

AVC의 최저점에서 생산을 중단하여야 한다(조업중단점).

AVC의 최저점 : $\frac{dAVC}{dq} = 2q - 6 = 0$, $q_{최저} = 3$

$q^* = 3$일 때 AVC가 최저이고, MC와 만나는 점이므로 $MC(q^*) = AVC(q^*) = 9$

가격이 9보다 낮으면 생산을 중단하여야 한다.

오답의 이유

① 시장가격이 6일 때 한계비용이 최소가 된다. MC의 최저점은 (2, 6)이다.

② 시장가격이 7이면 기업은 생산을 중단하는 편이 낫다.

④ 시장가격이 9인 경우 기업의 경제적 이윤은 0이다. 총비용과 수입이 같기 때문이다.

## 17 오답률 12%  정답 ①

| 영역 국제경제학>외환시장과 국제수지 | 난도 하 |

정답의 이유

① 개방 후 A국의 X재 가격이 하락하므로 국내 소비량은 늘어날 것이고, 국내 생산량은 줄어들 것이다. 따라서 후생은 소비자잉여의 증가분과 생산자잉여의 감소분으로 이루어질 것이다.

---

**합격생의 필기노트**

- 개방 전 소비자잉여와 생산자잉여

  소비자잉여 : $\frac{1}{2} \times 6 \times 6 = 18$

  생산자잉여 : $\frac{1}{2} \times 6 \times 6 = 18$

- 개방 후 소비자잉여와 생산자잉여

  소비자잉여 : $\frac{1}{2} \times 8 \times 8 = 32$

  생산자잉여 : $\frac{1}{2} \times 4 \times 4 = 8$

소비자잉여는 14 증가하고 생산자잉여는 10 감소하므로 사회후생은 4 증가한다.

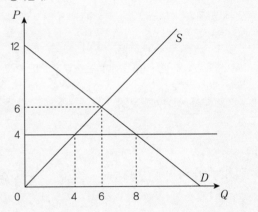

## 18 오답률 10%  정답 ④

| 영역 국제경제학>외환시장과 국제수지 | 난도 하 |

정답의 이유

④ 먼델-플레밍 모형에서 소규모 개방경제가 변동환율제를 채택할 경우 재정정책은 무용하다. A국이 국채를 통한 재정지출을 증가시켰다면 국내 이자율이 상승하여 자본이 유입되고, 환율이 하락하여 순수출이 감소한다. 결과적으로 A국의 국민소득은 변함없을 것이다. B국의 경우에는 통화량 증가를 통한 확장적 통화정책이 효과를 발휘하여 경기가 회복될 것이다.

오답의 이유

① A국은 확장적 재정정책을 실시하여 국내 이자율이 상승하고, B국은 확장적 통화정책을 실시하여 국내 이자율이 하락할 것이다. 자본은 이자율이 높은 국가로 들어가기 때문에 자본은 B국에서 A국으로 이동한다.

② A국의 경우 국내 이자율 상승으로 인한 순자본유입 증가로 환율이 하락하여 경상수지가 악화된다.

③ A국의 환율은 하락하므로 통화가 평가절상된 것이다.

**19** 오답률 13%                                      정답 ④

영역 거시경제학>총수요 · 총공급이론                 난도 하

정답의 이유

④ 총수요와 총공급이 자연산출량에서 균형을 이루고 있을 때 총수요를 증가시킨다면 장기에는 기대인플레이션이 높아지면서 단기공급곡선이 상승하고, 고용이 완전고용 수준으로 감소한다(되돌아온다).

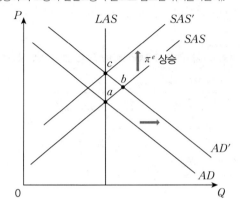

오답의 이유

① · ② 단기에는 생산량이 증가하고 물가는 상승하며, 물가 상승에 따라 실질임금이 하락하고 고용은 증가한다.

③ 장기에는 단기총공급곡선이 좌측으로 이동하며(총공급 감소) 물가는 단기보다 더 상승한다.

**20** 오답률 15%                                      정답 ②

영역 국제경제학>외환시장과 국제수지                 난도 하

정답의 이유

② A국에서 수입품에 대한 국내 수요가 감소하면 외화 수요가 줄어듦으로, 외화의 가격인 환율이 하락한다. 환율하락은 자국 통화 가치 상승을 의미한다.

오답의 이유

① A국 국내 물가가 상승하면 A국 통화의 가치를 단기적으로 하락시킨다.

③ 해외 경기가 침체되면 A국의 수출이 감소한다. 수출 감소는 외화 공급의 하락을 의미하므로 환율이 상승하게 된다. 환율이 상승한다는 것은 자국 통화 가치의 하락을 의미한다.

④ 외국인 주식투자액 한도가 축소되면 외화 공급이 하락하여 자국 통화 가치가 하락한다.

**21** 오답률 35%                                      정답 ④

영역 미시경제학>소비자이론                         난도 중

정답의 이유

④ 위험프리미엄은 기대소득에서 확실성등가를 뺀 것이다.

- 기대소득(EW)=$0.8 \times 100 = 80$
- 기대효용(EU)=$0.8\sqrt{100} = 8$
- 확실성등가(CE) : $\sqrt{CE} = 8$, $\therefore CE = 64$
- 위험프리미엄(p) : $EW - CE = 16$
- 최대 보험료 : $\sqrt{(100-x)} = \sqrt{64}$, $\therefore x = 36$
- $\therefore$ (가)=16원, (나)=36원

**22** 오답률 28%                                      정답 ②

영역 미시경제학>생산요소시장이론과 소득분배         난도 중

정답의 이유

② 시간당 임금의 상승으로 인한 대체효과는 여가의 소비를 줄인다. 이는 노동공급량의 증가를 의미한다.

오답의 이유

① 여가가 정상재일 경우 노동공급곡선의 후방굴절이 나타날 수 있다. 노동공급곡선의 후방굴절은 임금이 상승할 때 노동공급이 오히려 줄어드는 현상이 나타날 때 발생한다. 여가가 정상재라고 가정한다. 임금이 상승할 때 대체효과는 여가를 줄이고 노동공급을 늘린다. 소득효과는 여가를 늘리고 노동공급을 줄인다. 소득효과가 대체효과보다 크다면 노동공급은 줄어든다. 즉 여가가 정상재인 경우에만 노동공급곡선의 후방굴절이 나타날 수 있다.

③ 여가가 정상재일 경우 시간당 임금 상승 시 소득효과가 대체효과보다 더 크면 노동공급량이 감소한다.

④ 근로소득과 여가가 완전보완재일 경우 시간당 임금 상승 시 대체효과가 발생하지 않는다.

## 23 오답률 33%　　　　　　　　　　　정답 ①

| 영역 미시경제학>생산요소시장이론과 소득분배 | 난도 중 |

[정답의 이유]

① 앳킨슨 지수 $= 1 - \dfrac{\text{균등분배대등소득}}{\text{평균소득}}$ 이다.

균등분배대등소득이란 모든 사람들이 균등분배대등소득만큼 가지고 있으면 현재 소득분배 상태와 사회후생이 같아지는 소득을 의미한다. 현재 A, B의 효용함수가 U=I이므로 균등분배대등소득을 구하면 다음과 같다.

균등분배대등소득 $= x$

현재 $SW = \min(U_A, 2U_B) = \min(I_A, 2I_B) = 200$

균등분배 $SW = \min(x, 2x) = 200$

$x^* = 200$

평균소득 $= \dfrac{100 + 400}{2} = 250$

$\therefore$ 앳킨슨 지수 $= 1 - \dfrac{200}{250} = 0.2$

## 24 오답률 35%　　　　　　　　　　　정답 ①

| 영역 미시경제학>시장실패와 정보경제학 | 난도 중 |

[정답의 이유]

① 공공재의 최적 수량 결정은 개인의 한계편익의 합인 사회적 한계편익과 사회적 한계비용이 같아지는 수준에서 결정된다. 개인들의 수요함수를 수직합하여 사회적 한계편익을 구할 수 있다.

$P_A = 40 - 2Q$, $P_B = 50 - Q$, $P_C = 60 - Q$

$SMB = (40 - 2Q) + (50 - Q) + (60 - Q) = 150 - 4Q$

$SMC = 90$

$SMB = SMC \rightarrow Q^* = 15$

사회적 최적 생산량은 15이다. 이 때 각 개인은 공공재 수량을 소비할 때 자신의 한계편익만큼을 가격으로 지불한다.

$\therefore$ A의 수요함수에 $Q^* = 15$를 대입하면 $P_A^* = 10$

## 25 오답률 65%　　　　　　　　　　　정답 ③

| 영역 미시경제학>금융경제학 | 난도 상 |

[정답의 이유]

③ 은행의 최초 자기자본은 1,000만 원이고, 예금으로 9,000만 원을 예치하고 있다. 이 때 예금액의 10%인 900만 원은 지급준비금이고, 남은 9,100만 원은 모두 대출하고 있다. 전체 대출 금액 중 10%가 회수 불가로 판명되었다면 910만 원이 회수 불가로 판명된 것이다.

### 합격생의 필기노트

- 은행의 최초 대차대조표

| 차변 | 대변 |
| --- | --- |
| 대출 : 9,100만 원 | 자기자본 : 1,000만 원 |
| 지급준비금 : 900만 원 | 예금 : 9,000만 원 |

- 회수 불가로 판명된 후

| 차변 | 대변 |
| --- | --- |
| 대출 : 8,190만 원<br>(910만 원 감소) | 자기자본 : 90만 원<br>(910만 원 감소) |
| 지급준비금 : 900만 원 | 예금 : 9,000만 원 |

레버리지 비율은 9,090/90 = 101이므로 10.1배이다.

소수 첫째자리에서 반올림하면 10배이다.

2020.09.26. 시행

# 2020

# 국가직 7급 경제학 정답 및 해설

문제편 008p

## 정답 체크

| 01 | 02 | 03 | 04 | 05 | 06 | 07 | 08 | 09 | 10 |
|----|----|----|----|----|----|----|----|----|----|
| ④ | ③ | ② | ④ | ② | ③ | ③ | ④ | ② | ④ |
| 11 | 12 | 13 | 14 | 15 | 16 | 17 | 18 | 19 | 20 |
| ③ | ② | ④ | ① | ② | ② | ③ | ① | ② | ① |

## My Analysis

| 총 맞힌 개수 | 개 |
|----|----|
| 획득 점수 | 점 |
| 약한 영역 | |

※ '약한 영역'에는 문항별 체크리스트 상에서 자신이 가장 많이 틀린 영역을 표시해두고, 추후에 해당 영역을 집중적으로 학습하시는 데 활용하시기 바랍니다.

## 문항별 체크리스트

| 문항 | 문항 영역 | 맞힘 | | 틀림 | |
|----|----|----|----|----|----|
| | | A | B | C | D |
| 01 | 미시경제학>수요·공급이론 | | | | |
| 02 | 미시경제학>재정학 | | | | |
| 03 | 거시경제학>총수요·총공급이론 | | | | |
| 04 | 거시경제학>인플레이션과 실업 | | | | |
| 05 | 미시경제학>생산자이론 | | | | |
| 06 | 미시경제학>시장조직이론 | | | | |
| 07 | 거시경제학>화폐금융론 | | | | |
| 08 | 거시경제학>총수요·총공급이론 | | | | |
| 09 | 거시경제학>동태경제이론 | | | | |
| 10 | 거시경제학>총수요·총공급이론 | | | | |
| 11 | 미시경제학>시장실패와 정보경제학 | | | | |
| 12 | 국제경제학>국제무역이론과 무역정책 | | | | |
| 13 | 거시경제학>총수요·총공급이론 | | | | |
| 14 | 미시경제학>시장조직이론 | | | | |
| 15 | 거시경제학>동태경제이론 | | | | |
| 16 | 국제경제학>외환시장과 국제수지 | | | | |
| 17 | 거시경제학>화폐금융론 | | | | |
| 18 | 국제경제학>국제무역이론과 무역정책 | | | | |
| 19 | 미시경제학>시장조직이론 | | | | |
| 20 | 거시경제학>총수요·총공급이론 | | | | |

| 미시경제학 | / 7 | 거시경제학 | / 10 |
|----|----|----|----|
| 국제경제학 | / 3 | | |

* A : 알고 맞힘
  B : 찍어서 맞힘
  C : 의도·내용 파악 부족
  D : 매번 틀리는 유형

## 01 오답률 6%　　　　　　　　　　　정답 ④

영역 미시경제학>수요 · 공급이론　　　　　난도 하

정답의 이유

④ $Q^D = 100 - P$

$Q^S = -20 + P$

· 시장균형 : $Q^* = 40$, $P^* = 60$

· 소비자잉여 : $\frac{1}{2} \times 40 \times 40 = 800$

· 생산자잉여 : $\frac{1}{2} \times 40 \times 40 = 800$

∴ 생산자잉여와 소비자잉여는 같다.

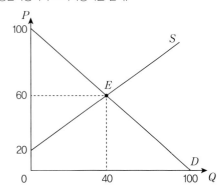

## 02 오답률 26%　　　　　　　　　　　정답 ③

영역 미시경제학>재정학　　　　　　　　난도 중

정답의 이유

③ 티부 모형의 기본 가정으로는 생산기술이 규모수익불변(CRS)의 특성을 가진다.

오답의 이유

① 티부 모형에서는 사람들이 각 지역에 대한 완전한 정보를 가진다는 것을 가정한다.

② 사람들의 이동성에 제약이 없다. 따라서 다른 지역에 재정적 이점이 있다면 자유로운 이주가 가능하다.

④ 티부 모형의 기본가정에 따르면 외부성이 존재하지 않는다.

 **합격생의 필기노트**

티부 모형

티부 모형의 기본적인 설명은 다음과 같다. 다양한 가격(세율)하에 다양한 재화(정부서비스) 묶음을 제공하는 지방자치제를 가정한다. 이때 개인들은 각 서비스들에 대한 개인적인 가치와 세금을 지불할 능력에 따라 자신의 효용을 극대화하고, 이에 따라 지역사회에서 다른 지역사회로 이동할 것이다. 이 모형은 개인의 선택과정에 따라 최적의 인구를 구성함으로써 지역관할, 거주자들의 선호에 따라 지방공공재의 균형적인 분배를 이룰 것이라고 말한다.

## 03 오답률 8%　　　　　　　　　　　정답 ②

영역 거시경제학>총수요 · 총공급이론　　　난도 하

정답의 이유

② IS 곡선의 기울기가 완만할수록 확장적 통화정책으로 LM이 우측 이동할 때, 국민소득의 증가폭이 커진다. IS 곡선의 기울기가 완만하다는 것은 투자의 이자율탄력성이 높다는 것인데, 이때 확장적 통화정책으로 이자율이 감소한다면 투자가 크게 증가하여 국민소득의 증가폭이 커진다.

LM 곡선의 기울기가 완만할수록 확장적 통화정책으로 LM이 우측 이동할 때, 국민소득의 증가폭이 작아진다. LM 곡선의 기울기가 완만하다는 것은 화폐수요의 이자율 탄력성이 크다는 것이다. 이때 확장적 통화정책으로 화폐공급이 증가하는 경우 화폐수요의 이자율 탄력성이 클수록 이자율의 감소폭이 작아진다. 따라서 국민소득의 증가폭이 작아진다.

## 04 오답률 10%　　　　　　　　　　　정답 ④

영역 거시경제학>인플레이션과 실업　　　　난도 하

정답이 이유

④ 경제활동인구가 일정한 경제에서 안정상태의 실업률은 '자연실업률'을 의미한다. 자연실업률은 다양하게 정의되는데, 그중에 하나는 안정상태에서 실업자가 취업하는 비율을 $f$라고 하고, 취업자가 실직하는 비율을 $s$라고 할 때 $u_n = \frac{s}{s+f}$으로 정의하는 것이다.

문제에 따르면 $u_n = 10\%$, $s = 2\%$이므로

$$u_n = \frac{s}{s+f} \rightarrow 10 = \frac{2}{2+f}$$

∴ $f = 18\%$

 **합격생의 필기노트**

자연실업률을 정의하는 다양한 방법

· 완전고용상태에서의 실업률

· 균제상태(steady state)에서 결정되는 실업률 : $u_n = \frac{s}{s+f}$

· 마찰적 실업자가 경제활동인구에서 차지하는 비율

· 물가상승을 수반하지 않는 실업률(NAIRU)

## 05  오답률 55%  정답 ②

**영역** 미시경제학>생산자이론  **난도** 상

정답의 이유

② 이윤을 극대화하는 생산수준은 다음의 이윤극대화 식을 해결하면 도출된다.

$\text{Max } \pi = PQ - WL$

문제의 조건을 이에 대입하면 다음과 같다.

$\text{Max } \pi = P(200L - L^2) - 300L$

f.o.c. $\dfrac{d\pi}{dL} = 200P - 2PL - 300 = 0$

위 1계 조건을 풀면 $L^* = 50$가 도출되어야 한다. 따라서 $L^* = 50$을 위 식에 대입하면,

$200P - 100P - 300 = 0$

$\therefore P^* = 3$

## 06  오답률 58%  정답 ③

**영역** 미시경제학>시장조직이론  **난도** 상

정답의 이유

③ X재 시장은 완전경쟁적이므로 각 기업의 장기균형생산량은 장기평균비용(LAC)이 최저가 되는 점에서 결정된다.

$LAC = \dfrac{TC}{q} = 2q^2 - 12q + 48$

$\dfrac{dLAC}{dq} = 4q - 12 = 0$

$q^* = 3$

완전경쟁시장에서 각 기업은 $q^* = 3$씩 생산한다. 완전경쟁시장의 장기균형가격은 각 기업의 장기총비용과 같다. 각 기업의 초과이윤이 0이 되기 때문이다.

$P^* = LAC(q^*) = LAC(3) = 30$

시장수요곡선에 $P^* = 30$을 대입하면 $D(P^*) = D(30)$ 시장 전체 거래량인 $Q^* = 450$이 도출된다. 생산하는 기업의 수는 시장 전체 거래량에 개별 기업의 생산량을 나눈 값이다.

$n^* = \dfrac{Q^*}{q^*} = \dfrac{450}{3} = 150$

따라서 장기시장균형가격은 30이고, 기업의 수는 150이다.

## 07  오답률 56%  정답 ③

**영역** 거시경제학>화폐금융론  **난도** 상

정답의 이유

③ 이자율의 기간구조에 대한 기대이론에 따르면 n년 만기 채권의 수익률은 n년 동안 발생할 것으로 기대되는 이자율의 1년치 평균값과 같다.

$i_n = \dfrac{i_0 + i^e_1 + i^e_2 + \cdots + i^e_{n-1}}{n}$

＊$i_n$＝n기의 1년 만기 채권의 이자율

$i_0$＝현재 1년 만기 채권의 이자율

$i^e_1$＝1년 후의 1년 만기 채권의 이자율

따라서 A국 경제의 채권시장에 1년 만기, 2년 만기, 3년 만기 국채의 이자율이 각각 3%, 5%, 6%라면, 현재 시점으로부터 2년 이후에 성립하는 1년 만기 국채의 이자율은 다음과 같다.

$i_2 = \dfrac{i_0 + i^e_1}{2} = \dfrac{3\% + i^e_1}{2} = 5\%$

$i^e_1 = 7\%$ (1년 후 1년 만기 채권의 이자율은 7%)

$i_3 = \dfrac{i_0 + i^e_1 + i^e_2}{3} = \dfrac{3\% + 7\% + i^e_2}{3} = 6\%$

$i^e_2 = 8\%$ (2년 후 1년 만기 채권의 이자율은 8%)

## 08  오답률 7%  정답 ④

**영역** 거시경제학>총수요·총공급이론  **난도** 하

정답의 이유

④ 리카도 대등정리에 따르면 현재 세금을 감면하더라도 정부지출이 일정하게 유지된다면 국민들의 소비에는 변화가 없을 것이다. 현재 세금을 감면하더라도 정부지출이 일정하게 유지되면 결국 국채가 발행되는 것이고, 이는 미래의 조세 증가로 이어지기 때문에 다기간 모형에서 소비자의 가처분 소득은 변함이 없다. 소비자들이 미래에 금리가 하락할 것이라고 예상하는 것과는 관련이 없다.

오답의 이유

① 현재 세금 감면으로 인해 가처분 소득이 늘어났지만 소비는 변함없으므로 소비자들은 현재 저축을 증가시킬 것이라고 예상된다.

② 소비자들은 다기간의 소득 모두를 고려해 소비를 결정한다.

③ 정부지출 스케줄이 일정한 경우 현재 세금의 감면은 미래의 세금 증가이다.

## 09  오답률 28%  정답 ②

**영역** 거시경제학>동태경제이론  **난도** 중

정답의 이유

② 문제에서 주어진 성장회계식에 따르면 1) $\dfrac{\Delta Y}{Y} = \dfrac{\Delta A}{A} + \dfrac{1}{3}\dfrac{\Delta K}{K} + \dfrac{2}{3}\dfrac{\Delta L}{L}$이다. 이때 노동자 1인당 GDP 증가율이 4%이고, 노동자 1인당 자본 증가율이 6%라면, 2) $\dfrac{\Delta Y}{Y} - \dfrac{\Delta L}{L} = 4\%$, 3) $\dfrac{\Delta K}{K} - \dfrac{\Delta L}{L} = 6\%$이다.

따라서 세 개의 식을 연립하면 다음과 같다.

1), 2)에 따르면 $\dfrac{\Delta Y}{Y} - \dfrac{\Delta L}{L} = \dfrac{\Delta A}{A} + \dfrac{1}{3}\dfrac{\Delta K}{K} - \dfrac{1}{3}\dfrac{\Delta L}{L} = 4\%$

3)에 따르면 $\dfrac{1}{3}\dfrac{\Delta K}{K} - \dfrac{1}{3}\dfrac{\Delta L}{L} = 2\%$이므로

$\therefore \dfrac{\Delta A}{A} = 2\%$

**10** 오답률 10%　　　　　　　　　　　　　　　정답 ④

영역 거시경제학>총수요 · 총공급이론　　　　　난도 하

정답의 이유

ㄴ. 통화량이 증가하여 단기적으로 총수요 증가를 통해 산출량이 증가하고 물가가 상승한다.

ㄷ. 통화량 증대가 있는 경우에도 장기적으로 경제는 자연산출량 수준으로 회귀한다.

ㄹ. 새고전학파에 따르면 경제주체의 정책 예상이 완벽한 경우 중앙은행의 확장적 통화정책이 있더라도 단기에 산출량이 변함없을 수 있으며, 물가만 상승한다.

오답의 이유

ㄱ. 중앙은행이 공개시장조작정책을 통해 국채를 매입하는 경우, 중앙은행이 발행하는 본원통화량이 늘어나서 화폐시장에 초과공급을 유발한다. 유동성선호이론에 따르면 초과공급이 있는 경우 이자율은 하락한다.

**11** 오답률 8%　　　　　　　　　　　　　　　정답 ③

영역 미시경제학>시장실패와 정보경제학　　　　난도 하

정답의 이유

ㄴ. 공유자원은 남획을 통해 멸종의 우려가 존재한다. 목초지의 비극이라고도 불리는데, 배제성은 없으나 경합성이 있는 재화를 사람들이 무제한적으로 이용한다면 공유자원은 멸종할 수 있다.

ㄷ. 공유자원의 비극을 해결하는 방법 중 하나는 정부의 사유재산권 설정이다. 사유재산권이 설정되면 사람들은 공유자원을 사적재화처럼 인식하여 남용을 멈추게 된다.

오답의 이유

ㄱ. 공공재는 배제성이 낮다는 점에서 공유자원과 유사하다. 공유자원은 경합성이 높다.

ㄹ. 막히지 않는 유료도로는 유료도로라는 점에서 배제성이 있고, 막히지 않는다는 점에서 경합성이 낮다. 공공재가 아닌 클럽재의 한 예라고 할 수 있다.

**12** 오답률 5%　　　　　　　　　　　　　　　정답 ②

영역 국제경제학>국제무역이론과 무역정책　　　난도 하

정답의 이유

② 헥셔-오린 모형의 기본가정에 따르면 양국 간 기술수준 및 선호는 같다. 헥셔-오린 모형에 따르면 무역이 일어나는 원인으로 자원부존도를 설명하는 모형이므로 양국 간 자원부존도가 다를 뿐 기술수준 및 선호가 같다고 가정한다.

오답의 이유

① 각 산업에서 규모수익은 일정하게 유지된다고 가정한다(CRS생산함수).

③ 노동과 자본의 산업 간 이동은 완전히 자유롭다고 가정한다.

④ 노동과 자본의 국가 간 이동은 불가능하다.

**13** 오답률 11%　　　　　　　　　　　　　　정답 ④

영역 거시경제학>총수요 · 총공급이론　　　　　난도 하

정답의 이유

ㄱ. 재정의 자동안정장치는 경기가 확장 또는 수축할 때 자동적으로 작동된다. 경제정책이 빠르게 경기변동에 대처할 수 있도록 하므로 경제정책의 내부시차를 줄여주는 역할을 한다고 할 수 있다.

ㄴ. 경기회복기란 경기가 불황을 넘어 호황으로 가는 시작점을 의미한다. 경기회복기인 경우, 재정의 자동안정장치가 발동된다면 경기가 오히려 회복되지 못하는 경우가 발생할 수 있다. 따라서 재정의 자동안정장치는 경기회복기에 경기회복을 더디게 만들 수 있다.

ㄷ. 누진적 소득세제와 실업보험제도는 자동안정장치의 대표적인 예이다. 누진적 소득세제를 실시하면 경기가 호황일 때 버블이 생기지 않게 하며, 실업보험제도는 불황일 때 경기회복을 돕는다.

**14** 오답률 57%　　　　　　　　　　　　　　정답 ①

영역 미시경제학>시장조직이론　　　　　　　　난도 상

정답의 이유

① 독점기업이 동일한 상품을 두 개의 공장에서 생산하고 있다면 A기업이 이윤을 극대화하는 방법은 두 공장에서의 한계비용과 한계수입이 각각 같아지도록 생산하는 것이다.

· 공장1의 한계비용 : $MC_1 = 2Q_1$
· 공장2의 한계비용 : $MC_2 = 6$
$MC_1 = MC_2$이기 위해서는 $Q_1 = 3$이 성립한다.

그 의미는 전체 생산량이 3이 될 때까지 공장1에서 생산하고, 그 이후에는 공장2에서만 생산하는 것이 비용을 최소화할 수 있다는 것이다.

· 한계수입곡선 : $MR = 200 - 2(Q_1 + Q_2)$ (수요곡선 $P = 200 - Q$이므로)
$MR = MC_1 = MC_2 = 2Q_1 = 6$
$Q_1 + Q_2 = 97$
∴ $Q_1^* = 3$, $Q_2^* = 94$

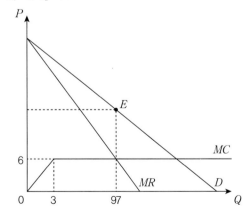

**15** 오답률 31%　　　　　　　　　　　　　　　정답 ②

영역 거시경제학>동태경제이론　　　　　　　　　난도 중

정답의 이유

② 황금률 조건은 자본의 한계생산물의 값과 인구증가율과 감가상각률을 합친 값이 서로 같아지는 것이다.

$$\text{Max}(y-sy) \qquad \text{s.t } sy=(n+\delta)k$$

$$\text{f.o.c } MP_K=(n+\delta)$$

문제에 따르면 안정상태에서 자본의 한계생산물($MP_K$)=0.125, 감가상각률($\delta$)=0.1이다. 또한 인구 수준은 고정되어 있으므로 n=0이다. 이에 따르면 현재 자본의 한계생산물이 인구증가율과 감가상각률을 합친 것보다 크므로 황금률 수준으로 가기 위해서는 자본의 한계생산을 줄여야 한다. 이 말은 현재 자본이 황금률 수준의 자본량보다 많다는 것이다.

**16** 오답률 5%　　　　　　　　　　　　　　　정답 ②

영역 국제경제학>외환시장과 국제수지　　　　　　난도 하

정답의 이유

② 대미 환율이 하락하기 위해서는 외국으로부터 자본순유입이 많아져야 한다. 자본순유입이 크게 증가하기 위해서는 국내 이자율이 국외 이자율보다 크게 상승하여야 한다. IS-LM 모형에 따르면 확장적 재정정책을 시행할 때 IS가 우측으로 이동하며 국내 이자율이 상승한다. 또한 긴축적 통화정책을 실시하면 LM이 좌측으로 이동하며 국내 이자율이 상승한다. 두 정책을 동시에 실시하였을 때 국내 이자율이 국외 이자율보다 크게 상승하며, 이로 인해 자본순유입이 많아지고 대미 환율이 크게 상승할 수 있다.

**17** 오답률 8%　　　　　　　　　　　　　　　정답 ③

영역 거시경제학>화폐금융론　　　　　　　　　　난도 하

정답의 이유

③ 통화승수는 $\dfrac{cr+1}{cr+rr}$ ($cr=\dfrac{C}{D}$, $rr=\dfrac{R}{D}$, C=현금, R=지급준비금, D=예금)

으로 정의된다. 다른 조건이 일정할 때, $cr=\dfrac{C}{D}$이 증가하면 통화승수가 감소한다. 통화량(통화공급)은 통화승수에 본원통화를 곱하여 결정되므로 통화승수가 감소하면 통화공급이 감소한다.

오답의 이유

① 현금 유통량이 증가하는지 알 수 없다.

② 지급 준비금이 변화가 없는지 알 수 없다.

④ 현금 유통량이 증가하는지 알 수 없다.

**18** 오답률 26%　　　　　　　　　　　　　　　정답 ①

영역 국제경제학>국제무역이론과 무역정책　　　　난도 중

정답의 이유

① 비교우위를 판단하기 위해서는 각 재화 생산에 소요되는 기회비용을 나타내야 한다.

(단위 : 시간)

| 국가＼재화 | X | Y |
|:---:|:---:|:---:|
| A | 1/2 | 2 |
| B | 3/7 | 7/3 |

X재 생산의 기회비용은 B가 더 작고, Y재 생산의 기회비용은 A가 더 작다. 따라서 A국은 Y재 생산에, B국은 X재 생산에 비교우위가 있다. 양국 사이에 무역이 일어날 교역조건은 X재 1단위 가격이 Y재 1/2 단위와 3/7 단위 사이에 있어야 한다. 따라서 X재 1단위가 Y재 1/3단위와 교환되는 교역조건일 경우 두 나라 사이에 무역이 일어나지 않는다.

오답의 이유

② A국은 Y재 생산에, B국은 X재 생산에 비교우위가 있다.

③ A국은 X재와 Y재 생산 모두에 절대우위가 있다.

④ X재 생산의 기회비용은 A국이 B국보다 작다.

**19** 오답률 33%　　　　　　　　　　　　　　　정답 ②

영역 미시경제학>시장조직이론　　　　　　　　　난도 중

정답의 이유

② 두 과점 기업은 가격을 전략변수로 이용하므로 베르트랑 모형임을 알 수 있다. 기업 1이 먼저 가격을 책정하고, 기업 2가 이를 관찰한 후 가격을 정하므로 역진귀납법에 따라 기업 2의 이윤극대화 조건을 먼저 풀어본다.

$$\text{Max } \pi_2=P_2Q_2=P_2(32-P_2+P_1)$$

$$\text{f.o.c } \frac{d\pi_2}{dP_2} \rightarrow BR_2 : P_2=\frac{32+P_1}{2}$$

기업 2의 반응함수를 바탕으로 기업 1의 이윤극대화 식을 풀어보면 다음과 같다.

$$\text{Max } \pi_1=P_1Q_1=P_1(20-P_1+P_2)$$

$$\text{f.o.c } \frac{d\pi_1}{dP_1} \rightarrow BR_1 : P_1=\frac{20+P_2}{2}$$

$$P_2=\frac{32+P_1}{2}\text{이므로}$$

$$\therefore P_1^*=36,\ P_2^*=34$$

**20** 오답률 25%                                              정답 ①

| 영역 거시경제학>총수요 · 총공급이론 | 난도 중 |

[정답의 이유]

① 실물경기변동이론은 노동의 공급을 기간 간 대체 모형으로 설명한다. 이자율이 하락하면 노동의 기간 간 대체효과가 작용하여 노동자들은 여가를 늘리고 현재 노동공급을 감소시킨다.

[오답의 이유]

② 실물경기변동이론에 따르면 화폐의 중립성이 장기뿐만 아니라 단기에도 성립한다고 가정한다. 따라서 통화량 변화는 경기에 영향을 미치지 못한다.

③ 실물경기변동이론에 따르면 경기변동을 유발하는 주요 요인은 기술충격이다.

④ 임금 및 가격이 신축적이라고 가정하므로 신속히 조정되어 시장이 청산된다.

2019.08.17. 시행

# 국가직 7급 경제학 정답 및 해설

문제편 013p

## 정답 체크

| 01 | 02 | 03 | 04 | 05 | 06 | 07 | 08 | 09 | 10 |
|----|----|----|----|----|----|----|----|----|----|
| ④ | ① | ③ | ③ | ③ | ② | ④ | ② | ③ | ④ |
| 11 | 12 | 13 | 14 | 15 | 16 | 17 | 18 | 19 | 20 |
| ④ | ② | ② | ① | ④ | ② | ① | ② | ① | ① |

## My Analysis

| 총 맞힌 개수 | 개 |
|----|----|
| 획득 점수 | 점 |
| 약한 영역 | |

※ '약한 영역'에는 문항별 체크리스트 상에서 자신이 가장 많이 틀린 영역을 표시해두고, 추후에 해당 영역을 집중적으로 학습하시는 데 활용하시기 바랍니다.

## 문항별 체크리스트

| 문항 | 문항 영역 | 맞힘 | | 틀림 | |
|----|----|----|----|----|----|
| | | A | B | C | D |
| 01 | 거시경제학>인플레이션과 실업 | | | | |
| 02 | 거시경제학>동태경제 이론 | | | | |
| 03 | 거시경제학>인플레이션과 실업 | | | | |
| 04 | 국제경제학>국제무역 이론과 무역정책 | | | | |
| 05 | 미시경제학>수요·공급 이론 | | | | |
| 06 | 국제경제학>국제금융론 | | | | |
| 07 | 국제경제학>외환시장과 국제수지 | | | | |
| 08 | 미시경제학>생산요소 시장이론과 소득분배 | | | | |
| 09 | 미시경제학>게임이론 | | | | |
| 10 | 미시경제학>생산요소 시장이론과 소득분배 | | | | |
| 11 | 거시경제학>인플레이션과 실업 | | | | |
| 12 | 거시경제학>국민소득 결정이론 | | | | |
| 13 | 거시경제학>화폐금융론 | | | | |
| 14 | 미시경제학>수요·공급 이론 | | | | |
| 15 | 거시경제학>총수요· 총공급이론 | | | | |
| 16 | 미시경제학>시장조직 이론 | | | | |
| 17 | 거시경제학>총수요· 총공급이론 | | | | |
| 18 | 미시경제학>시장실패와 정보경제학 | | | | |
| 19 | 거시경제학>국민소득 결정이론 | | | | |
| 20 | 거시경제학>동태경제 이론 | | | | |

| 미시경제학 | / 7 | 거시경제학 | / 10 |
|----|----|----|----|
| 국제경제학 | / 3 | | |

* A : 알고 맞힘
  B : 찍어서 맞힘
  C : 의도·내용 파악 부족
  D : 매번 틀리는 유형

**01** 오답률 10%  정답 ④

영역 거시경제학>인플레이션과 실업  난도 하

[정답의 이유]

④ 피셔효과에 따르면 인플레이션율의 상승은 실질이자율을 변화시키는 것이 아니라 명목이자율을 변화시킨다. $i=r+\pi$이다. 인플레이션율의 상승은 명목이자율에 바로 반영된다.

[오답의 이유]

① 예상치 못한 인플레이션은 채권자와 채무자 사이의 소득재분배를 야기한다. 채무자가 유리해지고, 채권자가 불리해진다.

② 피셔방정식에 따르면 $i=r+\pi$이다.

③ 필립스 곡선은 실업률과 인플레이션율의 부(−)의 상관관계를 보여준다.

**02** 오답률 30%  정답 ①

영역 거시경제학>동태경제이론  난도 중

[정답의 이유]

① 신성장이론에 따르면 기술혁신도 내생적으로 발생할 수 있다고 본다. 기술혁신 등이 외생적으로 주어진다고 간주하는 모형은 외생적 성장이론으로, 솔로우 모형 등이 있다.

[오답의 이유]

② 신성장이론은 자본을 넓게 정의하며, 그 안에는 지식자본 등도 포함된다. 기업이 연구개발에 참여하거나 기술변화에 기여할 때 경제의 지식자본스톡이 증가한다.

③ 신성장이론이 기존의 솔로우 모형 등과 다른 점은 자본의 수확체증이 일어날 수 있다는 것을 보인 것이다.

④ 지식재산권에 대한 정부의 보호가 있어야 지식 공유에 따른 무임승차 문제를 완화하고 성장에 기여할 수 있다고 보았다.

**03** 오답률 7%  정답 ③

영역 거시경제학>인플레이션과 실업  난도 하

[정답의 이유]

③ 리디노메이션이란 화폐의 액면가를 동일한 비율의 낮은 숫자로 변경하는 조치이다. 리디노메이션을 실시하면 인플레이션을 유발할 수 있다는 위험이 따른다.

[오답의 이유]

① 리디노메이션의 장점 중 하나는 큰 단위 금액의 표기가 간소화되어 금융거래 시 오류 가능성이 감소한다는 것이다.

② 자국 통화의 대외적 위상 제고를 목적으로 리디노메이션을 실시하기도 한다.

④ 메뉴 비용이란 물가 상승 등의 이유로 인해 기존의 제도나 정책, 금액 표기 등을 변경하는 데 드는 비용을 의미한다. 리디노메이션이 있으면 일시적으로 상당한 크기의 메뉴비용이 발생한다.

**04** 오답률 10%  정답 ③

영역 국제경제학>국제무역이론과 무역정책  난도 하

[정답의 이유]

③ 생산가능곡선의 기울기는 X재의 기회비용을 Y재 단위로 나타낸 것을 의미한다. 갑국의 생산가능곡선의 기울기는 4이고, 을국의 생산가능곡선의 기울기는 2/3이다. X재 생산의 기회비용은 을국이 더 낮으므로 을국은 X재 생산에 비교우위를 갖는다.

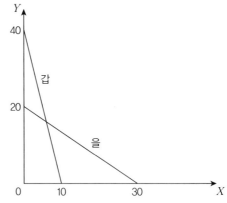

[오답의 이유]

① 갑국이 X재 생산을 1단위 늘리려면 Y재 생산을 4단위 더 줄여야 한다.

② 갑국은 Y재 생산에 절대우위를 갖는다.

④ X재와 Y재의 교역조건은 X재 1단위에 Y재 2/3단위~4단위이다. 1:1로 교역비율이 정해진다면 양국 모두 교역에 응할 것이다.

**05** 오답률 10%  정답 ③

영역 미시경제학>수요 · 공급이론  난도 하

[정답의 이유]

③ $Q_D=10-2P$

 $Q_S=-2+2P$

 $Q_D=Q_S$, 균형가격 : $P^*=3$

 시장거래량을 2로 제한할 때

 생산자잉여와 소비자잉여의 합 : $(4+2)\times2\times\dfrac{1}{2}=6$

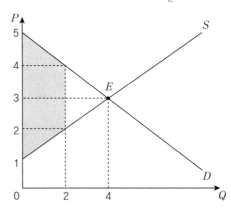

**06** 오답률 8% 　　　　　　　　　　　　정답 ②

영역 국제경제학>국제금융론 　　　　　　　　난도 하

정답의 이유

불가능한 삼위일체란 한 경제가 자유로운 자본시장 개방과 고정환율제도, 통화정책의 독립성 3가지를 동시에 달성하는 것은 불가능하다는 이론이다.
ㄷ. 고정환율제도를 운영하면서 통화정책의 독립성을 확보하기 위해서는 자본이동의 제한이 필요하다.

오답의 이유

ㄱ. 한 경제가 자유로운 자본이동, 통화정책의 독립성과 '고정환율제도'를 동시에 모두 유지하는 것은 불가능하다는 이론이다. 물가안정이 아니다.
ㄴ. 자본시장을 완전히 개방하고 고정환율제도를 채택하는 경우 통화정책이 불가능해진다.

**07** 오답률 55% 　　　　　　　　　　　정답 ④

영역 국제경제학>외환시장과 국제수지 　　　　　　난도 상

정답의 이유

④ ・상품 수출 250억 달러−상품 수입 50억 달러=상품수지 200억 달러 흑자
・특허권 사용료 30억 달러 지급=서비스수지 30억 달러 적자
・해외 투자로부터 배당금 80억 달러 수취=본원소득수지 80억 달러 흑자
・국내 단기 체류 해외 노동자의 임금 20억 달러 지불=본원소득수지 20억 달러 적자
・개도국에 무상원조 90억 달러=이전소득수지 90억 달러 적자
・외국인 여객 수송료 10억 달러 수취=서비스수지 10억 달러 흑자

| 경상수지 | 100억 달러 | +150억 달러 |
| --- | --- | --- |
| 상품수지 | 60억 달러 | +200억 달러 |
| 서비스수지 | 20억 달러 | −20억 달러 |
| 본원소득수지 | 50억 달러 | +60억 달러 |
| 이전소득수지 | −30억 달러 | −90억 달러 |

따라서 본원소득수지는 흑자폭이 증가한 것이다.

오답의 이유

① 상품수지는 60억 달러에서 200억 달러로 140억 달러 증가하였다. 상품 수출액 자체는 2019년 3월의 값을 알 수 없다.
② 경상수지 흑자폭이 증가하였다.
③ 서비스수지는 적자로 전환하였다.

**08** 오답률 60% 　　　　　　　　　　　정답 ②

영역 미시경제학>생산요소시장이론과 소득분배 　　　난도 상

정답의 이유

② A국에서 국민의 20%가 전체 소득의 절반을 그 외 국민 80%가 나머지 절반을 균등하게 나누어 가지고 있다면 로렌츠 곡선은 다음과 같이 표현된다.

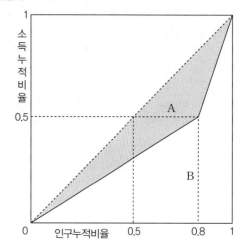

A 면적의 크기는 (0.8−0.5)를 밑변으로 하는 삼각형 2개의 합이다.

A 면적의 크기 : $0.3 \times (0.5 + 0.5) \times \frac{1}{2}$

A+B 면적의 크기 : $\frac{1}{2}$

지니계수 : $\dfrac{A}{A+B} = 0.3 \times 1 \times \dfrac{1}{2} \times 2 = 0.3$

**09** 오답률 10% 　　　　　　　　　　　정답 ③

영역 미시경제학>게임이론 　　　　　　　　　난도 하

정답의 이유

③ 기업 A가 먼저 결정을 내리고 기업 B가 이를 관찰한 후 결정을 내리는 경우 순차게임을 역진귀납법으로 풀이하였을 때, (광고, 광고)가 내쉬균형이 된다. 따라서 이 경우에도 각 기업의 결정은 변하지 않는다.
역진귀납법의 풀이는 다음과 같다. 기업 B의 전략을 먼저 풀이해보면, A기업이 광고 안 함을 선택하였을 때 B기업은 광고 함을, A기업이 광고 함을 선택하였을 때도 B기업은 광고 함을 선택할 것이다.
이를 알고 있는 A기업은 자신의 보수가 높아지는 광고 함을 선택하여 각각 (10, 10)의 보수를 얻게 된다.

[ 오답의 이유 ]

① 이 게임의 우월전략은 (광고, 광고)이고, 내쉬균형도 (광고, 광고)이다. 서로 같다.

② 이 게임의 내쉬균형은 파레토효율적이지 않다. (광고 안 함, 광고 안 함)으로 전략을 수정한다면 두 기업 모두 내쉬균형 상태보다 더 큰 이익을 볼 수 있기 때문이다.

④ 이 게임이 2회 반복되더라도 파레토 효율적인 상황이 균형으로 달성될 수 없다. 파레토 효율적인 상황이 균형으로 달성되기 위해서는 최초의 협력과 무한반복게임이 필요하다.

**10** 오답률 60%      정답 ④

**영역** 미시경제학>생산요소시장이론과 소득분배    난도 상

[ 정답의 이유 ]

④ 예산선이 (40, 40)을 기준으로 오른쪽으로는 기울기가 −1이고, 왼쪽으로는 기울기가 −2이다. 기울기는 임금률을 의미한다. 콥−더글라스 형태의 효용함수가 예산선의 어느 쪽에 접하는지 알아내기 위해 각각의 예산선 모두와 효용극대화 식을 해결한 다음 어느 예산선에 접하는지 알아본다.

$MaxU = Ly$      s.t $y = -2L + 120$

f.o.c $MRS_{Ly} = \dfrac{y}{L} = w = 2$

$L^* = 30$, $y^* = 60$

$MaxU = Ly$      s.t $y = -L + 80$

f.o.c $MRS_{Ly} = \dfrac{y}{L} = w = 1$

$L^* = 40$, $y^* = 40$

따라서 효용함수는 임금률이 2일 때의 예산선에 접하며, 그 때의 노동량은 30이고, 노동 소득은 60이다.

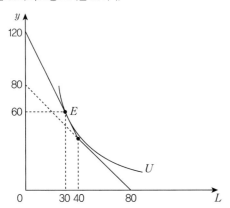

**11** 오답률 8%      정답 ④

**영역** 거시경제학>인플레이션과 실업    난도 하

[ 정답의 이유 ]

④ 자연실업률을 계산하는 방법 중 하나는 균제상태에서 취업자가 실업자가 되는 비율 s와 실업자가 취업자가 되는 비율 f를 활용하여

$u_n = \dfrac{s}{s+f}$ 로 구하는 것이다.

문제에서 주어진 바에 따르면 $s = 0.04$이고, $f = 0.60$이다.

$\therefore u_n = \dfrac{s}{s+f} = \dfrac{0.04}{0.04 + 0.6} = 0.0625$

균제상태에서의 실업률은 6.25%이다.

**12** 오답률 10%      정답 ②

**영역** 거시경제학>국민소득결정이론    난도 하

[ 정답의 이유 ]

② 균형국민소득을 구하면 다음과 같다.

$Y = C + I + G$

문제에서 주어진 바에 따르면 다음과 같다.

$1000 = 600 + 400 - 50r + 100$

$\therefore r^* = 2$

이때 조세(T)를 활용하지 않는 이유는 소비(C)의 결정에 조세가 관여하지 않았기 때문이고, 민간저축과 정부저축 부문에서 조세가 상쇄되었기 때문이다.

**13** 오답률 10%      정답 ②

**영역** 거시경제학>화폐금융론    난도 하

[ 정답의 이유 ]

② 화폐수량설에 따른 화폐교환방정식은 다음과 같다.

$MV = PY$ 이를 변화율로 나타내면

$\dfrac{\Delta M}{M} + \dfrac{\Delta V}{V} = \dfrac{\Delta P}{P} + \dfrac{\Delta Y}{Y}$

문제에 따르면 $\dfrac{\Delta Y}{Y} = \dfrac{\Delta V}{V} = 5\%$이고, $\dfrac{\Delta M}{M} = 10\%$이다.

따라서 $\dfrac{\Delta P}{P} = 10\%$이다.

## 14 오답률 30%    정답 ①

[정답의 이유]

① Y재 가격에 대한 X재 수요의 교차탄력성은 다음과 같다.

$$\epsilon_{XY} = \frac{\Delta Q_X}{\Delta P_Y} \frac{P_Y}{Q_X}$$

문제의 X재 수요함수에 따르면 $\frac{\Delta Q_X}{\Delta P_Y} = 0.4$이다.

또한 $P_Y = 50$, $Q_X = 200 - 0.5P_X + 0.4P_Y + 0.3M = 2000$이므로

$$\therefore \epsilon_{XY} = \frac{\Delta Q_X}{\Delta P_Y} \frac{P_Y}{Q_X} = 0.4 \times \frac{50}{200} = 0.1$$

## 15 오답률 8%    정답 ④

[정답의 이유]

④ 루카스 비판은 경제 정책 평가에 있어 경제주체의 기대를 고려하지 않은 전통적 거시계량경제 모형은 신뢰할 수 없다고 비판한 경제학자 로버트 루카스의 주장이다. 루카스는 정부의 정책 변화에 따라 경제 주체의 기대가 변화하므로 과거의 자료를 가지고 미래를 정책 효과를 예측한다는 것은 한계가 있다고 말했다.

[오답의 이유]

① 준칙에 따른 정책이라고 적극적인 정책이 아니라고 할 수 없다.

② 정책의 내부시차는 통화정책이 재정정책에 비해 짧다.

③ 시간불일치 문제는 주로 재량에 따른 정책에서 나타난다. 시간불일치 문제는 정부가 재량적인 정책을 실시할 때 서로 다른 시점에서 정책 선호가 바뀌어 민간이 신뢰한대로 정책이 시행되지 않는 현상을 의미한다.

## 16 오답률 30%    정답 ②

[정답의 이유]

② 독점 기업 A의 생산을 사회적 최적 수준으로 강제하는 대신 A의 손실을 보전해주는 것이므로 A가 사회적 최적 수준을 생산할 때 발생하는 손실을 구하여야 한다.

수요함수 : $Q_D = \frac{25}{2} - \frac{1}{4}P$

공급함수 : $AC = -Q + 30$

$TC = Q \times AC = -Q^2 + 30Q$

$MC = -2Q + 30$

사회적 최적 수준의 생산량은 수요함수와 MC곡선이 만나는 점에서 결정된다.

사회적 최적 수준의 도출 : $P = MC$

$P_D = -4Q + 50 = MC = -2Q + 30$

$Q_{최적} = 10$, 이때의 $P = 10$

독점 기업의 이윤을 구하면 다음과 같다.

$\pi = TR - TC = PQ - TC = 100 - 200 = -100$

독점 기업 A의 손실은 $-100$이다. 따라서 정부가 A에게 지급하는 급액은 100이다.

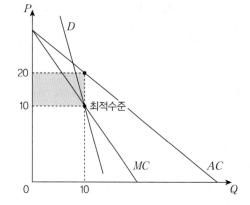

## 17 오답률 35%    정답 ①

[정답의 이유]

① IS-LM 균형이 정부지출이 100 증가했을 때 얼마나 증가하는지 파악하여야 한다.

기존의 IS-LM 균형

IS : $Y = C + I + G$

$\quad Y = 100 + 0.6(Y - 1000) + 200 - 10r + 600$

$\quad 0.4Y = 300 - 10r$

LM : $(\frac{M}{P})^d = (\frac{M}{P})^s$

$\quad Y = 100r + 500$

IS-LM 균형 : $Y^* = 700$

정부지출 증가 후 IS-LM 균형

IS' : $Y = 100 + 0.6(Y - 1000) + 200 - 10r + 700$

$\quad 0.4Y = 400 - 10r$

LM : $Y = 100r + 500$

IS'-LM 균형 : $Y^* = 900$

$\therefore \Delta Y = 200$

## 18 오답률 10% 정답 ②

| 영역 미시경제학>시장실패와 정보경제학 | 난도 하 |

정답의 이유

② 생산의 부정적 외부효과가 발생중이다.

먼저 사회적 최적 수준을 구하여야 한다. 사회적 최적 수준은 SMB = SMC에서 결정된다.

SMB = P이며 SMC = PMC + MEC(사적 한계비용 + 한계외부비용)

사회적 최적수준 : 100 = 15x + 70

$x^* = 2$

사회적 최적수준 $x^* = 2$에서 한계외부비용은 $5x^* = 10$이므로 사회적 최적 생산량을 유도하기 위한 피구세의 크기는 10만 원이다.

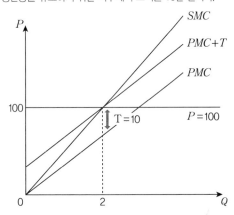

## 19 오답률 30% 정답 ①

| 영역 거시경제학>국민소득결정이론 | 난도 중 |

정답의 이유

ㄱ. 소비의 무작위행보 가설이 성립하면 예상된 정책은 소비에 아무런 영향을 미치지 못한다. 예상하지 못하는 정책 또한 오차항의 변화에 속하므로 전기의 소비 정보만이 의미가 있게 될 것이다.

ㄴ. 리카도 대등정리가 성립하면 정부지출에 변화가 없는 한 조세의 삭감은 소비에 영향을 미치지 못한다. 정부지출 스케줄이 일정할 경우 조세 삭감은 국채의 발행을 의미하고 합리적 소비자는 다음 기의 조세 증가를 예상하므로 소비를 변화시키지 않는다.

오답의 이유

ㄷ. 기간 간 선택 모형에 따르더라도 소득의 변화는 소비에 소득효과를 일으킬 수 있다.

ㄹ. 항상소득가설에 따르면 한계소비성향이란 현재 소득이 1단위 증가할 때 소비의 증가분을 의미한다. 평균소비성향이 현재소득에 대한 항상소득의 비율에 의존한다.

## 20 오답률 10% 정답 ①

| 영역 거시경제학>동태경제이론 | 난도 하 |

정답의 이유

① 기술진보가 없을 때 균제상태는 sy = (n + δ)k에서 형성된다. 1인당 자본의 성장이 없으며 총체 변수의 성장률이 일정하게 유지되는 상태를 의미한다.

문제에 따르면 s = 0.3, n = 0.1, δ = 0.2이므로

$0.3\sqrt{k} = (0.1 + 0.2)k$

$\therefore k^* = 4, y^* = 40$이다.

오답의 이유

② 균제상태의 1인당 자본량은 4이다.

③ 균제상태의 1인당 생산 증가율은 0이다.

④ 균제상태의 1인당 자본량 증가율은 0이다.

2018.08.18. 시행

# 국가직 7급 경제학 정답 및 해설

문제편 018p

## 정답 체크

| 01 | 02 | 03 | 04 | 05 | 06 | 07 | 08 | 09 | 10 |
|----|----|----|----|----|----|----|----|----|----|
| ① | ③ | ① | ③ | ④ | ④ | ① | ④ | ③ | ② |
| 11 | 12 | 13 | 14 | 15 | 16 | 17 | 18 | 19 | 20 |
| ④ | ② | ② | ① | ① | ④ | ③ | ② | ① | ③ |

## My Analysis

| 총 맞힌 개수 | 개 |
|----|----|
| 획득 점수 | 점 |
| 약한 영역 | |

※ '약한 영역'에는 문항별 체크리스트 상에서 자신이 가장 많이 틀린 영역을 표시해두고, 추후에 해당 영역을 집중적으로 학습하시는 데 활용하시기 바랍니다.

## 문항별 체크리스트

| 문항 | 문항 영역 | 맞힘 | | 틀림 | |
|----|----|----|----|----|----|
| | | A | B | C | D |
| 01 | 거시경제학>총수요 · 총공급이론 | | | | |
| 02 | 거시경제학>화폐금융론 | | | | |
| 03 | 미시경제학>수요 · 공급이론 | | | | |
| 04 | 거시경제학>화폐금융론 | | | | |
| 05 | 미시경제학>소비자이론 | | | | |
| 06 | 미시경제학>시장실패와 정보경제학 | | | | |
| 07 | 거시경제학>화폐금융론 | | | | |
| 08 | 국제경제학>외환시장과 국제수지 | | | | |
| 09 | 국제경제학>국제무역 이론과 무역정책 | | | | |
| 10 | 미시경제학>시장실패와 정보경제학 | | | | |
| 11 | 미시경제학>시장조직 이론 | | | | |
| 12 | 거시경제학>인플레이션과 실업 | | | | |
| 13 | 미시경제학>생산자이론 | | | | |
| 14 | 국제경제학>국제무역 이론과 무역정책 | | | | |
| 15 | 미시경제학>생산요소 시장이론과 소득분배 | | | | |
| 16 | 미시경제학>수요 · 공급 이론 | | | | |
| 17 | 거시경제학>인플레이션과 실업 | | | | |
| 18 | 거시경제학>동태경제 이론 | | | | |
| 19 | 미시경제학>수요 · 공급 이론 | | | | |
| 20 | 미시경제학>생산요소 시장이론과 소득분배 | | | | |
| 미시경제학 | / 10 | 거시경제학 | | | / 7 |
| 국제경제학 | / 3 | | | | |

* A : 알고 맞힘
  B : 찍어서 맞힘
  C : 의도 · 내용 파악 부족
  D : 매번 틀리는 유형

안심Touch

**01** 오답률 10%          정답 ①

**영역** 거시경제학>총수요·총공급이론     난도 하

[정답의 이유]

① 공개시장조작을 통해 중앙은행이 국채를 매입할 경우, 중앙은행이 발행하는 화폐인 본원통화가 늘어나 통화량이 증가한다. 통화량은 통화승수와 본원통화의 곱으로 정의되는데, 본원통화가 직접 증가하여 통화량이 증가하는 것이다.

**02** 오답률 35%          정답 ③

**영역** 거시경제학>화폐금융론     난도 중

[정답의 이유]

③ 지급준비율은 초과지급준비율과 법정지급준비율의 합이다. 문제의 은행이 초과지급준비금은 모두 대출한다고 하였으므로 초과지급준비율은 0일 것이다. 예금 2,000억 원에서 법정지급준비율은 20%이므로 법정지급준비금은 400억 원을 보유할 수 있다. 이를 통해 새로운 대차대조표를 작성하면 다음과 같다.

| 자산(억 원) | | 부채(억 원) | |
|---|---|---|---|
| 지급준비금 | 400 | 예 금 | 2,000 |
| 대 출 | 1,600 | | |

대출이 1,400에서 1,600으로 200 늘어났으므로 은행시스템 전체를 통해 생각할 때, 다른 은행들도 법정지급준비율인 20%만을 지급준비금으로 보유하고 나머지 금액을 대출한다면 통화승수만큼 통화량이 확대된다. 따라서 최대로 증가할 수 있는 통화량의 크기는 $\Delta$대출×통화승수이다.

통화승수 $m = \dfrac{1}{0.2} = 5$이므로, 최대로 증가할 수 있는 통화량의 크기 = 1,000억 원이다.

**03** 오답률 30%          정답 ①

**영역** 미시경제학>수요·공급이론     난도 중

[정답의 이유]

① 가격상한 이전

$Q_d = 280 - 3P$

$Q_s = 10 + 7P$

$Q^* = 199$, $P^* = 27$

가격상한 이후 수요량은 다음과 같다.

$P_{상한} = 20$을 수요곡선에 대입하면 $Q_d = 220$

보조금이 지급된 이후의 공급곡선을 $Q_s + S$라고 한다면, $Q_s + S$ 곡선은 (220, 20)을 지나는 기울기 $\dfrac{1}{7}$의 직선일 것이다.

$(P - 20) = \dfrac{1}{7}(Q_s - 220)$

$P = \dfrac{1}{7}Q - \dfrac{10}{7} - 10$으로 정리할 수 있다(기존의 공급곡선은 $P = \dfrac{1}{7}Q - \dfrac{1}{7}$).

따라서 보조금의 크기는 $S = 100$이다.

＊또는 수요량 220에서 기존의 공급곡선에 따른 가격 $P = 30$ 에서 가격상한 $P = 20$을 뺀 $S = 10$을 보조금으로 도출하여도 된다.

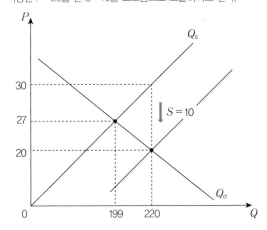

**04** 오답률 10%          정답 ③

**영역** 거시경제학>화폐금융론     난도 하

[정답의 이유]

③ IS곡선이 수평선에 가까울수록 통화정책의 효과는 커진다. 확장적 통화정책의 경우를 가정해보자. 통화량이 증가하면 이자율이 하락한다. 이때 IS곡선이 수평선에 가깝다는 것은 투자의 이자율 탄력성이 매우 크다는 것을 의미한다. 이자율이 하락할 때 투자가 크게 증가한다는 것이다. 투자가 크게 증가하면 총수요와 국민소득이 크게 증가하여 정책효과가 크다.

[오답의 이유]

① 화폐수요의 이자율 탄력성이 클수록 LM곡선이 수평에 가깝고 정책효과가 작다.

② 투자의 이자율 탄력성이 클수록 IS곡선이 수평에 가깝고 정책효과가 크다.

④ 한계소비성향이 클수록 IS곡선이 완만해지고 정책효과가 크다.

## 05 오답률 15% 　　　　　　　　　　　정답 ④

영역 미시경제학>소비자이론 　　　　　　　　　　　난도 하

정답의 이유

④ 갑이 당첨확률을 높이는 대신에 포기할 용의가 있는 최대 금액을 만들기 위해서는 현재의 기대효용과 동일한 기대효용을 만족하여야 한다. 이하에서 g는 복권당첨을, b는 낙첨을 의미한다.

기대효용 : $p_g u(x_g) + p_b u(x_b)$

현재 기대효용 : $\dfrac{1}{3} \times \sqrt{100} + \dfrac{2}{3} \times 0 = \dfrac{10}{3}$

변화 후 기대효용 : $\dfrac{2}{3} \times \sqrt{100-x} + \dfrac{1}{3} \times \sqrt{0}$

두 식을 연립하면 $x^* = 750$이다.

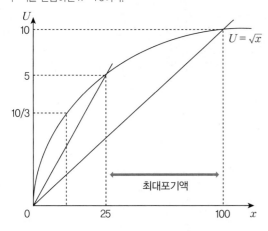

## 06 오답률 30% 　　　　　　　　　　　정답 ④

영역 미시경제학>시장실패와 정보경제학 　　　　　　　　　　　난도 중

정답의 이유

④ 가로등은 비배제성과 비경합성을 가진 공공재이다. 공공재의 경우 시장의 수요함수는 개별 수요함수의 수직합으로 구해진다. 두 명의 주민이 살고 있으므로 2개의 수요함수를 합친다.

시장 수요함수 : $P = \Sigma MB = 20 - 2Q$

공공재 한계비용 : $MC = 6$

P=MC에서 최적 공공재 수량을 결정하면

∴ $Q^* = 7$

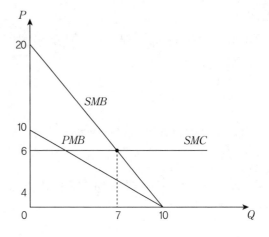

## 07 오답률 60% 　　　　　　　　　　　정답 ①

영역 거시경제학>화폐금융론 　　　　　　　　　　　난도 상

정답의 이유

① 테일러준칙의 일반식은 다음과 같다.

목표 이자율=균형 이자율+$\alpha$(인플레이션 갭)+$\beta$(산출 갭)

현재 식에서 균형 이자율은 0.03(3%)이다. 균형 이자율이란 인플레이션 갭과 산출 갭이 모두 0일 때 목표 이자율을 균형 이자율이라고 하기 때문이다.

문제의 경우, 인플레이션율은 0.040이고 GDP갭은 0.010이다. 따라서 목표 이자율은 $r = 0.03 + \dfrac{1}{4} \times 0.02 - \dfrac{3}{4} \times 0.01 = 0.0275$, 2.75%이다. 목표 이자율이 균형이자율보다 낮다.

오답의 이유

② 목표 인플레이션율은 인플레이션 갭이 0이 되는 인플레이션율이므로 2%이다.

③ 균형 이자율은 3%이다.

④ 다른 조건이 일정할 때, 인플레이션 갭이 1%p 증가하면 목표 이자율은 0.25%p 증가한다. 문제의 테일러 준칙에서 인플레이션 갭의 계수인 $\alpha = \dfrac{1}{4}$이기 때문이다.

**08** 오답률 10%　　　　　　　　　　　　　　정답 ④

영역 국제경제학>외환시장과 국제수지　　　　난도 하

정답의 이유

ㄴ. Y=C+I+G+NX

　Y−C−G−I=NX

　$S_p+S_G-I=NX$

　국민저축($S_p+S_G$)이 국내투자(I)보다 작으면 경상수지(NX)는 음(−)이다. 적자이다.

ㄷ. 경상수지+자본금융계정=0이다.

　순자본유출이 있는 것은 자본금융계정이 적자라는 것이다. 따라서 경상수지는 정(+)이고 흑자이다.

오답의 이유

ㄱ. 개방경제의 국민소득결정식에 따르면 Y=C+I+G+NX이다. 국민소득(Y)이 국내총지출(C+I+G)보다 크다면 경상수지(NX)는 0보다 크다. 흑자이다.

**09** 오답률 30%　　　　　　　　　　　　　　정답 ③

영역 국제경제학>국제무역이론과 무역정책　　난도 중

정답의 이유

③ $Q_d=16-P$

　$Q_s=-6+P$

세계시장 가격 $P_w=6$일 때의 균형점은 (10, 6)이다. 세계시장 가격에 관세를 2씩 부과하면 $P_w+T=8$이다. 이때의 국내균형점은 (8, 8)이다. 그러므로, 수요량은 2만큼 감소한다.

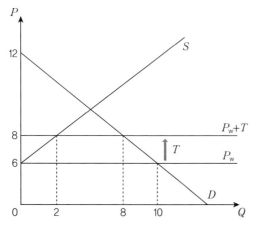

오답의 이유

① 소비자잉여는 $(10+8)×2×\frac{1}{2}=18$만큼 감소한다.

② 생산자잉여는 $2×2×\frac{1}{2}=2$만큼 증가한다.

④ 사회후생은 감소한 소비자잉여와 증가한 생산자잉여, 증가한 정부수입을 모두 더한 값만큼 감소한다. 계산하면 4만큼 감소한다.

**10** 오답률 60%　　　　　　　　　　　　　　정답 ②

영역 미시경제학>시장실패와 정보경제학　　　난도 상

정답의 이유

② a : 한 기업이 공항과 주택 개발업체를 모두 소유한다면, 이 기업이 이윤을 극대화하는 주택의 수

합병기업의 이윤함수 : $28x-x^2+20y-y^2-xy$

Max $\pi=28x-x^2+20-y^2-xy$

f.o.c $\frac{\partial \pi}{\partial x}=28-2x-y=0$

$\frac{\partial \pi}{\partial y}=20-2y-x=0$

$x^*=12, y^*=4$

∴ a=40이다.

b : 공항이 주택개발업체에 보상금 xy를 지불할 때 주택개발업체의 이윤을 극대화하는 주택의 수

주택개발업체가 보상금을 받은 후 이윤함수 : $20y-y^2-xy+xy=20y-y^2$

Max $\pi=20y-y^2$

f.o.c $\frac{\partial \pi}{\partial y}=20-2y=0$

$y^{**}=10$

∴ b=100이다.

**11** 오답률 8%　　　　　　　　　　　　　　정답 ④

영역 미시경제학>시장조직이론　　　　　　　난도 하

정답의 이유

④ 장기균형하에서 완전경쟁 기업의 이윤은 0이고, 독점적 경쟁 기업의 이윤도 0이다. 독점적 경쟁시장의 특징 또한 완전경쟁 시장과 같이 진입과 퇴출이 자유롭기 때문에 장기적으로 어떠한 기업도 0 초과의 이윤을 얻을 수 없다. P=AC이므로 이윤은 0이다.

오답의 이유

① 단기균형하에서 완전경쟁 기업이 생산한 제품의 가격은 한계수입이나 한계비용과 동일하다(P=MR=MC). 독점적 경쟁 기업이나 독점 기업은 가격 설정 능력이 있기 때문에 가격이 한계수입이나 한계비용보다 크다.

② 완전경쟁 기업이 직면하는 수요곡선은 수평선이다. 가격설정능력이 없기 때문이다. 하지만 독점적 경쟁 기업이나 독점 기업은 자신이 생산하는 상품에 대한 독점력(가격설정능력)이 있기 때문에 수요곡선이 우하향한다.

③ 장기균형하에서 완전경쟁 기업과 독점적 경쟁 기업이 존재하는 시장에는 진입장벽이 없어서 진입과 퇴출이 자유롭다. 반면 독점 시장에는 진입장벽이 존재한다.

**12** 오답률 10%      정답 ②

영역 거시경제학>인플레이션과 실업    난도 하

정답의 이유

② 졸업생 100명을 다음과 같이 분류할 수 있다.

생산가능인구 : 100명

취업자 : 40명

실업자 : 10명

비경제활동인구 : 50명(대학원 재학 학생 20명, 취업준비 20명, 진학준비 10명)

$$실업률 = \frac{실업자}{경제활동인구}$$

$$고용률 = \frac{취업자}{생산가능인구}$$

$$경제활동참가율 = \frac{경제활동인구}{생산가능인구}$$

문제에 따르면 각각 $\frac{10}{50}$, $\frac{40}{100}$, $\frac{50}{100}$ 이다.

따라서 실업률은 20%, 고용률은 40%, 경제활동참가율은 50%이다.

**13** 오답률 30%      정답 ②

영역 미시경제학>생산자이론    난도 중

정답의 이유

② 기업의 총비용함수를 구하기 위해서는 비용극소화 모형을 풀어야 한다.

문제에서 주어진 바에 따르면 w = 2, r = 1이므로

Min TC = wL + rK = 2L + K    s.t Q = min(2L, K)

문제의 경우, 생산함수가 레온티에프 생산함수이므로 비용극소화는 Q = 2L = K에서 이루어질 것이다.

Q = 100이므로 L* = 50, K* = 100이다.

이를 다시 목적식에 대입하면 총비용함수를 도출할 수 있다.

∴ TC = wL + rK = 200

**14** 오답률 32%      정답 ①

영역 국제경제학>국제무역이론과 무역정책    난도 중

정답의 이유

① 헥셔-올린 모형에 따르면 무역의 발생은 국가 간의 요소집약도 차이로 인해 발생한다. 특정 생산요소를 많이 가진 국가가 해당 요소를 집중적으로 사용하는 물품을 수출한다는 것이다. 문제의 경우, X는 노동집약적 재화이고, Y는 자본집약적 재화이다.

갑국의 요소 부존량 비율은 $\frac{K}{L_갑} = \frac{60}{200} = \frac{3}{10}$ 이다.

을국의 요수 부존량 비율은 $\frac{K}{L_을} = \frac{140}{800} = \frac{7}{40}$ 이다.

$\frac{K}{L_갑} > \frac{K}{L_을}$ 이므로 갑국에는 상대적으로 자본이 풍부하고 을국은 상대적으로 노동이 풍부하다.

따라서 헥셔-올린 정리에 따르면 갑국은 자본집약적 재화인 Y재를 수출할 것이고 을국은 노동집약적인 X재를 수출할 것이다.

**15** 오답률 8%      정답 ①

영역 미시경제학>생산요소시장과 소득분배    난도 하

정답의 이유

ㄱ. A 산업 부문의 노동자에게 다른 산업 부문으로의 취업기회가 확대되면 노동공급이 감소한다. 노동자의 생산성이 확대되면 노동의 한계생산가치($VMP_L$)이 상승하므로 노동수요가 증가한다. 노동공급이 감소하고 노동수요가 증가하므로 균형 임금은 상승한다.

오답의 이유

ㄴ. A 산업 부문의 노동자를 대체하는 생산기술이 도입되었다면 상대적으로 노동의 한계생산가치는 하락한다. 따라서 노동수요가 감소한다. A 산업 부문으로의 신규 취업 선호 증대는 노동공급의 증가를 뜻한다. 따라서 노동수요가 감소하고 노동공급이 증가하므로 균형 임금은 하락한다.

ㄷ. A 산업 부문에서 생산되는 재화의 가격이 하락하면 노동수요가 감소한다. 이는 노동수요가 파생수요적 특징을 가지고 있기 때문이다. 노동자의 실업보험 보장성이 약화되었다면 다른 산업으로 노동자가 이동하므로 A 산업에서는 노동공급이 감소한다. 따라서 균형 임금의 변화는 불분명하다.

**16** 오답률 55%      정답 ④

영역 미시경제학>수요·공급이론    난도 상

정답의 이유

④ TR = PQ, $\frac{\Delta TR}{TR} = \frac{\Delta P}{P} + \frac{\Delta Q}{Q}$

가격이 5천 원에서 1% 상승 시, $\frac{\Delta TR}{TR} = -0.1$ 이고, $\frac{\Delta P}{P} = 1$ 이므로 $\frac{\Delta Q}{Q} = -1.10$ 이다. 즉 수요량은 1.1% 감소한다.

오답의 이유

① 가격을 상승시켰을 때 판매수입이 감소하면 수요의 가격탄력성은 탄력적이며, 판매수입이 증가한다면 수요의 가격탄력성은 비탄력적이다. 가격이 1천 원에서 1% 상승하면 판매 수입이 0.2% 증가하였으므로 가격이 1천 원일 때 수요의 가격탄력성은 비탄력적이다.

② 가격이 5천 원일 때 가격이 1% 상승하면 판매 수입은 0.1% 감소하므로 가격이 5천 원일 때 수요의 가격탄력성은 탄력적이다.

③ $\frac{\Delta TR}{TR} = 0.2$, $\frac{\Delta P}{P} = 1$ 이므로 $\frac{\Delta Q}{Q} = -0.80$ 이다. 수요량은 0.8% 감소한다.

**17** 오답률 10%　　　　　　　　　　　　　　　　　정답 ③

영역 거시경제학>인플레이션과 실업　　　　　　　난도 하

[정답의 이유]

③ 기대인플레이션과 자연실업률이 부가된 필립스 곡선의 일반식은 다음과 같다.

$\pi = \pi^e + \alpha(u_n - u)$. 인플레이션율이 기대인플레이션율과 같을 때 실업률을 자연실업률이라고 정의할 수 있다는 것과 일맥상통한다. 이에 따르면 실제 실업률이 자연실업률과 같은 경우라도 기대인플레이션율은 0이 아닐 수 있다. 기대인플레이션율과 실제 인플레이션율이 같은 상황이 지속될 경우 실제 실업률은 자연실업률과 같다.

[오답의 이유]

① 실제 실업률이 자연실업률과 같은 경우, 실제 인플레이션은 기대 인플레이션과 같다. $u = u_n$인 경우, $\pi = \pi^e$이다.

② 실제 실업률이 자연실업률보다 높은 경우, 실제 인플레이션은 기대 인플레이션보다 낮다. $u > u_n$인 경우, $\pi < \pi^e$이다.

④ 사람들이 인플레이션을 완전히 예상할 수 있는 경우, 실제 실업률은 자연실업률과 일치한다. $\pi = \pi^e$인 경우, $u = u_n$이다.

**18** 오답률 10%　　　　　　　　　　　　　　　　　정답 ②

영역 거시경제학>동태경제이론　　　　　　　　　난도 하

[정답의 이유]

② 솔로우 모형의 정상상태란 일인당 자본량이 더 이상 증가하지 않는 상태이며, 총자본스톡과 생산량의 증가율이 일정하게 유지되는 상태를 의미한다. 기술진보가 없는 경우, $sy = (n + \delta)k$일 때 정상상태가 달성된다. 이때, 저축률이 상승하면 정상상태의 일인당 자본량은 증가한다.

[오답의 이유]

① 솔로우 모형은 기술진보가 없는 경우 1인당 자본량이 일정하게 유지되는 정상상태로 수렴한다고 본다. 따라서 자본 투입이 증가하여도 경제는 지속적으로 성장할 수 없다.

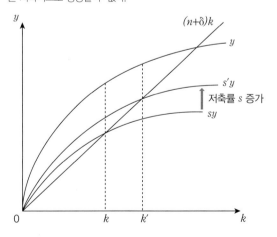

③ 솔로우 모형은 한계생산이 체감하는 생산함수를 가정한다. 따라서 자본투입이 증가하면 한계 생산이 체감한다.

④ 인구 증가율이 상승하면 정상상태의 일인당 자본량은 감소한다.

**19** 오답률 32%　　　　　　　　　　　　　　　　　정답 ①

영역 미시경제학>수요·공급이론　　　　　　　　난도 중

[정답의 이유]

① 비효율성계수 $= \dfrac{\text{초과부담}}{\text{조세수입}}$ 이다. 초과부담이란 조세와 같은 정부정책으로 시장에 개입하였을 때 세수보다 크게 감소한 사회적 후생의 감소분을 의미한다.

$Q_d = 200 - P$, $Q_s : P = 100$일 때 소비자에게 단위당 20원의 물품세를 부과하면 수요곡선은 20만큼 하방이동한다.

$Q_d' = 180 - P$

$Q_s : P = 100$

물품세 부과 후 균형 : $(Q, P) = (80, 100)$

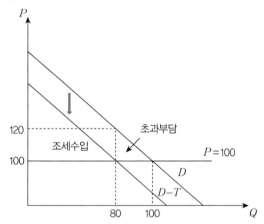

조세수입 $= 20 \times 80 = 1600$

초과부담 $= \dfrac{1}{2} \times 20 \times 20 = 200$

$\therefore$ 비효율성계수 $= \dfrac{\text{초과부담}}{\text{조세수입}} = \dfrac{200}{1600} = \dfrac{1}{8}$

**20** 오답률 65%　　　　　　　　　　　　　　정답 ③

**영역** 미시경제학>생산요소시장이론과 소득분배　　　　난도 상

정답의 이유

③ 먼저 노동시장의 장기균형을 도출한다.

노동공급 : $N^S = 2500(\dfrac{W}{P}) \rightarrow \dfrac{W}{P} = \dfrac{N^S}{2500}$

노동수요 : $MP_N = \dfrac{W}{P} = \dfrac{50}{\sqrt{N}}$

장기균형 : $(N^*, \dfrac{W^*}{P}) = (2500, 1)$, 그때의 총생산 $Y^* = 100\sqrt{N^*} = 5000$

장기균형에서 취업자는 2500명이므로 실업자는 생산가능인구에서 취업자 수를 뺀 500명이다.

오답의 이유

① 장기균형에서 취업자 수는 $N^* = 2500$명이다.

② 장기균형에서 실질임금 $\left(\dfrac{W}{P}\right)$은 1이다. 명목임금(W)이 10이라면 물가수준(P)도 10일 것이다.

④ 균형상태는 노동수요와 공급이 일치한다. 기대치 않은 노동수요 감소가 발생할 경우 단기적으로 노동의 초과공급 상태가 발생된다. 이는 곧 실업을 의미한다.

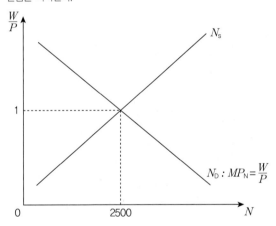

2017.10.21. 시행

# 2017 국가직 7급 경제학 정답 및 해설

문제편 023p

## 정답 체크

| 01 | 02 | 03 | 04 | 05 | 06 | 07 | 08 | 09 | 10 |
|---|---|---|---|---|---|---|---|---|---|
| ① | ④ | ② | ③ | ① | ③ | ④ | ② | ③ | ③ |
| 11 | 12 | 13 | 14 | 15 | 16 | 17 | 18 | 19 | 20 |
| ② | ④ | ④ | ④ | ③ | ① | ④ | ② | ③ | ① |

## My Analysis

| 총 맞힌 개수 | 개 |
|---|---|
| 획득 점수 | 점 |
| 약한 영역 | |

※ '약한 영역'에는 문항별 체크리스트 상에서 자신이 가장 많이 틀린 영역을 표시해두고, 추후에 해당 영역을 집중적으로 학습하시는 데 활용하시기 바랍니다.

## 문항별 체크리스트

| 문항 | 문항 영역 | 맞힘 | | 틀림 | |
|---|---|---|---|---|---|
| | | A | B | C | D |
| 01 | 미시경제학>수요·공급이론 | | | | |
| 02 | 거시경제학>국민소득결정이론 | | | | |
| 03 | 거시경제학>총수요·총공급이론 | | | | |
| 04 | 국제경제학>외환시장과국제수지 | | | | |
| 05 | 미시경제학>수요·공급이론 | | | | |
| 06 | 거시경제학>인플레이션과실업 | | | | |
| 07 | 거시경제학>동태경제이론 | | | | |
| 08 | 거시경제학>동태경제이론 | | | | |
| 09 | 미시경제학>수요·공급이론 | | | | |
| 10 | 미시경제학>포트폴리오이론 | | | | |
| 11 | 국제경제학>국제무역이론과 무역정책 | | | | |
| 12 | 미시경제학>생산자이론 | | | | |
| 13 | 미시경제학>재정학 | | | | |
| 14 | 미시경제학>시장조직이론 | | | | |
| 15 | 미시경제학>시장조직이론 | | | | |
| 16 | 미시경제학>수요·공급이론 | | | | |
| 17 | 거시경제학>총수요·총공급이론 | | | | |
| 18 | 거시경제학>거시경제학의기초 | | | | |
| 19 | 거시경제학>총수요·총공급이론 | | | | |
| 20 | 거시경제학>총수요·총공급이론 | | | | |

| 미시경제학 | / 9 | 거시경제학 | / 9 |
|---|---|---|---|
| 국제경제학 | / 2 | | |

\* A : 알고 맞힘
B : 찍어서 맞힘
C : 의도·내용 파악 부족
D : 매번 틀리는 유형

## 01 오답률 10% 　　　　　　　　　　　정답 ①

**영역** 미시경제학>수요·공급이론 　　　　난도 하

정답의 이유

① 수요의 가격탄력성은 $\dfrac{\Delta Q}{Q}/\dfrac{\Delta P}{P}$로 정의된다. 문제에 따르면 영화 DVD의 대여료는 4,000원에서 3000원으로 하락하였고, 수요량은 5개에서 9개로 증가하였다.

가격의 변화율 : $\dfrac{\Delta P}{P}=\dfrac{4000-3000}{4000}=0.25$

수요량 변화율 : $\dfrac{\Delta Q}{Q}=\dfrac{5-9}{5}=-0.8$

수요의 가격탄력성 : $\dfrac{\Delta Q}{Q}/\dfrac{\Delta P}{P}=-\dfrac{0.8}{0.25}=-3.2$

수요의 가격탄력성 절댓값이 1보다 크므로 수요는 탄력적이고 이때 수요곡선은 상대적으로 완만하다.

## 02 오답률 10% 　　　　　　　　　　　정답 ④

**영역** 거시경제학>국민소득결정이론 　　　　난도 하

정답의 이유

④ (나)는 모딜리아니의 생애주기 가설을 의미한다. 생애주기 가설에 따르면 사람들은 현재의 소득이 아니라 일생 동안의 소득을 고려하여 소비수준을 결정한다. 따라서 장기간의 소득세 감면이 있다면 장기적인 소득의 증대가 있으므로 사람들이 소비를 늘릴 유인이 있다. 이는 경기활성화에 도움이 될 것이다.

오답의 이유

① (가)는 케인즈의 절대소득가설을 의미한다. 절대소득가설에 따르면 소비는 처분가능소득에 가장 큰 영향을 받는다. 처분가능소득이란 소득에서 세금 및 사회보험금을 뺀 금액이다. 소액 복권에 당첨된 사람은 처분가능소득이 증가하므로 소비를 늘릴 것이다.

② (가)의 절대소득 가설에 따르면 회사 영업실적 상승으로 특별 상여금을 받았다면 그 중 일부를 한계저축성향만큼 저축할 것이다.

③ (나)의 생애주기가설에 따르면 일시적인 실업자는 일시적으로 소득이 줄지만 소비는 생애주기 전체의 소득을 고려하여 결정되므로 소비는 크게 줄지 않을 것이다.

## 03 오답률 8% 　　　　　　　　　　　정답 ②

**영역** 거시경제학>총수요·총공급이론 　　　　난도 하

정답의 이유

② 소매상점들이 바코드 스캐너를 도입하여 재고관리의 효율성이 상승한다면 단기적으로 생산의 효율성이 상승하는 것이라고 할 수 있다. 이는 단기 총공급곡선을 오른쪽으로 이동시킨다.

오답의 이유

① 단기에 있어서 물가와 총생산물 공급량 간에는 양(+)의 관계가 있다. 단기 총공급곡선은 일반적으로 우상향한다.

③ 원유가격의 상승으로 인한 생산비용의 상승은 생산의 효율성을 하락시킨다. 따라서 이는 단기 총공급곡선을 왼쪽으로 이동시킨다.

④ 명목임금의 상승은 생산비용의 증가를 유발하므로 단기 총공급곡선을 왼쪽으로 이동시킨다.

## 04 오답률 8% 　　　　　　　　　　　정답 ③

**영역** 국제경제학>외환시장과 국제수지 　　　　난도 하

정답의 이유

③ 대규모 외국인 직접투자가 우리나라로 유입되면 외화의 공급이 증가한다. 따라서 외환시장에서 환율이 하락해 원하의 평가절상이 발생한다. 환율이 하락하면 수출이 감소한다.

오답의 이유

① 원화의 평가절상은 환율의 하락을 의미하는데, 이는 원유 등 생산 원자재를 대량으로 수입하는 우리나라의 수입 원가부담을 낮춘다. 자국통화 표시 외국 상품의 가격이 하락하기 때문이다. 이는 물가안정에 긍정적으로 기여한다.

② 미국이 기준금리를 인상하면 국내 자본이 미국으로 유출된다. 외환시장에서 수요가 증가하는 것이므로 환율이 상승하고 원화는 평가절하된다. 우리나라의 수출에 유리하게 작용한다.

④ 실질환율은 두 나라 간의 재화와 서비스가 교환되는 비율이다.

$E=\dfrac{eP_f}{P}$.

## 05 오답률 10% 　　　　　　　　　　　정답 ①

**영역** 미시경제학>수요·공급이론 　　　　난도 하

정답의 이유

ㄱ. 콘플레이크와 우유가 보완재인 경우를 가정한다. 콘플레이크의 원료인 옥수수 가격이 하락하면 콘플레이크의 공급이 증가하고, 콘플레이크의 가격은 하락할 것이다. 콘플레이크의 가격이 하락하면 보완재인 우유의 수요가 증가하여 우유의 가격은 상승한다. 우유의 가격이 상승하고 우유 거래량도 증가하였으므로 우유 시장의 생산자잉여는 증가하고, 콘플레이크 가격이 하락하고 콘플레이크 거래량이 증가하였으므로 콘플레이크 시장의 소비자잉여는 증가한다.

[오답의 이유]

ㄴ. 콘플레이크와 떡이 대체재인 경우를 가정한다. 콘플레이크의 원료인 옥수수 가격이 상승하면 콘플레이크의 공급이 감소하고 콘플레이크의 가격은 상승한다. 콘플레이크의 가격이 상승하면 대체재인 떡의 수요가 증가하여 떡의 가격은 상승한다. 떡의 가격이 상승하고 떡의 거래량도 증가하였으므로 떡 시장의 생산자잉여는 증가한다. 콘플레이크 가격은 상승하고 거래량도 감소하였으므로 콘플레이크 시장의 소비자잉여는 감소한다.

ㄷ. 수요와 공급이 균형 상태이더라도 수요곡선과 공급곡선의 모양에 따라 소비자잉여와 생산자잉여는 달라질 수 있다.

## 06 오답률 15%  정답 ③

**영역** 거시경제학>인플레이션과 실업  난도 **하**

[정답의 이유]

③ 기대가 부가된 단기 필립스곡선의 일반적인 식은 $\pi = \pi^e + \alpha(u_n - u)$이다(x축은 u이고, y축은 $\pi$). 기대 인플레이션이 높아지면 단기 필립스곡선은 위쪽으로 이동한다.

[오답의 이유]

① 고통 없는 디스인플레이션은 합리적 기대학파에 의해 제시된 논리이다. 사람들이 합리적 기대를 가지고 있을 때, 정부가 디스인플레이션을 예고하고 이를 시행한다면, 기대 인플레이션이 반영되어 실업률의 증가가 없이 디스인플레이션이 가능하다는 것이다. 과거의 자료에 의존하는 적응적 기대와는 관련이 없다.

② 단기 필립스곡선은 인플레이션과 실업률 사이의 음(−)의 관계를 나타낸다.

④ 실제 인플레이션이 기대 인플레이션보다 낮은 경우 단기적으로 실제 실업률은 자연 실업률보다 높다. $\pi = \pi^e + \alpha(u_n - u)$수식에 따르면 $\pi < \pi^e$인 경우 $u > u_n$이다.

## 07 오답률 25%  정답 ④

**영역** 거시경제학>동태경제이론  난도 **중**

[정답의 이유]

④ 황금률하에서 자본의 한계생산물($MP_k$)은 인구증가율(n)과 감가상각률($\delta$)의 합과 같다.

Max cy = y − sy   s.t sy = (n + δ)k (균제상태)

$$f.o.c \ \frac{d}{dk}(y - sy) = 0$$

$$\therefore MP_k - (n + \delta) = 0$$

[오답의 이유]

① 솔로우 성장 모형의 황금률이란 정상상태의 1인당 소비가 극대화되는 1인당 자본량을 의미한다.

② 정상상태의 1인당 자본량이 황금률 수준보다 많은 경우 소비 극대화를 위해 저축률을 낮추는 것이 바람직하다. 소비의 극대화를 위해 1인당 자본량을 줄이기 위해서는 저축률을 낮추어야 한다.

③ 솔로우 성장 모형은 저축률이 외생적으로 주어진다.

## 08 오답률 10%  정답 ②

**영역** 거시경제학>동태경제이론  난도 **하**

[정답의 이유]

② 성장회계는 현실에서 이룩된 경제성장을 각 요인별로 분해해 보는 작업을 말한다. 대표적으로 경제성장은 기술의 성장기여도, 노동의 성장기여도, 자본의 성장기여도로 나눌 수 있다.

[오답의 이유]

① 솔로우 성장 모형은 자본의 한계생산이 체감하는 생산함수를 가정한다. 따라서 1인당 소득이 높은 나라일수록 경제가 느리게 성장한다.

③ 쿠즈네츠 가설이란 산업화 과정에 있는 국가의 불평등 정도는 처음에 증가하다가 산업화가 일정 수준을 지나면 다시 감소한다고 주장했다. 즉 x축을 경제성장 정도, y축을 불평등도로 나타내면, 역(逆)유(U)자형 곡선이 나온다는 것이다. 이에 따르면 경제성장의 초기 단계에서 발생한 소득불평등은 처음에는 악화되다가 점차 개선된다.

④ 내생적 성장이론의 대표적인 모형인 AK 모형은 자본의 수확체감을 가정하지 않는다. 솔로우 모형이 자본의 수확체감을 가정하여 발생한 비현실성을 개선하고자 한 것이다.

## 09 오답률 30%  정답 ③

**영역** 미시경제학>수요・공급이론  난도 **중**

[정답의 이유]

③ 정부가 실업을 최소로 유발하면서 최저임금을 인상할 수 있는 경우를 생각해보아야 한다. 먼저, 정부가 최저임금제도를 실시하고, 그 최저임금을 인상한다면 영향을 받는 노동자는 숙련 노동자라기보다 비숙련 노동자일 가능성이 크다. 높은 임금을 받는 숙련 노동자와 달리 비숙련 노동자는 최저 임금 수준의 낮은 임금을 받을 수 있기 때문이다. 또한 노동수요가 비탄력적인 경우가 실업을 최소로 유발할 것이다. 최저임금이 상승하더라도 감소하는 균형노동량이 작아야 하는데, 이를 위해서는 노동수요가 비탄력적이어야 한다.

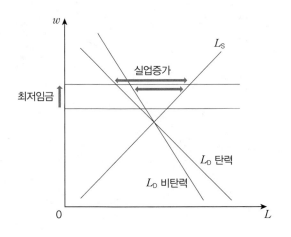

비교우위를 파악하기 위해서는 각 국가마다 해당재화를 생산하는 기회비용을 알아야 한다.

| 구분 | 노트북 | 전기차 |
|---|---|---|
| A국 | 10/120=1/12 | 120/10=12 |
| B국 | 20/400=1/20 | 400/20=20 |

노트북을 생산하는 기회비용은 B국이 더 작고, 전기차를 생산하는 기회비용은 A국이 더 작다. 따라서 A국은 전기차 생산에, B국은 노트북 생산에 비교우위가 있다.

오답의 이유

④ A국은 노트북과 전기차 생산 모두에 절대우위가 있다.

---

**12** 오답률 30%　　　　　　　　　　　　　　　　　정답 ④

영역 미시경제학>생산자이론　　　　　　　　　　난도 중

정답의 이유

ㄴ. 4차 동차 생산함수이므로 규모에 따른 수확체증이 성립한다. 규모에 따른 수확체증이란 $hf(L, K)<f(hL,hK)$으로 나타낼 수 있고, 현재 생산함수도 이것이 성립한다.

ㄷ. 콥-더글라스 생산함수이므로 주어진 생산량을 최소비용으로 생산하는 균형점에서 생산요소 간 대체탄력성은 1이다. 콥-더글라스 생산함수의 대체탄력성은 어느 점에서든지 1이다(CES 생산함수).

오답의 이유

ㄱ. $Q=L^2K^2$이고, 계수를 모두 더하면 $\alpha+\beta=4$이므로 4차 동차 함수이다.

---

📖 **합격생의 필기노트**

**생산요소의 대체탄력성**
생산요소의 대체탄력성이란 두 생산요소가 일정한 생산량을 달성하기 위해 서로 대체가 잘되는지를 나타낸 지표이다. 한계대체율의 변화분에 대한 요소투입비율의 변화분으로 나타낸다. 등량곡선의 볼록성 정도를 수식으로 표현한 것이다. 대체탄력성이 크다는 것은 등량곡선 기울기의 작은 변화에 대해서 자본/노동비율에 큰 변화가 있다는 것이고, 이는 곧 자본과 노동의 대체가 매우 용이하다는 뜻이다.

• 한계대체율 : $MRTS_{LK}=-\dfrac{\Delta K}{\Delta L}=\dfrac{MP_L}{MP_K}$이라고 할 때,

• 대체탄력성 : $\sigma=\dfrac{\Delta \frac{K}{L}/\frac{K}{L}}{\Delta MRTS/MRTS}$

---

**10** 오답률 60%　　　　　　　　　　　　　　　　　정답 ③

영역 미시경제학>포트폴리오 이론　　　　　　　　난도 상

정답의 이유

③ 문제에서 주어진 정보를 정리하면 다음과 같다.

$r_A=0.05$, $r_B=0.2$, $\sigma_A=0.05$, $\sigma_B=0.1$

포트폴리오의 수익률과 위험도는 다음과 같다.

($\alpha$=A자산의 비중, $(1-\alpha)$=B자산의 비중)

$r_p=\alpha r_A+(1-\alpha)r_B$, $\sigma_p=\alpha\sigma_A+(1-\alpha)\sigma_B$

포트폴리오가 무위험이기 위한 조건을 구하여야 하므로 $\sigma_p=0$이 되기 위한 조건을 구한다.

$\sigma_p=\alpha\sigma_A+(1-\alpha)\sigma_B=0 \rightarrow 0.05\alpha+0.1(1-\alpha)=0$

$\therefore \alpha^*=\dfrac{2}{3}$

따라서 A의 비중은 $\dfrac{2}{3}$, B의 비중은 $\dfrac{1}{3}$이 되게 포트폴리오를 구성하여야 한다.

---

**11** 오답률 10%　　　　　　　　　　　　　　　　　정답 ②

영역 국제경제학>국제무역이론과 무역정책　　　　난도 하

정답의 이유

② A국과 B국의 노트북과 전기차 생산을 위한 단위당 노동소요량은 다음과 같다.

| 구분 | 노트북 | 전기차 |
|---|---|---|
| A국 | 10 | 120 |
| B국 | 20 | 400 |

안심Touch

**13** 오답률 35%                                    정답 ④

**영역** 미시경제학>재정학                              난도 중

정답의 이유

④ 문제에서 주어진 정보를 정리하면 다음과 같다.

연간 기본 연금액 : $\alpha(A+B)(1+0.05y)$

$\alpha$ = 가입한 시점, A = 연금 수급 전 3년간 전체 가입자의 평균소득월액의 평균액, B = 가입자 개인의 가입기간 중 기준소득월액의 평균액, y = 가입연수에서 20년을 뺀 값.

문제의 경우, $\alpha$ = 1.8, A = 100만 원, B = 100만 원, y = 40-20 = 20

연간 기본연금액 : $\alpha(A+B)(1+0.05y) = 1.8(100+100)(1+0.05\times20)$

= 720만 원

김씨의 연간 소득은 기준소득월액의 평균액×12이므로 100×12 = 1,200만 원이다.

소득대체율 = $\dfrac{\text{기본연금액}}{\text{연간소득}} = \dfrac{720}{1200} = 0.6$

따라서 소득대체율은 60%이다.

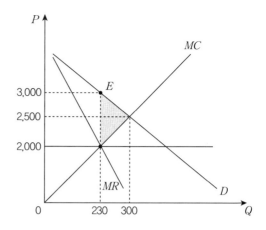

**14** 오답률 10%                                    정답 ④

**영역** 미시경제학>시장조직이론                          난도 하

정답의 이유

④ 완전경쟁시장은 소비자와 생산자가 매우 많아 개개인은 가격수용자(price-taker)이며, 시장진입과 퇴출이 자유롭고, 모든 사람은 완전한 정보를 가지고 있고, 상품이 동질적이다. 문제에 따르면 비가격경쟁, 가격차별화, 차별된 상품이 없으며, 자유로운 진입이 가능하고 장기 이윤이 0이므로 완전경쟁시장이라고 할 수 있다. 완전경쟁시장에서 개별 기업은 시장 가격에 영향을 미칠 수 없다.

**15** 오답률 30%                                    정답 ③

**영역** 미시경제학>시장조직이론                          난도 중

정답의 이유

③ 독점기업에 의해 유발되는 경제적 순손실을 구하기 위해 MR=MC가 되는 완전경쟁시장 가격에 비해 독점기업이 얼마나 많은 마크업(mark-up)가격 책정을 하는지 알아야 하고, 완전경쟁시장 균형거래량에 비해 얼마나 거래량이 줄어들었는지 확인하여야 한다.

문제에 따르면 만약 이 재화가 완전경쟁시장에서 생산되었다면 균형 생산량은 300단위이고, 균형가격은 2,500원이다. 독점기업의 이윤극대화 생산량은 230단위이고, 이윤극대화 가격은 3,000원이다. 230번째 단위의 한계비용은 2,000원이다.

독점기업의 mark-up : P-MC = 3,000-2,000 = 1,000

독점으로 인한 거래량의 감소분 : 300-230 = 70

경제적 순손실 : $\dfrac{1}{2}\times1,000\times70 = 35,000$원

**16** 오답률 63%                                    정답 ①

**영역** 미시경제학>수요·공급이론                        난도 상

정답의 이유

① • 기존의 균형

  D = 10-P, S = 3P

  $Q^* = 7.5$, $P^* = 2.5$

• 새로운 균형

  조세 부과 후 공급곡선의 변화 (공급곡선이 위쪽으로 1만큼 이동)

  S = 3(P-1) → S = 3P-3

  $Q^{**} = \dfrac{27}{4}$, $P^{**} = \dfrac{13}{4}$(소비자가격)

조세의 경제적 귀착을 파악하기 위해서는 생산자가격 또한 도출하여야 한다. 생산자가격은 소비자가격에 정부에 세금을 1만큼 지불하고 난 $\dfrac{13}{4}-1 = \dfrac{9}{4}$이다.

소비자의 조세부담 : $P^{**}-P^* = \dfrac{13}{4}-2.5 = 0.75$

생산자의 조세부담 : $P^*-P_\text{생} = 2.5-2.25 = 0.25$

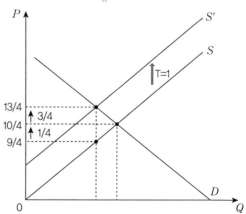

**17** 오답률 32%　　　　　　　　　　　　　　정답 ④

**영역** 거시경제학>총수요·총공급이론　　　　　난도 **중**

정답의 이유

④ 케인즈 경제학자들의 미세조정 정책은 준칙보다는 재량적 정책의 성격을 띤다. 미세조정이란 경기변동에 대하여 정부나 중앙은행이 그때그때 적절한 경제정책을 수행하여야 한다는 것을 의미한다.

오답의 이유

① 준칙 또는 재량적인 경제정책과 소극적 또는 적극적 경제정책은 서로 다른 범주이다. 준칙에 따른 정책도 소극적 정책과 적극적 정책이 존재할 수 있다.

② 매기의 통화증가율을 k%로 일정하게 정하는 k% rule은 소극적인 준칙 정책에 해당한다.

③ 동태적 비일관성은 재량적 정책 때문에 발생한다. 처음에 정부가 계획한 정책이 시행 시기에 더 이상 최적 정책이 아니게 됨으로써 일관적이지 못한 경제정책을 시행하게 되는 것을 의미한다.

 **합격생의 필기노트**

미세조정 정책

미세조정 정책이란 케인즈학파에 의해 주장되는 경제 정책 활용 방법이다. 경제의 주요한 충격에 대하여 케인즈학파는 통화정책과 재정정책을 그때그때 적절히 활용하여 경기의 방향과 강도를 조절하여야 한다고 보았다. 경기 침체 시에는 통화량을 늘리거나 확대재정정책을 통하여 경기회복을 도모하고, 경기 호황 시에는 통화량을 줄이거나 긴축재정정책을 통해 경기의 연착륙을 도모한다.

**18** 오답률 10%　　　　　　　　　　　　　　정답 ②

**영역** 거시경제학>거시경제학의 기초　　　　　난도 **하**

정답의 이유

② 국내총생산은 일정기간 동안 한 국가에서 생산된 모든 재화와 서비스의 시장가치의 합으로 정의된다. 국내총생산은 시장경제에서 거래되는 재화와 서비스만을 가치로 포함하기 때문에 한계가 존재한다. GDP를 구성하는 항목으로는 소비와 투자, 정부지출이 있다. 따라서 정부 서비스의 가치는 GDP에 포함이 된다.

오답의 이유

① 소비자물가지수는 대표적인 라스파이레스 물가지수이다. 라스파이레스 물가지수는 대체효과, 상품의 품질변화 등으로 인해 실제 생활비 측정에 왜곡을 초래할 수 있다.

③ 실업률 = $\dfrac{\text{실업자}}{\text{경제활동인구}}$ 로 정의되며, 실망실업자는 비경제활동인구로 분류되기 때문에 실업률에 포함되지 못한다. 따라서 실업률 지표는 잠재적으로 실업자에 가까운 실망실업자를 실업자에 포함하지 않기 때문에 문제점이 있다.

④ 소비자물가지수는 대표적인 소비자가 구입하는 재화와 서비스의 전반

적인 비용을 나타낸다. 따라서 특정 가계의 생계비 변화와는 괴리가 발생할 수 있다.

**19** 오답률 30%　　　　　　　　　　　　　　정답 ③

**영역** 거시경제학>총수요·총공급이론　　　　　난도 **중**

정답의 이유

③ 2,000억 원의 정부지출 확대와 2,000억 원의 조세 감면이 있는 경우의 효과에 대한 문제이므로 정부지출승수와 조세승수를 구하여야 한다. 문제에서 밀어내기 효과(crowding-out effect, 구축효과)가 없다고 하였으므로 확장적 재정정책에 따른 이자율 증가와 이로 인한 총수요 감소는 고려하지 않아도 된다.

한계소비성향 : MPC = $\dfrac{3}{4}$

정부지출승수 : $\dfrac{1}{1-\text{MPC}} = \dfrac{1}{1-\dfrac{3}{4}} = 4$

조세승수 : $\dfrac{-\text{MPC}}{1-\text{MPC}} = \dfrac{-\dfrac{3}{4}}{1-\dfrac{3}{4}} = -3$

정부지출 확대의 효과 : $\Delta G \times$정부지출승수 = 2,000억 원×4 = 8,000억 원

조세 감면의 효과 : $\Delta T \times$조세승수 = -2,000억 원×(-3) = 6,000억 원

**20** 오답률 32%　　　　　　　　　　　　　　정답 ①

**영역** 거시경제학>총수요·총공급이론　　　　　난도 **중**

정답의 이유

① 통화정책의 전달경로 중 신용경로란 중앙은행의 금리 변화가 은행 대출 규모에 영향을 미쳐 가계의 소비 및 기업의 투자를 변동시키는 것을 의미한다. 기준금리가 낮아지면 명목환율이 상승하여 수출입에 영향을 미치는 것은 통화정책의 전달경로 중 환율경로를 말한다.

오답의 이유

② 통화정책이 가계와 기업의 대차대조표를 변화시킴으로써 소비와 투자에 영향을 미치는 것은 대차대조표 경로를 의미하는 것이며, 신용경로의 하나이다.

③ 신용경로는 금융시장에서 도덕적 해이 문제가 발생하는 것을 가정하는데, 통화량이 증가하면 순자산 증가와 현금 흐름 증가로 도덕적 해이 및 역선택이 덜 발생하게 된다. 이에 따라 대출과 투자가 증가해 총수요가 증가하는 것이다. 따라서 신용경로는 팽창적 통화정책이 역선택 및 도덕적 해이 문제를 완화시킴으로써 실물 부문에 영향을 미친다고 본다.

④ 증권화의 진전이나 금융 자유화가 되면 은행의 자금조달 경로가 다양해진다. 신용경로는 전통적 방식의 은행 대출과 기업 여신을 가정하므로 증권화 및 금융 자유화가 진전되면 신용경로의 중요성 작아진다.

**합격생의 필기노트**

통화정책의 전달경로
- 금리 경로 : 중앙은행이 금리를 낮추면 단기채권에 대한 수요가 늘어나게 된다. 따라서 단기채권의 가격이 상승하고 이자율은 하락한다. 이에 따라 장기채권이 상대적으로 저렴해지고 수익률이 높아지므로 장기채권에 대한 수요가 늘어난다. 따라서 장기채권 가격이 올라가게 되고 장기 이자율은 감소한다. 장기 이자율의 감소는 투자를 증대시키고 이는 총수요의 증가로 이어진다.
- 자산가격 경로 : 대표적으로 토빈의 q 이론이 있다. 토빈의 q란 기업의 시장가치를 기업의 실물자본 대체비용으로 나눈 값이다. 중앙은행이 금리를 낮추면 채권 가격이 상승하고 채권 수요가 감소하며 채권과 대체관계에 있는 주식 수요가 증가한다. 이에 따라 주가가 상승하여 토빈의 q 값이 커지는데, 이는 투자의 증가로 이어진다.
- 신용 경로 : 신용 경로는 은행대출 경로와 대차대조표 경로로 나뉜다. 은행대출 경로는 통화량이 늘어나면 은행대출 총액이 증가하고 이에 따라 대출이 증가하면 가계의 소비나 기업의 투자가 늘어난다는 것이다. 대차대조표 경로란 금리가 변동되면 기업 대출 담보의 원천인 기업의 순자산 또는 재무상태가 변하고, 이에 따라 리스크 프리미엄이 변화하면서 대출과 실물경제도 확장 또는 감소하는 것을 의미한다.
- 환율 경로 : 중앙은행이 금리를 낮추면 원화표시 금융자산의 수익률이 낮아지고, 원화에 대한 수요가 감소하여 원화가치는 하락하고 환율은 상승한다. 환율 상승에 따라 수출이 늘어나므로 총수요는 증가한다.
- 기대 경로 : 중앙은행의 정책금리 목표가 변경되면 기대인플레이션이 변화하면서 이자율, 자산 가격, 총수요 등 실물경제에 변화를 일으키는 것을 의미한다.

2017.08.26. 시행

# 국가직 7급 경제학 정답 및 해설

문제편 028p

## 정답 체크

| 01 | 02 | 03 | 04 | 05 | 06 | 07 | 08 | 09 | 10 |
|----|----|----|----|----|----|----|----|----|----|
| ① | ④ | ② | ① | ① | ② | ④ | ② | ③ | ③ |
| 11 | 12 | 13 | 14 | 15 | 16 | 17 | 18 | 19 | 20 |
| ④ | ④ | ② | ④ | ① | ③ | ① | ② | ③ | ③ |

## My Analysis

| 총 맞힌 개수 | 개 |
|---|---|
| 획득 점수 | 점 |
| 약한 영역 | |

※ '약한 영역'에는 문항별 체크리스트 상에서 자신이 가장 많이 틀린 영역을 표시해두고, 추후에 해당 영역을 집중적으로 학습하시는 데 활용하시기 바랍니다.

## 문항별 체크리스트

| 문항 | 문항 영역 | 맞힘 | | 틀림 | |
|---|---|---|---|---|---|
| | | A | B | C | D |
| 01 | 거시경제학>국민소득 결정이론 | | | | |
| 02 | 거시경제학>인플레이션과 실업 | | | | |
| 03 | 국제경제학>국제금융 이론 | | | | |
| 04 | 미시경제학>생산자이론 | | | | |
| 05 | 국제경제학>외환시장과 국제수지 | | | | |
| 06 | 거시경제학>동태경제 이론 | | | | |
| 07 | 미시경제학>수요·공급 이론 | | | | |
| 08 | 미시경제학>소비자이론 | | | | |
| 09 | 국제경제학>외환시장과 국제수지 | | | | |
| 10 | 거시경제학>총수요· 총공급이론 | | | | |
| 11 | 거시경제학>화폐금융론 | | | | |
| 12 | 미시경제학>수요·공급 이론 | | | | |
| 13 | 거시경제학>국민소득 결정이론 | | | | |
| 14 | 거시경제학>국민소득 결정이론 | | | | |
| 15 | 거시경제학>거시경제학 의 기초 | | | | |
| 16 | 국제경제학>국제무역 이론과 무역정책 | | | | |
| 17 | 미시경제학>생산자이론 | | | | |
| 18 | 미시경제학>일반균형 이론 및 후생경제학 | | | | |
| 19 | 미시경제학>소비자이론 | | | | |
| 20 | 거시경제학>인플레이션과 실업 | | | | |

| 미시경제학 | / 7 | 거시경제학 | / 9 |
|---|---|---|---|
| 국제경제학 | / 4 | | |

\* A : 알고 맞힘

B : 찍어서 맞힘

C : 의도·내용 파악 부족

D : 매번 틀리는 유형

**01** 오답률 10%  정답 ①

**영역** 거시경제학>국민소득결정이론  난도 **하**

정답의 이유

① GDP는 한 국가 내에서 일정기간 생산된 최종생산물의 시장가치의 합이다. 식당에서 판매하는 식사는 GDP에 포함되지만, 가족을 위해 제공하는 식사는 시장에서 거래되지 않기 때문에 GDP에 포함되지 않는다.

오답의 이유

② GDP에는 재화 및 서비스를 생산할 때 발생하는 환경오염 등의 가치가 포함되지 않는다는 한계가 있다.

③ 임대주택의 주거서비스뿐만 아니라 자가주택에 거주하더라도 주거서비스는 GDP에 포함된다.

④ A와 B 각자 부가가치를 창출하였으므로 두 사람의 임금 모두 GDP에 포함된다.

**02** 오답률 25%  정답 ④

**영역** 거시경제학>인플레이션과 실업  난도 **중**

정답의 이유

④ 문제에서 주어진 인구를 분류하면 다음과 같다.

취업자 : 임근로자 60명, 무급가족종사자 10명, 직장 있으나 일시적으로 일하지 않는 10명

실업자 : 20명

비경제활동인구 : 주부 50명, 학생 50명

이때, 취업자와 실업자를 더하면 경제활동인구가 된다.

$$경제활동참가율 = \frac{경제활동참가인구}{생산가능인구} = \frac{80+20}{200} = 50\%$$

$$실업률 = \frac{실업자}{경제활동인구} = \frac{20}{100} = 20\%$$

**03** 오답률 55%  정답 ②

**영역** 국제경제학>국제금융이론  난도 **상**

정답의 이유

② (가) 자유무역지역(Free trade area)이란 가맹국 간 상품에 대한 관세를 완전히 철폐하고, 역외 국가의 수입품에 대해서는 가맹국이 개별적으로 관세를 부과하는 것을 의미한다. 대표적인 자유무역지역으로 한미FTA 등이 있다.

　(나) 공동시장(Common market)이란 가맹국 간에 상품뿐만 아니라 노동, 자원과 같은 생산요소의 자유로운 이동이 보장되며 역외국가의 수입품에 대해서 공동관세를 부과하는 것을 의미한다. 대표적인 공동시장의 예로 과거 유럽공동체(EC, European Community)가 있다.

　(다) 관세동맹(Custom union)이란 가맹국 간에는 상품의 자유로운 이동이 보장되지만, 역외 국가의 수입품에 대해서는 공동관세를 부과하는 것을 의미한다. 관세동맹은 자유무역지역보다 더 국가 간 경제동맹이 강화된 형태이며, 과거 유럽경제공동체(EEC)가 관세동맹의 형태를 띠었다.

**합격생**의 **필기노트**

경제통합의 단계

• 자유무역지역 : 경제통합에 참여한 각국(이하 '참여국') 간에 관세 및 수량제한을 없애며, 참여하지 않은 국가(이하 '비참여국')에 대해서는 독자적인 관세정책을 유지하는 것이다.

• 관세동맹 : 참여국 간에 상품의 이동에 대한 차별을 철폐하며, 동맹국 간에는 관세를 폐지하거나 경감한다. 비참여국으로부터 수입할 때에는 각국이 공통의 수입관세를 부과하는데, 이것이 자유무역지역과 다른 점이다.

• 공동시장 : 관세동맹보다 진전된 형태의 경제통합으로, 경제적인 국경을 철폐하고 국가 간 무역량 확대와 사회적 · 경제적 발전을 이루기 위해 무역제한뿐만 아니라 생산요소(노동 · 자본 등) 이동에 대한 제약을 철폐하는 단계이다.

• 경제동맹 : 경제동맹은 공동시장에서 실시하는 상품과 요소 이동에 대한 제약(국경에서의 장벽)을 억제하고 참여국 각국의 경제정책으로 발생되는 격차를 해소하기 위하여 재정 · 금융 · 노동 등의 국내정책, 대외 무역정책 등 국가 경제정책을 조정한다.

• 완전한 경제통합 : 참여국들은 통화 · 재정 · 사회 · 경기안정(countercyclical) 정책의 통합을 전제로, 참여국들을 하나로 묶을 수 있는 초국가적 기구를 설치한다. 경제동맹과의 가장 큰 차이는 통화와 경제정책의 통일이다.

**04** 오답률 12%  정답 ①

**영역** 미시경제학>생산자이론  난도 **하**

정답의 이유

① 범위의 경제란 한 기업이 여러 제품을 함께 생산하는 경우가 각 제품을 별도의 개별기업이 생산하는 경우보다 생산비용이 더 적게 드는 경우를 의미한다. $C(x, y) < C(x, 0) + C(0, y)$

**오답의 이유**

② 규모에 대한 수확체증은 생산요소의 양을 h배씩 증가시킬 때 생산량은 h배를 초과하여 증가하는 경우를 의미한다. $f(hL, hK) > hf(L, K)$

③ 규모의 경제란 생산량을 증가시킬 때 평균비용이 감소하는 것을 의미한다. $\frac{dAC}{dq} < 0$

④ 경합성이란 어느 한 사람의 재화 소비가 증가하면 다른 사람은 그 재화를 소비할 수 있는 양이 줄어드는 것을 의미한다. 비경합적이라는 것은 한 사람이 소비량을 증가시켜도 다른 사람의 소비량이 줄어들지 않는다는 것을 의미한다.

**05** 오답률 10%　　　　　　　　　　　　정답 ①

**영역** 국제경제학>외환시장과 국제수지　　　　　난도 **하**

**정답의 이유**

① 문제의 경우, 자본이동이 자유로운 소규모 개방경제를 가정하였다. 만약 변동환율제라면 재정정책이 무력할 것이다. 따라서 변동환율제 하에서 확장적 재정정책의 새로운 균형은 A이다.

A에서 확장적 재정정책을 실시하면 IS곡선이 우측이동한다. 이때 국내이자율이 국제이자율보다 높아져 순자본유입이 진행되고 이에 따라 환율이 하락하여 순수출이 감소한다. IS곡선은 제자리로 돌아오게 되며 새로운 균형 역시 A점이 된다.

**오답의 이유**

② 변동환율제 하에서 확장적 통화정책은 효과가 크다. IS와 LM곡선이 모두 우측으로 이동한 C가 새로운 균형이다.

③ 고정환율제 하에서 확장적 통화정책은 무력하다. 따라서 새로운 균형은 A이다.

④ 고정환율제 하에서 확장적 재정정책은 효과가 크다. 따라서 새로운 균형은 C이다.

**06** 오답률 30%　　　　　　　　　　　　정답 ②

**영역** 거시경제학>동태경제이론　　　　　　　난도 **중**

**정답의 이유**

② $y = \frac{Y}{L}$, $k = \frac{K}{L}$로 정의한다면 생산함수 $Y = L^{\frac{2}{3}}K^{\frac{1}{3}}$는 $y = k^{\frac{1}{3}}$이 된다.

정상상태에서의 1인당 최적자본량을 구하면 다음과 같다.

$\Delta k = sy - (n + \delta)k = 0$

이때, 인구증가율(n) = 0이므로

정상상태 : $\Delta k = sy - nk = 0$, $sy = nk$

$sk^{\frac{1}{3}} = nk$

$k^* = \left(\frac{s}{\delta}\right)^{\frac{3}{2}}$, $y^* = k^{\frac{1}{3}} = \left(\frac{s}{\delta}\right)^{\frac{1}{2}}$

**07** 오답률 12%　　　　　　　　　　　　정답 ④

**영역** 미시경제학>수요·공급이론　　　　　　난도 **하**

**정답의 이유**

④ 보통사람과 중증환자의 가격 5에서 가격탄력성을 구하면 다음과 같다.

보통사람 : $\epsilon_{보통} = -\frac{\Delta Q}{\Delta P} \frac{P}{Q} = -\frac{5}{5} = -1$

중증환자 : $\epsilon_{중증} = -\frac{\Delta Q}{\Delta P} \frac{P}{Q} = -\frac{5}{15} = -\frac{1}{3}$

가격 5에서 가격 변화율이 동일할 경우 보통사람과 중증환자의 가격탄력성이 상이하므로 수요량 변화율도 다르다.

**오답의 이유**

① 보통사람은 가격 5에서 탄력성이 −1이다.

② 중증환자는 가격 5에서 탄력성이 $-\frac{1}{3}$이다.

③ 독점병원이 이윤을 극대화하기 위해서는 가격탄력성이 낮은 사람에게 더 높은 가격을 부과하여야 한다. 따라서 보통사람보다 중증환자에게 더 높은 가격을 부과할 것이다.

**08** 오답률 28%　　　　　　　　　　　　정답 ②

**영역** 미시경제학>소비자이론　　　　　　　난도 **중**

**정답의 이유**

② 소득소비곡선이란 다른 변수가 동일할 때, 소득이 증가하는 경우 소비자의 효용을 극대화하는 재화 선택점이 변화하는 경로를 의미한다. 소득소비곡선은 소비자의 효용극대화식을 풀어내는 과정에서 도출할 수 있다.

Max $u = x + y$　　　s.t $2x + 3y = m$

문제의 경우 무차별곡선이 직선이므로 소비자의 효용극대화 점은 재화의 상대가격과 한계대체율의 크기를 비교하여 도출하여야 한다.

현재 한계대체율 $MRS_{xy} = 1$이고, 재화의 상대가격은 $\frac{p_x}{p_y} = \frac{2}{3}$이다. 재화의 상대가격이 한계대체율보다 항상 작으므로 소비자는 완전대체재인 x와 y 중 상대적으로 저렴한 x재만을 소비할 것이다. 소득소비곡선은 $y = 0$이다.

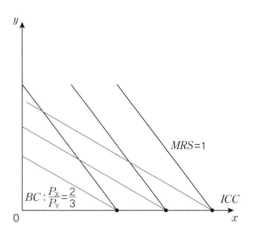

**09** 오답률 25%  정답 ③

**영역 국제경제학>외환시장과 국제수지**  난도 **중**

정답의 이유

③ 구매력평가설이란 환율이 양국 통화의 구매력에 의하여 결정된다는 이론으로 일물일가의 법칙이 성립함을 가정하고 있다$\left(e=\dfrac{P}{P_f}\right)$. 문제에 따르면 중국의 시장환율은 1달러당 6위안이고, 빅맥가격은 18이다. 구매력평가 환율로 보면 $e_{중국}=\dfrac{P_중}{P_미}=\dfrac{18}{5}<6$ 이다. 구매력평가 환율로 평가 시 시장환율 대비 구매력평가 환율이 낮으므로 위안화가 고평가되는 것이다.

| 국가<br>(화폐 단위) | 시장환율 | 빅맥가격 | 구매력평가 환율 |
|---|---|---|---|
| 미국(달러) | 1 | 5 | 5/5=5 |
| 브라질(헤알) | 2 | 12 | 12/5=2.4 |
| 한국(원) | 1,000 | 4,000 | 4,000/5=800 |
| 중국(위안) | 6 | 18 | 18/5=3.6 |
| 러시아(루블) | 90 | 90 | 90/5=18 |

오답의 이유

① 브라질의 구매력평가 환율은 시장환율보다 높다. 따라서 시장환율 대비 저평가되는 것이다.

② 한국의 구매력평가 환율은 시장환율보다 낮다. 따라서 시장환율 대비 고평가되는 것이다.

④ 러시아의 구매력평가 환율은 시장환율보다 낮다. 따라서 시장환율 대비 고평가되는 것이다.

**10** 오답률 10%  정답 ③

**영역 거시경제학>총수요 · 총공급이론**  난도 **하**

정답의 이유

③ 100% 지급준비제도하에서는 지급준비율이 1이고, 통화승수도 1이다. 통화량은 본원통화에 통화승수를 곱한 값으로 정의된다. 만약 100% 지급준비제도가 있다면 본원통화가 늘어났을 때 통화량도 정확히 본원통화량만큼 증가할 것이다. 따라서 통화승수는 1이다.

오답의 이유

① 우리나라는 부분지급준비제도를 활용하고 있다. 은행들은 고객으로부터의 예금 일부를 지급준비금으로 두고 나머지 금액을 대출로 활용할 수 있다. 지급준비율이 100%보다 작다.

② 은행들은 법정지급준비금 이상의 초과지급준비금을 보유할 수 있다. 은행의 재정건전성을 위해 초과지급준비금을 더 많이 보유하기도 한다.

④ 지급준비율을 올리면 통화승수가 감소한다. 따라서 본원통화의 공급량이 변하지 않아도 통화량이 줄어들게 된다.

**11** 오답률 15%  정답 ④

**영역 거시경제학>화폐금융론**  난도 **하**

정답의 이유

④ 화폐수량설이 성립하면 화폐의 교환방정식 MV=PY가 성립한다. 문제에 따르면 Y=20,000, P=30, M=600,000이다. 이에 따르면 V=1이다.
화폐수량설에 따르면 중앙은행의 통화량 증가는 실질변수에 아무런 영향을 미치지 못한다. 따라서 A국 중앙은행이 통화량을 4% 증가시켰을 때, 실질 GDP는 변함없으며, 물가만 4% 증가할 것이다.

오답의 이유

① 화폐유통속도 V=1이다.

② 화폐수량설에 따르면 통화량의 증가는 실질변수에 영향을 주지 못하며 물가만 상승시킨다. A국 중앙은행이 통화량을 10% 증가시킨다면 물가는 10% 상승할 것이다.

③ A국 중앙은행이 통화량을 10% 증가시켰을 때, 명목 GDP(=PY)는 10% 증가할 것이다.

## 12 오답률 10%      정답 ④

**영역** 미시경제학>수요·공급이론      난도 **하**

[정답의 이유]

④ 완전경쟁시장에서 정부가 가격상한제를 실시할 경우, 가격상한이 시장균형가격보다 높게 설정되면 정책의 실효성이 없을 것이다. 가격상한제는 정부가 판단하였을 때 시장의 균형가격이 정책 목적상 높은 가격에 형성된 경우, 가격상한을 설정하여 소비자를 보호하는 것이다. 대표적으로 임대료 상한규제가 있다. 따라서 가격상한은 시장균형가격보다 낮게 설정한다.

[오답의 이유]

① 최저임금제는 가격하한제에 해당된다.

② 가격상한제를 실시하면 시장균형가격보다 낮은 가격에서 재화가 거래되므로 초과공급이 발생한다.

③ 가격상한은 판매자가 부과할 수 있는 최대가격을 의미한다.

## 13 오답률 12%      정답 ②

**영역** 거시경제학>국민소득결정이론      난도 **하**

[정답의 이유]

② A국의 명목 GDP와 실질 GDP의 흐름을 보면, 2005년도에는 실질 GDP가 명목 GDP보다 높았으며, 2010년에는 같고, 2015년에는 명목 GDP가 실질 GDP보다 높아진다.

GDP 디플레이터 $= \dfrac{\text{명목 GDP}}{\text{실질 GDP}}$ 로 정의되는 물가지수이다. 2005년의 경우 실질 GDP>명목 GDP이므로 GDP 디플레이터는 100보다 작은 값을 가진다.

[오답의 이유]

① GDP 디플레이터의 기준연도는 실질 GDP와 명목 GDP의 값이 같은 2010년이다.

③ 2010년에서 2015년으로 갈 때 명목 GDP가 실질 GDP보다 커진다. GDP 디플레이터가 상승하였으므로 물가가 상승한 것을 알 수 있다.

④ 경제성장률은 실질 GDP의 상승률로 도출한다. 실질 GDP는 2005년부터 2015년까지 우상향하며 성장하고 있다. 따라서 2005년에서 2015년 사이에 경제성장률은 양(+)의 값을 가질 것이다.

## 14 오답률 15%      정답 ④

**영역** 거시경제학>국민소득결정이론      난도 **하**

[정답의 이유]

④ 재화시장만을 고려한 케인지안 폐쇄경제 거시 모형에 따르면 생산물시장의 균형은 총소득(Y)과 총지출(E)이 같아질 때 성립된다.

투자를 1 단위 증가시키면 발생하는 총소득의 증가분은 투자승수라고 정의할 수 있다. 투자승수는 $\dfrac{1}{1-MPC}$(MPC=한계소비성향)이다.

$$\dfrac{1}{1-MPC} = \dfrac{1}{1-0.8} = 5 \text{이다.}$$

[오답의 이유]

① 문제에 따르면 $Y = E = C + I + G = 0.8(Y-50) + 100 + 500$이고, 이를 정리하면 $Y^* = 5500$이다. 총소득은 5500이다.

② 정부지출을 1 단위 증가시키면 발생하는 총소득 증가분을 정부지출승수라고 한다. 정부지출승수는 $\dfrac{1}{1-MPC}$이며 그 값은 5이다.

③ 세금을 1 단위 감소시키면 발생하는 총소득 증가분을 조세승수라고 한다. 조세승수는 $-\dfrac{MPC}{1-MPC}$이며 $-\dfrac{0.8}{1-0.8} = -4$이므로 세금을 1 단위 감소시키면 총소득은 4 증가한다.

## 15 오답률 8%      정답 ①

**영역** 거시경제학>거시경제학의 기초      난도 **하**

[정답의 이유]

① 라스파이레스 물가지수는 기준연도 생산량을 가중치로 사용하여 물가지수를 계산한다.

$$L_P = \dfrac{P_1 Q_0}{P_0 Q_0}$$

| 구분 | 빵 | | 의복 | |
|------|------|------|------|------|
| | 구입량 | 가격 | 구입량 | 가격 |
| 2010년 | 10만 개 | 1만 원 | 5만 벌 | 3만 원 |
| 2011년 | 12만 개 | 3만 원 | 6만 벌 | 6만 원 |

$P_1 Q_0 =$ 10만 개×3만 원+5만 벌×6만 원=60만 원

$P_0 Q_0 =$ 10만 개×1만 원+5만 벌×3만 원=25만 원

라스파이레스 방식을 사용한 물가상승률 $= \dfrac{P_1 Q_0 - P_0 Q_0}{P_0 Q_0} \times 100\% =$

$\dfrac{60-25}{25} \times 100\% = 140\%$

**16** 오답률 25%                                             정답 ③

영역 국제경제학>국제무역이론과 무역정책                    난도 중

정답의 이유

③ 문제에서 주어진 정보를 표로 나타내면 다음과 같다. 각 값은 한 단위의 노동으로 하루에 생산할 수 있는 생산량이다.

| 구분 | 쌀 | 옷 |
| --- | --- | --- |
| A | 5 | 5 |
| B | 4 | 2 |

비교우위를 파악하기 위해서 각 재화를 생산하는데 소요되는 기회비용으로 표를 변환하면 다음과 같다.

| 구분 | 쌀 | 옷 |
| --- | --- | --- |
| A | 옷 1 단위 | 쌀 1 단위 |
| B | 옷 1/2 단위 | 쌀 2 단위 |

A국은 옷에, B국은 쌀 생산에 기회비용이 있다.

쌀과 옷의 교환비율 $\frac{P_쌀}{P_옷}$은 쌀 생산의 기회비용을 옷으로 나타낸 범위 $\frac{1}{2}$∼1에서 결정되고, 이 범위 내에서 무역이 일어날 것이다. 따라서 적절하지 않은 것은 0.4이다.

**17** 오답률 30%                                             정답 ①

영역 미시경제학>생산자이론                              난도 중

정답의 이유

① 규모의 경제는 생산량이 증가할 때 평균비용이 감소하는 것이고 $\left(\frac{dAC}{dq} < 0\right)$, 규모의 비경제는 생산량이 증가할 때 평균비용이 증가하는 것이다 $\left(\frac{dAC}{dq} > 0\right)$.

$TC(Q) = 40Q - 10Q^2 + Q^3$

$AC(Q) = \frac{TC}{Q} = 40 - 10Q + Q^2$

AC곡선이 아래로 볼록한 U자 형태의 2차 함수이므로 규모의 경제와 규모의 비경제가 구분되는 생산규모는 2차 함수의 최솟값을 만드는 생산량일 것이다.

$\frac{dAC}{dQ} = 0 \rightarrow -10 + 2Q = 0$

$\therefore Q_{최저} = 5$

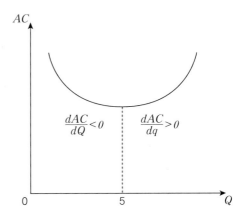

**18** 오답률 60%                                             정답 ②

영역 미시경제학>일반균형이론 및 후생경제학               난도 상

정답의 이유

② 총 노동량과 총 자본량이 12로 주어져 있고, 노동과 자본을 이용해 X재와 Y재를 생산하므로 생산의 에지워드 박스를 그려 풀이한다.

X재는 노동 1 단위와 자본 2 단위를 투입하여 X재 한 개를 생산하므로,

X재 생산함수 : $X^s = min(L, \frac{1}{2}K)$ (K=2L 직선상의 점을 꼭짓점으로 하는 레온티에프생산함수 형태)

Y재는 노동 1 단위 또는 자본 1 단위를 투입하여 Y재 한 개를 생산하므로,

Y재 생산함수 : $Y^s = L + K$ (기울기 1인 등량곡선)

X재 생산에 노동 6단위, 자본 12단위를 투입하였으므로,

$X^s = min(6, \frac{1}{2} \times 12) = 6$ (그림의 E점)

남아있는 노동 6단위와 자본 0단위로 최대한 생산할 수 있는 Y재는

$Y^s = L + K = 6 + 0 = 6$

$\therefore Y^s = 6$

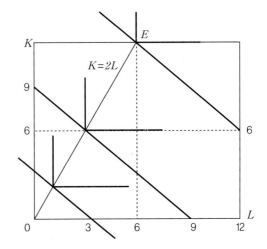

## 19 오답률 62%　　정답 ③

**영역** 미시경제학>소비자이론　　난도 **상**

정답의 이유

③ 문제에서 주어진 내용을 정리하면 다음과 같다.

Max $U(C_1, C_2) = \ln(C_1) + \beta \ln(C_2)$,

s.t $C_1 + \dfrac{C_2}{1+r} = Y_1 + \dfrac{Y_2}{1+r}$ ($Y_1 = 100$, $Y_2 = 0$)

효용극대화 소비점을 구하기 위해 $MRS_{12}$와 예산제약의 상대가격($\dfrac{P_1}{P_2}$가 현재는 $C_1$의 가격은 1, $C_2$의 가격은 $\dfrac{1}{1+r}$로 나타나 있다. 따라서 상대가격은 $1+r$이다.)을 비교한다.

f.o.c $MRS_{12} = \dfrac{\Delta \beta \ln C_2}{\Delta \ln C_1} = \beta \dfrac{C_1}{C_2}$ ($\dfrac{d}{dx}\ln x = \dfrac{1}{x}$)

→ $MRS_{12} = 1+r$이므로 $\beta \dfrac{C_1}{C_2} = 1+r$이 성립할 때 이를 예산제약에 대입하면 $C_1^*$, $C_2^*$를 도출할 수 있다.

이때, $\beta = \dfrac{1}{1+r}$이면 $C_1 = C_2$이다. $\beta > \dfrac{1}{1+r}$이라면 $C_1 < C_2$이다. $\beta$는 소비자가 2기의 소비에 두는 가중치를 의미한다. $\beta$가 높을수록 1기보다 2기 소비를 선호하는 것이다. 따라서 만약 $\beta$가 할인율($\dfrac{1}{1+r}$, 미래가치를 현재가치로 나타낼 때 할인되는 정도)보다 크다면 2기의 소비가 1기의 소비보가 클 것이다.

오답의 이유

① 소비자의 예산제약식은 $C_1 + \dfrac{C_2}{1+r} = 100$이다.

② $\beta = \dfrac{1}{1+r}$이면 $C_1 = C_2$이다.

④ 효용함수가 콥-더글라스 효용함수인 경우에도 1기와 2기의 소비 균형은 변하지 않는다. 콥-더글라스 효용함수에 자연로그를 취한 것이 문제에서 주어진 효용함수이다. 효용함수의 서수성 특징이 드러난다.

## 20 오답률 30%　　정답 ③

**영역** 거시경제학>인플레이션과 실업　　난도 **중**

정답의 이유

③ (가)의 경우 경제주체들은 적응적 기대 방식을 택한다. 적응적 기대 방식이란 과거 자료를 바탕으로 미래를 예측하는 것이다. 예상하지 못한 화폐공급의 감소가 일어난 경우 기대물가상승률은 변함이 없으므로 $PC_1$의 단기 필립스 곡선은 변함이 없을 것이다. 화폐공급의 감소는 총수요를 감소시켜 국민소득을 감소시키고, 실업률을 증가시키며, 물가를 하락시킨다. 따라서 (가)의 상황이 일어나면 A점에서 C점으로 이동한다.

(나)의 경우, 경제주체들은 합리적 기대 방식을 택한다. 합리적 기대 방식이란 현재 알 수 있는 모든 정보를 바탕으로 미래를 예측하는 것이다. 경제주체들이 정부를 신뢰하고, 그 정책을 미리 알 수 있다면 화폐공급의 감소에 따른 물가상승률의 하락을 예상할 것이므로 기대 인플레이션율이 하락한다. 따라서 단기 필립스 곡선은 $PC_1$에서 $PC_2$로 이동한다. 필립스 곡선이 하방으로 이동한 정도는 물가가 하락한 정도와 일치하므로 실업률은 변함없다. 따라서 (나)의 상황이 일어나면 A점에서 B점으로 이동한다. 이를 두고 새고전학파는 무비용 반인플레이션 정책이라고 한다.

교육의 목적은 비어 있는 머리를,
열려 있는 머리로 바꾸는 것이다.

-말콤 포브스(Malcolm Forbes)-

# PART 2

## 지방직 7급 정답 및 해설

# 2021 지방직 7급 경제학 정답 및 해설

문제편 034p

## 정답 체크

| 01 | 02 | 03 | 04 | 05 | 06 | 07 | 08 | 09 | 10 |
|----|----|----|----|----|----|----|----|----|----|
| ③ | ① | ③ | ② | ④ | ② | ③ | ① | ③ | ① |
| 11 | 12 | 13 | 14 | 15 | 16 | 17 | 18 | 19 | 20 |
| ③ | ② | ③ | ② | ① | ④ | ② | ③ | ④ | ① |

## My Analysis

| 총 맞힌 개수 | 개 |
|---|---|
| 획득 점수 | 점 |
| 약한 영역 | |

※ '약한 영역'에는 문항별 체크리스트 상에서 자신이 가장 많이 틀린 영역을 표시해두고, 추후에 해당 영역을 집중적으로 학습하시는 데 활용하시기 바랍니다.

## 문항별 체크리스트

| 문항 | 문항 영역 | 맞힘 | | 틀림 | |
|---|---|---|---|---|---|
| | | A | B | C | D |
| 01 | 거시경제학>국민소득 결정이론 | | | | |
| 02 | 거시경제학>총수요· 총공급이론 | | | | |
| 03 | 미시경제학>시장실패와 정보경제학 | | | | |
| 04 | 미시경제학>수요·공급 이론 | | | | |
| 05 | 국제경제학>국제무역 이론과 무역정책 | | | | |
| 06 | 거시경제학>화폐금융론 | | | | |
| 07 | 미시경제학>생산자이론 | | | | |
| 08 | 거시경제학>동태경제 이론 | | | | |
| 09 | 미시경제학>시장조직 이론 | | | | |
| 10 | 거시경제학>국민소득 결정이론 | | | | |
| 11 | 거시경제학>화폐금융론 | | | | |
| 12 | 미시경제학>수요·공급 이론 | | | | |
| 13 | 거시경제학>인플레이션과 실업 | | | | |
| 14 | 미시경제학>소비자이론 | | | | |
| 15 | 미시경제학>생산요소 시장이론과 소득분배 | | | | |
| 16 | 거시경제학>인플레이션과 실업 | | | | |
| 17 | 미시경제학>수요·공급 이론 | | | | |
| 18 | 미시경제학>시장조직 이론 | | | | |
| 19 | 거시경제학>총수요· 총공급이론 | | | | |
| 20 | 거시경제학>동태경제 이론 | | | | |
| 미시경제학 | / 9 | 거시경제학 | | / 10 | |
| 국제경제학 | / 1 | | | | |

* A : 알고 맞힘
  B : 찍어서 맞힘
  C : 의도·내용 파악 부족
  D : 매번 틀리는 유형

**01** 오답률 8%　　　　　　　　　　　　　　정답 ③

**영역** 거시경제학>국민소득결정이론　　　　　　난도 **하**

정답의 이유

③ 국민총소득의 결정은 다음과 같다.

　Y=C+I+G

　C+S+T=C+I+G, 이 때 S는 민간 저축이다.

　S=I+G-T이므로

　S=250+200-150=300조 원이다.

**02** 오답률 8%　　　　　　　　　　　　　　정답 ①

**영역** 거시경제학>총수요·총공급이론　　　　　난도 **하**

정답의 이유

① 이자율은 현 수준으로 유지하면서 국민소득을 상승시키기 위해서는 IS 곡선이 우측으로 이동함과 동시에 LM곡선도 우측으로 이동하여야 한다. 따라서 재정정책으로 정부지출을 늘리고, 동시에 통화정책으로 통화량을 증가시켜야 한다.

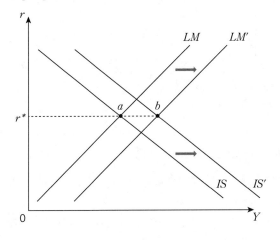

**03** 오답률 35%　　　　　　　　　　　　　정답 ③

**영역** 미시경제학>시장실패와 정보경제학　　　난도 **중**

정답의 이유

③ 외부불경제가 발생한 경우, 사회적 최적 생산량보다 사적 생산량이 많아진다. 사회적 후생손실은 이에 따른 비용의 총합이다.

　사적 생산량의 결정 : $PMC=P_D$

　사적 생산량 : $Q_M=13$

　사회적 최적 생산량의 결정 : $SMC=P_D$

　사회적 최적 생산량 $Q_E=12$

　초과 생산분이 발생시키는 비용의 총합=1.5

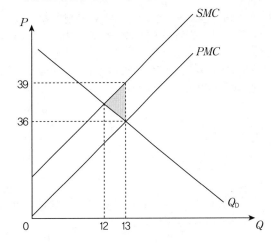

**04** 오답률 35%　　　　　　　　　　　　　정답 ②

**영역** 미시경제학>수요·공급이론　　　　　　난도 **중**

정답의 이유

② 가격 하한 및 보조금 지급 이전 균형 거래량=50, 가격 하한=60

　D'는 D에서 보조금을 지급한 후 국내 수요곡선이다(D'=D+S). 이 때, 보조금 지급 후 D'는 균형거래량 수준 50에서 가격 하한인 P=60을 지나야 하며, 지급되는 보조금 총액은 거래량×개당보조금액=5000이다.

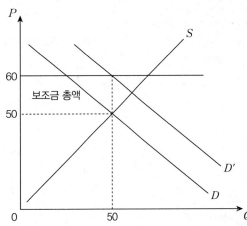

**05** 오답률 10%             정답 ④

**영역 국제경제학>국제무역이론과 무역정책**     난도 하

[정답의 이유]

④ IS-LM 모형에 따르면 자본이동이 완전히 자유로운 소규모 개방경제의 경우, 변동환율제에서는 재정정책이 무력하며, 고정환율제에서는 통화정책이 무력하다. 甲국이 고정환율제에서 변동환율제로 전환하였다면, 통화정책이 유효해지고, 재정정책이 무력해진다. 따라서 통화정책이 독립성을 상실하지 않는다. 기존 고정환율제일 때 통화정책은 독립성이 없었을 것이다.

[오답의 이유]

① 변동환율제에서 정부지출의 증가는 순 자본 유입을 일으킨다.

② 변동환율제에서 정부지출의 증가는 환율을 하락시켜 순수출이 악화된다.

③ 변동환율제에서 확장적 통화정책은 환율을 상승시켜 순수출도 늘어나게 한다. 소득에 미치는 효과가 커진다.

**06** 오답률 8%             정답 ②

**영역 거시경제학>화폐금융론**     난도 하

[정답의 이유]

② 은행의 요구불 예금에 대한 이자율이 하락한다면 현금통화비율이 상승한다(cr의 증가). 따라서 통화승수는 감소한다.

[오답의 이유]

① 은행부도의 위험이 낮아졌다면 은행부도를 예방하기 위한 지급준비금 비율이 낮아질 것이다(rr의 하락). 따라서 통화승수는 증가한다.

③ 가계의 현금보유 비중이 감소하였다면 현금통화비율이 하락한다(cr의 감소). 따라서 통화승수는 증가한다.

④ 은행의 초과 지급준비금 보유가 감소하면 지급준비금 비율이 낮아진다. 통화승수는 증가한다.

**합격생의 필기노트**

통화승수

통화승수의 계산은 다음과 같다.

(M=통화량, MB=본원통화, C=민간의 현금보유액, D=예금, R=지급준비금)

$$m = \frac{cr+1}{cr+rr} \left( cr = \frac{C}{D}, rr = \frac{R}{D} \right)$$

**07** 오답률 10%             정답 ③

**영역 미시경제학>생산자이론**     난도 하

[정답의 이유]

③ 생산자잉여란 생산자가 어떤 상품을 판매하여 얻는 실제수입이 생산자가 그 상품을 판매하여 최소한 받아야겠다고 생각하는 금액을 초과하는 부분을 말한다. 생산자가 최소한 받아야겠다고 생각하는 금액은 그 생산자의 한계비용이다. 따라서 한계비용 곡선과 시장가격 사이의 면적을 구하면 생산자잉여가 된다.

MC=20Q+4, P=64

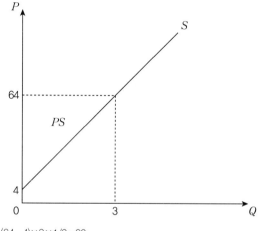

$(64-4) \times 3 \times 1/2 = 90$

생산자잉여=90이다.

**08** 오답률 10%             정답 ①

**영역 거시경제학>동태경제이론**     난도 하

[정답의 이유]

① AK 모형에서 경제성장률은 저축률에 의존한다. AK 모형에서 저축률의 상승은 영구적인 성장률의 상승으로 이어진다.

[오답의 이유]

② AK 모형에서는 솔로우 모형과 달리 자본의 한계생산성이 감소하지 않는다. AK 모형은 물적자본, 인적자본, 지식자본을 포함하는 자본 개념을 가정하기 때문이다.

③ 개별 기업 차원에서는 자본의 한계생산이 체감할 수 있지만, 이를 모두 포함하는 자본 개념은 한계 생산이 체감하지 않는다.

④ AK 모형에서는 솔로우 모형과 달리 외생적 기술진보 없이도 지속적인 성장이 가능하다.

**합격생의 필기노트**

AK 모형의 자본축적 방정식

$$\dot{k}=sAk-(n+\delta)k$$

(이때 s는 저축률, n은 인구증가율, $\delta$는 감가상각률)

따라서 AK모형에서 성장률 방정식은 다음과 같이 나타난다.

$$\frac{\dot{y}}{y}=\frac{\dot{A}}{A}+\frac{\dot{k}}{k}=sA-(n+\delta)$$

---

## 09 오답률 30% 　　　　　　　　　　　　　　 정답 ③

**영역** 미시경제학>시장조직이론 　　　　　 난도 중

정답의 이유

③ 독점기업의 3급 가격차별에 따른 생산량과 각 시장에서의 가격을 도출한다.

$MR_1=MR_2=MC$

$12-4Q_1=8-4Q_2=2$

$Q_1=2.5,\ Q_2=1.5,\ P_1=7,\ P_2=5$

따라서 시장 1에서의 판매가격은 시장 2에서의 판매가격보다 높게 책정된다.

오답의 이유

① 시장 2에서의 판매량은 시장 1의 판매량보다 작다.

② 시장 2에서의 한계수입은 시장 1에서의 한계수입보다 항상 작다.

④ 두 시장에서 수요의 가격 탄력성이 다르다. 시장 2에서의 수요의 가격 탄력성이 더 높으므로 시장 1보다 낮은 가격을 설정한 것이다.

---

## 10 오답률 15% 　　　　　　　　　　　　　　 정답 ①

**영역** 거시경제학>국민소득결정이론 　　　 난도 하

정답의 이유

① 생애주기가설은 현재소비가 현재소득 뿐만 아니라 평생소득에 달려있다고 주장하는 가설이다. 이에 따르면 청장년기에 비해 노년기에 평균소비성향은 증가한다. 소비는 생애에 걸쳐 평탄하나, 소득은 청장년기에 높았다가 노년기에 낮아진다. 따라서 노년기에 평균소비성향은 증가하는 것이다.

오답의 이유

② 항상소득가설에 따르면 단기에 소득이 증가하여도 항상소득이 일정하다면 소비규모는 변하지 않는다. 따라서 소득 대비 소비라고 할 수 있는 평균소비성향은 단기에 낮아진다.

③ 케인즈는 소득이 증가함에 따라 평균소비성향이 낮아진다고 보았다.

④ 상대소득가설에 따르면 현재 소득이 동일하더라도 과거의 최고소득 수준이 높을수록 현재의 소득은 상대적으로 적은 것이 되고, 평균소비성향은 높아진다.

---

## 11 오답률 8% 　　　　　　　　　　　　　　 정답 ③

**영역** 거시경제학>화폐금융론 　　　　　 난도 하

정답의 이유

③ 화폐수량설이란 MV=PY인 화폐수량방정식이 성립한다는 이론을 의미한다. 또한 이에 따르면 증가율에 관한 방정식 $\frac{\dot{M}}{M}+\frac{\dot{V}}{V}=\frac{\dot{P}}{P}+\frac{\dot{Y}}{Y}$도 성립한다. 따라서 $\frac{\dot{Y}}{Y},\ \frac{\dot{P}}{P}$가 각각 4%, 3%이고, $\frac{\dot{V}}{V}$가 2%라면 $\frac{\dot{M}}{M}$은 5%이다.

---

## 12 오답률 12% 　　　　　　　　　　　　　　 정답 ②

**영역** 미시경제학>수요·공급이론 　　　　 난도 하

정답의 이유

② 최고가격 실시할 때 발생하는 후생손실의 크기를 구하면 된다.

$(10-7)\times2\times1/2=3$

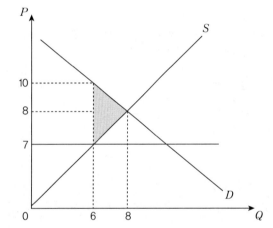

---

## 13 오답률 10% 　　　　　　　　　　　　　　 정답 ③

**영역** 거시경제학>인플레이션과 실업 　　 난도 하

정답의 이유

③ 단기 필립스곡선 상에서 예측된 인플레이션율 변화는 실업률에 영향을 미치지 않는다. 따라서 합리적 기대하에서 예상된 통화정책을 실시할 경우, 단기적으로도 실업률에 영향을 미칠 수 없다. 합리적 기대하에서 사람들이 $\pi^e$을 $\pi$와 같도록 조정하기 때문이다.

오답의 이유

① 임금과 가격이 신축적일수록 실업률이 물가상승률에 미치는 영향이 커지고 $\alpha$의 절댓값이 커져 단기 필립스곡선이 가팔라진다.

② 다른 조건이 동일할 때 기대인플레이션의 상승만으로도 실제 인플레이션의 상승을 낳을 수 있다.

④ 합리적 기대하에서 예상되지 못한 통화정책은 $\pi$를 $\pi^e$와 괴리되게 만들어 u에 영향을 미칠 수 있다.

**14** 오답률 9%　　　　　　　　　　　　　　정답 ②

**영역** 미시경제학>소비자이론　　　　　　　난도 **하**

정답의 이유

② Max $x_A^{0.4} x_B^{0.6}$　　　s.t. $20x_A + 40x_B = 250$

효용극대화 조건에 따르면 $MRS_{AB} = \dfrac{1}{2}$

따라서 $x_A^* = 5$, $x_B^* = 3.75$

오답의 이유

① 재화 A의 최적 소비 단위는 5이다.

③ 최적 선택 상태에서 한계대체율은 상대가격 비율과 같다.

④ 두 재화의 소비를 동시에 2배 증가시킬 경우, 효용은 2배 증가한다. 콥－더글러스 1차동차 효용함수이기 때문이다.

**15** 오답률 30%　　　　　　　　　　　　　정답 ①

**영역** 미시경제학>생산요소시장이론과 소득분배　　난도 **중**

정답의 이유

① 수요독점적 노동시장에서 임금률과 고용량의 결정에 관한 문제이다.

기업 A의 이윤극대화 식은 다음과 같다.

Max $PQ - wL = $ Max $500\sqrt{L} - L^2$

위 식을 L로 미분하면

f.o.c $250\dfrac{1}{\sqrt{L}} - 2L = 0$

$L^* = 25$, $w^* = 25$

**16** 오답률 35%　　　　　　　　　　　　　정답 ④

**영역** 거시경제학>인플레이션과 실업　　　　　난도 **중**

정답의 이유

④ 실업률 = $\dfrac{\text{실업자 수}}{\text{경제활동참가인구}}$이고, 고용률은 $\dfrac{\text{취업자 수}}{\text{생산가능인구}}$이다. 만약 실업률은 일정한데 고용률이 상승했다면, 취업자 수가 증가하고, 실업자 수도 증가한 경우일 수 있다(취업자 수가 더 큰 폭으로 상승하여 실업률 일정). 따라서 경제활동참가율($= \dfrac{\text{경제활동참가인구}}{\text{생산가능인구}}$)이 증가할 수도 있다.

오답의 이유

① 취업자 수가 늘면 고용률은 상승한다. 동시에 실업자 수도 큰 폭으로 늘면 실업률도 상승할 수 있다.

② 다수의 비경제활동인구가 실업자가 되면 경제활동참가율과 실업률은 동반 상승할 수 있다.

③ 취업자 수가 늘면 경제활동참가율과 고용률은 동반상승할 수 있다.

**17** 오답률 7%　　　　　　　　　　　　　정답 ②

**영역** 미시경제학>수요·공급이론　　　　　　난도 **하**

정답의 이유

② 소비자에게 X재 1개당 10의 세금이 부과된다면 수요곡선이 $-10$만큼 하방이동한다.

따라서 $D' = 700 - (P + 10) = 690 - P$

S와 D'의 균형은 $Q = 592$, $P_S = 980$이고, 이는 공급자가 지불받는 가격이다.

소비자가 지불받는 가격은 공급자가 지불받는 가격에 세금 10을 더한 $P_D = 1080$이다.

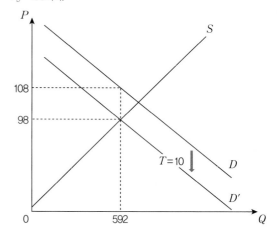

**18** 오답률 14%　　　　　　　　　　　　　정답 ③

**영역** 미시경제학>시장조직이론　　　　　　　난도 **하**

정답의 이유

③ 독점적 경쟁시장에서 기업들은 장기적으로 0의 이윤을 누린다. 독점적 경쟁시장에서 활동하는 공급자는 경제적 이윤은 0이지만, 한계비용은 가격보다 낮다. 어느 정도의 시장지배력을 가지고 있기 때문이다. 이에 따라 하나를 더 팔면 그만큼 이윤이 늘어나기 때문에 비가격 경쟁을 한다. 0의 이윤을 가지므로 평균비용과 가격이 같다.

오답의 이유

① 독점적 경쟁시장에서 장기에 경제적 이윤은 0이다.

② 독점적 경쟁시장의 장기균형은 우하향하는 수요곡선과 U자형의 평균비용곡선이 일치하는 점에서 이루어진다. 이 때, U자형의 평균비용곡선이 우하향하는 구간에서 균형이 형성되며, 이에 따라 생산량이 늘어날 때 평균비용이 낮아지는 규모의 경제 상태에 있다고 할 수 있다.

④ 독점적 경쟁시장의 장기균형은 평균비용곡선의 최저점이 아닌 우하향하고 있는 지점에서 형성된다. 유휴시설이란 평균 비용이 최소가 되는 시설규모와 현재 규모의 차이를 뜻하는데, 독점적 경쟁시장의 장기 균형점은 장기 평균비용곡선의 최저점보다 왼쪽에 있으므로 유휴시설이 있다.

**합격생의 필기노트**

독점적 경쟁시장의 장기균형

기업의 생산량 결정은 MC와 MR이 만나는 점에서 이루어진다. 하지만 장기에 기업은 가격을 AC보다 높게 책정할 수 없게 되고, 기업의 경제적 이윤은 0이 된다.

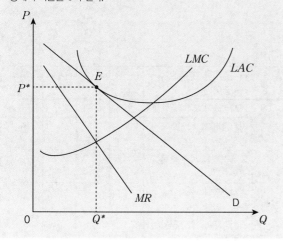

## 19 오답률 15%
정답 ④

**영역** 거시경제학>총수요·총공급이론   난도 하

[정답의 이유]

④ 케인즈 단순 모형에 따르면 정액세 승수의 절댓값은 $\dfrac{MPC}{1-MPC}$ 이고,

정부지출승수의 절댓값은 $\dfrac{1}{1-MPC}$ 이다. 한계소비성향(MPC)는 0에서

1 사이의 값이다. 따라서 정부지출승수의 절댓값이 크다.

[오답의 이유]

① 고전학파에 따르면 구축효과가 정부지출의 증가 효과를 완전히 상쇄할 만큼 크다. 따라서 고전학파는 확장적 재정정책은 이자율과 물가를 상승시킬 뿐이라고 주장한다.

② 리카도 동등성 정리에 따르면 정부공채는 동일한 현재 가치의 조세부담을 의미한다. 따라서 공채는 민간의 순부가 될 수 없다.

③ 공급중시 경제학자에 따르면 소득세율 인하는 조세수입의 증가를 낳을 수 있다. 래퍼곡선과 관련된 설명이다.

## 20 오답률 12%
정답 ①

**영역** 거시경제학>동태경제이론   난도 하

[정답의 이유]

① 현재 甲국 경제가 기술 진보가 없는 솔로우 경제성장 모형의 균제상태에 있고, 현재의 $k^*$는 $k_G$보다 크다. 황금률 $k_G$가 되기 위해서는 저축률 $s$가 하락하여야 한다.

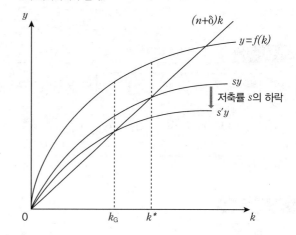

[오답의 이유]

② 황금률 수준의 자본량을 달성함과 상관없이 솔로우 모형에서 자본의 한계생산은 감소한다.

③ 현재 황금률보다 높은 수준의 $k^*$에 있다. $k_G$로 $k$가 하락하면 일인당 소득($y$)은 감소할 것이다.

④ $k^*$는 황금률보다 높은 균제상태에 있다. 따라서 이 수준에서 자본의 한계생산성은 감가상각률과 인구증가율의 합보다 작다.

2020.10.17. 시행

# 2020

# 지방직 7급 경제학 정답 및 해설

문제편 038p

## 정답 체크

| 01 | 02 | 03 | 04 | 05 | 06 | 07 | 08 | 09 | 10 |
|----|----|----|----|----|----|----|----|----|----|
| ② | ① | ① | ③ | ① | ③ | ③ | ③ | ② | ① |
| 11 | 12 | 13 | 14 | 15 | 16 | 17 | 18 | 19 | 20 |
| ② | ④ | ④ | ④ | ③ | ② | ④ | ① | ② | ③ |

## My Analysis

| 총 맞힌 개수 | 개 |
|----|----|
| 획득 점수 | 점 |
| 약한 영역 | |

※ '약한 영역'에는 문항별 체크리스트 상에서 자신이 가장 많이 틀린 영역을 표시해두고, 추후에 해당 영역을 집중적으로 학습하시는 데 활용하시기 바랍니다.

## 문항별 체크리스트

| 문항 | 문항 영역 | 맞힘 | | 틀림 | |
|----|----|----|----|----|----|
| | | A | B | C | D |
| 01 | 거시경제학>국민소득 결정이론 | | | | |
| 02 | 거시경제학>총수요 · 총공급이론 | | | | |
| 03 | 미시경제학>시장실패와 정보경제학 | | | | |
| 04 | 국제경제학>외환시장과 국제수지 | | | | |
| 05 | 미시경제학>수요 · 공급이론 | | | | |
| 06 | 미시경제학>시장조직이론 | | | | |
| 07 | 거시경제학>총수요 · 총공급이론 | | | | |

| 08 | 거시경제학>총수요 · 총공급이론 | | | | |
|----|----|----|----|----|----|
| 09 | 거시경제학>화폐금융론 | | | | |
| 10 | 거시경제학>국민소득 결정이론 | | | | |
| 11 | 국제경제학>외환시장과 국제수지 | | | | |
| 12 | 거시경제학>총수요 · 총공급이론 | | | | |
| 13 | 거시경제학>화폐금융이론 | | | | |
| 14 | 미시경제학>재정학 | | | | |
| 15 | 국제경제학>국제무역이론과 무역정책 | | | | |
| 16 | 미시경제학>소비자이론 | | | | |
| 17 | 국제경제학>국제금융론 | | | | |
| 18 | 거시경제학>동태경제이론 | | | | |
| 19 | 거시경제학>동태경제이론 | | | | |
| 20 | 미시경제학>게임이론 | | | | |

| 미시경제학 | / 6 | 거시경제학 | / 10 |
|----|----|----|----|
| 국제경제학 | / 4 | | |

* A : 알고 맞힘
 B : 찍어서 맞힘
 C : 의도 · 내용 파악 부족
 D : 매번 틀리는 유형

## 01 오답률 8%      정답 ②

**영역** 거시경제학＞국민소득결정이론    난도 **하**

[정답의 이유]

② 재고투자는 GDP의 '투자' 부분에 포함된다. 재고투자가 감소하면 그 연도의 GDP는 감소한다.

[오답의 이유]

① 생산에 사용될 소프트웨어 구매는 고정투자에 포함된다.

③ 신축 주거용 아파트의 구매는 GDP의 '투자'에 포함된다.

④ 재고투자는 유량(flow)이다. 유량이란 일정기간을 명시하여 그 기간 동안 발생한 돈의 흐름 총량을 재는 것이다.


## 02 오답률 10%      정답 ①

**영역** 거시경제학＞총수요·총공급이론    난도 **하**

[정답의 이유]

① 케인즈는 경기변동의 원인으로 총수요의 변화를 가장 중요하게 생각하였다. 유효수요의 원리를 바탕으로 대공황을 극복하기 위한 정부지출의 증가를 주장하였다. 케인즈에 의하면 경기 침체는 총수요 감소인한 유휴설비의 존재이다.

[오답의 이유]

② IS-LM 모형에 의하면 통화정책을 실시하면 총수요의 증감을 유발할 수 있다.

③ 케인즈에 의하면 불황에 대한 대책으로 확대적 재정정책이 효과적이다.

④ 재정정책은 외부시차보다 내부시차가 길다. 통화정책은 그 반대이다.


## 03 오답률 55%      정답 ①

**영역** 미시경제학＞시장실패와 정보경제학    난도 **상**

[정답의 이유]

ㄱ. A안의 기대수익은 0.9×(100)+0.1×(50)＝95만 원

ㄴ. B안의 기대수익은 0.5×(200)+0.5×(-10)＝95만 원

ㄷ. A안의 분산은 $0.9×(100-95)^2+0.1×(50-95)^2=225$

B안의 분산은 $0.5×(200-95)^2+0.5×(-10-95)^2=11025$

위험은 분산이 클수록 크므로 갑이 위험 회피자일수록 A안을 선택할 가능성이 크다.

[오답의 이유]

ㄹ. A안의 기대수익에 대한 위험은 B안의 기대수익에 대한 위험보다 더 작다.


## 04 오답률 7%      정답 ③

**영역** 국제경제학＞외환시장과 국제수지    난도 **하**

[정답의 이유]

③ 미국 연필 한 자루로 중국 연필 몇 자루를 살 수 있을지 계산해보면 된다. 1달러로는 연필을 한 자루 살 수 있고, 1달러와 등가의 5위안으로는 연필을 2.5자루 살 수 있다. 미국 연필 1개당 중국 연필은 2.5이다. 따라서 실질환율은 2.5이다.

한편 실질환율은 명목환율×$\dfrac{해외가격}{국내가격}$이다. 따라서 5위안/1달러×$\dfrac{1달러}{2위안}$으로 계산하면 미국 연필당 중국 연필로 표시되는 실질환율은 2.5가 된다.


## 05 오답률 5%      정답 ①

**영역** 미시경제학＞수요·공급이론    난도 **하**

[정답의 이유]

① 가격 $P^*$에서 커피 수요에 대한 가격탄력성은 $\dfrac{P^*}{Q^*}×\dfrac{dQ}{dP}$이다. 수요함수의 기울기$(\dfrac{dP}{dQ})=2$이므로 $\dfrac{P^*}{Q^*}=\dfrac{P^*}{2400-2P^*}=\dfrac{1}{4}$가 된다. 계산하면 $P^*=400$이다.


## 06 오답률 30%      정답 ③

**영역** 미시경제학＞시장조직이론    난도 **중**

[정답의 이유]

③ 완전경쟁시장의 균형은 $Q^*=50$, $P^*=200$이다.

독점기업의 이윤 극대화는 MR＝MC에서 이루어지며 이에 따라 균형점은 $Q^*=20$, $P^*=260$이 된다. 사회적 후생 손실은 빗금 친 부분이며, 그 크기는 900이다.

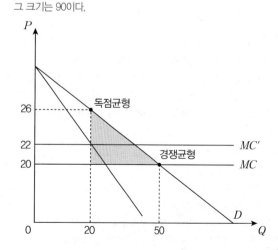

**07** 오답률 10%   정답 ③

| 영역 거시경제학>총수요 · 총공급이론 | 난도 하 |

정답의 이유

ㄴ. 소비 수요와 투자 수요가 이자율에 민감하지 않으면 AD곡선이 가파르고, 유가 상승에 따른 AS곡선의 좌측 이동이 AD-AS 모형에서 물가를 크게 상승시킨다.

ㄷ. 소비 수요와 투자 수요가 이자율에 민감하지 않으면 IS곡선이 가파르고, 유가 상승으로 경기가 침체되었을 시 경기회복을 위해 재정정책이 통화정책보다 효과적이다.

오답의 이유

ㄱ. 소비 수요와 투자 수요가 이자율에 민감하지 않으면 IS-LM 모형에서 IS곡선이 가파르고, AD-AS 모형에서 AD곡선이 가파르다. 즉, 총수요 곡선의 기울기는 커지며 이는 케인즈학파에 따른 총수요 형태이다.


**08** 오답률 12%   정답 ③

| 영역 거시경제학>총수요 · 총공급이론 | 난도 하 |

정답의 이유

③ 양적완화란 중앙은행이 통화량을 늘리기 위해 본원통화를 큰 폭으로 증가시키는 것을 뜻하며, 본원통화가 증가하여 단기 이자율이 하락한다.

오답의 이유

① 중앙은행이 법정지급준비율을 인하하면 총지급준비율이 작아지고, 통화승수가 커지므로 통화량이 증가한다.

② 재할인율을 콜금리보다 낮게 인하하면 시중 은행은 중앙은행으로부터 돈을 융통할 것이다. 본원통화가 증가함으로써 시중 통화량은 증가한다.

④ 중앙은행이 공개시장조작으로 국채 매입 시 본원통화가 증가하여 통화량이 증가한다.


**09** 오답률 8%   정답 ②

| 영역 거시경제학>화폐금융론 | 난도 하 |

정답의 이유

② 테일러준칙이란 실제인플레이션율과 실제경제성장률이 각각 인플레이션 목표치와 잠재성장률을 벗어날 경우 중앙은행이 기준금리를 변경한다는 이론이다. 실제 물가상승률보다 목표 물가상승률이 높으면 중앙은행은 목표 물가 수준을 달성하기 위해 금리를 인하한다.

오답의 이유

① 테일러준칙에 따르면 경기가 호황일 때 이자율을 상승시키고, 경기가 불황일 때 이자율을 하락시킨다.

③ 인플레이션목표제는 미래 인플레이션 예측치에 근거하고 테일러준칙은 과거 인플레이션을 따른다.

④ 인플레이션목표제는 중앙은행의 목표를 구체적 수치로 제시한다는 점에서 물가 관리에 관한 중앙은행의 책임감을 높일 수 있다.


**10** 오답률 60%   정답 ①

| 영역 거시경제학>국민소득결정이론 | 난도 상 |

정답의 이유

① 이자율의 기간구조에 관한 이론 중 기대이론에 관한 내용이다. 만기가 서로 다른 채권이 완전대체재일 경우 유동성 프리미엄은 0일 것이다.

오답의 이유

② 기대이론에 따르면 현재와 미래의 이자율이 같을 것이라 예상하는 사람들이 많을수록 수익률곡선은 완만해진다. 반면 미래의 단기 이자율이 높을 것이라고 예상할수록 우상향할 것이다.

③ 유동성 프리미엄 이론에 따르면 유동성 프리미엄은 항상 양(+)이다. 만기가 길수록 프리미엄은 커진다.

④ 미래에 단기이자율이 대폭 낮아질 것으로 예상하면 수익률 곡선은 우하향한다.

**합격생의 필기노트**

이자율의 기간구조에 관한 이론

• 기대이론 : 시장 참가자들이 평균적으로 예상하는 미래의 단기 이자율이 장기 이자율을 결정한다는 이론이다. 만기가 서로 다른 채권을 완전 대체재로 보며, 장기 이자율은 단기 이자율을 여러 차례 재투자한 결과 얻을 수 있는 이자율(평균이자율)로 본다.

• 유동성 프리미엄 이론 : 장기이자율은 미래단기이자율에 그동안 현금보유를 포기하는 대가(유동성 프리미엄)을 합한 값으로 결정된다. 만기가 길수록 프리미엄이 커지며 그 값은 항상 양(+)이다.

• 시장분할 이론 : 단기이자율과 장기이자율은 특정 만기에 대한 시장 참가자의 선호도가 결정한다. 만기가 서로 다른 채권 간에는 대체 관계가 존재하지 않고, 단기 자금과 장기 자금의 시장은 분리되어 있다.


**11** 오답률 35%   정답 ②

| 영역 국제경제학>외환시장과 국제수지 | 난도 중 |

정답의 이유

② 이자율 평가설에 따른 국내 이자율의 결정은 다음과 같다. $i = i^* + \dfrac{e^E - e}{e}$ ($i$는 국내 이자율, $i^*$는 국제 이자율, $e$는 환율, $e^E$는 예상환율). 이를 다르게 나타내면 $e = \dfrac{e^E}{i - i^* + 1}$이다. 외국의 명목이자율과 자국의 명목이자율이 고정되었을 때, 기대환율이 증가하면 외국화폐에 대한 수요가 증가하므로 환율이 증가한다(외국통화의 가치가 상승한다).

① 외국의 명목환율이 고정된 상태에서 자국의 명목 이자율이 증가하면 환율 e는 하락한다.
③ 이는 환율 결정 이론 중 구매력 평가설에 대한 설명이다.
④ 이자율 평가설에서 실질 이자율이 항상 1이라는 보장이 없다. 예상환율의 변화 때문이다. 구매력 평가설에서 실질환율은 항상 1이다.

---

## 12 오답률 15% 정답 ④

**영역 거시경제학>총수요·총공급이론**    난도 하

정답의 이유

④ 리카도 대등정리는 소비자가 근시안적으로 소비수준을 설정하거나(미래 수입을 고려하지 않거나), 자본시장이 불완전한 경우(예를 들어 차입 제약이 존재하는 경우), 성립하지 않는다.

오답의 이유

① 완전고용 재정적자 또는 경기순환이 조정된 재정적자는 경제가 완전 고용 상태에 있을 경우 나타났을 가상적인 재정적자 규모를 나타낸다. 경기순환 상에서 현재 위치를 파악할 수는 없다.
② 균형예산은 정부 수입과 정부 지출이 같은 예산 수준을 의미한다. 조세의 사회적 비용이 조세 크기에 따라 체증적으로 증가할 경우, 조세가 늘 때 조세에 따른 사회적 비용도 는다는 것을 의미하므로 반드시 균형예산을 고집하는 것은 적절하지 못하다.
③ 리카도 대등정리에 따르면 정부지출 흐름이 일정할 때 민간 보유 국채와 공채는 민간의 순자산이 될 수 없다. 추후 조세의 증가가 있을 것이기 때문이다.

---

## 13 오답률 8% 정답 ④

**영역 거시경제학>화폐금융이론**    난도 하

정답의 이유

④ 갑국의 중앙은행이 초과지급준비금에 대한 금리를 −0.1% 인하했다면, 시중 금융기관은 초과지급준비금을 가질 때 오히려 비용이 발생되므로 대출을 증가시킨다. 가계의 입장에서는 저축에 따른 이득이 감소하므로, 가계부문의 저축은 감소할 것이다.

오답의 이유

① 중앙은행에 하는 저축이 지급준비금이다. 중앙은행에 하는 저축에 보관료가 발생하는 것이다.
② 은행들은 가계나 기업에 대한 대출을 확대한다.
③ 기업들은 투자와 생산을 늘린다.

---

## 14 오답률 60% 정답 ②

**영역 미시경제학>재정학**    난도 상

정답의 이유

② 사회적 할인율의 계산은 다음과 같다. $\tau = (1-\theta)\beta + \theta\alpha$ ($\tau$=사회적 할인율, $\theta$=민간투자자금, $\alpha$=세전수익률, $\beta$=세후 수익률). 이를 바탕으로 문제의 사회적 할인율을 구하면 다음과 같다.
$\tau^* = (1-0.4)(0.1)+(0.4)(0.15)=0.12$이므로, 사회적 할인율은 12%이다.

---

## 15 오답률 65% 정답 ③

**영역 국제경제학>국제무역이론과 무역정책**    난도 상

정답의 이유

③ 교역재만을 대상으로 한 환율은 1이다. 이를 적용하면 갑국의 1인당 GDP는 $10 \times 10 + 100 \times 2 = 300$이고, 을국의 1인당 GDP는 $1 \times 10 + 10 \times 1 = 20$이다. 따라서 을국 1인당 GDP는 갑국 1인당 GDP의 1/15이다.

오답의 이유

① 교역재인 자동차만 보면, 자동차에 대한 가격은 양국에서 10으로 같다. 따라서 통화 교환비율은 1이다.
② 표준적 소비바구니는 자동차 1대와 돌봄서비스 10회로 구성된다. 이를 만들기 위해 갑은 30단위의 가격이 필요하고, 을은 20단위의 가격이 필요하다. 표준적 소비바구니에 구매력평가설이 적용된다면 갑국 통화 30단위와 을국 통화 20단위의 가치는 같다.
④ 표준적 소비바구니를 통한 구매력평가 환율은 갑국 통화 3단위 대 을국 통화 2단위이다. 각 국의 GDP 비율은 200대 20이 되므로, 비율은 1/100이 된다.

---

## 16 오답률 55% 정답 ②

**영역 미시경제학>소비자이론**    난도 상

정답의 이유

② 가격탄력성의 정의는 $\dfrac{P^*}{Q^*} \times \dfrac{dQ}{dP}$이다. 이는 $\dfrac{d\ln Q^d}{d\ln P}$와 개념적으로 같다.

따라서 상품 A의 ln으로 나타낸 수요함수에서 가격탄력성은 $\beta_2$이며, 그 값은 −0.0321이다. 그 뜻은 가격 P가 1%p 상승하였을 때, 수요량 $Q^d$가 3.21%p 감소한다는 것이다.

**17** 오답률 35%　　　　　　　　　　　　　　　정답 ④

| **영역** 국제경제학>국제금융론 | 난도 **중** |

정답의 이유

④ 1980년대 플라자협정에서는 미국 달러화의 가치를 내리고 일본 엔화의 가치를 높이는 정책을 채택하였다. 즉 미 달러화의 평가절하가 진행된 것이다.

오답의 이유

① 브레튼우즈 체제는 달러를 기축통화로 하는 고정환율제이다. 1960년대 지속적으로 미국에 경상수지 적자가 발생하고 달러의 신용이 떨어지자 브레튼우즈 체제는 붕괴되었다.

② 1970년대 초 금 태환을 정지시키고 미 달러화가 평가절하되며 브레튼우즈 체제는 종식되었다.

③ 1970년대 킹스턴 체제는 금 공정가격의 철폐와 변동환율제를 골자로 한다.

**18** 오답률 30%　　　　　　　　　　　　　　　정답 ①

| **영역** 거시경제학>동태경제이론 | 난도 **중** |

정답의 이유

① 성장회계공식에 따르면 $\frac{\Delta Y}{Y} = \frac{\Delta A}{A} + \alpha\frac{\Delta L}{L} + \beta\cdot\frac{\Delta K}{K}$ 이다.

$\frac{\Delta Y}{Y} = \frac{\Delta A}{A_{갑}} + 10\% \times 5\% + 20\% \times 0.5 = \frac{\Delta A}{A_{을}} + 10\% \times 0.3 + 20\% \times 0.7$

$= \frac{\Delta A}{A_{갑}} + 15\% = \frac{\Delta A}{A_{을}} + 17\%$

따라서 갑국의 $\frac{\Delta A}{A}$ 가 을국의 $\frac{\Delta A}{A}$ 에 비해 2%가 더 커야한다.

**19** 오답률 62%　　　　　　　　　　　　　　　정답 ②

| **영역** 거시경제학>동태경제이론 | 난도 **상** |

정답의 이유

② $Y = [K(1-u)L]^{1/2}$ 양변을 L로 나누면 $y = f(k) = \sqrt{(1-u)k}$ 이다.

($y = Y/L$, $k = K/L$)

솔로우 균제상태에서는 $sf(k) = (n+\delta)k$가 성립하므로 문제의 값을 대입하면,

$0.1y = (0.1+0.1)k$

→ $(0.1\sqrt{(1-0.04)k}) = 0.2k$

→ $(\sqrt{0.96k}) = 2k$

$k^* = 0.24$

이 때 1인당 생산량 $y^*$를 구하면

$y = f(k) = \sqrt{(1-u)k}$

→ $y^* = \sqrt{0.96} \times 0.24 = 0.48$

따라서 1인당 생산량은 0.48이다.

**20** 오답률 65%　　　　　　　　　　　　　　　정답 ③

| **영역** 미시경제학>게임이론 | 난도 **상** |

정답의 이유

③ 청소하기를 선택할 경우 비용 10이 발생하므로 선택에 따른 게임 매트릭스를 그리면 다음과 같다.

| 구분 | | 을 | |
|---|---|---|---|
| | | 청소하기 | 쉬기 |
| 갑 | 청소하기 | (3, 3) | (1, 11) |
| | 쉬기 | (11, 1) | (2, 2) |

출발점인 갑과 을이 모두 협력하는 (청소, 청소)이다. 이 때 예를 들어 을이 '쉬기'를 선택한다면 을의 효용은 11이 되고, 갑의 효용은 1로 감소한다. 갑은 보복할 것이고, 이 보복으로 인한 을의 효용 감소가 일시적인 을의 효용 상승분 8(3→11)보다 커야 한다. 보복이 효과적이기 위해서는(을이 '쉬기'를 선택하지 않게 하기 위해서는) 을의 일시적 효용 상승분보다 갑의 보복으로 인한 을의 효용 감소가 커야하기 때문이다. 따라서 보복 기간은 최소한 9주 이상이 되어야 하므로, '쉬기'를 선택하는 유인을 줄이고 함께 청소하는 협력관계를 지속하기 위한 보복 기간의 최솟값은 9주이다.

2019.10.12. 시행

# 지방직 7급 경제학 정답 및 해설

문제편 043p

## 정답 체크

| 01 | 02 | 03 | 04 | 05 | 06 | 07 | 08 | 09 | 10 |
|----|----|----|----|----|----|----|----|----|----|
| ① | ③ | ③ | ① | ② | ③ | ④ | ① | ① | ① |
| 11 | 12 | 13 | 14 | 15 | 16 | 17 | 18 | 19 | 20 |
| ④ | ② | ① | ③ | ② | ④ | ④ | ④ | ③ | ① |

## My Analysis

| 총 맞힌 개수 | 개 |
|----|----|
| 획득 점수 | 점 |
| 약한 영역 | |

※ '약한 영역'에는 문항별 체크리스트 상에서 자신이 가장 많이 틀린 영역을 표시해두고, 추후에 해당 영역을 집중적으로 학습하시는 데 활용하시기 바랍니다.

## 문항별 체크리스트

| 문항 | 문항 영역 | 맞힘 A | 맞힘 B | 틀림 C | 틀림 D |
|----|----|----|----|----|----|
| 01 | 미시경제학>수요 · 공급이론 | | | | |
| 02 | 거시경제학>총수요 · 총공급이론 | | | | |
| 03 | 거시경제학>총수요 · 총공급이론 | | | | |
| 04 | 거시경제학>인플레이션과실업 | | | | |
| 05 | 거시경제학>거시경제학의 기초 | | | | |
| 06 | 국제경제학>국제무역이론과 무역정책 | | | | |
| 07 | 미시경제학>수요 · 공급이론 | | | | |
| 08 | 거시경제학>인플레이션과실업 | | | | |
| 09 | 거시경제학>총수요 · 총공급이론 | | | | |
| 10 | 미시경제학>시장실패와정보경제학 | | | | |
| 11 | 미시경제학>생산자이론 | | | | |
| 12 | 국제경제학>외환시장과국제수지 | | | | |
| 13 | 국제경제학>국제금융론 | | | | |
| 14 | 국제경제학>국제무역이론 | | | | |
| 15 | 미시경제학>수요 · 공급이론 | | | | |
| 16 | 거시경제학>인플레이션과실업 | | | | |
| 17 | 미시경제학>재정학 | | | | |
| 18 | 거시경제학>동태경제이론 | | | | |
| 19 | 거시경제학>동태경제이론 | | | | |
| 20 | 거시경제학>화폐금융론 | | | | |
| 미시경제학 | / 6 | 거시경제학 | | | / 10 |
| 국제경제학 | / 4 | | | | |

* A : 알고 맞힘
  B : 찍어서 맞힘
  C : 의도 · 내용 파악 부족
  D : 매번 틀리는 유형

**01** 오답률 5%　　　　　　　　　　　　　　　정답 ①

**영역** 미시경제학>수요·공급이론　　　　　　난도 **하**

정답의 이유

① 세금부과에 따른 자중손실의 크기는 조세 부과 후 발생한 소비자잉여와 생산자잉여의 감소분에 조세 수입을 뺀 값이 된다. 문제에서 소비자잉여의 감소분은 450,000원이며, 생산자잉여의 감소분은 300,000원이다. 한편 조세 수입은 (균형거래량×단위당 세금)이므로 100×5,000＝500,000원이다. 자중손실은 450,000＋300,000－500,000＝250,000원이다.

**02** 오답률 10%　　　　　　　　　　　　　　정답 ③

**영역** 거시경제학>총수요·총공급이론　　　　난도 **하**

정답의 이유

③ 조세 인상을 통한 긴축적 재정정책과 동시에 통화량을 변함없이 유지한다면 IS-LM 모형에서 IS곡선은 좌측으로 이동하고 LM곡선은 변함이 없다. 따라서 국민소득(Y)은 감소하고 이자율(r)은 감소하게 된다.

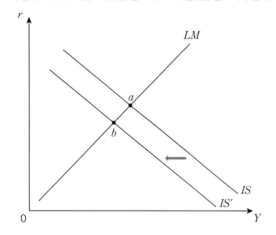

**03** 오답률 8%　　　　　　　　　　　　　　정답 ③

**영역** 거시경제학>총수요·총공급이론　　　　난도 **하**

정답의 이유

③ 중앙은행이 공개시장 매입정책을 실시하는 경우 본원통화가 늘어나 통화량이 증가한다. 통화량이 증가하면 화폐시장에서 이자율이 하락하고, 낮아진 이자율은 기업의 투자를 증가시킨다. 투자가 늘어나기 때문에 총수요는 오른쪽으로 이동한다.

**04** 오답률 10%　　　　　　　　　　　　　　정답 ①

**영역** 거시경제학>인플레이션과 실업　　　　난도 **하**

정답의 이유

① 예상된 인플레이션이 발생하는 경우, 노동자와 기업 모두 기대에 따라 행동하기 때문에 비용이 크게 발생하지 않을 것이다. 새고전학파는 이를 적용하여 무비용 반인플레이션도 가능할 것이라 보기도 하였다.

오답의 이유

② 인플레이션이 확실하게 예상되는 경우 예상 인플레이션율은 명목이자율과 실질이자율 간 차이와 같다. 이를 피셔 방정식이라고 한다. $(i = r + \pi^e)$

③ 인플레이션에 대한 예상이 어려운 경우 노동자와 기업 간의 또는 기업 상호 간의 장기계약 체결이 어려워질 것이다. 물가가 앞으로 어떻게 될지 불확실하기 때문이다.

④ 예상되지 않은 인플레이션은 고정 연금 수령자에게 불리하다. 고정적으로 일정 금액을 지불받고 있는 와중 인플레이션으로 인해 화폐가치가 떨어진다면 손해이기 때문이다.

**05** 오답률 12%　　　　　　　　　　　　　　정답 ②

**영역** 거시경제학>거시경제학의 기초　　　　난도 **하**

정답의 이유

② 소비자 물가지수는 라스파이레스 물가지수 방식을 따른다. 이를 나타내면 $L_P = \dfrac{P_1 Q_0}{P_0 Q_0}$이다. 즉, 기준연도의 생산량을 기준으로 물가의 변화만을 측정하는 것이다.

- 기준연도 소비량 : 쌀 4가마니, 옷 2벌
- 기준연도 가격 : 쌀 10만 원, 옷 5만 원
- 해당연도 가격 : 쌀 15만 원, 옷 10만 원

$$\therefore CPI = \frac{4가마니 \times 15만\ 원 + 2벌 \times 10만\ 원}{4가마니 \times 10만\ 원 + 2벌 \times 5만\ 원} \times 100 = \frac{80}{50} \times 100 = 160$$

이다.

**06** 오답률 8%　　　　　　　　　　　　　　정답 ③

**영역** 국제경제학>국제무역이론과 무역정책　　난도 **하**

정답의 이유

③ 문제의 제시된 표를 기회비용으로 나타내면 다음과 같다.

| 구분 | 치즈 | 빵 |
| --- | --- | --- |
| 영국 | 1/2 | 2 |
| 스페인 | 1/4 | 4 |

영국의 경우, 치즈 1개의 기회비용은 빵 1/2개이며, 빵 1개의 기회비용은 치즈 2개이다. 스페인의 경우, 치즈 1개의 기회비용은 빵 1/4개이며, 빵 1개의 기회비용은 치즈 4개이다. 비교우위는 특정재화를 더 낮은 기회비용을 가지고 생산할 수 있는 국가에 있다. 따라서 영국은

빵 생산에 비교우위가 있고, 스페인은 치즈 생산에 비교우위가 있다. 적절한 것은 ㄴ, ㄷ, ㅅ이다.

**07** 오답률 13%  정답 ④

영역 미시경제학>수요·공급이론  난도 하

정답의 이유

④ 수요곡선이 우하향하는 직선인 경우 수요의 가격탄력성은 그 중점에서 1이며, 가격이 높고 수량이 작아질수록 탄력성은 높아진다.

오답의 이유

① 재화의 수요가 비탄력적일 때, 재화의 가격이 상승하면 그 재화를 생산하는 기업의 총수입은 증가한다. 재화의 가격 상승 시 판매량의 감소폭이 가격 상승폭보다 작기 때문이다.

② 재화에 대한 수요의 가격탄력성이 1일 때, 재화의 가격이 변하더라도 총수입에는 변화가 없다. 재화의 가격이 변동된 만큼 반대로 판매량도 변동되기 때문이다.

③ 재화의 수요가 탄력적일 때, 재화의 가격이 하락하면 그 재화를 소비하는 소비자의 총지출은 증가한다. 가격 감소분보다 소비량 증가분이 크기 때문이다.

**08** 오답률 14%  정답 ①

영역 거시경제학>인플레이션과 실업  난도 하

정답의 이유

① 실업보험제도가 강화될수록 실업자들은 직장 탐색 기간이 길어진다. 직장 탐색 기간이 길어지면 자발적 실업인 탐색적 실업은 늘어난다. 자발적 실업만 존재하는 경우, 그때의 실업률을 자연실업률이라고 하는데, 실업보험제도가 강화되면 자발적 실업이 늘어나므로 자연실업률은 높아질 것이다.

오답의 이유

② 실업률은 $\dfrac{\text{실업자수}}{\text{경제활동인구}}$이다. 생산가능연령인구에서 비경제활동인구를 빼면 경제활동인구이므로 경제활동인구는 3,000명이다. 경제활동인구에서 취업자를 빼면 실업자이므로 실업자수는 120명이다. 실업률은 $\dfrac{120}{3,000}=0.04$, 4%이다.

③ 구조적 실업이란 경제성장, 기술 및 산업구조 발전으로 기존의 설비나 기술이 용도 전환할 수 없을 정도로 낡은 것이 되면서 발생한다. 노동력 이동이 쉽지 않아 노동력 불균형이 발생한 것이며, 그 원인은 임금 경직성이다. 임금이 경직적인 이유로는 최저임금제, 효율적 임금 등이 있다.

④ 구직활동을 포기하는 사람들은 비경제활동인구로 분류되므로 이 사람들이 증가하면 실업률은 낮아진다.

**09** 오답률 6%  정답 ①

영역 거시경제학>총수요·총공급이론  난도 하

정답의 이유

① 유동성 함정의 경우, 화폐수요의 이자율 탄력성이 무한대에 가까워진 것으로 IS-LM 모형에서 LM곡선의 기울기가 수평이 된다. 유동성 함정에서는 통화정책으로 LM곡선을 우측 이동시켜도 효과가 없다. 하지만 이때, 중앙은행이 지속적으로 통화량을 증가시키는 정책을 실시하여 기대인플레이션율을 상승시키면, 피셔 방정식($i=r+\pi^e$)에 따라 명목이자율이 고정되어 있을 때 실질이자율이 감소할 수 있다. 실질이자율이 감소한다면 투자가 증가하여 IS곡선이 우측으로 이동한다. 결과적으로 총수요는 증가하여 국민소득의 증대가 가능해진다. 이러한 정책의 한 종류를 양적 완화라고 한다.

**10** 오답률 5%  정답 ①

영역 미시경제학>시장실패와 정보경제학  난도 하

정답의 이유

① 사적 이윤극대화를 추구하는 기업의 재화 가격 P=350이며, 사적 한계비용 PMC=50+10Q, 생산량 1단위당 발생하는 외부적 한계비용 MEC=100이다. 사회적 한계비용은 SMC=PMC+MEC=150+10Q이다. 사회적 최적생산량은 P=SMC에서 결정되며 $Q^*=20$이 된다.

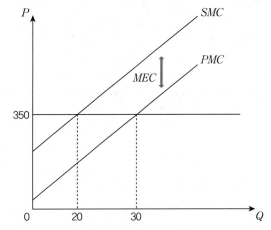

**11** 오답률 10%  정답 ④

영역 미시경제학>생산자이론  난도 하

정답의 이유

④ 독점기업의 경우 MR=MC 수준에서 생산량을 결정하고, 그 생산량 수준에서 수요곡선에 따라 가격을 결정한다. 균형생산량 수준에서 평균비용이 한계비용보다 큰데, 이는 한계비용이 평균비용의 최저점을 통과하며 상승하는 특징을 가지고 있기 때문이다.

[ 오답의 이유 ]

① 단기균형에서 생산량은 b이다.

② 단기균형에서 기업의 이윤은 (P−AC)Q이다. b(e−c)는 (P−MC)Q를 나타낸 것이다.

③ 균형가격은 e이다.

## 12 오답률 7% 정답 ②

**영역** 국제경제학>외환시장과 국제수지      난도 하

[ 정답의 이유 ]

② 국가 간 자금이 이동하지 않을 조건은 미국의 채권에 투자하나, 한국의 채권에 투자하나 동일한 크기의 이자를 얻는 것이 기대될 때이다. 이는 이자율 평가설의 기본 가정이다. 이자율 평가설은 다음과 같이 정리된다.

$$i = i^* + \frac{e^E - e}{e}$$ (i=국내 이자율, i*=미국 이자율, e=환율, $e^E$=예상환율)

문제의 정보를 대입하면 $2\% = 1\% + \dfrac{e^E - 1{,}000}{1{,}000}$이고, $e^E = 1{,}010$이 된다.

## 13 오답률 11% 정답 ①

**영역** 국제경제학>국제금융론      난도 하

[ 정답의 이유 ]

① 소규모 개방경제 국가에서 국가 간 자본이동이 완전하다면 먼델−플레밍 모형을 적용할 수 있고, 그때 BP곡선은 수평이다. 변동환율제의 경우 통화정책은 효과적이고 재정정책은 무력하다. 문제의 경우는 중앙은행이 긴축적 통화정책을 실시한 경우이다. LM곡선이 좌측으로 이동하면 국내 이자율이 해외 이자율보다 높게 되어 달러가 유입돼 환율이 하락한다. 환율 하락으로 순수출이 감소하여 IS곡선도 좌측 이동하여 결과적으로 실질소득은 감소한다. 자국화폐는 평가절상한다(환율 하락).

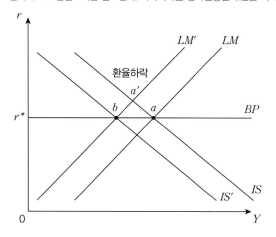

## 14 오답률 28% 정답 ③

**영역** 국제경제학>국제무역이론      난도 중

[ 정답의 이유 ]

③ 헥셔−올린 정리에서 생산요소의 국가 간 이동이 불가능한 경우 상품의 국제무역이 발생하게 되면 생산요소의 가격은 변화하게 되고, 궁극적으로 균등하게 된다(요소가격 균등화 정리).

[ 오답의 이유 ]

① 자본 부존량이 상대적으로 많은 국가는 자본집약적인 상품에 비교우위를 가진다.

② 헥셔−올린 이론은 상품과 달리 생산요소들은 국가 간 이동이 불가능하다고 본다.

④ 헥셔−올린 이론의 가정 중 교역 대상 상품들의 국가 간 생산기술의 차이는 없다는 것이 있다.

📖 **합격생의 필기노트**

헥셔−올린 이론과 관련된 정리

• 헥셔−올린 정리 : 한 국가는 그 나라에 상대적으로 풍부하게 부존된 요소를 집약적으로 사용하는 재화에 비교우위를 갖게 되어 그 재화를 수출하고 다른 재화를 수입하게 된다.

• 요소가격 균등화 정리 : 국제무역은 국가 간에 생산요소의 직접적인 이동이 없이도 국가 간에 요소가격의 균등화를 가져올 수 있다.

• 스톨퍼−사무엘슨 정리 : 어떤 재화의 가격 상승은 그 재화를 생산하는 데 집약적으로 사용된 생산요소의 실질가격을 상승시키고, 다른 생산요소의 실질가격을 하락시킨다.

• 립진스키 정리 : 국제무역이 일어나고 있을 때, 어떤 생산요소의 부존량이 증가하게 되면 그 생산요소를 집약적으로 사용하는 재화의 절대생산량은 증가하고, 다른 재화의 절대생산량은 감소한다는 이론이다.

## 15 오답률 12% 정답 ②

**영역** 미시경제학>수요 · 공급이론      난도 하

[ 정답의 이유 ]

② 상품의 대체재가 많다는 것은 그 상품은 가격에 탄력적이라는 것을 뜻한다. 가격이 조금만 올라도 대체재로 소비가 옮겨가기 때문이다. 종량세 부과 시 조세부담은 탄력성에 반비례한다. 소비자의 가격탄력성이 높으므로 상대적으로 공급자의 가격탄력성이 높아진다. 종량세가 부과된 상품의 대체재가 많을수록 공급자에게 귀착되는 조세부담은 커진다.

**오답의 이유**

① 공급의 가격탄력성이 완전탄력적인 재화의 경우 공급자에게 종량세를 부과하더라도 조세 부담은 모두 소비자에게 귀착된다.

③ 수요와 공급의 가격탄력성이 큰 재화일수록 종량세 부과 시 자중손실이 커진다. 종량세 부과 시 거래량이 큰 폭으로 감소하기 때문에 소비자잉여와 생산자잉여의 감소폭이 크기 때문이다.

④ 종량세 부과가 균형거래량을 변동시키지 않은 경우, 자중손실은 발생하지 않게 된다.

---

**16** 오답률 25%　　　　　　　　　　　　　　정답 ④

**영역** 거시경제학>인플레이션과 실업　　　　　난도 중

**정답의 이유**

④ 인플레이션 조세는 현금에 부과되는 조세로 실물자산의 상대적 가치를 증가시킨다. 즉 대체자산을 많이 보유한 고소득층은 현금을 보유한 저소득층에 비해 인플레이션 조세를 상대적으로 덜 내는 것이다. 따라서 부익부 빈익빈 현상을 심화시킨다.

**오답의 이유**

① 정부가 세금부과나 차입 등 통상적인 방법을 통해 필요한 재원을 조달할 수 없는 경우, 통화량을 증가시켜 인플레이션을 유발하면 인플레이션 조세가 나타날 수 있다.

② 화폐발행권자는 통화량을 증가시킴으로써 주조차익(세뇨리지, seigniorage)을 얻는다.

③ 인플레이션 조세의 실질적 부담자는 화폐를 보유한 모든 경제주체이다.

 **합격생의 필기노트**

인플레이션 조세

정부가 재정지출 충당을 위해 통화량을 늘리면 물가수준이 상승한다. 이때 국민들이 보유하고 있는 화폐의 가치는 감소한다. 국민들의 실질 구매력 감소는 부가 정부에게로 이전되는 것을 의미하는데, 정부는 통화증발로 유발된 인플레이션을 통해 화폐를 보유한 모든 국민들에게서 일정한 돈의 가치를 강제로 가져간 것과 같은 효과를 얻게 된다. 이를 인플레이션 조세라고 한다.

---

**17** 오답률 50%　　　　　　　　　　　　　　정답 ④

**영역** 미시경제학>재정학　　　　　　　　　난도 상

**정답의 이유**

④ 램지의 역탄력성 원칙에 따르면 가격탄력성이 낮은 재화에 높은 조세를 부과하고, 가격탄력성이 높은 재화에 낮은 조세를 부과하여야 한다. $\epsilon_X = 0.7$, $\epsilon_Y = 1.4$, $T_Y = 0.1$이므로 $\dfrac{T_X}{0.1} = \dfrac{1.4}{0.7}$이다. 따라서 $T_X = 0.2$이고, X재 최적 세율은 20%이다.

 **합격생의 필기노트**

램지의 역탄력성 원칙

램지원칙을 일정한 조건하에 램지의 역탄력성 원칙이라고도 한다. 역탄력성원칙은 탄력적인 곳에는 낮은 세율의 과세를, 비탄력적인 곳에는 높은 세율의 과세를 해야 한다는 것이다. 이를 수식으로 나타내면 다음과 같다.

$$\frac{T_X}{T_Y} = \frac{\epsilon_Y}{\epsilon_X}$$

---

**18** 오답률 53%　　　　　　　　　　　　　　정답 ④

**영역** 거시경제학>동태경제이론　　　　　　난도 상

**정답의 이유**

④ 솔로우 모형의 황금률이란 1인당 소비를 극대화하는 균제상태에서 1인당 자본량 수준을 의미한다.

Max cy = MAX(y − sy)

이를 k로 미분하면

f.o.c. $MP_k = \delta \rightarrow \dfrac{1}{3}Ak^{-\frac{2}{3}} = \delta$ … (식1)

이때, 균제조건 $\Delta k = sy - \delta k = 0$, $(s = 1 - b)$이고, 정리하면 $(1 - b)y = \delta k$이다. $\rightarrow (1 - b)Ak^{-\frac{1}{3}} = \delta k$

양변을 k로 나누면 $(1 - b)Ak^{-\frac{2}{3}} = \delta$ … (식2)

(식1)과 (식2)를 연립하면 $b = \dfrac{2}{3}$이다.

**19** 오답률 57%　　　　　　　　　　　　　　　　정답 ③

**영역** 거시경제학>동태경제이론　　　　　　　　　　난도 **상**

정답의 이유

③ 인적자본 모형에 따르면 교육에 의하여 축적된 인적자본은 개인의 지식이나 기술이 개인에게 특화되어 있는 것이므로 배제 가능성을 가지고 있다. 그러나 인적자본의 형태에 따라 경합성이 있을 수도 있다.

오답의 이유

① R&D 모형에 따르면 이윤극대화를 추구하는 민간기업의 연구개발투자는 양(+)의 외부효과와 음(-)의 외부효과를 동시에 발생시킬 수 있다.

② R&D 모형에 따르면 장기간 연구개발 끝에 이루어낸 기술진보로 특허 등을 얻으면 일정기간 큰 이윤을 남길 수 있다. 이러한 일은 지대를 추구하는 경제주체들에 의해서 빠르고 효율적으로 진행될 수 있다.

④ R&D 모형에 따르면 노동력 중 기술력이 있어 연구개발부문에 종사하는 사람들은 기술진보를 통해 간접적으로 생산량 증가에 기여한다.

**20** 오답률 10%　　　　　　　　　　　　　　　　정답 ①

**영역** 거시경제학>화폐금융론　　　　　　　　　　난도 **하**

정답의 이유

① 통화승수 $m = \frac{1+cr}{rr+cr}$ ($cr = \frac{C}{D}$, $rr = \frac{R}{D}$, C는 현금, D는 예금, R은 지급준비금)이다. 문제에 따르면 rr(지급준비율)=0.1이고, 경제주체들은 화폐를 현금과 예금으로 절반씩 보유하므로 $\frac{C}{D} = cr = 1$이다. 따라서 $m = \frac{1+1}{1+0.1} = \frac{2}{1.1}$이다.

본원통화를 440만 원 증가시킨다면 통화량(M) 증가량은,

$M = mH = \frac{2}{1.1} \times 440 = 800$만 원이다.

# 2018 지방직 7급 경제학 정답 및 해설

문제편 047p

## 정답 체크

| 01 | 02 | 03 | 04 | 05 | 06 | 07 | 08 | 09 | 10 |
|----|----|----|----|----|----|----|----|----|----|
| ② | ③ | ① | ④ | ② | ④ | ① | ③ | ① | ③ |
| 11 | 12 | 13 | 14 | 15 | 16 | 17 | 18 | 19 | 20 |
| ② | ② | ④ | ④ | ② | ③ | ② | ① | ④ | ③ |

## My Analysis

| 총 맞힌 개수 | | 개 |
|---|---|---|
| 획득 점수 | | 점 |
| 약한 영역 | | |

※ '약한 영역'에는 문항별 체크리스트 상에서 자신이 가장 많이 틀린 영역을 표시해두고, 추후에 해당 영역을 집중적으로 학습하시는 데 활용하시기 바랍니다.

## 문항별 체크리스트

| 문항 | 문항 영역 | 맞힘 | | 틀림 | |
|---|---|---|---|---|---|
| | | A | B | C | D |
| 01 | 거시경제학>화폐금융론 | | | | |
| 02 | 미시경제학>소비자이론 | | | | |
| 03 | 거시경제학>국민소득결정이론 | | | | |
| 04 | 미시경제학>생산자이론 | | | | |
| 05 | 거시경제학>총수요·총공급이론 | | | | |
| 06 | 미시경제학>시장실패와 정보경제학 | | | | |
| 07 | 거시경제학>화폐금융론 | | | | |
| 08 | 미시경제학>생산자이론 | | | | |
| 09 | 미시경제학>소비자이론 | | | | |
| 10 | 거시경제학>인플레이션과 실업 | | | | |
| 11 | 거시경제학>인플레이션과 실업 | | | | |
| 12 | 국제경제학>국제무역이론과 무역정책 | | | | |
| 13 | 미시경제학>시장실패와 정보경제학 | | | | |
| 14 | 미시경제학>소비자이론 | | | | |
| 15 | 국제경제학>외환시장과 국제수지 | | | | |
| 16 | 국제경제학>외환시장과 국제수지 | | | | |
| 17 | 미시경제학>시장조직이론 | | | | |
| 18 | 거시경제학>동태경제이론 | | | | |
| 19 | 거시경제학>총수요·총공급이론 | | | | |
| 20 | 거시경제학>화폐금융론 | | | | |
| **미시경제학** | /8 | **거시경제학** | | | /9 |
| **국제경제학** | /3 | | | | |

\* A : 알고 맞힘  B : 찍어서 맞힘
C : 의도·내용 파악 부족  D : 매번 틀리는 유형

안심Touch

## 01 오답률 10%　　　　　　　　　　　　　정답 ②

**영역** 거시경제학>화폐금융론　　　　　　　난도 하

정답의 이유

본원통화량이 불변인 경우, 통화량을 증가시키는 요인은 통화승수의 상승이다.

통화승수 $m = \dfrac{1+cr}{rr+cr}$ (cr : 현금예비비율, rr : 지급준비율)

ㄱ. 시중은행의 요구불예금 대비 초과지급준비금이 낮아지면, 지급준비율(rr)이 하락하여 통화승수가 상승한다.

ㄷ. 시중은행이 준수해야 할 요구불예금 대비 법정지급 준비금이 낮아지면 지급준비율(rr)이 하락하여 통화승수가 상승한다.

오답의 이유

ㄴ. 사람들이 지불수단으로 요구불예금보다 현금을 더 선호하게 되면 현금예금비율(cr)이 상승한다. cr이 상승하면 통화승수(m)는 작아진다.


## 02 오답률 12%　　　　　　　　　　　　　정답 ③

**영역** 미시경제학>소비자이론　　　　　　　난도 하

정답의 이유

③ 직장인 K는 거주할 아파트를 결정할 때 직장까지 월별 통근시간의 기회비용과 아파트 월별 임대료만을 고려하므로, 월별 총비용은 월별 통근시간의 기회비용과 월별 임대료의 합이다. 문제에서 월별 통근 1시간당 기회비용은 1만 원이라고 하였으므로, 월별 통근시간의 기회비용을 돈으로 환산한 값과 월별 임대료를 더한 값은 다음과 같다.

A : 10+150=160만 원

B : 15+135=150만 원

C : 20+125=145만 원

D : 30+120=150만 원

총 비용이 최소인 아파트는 C 아파트이므로 K의 최적 선택은 C 아파트에서 거주하는 것이다.


## 03 오답률 6%　　　　　　　　　　　　　정답 ①

**영역** 거시경제학>국민소득결정이론　　　　난도 하

정답의 이유

① GDP란 일정기간 동안 국내에서 생산된 최종생산물의 시장가치를 모두 합한 것이다. 속지주의를 따라 국내에서 생산된 생산물의 가치만을 더한다. 자국기업이 해외 공장에서 생산한 재화는 해외의 GDP에 포함된다.

오답의 이유

② 자국기업이 국내 공장에서 생산한 재화는 GDP에 포함된다.

③·④ 외국기업이 국내 공장에서 생산한 재화는 GDP에 포함된다.


## 04 오답률 35%　　　　　　　　　　　　　정답 ④

**영역** 미시경제학>생산자이론　　　　　　　난도 중

정답의 이유

④ 기업의 최적 생산은 완전경쟁시장에서 활동하더라도 MR=MC에서 결정된다. 완전경쟁시장에서 활동하는 A기업의 고정비용이 30% 상승한 경우, 단기균형에서 A기업이 제품을 계속 생산하기로 하였다면, 늘어난 비용은 단기에 A기업의 조업중단점(P=AVC)을 넘지 않았다는 것을 의미한다. 또한 한계비용(MC)은 가변비용(VC)에 의해 영향을 받지, 고정비용(FC)에 의해 영향을 받지 않는다. 따라서 MR=MC에서 생산하는 기업의 생산량은 변하지 않을 것이다.


## 05 오답률 8%　　　　　　　　　　　　　정답 ②

**영역** 거시경제학>총수요·총공급이론　　　난도 하

정답의 이유

② 투자지출 20, 정부지출 20이 증가하고 조세수입이 50만큼 증가하는 경우이다. 투자지출과 정부지출승수는 $\dfrac{1}{1-MPC} = \dfrac{1}{1-0.75} = 4$이다.

따라서 투자지출과 정부지출이 20씩 증가하면 국민소득이 각각 80씩 증가하여 160만큼 증가한다. 조세승수는 $\dfrac{-MPC}{1-MPC} = \dfrac{-0.75}{1-0.75} = -3$이므로 조세수입이 50만큼 증가하는 경우 국민소득은 150만큼 감소하게 된다. 총 국민소득은 10만큼 증가하며, 이를 수식으로 나타내면 다음과 같다.

$$\Delta Y = \dfrac{1}{1-MPC}\Delta I + \dfrac{1}{1-MPC}\Delta G + \dfrac{-MPC}{1-MPC}\Delta T = 10$$


## 06 오답률 53%　　　　　　　　　　　　　정답 ④

**영역** 미시경제학>시장실패와 정보경제학　　난도 상

정답의 이유

④ 갑과 을이 150만 원을 각각 x와 y로 나누어 가질 때, 갑은 $\sqrt{x}$, 을은 $2\sqrt{y}$의 효용을 가진다. 이를 목적식과 제약식으로 나타내면 다음과 같다.

Max u(x)+u(y)=$\sqrt{x}+2\sqrt{y}$　　　　s.t.x+y=150

먼저, 파레토 효율적인 배분을 만족시키는 점들의 조합을 생각해보자. 파레토 효율적이라는 것은 하나의 자원배분 상태에서 다른 사람에게 손해가 가도록 하지 않고서는 어떤 한 사람에게 이득이 되는 변화를 만들어내는 것이 불가능할 때 이 배분 상태를 의미한다. 문제에서는 제약식(x+y=150)이 효용가능경계를 의미함과 동시에 파레토 효율적인 배분을 의미한다.

두 번째로 공리주의적 배분을 생각해보자. 문제에 따르면 공리주의적 배분은 갑과 을의 효용의 단순 합을 극대화하는 배분이라고 말한다. 위의 목적식을 제약식에 맞추어 1계조건으로 미분하여 풀면 MU<sub>갑</sub>=MU<sub>을</sub>인 동시에 x+y=150을 만족하는 x, y를 구하면 된다.

$MU_갑 = \dfrac{1}{2}\dfrac{1}{\sqrt{x}} = MU_을 = \dfrac{1}{\sqrt{y}}$ 이므로, x=30, y=120이다.

## 07 오답률 8%      정답 ①

**영역** 거시경제학>화폐금융론      난도 하

[정답의 이유]

리카디안 등가는 정부가 부채를 통해 재원을 조달할 경우 조세삭감은 소비에 영향을 미치지 않는다는 것이다. 이는 소비자와 정부의 다기간 선택모형을 통해 증명할 수 있으며 1기와 2기에 걸친 정부지출의 총량이 고정되어 있을 때 그 재원을 조세로 조달하든, 국채로 조달하든 소비자의 선택에는 영향을 미치지 않는다는 것을 의미한다. 하지만 리카디안 등가는 다음과 같은 경우에 제한될 수 있다. 먼저, 소비자가 근시안적 시각을 가지고 있는 경우이다. 소비자가 2기간 또는 그 이후를 생각하지 않는다면 제1기의 조세 감소나 증가는 소비에 영향을 미칠 수 있다. 두 번째로 소비자에게 차입제약이 존재하는 경우이다. 차입제약으로 인하여 소비자가 현재 원하는 소비수준을 달성하지 못하고 있을 경우, 조세 감면으로 소비가 늘어날 수 있다.

ㄱ. 소비자가 근시안적 단견을 가지고 있다면 리카디안 등가가 성립하지 않을 수 있다.

ㄴ. 소비자가 자금 조달 시 차용제약이 있다면 리카디안 등가가 성립하지 않을 수 있다.

[오답의 이유]

ㄷ. 소비자들은 미래에 부과되는 조세를 자기세대가 부담할 것으로 기대하기 때문에 현재의 조세 증감에 소비 변화로 반응하지 않는다(리카디안 등가가 성립한다).

## 08 오답률 30%      정답 ③

**영역** 미시경제학>생산자이론      난도 중

[정답의 이유]

③ 완전경쟁시장에서 시장의 공급함수는 개별기업의 한계비용(MC)곡선의 수평합으로 도출한다. 각 기업의 한계비용 곡선은 $MC=2q$이고, 단기적으로 100개의 기업이 존재하고 있으므로 시장 공급함수는 다음과 같이 도출한다.

각 기업의 한계비용 곡선 $MC=2q(\rightarrow q=\frac{1}{2}MC)$

시장 공급곡선(수평합) $Q=\Sigma q=100\times\frac{1}{2}MC=50P$

따라서 시장 공급함수는 $Q=50P$이다.

## 09 오답률 25%      정답 ①

**영역** 미시경제학>소비자이론      난도 중

[정답의 이유]

① 실질이자율이 하락하면 초기부존점을 중심으로 예산선의 기울기가 완만해진다. 현재 초기 부존점보다 오른쪽에서 소비하는 '차입자'인 소비자는 소비 가능구간이 확장된 결과를 얻고, 원점에서 볼록한 무차별곡선을 가진 소비자의 효용은 증가할 것이다.

[오답의 이유]

② 효용극대화를 추구하는 이 소비자는 현재 차입자이다. 초기부존점보다 오른쪽에서 소비하고 있는 것이며, 이는 현재에 벌어들이는 소득보다 소비가 크다는 것을 의미한다.

③ 현재소득이 증가하면 예산선은 오른쪽으로 평행이동한다. 이 때 현재소비와 미래소비가 모두 정상재인 경우, 현재소득이 증가하면 현재소비와 미래소비 모두 증가한다. 현재소비의 증가분은 현재소득의 증가분보다 작게 되며, 이는 미래 소비까지 적절한 수준으로 증가시켜 소비를 평준화하려는 경향이 있기 때문이다.

④ 유동성제약이 있는 경우는 차입을 하고 싶으나, 그렇지 못하는 상황을 의미한다. 예산선에 접하는 무차별곡선이 그려지고 그 점에서 효용극대화를 하고 싶지만(이때의 한계대체율은 $1+r$) 그렇지 못한다. 이때의 소비자의 한계대체율은 $1+r$ 보다 클 것이다.

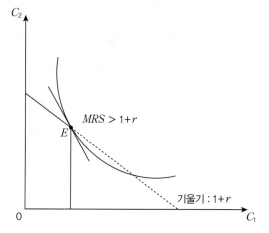

## 10 오답률 32%      정답 ③

**영역** 거시경제학>인플레이션과 실업      난도 중

[정답의 이유]

$i_t=\pi_t+\rho+\alpha(\pi_t-\pi^*)+\beta(u_n-u_t)$

ㄱ. 인플레이션율이 1%p 증가하면 $\Delta i_t=\Delta\pi_t+\rho+\alpha(\Delta\pi_t-\pi^*)+\beta(u_n-u_t)$이므로 명목이자율은 $(1+\alpha)$%p 증가해야 한다.

ㄷ. $\pi_t=\pi^*$이고, $u_n=u_t$일 때 $i_t-\pi_t=\rho$가 성립한다. 피셔 방정식에 의하여 $i_t-\pi_t=r_t$(실질이자율)이므로 $r_t=\rho$가 성립한다.

[오답의 이유]

ㄴ. 실업률이 1%p 증가하면 $\Delta i_t=\pi_t+\rho+\alpha(\pi_t-\pi^*)+\beta(u_n-\Delta u_t)$이므로 명목이자율은 $\beta$%p만큼 감소해야 한다.

**11** 오답률 5%        정답 ②

| 영역 거시경제학>인플레이션과 실업 | 난도 하 |

정답의 이유

② 실업률은 실업자수/경제활동인구이다. 경제활동참가율은 경제활동참 가인구/생산가능인구이므로 문제에서 경제활동참가인구＝1600× 75%＝1200만 명이고, 실업률은 실업자수/경제활동인구이므로 $\frac{100}{1200}$＝8.33%이다.

**12** 오답률 7%        정답 ②

| 영역 국제경제학>국제무역이론과 무역정책 | 난도 하 |

정답의 이유

ㄱ. 관세를 부과하면 A국 내의 생산량은 증가하고 정부의 관세수입이 발생한다.

ㄷ. A국에서 경제적 순손실이 발생하고 그 크기는 그림의 −(B+D)이다.

오답의 이유

ㄴ. 관세 부과로 인해 A국 내 생산량이 증가하면 생산자잉여는 증가하고, 가격이 상승하여 소비자잉여는 감소한다.

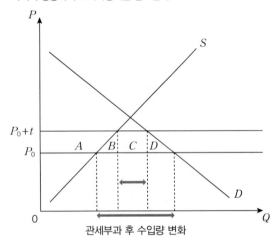

관세부과 후 수입량 변화

**13** 오답률 10%        정답 ④

| 영역 미시경제학>시장실패와 정보경제학 | 난도 하 |

정답의 이유

④ 역선택이란 정보불균형으로 인하여 의사결정에 필요한 정보가 충분하 지 않아 불리한 선택을 하게 되는 것을 말한다. 이러한 역선택 문제를 해결하기 위한 방법으로는 강제가입, 신호보내기(signaling), 걸러내기 (screening) 및 반복거래 등이 있다. 의료보험 가입 시 신체검사를 통해 의료보험료를 차등화하면 이는 걸러내기(screening)의 일종으로 신체 검사로 인해 부족한 정보를 보완할 수 있고, 역선택을 방지할 수 있다.

오답의 이유

① 교통사고 시 자동차 보험료를 할증하는 것은 자동차보험으로 인한 도 덕적 해이를 방지하는 방법이다.

② 피고용인의 급여에 성과급적 요소를 도입하는 것은 고용관계에서 발 생하는 주인−대리인 문제이자 도덕적 해이를 방지하는 방법이다.

③ 감염병 예방주사 무료접종은 강제성이 없어 역선택 방지책 중 '강제가 입'의 일종이라고 할 수 없다.

**14** 오답률 53%        정답 ④

| 영역 미시경제학>소비자이론 | 난도 상 |

정답의 이유

④ 수입등가정리란 어떠한 조건이 충족된 상황에서는 4가지 경매 방식(영 국식 경매, 네덜란드식 경매, 최고가격입찰제, 비공개차가경매제)가 동 일한 수입을 가져다준다는 것을 의미한다.

오답의 이유

① 비공개 차가 경매는 제2가격입찰제라고도 불리며, 낙찰자가 써낸 최고 금액을 지불하는 것이 아닌 그 다음 높은 가격(제2가격)을 지불하게 된 다. 이러한 비공개 차가 경매 방식에서 사람들은 진실한 선호를 표출하 게 된다.

② 영국식 경매는 호가를 계속 높이다가 가장 높은 호가를 부른 사람에게 낙찰되는 방식이다. 수입등가정리에 따르면 영국식 경매는 비공개 차 가 경매와 똑같은 결과를 가져온다고 알려져 있다.

③ 네덜란드식 경매는 영국식 공개 호가식 경매가 아니라, 경매인이 가장 높은 가격을 부르기 시작해서 살 사람이 나타나지 않으면 가격을 내리 는 형식이다.

**합격생의 필기노트**

경매의 방식

- 영국식 경매 : 가격을 점점 올리며 가장 높은 가격을 부르는 이에게 낙찰하는 방식이다.
- 네덜란드식 경매 : 가장 높은 가격을 부르고 낙찰자가 나타나지 않으면 가격을 점점 낮추는 방식이다. 맨 처음 구매 의향을 밝힌 사람에게 낙찰된다.
- 비공개 최고가 경매 : 각자 가격을 비공개로 제출한 후 최고 가격을 써낸 이에게 낙찰하는 방식이다.
- 비공개 차가 경매 : 각자 가격을 비공개로 제출한 후 최고 가격을 써낸 이에게 낙찰하나, 지불하는 금액은 제출된 가격 중 두 번째로 높은 가격이다.

---

## 15 오답률 30%  정답 ②

영역 국제경제학>외환시장과 국제수지  난도 중

[정답의 이유]

② 이자율 평가설은 외국과 자국에 투자를 할 시 동일한 수익률을 기대할 것이라는 기본 가정으로부터 출발하여 명목 이자율과 환율 간의 관계를 정리한 것이다. 이자율 평가설에 따른 국내 명목 이자율의 결정은 다음과 같다.

$$i = i^* + \frac{e^E - e}{e}$$

(i : 국내이자율, $i^*$ : 외국이자율, e : 현재환율, $e^E$ : 예상미래환율)

따라서 문제에서 주어진 값을 대입하면,

$$0.21 = 0.1 + \frac{e^E - 1000}{1000}, \ e^E = 1,100원이다.$$

---

## 16 오답률 8%  정답 ③

영역 국제경제학>외환시장과 국제수지  난도 하

[정답의 이유]

③ 구매력평가설은 양국의 물가수준에 따라 일물일가의 법칙이 적용되고, 이에 따라 명목환율이 결정된다고 보는 이론이다. $e = \frac{P^*}{P}$ (e : 명목환율, P : 국내물가, $P^*$ : 외국물가)이다. 구매력평가 이론에 따르면 양국 통화의 명목환율은 양국의 물가수지에 따라 결정되며, 구매력평가이론이 성립할 때 실질환율은 항상 1로 불변이다. 실질환율의 계산은 $E = \frac{eP^*}{P}$ 이며 $eP^* = P$이므로 항상 1의 값을 가진다.

---

## 17 오답률 55%  정답 ②

영역 미시경제학>시장조직이론  난도 상

[정답의 이유]

② 잔여수요곡선을 도출하기 위해선 시장수요곡선에서 군소기업 공급곡선을 수평방향으로 빼야 한다. 이러한 잔여수요곡선을 바탕으로 지배적 기업은 이윤극대화(MR=MC)를 하여 균형가격을 도출한다. 이하에서 시장수요를 D, 시장공급을 S, 잔여수요를 D'라고 한다.

$$D' = D(p) - S(p) = (400 - p) - (200 + p) = 200 - 2p$$

잔여수요 D'를 기준으로 지배적 기업은 MR을 인식하며, MR=MC가 되는 생산량 수준을 결정하고, D'에 따라 균형가격을 설정한다.

$$D' = 200 - 2p \ (\to p = 100 - \frac{1}{2}y)$$

$$MR' = 100 - y$$

$$MC = 20$$

$$MR' = MC \to 100 - y = 20$$

$$y^* = 80, \ D'에 대응하는 가격 p^* = 60$$

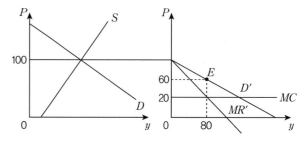

 **합격생의 필기노트**

과점시장과 가격선도 모형

과점기업들이 암묵적인 상호협조 관계를 통해 공동의 이익을 추구하는데, 특히 한 기업이 가격을 선도하고 나머지 기업은 이를 그대로 따른다. 이 모형에서 지배적 기업은 군소기업들이 각 가격에서 팔려고 하는 양만큼 모두 팔 수 있도록 허용하고, 시장수요의 나머지 부분만을 채우면서 이윤극대화를 시도한다고 가정한다.

---

## 18 오답률 7%  정답 ①

영역 거시경제학>동태경제이론  난도 하

[정답의 이유]

① 성장회계란 경제성장의 요인을 총요소생산성, 노동, 자본의 기여도로 나타낸 것이다.

문제의 총생산함수를 변화식으로 분해해보면 다음과 같다.

$$\frac{\Delta Y}{Y} = \frac{\Delta A}{A} + \frac{1}{3} \frac{\Delta L}{L} + \frac{2}{3} \frac{\Delta K}{K}$$

이때, $\frac{\Delta Y}{Y} = 5\%, \frac{\Delta L}{L} = 3\%, \frac{\Delta K}{K} = 3\%$이므로 $\frac{\Delta A}{A} = 2\%$이다.

## 19 오답률 10%

정답 ④

| 영역 거시경제학>총수요 · 총공급이론 | 난도 하 |

정답의 이유

④ 오일쇼크와 같은 음(−)의 공급충격으로 인해 단기 AS곡선이 왼쪽으로 이동한 경우에 정부지출을 늘리면 AD곡선이 우측으로 이동하여 물가 상승이 더욱 가속화될 수 있다.

오답의 이유

① 단기균형점에서 물가수준은 원래의 균형점인 A점보다 높을 것이다. 이를 비용충격인플레이션 또는 스태그플레이션이라고 한다.

② A점으로 되돌아오는 방법으로 임금이 하락하면 생산비용의 하락으로 인해 단기 AS곡선이 오른쪽으로 이동할 수 있다.

③ 통화량을 증가시키는 정책을 실시하면 총수요가 상승하여 AD곡선이 오른쪽으로 이동한다. A점의 총생산량 수준으로 돌아올 수 있지만 물가 상승을 감수하여야 한다.

## 20 오답률 5%

정답 ③

| 영역 거시경제학>화폐금융론 | 난도 하 |

정답의 이유

③ 화폐수량설에 입각한 화폐교환방정식에 관련된 문제이다. 화폐교환방정식은 $MV = PY$가 항등식으로 성립한다는 이론이다. 문제에서 제시된 바에 따르면 M = 5,000억 원, PY = 10조 원, Y = 5조 원이다. 따라서 V = 200이다.

# 지방직 7급 경제학 정답 및 해설

문제편 052p

## 정답 체크

| 01 | 02 | 03 | 04 | 05 | 06 | 07 | 08 | 09 | 10 |
|----|----|----|----|----|----|----|----|----|----|
| ② | ① | ④ | ② | ② | ④ | ① | ① | ③ | ③ |
| 11 | 12 | 13 | 14 | 15 | 16 | 17 | 18 | 19 | 20 |
| ② | ③ | ④ | ② | ③ | ② | ④ | ④ | ① | ④ |

## My Analysis

| 총 맞힌 개수 | 개 |
|---|---|
| 획득 점수 | 점 |
| 약한 영역 | |

※ '약한 영역'에는 문항별 체크리스트 상에서 자신이 가장 많이 틀린 영역을 표시해두고, 추후에 해당 영역을 집중적으로 학습하시는 데 활용하시기 바랍니다.

## 문항별 체크리스트

| 문항 | 문항 영역 | 맞힘 | | 틀림 | |
|----|----|---|---|---|---|
| | | A | B | C | D |
| 01 | 거시경제학>국민소득 결정이론 | | | | |
| 02 | 미시경제학>시장실패와 정보경제학 | | | | |
| 03 | 미시경제학>일반균형 이론 | | | | |
| 04 | 미시경제학>생산자이론 | | | | |
| 05 | 미시경제학>수요·공급 이론 | | | | |
| 06 | 거시경제학>동태경제 이론 | | | | |
| 07 | 거시경제학>생산자이론 | | | | |
| 08 | 거시경제학>인플레이션과 실업 | | | | |
| 09 | 미시경제학>시장조직 이론 | | | | |
| 10 | 미시경제학>소비자이론 | | | | |
| 11 | 거시경제학>화폐금융론 | | | | |
| 12 | 미시경제학>시장조직 이론 | | | | |
| 13 | 거시경제학>국민소득 결정이론 | | | | |
| 14 | 거시경제학>국민소득 결정이론 | | | | |
| 15 | 미시경제학>생산자이론 | | | | |
| 16 | 국제경제학>국제무역 이론과 무역정책 | | | | |
| 17 | 미시경제학>재정학 | | | | |
| 18 | 미시경제학>재정학 | | | | |
| 19 | 국제경제학>국제금융론 | | | | |
| 20 | 거시경제학>동태경제 이론 | | | | |

| 미시경제학 | / 10 | 거시경제학 | / 8 |
|---|---|---|---|
| 국제경제학 | / 2 | | |

* A : 알고 맞힘
  B : 찍어서 맞힘
  C : 의도·내용 파악 부족
  D : 매번 틀리는 유형

## 01 오답률 5%     정답 ②

영역 거시경제학>국민소득결정이론     난도 하

정답의 이유

② GDP는 국내총생산으로 '일정 기간 국내에서 생산된 재화와 서비스의 시장가치의 합계'이고, GNI는 국민총소득으로 '전 세계의 우리나라 국민이 생산한 가치'를 의미한다. 먼저 GDP를 살펴보면, A는 한국 소재 기업에서 5,000만 원의 연봉을 받았고, 한국 소재 어학원에서 500만 원을 지불하고 한국어를 배웠으므로 한국 영토 내에서 생산한 가치는 5,500만 원이다. GNI를 살펴보면, A는 미국 국적의 사람이므로 5,000만 원은 GNI에 포함되지 않고, 한국에서 한국 소재 어학원에 지불한 500만 원은 GNI에 포함된다. GNI는 500만 원이다. 따라서 GDP와 GNI의 차이는 5,000만 원이 된다.

## 02 오답률 10%     정답 ①

영역 미시경제학>시장실패와 정보경제학     난도 하

정답의 이유

ㄱ. 시장실패는 사회적으로 효율적인 자원배분이 이루어지지 않는 경우를 의미한다. 예를 들어 외부효과가 발생한 경우, 이에 따른 후생손실(deadweight-loss)이 있게 되고, 이는 효율적인 자원배분이 일어나지 않아 발생하는 시장실패의 예이다.

오답의 이유

ㄴ. 공공재가 비배제성과 비경합성의 문제로 발생하는 시장실패의 예이다.

ㄷ. 각 경제주체가 자신의 이익을 위해서만 행동한다면 사회전체의 후생을 감소시킬 수 있다. 예를 들어 비배제성과 경합성이 있는 공유지의 비극과 같은 사례에서 각 경제주체가 자신의 이익을 위해 행동함으로써 사회전체의 후생이 감소한다.

## 03 오답률 8%     정답 ④

영역 미시경제학>일반균형이론     난도 하

정답의 이유

④ 생산가능곡선의 외부에 위치하는 점은 비효율적인 생산점이 아니라 생산할 수 없는 영역을 뜻한다. 내부에 위치하는 점은 비효율적인 생산점을 의미한다.

오답의 이유

① 기술진보가 이루어지면 원점에 대해 오목한 생산가능곡선은 원점으로부터 바깥쪽으로 이동한다. 생산할 수 있는 재화의 조합 범위가 늘어나게 되는 것이다.

② 생산가능곡선이 원점에 대해 오목한 것은 재화 생산의 증가에 따른 기회비용이 체증하기 때문이다. 생산가능곡선의 기울기는 x재 하나를 생산하기 위해 포기하여야 하는 기회비용을 y재로 나타낸 값이다. 그 기울기 값은 x의 값이 0에서 커질수록 점점 커진다. 이는 x재 생산이 증가함에 따라 포기하여야 하는 기회비용이 체증함을 의미한다.

③ 원점에 대해 볼록한 사회무차별곡선이 주어진다면 생산가능곡선 선상의 한 점에서 최적의 생산수준이 결정될 것이다. 생산가능곡선은 원점에 대해 오목하기 때문이다.

## 04 오답률 10%     정답 ②

영역 미시경제학>생산자이론     난도 하

정답의 이유

② 독점기업은 MR=MC에서 이윤을 극대화한다. MR은 직선인 수요 곡선의 경우 그 기울기 값을 2배한 직선이 된다. MR=MC에서 이윤 극대화 생산량을 구한 후 수요 곡선에 그 값을 대입하여 독점 기업의 가격을 구한다. 이윤은 PQ-TC이다.

역수요함수 $P = 30 - Q$

$MR = 30 - 2Q$

$MC = 20$

$Q^* = 5$, $P^* = 25$

$P^* Q^* = 125$

$TC = Q \times MC = 5 \times 20 = 100$

이윤 $\pi^* = 25$

## 05 오답률 5%     정답 ②

영역 미시경제학>수요·공급이론     난도 하

정답의 이유

② 수요함수가 우하향하는 직선의 형태일 때, 제1사분면 직선 중점에서 수요의 가격탄력성이 1이다. 이때 PQ로 표현되는 총지출도 최대가 된다.

오답의 이유

① 필수재의 경우 일반적으로 수요가 가격에 별로 민감하지 않으나, 사치재는 그렇지 않다. 따라서 필수재가 사치재에 비해 수요의 가격탄력성이 작다.

③ 직선인 수요곡선의 경우 각 점에서 가격탄력성은 서로 다른 값을 가진다. 중점을 기준으로 그 위로는 수요의 가격탄력성이 1보다 크고, 그 밑으로는 1보다 작아진다.

④ 수요곡선의 임의의 점에서 수요의 가격탄력성은 수요곡선 기울기의 역수에 $\dfrac{P_x}{Q_x}$를 곱한 값으로 계산된다. 즉, 가격탄력성 $= \dfrac{\Delta Q_x}{\Delta P_x} \dfrac{P_x}{Q_x}$ 이다.

## 06 오답률 7%     정답 ④

영역 거시경제학>동태경제이론     난도 하

정답의 이유

④ 솔로우 성장 모형의 큰 특징은 자본의 한계생산이 체감한다는 것이다. 자본축적만으로 지속적인 성장이 가능하지 않으며, 자본축적만 있을 경우 k* 수준에서 성장률이 일정한 '균제상태'에 있게 된다. 솔로우 성장 모형에서 지속적인 성장을 유발하는 요인은 기술의 진보이다.

[오답의 이유]

① 솔로우 성장 모형에서 기술진보 없이 '지속적인' 성장을 할 수 없다.

② 정상상태(steady state, 균제상태)에서 인구증가율의 변화는 1인당 경제성장률에 영향을 미치지 않는다. 정상상태에서는 $\frac{\Delta Y}{Y}=\frac{\Delta L}{L}=n$이 성립하는데, 1인당 경제성장률 $\frac{\Delta y}{y}=\frac{\Delta Y}{Y}-\frac{\Delta L}{L}$으로 계산되기 때문이다. 인구증가율 n의 변화는 y의 성장률에 영향을 미치지 않는다.

③ 솔로우 성장 모형은 한계생산이 체감하는 생산함수를 가정한다. 또한, 기술진보는 외생적으로 이루어진다고 가정한다.

## 07 오답률 57% 정답 ①

| 영역 거시경제학>생산자이론 | 난도 상 |
|---|---|

[정답의 이유]

① 규모의 경제를 확인하기 위해서는 $\frac{dAC}{dQ}<0$가 되는 구간을 찾아야 한다. 생산함수로 비용함수를 도출하여 이를 확인하면 된다.

Min TC=wL+rK　　s.t.Q=$\sqrt{LK}$

K=1, w=1, r=9이므로

Min TC=L+9　　s.t.Q=$\sqrt{L}$

→ L=$Q^2$이므로 TC=$Q^2$+9

$AC=\frac{TC}{Q}=Q+\frac{9}{Q}$

AC곡선은 밑으로 볼록한 형태이고, 최저점을 가지고 있다. 최저점 왼쪽 구간이 AC곡선이 우하향하는 규모의 경제 영역일 것이다. 최저점을 구하면 다음과 같다.

$\frac{dAC}{dQ}=1-\frac{9}{Q^2}=0$

$Q_{최저}$=3.

따라서 0≤Q≤3 구간에서 규모의 경제가 발생한다.

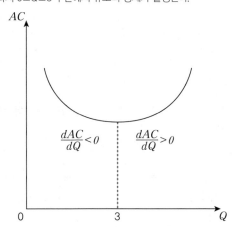

## 08 오답률 27% 정답 ①

| 영역 거시경제학>인플레이션과 실업 | 난도 중 |
|---|---|

[정답의 이유]

① 18시간 이상 일한 무급가족종사자는 실업자에 포함되지 않고, 취업자로 본다. 가족종사자로 아무 돈을 받지 않고 일을 한 경우에도 18시간을 기준으로 18시간 이상을 일한다면 취업자로 본다.

[오답의 이유]

② 실망실업자는 실업자에 포함되지 않는다. 비경제활동인구로 포함된다.

③ 고용률은 취업자수/생산가능인구로 계산된다. 따라서 경제활동참가율(경제활동인구/생산가능인구)와 실업률(실업자수/경제활동인구)를 알면 고용률을 알 수 있다. 그 계산은 구체적으로 (1 - 실업률)×경제활동참가율=고용률일 것이다.

④ '경제활동참가율=(취업자수+실업자수)/생산가능인구'이다. 경제활동참가율이 일정할 때 실업률이 높아진다는 것은 실업자수가 늘고, 생산가능인구는 더 큰 폭으로 는다는 것이다. 취업자수는 고정이고, 생산가능인구는 큰 폭으로 늘었으므로 고용률(취업자수/생산가능인구)은 낮아진다.

## 09 오답률 60% 정답 ③

| 영역 미시경제학>시장조직이론 | 난도 상 |
|---|---|

[정답의 이유]

③ 쿠르노 과점 모형에서 두 기업의 균형 생산량을 구하는 문제이다.

수요곡선 P=50-5Q(Q=$Q_A$+$Q_B$)

- 기업 A : Max $TR_A$-$C_A$=Max $PQ_A$-(20+10$Q_A$)

$=(50-5Q_A-5Q_B)Q_A-(20+10Q_A)$

f.o.c. $\frac{\Delta \pi_A}{\Delta Q_A}=-5Q_A{}^2+40Q_A-5Q_BQ_A-20=0$

- 기업 A의 반응곡선 : $Q_A=4-\frac{1}{2}Q_B$

- 기업 B : Max $TR_B$-$C_B$=Max $PQ_B$-(10+15$Q_B$)

$=(50-5Q_A-5Q_B)Q_A-(10+15Q_B)$

f.o.c $\frac{\Delta \pi_B}{\Delta Q_B}=-5Q_B{}^2+35Q_B-5Q_BQ_A-10=0$

- 기업 B의 반응곡선 : $Q_B=\frac{7}{2}-\frac{1}{2}Q_A$

기업 A, B의 반응곡선을 연립하면 $Q_A{}^*$=3, $Q_B{}^*$=2가 도출된다.

**10** 오답률 35%  정답 ③

영역 미시경제학>소비자이론  난도 중

정답의 이유

③ 2기간 소비선택 모형에서 소비자의 최적소비를 도출하면 다음과 같다.

$$Max\ U=C_1C_2 \qquad s.t.C_1+\frac{C_2}{1+r}=Y_1+\frac{Y_2}{1+r}$$

$$\rightarrow$$ 효용극대화 조건 : $MRS_{12}=\frac{C_2}{C_1}=1+r=1.1$

$$\rightarrow C_2=1.1C_1$$

예산제약에 문제에서 주어진 값을 대입하면 $C_1+\frac{C_2}{1.1}=100+\frac{121}{1.1}=$

2100이다.

효용극대화 조건을 예산제약에 대입하여 균형소비량을 도출하면,

$C_1^*=105$, $C_2^*=115.5$

1기에 소득은 100, 소비는 105이므로 이 소비자는 차입을 한다.

오답의 이유

① 2기간 소비선택 모형에서 한계대체율(MRS)과 예산선의 기울기(1+r)가 일치할 때 최적소비가 발생한다.

② $C_1=105$, $C_2=115.5$이므로 1기보다 2기에 소비를 더 많이 한다.

④ 현재 $Y_1<C_1$인 차입자의 상태이다. 유동성제약이 발생하면 1기의 소비는 감소할 것이다.

**11** 오답률 10%  정답 ②

영역 거시경제학>화폐금융론  난도 하

정답의 이유

② 통화승수 $m=\frac{1}{\text{지급준비율}}$으로 계산된다. 문제에서 지급준비율이 0.2라고 하였으므로 통화승수 $m=\frac{1}{0.2}=5$이다. 통화량은 $M=mH$(H는 본원통화)로 계산된다. 문제에서 본원통화는 100억 달러이고, 통화승수는 5로 도출되었으므로 통화량 $M=5\times100$억 달러$=500$억 달러이다.

**12** 오답률 29%  정답 ③

영역 미시경제학>시장조직이론  난도 중

정답의 이유

③ 러너 지수는 독점도를 나타내는 지표로 $\frac{P-MC}{P}$로 계산한다. 이를 위해 가격(P)과 한계비용(MC)을 구하면 다음과 같다.

• 수요곡선 : $P=100-Q$
• 한계수입 : $MR=100-2Q$
• 한계비용 : $MC=C'(Q)=20$

$MR=MC$에서 생산량이 결정되므로 $Q^*=40$이고, 수요함수에 이를 대입하면 $P^*=60$이다.

러너지수$=\frac{P-MC}{P}=\frac{60-20}{60}=\frac{2}{3}$이다.

 합격생의 필기노트

독점도 측정

• 러너 기준 : $\frac{P-MC}{P}$

• 힉스 기준 : $\frac{1}{\epsilon}$

러너 기준과 힉스 기준의 독점도는 $MC=MR$에서 이윤을 극대화하는 독점기업에 있어 개념적으로 동일한데, 다음과 같이 도출된다.

러너 기준$=\frac{P-MC}{P}=\frac{P-MR}{P}=\frac{P-P(1-\frac{1}{\epsilon})}{P}=\frac{1}{\epsilon}$ 힉스 기준

**13** 오답률 5%  정답 ④

영역 거시경제학>국민소득결정이론  난도 하

정답의 이유

④ GDP는 '일정 기간 동안 국내에서 생산된 재화와 서비스의 시장가치의 합'이다. 중간투입물의 시장가치의 합이 아닌 '최종생산물'의 시장가치의 합이다.

오답의 이유

① GDP를 측정하는 방법 중 최종생산물의 시장가치를 합하여 계산한 것으로, 가장 널리 알려진 방법이다.

② GDP를 측정하는 방법 중 모든 생산과정에서 새로이 창출된 부가가치를 합하여 계산하는 방법이다.

③ GDP를 측정하는 방법 중 분배 측면에서 계산한 방법이다. 삼면등가의 법칙에 따라 생산 측면, 지출 측면의 GDP와 그 값이 같다.

## 14 오답률 26% 　　　　　　　　　　　　　정답 ②

영역 거시경제학>국민소득결정이론 　　　　　　　난도 중

정답의 이유

② 주어진 값을 국민소득 식에 대입하면 다음과 같다.

$Y=C+I+G+(X-M) \rightarrow Y=(200+0.5Y)+100+100+100-50-0.3Y)$

이를 정리하면 $Y^*=\dfrac{450}{0.8}$이다.

정부지출이 100에서 200으로 증가하면 균형국민소득의 변화는 다음과 같다.

$Y^*=(200+0.5Y)+100+200+(100-50-0.3Y)$

이를 정리하면 $Y^{**}=\dfrac{550}{0.8}$이다.

균형국민소득의 변화량$=Y^{**}-Y^*=\dfrac{50}{0.8}=125$이다.

한편, 정부지출승수로 균형국민소득의 변화량을 구할 수도 있다. 한계수입성향과 한계소비성향이 반영된 정부지출승수는 $\dfrac{1}{1-c+m}$

(c : 한계소비성향, m : 한계수입성향)으로 계산된다. 계산하면 1.25이므로, $\Delta G=100$일 때 균형국민소득은 125만큼 증가한다.

## 15 오답률 30% 　　　　　　　　　　　　　정답 ③

영역 미시경제학>생산자이론 　　　　　　　　　난도 중

정답의 이유

③ 어느 재화의 시장에서 가격수용자(price-taker)인 기업이라면 이 시장은 완전경쟁시장일 것이다. 완전경쟁시장에서 가격수용자인 기업이라면 $P=MR=85$이다. 한계비용은 $C'(Q)=5+\dfrac{Q}{40}$이므로 이윤극대화 생산량은 $P=MC \rightarrow 85=5+\dfrac{Q}{40}$이고, $Q^*=3,200$이다. 생산자잉여의 크기는 가격(P)과 기업의 공급곡선인 한계비용곡선(MC) 사이의 면적이므로 $\dfrac{1}{2}\times3,200\times80=128,000$이다.

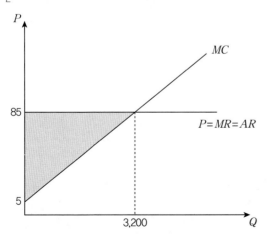

## 16 오답률 27% 　　　　　　　　　　　　　정답 ②

영역 국제경제학>국제무역이론과 무역정책 　　　　난도 중

정답의 이유

② 레온티에프 역설이란 20세기 중반 미국은 노동집약적 상품을 수출하고 자본집약적 상품을 수입하고 있다고 하는 실증적 연구를 바탕으로 헥셔-올린 정리가 모순됨을 주장한 것이다. 레온티에프에 따르면 2차 세계대전 직후 미국의 노동자 일인당 자본장비율은 다른 나라보다 높았다. 이는 미국이 자본집약적인 국가였다는 것을 의미하나, 실증분석 결과 미국은 노동집약적인 상품을 수출하고 있었다.

오답의 이유

① 레온티에프 역설과 헥셔-올린 정리의 충돌을 설명하기 위해 많은 시도가 있었고, 그 대표적인 것이 대표수요이론, 상품개발단계이론, R&D 이론, 산업내무역이론 등이다.

③ 미국에서 수출재의 자본집약도는 수입재의 자본집약도보다 낮았다. 자본집약적 국가인 미국이 노동집약적 상품을 수출했다는 것이 레온티에프 실증연구의 골자이다.

④ 헥셔-올린 정리에 따르면 자본집약도가 높은 국가인 미국은 상대적으로 자본집약적 재화를 수출할 것으로 예측되었을 것이다.

## 17 오답률 30% 　　　　　　　　　　　　　정답 ④

영역 미시경제학>재정학 　　　　　　　　　　　난도 중

정답의 이유

④ 시장이자율이 상승할 때 동일한 액면가(face value)를 갖는 채권의 가격은 하락한다. 무이표채의 경우 만기가 장기일수록 시장이자율 상승 시 할인되는 폭이 크다. 장기채가 단기채보다 가격위험이 크다.

오답의 이유

① 무이표채의 경우 시장이자율이 상승하면 채권가격이 하락한다.

② 이표채의 경우에도 시장이자율이 상승하면 채권가격은 하락한다.

③ 실효만기가 길수록 채권가격은 시장이자율에 민감하게 변화하는데, 이는 시장이자율이 상승할수록 만기가 장기인 채권 가격이 많이 할인되기 때문이다.

 **합격생의 필기노트**

채권의 종류

• 이표채 : 일정한 기간에 따라 이자를 지급하는 채권이다. 이표채는 액면금액 표기 채권으로 발행하지만 표면이자율에 따라 연(월)간으로 지급한다. 주로 회사채, 금융채, 특수채 등이 해당된다. 같은 의미로 '월이자지급식 채권'이라고 한다.

• 무이표채 : 일정한 기간에 따라 이자를 지급하는 것이 아니라 만기에 이자와 원금을 일시에 상환하는 채권이다. 우리나라에서 무이표채는 할인채라고 불린다.

## 18 오답률 62%  정답 ④

**영역 미시경제학>재정학**  난도 상

[정답의 이유]

④ 소득이 5,000만 원 이상인 납세자의 소득 대비 소득세 납부액 비중은 소득이 증가할수록 커질 것이다. 소득이 5,000만 원 이상인 납세자의 소득을 X만 원이라고 하자. 해당 납세자의 세금 납부액은 $T = 0.2(X - 5,000)$ 이다. 납세자의 소득 대비 소득세 납부액 비중은 $\dfrac{T}{X} = \dfrac{0.2(X - 5,000)}{X}$

$= 0.2 - \dfrac{5,000}{X}$ 이다. $d\dfrac{T}{X} / dX > 0$ 이므로 소득대비 소득세 납부액 비중은 소득이 증가할수록 커진다. 한편, 수식으로 풀이하여도 되지만, 간단하게 5,100만 원을 벌었을 경우와 5,200만 원을 벌었을 경우를 비교해보아도 결과는 같다.

[오답의 이유]

① 소득 대비 최종소득의 비중은 소득이 5,000만 원 이하일 때는 세금이 0이므로 항상 값이 1일 것이다. 소득이 5,000만 원 이상이라면 소득이 증가할수록 그 값이 감소할 것이다.

② 고소득자의 최종소득이 저소득자의 최종소득보다 작을 수는 없다. 5,000만 원 이상의 소득을 버는 사람에게 20%의 '비율'로 세금을 매기기 때문이다.

③ 소득이 5,000만 원 이하일 때 소득 증가에 따른 최종소득 증가분은 항상 같다. 소득이 5,000만 원 이하일 때도 소득이 1 증가하면 최종소득은 0.8씩 증가하며 그 값은 항상 같다.

## 19 오답률 57%  정답 ①

**영역 국제경제학>국제금융론**  난도 상

[정답의 이유]

① IS-LM-BP 모형에서 자본이동이 불완전하다면 BP곡선은 완전한 수평이 아니며, 완만하게 우상향할 것이다. 변동환율제이고, 초기 균형이 $(Y_0, i_0)$ 인 경우, 확장적 재정정책을 시행했을 때 새로운 균형점은 다음과 같다.

i) 확장적 재정정책으로 IS곡선이 우측으로 이동한다.

ii) 국내 이자율이 국제이자율보다 높아 자본이 유입되어 환율이 하락하고, 순수출이 감소하여 IS곡선이 좌측으로 이동한다.

iii) 자본유입으로 BP곡선이 상방으로 이동하며, IS-LM-BP균형이 형성된다.

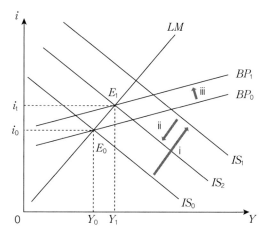

따라서 새로운 균형점에서 총소득은 $Y_0$ 보다 크고, 이자율은 $i_0$ 보다 높아진다.

## 20 오답률 26%  정답 ④

**영역 거시경제학>동태경제이론**  난도 중

[정답의 이유]

④ 황금률과 관련된 문제이다. 문제에서 생산함수가 $y = k^{1/2}$ 이므로 1인당 자본소득분배율은 1/2이고, 황금률도 0.5일 것이다. 이 뜻은 저축률이 50%일 때, 정상상태에서의 소비가 극대화될 수 있다는 것이다. 저축률이 60%로 상승하면 새로운 정상상태에서 1인당 소비가 현재보다 큰지는 알 수 없다.

[오답의 이유]

① 저축률이 50%로 상승하면 새로운 정상상태에서 1인당 산출은 현재보다 크다. 일시적으로 $\Delta k = sy - \delta k > 0$ 이 되고 새로운 정상상태에서의 1인당 자본량 k와 1인당 산출 y는 이전보다 크다.

② 저축률이 50%로 상승하면 새로운 정상상태에서의 1인당 소비도 현재보다 클 것이다. 이는 저축률 50%가 황금률이기 때문이다.

③ 저축률이 60%로 상승하면 새로운 정상상태에서의 1인당 산출은 현재보다 크다. 일시적으로 $\Delta k = sy - \delta k > 0$ 이 되고, 새로운 정상상태의 1인당 자본량 k와 1인당 산출 y는 저축률이 40%일 때보다 크다.

공무원
객관식 경제학
기출문제집
+빈출계산문제 50선

# PART 3

## 서울시 7급 정답 및 해설

# 서울시 7급 경제학 정답 및 해설

문제편 058p

## 정답 체크

| 01 | 02 | 03 | 04 | 05 | 06 | 07 | 08 | 09 | 10 |
|----|----|----|----|----|----|----|----|----|----|
| ④ | ③ | ④ | ② | ③ | ① | ② | ② | ② | ④ |
| 11 | 12 | 13 | 14 | 15 | 16 | 17 | 18 | 19 | 20 |
| ① | ③ | ③ | ④ | ④ | ③ | ④ | ② | ③ | ① |

## My Analysis

| 총 맞힌 개수 | 개 |
|----|----|
| 획득 점수 | 점 |
| 약한 영역 | |

※ '약한 영역'에는 문항별 체크리스트 상에서 자신이 가장 많이 틀린 영역을 표시해두고, 추후에 해당 영역을 집중적으로 학습하시는 데 활용하시기 바랍니다.

## 문항별 체크리스트

| 문항 | 문항 영역 | 맞힘 | | 틀림 | |
|----|----|----|----|----|----|
| | | A | B | C | D |
| 01 | 미시경제학>수요 · 공급이론 | | | | |
| 02 | 미시경제학>시장조직이론 | | | | |
| 03 | 거시경제학>국민소득결정이론 | | | | |
| 04 | 미시경제학>생산자이론 | | | | |
| 05 | 미시경제학>시장조직이론 | | | | |
| 06 | 거시경제학>총수요 · 총공급이론 | | | | |
| 07 | 거시경제학>거시경제학의 기초 | | | | |
| 08 | 미시경제학>소비자이론 | | | | |
| 09 | 거시경제학>총수요 · 총공급이론 | | | | |
| 10 | 거시경제학>국민소득결정이론 | | | | |
| 11 | 거시경제학>총수요 · 총공급이론 | | | | |
| 12 | 미시경제학>소비자이론 | | | | |
| 13 | 미시경제학>시장조직이론 | | | | |
| 14 | 거시경제학>화폐금융론 | | | | |
| 15 | 국제경제학>외환시장과국제수지 | | | | |
| 16 | 거시경제학>인플레이션과실업 | | | | |
| 17 | 거시경제학>총수요 · 총공급이론 | | | | |
| 18 | 국제경제학>외환시장과국제수지 | | | | |
| 19 | 국제경제학>국제무역이론과 무역정책 | | | | |
| 20 | 미시경제학>수요 · 공급이론 | | | | |

| 미시경제학 | / 8 | 거시경제학 | / 9 |
|----|----|----|----|
| 국제경제학 | / 3 | | |

* A : 알고 맞힘
 B : 찍어서 맞힘
 C : 의도 · 내용 파악 부족
 D : 매번 틀리는 유형

## 01 오답률 5% 　　　　　　　　　　　　　정답 ④

**영역** 미시경제학>수요·공급이론 　　　　　　　　난도 하

정답의 이유

ㄷ. 홍차의 가격탄력성은 $\frac{1}{2}$이다. 비탄력적인 재화의 경우 가격을 상승시킬수록 판매 수입은 증가한다. 홍차의 가격이 상승하였으므로 판매 수입은 증가할 것이다.

ㄹ. 홍차의 가격이 상승하자 잼의 수요량이 감소하였다. 홍차와 잼의 교차탄력성은 $\frac{\text{잼의 수요량 변화}}{\text{홍차의 가격 변화}}$로 정의되며, 그 값이 음(−)일 경우 서로 보완재 관계에 있음을 의미한다. 홍차와 잼의 교차탄력성은 −1.2이므로 보완재 관계에 있다.

오답의 이유

ㄱ. 홍차의 가격이 10% 상승하자 홍차의 수요량이 5% 감소하였다면 홍차의 가격탄력성은 $\frac{\text{홍차의 수요량 변화}}{\text{홍차의 가격 변화}} = \frac{1}{2}$이다. 열등재의 정의는 $\frac{\text{홍차의 수요량 변화}}{\text{소득 변화}} < 0$이다. 서로 관련이 없다.

ㄴ. 잼 수요의 가격탄력성은 $\frac{\text{잼의 수요량 변화}}{\text{잼의 가격 변화}}$으로 정의된다. 문제에서는 이를 알 수 없다.

## 02 오답률 28% 　　　　　　　　　　　　정답 ③

**영역** 미시경제학>시장조직이론 　　　　　　　　난도 중

정답의 이유

③ 독점기업은 MR=MC인 수준에서 생산량을 결정하며, 이를 위해선 수요곡선으로부터 도출된 한계수입(MR) 곡선과 총비용곡선으로부터 도출된 한계비용(MC)곡선이 필요하다.

- 시장수요 : $Q = 210 - 2P \rightarrow P = 105 - \frac{1}{2}Q$
- 한계수입 : $MR = 105 - Q$
- 평균비용 : $AC = 5 + 2Q$
- 총비용 : $TC = AC \times Q = 5Q + 2Q^2$
- 한계비용 : $MC = 5 + 4Q$
  $MR = MC \rightarrow Q^* = 20, P^* = 95$
- 독점기업의 이윤 : $\pi = TR - TC = PQ - (5Q + 2Q^2) = 1,000$
- 소비자잉여 : $\frac{1}{2} \times 10 \times 20 = 100$

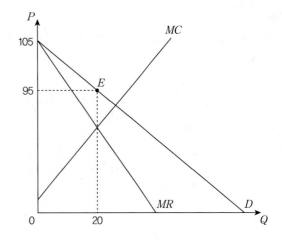

## 03 오답률 8% 　　　　　　　　　　　　정답 ④

**영역** 거시경제학>국민소득결정이론 　　　　　　난도 하

정답의 이유

④ 국내총생산(GDP)은 '그 해 국내에서 생산된 최종생산물의 시장가치의 합'으로 정의된다. 2020년에 생산한 뒤 재고로 보관 중이던 상품을 2021년 소비자에게 판매하였다면 그 상품의 가치는 2020년 GDP '투자' 항목에 더해진다. 2021년 국민소득의 구성으로 '소비'가 늘고, '투자'가 감소한다. 재고투자가 줄어드는 것으로 해석한다.

오답의 이유

①·② 2020년에 생산된 제품이므로 제품의 가치는 2020년 GDP에 더해진다.

③ 제품의 가치는 2021년 GDP의 소비에서 더해지고, 투자에서 감해진다.

## 04 오답률 10% 　　　　　　　　　　　　정답 ②

**영역** 미시경제학>생산자이론 　　　　　　　　난도 중

정답의 이유

② 완전경쟁시장의 장기균형에서는 P=MR=AR=MC=AC가 성립한다. 문제에서 MC=2q로 주어져 있고, q=10이므로 재화 X의 가격은 다음과 같다.

P=MC=20

장기평균비용 LAC은 평균고정비용 AFC와 평균가변비용 AVC로 구성된다.

LAC=AFC+AVC

문제에서 주어진 바에 따라 총고정비용은 100달러이고, 산출량이 10이므로, $AFC = \frac{FC}{q} = 10$이다.

LAC=P=20이므로 AVC=10이다.

## 05 오답률 7% 　　　　　　　　　　　　　　정답 ③

영역 미시경제학>시장조직이론 　　　　　　　　　　난도 하

정답의 이유

| 구분 | | 을(乙) | |
|---|---|---|---|
| | | 가격유지 | 가격할인 |
| 갑(甲) | 가격유지 | (15, 15) | (5, 10) |
| | 가격할인 | (10, 5) | (7, 7) |

③ 게임에서 내쉬균형을 찾기 위해서 각각의 행위자가 상대방의 선택에 따라 어떻게 행동할지 파악하여야 한다.
- 갑 : 을이 가격유지 선택 시 '가격유지', 을이 가격할인 선택 시 '가격할인'
- 을 : 갑이 가격유지 선택 시 '가격유지', 갑이 가격할인 선택 시 '가격할인'

따라서 두 행위자가 자신의 행동을 바꿀 유인이 없는 상태를 뜻하는 '내쉬균형'은 (가격유지, 가격유지), (가격할인, 가격할인)이다. 내쉬균형에서 두 기업은 서로 같은 전략을 선택한다.

오답의 이유

① 이 게임에서 각각의 행위자에게 우월전략은 없다.
② 내쉬균형은 두 개다.
④ 공범자의 딜레마와는 다른 상황이다. 공범자의 딜레마 상황은 각자 협력하면 서로에게 더 나은 결과를 얻을 수 있지만 각각이 우월전략으로 열등한 내쉬균형에 도달하는 경우를 말한다.

## 06 오답률 5% 　　　　　　　　　　　　　　정답 ①

영역 거시경제학>총수요·총공급이론 　　　　　　　난도 하

정답의 이유

① 예상 물가수준이 하락하면 소비자들은 미래로 소비를 유보하는 행태를 보여 소비가 감소하고 이는 총수요 감소로 이어진다. 공급자 또한 물가가 떨어질 것을 걱정하여 현재의 공급을 늘린다. 총공급이 증가한다. 총수요 감소와 총공급 증가는 균형물가수준을 하락시킨다.

오답의 이유

② 태풍으로 도로, 공항 등 사회간접자본이 파괴되면 총공급이 감소하여 단기에 균형물가수준이 상승한다. 이를 비용인상인플레이션이라고 한다.
③ 장래 경기에 대한 낙관적인 전망이 있는 경우, 소비자들은 소비를 늘리고 기업들은 투자를 늘려 총수요를 증가시킨다. 총수요가 증가하면 균형물가수준은 상승한다.
④ 해외 경기의 호황이 있는 경우 순수출이 증가하여 총수요가 증가한다. 총수요가 증가하면 균형물가수준은 상승한다.

## 07 오답률 6% 　　　　　　　　　　　　　　정답 ②

영역 거시경제학>거시경제학의 기초 　　　　　　　난도 하

정답의 이유

② 소비자물가지수는 기준시점을 100으로 할 때 비교시점 물가의 높고 낮은 정도를 나타낸다. 예를 들어 현재 소비자물가지수가 107이라면 기준연도에 비해 물가가 7% 상승하였다는 것을 의미한다. 소비자물가지수와 자장면 한 그릇의 가격은 비례할 것이다. 따라서 다음 비례식을 통해 2020년 화폐로 환산한 1985년의 자장면 한 그릇 가격을 알아낸다.

$28 : 245 = 600 : x$

$$\therefore x = \frac{245 \times 600}{28} = 5{,}250원이다.$$

## 08 오답률 29% 　　　　　　　　　　　　　정답 ②

영역 미시경제학>소비자이론 　　　　　　　　　　난도 중

정답의 이유

② 문제에서 주어진 바를 정리하면 다음과 같다.
$U = X + Y$, $M = 50$, $P_X = 2$, $P_Y = 10$
이를 바탕으로 효용극대화 식을 풀면 다음과 같다.
Max $U = X + Y$　s.t. $2X + 10Y = 50$
효용함수가 선형효용함수이므로 $MRS_{XY} = \frac{P_X}{P_Y}$로 효용극대화 점을 찾을 수 없다. 이 경우, 항상 $MRS_{XY} > \frac{P_X}{P_Y}$이므로 소비자 김씨는 소득을 모두 X만을 구입하는 데 사용할 것이다. 따라서 $2X = 50$, $X^* = 25$, $Y^* = 0$
김씨가 최대로 얻을 수 있는 효용의 크기 $U_{Max} = X + Y = 25$

## 09 오답률 27% 　　　　　　　　　　　　　정답 ②

영역 거시경제학>총수요·총공급이론 　　　　　　　난도 중

정답의 이유

② 자연산출량 $Y_f = 6{,}000$이라고 주어져 있다. 한편 현재 경제의 균형국민소득을 구하면 다음과 같다.
$Y = C + I + G + NX = 200 + 0.8(Y - 500) + 1{,}000 + 200$
$0.2Y = 1{,}000$
$Y = 5{,}000$
정부지출을 늘려 국민소득을 총 1,000 늘려야 한다. 정부지출을 $\Delta G$만큼 늘리면 국민소득은 $\frac{1}{1 - MPC}\Delta G$만큼 증가하므로, 계산하면 다음과 같다. 이때, $\frac{1}{1 - MPC}$는 정부지출승수이며 $MPC = 0.80$이다.

$$\Delta Y = \frac{1}{1 - MPC}\Delta G = \frac{1}{1 - 0.8}\Delta G = 1{,}000$$

$$\therefore \Delta G = 200$$

**10** 오답률 9%        정답 ④

영역 거시경제학>국민소득결정이론        난도 하

정답의 이유

④ 국내총생산은 생산단계별 부가가치 각각의 총합으로 구할 수도 있고, 최종생산물의 시장가치의 합으로 구할 수도 있다. 어떠한 재화가 다른 재화의 중간재로 활용되었다면, 그 재화는 최종생산물이 아닌 중간재로서, 최종생산물의 시장가치의 합으로 GDP를 구할 경우 포함하지 않는다(중복을 방지하기 위함). 문제의 경우 밀가루, 치즈, 토마토는 각각 피자 생산의 중간재로 투입되었다. GDP는 다음의 두 가지 방식으로 계산될 수 있다. 계산 결과는 GDP 삼면등가의 법칙에 따라 같을 것이다.

• 생산단계별 부가가치의 합 : 밀가루(55)+치즈(80)+토마토(60)+피자(350−195)=350
• 최종생산물의 시장가치의 합 : 피자 판매액=350

따라서 이 나라의 GDP=350이다.

**11** 오답률 5%        정답 ①

영역 거시경제학>총수요·총공급이론        난도 하

정답의 이유

① 유동성 선호설이란 이자율이 화폐의 공급량과 유동성의 선호, 즉 사람들의 화폐 수요에 따라 결정된다는 케인즈 학파의 이론이다. 유동성 선호설에 따른 화폐의 수요는 이자율과 물가수준에 따라 결정된다. 먼저 화폐 수요의 일부는 거래적 동기와 저축적 동기에 의한 것으로서 이들은 국민소득의 증가함수이다. 다른 일부는 투기적 동기에 의한 화폐수요로서 이자율의 감소함수이다.

(가)는 화폐 보유에 대한 기회비용을 의미한다. (가)는 화폐를 채권형태로 보유했을 시 얻을 수 있는 '이자율'이다.

(나)는 이자율이 높아졌을 때 투기적 동기의 화폐 수요가 감소함을 나타낸다.

(다)는 재화와 서비스의 거래에 필요한 화폐의 양을 의미하므로 '물가수준'이다.

(라)는 물가수준이 높아졌을 때 거래적 동기의 화폐수요가 증가함을 나타낸다.

**12** 오답률 65%        정답 ③

영역 미시경제학>소비자이론        난도 상

정답의 이유

③ 위험프리미엄은 기대소득−확실성등가이다. 이하에서 화재가 발생하지 않았을 때를 g, 화재가 발생하였을 때를 b로 둔다.

• 기대소득 : $p_g W_g + p_b W_b = 0.5 \times 100 + 0.5 \times 36 = 68$
• 기대효용 : $p_g U_g + p_b U_b = 0.5\sqrt{100} + 0.5\sqrt{36} = 8$

• 확실성등가 : 기대효용과 동일한 만족을 주는 확실한 소득의 크기
$$EU = \sqrt{x} = 8$$
$$x^* = 64$$

• 위험프리미엄=기대소득−확실성등가
∴ 위험프리미엄=68−64=4

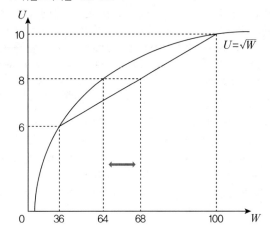

**13** 오답률 33%        정답 ③

영역 미시경제학>시장조직이론        난도 중

정답의 이유

ㄱ. 독점기업이 가격차별을 하는 경우 독점기업의 이윤은 단일가격의 경우보다 증가한다. 가격차별의 궁극적 목적은 이윤극대화이다. 단일가격을 책정하는 경우보다 더 많은 소비자에게 각각의 지불용의에 근접한 높은 가격에 팔 수 있으므로 이윤은 증가한다.

ㄴ. 완전한 가격차별이 이루어지면 소비자잉여는 0이 된다. 완전 가격차별은 소비자의 지불용의를 모두 아는 독점기업이 소비자의 최대지불용의만큼 가격을 받는 것이다. 따라서 소비자잉여는 0이 된다.

ㄷ. 독점기업이 완전한 가격차별을 행하는 경우, 독점기업의 한계수입곡선은 소비자의 수요곡선이 된다. 소비자의 수요곡선은 각각의 소비자의 최대지불용의가 반영된 곡선이다. 독점기업은 각각의 소비자에게 최대지불용의만큼 가격을 받으므로 한계수입곡선이 수요곡선과 같아진다.

오답의 이유

ㄹ. 3급 가격차별의 경우 더 높은 가격에 직면하는 소비자 그룹의 경우라도 단일가격을 시행할 때보다 소비자잉여가 낮아지지 않을 수 있다. 지불용의가 낮은 L그룹이 있고, 지불용의가 높은 H그룹이 있다고 할 때, 기존 단일가격이 H그룹을 기준으로 책정되어 있었던 경우, 3급 가격차별 이후 H그룹이 직면하는 가격은 변함없고, 소비자잉여도 낮아지지 않는다.

**14** 오답률 5%  정답 ④

영역 거시경제학>화폐금융론  난도 하

정답의 이유

④ 유동성함정에서 일반적으로 확장적 통화정책은 무용하다. 하지만 확장적 통화정책의 실시로 기대인플레이션율을 높일 수 있다면 명목 이자율 수준에서 실질이자율을 낮추는 것이 가능하다. 유동성함정에서는 LM곡선이 수평이므로 통화정책이 효과가 없다. 하지만 기대인플레이션율을 높인다면 피셔 방정식에 의하여 $i=r+\pi^e$이므로 $\pi^e$가 상승하여 동일한 $i$일 때 $r$이 하락한다.

오답의 이유

① 유동성함정은 화폐보유에 대한 비용이 아주 작아서(제로금리 등의 이유) 화폐수요가 무한대인 경우이다.

② 유동성함정에서는 실질화폐수요가 이자율에 대해 매우 탄력적인 상황으로 이자율이 조금만 변해도 실질화폐수요가 변화한다.

③ 유동성함정에 빠진 경우 통화정책은 효과가 없으며, 재정정책은 유효하다.

**15** 오답률 29%  정답 ④

영역 국제경제학>외환시장과 국제수지  난도 중

정답의 이유

④ 개방경제 모형에서 한국 경제 내 재정적자가 증가하면 순자본유출은 감소하고, 외환시장 내 원화공급이 감소하여 원/달러 환율은 하락한다. $T-G<0$이라는 의미를 '정부지출의 증가'로 해석한다. 이하에서 IS-LM-BP 모형에 따라 개방경제 내에서 정부지출 증가의 영향을 분석한다. IS곡선의 우측 이동으로 국내 이자율이 국제 이자율보다 높아져 외자유입이 발생한다. 따라서 순자본유출은 감소한다. 순자본유출이 감소하면(외자가 유입되면) 외환시장 내 외환 공급이 증가하고 상대적으로 원화공급이 감소하여 원/달러 환율은 하락한다.

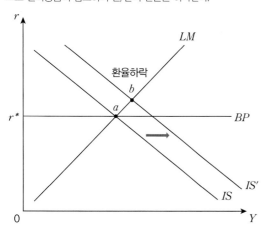

**16** 오답률 57%  정답 ③

영역 거시경제학>인플레이션과 실업  난도 상

정답의 이유

③ 필립스곡선이란 인플레이션과 실업률의 역의 상관관계를 나타낸 것이다. 주어진 정보를 바탕으로 필립스곡선을 도출하면 다음과 같다.

| 구분 | 2019년 | 2020년 |
|---|---|---|
| 인플레이션율(%) | 5% | 9% |
| 실업률(%) | 10% | 8% |

$\pi=\pi^e-\alpha(u-u_n)$

2019년 : $5=\pi^e-\alpha(10-u_n)$

2020년 : $9=\pi^e-\alpha(8-u_n)$

위 두 식을 연립하면 $\alpha=2$가 도출된다.

$\alpha=2$를 두 식에 대입하면,

2019년 : $5=\pi^e-2(10-u_n)$

2020년 : $9=\pi^e-2(8-u_n)$

두 식을 연립하면 $u_n=12.5$이다.

**17** 오답률 30%  정답 ④

영역 거시경제학>총수요·총공급이론  난도 중

정답의 이유

④ 새고전학파는 경제주체들이 합리적 기대에 입각하여 행동한다고 가정하여 사람들이 인플레이션 정책을 예상하였다면 그 정책은 실업률에 영향을 줄 수 없다고 주장하였다. 하지만 경제주체들이 예상하지 못한 정책은 단기적으로 실업률에 영향을 줄 수 있다고 보았다. 다만 그 영향이 사람들의 합리적 기대에 의해 빠르게 조정된다고 보았다.

오답의 이유

① 새고전학파는 경제주체들이 합리적 기대에 입각해 행동한다고 가정했다.

② 새고전학파의 접근방법으로 예상된 인플레이션 정책은 물가만 상승시킬 뿐이라는 결론을 도출하여 고전학파의 견해와 일맥상통한다.

③ 새고전학파는 예상된 총수요확장정책은 단기적으로도 물가만 상승시킬 뿐 실업률에 영향을 주지 못한다는 정책무력성 명제를 제시하였다.

**18** 오답률 6%  정답 ②

영역 국제경제학>외환시장과 국제수지  난도 하

정답의 이유

② 구매력평가설에 따르면 환율 $e=\dfrac{P}{P_f}$이다. 이에 따르면 환율 변화율은 국내물가 변화율－해외물가 변화율이다. 우리나라 물가가 3% 상승하고 미국의 물가가 1% 상승하였다면 환율 변화율은 ＋2%이다. 이는 우리나라 원화가 미국 달러화에 대해 2% 절하되었음을 의미한다.

**19** 오답률 25%                                          정답 ③

영역 국제경제학>국제무역이론과 무역정책          난도 중

정답의 이유

③ 갑은 Y재 생산에, 을은 X재 생산에 절대우위가 있다. 따라서 갑이 Y재에 특화하고, 을이 X재에 특화하여 X:Y를 1:1로 교환한다면 갑과 을은 모두 이득을 본다. 이를 무역에 따른 이득이라고 한다.

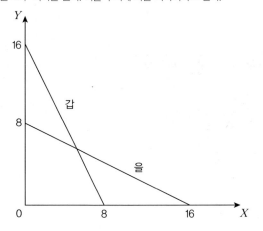

오답의 이유

① 갑은 Y재에만 절대우위를 갖는다. X재에 절대우위를 가지는 것은 을이다.

② X재와 Y재를 각각 240개씩 만드는 데 소요되는 기간은 갑과 을이 서로 같다.

④ 갑의 생산가능곡선이 2X+3Y=48이 된 경우를 분석해 보자. 갑의 X재 생산에 대한 기회비용은 Y재 2/3개이고, 을의 X재 생산에 대한 기회비용은 1/2개이다. 을의 X재 생산에 대한 기회비용이 더 낮으므로 을은 X재 생산에 비교우위가 있다.

**20** 오답률 5%                                          정답 ①

영역 미시경제학>수요·공급이론          난도 하

정답의 이유

① 파전과 김치전은 대체재인 것을 감안하면, 김치전 가격의 하락은 파전 수요를 감소시킨다. 파 가격이 하락하면 파전의 생산비용이 줄어 파전 공급을 증가시킨다. 따라서 수요가 감소하고 공급이 증가하므로 파전 가격은 하락할 것이다.

오답의 이유

② 김치전 가격이 하락하면 파전 수요는 감소한다. 파 가격이 상승하면 파전 공급은 감소한다. 따라서 파전 가격은 하락할지 상승할지 알 수 없다.

③ 김치전 가격이 상승하면 파전 수요는 증가한다. 파 가격이 하락하면 파전 공급은 증가한다. 따라서 파전 가격이 하락할지 상승할지 알 수 없다.

④ 김치전 가격이 상승하면 파전 수요는 증가한다. 파 가격이 상승하면 파전 공급은 감소한다. 따라서 파전 가격은 상승할 것이다.

2020.10.17. 시행

# 2020

# 서울시 7급 경제학 정답 및 해설

문제편 063p

## 정답 체크

| 01 | 02 | 03 | 04 | 05 | 06 | 07 | 08 | 09 | 10 |
|----|----|----|----|----|----|----|----|----|----|
| ② | ④ | ① | ④ | ① | ② | ③ | ① | ④ | ① |
| 11 | 12 | 13 | 14 | 15 | 16 | 17 | 18 | 19 | 20 |
| ② | ④ | ② | ② | ③ | ③ | ④ | ③ | ① | ② |

## My Analysis

| 총 맞힌 개수 | 개 |
|---|---|
| 획득 점수 | 점 |
| 약한 영역 | |

※ '약한 영역'에는 문항별 체크리스트 상에서 자신이 가장 많이 틀린 영역을 표시해두고, 추후에 해당 영역을 집중적으로 학습하시는 데 활용하시기 바랍니다.

## 문항별 체크리스트

| 문항 | 문항 영역 | 맞힘 | | 틀림 | |
|------|-----------|------|------|------|------|
| | | A | B | C | D |
| 01 | 미시경제학>소비자이론 | | | | |
| 02 | 미시경제학>생산자이론 | | | | |
| 03 | 미시경제학>생산요소 시장이론과 소득분배 | | | | |
| 04 | 미시경제학>시장실패와 정보경제학 | | | | |
| 05 | 미시경제학>생산자이론 | | | | |
| 06 | 미시경제학>생산요소 시장이론과 소득분배 | | | | |
| 07 | 미시경제학>수요·공급 이론 | | | | |
| 08 | 거시경제학>소비자이론 | | | | |
| 09 | 미시경제학>시장조직 이론 | | | | |
| 10 | 거시경제학>국민소득 결정이론 | | | | |
| 11 | 거시경제학>국민소득 결정이론 | | | | |
| 12 | 거시경제학>총수요· 총공급이론 | | | | |
| 13 | 국제경제학>외환시장과 국제수지 | | | | |
| 14 | 미시경제학>시장실패와 정보경제학 | | | | |
| 15 | 거시경제학>총수요· 총공급이론 | | | | |
| 16 | 거시경제학>동태경제 이론 | | | | |
| 17 | 미시경제학>게임이론 | | | | |
| 18 | 거시경제학>화폐금융론 | | | | |
| 19 | 거시경제학>동태경제 이론 | | | | |
| 20 | 국제경제학>외환시장과 국제수지 | | | | |

| 미시경제학 | / 10 | 거시경제학 | / 8 |
|---|---|---|---|
| 국제경제학 | / 2 | | |

* A : 알고 맞힘    B : 찍어서 맞힘
C : 의도·내용 파악 부족    D : 매번 틀리는 유형

**01** 오답률 5%            정답 ②

영역 미시경제학>소비자이론      난도 하

정답의 이유

② 정부가 밀가루 1kg당 1만 원씩 보조금을 지급하였다면 소비자가 인식하는 밀가루의 가격은 1만 원이 된다. 밀가루에 대한 정부의 보조금 지급으로 이 소비자는 같은 소득으로 현재보다 더 많은 쌀과 밀가루를 소비할 수 있게 된다.

오답의 이유

① 소비자의 효용극대화 원리는 $MRS_{xy} = \dfrac{P_x}{P_y}$이고, 현재 특정 소비조합 $(x, y)$에서 한계대체율과 가격비율은 0.5로 효용이 극대화되고 있다. 이 때 정부가 밀가루에 보조금을 지급한다면 $\dfrac{P_x}{P_y} = 1$로 변하며, 현재의 특정 소비조합 $(x, y)$에서 $MRS_{xy} \neq \dfrac{P_x}{P_y}$가 되어 효용 극대화가 이루어지지 않는다.

③ 밀가루에 대한 정부의 보조금이 지급될 경우, 특정 소비조합에서 소비자가 효용을 극대화하기 위해서는 상대적으로 더 싸진 밀가루의 소비를 늘리고 쌀의 소비는 줄여야 할 것이다.

④ 정부의 보조금이 쌀과 밀가루에 각각 1kg당 5천 원씩 지급된다면, 밀가루 1kg당 1만 원씩 지급될 때보다 언제나 더 많은 쌀과 밀가루를 소비할 수 있는 것은 아니다. 예산제약을 그림으로 그려보면, 보조금이 밀가루 1kg당 1만 원씩 지급되는 경우 더 많은 쌀과 밀가루를 소비할 수 있는 소비조합의 범위가 있다.

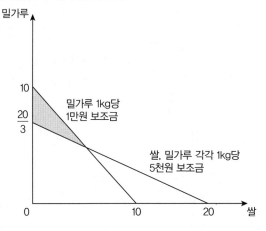

**02** 오답률 7%            정답 ④

영역 미시경제학>생산자이론      난도 하

정답의 이유

④ 완전경쟁시장의 공급곡선은 개별기업의 한계비용 곡선의 수평합으로 이루어진다. 먼저 개별기업의 한계비용곡선을 구하면 다음과 같다.

$TC = 120 + 10Q + 5Q^2$

$\dfrac{dTC}{dQ} = MC = 10 + 10Q$

개별 기업의 공급곡선 : $Q_{개별} = \dfrac{1}{10}P - 1$

전체 기업의 공급곡선 : $100Q_{개별} = Q_0 = 10P - 100$

시장 수요 곡선 $Q_0 = 1100 - 2P$

$P^* = 100$, $Q^* = 900$

**03** 오답률 34%            정답 ①

영역 미시경제학>생산요소시장이론과 소득분배      난도 중

정답의 이유

① 노동의 한계생산은 노동-실질임금 평면상에서 기업의 노동수요 곡선이다. 정부가 기업의 노동수요를 진작하기 위해 보조금을 지급하여 기업이 실질적으로 부담하는 노동의 가격을 낮추는 정책을 실시할 때, 노동의 한계생산이 빠르게 체감하는 기업일수록 노동수요가 더 작게 증가할 것이다.

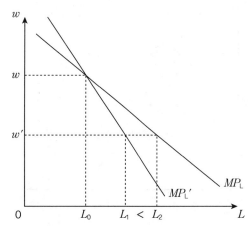

오답의 이유

② 다른 생산요소를 노동으로 대체하기 쉬운 기업일수록, 즉 노동의 대체탄력성이 클수록 노동의 가격이 저렴해지는 만큼 노동수요가 크게 증가할 것이다.

③ 총생산비용 중 노동비용이 차지하는 비중이 큰 기업일수록 노동수요가 크게 증가할 것이다. 어떤 생산요소의 고용비용이 총생산비용 중 차지하는 비율이 커질수록 생산요소에 대한 수요의 가격탄력성은 커진다.

④ 상품수요의 가격탄력성이 클수록 생산요소에 대한 수요의 가격탄력성이 크다. 노동에 대한 비용이 적아지면 가격도 하락하는데, 이에 따른 수요의 증가폭이 클수록 기업이 수요하는 노동량도 늘어나기 때문이다.

**04** 오답률 6%  정답 ④

| 영역 | 미시경제학>시장실패와 정보경제학 | 난도 하 |

정답의 이유

④ 경합성의 유무와 배제성의 유무로 재화 및 서비스는 다음과 같이 분류될 수 있다.

| 구분 | 경합성 | 비경합성 |
|---|---|---|
| 배제성 | 사적재화 | 클럽재 |
| 비배제성 | 공유재 | 공공재 |

국방 및 치안 서비스는 비경합성과 비배제성을 가진 공공재이다. 케이블TV는 배제성과 비경합성을 가지고 있는 클럽재이다. 공중파 라디오 방송 또한 배제성과 비경합성을 가지고 있는 클럽재이다. 따라서 세 가지 재화가 공통적으로 가지고 있는 특성은 비경합성이다.

**05** 오답률 30%  정답 ①

| 영역 | 미시경제학>생산자이론 | 난도 중 |

정답의 이유

① 생산 비효율적인 생산점이 생산 효율적인 생산점으로 이동하기 위해서는 경제성장이 아닌 제품 생산의 효율화가 이루어지면 된다. 생산가능곡선의 크기 자체가 커지는 경제성장과 주어진 생산가능곡선 내에서 제품 생산 조합을 효율적으로 변경시키는 것은 서로 다르다.

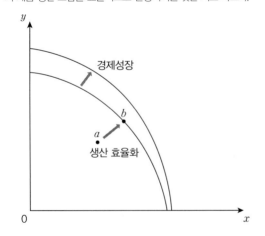

오답의 이유

② 생산가능곡선의 기울기는 x재 생산의 기회비용을 y재로 나타낸 것이다. 생산가능곡선이 원점에 대하여 오목하다면 x재의 생산이 늘어날수록 기울기가 가팔라지며, 이는 x재의 기회비용이 체증한다는 것을 의미한다. y재에 대해서도 동일한 논리가 적용된다.

③ 이 경제 내에서 생산하는 두 제품의 기술진보가 이루어지면 생산가능곡선은 위 그림과 같이 바깥쪽으로 이동한다.

④ 생산가능곡선의 기울기는 기회비용을 의미한다. 생산가능곡선이 직선이라면 기울기가 일정하고, 두 제품의 기회비용은 일정하다.

**06** 오답률 5%  정답 ②

| 영역 | 미시경제학>생산요소시장이론과 소득분배 | 난도 하 |

정답의 이유

② 노동수요의 가격탄력성이 비탄력적인 상황에서 최저임금제를 폐지하는 경우, 노동가격은 최저임금제를 실시하는 때보다 25% 하락할 것이다. 노동수요의 가격탄력성 $= -\dfrac{\text{노동 수요량 변화율}}{\text{노동 가격 변화율}}$ 으로 정의되고, 문제에서 그 값은 1보다 작다. 따라서 노동가격 변화율이 $-25\%$인 상황에서 노동수요량은 증가하면서 변화율은 25%보다 작을 것이다.

**07** 오답률 10%  정답 ③

| 영역 | 미시경제학>수요·공급이론 | 난도 하 |

정답의 이유

③ 사치품의 경우 가격변화에 따른 수량변화가 커 가격탄력성이 1보다 크다. 소득탄력성 또한 1보다 큰 경향이 있다. 소득이 늘어나고 줄어듦에 따라 민감하게 그 수요량이 변화하기 때문이다.

오답의 이유

① 가격변화와 관계없이 반드시 소비해야 하는 물건이라면 가격탄력성은 0일 것이다. 수요의 가격탄력성 $= -\dfrac{\text{수요량 변화율}}{\text{가격 변화율}}$ 로 정의되기 때문에 수요량의 변화가 없다면 가격탄력성은 0이다.

② 수요의 교차탄력성 $= -\dfrac{\text{Y재 수요량 변화율}}{\text{X재 가격 변화율}}$ 로 정의된다. 교차탄력성이 양(+)의 값을 가진 경우 두 재화는 대체관계에 있음을 의미한다. 연필의 가격이 하락한 경우, 연필의 수요량이 증가할 것이고 상대적으로 샤프펜슬의 수요량이 감소하였다는 의미이기 때문이다.

④ 소득탄력성 $= \dfrac{\text{수요량 변화율}}{\text{소득 변화율}}$ 로 정의된다. 소득탄력성이 0보다 크면 정상재라고 한다. 0보다 작은 경우는 열등재라고 한다.

**08** 오답률 5%  정답 ①

| 영역 | 미시경제학>소비자이론 | 난도 하 |

정답의 이유

① 주어진 효용함수는 U=2x(x+y)+100이다. 주어진 효용함수의 특징은 $MRS_{xy}$가 일정하다는 것이다.

$$MRS_{xy} = \frac{MU_x}{MU_y} = \frac{2}{2} = 1$$

$MRS_{xy}$가 일정하다는 뜻은, 같은 무차별곡선 내에서 x재의 소비를 늘릴 때, 줄어드는 y재의 소비가 늘 일정하다는 것을 의미한다. 현재 $MRS_{xy}$=1이다. 같은 효용 값에서 x재 한 단위를 더 소비하고 싶을 때 y재 한 단위를 포기하면 된다. 즉, y재 한 단위는 x재 한 단위로 완전히 대체된다. 따라서 두 재화는 완전 대체재이다.

## 09 오답률 6%

정답 ④

**영역** 미시경제학>시장조직이론　　　　　　　　　난도 하

정답의 이유

④ 기업은 고정비용이 모두 매몰비용일 때 가격이 평균가변비용보다 낮다면 생산을 중단한다.

오답의 이유

① 개별기업이 직면하는 수요곡선은 시장가격에서 그은 수평선이다. 완전경쟁시장에서 개별 기업은 시장의 가격을 그대로 수용하여야 하는 가격수용자(price-taker)이기 때문이다.

② 완전경쟁시장에서도 단기에 기업은 초과이윤을 얻을 수 있다. 하지만 장기에는 수많은 기업의 진입과 퇴출로 인하여 모든 기업은 초과이윤을 얻을 수 없다.

③ 기업은 한계비용이 상품의 가격보다 낮다면 생산량을 늘려야 한다. 완전경쟁시장의 균형은 P=AR=MR=MC=AC라는 특징이 있다. P>MC라면 생산량을 늘려 가격과 한계비용만큼의 차이인 추가적인 이윤을 얻어야 한다.

 **합격생의 필기노트**

생산중단가격(shutdown price)

- 고정비용이 모두 매몰비용인 경우 : 고정비용이 모두 매몰비용인 경우, 기업의 생산중단 가격은 평균가변비용의 최저점이다. 개별 기업의 단기공급곡선은 평균가변비용의 최저점 위에서의 한계비용곡선으로 정의된다.
- 고정비용 중 매몰비용이 없는 경우 : 고정비용 중 매몰비용이 없는 경우, 기업의 생산중단 가격은 평균총비용의 최저점이다. 매몰비용이 없어 고정비용으로 지출된 것 모두를 다시 회수할 수 있다면 생산설비를 자유자재로 조절할 수 있는 장기공급곡선과 개념적으로 같아지기 때문이다.
- 고정비용 중 일부가 매몰비용의 성격을 갖는 경우 : 생산중단가격이 평균가변비용의 최저점과 평균총비용의 최저점 사이에서 결정된다.

## 10 오답률 8%

정답 ①

**영역** 거시경제학>국민소득결정이론　　　　　　　　난도 하

정답의 이유

ㄱ. 국내총생산(GDP) 삼면등가의 법칙에 따라 생산, 지출, 분배 측면의 값은 본질적으로 동일하다.

ㄴ. 개인 간 중고거래는 국내총생산에 포함되지 않는다. GDP의 정의는 '일정기간 동안 한 국가 내에서 생산된 모든 최종 재화 및 서비스를 시장가격으로 평가한 총 가치'이다. 중고거래는 해당 기간 내에 새로이 생산된 것이 아니므로 GDP에 포함되지 않는다.

오답의 이유

ㄷ. H기업이 생산한 100억 원의 자동차는 모두 GDP에 포함된다. 국내총생산은 소비, 투자, 정부지출로 구성되는데, 거래된 80억 원은 소비 항목에, 거래되지 않은 20억 원어치의 자동차는 투자 항목에 포함된다.

ㄹ. 주식시장에서의 시세차익은 GDP에 포함되지 않는다. 일정기간 내에서 생산된 것이 아니기 때문이다.

## 11 오답률 8%

정답 ②

**영역** 거시경제학>국민소득결정이론　　　　　　　　난도 하

정답의 이유

② $Y=C+I+G$

$Y=1000+0.5(Y-500)+1500+1000$

$0.5Y=1000-250+2500=3250$

$\therefore Y^*=6500$

$\Delta I=500$

$Y=1000+0.5(Y-500)+2000+1000$

$0.5Y=1000-250+3000=3750$

$\therefore Y^{**}=7500$

$\therefore \dfrac{\Delta Y}{\Delta I}=\dfrac{1}{1-MPC}=2$

따라서 투자승수는 2이고, 새로운 균형국민소득은 7,500이다.

## 12 오답률 5%

정답 ④

**영역** 거시경제학>총수요·총공급이론　　　　　　　난도 하

정답의 이유

④ 행동경제학은 합리적 기대와 관련이 없다.

오답의 이유

① 합리적 기대란 $P^e_{t+1}=E[P^e_{t+1}|\Omega_t]$로 요약할 수 있다. $\Omega_t$=t기에 이용 가능한 모든 정보 집합 E[$P^e_{t+1}|\Omega_t$]=$\Omega_t$가 주어진 조건하의 (t+1)기의 물가 기대치, 즉 사람들은 사용 가능한 모든 정보를 적절하게 이용하여 장래의 물가를 예측한다는 것이다.

② 루카스 공급곡선은 $Y=Y_t+\gamma(P-P^e)(\gamma>0)$으로 요약된다. 루카스 공급곡선에 따르면 장기적으로는 $P^e$=P이므로 공급곡선은 수직이 되나, 단기적으로 $P^e \neq P$일 때 공급곡선이 우상향하는 형태를 띤다.

③ 희생비율이 매우 낮거나 0이라는 주장은 새고전학파의 견해로 합리적 기대하에서 사람들이 반인플레이션 정책을 예상한 경우 무비용 반인플레이션이 가능하다는 것이다.

## 13 오답률 9%     정답 ③

**영역 국제경제학>외환시장과 국제수지**    난도 하

정답의 이유

③ IS–LM–BP 모형에 따라 풀이한다. 자본이동이 완전한 개방경제에서 BP곡선은 수평이다. 이 때 정부지출이 정부수입을 초과한다는 것은 확장적인 재정정책을 실시하는 경우로 해석할 수 있다. 확장적인 재정정책을 실시하면 IS가 우측으로 이동하여 국내 이자율이 국제 이자율보다 높은 상황이 되어 순자본유입이 발생한다. 변동환율제도 하이므로 환율이 하락하고, 이에 따라 순수출이 감소하여 IS는 원래자리로 되돌아오게 된다. 결과적으로 국내 이자율과 국민소득 모두 변하지 않게 된다. 자본이동이 완전한 소규모 개방경제에서 변동환율제를 채택할 때, 재정정책은 무효하게 되는 것이다.

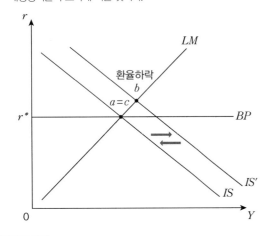

오답의 이유

① 국내 이자율이 단기적으로 상승한다.
② 순자본유입 증가하는 것이므로 순자본유출이 감소한다.
④ 환율이 하락한다.

## 14 오답률 6%     정답 ②

**영역 미시경제학>시장실패와 정보경제학**    난도 하

정답의 이유

② 갑의 제품이 을의 제품보다 고장 가능성이 낮지만, 소비자들은 이를 모르기 때문에 이 시장에서 소비자들은 정보 비대칭으로 인한 '역선택'의 위험에 처해있다. 갑은 이에 따라 품질보증(warranty)를 실시하였고, 을의 제품보다 더 높은 가격으로 제품을 판매하였다. 이는 정보 비대칭을 해소하기 위한 행위로 소비자들은 고장 가능성이 낮은 갑의 제품을 더 높은 가격을 지불하고서라도 구매하려고 할 것이다. 이러한 갑의 행위는 '신호발송(signalling)'이라고 할 수 있다. 신호발송이란 감추어진 특성에 대한 관찰 가능한 지표를 신호로 보냄으로써 정보 비대칭을 해결하는 것이다. 정보가 많은 경제주체에서 정보가 적은 경제주체에게 행해진다.

오답의 이유

① 외부효과란 어떤 행위가 제 3자에게 의도하지 않은 혜택이나 손해를 주는 것이다.
③ 가격차별이란 판매자가 소비자의 특성에 따라 각각의 소비자에게 서로 다른 가격을 책정함으로써 이윤을 극대화하려는 것을 의미한다.
④ 골라내기란 정보가 적은 경제주체가 정보를 많이 가지고 있는 주체에게 정보를 요구함으로써 재화나 서비스의 가치를 판별하고자 하는 것이다.

## 15 오답률 5%     정답 ③

**영역 거시경제학>총수요 · 총공급이론**    난도 하

정답의 이유

③ 총요소생산성이란 노동 생산성뿐 아니라 노동자의 업무능력, 자본투자 금액, 기술 등을 반영한 생산효율성 수치이다. 총요소생산성이 상승하면 한 국가의 잠재GDP가 상승한다. 이는 장기총공급곡선(LAS)의 우측 이동으로 설명된다. 장기공급곡선이 우측으로 이동하면 균형공급량이 증가하고 균형물가수준은 하락한다.

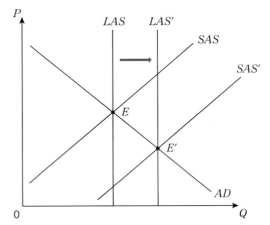

## 16 오답률 5%     정답 ③

**영역 거시경제학>동태경제이론**    난도 하

정답의 이유

③ 70의 법칙은 국내총생산이 연간 7%의 비율로 성장할 경우 약 10년이 지나면 원래의 두 배가 된다는 법칙이다. 이는 70을 성장률 7%로 나눈 값인 10이 원래 국내총생산의 2배가 되는 시간이라고 보는 것이다. 따라서 현재 이 국가의 국내총생산 성장률이 2%라면, 70을 2로 나눈 값인 35가 현재 GDP가 두 배가 되는 데 소요되는 기간이다.

$$\therefore \frac{70}{2} = 35(년)$$

**17** 오답률 25%　　　　　　　　　　　　　　　　　정답 ④

| 영역 미시경제학>게임이론 | 난도 중 |
|---|---|

[정답의 이유]

④ 승자의 불행(winner's curse)은 경매의 승자가 실제 가치보다 더 높은 금액을 지불하는 경향을 뜻한다. 승자의 불행은 영국식 경매에서 발생할 수 있다. 영국식 경매는 오름입찰경매로 경매자가 초기가격을 부른 후 입찰자는 오름 순으로 입찰가를 제시하여 최고가를 제시한 입찰자에게 낙찰된다. 입찰사는 자신이 생각하는 실제 가치보다 더 높은 금액을 제시하게 되어 결과적으로 손해를 볼 수 있는 승자의 불행에 빠질 수 있다.

[오답의 이유]

① 영국식 경매와 네덜란드식 경매의 경우 상대 입찰자의 호가를 모르는 상황이 아니다. 또한 다른 사람의 호가를 모르는 상태로 하는 경매의 경우에서도(최고가밀봉경매, 차가밀봉경매 등) 비대칭정보하에서의 전략적 행위 등 게임이론으로 연구될 수 있다.

② 예술품 경매로 유명한 소더비와 크리스타에서는 밀봉경매 방식 중의 하나인 입찰제(sealed bid)의 방식으로 경매를 실시하지 않는다. 다른 사람들의 호가를 알 수 있는 영국식 경매 방식을 선택한다.

③ 제2가격입찰제는 차가밀봉경매라고도 불리며 가장 높은 입찰가를 제시한 사람이 낙찰되되, 그 가격은 두 번째로 높은 가격을 제시한 사람의 가격을 지불하게 되는 것이다. 따라서 두 번째로 높은 가격을 제시한 사람에게는 기회가 없다.

**18** 오답률 32%　　　　　　　　　　　　　　　　　정답 ③

| 영역 거시경제학>화폐금융론 | 난도 중 |
|---|---|

[정답의 이유]

③ 고정환율제도에서 확장적 화폐금융정책을 실시하면, 국내 이자율이 하락하여 국제 이자율보다 낮은 수준이 된다. 이에 따라 순자본유출이 증가한다. 순자본유출이 발생하면 환율상승 압력이 있게 되어 중앙은행은 외화를 팔고 원화를 회수하여 시중 통화량은 다시 줄어들게 된다. 이에 따라 균형국민소득과 국내 이자율은 이전과 변함없게 된다. 즉, 고정환율제도 하에서 통화정책은 효과가 없으므로 확장적 통화정책이나 긴축적 통화정책은 국제수지 악화나 실업의 감소를 가져오지 않는다.

[오답의 이유]

① 화폐금융정책의 전달경로란, 통화량 등의 정책변수의 변화가 실물부문에 파급되는 경로이다. 대표적으로 금리경로, 자산가격경로, 환율경로, 신용경로가 있다.

② 확장적 화폐금융정책은 폐쇄경제보다 변동환율제도 하의 개방경제에서 더 큰 총수요증대효과를 가져온다. 변동환율제에서 확장적 통화정책을 실시하면 이자율이 하락하고, 환율이 상승하여 순수출이 증가한다. IS-LM-BP 모형에서 LM뿐만 아니라 IS도 우측으로 움직이게 되므로 폐쇄경제보다 더 큰 국민소득의 증가가 가능하게 된다.

④ 물가안정목표제는 중앙은행이 중기적으로 달성해야 할 물가상승률 목표치를 미리 제시하고 이에 맞추어 통화정책을 수단이다. 이는 중앙은행의 실업과 인플레이션이라는 두 가지 상충된 목표에서 파생되는 정책 비일관성 문제에 대한 신뢰를 회복하게 하고, 화폐금융정책의 대외적 측면을 중시한 정책이다.

**19** 오답률 27%　　　　　　　　　　　　　　　　　정답 ①

| 영역 거시경제학>동태경제이론 | 난도 중 |
|---|---|

[정답의 이유]

① 솔로우 성장 모형에 따르면 한 경제 내에서 1인당 자본량이 증가하면 1인당 소득이 높아진다. 솔로우 성장 모형의 기본적인 형태는 다음과 같다.

$y = f(k)(k : 1$인당 자본량, $y : 1$인당 소득, 이때 $MP_k$는 체감)

$\dot{k} = sy - (n+\delta)k(n : $인구증가율, $\delta : $감가상각률, $s : $저축률)

$sy = (n+\delta)k$에서 정상상태(steady state)가 된다. 따라서 솔로우 성장 모형에 따르면 1인당 자본량이 증가하면 1인당 소득은 증가한다.

[오답의 이유]

② 솔로우 성장 모형에 따르면 최초에 경제가 어디서 출발하든지 간에 정상상태의 $k^*$은 같아진다. 수렴가설에 대한 내용이다.

③ 정상상태에 도달한 이후에는 총국민소득이 증가하지 않는 것이 아니다. 정상상태의 뜻은 그 성장률이 일정하다는 것이지 총국민소득이 증가하지 않는다는 것이 아니기 때문이다. 기본 모형에서 총국민소득은 인구증가율 $n$의 성장률로 증가한다.

④ 현실적으로 신기술의 국가 간 전파속도가 빠르다면, 국가 간 성장률의 격차는 좁혀질 것이다. 한편 솔로우 성장 모형은 모든 국가의 경제성장이 균일해질 것이라는 수렴가설을 주장하나, 이는 현실설명력에서 비판을 받고 있다. 이를 극복하기 위한 것이 내생적 성장이론이다.

**20** 오답률 10%　　　　　　　　　　　　　　　　　정답 ②

| 영역 국제경제학>외환시장과 국제수지 | 난도 하 |
|---|---|

[정답의 이유]

② 구매력 평가설은 절대적 구매력 평가설과 상대적 구매력 평가설로 설명된다. $P$는 국내물가, $P^*$는 해외물가이다. $\pi$는 물가 상승률이다.

절대적 구매력 평가설 $E = \dfrac{P}{P^*}$

상대적 구매력 평가설 $E = \pi - \pi^*$

문제의 경우 미국은 물가 상승률이 3%이고, 일본은 2%이다. 구매력 평가설에 따르면 엔화의 명목환율과 실질환율은 다음과 같이 변한다.

엔화의 명목환율 : $\dot{E} = 2\% - 3\% = -1\%$

엔화의 실질환율 : $e = \dfrac{EP^*}{P}$

엔화의 실질환율 변화 : $\dot{e} = \dot{E} - \pi^* - \pi = 0$

구매력 평가설에 따르면 실질환율은 항상 1로 변함이 없다.

따라서 정답은 엔화의 명목환율은 하락하고 실질환율은 변함이 없다는 것이다.

2019.10.12. 시행

# 서울시 7급 경제학 정답 및 해설

문제편 067p

## 정답 체크

| 01 | 02 | 03 | 04 | 05 | 06 | 07 | 08 | 09 | 10 |
|----|----|----|----|----|----|----|----|----|----|
| ① | ② | ③ | ① | ② | ② | ④ | ④ | ③ | ① |
| 11 | 12 | 13 | 14 | 15 | 16 | 17 | 18 | 19 | 20 |
| ③ | ① | ② | ③ | ④ | ① | ③ | ② | ② | ④ |

## My Analysis

| 총 맞힌 개수 | 개 |
|---|---|
| 획득 점수 | 점 |
| 약한 영역 | |

※ '약한 영역'에는 문항별 체크리스트 상에서 자신이 가장 많이 틀린 영역을 표시해두고, 추후에 해당 영역을 집중적으로 학습하시는 데 활용하시기 바랍니다.

## 문항별 체크리스트

| 문항 | 문항 영역 | 맞힘 | | 틀림 | |
|---|---|---|---|---|---|
| | | A | B | C | D |
| 01 | 미시경제학>소비자이론 | | | | |
| 02 | 미시경제학>소비자이론 | | | | |
| 03 | 미시경제학>시장실패와 정보경제학 | | | | |
| 04 | 국제경제학>국제무역 이론과 무역정책 | | | | |
| 05 | 거시경제학>동태경제 이론 | | | | |
| 06 | 미시경제학>수요·공급 이론 | | | | |
| 07 | 거시경제학>국민소득 결정이론 | | | | |
| 08 | 미시경제학>게임이론 | | | | |
| 09 | 미시경제학>생산요소 시장이론과 소득분배 | | | | |
| 10 | 미시경제학>시장실패와 정보경제학 | | | | |
| 11 | 거시경제학>인플레이션과 실업 | | | | |
| 12 | 거시경제학>총수요· 총공급이론 | | | | |
| 13 | 거시경제학>화폐금융론 | | | | |
| 14 | 미시경제학>생산요소 시장이론과 소득분배 | | | | |
| 15 | 거시경제학>총수요· 총공급이론 | | | | |
| 16 | 거시경제학>총수요· 총공급이론 | | | | |
| 17 | 미시경제학>시장조직 이론 | | | | |
| 18 | 국제경제학>외환시장과 무역수지 | | | | |
| 19 | 국제경제학>국제무역 이론과 무역정책 | | | | |
| 20 | 거시경제학>총수요· 총공급이론 | | | | |

| 미시경제학 | / 9 | 거시경제학 | / 8 |
|---|---|---|---|
| 국제경제학 | / 3 | | |

\* A : 알고 맞힘
 B : 찍어서 맞힘
 C : 의도·내용 파악 부족
 D : 매번 틀리는 유형

**01** 오답률 5% 　　　　　　　　　　　　　　　　　　　정답 ①

영역 미시경제학>소비자이론 　　　　　　　　　　　　난도 하

정답의 이유

① 주어진 소득으로 밥과 김치만을 소비하는 소비자의 경우, 김치 가격이 하락하면 대체효과와 소득효과가 합해져 가격효과로 나타난다. 먼저 김치의 경우, 대체효과는 김치의 소비량을 증가시키고, 소득효과도 김치의 소비량을 증가시킨다. 따라서 김치의 가격효과는 김치 소비량의 상승으로 나타난다. 밥의 경우 대체효과는 밥의 소비량을 감소시키고, 소득효과는 밥의 소비량을 감소시킨다. 소득효과로 밥의 소비량이 감소되는 이유는 밥이 열등재이기 때문이다. 김치가격의 하락으로 증가한 소득이 밥의 소비량 감소로 이어지게 되는 것이다. 따라서 밥의 가격효과는 소비량 감소로 나타난다. 따라서 정답은 밥의 소비량 감소이다.

**02** 오답률 7% 　　　　　　　　　　　　　　　　　　　정답 ②

영역 미시경제학>소비자이론 　　　　　　　　　　　　난도 하

정답의 이유

② X재와 Y재 간 수요의 교차탄력성이 0보다 작으면 두 재화는 보완재라고 한다. 교차탄력성 $= \dfrac{\text{Y재 수요량 변화}}{\text{X재 가격 변화}}$이다. 교차탄력성이 0보다 작다는 것은 X재의 가격이 증가하였을 때, X재의 수요량이 감소하고, Y재의 수요량도 덩달아 감소한다는 것을 의미하므로 교차탄력성이 0보다 작으면 두 재화는 보완관계에 있다.

오답의 이유

① 공급곡선이 원점을 지나는 직선이라면 $Q_S = aP$ $(a>0)$로 표현될 것이다. 공급의 가격탄력성은 $\dfrac{\Delta Q}{\Delta P} \cdot \dfrac{P}{Q}$로 정의되는데, $\dfrac{\Delta Q}{\Delta P} \cdot \dfrac{P}{Q} = a \times \dfrac{1}{a} = 1$이므로 항상 옳다.

③ 수요의 가격탄력성은 재화를 정의하는 범위와 탄력성 측정 기간에 영향을 받는다. 재화의 정의를 광범위하게 할수록, 탄력성 측정 기간을 길게 할수록 탄력적이게 된다.

④ 기펜재의 경우 수요의 소득탄력성이 영(0)보다 작은 열등재인 동시에, 소득효과가 대체효과보다 커서 가격이 상승하면 수요가 증가하는 재화이다.

**03** 오답률 30% 　　　　　　　　　　　　　　　　　　　정답 ③

영역 미시경제학>시장실패와 정보경제학 　　　　　　　난도 중

정답의 이유

③ 문제의 경우 부정적 외부효과가 발생하는 경우 사회적으로 최적의 생산량을 구하는 것을 요구한다. 생산에 부정적 외부효과가 발생하는 경우, 사적 생산량은 사회 최적 생산량보다 많은 수준이며 이는 사적 비용($MC_P$)이 사회적 비용($MC_S$)보다 작기 때문이다. 따라서 사회적 한계비용과 사회적 한계 편익이 같아지는 수준에서 사회 최적 생산량을 구하여야 한다. MEC는 외부 한계비용을 의미한다.

$MB = 200 - Q$
$MC_P = Q$
$MEC = 10$
$MC_S = MC_P + MEC = Q + 10$
$MC_S = MC : Q + 10 = 200 - Q$
$Q^* = 95$

사회 최적 세탁량은 95이다.

**04** 오답률 7% 　　　　　　　　　　　　　　　　　　　정답 ①

영역 국제경제학>국제무역이론과 무역정책 　　　　　　난도 하

정답의 이유

① 갑국의 생산가능곡선을 그려보면 다음과 같다. 국제시장에서 X재와 Y재가 동일한 가격에 거래된다면, $\dfrac{P_X}{P_Y} = 1$이라는 것이며 이는 갑국의 X재에 대한 기회비용을 Y재로 나타낸 $\dfrac{1}{2}$보다 큰 값이다. 따라서 갑국은 국제시장에서 비교우위가 있는 X재를 특화하여 생산하고, 교역에 응할 것이다.

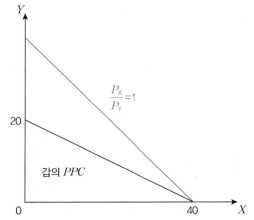

**05** 오답률 5% 　　　　　　　　　　　　　　　　　　　정답 ②

영역 거시경제학>동태경제이론 　　　　　　　　　　　　난도 하

정답의 이유

② 성장회계 공식에 관한 내용이다. 성장회계 공식이란 경제성장률에 총요소생산성, 노동, 자본 각각이 얼마나 기여했는가를 알아보는 것이다.

$Y = AK^{0.3}L^{0.7}$

$\dfrac{\dot{Y}}{Y} = \dfrac{\dot{A}}{A} + 0.3\dfrac{\dot{K}}{K} + 0.7\dfrac{\dot{L}}{L}$

문제에 따르면

$5\% = \dfrac{\dot{A}}{A} + 0.3 \times 9\% + 0.7 \times 2\%$

$\therefore \dfrac{\dot{A}}{A} = 0.9\%$

## 06 오답률 9%　　　　　　　　　　　정답 ②

영역 미시경제학>수요·공급이론　　　　　난도 하

[정답의 이유]

② 소비자잉여란 소비자가 시장을 통한 거래에서 얻는 이득이다. 소비자가 어떤 재화나 서비스를 구매할 때 지불할 용의가 있는 최대 금액(지불용의)에서 구입자가 실제로 지불한 금액을 뺀 나머지로 구한다. 문제의 경우, 수요함수는 $Q = 10 - P$ 이고, 가격은 $P = 4$이다. 수요함수와 가격 사이의 넓이를 계산하면 다음과 같다.

$(10 - 4) \times 6 \times \frac{1}{2} = 18$

따라서 소비자잉여는 18이다.

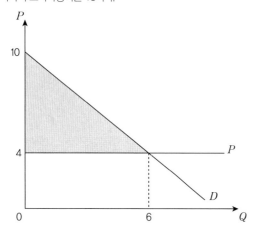

## 07 오답률 33%　　　　　　　　　　　정답 ④

영역 거시경제학>국민소득결정이론　　　　난도 중

[정답의 이유]

④ 거래적 화폐수요는 $M_D = \sqrt{YF/2i}$이다. 소득탄력성을 구해보면 $\frac{\Delta M_D}{\Delta Y}$

$\frac{Y}{M_D} = \frac{1}{2}$이다. 보몰-토빈 모형에 따르면 통화수요에 대한 소득탄력성은 $\frac{1}{2}$이고, 이자율 탄력성도 $\frac{1}{2}$이다.

[오답의 이유]

① 거래적 화폐수요는 이자율 i의 감소함수이다.

② 거래적 화폐수요는 소득 Y의 증가함수이다.

③ 화폐를 인출할 때 발생하는 거래비용 F가 증가하면 거래적 화폐수요는 증가한다.

---

 **합격생의 필기노트**

**보몰-토빈 모형(Baumol-Tobin Model)**

거래 목적의 화폐 보유 및 예비적 화폐수요도 이자율의 영향을 받는다는 것을 주장한 것이다. 개인이 해당연도에 화폐보유액을 Y라고 하고 지출을 위해 은행을 N번 방문한 경우, 그 사람의 평균 화폐보유액은 $\frac{Y}{2N}$이 된다. 은행 이자율이 i인 경우, 화폐를 소지하는 것은 이자를 발생시키는 것이므로 화폐 보유의 기회비용은 $C = i\frac{Y}{2N} + FN$ (F는 은행방문 시 고정비용)이다. 이때 최적의 은행방문 횟수 N은 무엇일까. Min C → $\frac{\Delta C}{\Delta N}$을 하면 최적 N은 $N^* = \sqrt{iY/2F}$가 도출된다. 이에 따르면 평균화폐보유액은 $\frac{Y}{2N} = \sqrt{YF/2i}$가 된다. 평균화폐보유액은 거래적 화폐수요를 의미한다. 결론적으로 거래적 화폐수요는 이자율과 반대 방향으로 움직인다는 것을 설명할 수 있다.

## 08 오답률 35%　　　　　　　　　　　정답 ④

영역 미시경제학>게임이론　　　　　　　난도 중

[정답의 이유]

④ 해당 게임에서 갑과 을은 각각 $S_2$를 선택하는 것이 우월전략이며, (갑, 을)이 $(S_2, S_2)$를 선택한 것이 내쉬 균형이다. 위 게임의 균형은 우월전략균형이자 내쉬균형이다. 내쉬균형의 정의는 모든 참가자가 자신의 전략을 바꿀 유인이 없는 상태를 의미한다. 우월전략은 게임의 참가자가 가장 큰 효용을 누릴 수 있어 상대방의 선택과 상관없이 선택하게 되는 전략을 의미한다. 따라서 위 게임의 균형은 우월전략균형이자 내쉬균형이다.

[오답의 이유]

① 갑, 을 모두에게 각각 우월전략 $S_2$가 존재한다.

② 균형에서 갑의 보수는 80이고, 을도 마찬가지이다.

③ 갑, 을 간 협조가 이루어질 수 있다면 $(S_1, S_1)$으로의 파레토 개선이 가능하다. 파레토 개선이란 다른 사람에게 어떤 손해도 끼치지 않으면서 한 사람 이상이 더 큰 이득을 가지는 것을 의미한다. 문제의 경우 $(S_1, S_1)$로 넘어가게 되면 갑과 을 모두 이득을 보게 되므로 파레토 개선이다.

**09** 오답률 30%      정답 ③

| 영역 미시경제학>생산요소시장이론과 소득분배 | 난도 중 |
| --- | --- |

정답의 이유

③ 로렌츠 곡선은 하위 x%의 가구가 y%의 소득이 분배될 때의 확률 분포를 누적 분포 함수의 그래프로 나타낸 것이다. 문제의 경우 하위 50%의 가구에게는 소득이 0이고, 상위 50%의 가구에게는 나머지 소득이 균등하게 분포되어 있다. 이를 바탕으로 로렌츠 곡선으로 나타내면 다음과 같다.

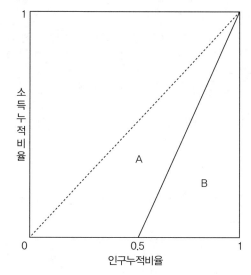

지니계수의 정의는 $\dfrac{A}{A+B}$ 의 넓이 비율이다. 따라서 그 값은 $\dfrac{1}{2}$ 이다.

**10** 오답률 29%      정답 ①

| 영역 미시경제학>시장실패와 정보경제학 | 난도 중 |
| --- | --- |

정답의 이유

① 공공재의 수량 결정 원리는 개개인의 수요를 수직합하여 시장수요 곡선을 도출한 뒤, 시장 공급곡선과 만나는 점에서 결정된다. 공공재는 비배제성과 비경합성의 특성이 있기 때문이다. 이는 동일한 양의 공공재를 서로 상이한 가격으로 소비한다는 뜻이다.

공공재 수량 결정 원리 : $\Sigma MB = MC$

$\Sigma MB = (20-Z) + (16 - \dfrac{Z}{2}) = 36 - \dfrac{3}{2}Z$

$MC = 9$

$\therefore Z^* = 18$

**11** 오답률 25%      정답 ③

| 영역 거시경제학>인플레이션과 실업 | 난도 중 |
| --- | --- |

정답의 이유

③ 실제실업률이 자연실업률 수준보다 높으면 실제 인플레이션율은 기대 인플레이션율보다 낮다.

$\pi = \pi^e + 4.0 - 0.8u \rightarrow \pi = \pi^e - 0.8(u-5)$ 이므로 자연실업률은 5%이다. $u > u_n = 5$ 라면 $\pi > \pi^e$ 이 성립한다.

오답의 이유

① 기울기가 음수이므로 단기필립스곡선은 우하향하며, 기대인플레이션율이 상승하면 위로 평행이동 한다. $(\pi - \pi^e) = -0.8(u-5)$ 로 문제의 식을 고쳐 쓰면 이해하기 쉽다.

② 잠재 GDP는 $u = u_n$ 인 경우의 GDP이다. 자연실업률이 5%이므로 적절하다.

④ $\pi^e = 5$ 인 상황에서 $\pi = 30$ 이 되기 위해서는 $u = 7.5$ 가 되어야 한다.

**12** 오답률 9%      정답 ①

| 영역 거시경제학>총수요 · 총공급이론 | 난도 하 |
| --- | --- |

정답의 이유

① 실물경기변동이론에 따르면 임금과 가격은 모두 신축적이라고 가정한다.

오답의 이유

② 실물경기변동이론은 개별 경제주체들의 행동을 동태적으로 분석하고, 각각의 행동은 동태적 최적화의 행태를 보인다고 가정한다. 예를 들어, 소비자는 2기간 이상의 소비 모형에 따라 최적 소비를 결정하고, 기업과 정부 또한 그러하다.

③ 실물경기변동은 경기변동을 시장청산의 결과라고 본다.

④ 기술충격이나 기술진보와 같은 공급 측면에서의 생산성 충격이 경기변동의 주요한 원인이라고 본다.

**13** 오답률 5%      정답 ②

| 영역 거시경제학>화폐금융론 | 난도 하 |
| --- | --- |

정답의 이유

유동성 선호설에 따르면 $\dfrac{M^D}{P} = L(Y, r + \pi^e)$ 이다. 화폐수요는 소득의 증가함수이고, 명목 이자율의 감소함수이다. 피셔 방정식에 따르면 $i = r + \pi^e$ 이므로 실질 이자율과 예상 인플레이션율의 감소함수라고 할 수 있다.

ㄱ. 국민소득의 증가는 화폐수요를 증가시킨다.

ㄷ. 물가수준이 상승하면 명목 화폐수요가 증가할 것이다.

오답의 이유

ㄴ. 실질이자율이나 명목 이자율의 상승은 화폐수요를 감소시킨다.

ㄹ. 기대물가상승률(예상 인플레이션율)이 상승하면 피셔 방정식에 따라 명목 이자율이 상승하고 이에 따라 화폐수요는 감소한다.

**14** 오답률 34%  정답 ③

| 영역 미시경제학>생산요소시장이론과 소득분배 | 난도 중 |

정답의 이유

③ 기업의 최적 노동 고용량은 명목임금(W)과 한계생산가치(VMP_L)가 같아지는 선에서 결정된다. 이때 한계생산가치(VMP_L)는 한계생산물(MP_L)과 생산물의 가격(P)의 합이다.

기업의 생산함수 : $Q=\sqrt{L}$

노동의 한계생산물 : $MP_L=\dfrac{\Delta Q}{\Delta L}=\dfrac{1}{2\sqrt{L}}$

기업의 최적 고용량 결정 : $W=P\times MP_L$

$\rightarrow 5=20\times\dfrac{1}{2\sqrt{L}}$

$\therefore L^*=4$

**15** 오답률 31%  정답 ④

| 영역 거시경제학>총수요·총공급이론 | 난도 중 |

정답의 이유

④ 생산요소 가격이 신축성을 가질 정도의 시간이 주어지면 단기 수요곡선이 이동하여 새로운 장기균형(c점)이 형성된다. 장기공급곡선은 기술진보나 자연실업률의 변화 등의 요소가 변하지 않는 한 변함없이 유지된다.

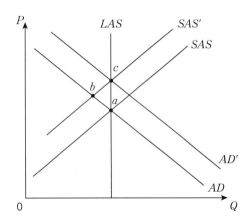

오답의 이유

① 유가 충격으로 석유가격이 상승한 경우, 단기 총공급곡선이 좌측으로 이동하여 단기에 스태그플레이션이 발생한다.

② 단기균형상태에서 정부지출을 증가시켜 AD를 우측으로 이동시키면 실질 GDP가 증가할 수 있다. 하지만 이 경우 물가가 더 많이 상승하게 된다.

③ 단기균형상태에서 통화량을 감소시켜 AD를 좌측으로 이동시키면 물가수준이 하락하지만 실질 GDP는 감소한다.

**16** 오답률 5%  정답 ①

| 영역 거시경제학>총수요·총공급이론 | 난도 하 |

정답의 이유

① 총수요확장정책이 장기뿐 아니라 단기에서도 물가만 상승시킬 뿐 실업률 감소에는 기여하지 못한다는 정책 무력성 명제는 사람들이 정책을 예상한 경우에는 기대 인플레이션율이 이미 수정되어 있으므로 물가만 높일 뿐 실질 변수에 아무런 영향을 미치지 못한다고 주장한다. 이는 사람들이 '합리적 기대'를 하고 있다고 가정하는 것이다.

오답의 이유

② MV=PY로 대표되는 화폐수량설과는 관련이 없다. 하지만 화폐수량설도 총수요관리정책이 물가만 변화시킬 뿐 실질변수에 영향을 준다고 주장한다.

③ 내생적성장이론은 동태적 경제이론과 관련이 있다.

④ 항상소득이론은 개인이 소비를 비교적 일정하게 유지하고 싶어 하므로 항상소득이 현재소비에 큰 영향을 준다는 이론을 말한다.

**17** 오답률 8%  정답 ③

| 영역 미시경제학>시장조직이론 | 난도 하 |

정답의 이유

③ 자연독점이란 생산량을 늘릴수록 평균비용이 감소하는 규모의 경제로 인해 독점이 발생하는 것을 의미한다. 생산량 증가에 따라 '한계비용'이 반드시 하락하는 것은 아니다.

오답의 이유

① 규모의 경제가 있을 때 자연독점이 발생할 수 있다.

② 평균비용이 생산량 증가에 따라 감소하는 구간에 있으므로 평균비용이 한계비용보다 크다. 기업의 한계비용곡선은 기업의 평균비용 곡선의 최저점을 지난다는 사실을 기억하면 이해할 수 있다.

④ 가격을 한계비용과 같게 설정하면 기업에게는 손실이 발생할 수 있다. P=MC인 경우, AC>MC이므로 총수입(P×Q)이 총비용(AC×Q)보다 작을 수 있는 것이다.

**18** 오답률 33%                              정답 ②

영역 국제경제학>외환시장과 무역수지          난도 중

정답의 이유

② 미국 달러화 대비 갑, 을, 병국의 화폐 가치 변동률이 각각 −2%, 3%, 4%인 경우, 을국 제품의 달러 표시 가격은 상승하였다고 할 수 있다. 을국의 화폐가 미국 달러화에 비해 가치가 높아졌다는 것은 을국 기준으로 환율이 하락하였다는 것이며, 을국 제품의 달러 표시 가격 상승하였다는 것을 의미한다.

오답의 이유

① 갑국 화폐의 가치가 상대적으로 가장 크게 하락하였다.

③ 1달러 당 병국 화폐의 환율은 하락하였다. 병국 화폐의 가치는 달러화 대비 높아졌기 때문이다.

④ 병국 화폐 1인당 을국 화폐 환율은 상승하였다. 을국에 비해 병국의 화폐가치가 상대적으로 상승하였기 때문이다. 병국 화폐에 비해 을국 화폐의 가치는 하락하였다.

**19** 오답률 9%                              정답 ②

영역 국제경제학>국제무역이론과 무역정책        난도 하

정답의 이유

ㄱ. 국민소득결정이론에 따르면 $Y=C+I+G+NX$이다. 무역수지가 흑자라면 $NX>0$을 의미하므로 $Y>C+I+G$가 성립한다.

ㄷ. 순자본유출은 내국인에 의해 구입된 외국자산 금액(자본유출)에서 외국인에 의해 구입된 국내자산 금액(자본유입)을 뺀 나머지이다. 이는 개념적으로 순수출(무역수지)와 같다. 따라서 순자본유출>0이다.

오답의 이유

ㄴ. $Y=C+I+G+NX$를 정리하면 $(Y-C-G)-I=NX$이다. $(Y-C-G)$는 국민저축(NS)과 같다. 따라서 국민저축이 국내 투자를 초과하는 분만큼이 무역수지(NX)가 된다. 따라서 $NS-I=NX>0$이므로 국내 투자는 국민저축보다 작다.

**20** 오답률 53%                             정답 ④

영역 거시경제학>총수요·총공급이론           난도 상

정답의 이유

④ 생산물 시장 균형(IS곡선) : $Y=C+I+G$

화폐 시장 균형(LM곡선) : $\dfrac{M^s}{P}=\dfrac{M^d}{P}$

IS 곡선을 구하면 다음과 같다.

IS 곡선 : $Y=200+0.8(Y-0.375Y)+260-20R+140$

→ $0.5Y=600-20R$

→ $Y=1200-40R$

LM 곡선 : $2000=100+0.2Y-20R$

→ $Y=100R+9500$

IS−LM 균형 : $Y^*=1,000$, $R^*=5$

# 서울시 7급 경제학 정답 및 해설

문제편 071p

## 정답 체크

| 01 | 02 | 03 | 04 | 05 | 06 | 07 | 08 | 09 | 10 |
|----|----|----|----|----|----|----|----|----|----|
| ① | ④ | ④ | ① | ③ | ② | ③ | ② | ③ | ② |
| 11 | 12 | 13 | 14 | 15 | 16 | 17 | 18 | 19 | 20 |
| ④ | ④ | ② | ③ | ③ | ① | ④ | ② | ① | ④ |

## My Analysis

| 총 맞힌 개수 | 개 |
|---|---|
| 획득 점수 | 점 |
| 약한 영역 | |

※ '약한 영역'에는 문항별 체크리스트 상에서 자신이 가장 많이 틀린 영역을 표시해두고, 추후에 해당 영역을 집중적으로 학습하시는 데 활용하시기 바랍니다.

## 문항별 체크리스트

| 문항 | 문항 영역 | 맞힘 A | 맞힘 B | 틀림 C | 틀림 D |
|---|---|---|---|---|---|
| 01 | 거시경제학>화폐금융론 | | | | |
| 02 | 국제경제학>국제무역이론과 무역정책 | | | | |
| 03 | 미시경제학>소비자이론 | | | | |
| 04 | 미시경제학>생산요소 시장이론과 소득분배 | | | | |
| 05 | 거시경제학>인플레이션과 실업 | | | | |
| 06 | 미시경제학>시장실패와 정보경제학 | | | | |
| 07 | 미시경제학>생산자이론 | | | | |
| 08 | 미시경제학>소비자이론 | | | | |
| 09 | 거시경제학>인플레이션과 실업 | | | | |
| 10 | 거시경제학>총수요·총공급이론 | | | | |
| 11 | 미시경제학>생산요소 시장이론과 소득분배 | | | | |
| 12 | 국제경제학>외환시장과 국제수지 | | | | |
| 13 | 미시경제학>시장조직이론 | | | | |
| 14 | 거시경제학>화폐금융론 | | | | |
| 15 | 거시경제학>화폐금융론 | | | | |
| 16 | 거시경제학>국민소득 결정이론 | | | | |
| 17 | 미시경제학>수요·공급이론 | | | | |
| 18 | 거시경제학>총수요·총공급이론 | | | | |
| 19 | 미시경제학>시장실패와 정보경제학 | | | | |
| 20 | 미시경제학>소비자이론 | | | | |

| 미시경제학 | / 10 | 거시경제학 | / 8 |
|---|---|---|---|
| 국제경제학 | / 2 | | |

* A : 알고 맞힘
 B : 찍어서 맞힘
 C : 의도 · 내용 파악 부족
 D : 매번 틀리는 유형

## 01 오답률 5% 정답 ①

| 영역 거시경제학>화폐금융론 | 난도 하 |

**정답의 이유**

① 효율적 시장 가설이란 금융경제학에서 모든 시장참여자가 완벽한 정보를 가지고 있을 때 자산가격이 균형에 도달한다는 가설이다. 정보가 발생하는 시점에서 바로 자산가격에 반영된다는 것이다. 정부 개입이나 정보의 공개는 의미가 없으며, 비대칭 정보가 존재할 수 없다. 따라서 시장참여자는 어떤 방법을 쓰더라도 시장수익률을 뛰어넘을 수 없다.

## 02 오답률 27% 정답 ④

| 영역 국제경제학>국제무역이론과 무역정책 | 난도 중 |

**정답의 이유**

④ 주어진 내용을 각국의 생산가능량을 나타내는 표로 나타내면 다음과 같다.

| 생산가능량 | 갑 | 을 |
| --- | --- | --- |
| A | 16 | 24 |
| B | 64 | 48 |

두 나라 사이에서 교역이 이루어질 경우, 다른 나라보다 상대적으로 해당 재화를 생산하는데 기회비용이 적게 드는 재화에 비교우위를 가지므로, 그 재화를 생산하여 교역할 것이다.

| 기회비용 | 갑 | 을 |
| --- | --- | --- |
| A | B재 4개 | B재 2개 |
| B | A재 1/4개 | A재 1/2개 |

이 경우, 갑은 B재에 비교우위가 있고, 을은 A재개 비교우위가 있다. 양국 간에 교역이 일어날 조건은 A재 1개 당 B재 2~4개이다. 양국 간 교역에서 교환비율이 A재 1개당 B재 3개라면, 갑은 B재에 특화하여 수출하고, 을은 A재에 특화하여 수출할 것이다.

**오답의 이유**

①·② 갑은 B재에, 을은 A재에 절대우위가 있다.
③ 갑국은 B재 생산에 비교우위가 있다.

## 03 오답률 30% 정답 ④

| 영역 미시경제학>소비자이론 | 난도 중 |

**정답의 이유**

④ 어느 소비자에게 X재와 Y재가 완전 대체재라면 그 소비자의 무차별곡선은 직선의 형태를 띨 것이다. X재 2개와 Y재 1개에 대해 동일한 효용을 느끼므로 해당 소비자의 효용함수를 나타내면 다음과 같다.

Max U=X+2Y

예산제약은 다음과 같다.

s.t. 2X+6Y=60

선형의 무차별곡선을 가진 소비자가 효용극대화를 하기 위해서는 $MRS_{XY}$와 $\frac{P_X}{P_Y}$를 비교하여야 한다.

$$MRS_{XY}=\frac{1}{2}$$

$$\frac{P_X}{P_Y}=\frac{1}{3}$$

$MRS_{XY}>\frac{P_X}{P_Y}$이므로 이 소비자는 X재만 소비할 것이다.

예산제약식에 따르면 2X=60이므로

$$\therefore X^*=30, Y^*=0$$

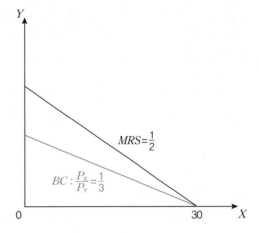

## 04 오답률 8% 정답 ①

| 영역 미시경제학>생산요소시장이론과 소득분배 | 난도 하 |

**정답의 이유**

① 막걸리의 가격 상승이 막걸리를 생산하는 노동의 균형고용량과 균형임금에 미치는 효과에 대한 내용이다. 노동시장은 파생수요의 특성을 가진다. 노동의 수요가 그것이 생산하는 상품의 가격변화에 영향을 받는다는 것이다. 노동의 수요는 한계생산가치($VMP_L$)로 결정되며, 한계생산가치는 생산품의 가격과 한계생산물의 곱으로 나타난다($VMP_L=P\times MP_L$). 따라서 상품의 가격이 오르면 한계생산가치가 증가하여 노동수요가 증가하고, 이에 따라 노동의 균형 고용량은 증가하고 임금도 상승한다.

## 05 오답률 7% 정답 ③

| 영역 거시경제학>인플레이션과 실업 | 난도 하 |

**정답의 이유**

③ 생산가능인구=경제활동인구+비경제활동인구
경제활동인구=취업자+실업자
문제에 따르면 생산가능인구는 100명이고, 비경제활동인구는 20명, 취업자는 70명이므로 실업자는 100-20-70=10, 10명이다.

**06** 오답률 50% 정답 ②

| 영역 미시경제학>시장실패와 정보경제학 | 난도 상 |

정답의 이유

② 문제에 주어진 바에 따르면,

사적 한계비용 : $PMC=Q$

사회적 한계피해액 : $MEC=k$

사회적 한계비용 : $SMC=PMC+MEC=Q+k$

수요곡선 : $P=100-\dfrac{1}{2}Q$

독점기업이 직면하는 한계수입 : $MR=100-Q$

독점기업의 사적 이익추구에 따른 시장 균형 생산량은 $MR=PMC$에서 결정되며, 그 값은 $Q^*=50$, $P^*=75$이다. 사회적 최적 생산량은 $P=SMC$에서 결정되며, $100-\dfrac{1}{2}Q=Q+k$수준에서 결정될 것이다. $k=20$일 때 사회적 후생극대화 생산량은 $Q^{**}=\dfrac{160}{3}$이다. 현재 독점기업의 사적 이익추구에 따른 생산량($Q^*$)은 50으로, $Q^{**}$보다 작으므로, 조세를 부과하는 것이 아니라, 보조금을 부과하여 사회적 최적 생산량을 달성하여야 한다.

오답의 이유

① 독점 기업의 이윤극대화 산출량은 $Q^*=50$이다.

③ $k=25$일 때 사회적 최적 생산량은 $100-\dfrac{1}{2}Q=Q+25$, $Q^{***}=50$이다.

현재 독점 기업의 생산량이 사회적 최적 생산량과 같으므로 시장의 거래량은 사회적 후생을 극대화하고 있다.

④ 현재 이 독점 기업은 이윤극대화를 위해 가격을 75로 설정하고 있다.

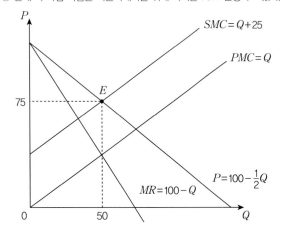

**07** 오답률 55% 정답 ③

| 영역 미시경제학>생산자이론 | 난도 상 |

정답의 이유

③ 규모에 대한 수익불변이란, 모든 생산요소의 투입량을 h배로 증가시킬 때 산출량도 이에 따라 h배로 증가하는 경우를 의미한다. 즉, $f(hL, hK)=hf(L, K)$를 만족시킨다.

규모에 대한 수익불변인 $Y=AL^{0.5}K^{0.5}$라는 생산함수를 가정하자. 이하는 기술수준과 노동, 자본이 각각 ①~④ 선지에 따라 n배가 될 때, 노동단위 1인당 생산량이 몇 배가 되는지 나타낸다.

(단위 : 배수)

| 구분 | A | L | K | Y | Y/L |
|---|---|---|---|---|---|
| ① | 1 | 2 | 1 | $\sqrt{2}$ | $\dfrac{\sqrt{2}}{2}$ |
| ② | 1 | 2 | 2 | 2 | 1 |
| ③ | 2 | 2 | 2 | 4 | 2 |
| ④ | 2 | 1 | 2 | $2\sqrt{2}$ | $2\sqrt{2}$ |

생산요소인 노동과 자본이 각각 2배 증가하고, 기술수준이 2배로 높아지면 노동단위 1인당 생산량은 2배 증가한다고 할 수 있다.

**08** 오답률 61% 정답 ②

| 영역 미시경제학>소비자이론 | 난도 상 |

정답의 이유

② 문제에서 주어진 바에 따른 기대소득과 기대효용을 나타내면 다음과 같다.

기대소득 : $EW=0.4\times0+0.6\times1600=960$

기대효용 : $EU=0.4U(0)+0.6U(1600)=0.4\times0+0.6\times2\sqrt{1600}=48$

확실성등가란 위험이 없는 상태에서 현재의 기대효용과 같은 효용을 누릴 수 있는 확실한 소득을 의미한다.

확실성등가(CE) : $EU=U(CE) \rightarrow 48=2\sqrt{CE}$ ∴ $CE=576$

A가 보험에 가입할 경우 지불할 용의가 있는 최대보험료는 현재의 소득에서 확실성등가 소득을 뺀 $1600-576=1{,}024$만 원이다.

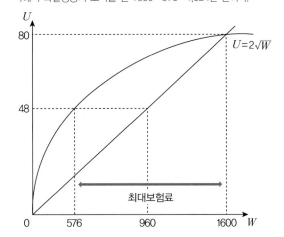

**09** 오답률 5%  정답 ③

| 영역 거시경제학>인플레이션과 실업 | 난도 하 |

정답의 이유

③ 피셔 가설이란 i＝r＋$\pi^e$가 성립한다는 가설이다. 명목이자율은 실질이 자율에 예상 인플레이션율을 더한 값이라는 의미이다. 피셔 가설이 성립하는 것은 인플레이션이 예상된 경우이므로 예상하지 못한 인플레이션으로 인한 부정적 영향으로 적절하지 않다.

오답의 이유

① 예상하지 못한 인플레이션이 발생하는 경우, 현금에 비해 실물자산의 가치가 상승하고, 이에 따라 투기가 성행할 수 있다.

② 예상하지 못한 인플레이션은 채무자에게 유리하고 채권자에게 불리한 소득재분배를 유발한다.

④ 예상하지 못한 인플레이션이 발생하면 장기에 불확실성이 커져 장기 계약이 만들어지기 어렵게 된다.

**10** 오답률 8%  정답 ②

| 영역 거시경제학>총수요 · 총공급이론 | 난도 하 |

정답의 이유

② 경기 안정화 정책에 있어 동태적인 비일관성이란 정부가 경기 안정화와 관련된 정책을 재량적으로 실시할 경우, 어떠한 정책을 시행하겠다고 공표한 이후 실제 약속의 시기가 도래하면 다른 정책을 실시하게 되는 비일관적 행태를 의미한다. 따라서 정책 당국은 시장의 암묵적 신뢰(공표한대로 정책 시행)를 깨고 단기적인 정책목표를 추구할 인센티브를 가진다는 것을 의미한다.

오답의 이유

① 정책시행 시 정책을 계획한 시기와 그 효과가 일어나는 데 시간이 발생한다는 시차에 관한 내용이다.

③ 정권마다 다른 정책의 방향을 가지는 것과 동태적 비일관성은 관련이 없다.

④ 시의적절한 정책을 펴는 것은 준칙보다는 재량주의와 관련된 내용이므로 관련이 없다.

**11** 오답률 33%  정답 ④

| 영역 미시경제학>생산요소시장이론과 소득분배 | 난도 중 |

정답의 이유

④ 현재 노동시장의 균형은 노동 수요량과 노동 공급량이 서로 같은 시간당 임금(w)이 7원인 경우이다. 시간당 최저임금을 8원으로 할 경우에 노동 수요량은 20이지만 노동 공급량은 40이 되어 비자발적 실업은 40－20＝20이 된다. 이때 실업을 완전히 없애기 위해 보조금을 지급한다면 노동 수요량이 늘어 비자발적 실업을 없앨 수 있다. 보조금의 규모는 보조를 하였을 시 시장의 균형 노동 거래량에 단위 노동당 보조금 액수를 곱한 넓이 값이다. 거래량×단위노동당 보조금＝40×2＝80

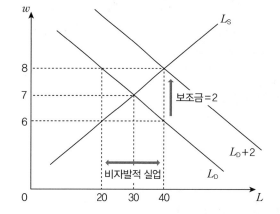

**12** 오답률 6%  정답 ④

| 영역 국제경제학>외환시장과 국제수지 | 난도 하 |

정답의 이유

외환시장에서 외환에 대한 수요와 공급의 변화를 파악한 뒤 외환의 가격인 환율의 변화를 분석한다.

ㄷ. 외국인의 국내주식 투자가 위축되면 외국으로부터의 외환 유입이 감소한다. 외환 공급이 감소하므로 환율은 상승한다.

ㄹ. 자국 은행의 해외대출이 증가하면 외환이 국내로부터 국외로 빠져나가는 것이다. 외환에 대한 공급이 감소하여 환율은 상승한다.

오답의 이유

ㄱ. 원유 수입액이 감소하면 외환에 대한 수요가 감소하여 환율이 하락한다.

ㄴ. 반도체 수출액이 증가하면 외국에서부터 외환의 공급이 증가한다. 외환의 공급이 증가하므로 환율이 하락한다.

## 13 오답률 32%　　　　　　　　　　　정답 ②

**영역** 미시경제학>시장조직이론　　　　　　난도 중

[정답의 이유]

② 시장이 서로 다른 특성을 가진 A, B 2개로 나누어진 독점기업의 이윤 극대화 원리는 A, B 시장에서의 한계수입과 한계비용이 서로 같은 수준에서 A, B 시장의 생산량을 결정하는 것이다.

- A시장 : $Q_A = -P_A + 60 \rightarrow P_A = 30 - \frac{1}{2}Q_A$

  $MR_A = 30 - Q_A$

- B시장 : $Q_B = -4P_B + 80 \rightarrow P_B = 20 - \frac{1}{4}Q_B$

  $MR_B = 20 - \frac{1}{2}Q_B$

- 독점기업의 한계비용 : $MC = 2$

  $MR_A = MR_B = MC$

  $30 - Q_A = 20 - \frac{1}{2}Q_B = 2$

  $Q_A^* = 28,\ Q_B^* = 36$

  $P_A^* = 16,\ P_B^* = 11$

## 14 오답률 5%　　　　　　　　　　　정답 ③

**영역** 거시경제학>화폐금융론　　　　　　난도 하

[정답의 이유]

③ 테일러 준칙은 다음과 같은 식으로 표현된다.

$i = \pi + r^* + \alpha(\pi - \pi^*) + \beta(y - y_t)$ ($r^*$ : 장기균형실질이자율, $\pi^*$ : 물가상승목표치, $y_t$ : 잠재성장률)

테일러 준칙에 따르면 인플레이션율이 상승하면 단기이자율이 인플레이션율보다 크게 상승하여야 하고, 경기가 불황일 때 이자율은 하락하여야 한다. 문제에서 중앙은행은 테일러 준칙하에서 통화정책을 실시하고 있다. 현재 인플레이션율이 중앙은행의 인플레이션 목표치와 같고($\pi - \pi^* = 0$), 현재의 생산량이 잠재생산량 수준과 같을 경우($y - y_t = 0$) 중앙은행의 통화정책은 기준금리를 종전과 동일한 수준으로 유지한다($i = \pi + r^*$).

## 15 오답률 6%　　　　　　　　　　　정답 ③

**영역** 거시경제학>화폐금융론　　　　　　난도 하

[정답의 이유]

ㄱ. A는 현재 현금 5천만 원을 요구불 예금으로 예치하였고, 법정지급준비율은 20%이다. 통화승수를 구해보면 $m = \frac{1}{rr} = \frac{1}{0.2} = 5$이므로 A가 예금한 5천만 원은 최소 5천만 원에서 최대 2억 5천만 원까지 통화량을 증가시킬 수 있다.

ㄴ. 통화승수 = 1/지급준비율이다. 시중은행의 초과지급준비율이 낮을수록 통화승수는 그 값이 커져 경제의 통화량이 더 많이 늘어날 수 있다.

ㄷ. 민간의 현금예금비율까지 고려한 통화승수는 $m = \frac{1+cr}{cr+rr}$ (cr은 현금예금비율, rr은 지급준비율)이다. 전체 통화량 가운데 민간이 현금으로 보유하는 비율이 낮을수록(cr이 낮을수록) 통화승수 m은 그 값이 커진다. 따라서 경제의 통화량이 더 많이 늘어날 수 있다.

[오답의 이유]

ㄹ. 법정지급준비율이 25%로 인상되면 $m = \frac{1}{rr} = \frac{1}{0.25} = 4$로 통화승수가 감소한다. 따라서 경제의 통화량이 더 많이 늘어날 수 없다.

## 16 오답률 7%　　　　　　　　　　　정답 ①

**영역** 거시경제학>국민소득결정이론　　　　난도 하

[정답의 이유]

① 문제에 따르면 완전고용국민소득은 400조 원이며, 총화폐공급은 현재 30조 원이다. 실질국민소득이 완전고용수준인 400과 같아지려면 중앙은행은 이자율을 3%로 만들어야 하고, 이때 총화폐수요는 50조 원이다. 현재 총화폐공급은 30조원이므로 화폐시장의 초과수요만큼인 20조원이 증가하여야 한다. 따라서 중앙은행은 총화폐공급을 20조 원만큼 증가시켜야 한다.

[오답의 이유]

② 현재 이 경제의 실질국민소득은 320조 원이다. 완전고용수준 400조 원보다 80조 원만큼 작다.

③ 현재 총화폐공급이 30조이고, 지금보다 30조 원만큼 증가시키면 화폐공급은 60조 원이 된다. 표에 따르면 이때의 균형이자율은 2%이다.

④ 현재 총화폐공급이 30조 원이므로 이 경제의 균형이자율은 5%이다.

## 17 오답률 35% 정답 ④

| 영역 | 미시경제학>수요 · 공급이론 | 난도 중 |

정답의 이유

임대료 규제란 임대 시장에서 임대료가 너무 높은 수준에 형성되어 정부에서 임대료 수준을 제한하는 최고가격제의 일환이다. 임대료의 상한 가격이 설정됨으로 인하여 임대료 시장에는 초과수요가 존재하게 된다.

ㄱ. 임대료를 규제하게 되면 초과수요가 발생한다. 상한 가격보다 높은 가격을 주고서라도 거래를 하고 싶은 수요자와 더 높은 가격에 임대를 하고 싶은 공급자가 암시장을 형성할 가능성이 증가한다.

ㄴ. 임대료를 강제적으로 인하하는 것이므로 임대 공급자의 이익이 제한된다. 따라서 장기적으로 주택공급이 감소할 수 있다.

ㄷ. 시장의 균형 가격보다 낮은 가격에 임대를 하게 됨으로써, 공급자는 그만큼 해당 재화의 품질에 신경을 쓰지 않게 된다. 초과수요가 존재하기 때문이다. 따라서 주택의 질적 수준이 전반적으로 하락할 수 있다.

ㄹ. 임대료 규제는 가격을 통제하여 초과수요를 발생시킨다. 이러한 초과수요는 선착순이나 추첨 등의 비가격 방식으로 해결되는데, 이러한 비가격 방식의 임대는 임대주택 시장의 비효율성을 발생시킨다.

## 18 오답률 8% 정답 ②

| 영역 | 거시경제학>총수요 · 총공급이론 | 난도 하 |

정답의 이유

② 경기부양을 위한 재정정책과 통화정책의 활용은 이자율에 상반된 영향을 미친다. 확장적 재정정책을 실시하면 IS-LM 모형에 따라 IS가 우측으로 이동하고, 이에 따라 이자율이 상승한다. 확장적 통화정책을 실시하면 LM이 우측으로 이동하고, 이자율은 감소한다.

오답의 이유

① 재정정책과 통화정책의 상대적 효과는 소비와 투자 등 민간지출의 이자율탄력성의 크기와 관련이 있다. 이자율탄력성이 큰 경우, 통화정책이 효과가 있으며, 이자율탄력성이 작은 경우 재정정책이 효과가 있다.

③ 이자율에 미치는 영향을 줄이고자 한다면 두 정책을 함께 사용할 수 있다. 예를 들어, 확장적 재정정책을 실시하면 이자율이 상승하여 투자가 감소할 수 있다. 이에 따라 확장적 통화정책으로 이자율을 낮추는 정책을 동시에 시행하면 구축효과를 줄일 수 있다.

④ 확장적 재정정책을 실시하면 정부세수보다 정부지출이 많아지는 재정 적자가 심화될 수 있다. 또한 확장적 통화정책을 실시하면 통화량의 증가로 인한 인플레이션이 야기될 수 있다. 따라서 재정정책과 통화정책 각각의 단점의 고려가 필요하다.

## 19 오답률 64% 정답 ①

| 영역 | 미시경제학>시장실패와 정보경제학 | 난도 상 |

정답의 이유

① 문제에서 주어진 바에 따르면, 아래의 기업들에 대하여 전체 오염배출량을 150단위로 제한하고자 각 기업에게 50단위의 오염배출권을 부여하였다.

| 기업 | 배출량(단위) | 배출량 단위당 감축비용(만 원) |
|------|------------|---------------------------|
| A | 50 | 20 |
| B | 60 | 30 |
| C | 70 | 40 |

오염배출권을 다른 기업에게서 구매하는 비용보다 오염 배출 비용이 큰 경우에는 오염배출권을 다른 기업에게서 구매할 것이다. 이를 바탕으로 오염배출권 시장의 수요와 공급을 판단하면 다음과 같다.

만일 오염배출권의 가격이 30인 경우를 생각해보자. A기업은 오염 감축 비용이 오염배출권의 가격보다 싸므로 직접 50의 배출량을 모두 감축하고, 50개의 오염배출권을 팔 것이다. C기업은 오염 감축 비용이 오염배출권의 가격보다 비싸므로 20개의 오염배출권을 살 것이다(배출량 70-이미 부여받은 오염배출권 50단위). 오염배출권 시장의 공급은 50, 수요는 20으로 균형이 맞지 않는다.

오염배출권의 가격이 20보다 조금 큰 경우에는 A기업이 50개의 오염배출권을 공급하고, B와 C기업은 각각 10개, 20개의 오염배출권을 수요한다.

오염배출권의 가격이 20인 경우 A기업이 0~50개의 오염배출권을 공급하고, B와 C기업이 각각 10개, 20개의 오염배출권을 수요한다.

오염배출권 시장의 균형은 오염배출권 가격은 20이고, 균형 거래량은 30이다. 이하는 오염배출권 시장의 수요와 공급을 그래프로 나타낸 것이다.

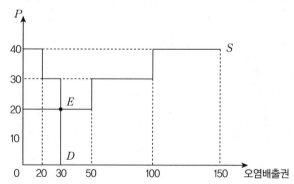

**20** 오답률 56%　　　　　　　　　　　　　　정답 ④

| 영역 미시경제학>소비자이론 | 난도 상 |
| --- | --- |

정답의 이유

④ 어떤 사람이 소득 수준에 상관없이 소득의 절반을 식료품(X) 구입에 사용한다면 그 사람의 식료품에 대한 지출을 의미하는 $P_X X = \dfrac{M}{2}$가 될 것이고, 이는 일반적인 콥–더글라스 효용함수 $U = X^{0.5} Y^{0.5}$, 예산제약 $P_X X + P_Y Y = M$인 경우이다. 식료품 X의 소득탄력성과 가격탄력성은 다음과 같다.

$U = X^{0.5} Y^{0.5}$, $P_X X + P_Y Y = M$인 경우, $X = \dfrac{1}{2} \dfrac{M}{P_X}$이므로

X재의 소득탄력성 $\epsilon_M = \dfrac{\Delta X}{\Delta M} \dfrac{M}{X} = \dfrac{1}{2P_X} \times 2P_X = 1$

X재의 가격탄력성 $\epsilon_P = -\dfrac{\Delta X}{\Delta P_X} \times \dfrac{P_X}{X} = -(-\dfrac{1}{2} \dfrac{M}{P_X^2}) \times \dfrac{P_X}{\frac{1}{2}\frac{M}{P_X}} = 1$

따라서 ㄴ, ㄹ이 적절하다.

# 서울시 7급 경제학 정답 및 해설

문제편 076p

## 정답 체크

| 01 | 02 | 03 | 04 | 05 | 06 | 07 | 08 | 09 | 10 |
|----|----|----|----|----|----|----|----|----|----|
| ① | ③ | ② | ④ | ① | ④ | ② | ④ | ③ | ① |
| 11 | 12 | 13 | 14 | 15 | 16 | 17 | 18 | 19 | 20 |
| ③ | ② | ③ | ② | ③ | ② | ③ | ④ | ④ | ② |

## My Analysis

| 총 맞힌 개수 | 개 |
|---|---|
| 획득 점수 | 점 |
| 약한 영역 | |

※ '약한 영역'에는 문항별 체크리스트 상에서 자신이 가장 많이 틀린 영역을 표시해두고, 추후에 해당 영역을 집중적으로 학습하시는 데 활용하시기 바랍니다.

## 문항별 체크리스트

| 문항 | 문항 영역 | 맞힘 | | 틀림 | |
|---|---|---|---|---|---|
| | | A | B | C | D |
| 01 | 미시경제학>소비자이론 | | | | |
| 02 | 미시경제학>시장조직이론 | | | | |
| 03 | 거시경제학>총수요·총공급이론 | | | | |
| 04 | 국제경제학>외환시장과국제수지 | | | | |
| 05 | 미시경제학>소비자이론 | | | | |
| 06 | 미시경제학>수요·공급이론 | | | | |
| 07 | 거시경제학>화폐금융론 | | | | |
| 08 | 거시경제학>인플레이션과실업 | | | | |
| 09 | 미시경제학>수요·공급이론 | | | | |
| 10 | 미시경제학>시장요소시장 이론과 소득분배 | | | | |
| 11 | 거시경제학>총수요·총공급이론 | | | | |
| 12 | 미시경제학>시장조직이론 | | | | |
| 13 | 거시경제학>인플레이션과실업 | | | | |
| 14 | 거시경제학>총수요·총공급이론 | | | | |
| 15 | 미시경제학>시장조직이론 | | | | |
| 16 | 미시경제학>시장실패와정보경제학 | | | | |
| 17 | 국제경제학>외환시장과국제수지 | | | | |
| 18 | 거시경제학>화폐금융이론 | | | | |
| 19 | 거시경제학>동태경제이론 | | | | |
| 20 | 거시경제학>총수요·총공급이론 | | | | |
| 미시경제학 | / 9 | 거시경제학 | | | / 9 |
| 국제경제학 | / 2 | | | | |

* A : 알고 맞힘
 B : 찍어서 맞힘
 C : 의도·내용 파악 부족
 D : 매번 틀리는 유형

안심Touch

**01** 오답률 12%            정답 ①

| 영역 미시경제학>소비자이론 | 난도 하 |
| --- | --- |

정답의 이유

① 정상재는 소득이 증가하는 경우 수요량이 증가하는 재화이다. 수요곡선이 우하향하기 위해서는 가격이 하락하였을 때 수요량이 증가하여야 한다.

재화의 가격이 하락하면 대체효과와 소득효과가 발생한다. 이때 대체효과는 그 재화의 상대가격이 다른 재화보다 저렴해짐에 따라 수요량을 증가시키는 것이다. 소득효과는 그 재화의 가격하락으로 인해 실질소득이 증가하게 되어 그 재화의 수요량이 증가하는 것이다. 이처럼 정상재의 경우 가격이 하락하였을 때 발생하는 대체효과와 소득효과 모두 그 재화의 수요를 증가시킨다. 따라서 정상재의 경우 수요곡선은 반드시 우하향한다고 할 수 있다.

한편 열등재의 경우에는 수요곡선이 우상향할 수도 있다. 가격 하락 시 대체효과는 그 재화의 수요량을 증가시키지만, 소득효과는 그 재화의 수요량을 감소시키기 때문이다. 대체효과보다 소득효과가 크면 수요곡선이 우상향할 것이다.

**02** 오답률 5%            정답 ③

| 영역 미시경제학>시장조직이론 | 난도 하 |
| --- | --- |

정답의 이유

③ 어떤 상품의 시장이 수많은 기업들이 존재하고 있어 장기에 진입과 퇴출이 자유롭고, 비슷하지만 차별화된 제품을 생산하고 있다면 이 시장은 독점적 경쟁시장이라고 할 수 있다. 독점적 경쟁시장은 단기에는 차별화된 제품을 생산하여 양(+)의 이윤을 얻을 수 있지만, 장기에는 많은 기업의 진입과 퇴출로 P=AC가 되어 영(0)의 이윤을 누리게 된다. 따라서 적절한 정답은 '가격이 한계비용보다는 높지만 평균비용은 동일하다.'이다. 그 재화에 대해 차별화된 독점성을 가지고 있어 수요곡선이 우하향하고 이에 따라 가격이 한계비용보다 높다(P>AC).

**03** 오답률 7%            정답 ②

| 영역 거시경제학>총수요 · 총공급이론 | 난도 하 |
| --- | --- |

정답의 이유

② IS-LM 모형에서 LM곡선이 수평일 때 특징은 정부지출을 증가시킬 때, 이자율이 상승하여 투자가 감소하는 구축효과가 없다는 것이다. 이를 바탕으로 케인즈학파는 재정정책의 효과를 강조하였다.

정부지출승수는 $\frac{1}{1-MPC}$(MPC : 한계소비성향)이다. 문제에서 MPC=0.8이므로 정부지출을 2,000억 원 증가시켰다면 균형소득의 증가량은 $\frac{1}{1-MPC}\Delta G=\frac{1}{1-0.8}2,000=10,000$억 원이다. 따라서 균형 소득은 1조 원 증가한다.

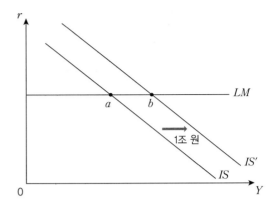

**04** 오답률 28%            정답 ④

| 영역 국제경제학>외환시장과 국제수지 | 난도 중 |
| --- | --- |

정답의 이유

④ 먼저 정부가 수입규제를 시행할 때 순수출의 증감에 대해 파악하여야 한다. 정부가 수입규제를 실시한다는 것의 의미는, 수입 재화의 국제가격이 너무 낮아 자국 생산자를 보호하기 위해 수입 물량에 제한을 두거나 관세를 부과한다는 것을 의미한다. 이로 인해 수입이 감소하면, 순수출(수출-수입)이 증가할 것이다.

먼델-플레밍 모형에서 변동환율제의 경우, 순수출이 증가하면 IS곡선이 우측으로 이동하여 국내 이자율이 국제 이자율보다 높아지게 되고, 순자본유입이 증가하여 환율이 하락하고 그 결과 수출이 감소한다. 따라서 순수출의 증가 효과는 상쇄되어 결과적으로는 불변일 것이다.

고정환율제의 경우, 순수출이 증가하면 IS곡선이 우측으로 이동하여 국내 이자율이 국제 이자율보다 높아지게 되고, 환율 하락 압력이 발생하여 중앙은행은 외환을 매입하고 통화량을 증가시킨다. 균형국민소득은 순수출 전과 변함없을 것이나, 순수출 자체는 증가되어 있을 것이다.

**05** 오답률 9%            정답 ①

| 영역 미시경제학>소비자이론 | 난도 하 |
| --- | --- |

정답의 이유

① 갑(甲)은 주유소에 갈 때마다 휘발유 가격에 상관없이 매번 일정 금액만큼을 주유한다면, 갑의 휘발유(X)에 대한 수요는 다음과 같이 표현될 수 있다($P_X$ : 휘발유 가격).

$P_X X=k$(k는 상수)

즉, 휘발유에 대한 지불 금액($P_X \times X$)이 항상 k로 일정하다는 것이다. 수요의 가격탄력성을 구하면 다음과 같다.

- X재 수요의 가격탄력성 : $\frac{\Delta X}{\Delta P_X}\frac{P_X}{X}=1$

- 수요곡선($P_X$를 X에 관한 식으로 나타낸 것) : $P_X=\frac{k}{X}$

따라서 X재 수요의 가격탄력성은 단위탄력적이고, 수요곡선은 원점을 중심으로 하는 직각쌍곡선 형태이다.

## 06 오답률 10%      정답 ④

영역 미시경제학>수요·공급이론      난도 하

정답의 이유

④ '공급곡선은 변화하지 않을 경우'에 대한 해석이 중요하다. 공급곡선은 일반적으로 우상향하나, 재화의 공급 탄력성이 0일 경우, 수직일 수 있다. 우상향하는 공급곡선의 경우, 수요가 증가하면, 가격보다 거래량 증가율이 더 크면 소비자잉여는 증가한다. 하지만 공급곡선이 수직일 경우, 수요가 증가하여도 공급량이 변화하지 않으므로 거래량은 불변이고, 재화의 가격만 상승할 것이다. 이 경우 소비자잉여의 크기는 변함없다. 따라서 답은 '알 수 없다'이다.

## 07 오답률 7%      정답 ②

영역 거시경제학>화폐금융론      난도 하

정답의 이유

ㄱ. 효율시장가설이란 시장에 공개된 정보는 모두 시장의 자산가격에 반영되어 있으므로, 자산시장에서 초과수익을 내는 것은 불가능하다는 것을 의미한다. 따라서 효율시장가설에 따르면 자산가격에는 이미 공개되어 있는 모든 정보가 반영되어 있다.

ㄴ. 임의보행가설은 유가증권 시장과 같은 자산시장의 상품 가격은 예측할 수 없는 랜덤에 가깝다고 주장하는 것이다. 예측하지 못한 오차로 인해 이용가능한 모든 정보를 활용하더라도 주가의 예측은 불가능하다.

ㄷ. 유동성(liquidity)의 의미는 어떤 자산이 손실 없이 빠르게 현금으로 전환될 수 있는 능력을 의미한다. 현금의 유동성이 가장 높으며, 부동산 등 규모가 큰 실물자산의 유동성은 낮은 편이다.

오답의 이유

ㄹ. 일정한 시점 혹은 기간 동안에 미리 정해진 가격으로 어떤 상품을 살 수 있는 권리를 콜옵션(call option)이라고 한다.

## 08 오답률 6%      정답 ④

영역 거시경제학>인플레이션과 실업      난도 하

정답의 이유

④ 고용률 = $\dfrac{\text{취업자수}}{\text{생산가능인구}}$ 이다. 전업 주부는 비경제활동인구이다. 전업 주부가 주당 10시간 마트에서 일하는 아르바이트를 시작한 경우, 비경제활동인구가 취업자가 되는 것이므로, 생산가능인구(분모)는 그대로이면서, 취업자 수(분자)가 증가하여 고용률은 증가한다.

오답의 이유

① 구직활동을 하던 실업자는 실업자로 분류된다. 구직단념자는 비경제활동인구이다. 따라서 고용률은 일정하다.

② 부모님 농장에서 무급으로 주당 18시간 일하던 아들은 취업자로 분류되어 온 것이다. 회사에 취직한 경우도 취업자이므로 고용률에는 변화가 없다.

③ 비정규직 근로자나 정규직 근로자는 모두 취업자이다. 따라서 고용률은 변화없다.

## 09 오답률 5%      정답 ③

영역 미시경제학>수요·공급이론      난도 하

정답의 이유

③ 가격상한제는 균형가격이 너무 높은 경우, 정부가 시장에 개입하여 재화나 서비스의 가격을 일정수준 이상이 되지 않도록 하는 것이다. 임대료 상한규제가 대표적이다. 따라서 정부에 의한 가격통제가 효력을 발휘하기 위해서는 가격상한은 균형가격보다 낮아야 한다.

반대로 가격하한은 균형가격이 너무 낮은 경우, 정부가 개입하여 재화나 서비스의 가격이 일정수준 이하로 떨어지지 않게끔 하는 것이다. 최저임금제가 대표적이다. 정부에 의한 가격통제가 효력을 발휘하기 위해서는 가격하한은 균형가격보다 높아야 한다.

## 10 오답률 8%      정답 ①

영역 미시경제학>시장요소시장 이론과 소득분배      난도 하

정답의 이유

① 노동시장에서 노동의 수요는 노동의 한계생산($MP_L$)으로 결정된다. 노동의 한계생산을 증가시키는 기술진보가 일어난다면, 노동 수요가 증가하여 노동 수요곡선이 우측으로 이동한다. 더 많은 노동자들이 노동시장에 참여하는 변화가 발생한다면, 노동 공급이 늘어나 노동 공급곡선이 우측으로 이동한다. 따라서 균형노동고용량은 반드시 증가하지만, 균형임금의 변화는 불명확하다.

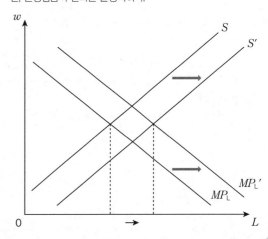

## 11  오답률 29%  정답 ③

| 영역 거시경제학>총수요 · 총공급이론 | 난도 중 |

정답의 이유

③ 현재의 단기균형은 완전고용국민소득 수준보다 국민소득이 높은 수준에서 형성되어 있다. 경기가 과열된 상태이며, 시간이 지날수록 경기과열로 인해 임금이 상승하여, 총공급이 줄어든다. 그 결과 단기총공급곡선은 왼쪽으로 이동하여 장기총공급곡선과 총수요곡선이 만나는 지점에서 장기균형을 형성하게 된다.

한편 루카스공급 이론에 따르면 공급곡선은 $Y=Y_f+\gamma(P-P^e)$, $\gamma>0$의 형태이다. 이에 따르면 장기에는 $P=P^e$이기 때문에 장기총공급곡선은 수직이고, 단기에는 $P\neq P^e$이기 때문에 단기총공급곡선은 우상향한다고 본다. 현재 단기균형에서 $Y>Y_f$이기 때문에 $P>P^e$이다. 시간이 지날수록 $P^e$는 상승 조정되므로, 단기총공급곡선이 상승하여(왼쪽으로 움직여) 장기균형을 형성하게 된다.

오답의 이유

① 이 경제는 현재 단기균형의 상태에 있으며, $Y\neq Y_f$이므로 장기균형상태에 있지 않다.

② 장기 총공급곡선은 기술충격 등 자연실업률을 움직이는 외생변수의 변화가 없다면 움직이지 않는다.

④ 현재 단기균형은 $Y>Y_f$인 경기과열상태이다.

## 12  오답률 6%  정답 ②

| 영역 미시경제학>시장조직이론 | 난도 하 |

정답의 이유

② 독점기업은 우하향하는 수요곡선을 가지고 있다. 이 말은 독점기업이 가격결정력(price-setting)을 가지고 있다는 것을 의미한다. 상품의 가격을 높일수록 더 적은 소비자가 이를 소비하려고 하는 것이다. 독점기업이 해당 재화를 개당 5만 원에 판매하고 있는 경우, 추가로 더 많은 재화를 시장에서 판매하게 되면 이때의 한계수입은 5만 원보다 작다. 5만 원에 파는 재화를 현재보다 많이 팔려고 하는 경우, 재화의 가격을 5만 원보다 낮추어야 한다는 것이다. 즉, 한계수입이 현재가격인 5만 원보다 작은 이유는 수요곡선(평균수입곡선)이 우하향하기 때문이다.

오답의 이유

① · ④ 기업의 생산방식에 따라 한계비용은 증감할 수도, 일정할 수도 있다.

③ 평균비용은 증가할 수도, 감소할 수도 있다. 평균비용의 증감은 규모의 경제와 관련이 있다.

## 13  오답률 32%  정답 ③

| 영역 거시경제학>인플레이션과 실업 | 난도 중 |

정답의 이유

③ 희생비율 $=\dfrac{\Delta GDP}{\Delta \text{인플레이션율}}$ 으로 정의된다. 단기 필립스곡선은 우하향하는데, 그 기울기가 급할수록 인플레이션율이 1%포인트 올라갈 때 감소하는 실업률의 크기가 크다. 실업률의 크기가 커지면 오쿤의 법칙에 따라 GDP가 크게 감소한다. 따라서 단기 필립스곡선의 기울기가 급할수록 인플레이션율 1%포인트를 낮추기 위해 필요한 GDP %포인트의 감소분으로 표시되는 희생비율이 높아진다.

오답의 이유

① 필립스곡선의 기본식은 $\pi=\pi^e-\alpha(u-u_n)$이다. 예상인플레이션율($\pi^e$)의 상승은 단기 필립스곡선을 위쪽으로 이동시킨다.

② 부(-)의 공급충격이 발생하면 단기 총공급곡선이 좌측으로 이동한다. 단기 필립스곡선은 위쪽으로 이동할 것이다. 모든 실업률 수준에서 대응되는 인플레이션율이 상승하기 때문이다.

④ 단기 필립스곡선의 기울기가 급할수록 단기 총공급곡선의 기울기도 급해진다. 단기 필립스곡선의 기울기가 급하다는 것은 실업률이 1%포인트 증가할 때 인플레이션율이 크게 감소한다는 것을 의미한다. 이는 총수요-총공급 모형에서 균형국민소득이 1%포인트 감소할 때 물가수준이 크게 감소한다는 것과 개념적으로 동일하다.

## 14  오답률 5%  정답 ②

| 영역 거시경제학>총수요 · 총공급이론 | 난도 하 |

정답의 이유

② 중앙은행이 국공채시장에서 국공채를 매입하는 공개시장 조작 정책을 실시한 경우, 국공채 시장에서는 국공채의 수요가 늘어나 국공채의 가격이 상승한다. 국공채 수익률은 국공채의 가격과 반비례하므로 국공채 수익률은 하락한다. 중앙은행이 국공채를 매입하는 공개시장 조작을 실시하면 중앙은행이 발행하는 본원통화량이 늘어나 시중의 통화량은 증가한다.

**15** 오답률 30%  정답 ③

영역 미시경제학>시장조직이론  난도 중

정답의 이유

③ 제3급 가격차별은 독점기업이 구분되는 2개의 시장을 가지는 경우 두 시장에 서로 다른 가격을 매겨 이윤을 극대화하는 것을 말한다. 3급 가격차별에서 독점기업의 이윤극대화 원리는 $MR_A = MR_B = MC$이다. 문제의 경우 독점기업이 상품의 가격을 A시장에서는 1,500원으로 책정하였고, A시장에서 수요의 가격탄력성은 3이다. 아모로소-로빈슨 공식에 따르면, $MR = P(1-\frac{1}{\epsilon})$이다. A시장의 상황을 이에 대입하면 $MR_A = 1,500(1-\frac{1}{3}) = 1,000$이다.

$MR_A = MR_B$이므로 B시장에서 책정해야하는 가격을 구하면,

$1,000 = P_B(1-\frac{1}{2})$

$\therefore P_B = 2,000$

 **합격생의 필기노트**

아모로소-로빈슨 공식

아모로소-로빈슨 공식이란 한 기업이 결정하는 가격과 한계 수입, 수요의 가격탄력성에 관한 관계를 나타내는 식이다.

$$MR = P\left(1-\frac{1}{\epsilon}\right)$$

도출 과정은 다음과 같다.

$$TR = P \times Q \rightarrow \frac{\partial TR}{\partial Q} = \frac{\partial P}{\partial Q}Q + \frac{\partial Q}{\partial Q}P = \frac{\partial P}{\partial Q}\frac{Q}{P}P + P = P\left(1-\frac{1}{\epsilon}\right)$$

완전경쟁시장에서는 $MR = P$이고, 이론적으로 수요의 가격탄력성 $\epsilon = \infty$이므로 의미를 가지지 않으나, 독점시장에서의 가격은 $P > MR$이고, 수요의 가격탄력성이 1보다 큰 구간에서 단기균형이 형성되므로 이 공식을 활용할 수 있다.

**16** 오답률 25%  정답 ②

영역 미시경제학>시장실패와 정보경제학  난도 중

정답의 이유

② 사회적 관점에서 최적의 생산량은 사회적 한계편익과 사회적 한계비용이 같아지는 수준(SMB=SMC)에서 결정된다. 또한 사회적 한계비용은 사적 한계비용에 외부적 한계비용을 더한 값으로 정의된다(SMC=PMC+MEC). 문제의 경우, $TC=0.5Q^2+10Q$이므로 $PMC=Q+10$이다. MEC=20이므로 SMC=PMC+MEC=Q+30이다.

- 시장수요 : Q=30-0.5P (P=60-2Q)
- 사회적 한계편익 : SMB=60-2Q
- 사회적 한계비용 : SMC=Q+30

$\therefore Q^* = 10$

**17** 오답률 6%  정답 ③

영역 국제경제학>외환시장과 국제수지  난도 하

정답의 이유

③ 현재 국제시장의 쌀 공급곡선은 P=4에서 형성되어 있다. 만약 정부가 수입쌀에 대해 50%의 관세를 부과한다면, 수입가격은 P'=6이 된다. P'=6일 때 공급량은 $Q_S$=30이고, 수요량은 $Q_D$=60이므로 수입량은 $Q_D - Q_S$=30이 된다. 수입단위당 관세의 크기는 2이 되므로, 관세수입은 2×3=60이다. $\therefore P'=6$

**18** 오답률 8%  정답 ④

영역 거시경제학>화폐금융이론  난도 하

정답의 이유

④ 불황기의 평균소비성향은 호황기에 감소한다.

오답의 이유

① 프리드먼의 항상소득이론에 따르면 소비는 항상소득에 따라 결정되는데, 이 항상소득을 결정할 때 미래소득도 고려한다. 프리드먼도 미래의 예측 가능한 소득의 가중치를 고려하므로 미래 전망적 소비함수라고 할 수 있다.

② 소비자들은 다기간 모형에서 효용극대화를 위해 소비를 일정한 수준에서 유지하고자 한다.

③ 일시적인 소득세 감면은 지속적인 소득세 감면보다 소비지출 증대 효과가 작다. 일시적인 소득세 감면은 임시소득은 증가시키나, 항상소득에는 영향을 주지 못하기 때문이다.

**19** 오답률 34%  정답 ④

영역 거시경제학>동태경제이론  난도 중

정답의 이유

④ 균제상태란 1인당 자본과 1인당 생산의 성장률이 일정하게 유지되는 상태를 의미한다. 솔로우 성장 모형에서 균제상태는 다음과 같이 도출된다.

$\dot{k} = sy - (n+\delta)k = 0$

문제의 값을 대입하면

$0.2y = 0.1k \rightarrow 0.2 \times (2k^{\frac{1}{2}}) = 0.1k$

$\therefore k^* = 16$

## 20 오답률 25%　　　　　　　　　　　　　　　정답 ②

| 영역　거시경제학>총수요 · 총공급이론 | 난도 중 |

정답의 이유

② 리카도의 대등정리가 성립하지 않는 경우의 대표적인 상황으로 소비자들이 유동성제약에 직면한 경우가 있다. 소비자들이 유동성제약 상태에 있다면 차입이 자유롭지 않아 1기의 소비를 더 이상 늘리지 못하며, 1기의 조세감면 또는 국채발행이 소비자의 소비에 영향을 미칠 수 있다.

오답의 이유

① 정부지출의 규모가 동일하게 유지되면서 조세감면이 이루어지면 합리적 경제주체들은 차기 조세 증가를 예상하여 가처분소득의 증가분을 모두 저축한다.

③ 리카도의 대등정리에 따르면 재정적자는 장기뿐만 아니라 단기에서조차 아무런 경기팽창 효과를 내지 못한다. 재정적자는 다음 기 조세 증가를 일으키므로, 이를 예상한 합리적 소비자들이 이번 기의 소비를 줄이기 때문이다.

④ 리카도의 대등정리는 정부지출의 재원조달 방식이 조세든, 국채든 상관없이 경제에 미치는 영향에 차이가 없다는 이론이다.

2018.03.24. 시행

# 서울시 7급 경제학 정답 및 해설

문제편 081p

## 정답 체크

| 01 | 02 | 03 | 04 | 05 | 06 | 07 | 08 | 09 | 10 |
|----|----|----|----|----|----|----|----|----|----|
| ③ | ③ | ③ | ② | ② | ④ | ② | ③ | ④ | ③ |
| 11 | 12 | 13 | 14 | 15 | 16 | 17 | 18 | 19 | 20 |
| ② | ① | ④ | ① | ① | ① | ② | ④ | ④ | ① |

## My Analysis

| 총 맞힌 개수 | 개 |
|----|----|
| 획득 점수 | 점 |
| 약한 영역 | |

※ '약한 영역'에는 문항별 체크리스트 상에서 자신이 가장 많이 틀린 영역을 표시해두고, 추후에 해당 영역을 집중적으로 학습하시는 데 활용하시기 바랍니다.

## 문항별 체크리스트

| 문항 | 문항 영역 | 맞힘 | | 틀림 | |
|----|----|----|----|----|----|
| | | A | B | C | D |
| 01 | 미시경제학>생산요소 시장이론과 소득분배 | | | | |
| 02 | 미시경제학>수요 · 공급 이론 | | | | |
| 03 | 미시경제학>시장조직 이론 | | | | |
| 04 | 미시경제학>생산자이론 | | | | |
| 05 | 거시경제학>총수요 · 총공급이론 | | | | |
| 06 | 미시경제학>생산요소 시장이론과 소득분배 | | | | |
| 07 | 미시경제학>시장조직 이론 | | | | |
| 08 | 거시경제학>인플레이션과 실업 | | | | |
| 09 | 거시경제학>동태경제 이론 | | | | |
| 10 | 거시경제학>화폐금융론 | | | | |
| 11 | 미시경제학>시장조직 이론 | | | | |
| 12 | 미시경제학>시장조직 이론 | | | | |
| 13 | 미시경제학>게임이론 | | | | |
| 14 | 국제경제학>외환시장과 국제수지 | | | | |
| 15 | 거시경제학>총수요 · 총공급이론 | | | | |
| 16 | 거시경제학>거시경제학 의 기초 | | | | |
| 17 | 미시경제학>시장실패와 정보경제학 | | | | |
| 18 | 국제경제학>국제무역 이론과 무역정책 | | | | |
| 19 | 거시경제학>화폐금융론 | | | | |
| 20 | 거시경제학>동태경제 이론 | | | | |

| 미시경제학 | / 10 | 거시경제학 | / 8 |
|----|----|----|----|
| 국제경제학 | / 2 | | |

*A : 알고 맞힘
 B : 찍어서 맞힘
 C : 의도 · 내용 파악 부족
 D : 매번 틀리는 유형

안심Touch

**01** 오답률 25% 　　　　　　　　　　　　　　　정답 ③

영역 미시경제학>생산요소시장이론과 소득분배　　난도 중

정답의 이유

③ 앳킨슨 지수란 균등분배의 전제하에서 지금의 사회후생수준을 가져다 줄 수 있는 평균소득이 얼마인가를 주관적으로 판단하고 그것과 한 나라의 1인당 평균소득을 비교하여 그 비율을 따져보는 것이다. 앳킨슨 지수는 평가자의 주관적 가치판단을 고려하는 지수로 소득분배가 불평등하다고 여길수록 지수가 커진다. 완전 균등한 소득분배의 경우 앳킨슨 지수값은 0이다.

오답의 이유

① 10분위분배율은 전체 가구를 소득의 크기에 따라 정렬한 후 가구들을 10등분하고, 하위 소득 계층 40% 가구의 총소득을 상위 소득 계층 20% 가구의 총소득으로 나눈 값이다. 분자의 최하위 40% 소득 계층의 소득 점유율이 커지면 10분위분배율이 커진다. 즉 값이 커질수록 소득분배는 평등하다.

② 지니계수는 로렌츠 곡선과 그래프 중심 선 간의 넓이 비율로 나타나는데, 그 값이 클수록 불평등하다.

④ 로렌츠 곡선은 하위 x%의 가구가 y%의 소득이 분배될 때의 확률 분포를 누적 분포 함수의 그래프로 나타낸 것이다. 로렌츠 곡선이 대각선에 가까워질수록 소득분배는 평등하다.

**02** 오답률 6% 　　　　　　　　　　　　　　　정답 ③

영역 미시경제학>수요·공급이론　　　　　　난도 하

정답의 이유

③ 소비자 또는 산자 누구에게 조세를 부과하느냐에 따라 소비자부담과 생산자부담의 크기가 달라지는 것이 아니다. 소비자와 생산자 간의 조세부담 차이는 소비자와 생산자의 가격탄력성으로 결정된다. 이를 두고 조세의 법적 귀착과 경제적 귀착은 독립적이라고 한다.

오답의 이유

① 우상향하는 공급곡선의 경우, 수요의 가격탄력도가 클수록 생산자부담은 커진다. 수요의 가격탄력도가 클수록 소비자가 가격상승에 대해 소비량 감소로 대응하기 쉽다는 의미이므로 생산자부담이 커진다.

② 우하향하는 수요곡선의 경우, 공급의 가격탄력도가 작을수록 공급자는 가격변화에 대해 민감하게 대응하지 못하므로, 상대적으로 소비자부담은 작아진다.

④ 수요가 가격변화에 대해 완전탄력적이라면, 조세부담은 모두 생산자가 부담하게 된다. 가격탄력도와 상대적인 조세부담 정도는 반비례한다.

**03** 오답률 29% 　　　　　　　　　　　　　　　정답 ③

영역 미시경제학>시장조직이론　　　　　　　난도 중

정답의 이유

③ 먼저 시장균형가격을 구하면 다음과 같다.

$Q^d = 50 - P$

$Q^s = 5P - 10$

$P^* = 10$

완전경쟁시장이므로 개별기업들은 시장의 가격을 주어진 그대로 받아들이는 가격수용자(price-taker)이다. 개별기업의 최적생산량은 P=MR=MC에서 결정될 것이다. 개별기업의 평균비용곡선으로부터 총비용을 도출하고, 한계비용을 도출하면 다음과 같다.

$AC(Q) = Q + \dfrac{2}{Q} + 2$

$TC = Q^2 + 2 + 2Q$

$MC = 2Q + 2$

$P = MC \rightarrow 10 = 2Q + 2$

$\therefore Q_{개별} = 4$

**04** 오답률 53% 　　　　　　　　　　　　　　　정답 ②

영역 미시경제학>생산자이론　　　　　　　　난도 상

정답의 이유

② 규모의 경제는 $\dfrac{dAC}{dQ} < 0$이 성립하는지에 따라 결정된다. 현재 주어진 표로는 규모의 경제가 성립하는지 알 수 없다. 규모의 경제와 규모에 대한 수익불변(감소, 증가)는 서로 관련이 없다.

오답의 이유

① 규모에 대한 수익불변(CRS)이란 hf(L, K)=f(hL, hK)가 성립하는 것을 의미한다. 문제의 경우, 노동과 자본이 모두 1, 2, 3으로 증가할 때, 생산물의 양 또한 100, 200, 300으로 일정하게 증가하는 것을 알 수 있다. 따라서 hf(L, K)=f(hL, hK) (h=1, 2, 3)이 성립하므로 규모에 대한 수익불변이라고 할 수 있다.

③ 자본의 한계생산 체감은 동일한 노동량에 대하여 자본량이 1, 2, 3이 될 때 한계적으로 증가하는 생산물의 양이 작아지므로 성립한다고 할 수 있다. 예를 들어, 노동량이 1인 경우에 자본량이 1, 2, 3으로 증가할 때 한계생산물은 30(=130-100), 20(=150-130)으로 감소한다.

④ 노동의 한계생산 체감은 동일한 자본량에 대하여 노동량이 1, 2, 3이 될 때 한계적으로 증가하는 생산물의 양이 작아지므로 성립한다고 할 수 있다.

## 05 오답률 5%  정답 ②

영역 거시경제학>총수요·총공급이론  난도 하

정답의 이유

② IS : $Y = 1200 - 60r$

$\dfrac{M^d}{P} = Y - 60r$

$\dfrac{M^s}{P} = 400$(통화량=800, 물가=2)

LM : $\dfrac{M^d}{P} = \dfrac{M^s}{P} = Y = 400 + 60r$

IS-LM 균형 : $Y^* = 800$, $r^* = \dfrac{20}{3}$

통화량 1,200으로 증가 후

$\dfrac{M^s}{P} = 600$(통화량=1200, 물가=2)

LM' : $\dfrac{M^d}{P} = \dfrac{M^s}{P} = Y = 600 + 60r$

IS-LM' 균형 : $Y^{**} = 900$, $r^{**} = 5$

따라서 Y 증가분은 100(=900-800)이다.

## 06 오답률 7%  정답 ④

영역 미시경제학>생산요소시장이론과 소득분배  난도 하

정답의 이유

④ 먼저 산삼 소비량에 관한 대체효과와 소득효과를 분석한다.

• 대체효과 : 쌀 가격은 변함없고, 산삼의 가격이 상승한다면 대체효과로 쌀의 소비량은 상대적으로 증가하고 산삼 소비량은 감소할 것이다.

• 소득효과 : 산삼의 가격 상승으로 산삼의 생산량은 증가할 것이다. 이때 산삼을 생산하는 데 소요되는 노동수요 역시 증가한다. 따라서 노동거래량이 증가하며 임금이 상승한다. 이때 실질소득의 상승이 있으므로 산삼의 소비는 결과적으로 증가할지 감소할지 알 수 없다. 노동시간에 대한 대체효과와 소득효과를 분석한다.

• 대체효과 : 산삼 가격 상승 시 임금의 상승으로 대체효과는 노동의 공급을 증가시킨다.

• 소득효과 : 임금의 상승으로 실질소득이 증가하였으므로 소득효과는 노동공급을 감소시킨다. 따라서 노동시간도 늘릴지 줄일지 알 수 없다.

## 07 오답률 10%  정답 ②

영역 미시경제학>시장조직이론  난도 하

정답의 이유

② 독점적 경쟁시장에서 기업들은 비슷하지만 차별화된 제품을 생산하므로 가격결정력(price-setting)이 있다. 따라서 우하향하는 수요곡선을 가지고 있으며, 이에 따라 한계수입곡선도 우하향한다.

오답의 이유

① 독점적 경쟁시장의 기업들은 자신의 제품에 대해 어느 정도의 독점력을 가진다. 거래량을 늘리면 그만큼 가격이 하락하고, 거래량을 줄이면 가격이 상승하는 것이다. 따라서 개별기업은 우하향하는 수요곡선을 직면한다.

③ 독점적 경쟁시장에서 기업들은 차별화된 제품을 판매하기 위해 광고나 애프터서비스 등 비가격경쟁을 펼치게 된다.

④ 독점적 경쟁시장에서 기업들은 자유로운 진입과 퇴출이 가능하다. 따라서 장기적으로는 초과이윤을 누리지 못한다. 또한 장기에 장기평균총비용곡선과 수요곡선이 만나는 지점에서 생산을 하는데, 그 점은 U자형의 장기평균총비용곡선의 최저점 왼쪽에 놓이게 된다. 따라서 초과설비가 존재한다.

## 08 오답률 9%  정답 ③

영역 거시경제학>인플레이션과 실업  난도 하

정답의 이유

③ 잠재GDP에 해당하는 실업률을 자연실업률이라고 한다. 자연실업률은 기대 인플레이션율과 실제 인플레이션율이 같을 때 실업률의 값이다. 자연실업률은 4.4%이다.

$\pi = \pi^e$일 때, $0.5u = 2.2$

$\therefore u_n = 4.4\%$

오답의 이유

① 기대인플레이션율이 변화 없이 실제 인플레이션율이 전기에 비해 1%p 감소하면 필립스곡선은 다음과 같이 변한다. 이때의 실업률은 6.4%이다.

$\pi - \pi^e = -0.5u + 2.2 \rightarrow \pi - \pi^* = -1\%p = -0.5u + 2.2$

$\therefore u = 6.4\%$

② 기대인플레이션율이 상승하면 단기필립스곡선이 상방으로 이동한다. 장기필립스곡선은 자연실업률에서 수직이므로 변함이 없을 것이다.

④ 실업률이 5%라면, 실업률이 자연실업률보다 높은 상황이다. $u > u_n$이므로 실제 인플레이션율은 기대인플레이션율보다 작다($\pi < \pi^e$).

**09** 오답률 53%  정답 ④

영역 거시경제학>동태경제이론  난도 상

정답의 이유

ㄱ. 해로드-도마 성장 모형은 노동과 자본의 대체탄력성이 0인 레온티에프 생산함수를 가정한다. 따라서 완전고용에서 균형성장이 가능하다고 본다. 하지만 기본적으로 균형으로 도달할 가능성이 낮아서 불안정한 경제성장 모형으로 평가받는다.

ㄴ. 솔로우 성장 모형은 장기적으로 생산요소 간의 기술적 대체가 가능함을 전제한다. 노동과 자본이 대체가능한 콥-더글라스 생산함수를 가정하고 있기 때문이다. 이를 통해 장기적으로 자본주의 경제의 안정적 성장을 설명한다.

ㄷ. 내생적 성장이론은 국가 간의 국민소득이 수렴하지 못하는 상황을 내생변수 간의 상호작용으로 설명한다. 수렴가설을 지지한 솔로우 모형에 대한 보완으로 등장하였다.

**10** 오답률 10%  정답 ③

영역 거시경제학>화폐금융론  난도 하

정답의 이유

③ 유동성함정에서는 이자율이 매우 낮은 상황에서 투기적 동기의 화폐수요 이자율 탄력성이 무한대가 되는 상황을 의미한다. 따라서 화폐수요곡선은 수평이 된다.

오답의 이유

① 채권의 가격은 이자율과 반비례의 관계에 있다. 유동성 함정에서는 이자율이 매우 낮은 상황이므로 채권의 가격이 매우 높아 더 이상 높아지지 않으리라 예상한다.

② 유동성 함정에서는 LM곡선이 수평이 되므로 통화량의 증가로 국민소득을 증가시키는 통화정책이 효과가 없다.

④ 유동성 함정이란 추가되는 화폐공급이 모두 투기적 수요로 흡수되는 것을 의미한다.

**11** 오답률 7%  정답 ②

영역 미시경제학>시장조직이론  난도 하

정답의 이유

② 꾸르노 경쟁에서 과점 기업들은 상대방의 현재 생산량을 정해진 것으로 보고 자신의 생산량을 결정하는 방식으로 경쟁한다. 가격을 전략변수로 경쟁하는 과점 모형은 베르뜨랑 모형이다.

오답의 이유

① 최소효율규모는 평균비용 곡선의 최저점에서 생산하는 구조를 의미한다.

③ 부당염매행위란 일시적으로 출혈을 감수하면서 파격적으로 낮은 가격을 책정하여 경쟁기업을 퇴출시키는 것을 의미한다. 경쟁기업이 없어진 이후에는 독점기업이 되어 가격 결정력을 행사할 것이다.

④ 자연독점이란 규모의 경제 하에서 발생하며, 초기에 고정투입비용이 매우 큰 경우에 두 개 이상의 기업이 살아남기 힘들어 형성된 독점체계이다.

**12** 오답률 55%  정답 ①

영역 미시경제학>시장조직이론  난도 상

정답의 이유

① $P=12-\frac{1}{2}Q$

$MR=12-Q$

$MC=2$

$MC+t=4$

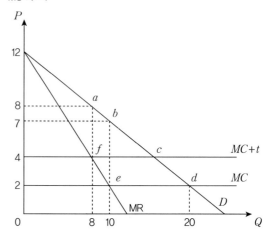

• 조세부과 전 균형점 : b(10, 7)
• 기존 DWL의 크기 : △bde = 25
• 조세부과 후 균형점 : a(8, 8)
• 변한 DWL의 크기 : △acf = 36

따라서 조세부과로 인한 초과부담의 추가분은 11이다.

**13** 오답률 5%  정답 ④

영역 미시경제학>게임이론  난도 하

정답의 이유

④ 문제의 경우, 내쉬균형은 갑과 을이 각각 A전략과 C전략을 취한 경우이다(5,15). 내쉬균형은 파레토 효율적이라고 할 수 있다. 파레토 효율적이란 것은 파레토 개선이 불가능한 상태를 의미하는데, 어느 누구도 손해를 감수하지 않으면서 한 명 이상이 이득을 볼 수 있는 것을 파레토 개선이라고 한다. 현재 내쉬균형 상태에서는 파레토 개선이 불가능하므로, 파레토 효율적이라고 할 수 있다.

① 두 기업 모두 우월전략을 가진다. 갑은 A전략이, 을은 C전략이 우월전략이다.

② 각 경기자 모두 우월전략을 가지는 경우, 죄수의 딜레마 상황이 아니다. 죄수의 딜레마 상황이란 각 경기자가 선택한 상황 이외에 파레토 개선이 존재해야하는 상황을 의미한다.

③ 우월전략균형이기 때문에 다른 경기자의 선택을 미리 아는 경우와 모르는 경우 같은 선택을 하게 된다.

## 14 오답률 10%   정답 ①

영역 국제경제학>외환시장과 국제수지   난도 하

정답의 이유

① 구매력 평가설이 성립한다면 A국가와 B국가의 물가와 환율 간에 다음의 관계가 성립할 것이다. $P_A = eP_B$, $\frac{\Delta P_A}{P} = \frac{\Delta e}{e} + \frac{\Delta P_B}{P_B}$. 만약 명목환율 e가 매년 10%씩 상승한다면, 매년 $\frac{\Delta e}{e} = \frac{\Delta P_B}{P_B} - \frac{\Delta P_A}{P_A} = 10\%$이다. 따라서 A국인 미국보다 B국인 한국의 물가상승률이 더욱 높다고 할 수 있다.

## 15 오답률 10%   정답 ①

영역 거시경제학>총수요·총공급이론   난도 하

정답의 이유

① 재정정책의 효과가 큰 경우는, IS곡선이 가파르고, LM곡선이 완만한 경우이다. 투자수요의 이자율탄력성이 작을수록 IS이 가파르고, 화폐수요의 이자율탄력성이 클수록 LM곡선이 완만하다. 따라서 투자수요는 비탄력적이고, 화폐수요는 탄력적인 경우 재정정책을 통한 효과가 크다. 구체적으로 살펴보면, 재정정책을 시행했을 때 이자율 상승으로 인한 구축효과가 작을수록 효과가 크다. 화폐수요의 이자율탄력성이 크다는 것은 재정정책 시행 시 화폐수요 증가에 따른 이자율 상승 폭이 작다는 것이다. 또한 투자수요의 이자율탄력성이 작다는 것은, 이자율이 상승했을 때 투자의 감소폭이 작다는 것이다. 구축효과의 크기가 작아지므로, 재정정책의 효과가 커진다.

## 16 오답률 12%   정답 ①

영역 거시경제학>거시경제학의 기초   난도 하

정답의 이유

① 파셰지수란, 물가를 측정할 때 비교 시점의 생산량을 기준으로 물가의 변화를 측정하는 것이다$\left(\frac{P_1 Q_1}{P_0 Q_1}\right)$. 대표적으로 GDP 디플레이터가 파셰지수이다. 파셰지수는 해마다 다른 가중치를 적용한다. 이에 대비하여 라스파이레스 지수는 기준연도의 생산량을 기준으로 물가의 변화를 측정한다$\left(\frac{P_1 Q_0}{P_0 Q_0}\right)$. 대표적으로 소비자물가지수(CPI)가 라스파이레스 지수를 활용한다.

오답의 이유

② 파셰지수는 해마다 변화하는 가중치를 적용한다.

③ GDP 디플레이터 = $\frac{명목\ GDP}{실질\ GDP}$이다.

④ 라스파이레스지수는 해마다 같은 가중치(기준연도의 생산량)을 적용한다.

## 17 오답률 6%   정답 ②

영역 미시경제학>시장실패와 정보경제학   난도 하

정답의 이유

② 노숙자들에 대한 자원봉사는 노숙자의 상황 개선이라는 것을 의도하고 행한 활동이라고 할 수 있다. 따라서 의도치 않은 긍정적 결과가 나타난 것이 아니므로 외부경제라고 할 수 없다.

오답의 이유

① 외부불경제란 한 사람의 경제활동이 다른 사람에게 의도치 않은 피해를 입히는 것을 의미한다. 학교 주변에 고가도로가 건설되어 소음 등의 피해가 일어난다면, 고가도로 건설에 따라 의도하지 않은 피해가 다른 경제주체에게 일어난 것이므로 외부불경제라 할 수 있다.

③ 노후 경유차의 운행으로 공기 중에 미세먼지가 증가하였다면, 이는 경유차 운행의 의도하지 않은 결과로 피해를 입힌 것이므로 외부불경제이다.

④ 내가 만든 정원이 의도하지 않게 다른 사람에게 즐거움을 주었다면 외부경제라고 할 수 있다.

**18** 오답률 56%    정답 ④

| 영역 | 국제경제학>국제무역이론과 무역정책 | 난도 상 |

정답의 이유

④ A는 하루에 6시간, B는 하루에 10시간씩 일을 할 수 있으며, 주어진 표는 각 사람이 하루에 생산할 수 있는 물고기와 커피의 양을 나타낸 것이다. 먼저 A와 B가 동일한 시간(1시간)을 투입하였을 때 생산할 수 있는 양을 나타내면 다음과 같다.

| 1시간 생산량 | 물고기(kg) | 커피(kg) |
| --- | --- | --- |
| A | 2(=12/6) | 2(=12/6) |
| B | 1.5(=15/10) | 3(=30/10) |

이를 A, B 각각이 해당 재화를 생산하는데 드는 기회비용으로 나타내면 다음과 같다.

| 1시간 생산량 | 물고기(kg) | 커피(kg) |
| --- | --- | --- |
| A | 커피 1kg | 물고기 1kg |
| B | 커피 2kg | 물고기 1/2kg |

기회비용이 낮은 재화에 비교우위가 있으므로 A는 물고기에, B는 커피에 비교우위가 있다. 교역조건을 살펴보면, 물고기 1kg 당 커피 1kg~2kg 사이에서 무역이 일어난다. 따라서 물고기 1kg당 커피 1.5kg과 교환하면 A, B 모두에게 이익이다.

오답의 이유

① A국은 물고기에, B국은 커피에 절대우위가 있다.
② 생산가능곡선의 가로축이 물고기, 세로축이 커피인 경우 기울기는 물고기 생산의 기회비용을 나타낸다. A국이 물고기 생산의 기회비용이 더 낮으므로 기울기가 더 완만하게 된다.
③ 생산가능곡선은 우하향하는 직선이다. 기회비용이 일정하기 때문이다.

**19** 오답률 11%    정답 ④

| 영역 | 거시경제학>화폐금융론 | 난도 하 |

정답의 이유

④ 단순 케인지안 모형의 승수는 $\frac{1}{1-b}$(b는 한계소비성향)이다. 하지만 현실 경제에서 승수는 조세가 소득의 증가함수인 점, 수입이 소득의 증가함수인 점, 등의 이유로 승수가 작아진다. 투자가 소득의 증가함수가 되면 총수요 증가는 투자를 증가시키고, 증가한 투자는 다시 국민소득을 상승시킨다. 이를 유발투자라고 한다. 이 효과로 인해 승수는 더욱 커지게 되므로 승수를 크게 하는 요인이라고 할 수 없다.

오답의 이유

① 조세가 소득의 증가함수이기 때문에 정부지출의 증가로 인한 총수요 증가 중 일부분이 누출하게 되어 승수가 작아진다.
② 수입의 존재는 정부지출 증가로 인한 총수요 증가 중 일부분이 타국으로 누출되게 하여 승수를 작게 한다.
③ 화폐수요가 이자율에 감소함수인 경우에, 정부지출의 증가는 이자율을 증가시키고 이는 투자를 감소시켜 승수를 작아지게 만든다.

**20** 오답률 33%    정답 ①

| 영역 | 거시경제학>동태경제이론 | 난도 중 |

정답의 이유

① 성장회계식에 따르면 $\frac{\Delta Y}{Y}=\frac{\Delta A}{A}+\alpha\frac{\Delta K}{K}+\beta\frac{\Delta L}{L}$이다. 문제에 따르면

$\frac{\Delta A}{A}=1\%$, $\frac{\Delta K}{K}=5\%$, $\frac{\Delta L}{L}=5\%$이고, $\alpha=0.6$, $\beta=0.4$이다.

$\frac{\Delta Y}{Y}=1\%+0.6\times5\%+0.4\times5\%=6\%$

노동자 1인당 소득의 증가율은 다음과 같이 구한다.

$I=\frac{Y}{L}$, $\frac{\Delta I}{I}=\frac{\Delta Y}{Y}-\frac{\Delta L}{L}$

$\therefore \frac{\Delta I}{I}=6\%-5\%=1\%$

2017.06.24. 시행

# 2017

# 서울시 7급 경제학 정답 및 해설

문제편 085p

## 정답 체크

| 01 | 02 | 03 | 04 | 05 | 06 | 07 | 08 | 09 | 10 |
|----|----|----|----|----|----|----|----|----|----|
| ③ | ④ | ① | ① | ④ | ① | ③ | ② | ① | ② |
| 11 | 12 | 13 | 14 | 15 | 16 | 17 | 18 | 19 | 20 |
| ② | ④ | ④ | ④ | ① | ③ | ③ | ③ | ④ | ② |

## My Analysis

| 총 맞힌 개수 | 개 |
|----|----|
| 획득 점수 | 점 |
| 약한 영역 | |

※ '약한 영역'에는 문항별 체크리스트 상에서 자신이 가장 많이 틀린 영역을 표시해두고, 추후에 해당 영역을 집중적으로 학습하시는 데 활용하시기 바랍니다.

## 문항별 체크리스트

| 문항 | 문항 영역 | 맞힘 A | 맞힘 B | 틀림 C | 틀림 D |
|----|----|----|----|----|----|
| 01 | 미시경제학>소비자이론 | | | | |
| 02 | 거시경제학>화폐금융론 | | | | |
| 03 | 미시경제학>일반균형이론 | | | | |
| 04 | 거시경제학>동태경제이론 | | | | |
| 05 | 미시경제학>시장실패와 정보경제학 | | | | |
| 06 | 미시경제학>수요 · 공급이론 | | | | |

| 07 | 거시경제학>국민소득 결정이론 | | | | |
|----|----|----|----|----|----|
| 08 | 국제경제학>국제무역 이론과 무역정책 | | | | |
| 09 | 국제경제학>외환시장과 국제수지 | | | | |
| 10 | 미시경제학>게임이론 | | | | |
| 11 | 거시경제학>국민소득 결정이론 | | | | |
| 12 | 미시경제학>생산자이론 | | | | |
| 13 | 거시경제학>국민소득 결정이론 | | | | |
| 14 | 미시경제학>시장실패와 후생경제학 | | | | |
| 15 | 거시경제학>외환시장과 국제수지 | | | | |
| 16 | 거시경제학>국민소득 결정이론 | | | | |
| 17 | 거시경제학>인플레이션과 실업 | | | | |
| 18 | 미시경제학>수요 · 공급이론 | | | | |
| 19 | 미시경제학>시장조직이론 | | | | |
| 20 | 거시경제학>총수요 · 총공급이론 | | | | |

| 미시경제학 | / 9 | 거시경제학 | / 9 |
|----|----|----|----|
| 국제경제학 | / 2 | | |

* A : 알고 맞힘
  B : 찍어서 맞힘
  C : 의도 · 내용 파악 부족
  D : 매번 틀리는 유형

**01** 오답률 8% 　　　　　　　　　　　　　　　　　정답 ③

영역 미시경제학>소비자이론 　　　　　　　　　　　　난도 하

정답의 이유

③ 무차별곡선이 원점에 대해서 볼록하다는 것은 한계대체율 체감의 법칙이 성립하고 있다는 것을 의미한다. 한계대체율이란 같은 효용 수준에서 x재를 1단위 더 소비하기 위해 줄여야 하는 y재의 양을 의미하며, 이는 그 점에서의 기울기와 개념적으로 같다. 무차별곡선이 원점에 대해서 볼록하다는 것은 그 기울기가 x재가 많아질수록 완만해진다는 것이며, 이는 한계대체율이 체감하고 있다는 것을 의미한다.

오답의 이유

① 무차별곡선은 교차하지 않는다. 무차별곡선이 교차한다면 이행성의 원리가 성립하지 않는다는 것이다. 이행성의 원리란 X를 Y보다 선호하고 Y를 Z보다 선호한다면 X는 Z보다 선호되어야 한다는 것을 의미한다 $(X > Y$ and, $Y > Z \rightarrow X > Z)$. 이행성의 원리가 성립한다면 무차별곡선은 교차하지 않는다.

② 완전대체재의 경우 무차별곡선은 직선이다. 일반적인 경우 원점에 대해 볼록하고, 완전보완재의 경우 ㄴ자형이다.

④ 두 재화 중 한 재화가 비재화(bads)인 경우에는 상품조합이 비재화(bads) 축에서 멀리 떨어질수록, 재화(goods) 축에 가까워질수록 더 높은 효용 수준을 나타낸다.

 **합격생의 필기노트**

무차별곡선과 선호체계 공리

• 완비성 : 평면상의 어느 한 점은 반드시 하나의 무차별곡선에 포함된다.
• 이행성 : 무차별곡선은 교차하지 않는다.
• 단조성 : 무차별곡선은 원점에서 멀어질수록 큰 효용을 보여준다.
• 연속성 : 무차별곡선은 어디에서나 조밀하다.

**02** 오답률 5% 　　　　　　　　　　　　　　　　　정답 ④

영역 거시경제학>화폐금융론 　　　　　　　　　　　　난도 하

정답의 이유

④ 협의통화(M1)은 민간이 보유하고 있는 현금통화에 은행에 있는 요구불예금을 더한 것으로 정의된다(M1 = C + D, C = 현금통화, D = 요구불예금). 문제의 경우 C가 100만 원 줄어들고, D가 100만 원 늘어나는 경우이므로 M1에는 변화가 없다.
본원통화란 중앙은행으로부터 풀려나가는 일차적인 화폐 공급을 뜻한다. 중앙은행이 발행하는 본원통화량에 변화가 없다.

**03** 오답률 9% 　　　　　　　　　　　　　　　　　정답 ①

영역 미시경제학>일반균형이론 　　　　　　　　　　　　난도 하

정답의 이유

ㄱ. 효용가능경계상의 모든 점에서는 소비의 효율성, 생산의 효율성, 종합적 효율성이 모두 달성된 상태이다. 따라서 사람들의 한계대체율이 동일하며, 이 한계대체율과 생산에서의 한계변환율도 일치한다($MRS^{A}_{XY}$ $= MRS^{B}_{XY} = MRT_{XY}$).

오답의 이유

ㄴ. 경제적 자원이 모두 고용된 상태라고 해도 최대의 효율성이 달성되는 일반균형 상태라고 할 수 없다.

ㄷ. 효용가능곡선에 관한 설명이다. 효용가능곡선(UPC)이란 생산가능곡선상의 한 점에서 생산된 상품의 조합을 사람들 사이에 적절히 배분함으로써 얻을 수 있는 최대 효용수준의 조합을 의미한다. 한편 효용가능경계(UPF)란 효용가능곡선의 포락선을 의미하며 소비와 생산이 동시에 파레토 효율적인 점들을 나타낸다.

**04** 오답률 33% 　　　　　　　　　　　　　　　　　정답 ①

영역 거시경제학>동태경제이론 　　　　　　　　　　　　난도 중

정답의 이유

① R&D 모형에서 기술진보는 지식의 축적을 의미한다. 이러한 지식은 비경합성과 배제성을 가진다. 지적재산권과 같은 방법으로 그 지식의 축적을 가능케 하고, 지식을 발명한 사람의 지대 추구를 보장한다.

오답의 이유

② R&D 모형도 솔로우 모형과 같이 한계수확체감의 법칙을 가정한다. 또한 경제성장의 원동력으로서 기술진보를 인정하는데, 솔로우 모형은 지속적인 기술진보를 영구적인 성장률의 증가로 보고, R&D 모형은 지식의 축적으로 인한 기술진보를 강조한다.

③ AK 모형에서 저축률의 변화는 균제상태에서 수준효과뿐만 아니라 성장효과도 갖게 된다. 솔로우 모형에서의 저축률 변화는 균제상태의 수준을 변화시킬 뿐, 영구적인 성장률의 변화는 유발하지 못한다. AK 모형은 저축률의 변화로도 영구적인 성장률의 변화를 유발할 수 있다.

④ AK 모형에서 인적자본은 경합성과 배제성을 모두 가지고 있다. AK 모형에서 인적자본이란 교육, 훈련 등을 통해 인간에 체화된 자본을 의미한다.

**05** 오답률 35%          정답 ④

| 영역 미시경제학>시장실패와 정보경제학 | 난도 중 |
|---|---|

[정답의 이유]

④ 현재 김 씨가 음악을 트는 행위가 이 씨에게 부정적 외부효과를 미치고 있다. 코우즈 정리에 따르면 외부성 문제는 당사자들의 자발적인 협상과 거래에 의해 해결이 가능하다. 음악을 트는 것에 대한 권리가 이 씨에게 있는 경우, 김 씨가 음악을 트는 것에 대한 최대지불용의는 100(=200-100)이다. 이 씨가 음악을 트는 것에 대해 발생하는 비용은 -50(=50-100)이다. 따라서 김 씨는 이 씨에게 50~100 사이의 돈을 지불하고 음악을 틀 것이다.

[오답의 이유]

① 음악을 트는 것에 대한 권리가 누구에게 있든지 집 안 전체에는 음악이 재생될 것이다.

② 음악을 트는 것에 대한 권리가 이 씨에게 있는 경우, 김 씨는 이 씨에게 50~100 사이의 자금을 지불한다.

③ 음악을 트는 것에 대한 권리가 김 씨에게 있는 경우 그는 음악을 틀 것이다. 김 씨의 최소요구금액이 100, 이 씨의 최대지불용의가 50이므로 자금 거래가 이루어지지 않는다.

**06** 오답률 7%          정답 ①

| 영역 미시경제학>수요·공급이론 | 난도 하 |
|---|---|

[정답의 이유]

① 가격상한제는 시장 균형가격보다 낮은 가격에서 시행된다. 이 경우 쌀 공급이 소폭 증가했을 때, 시장 균형가격이 여전히 가격상한선보다 높다면, 쌀 공급량이 늘어나므로 쌀 거래량이 늘어나고, 가격은 변함없다. 거래량이 늘어나므로 규제로 인한 자중후생손실이 감소한다.

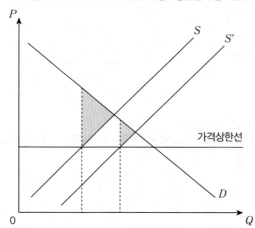

[오답의 이유]

② 시장에서의 거래가격은 가격상한선에서 동일하다.

③ 공급자잉여는 증가한다.

④ 소비자잉여는 증가한다.

**07** 오답률 10%          정답 ③

| 영역 거시경제학>국민소득결정이론 | 난도 하 |
|---|---|

[정답의 이유]

③ 디플레이션 갭 또는 인플레이션 갭의 기준은 완전고용국민소득수준이다. 따라서 임의의 국민소득 수준에서 총수요가 완전고용국민소득수준에 미치지 못할 때 디플레이션 갭이 존재한다고 본다.

[오답의 이유]

① 투자의 승수효과는 $\frac{1}{1-MPC}$, MPC=한계소비성향이다. 한계소비성향과 한계저축성향을 더하면 1이다. 한계저축성향이 클수록 한계소비성향이 작아지므로 투자의 승수효과는 작아진다.

② 디플레이션 갭이 존재하면 경기가 침체되어 있다는 뜻이다. 따라서 실업이 유발된다고 할 수 있다.

④ 정부지출승수는 $\frac{1}{1-MPC}$이고, 조세승수는 $\frac{MPC}{1-MPC}$이다. 정부지출승수가 조세승수보다 크므로 정부지출 증가가 조세감면보다 국민소득 증가에 미치는 영향이 더 크다. 정부지출을 직접적으로 늘려 총수요를 증가시키는 것보다 조세감면의 효과가 작은 이유는 조세감면으로 늘어난 가처분소득만큼 모두 소비하는 것이 아니라, 한계소비성향만큼 소비하기 때문이다.

**08** 오답률 7%          정답 ②

| 영역 국제경제학>국제무역이론과 무역정책 | 난도 하 |
|---|---|

[정답의 이유]

② 생산가능곡선의 기울기는 X재 생산을 1단위 늘릴 때 포기해야 하는 Y재의 개수를 의미하므로, X재의 기회비용과 개념적으로 동일하다. A국의 생산가능곡선의 기울기는 5(=1/0.2)이고, B국의 생산가능곡선의 기울기는 20(=1/0.05)이다. X재 생산의 기회비용은 A국이 더 낮으므로, A국은 X재에 비교우위가 있고, B국은 Y재에 비교우위가 있다. 교역조건을 살펴보면, X재와 Y재의 거래에서 서로 합의할 수 있는 X재의 가격은 Y재 5개에서 20개 사이이다. 정답은 Y재 11개가 적절하다.

**09** 오답률 11%          정답 ①

| 영역 국제경제학>외환시장과 국제수지 | 난도 하 |
|---|---|

[정답의 이유]

① 먼델-플레밍 모형에서 자본시장이 완전히 개방되어 있고 고정환율제도를 취하고 있는 국가인 경우를 가정하고 있다. 이때, 정부가 재정지출을 증가하면 IS곡선이 우측으로 이동하여 국내 이자율이 상승한다. 이로 인해 해외로부터 자본 유입이 발생한다. (국내 이자율이 국제 이자율보다 높으므로) 외환시장에서는 외화의 공급이 증가하여 외화 가치가 하락하고 환율의 하락 압력이 발생한다. 이때 고정환율제도를 유지하기 위해서는 중앙은행은 외화를 매입하여 외환시장의 수요를 증가시켜야 한다.

**10** 오답률 25%　　　　　　　　　　　　　　　　정답 ②

영역 미시경제학>게임이론　　　　　　　　　　　　난도 중

정답의 이유

② 순차형 게임의 풀이는 역진귀납법(backward induction)을 활용하여야
한다. A사가 먼저 선택하고, B사가 A사의 결정을 확인하고 선택을 하
게 된다. 역진귀납법에 따라서 (가)를 살펴보면, A사가 윗줄기를 선택
하였을 때 B사가 (나)를 선택하지 않고 (가)를 선택할 유인이 없다. 따
라서 A사가 윗줄기를 선택하였을 때 (나)가 최종 결론이 된다.

(다)의 경우를 보면, A사가 밑줄기를 선택하였을 때 B사가 (라)를 선택
하지 않고 (다)를 선택할 유인이 없다. 따라서 A사가 밑줄기를 선택하
였을 때 (라)가 최종 결론이 된다.

이 모든 결론을 알고 있는 A사는 (라)의 경우보다 (나)의 경우 자신이
얻는 이윤이 크므로(80>50) A사는 윗줄기를 선택하고, 부분게임완전
내쉬균형은 (나)이다.

**11** 오답률 30%　　　　　　　　　　　　　　　　정답 ②

영역 거시경제학>국민소득결정이론　　　　　　　　난도 중

정답의 이유

② 자본이동이 완전한 소규모 개방경제이고, 정부재정이 균형예산이므로
G=T이다. 또한 상품수지가 균형이므로 NX(=X-M)=0이다. 주어진
정보를 Y=C+I+G+NX에 대입하면 다음과 같다.

$$Y=250+0.75(Y-aY)+750+aY$$

$$Y=5000이므로$$

$$\therefore a=0.2$$

**12** 오답률 34%　　　　　　　　　　　　　　　　정답 ④

영역 미시경제학>생산자이론　　　　　　　　　　　난도 중

정답의 이유

④ 평균가변비용곡선(AVC)이 U자형이라면, AVC의 최저점은 평균총비용
곡선(ATC)의 최저점보다 왼쪽에 위치한다. 그 이유는 ATC는 평균고정
비용(AFC)과 AVC의 합이기 때문이다. AFC는 고정비용을 생산량으로
나눈 것으로, 생산량이 작은 경우에는 그 값이 크지만, 생산량이 증가
함에 따라 점점 작아진다. 따라서 AVC의 최저점은 ATC의 최저점보다
더 낮은 생산량 수준에서 발생한다.

오답의 이유

① 매몰비용이란 이미 지출해서 회수할 수 없는 비용을 말한다. 조업을 중
단하더라도 남아 있는 계약 기간 동안 지불해야 하는 임대료는 회수
불가능한 것이므로 매몰비용이다.

② 한계비용은 U자형인 평균총비용곡선의 최저점을 통과한다.

③ 한계수확체감 현상이 발생하고 있는 경우, 생산량이 증가함에 따라 한
계비용이 체증한다.

**13** 오답률 29%　　　　　　　　　　　　　　　　정답 ④

영역 거시경제학>국민소득결정이론　　　　　　　　난도 중

정답의 이유

④ GDP를 계산하는 방법 중 하나는 생산 단계별 추가된 부가가치를 모두
더하는 것이다. 문제의 경우, 밀, 밀가루, 빵의 생산단계가 존재한다. 다
음 표는 밀, 밀가루, 빵 각각의 생산단계에서 창출된 부가가치를 나타
낸 것이다.

| 구분 | 밀 | 밀가루 | 빵 |
|---|---|---|---|
| 최종생산물 가치 | 2000 | 1600<br>(=800+800) | 3200 |
| 비용 | 0 | 1000<br>(밀 구입) | 800<br>(밀가루 구입) |
| 부가가치<br>(최종생산물 가치-비용) | 2000 | 600 | 2400 |

따라서 각 생산단계별 부가가치의 합은 2000+600+2400=5000억
원이다.

**14** 오답률 35%　　　　　　　　　　　　　　　　정답 ④

영역 미시경제학>시장실패와 후생경제학　　　　　　난도 중

정답의 이유

④ 단순 공리주의에 따르면 두 사람 간의 효용의 합이 최대가 되는 최대
다수 최대효용을 추구할 것이다. 따라서 형과 동생이 5만 원을 어떻게
분배하느냐에 따라 두 사람의 효용의 합이 최대가 되는 분배 방식을
선택해야 한다.

| 형 소득 | 0 | 1 | 2 | 3 | 4 | 5 |
|---|---|---|---|---|---|---|
| 동생 소득 | 5 | 4 | 3 | 2 | 1 | 0 |
| 형 효용 | 0 | 60 | 70 | 80 | 90 | 100 |
| 동생 효용 | 70 | 50 | 30 | 20 | 10 | 0 |
| 총 효용 | 70 | 110 | 100 | 100 | 100 | 100 |

따라서 형은 1만 원을 가지고, 동생에게 4만 원을 나누어 주는 경우 총
효용이 극대화된다. 매일 동생에게 나누어 주는 금액은 4만 원이다.

 **합격생의 필기노트**

사회후생함수의 종류

• 공리주의 사회후생함수 : $W=U_A+U_B$ (1의 기울기를 갖는 우하향
하는 직선 형태, 최대다수의 최대효용)

• 롤스의 사회후생함수 : $W=\min(U_A, U_B)$ (L자형의 레온티에프 사
회후생함수, 최소수혜자의 최대효용)

• 평등주의 사회후생함수 : $W=U_A \times U_B$ (원점에 대해 볼록한 사회
후생함수, 소득계층에 따라 다른 가중치를 분배함)

## 15 오답률 56% 정답 ①

영역 거시경제학>외환시장과 국제수지 　　　　난도 상

[정답의 이유]

① 피셔방정식은 $i=r+\pi^e$이 성립한다는 것이다. 구매력평가설은 $e=\dfrac{P}{P^*}$ ($P^*$는 해외물가)가 성립한다는 것이다. 구매력평가설에 따르면 $P=eP^*$이고, $\dfrac{\Delta P}{P}=\dfrac{\Delta e}{e}+\dfrac{\Delta P^*}{P^*}$이다. 여기서 $\dfrac{\Delta P}{P}=\pi$(물가상승률)이다. 문제에 따르면 A국의 명목이자율은 6%, B국의 명목이자율은 4%, 양국의 실질이자율은 동일하다.

$i_A=r+\pi^e_A=6\%$

$i_B=r+\pi^e_B=4\%$

$\pi^e_A-\pi^e_B=2\%$

양국의 기대인플레이션율 차이는 2%p이고, $\dfrac{\Delta P_A}{P_A}-\dfrac{\Delta P_B}{P_B}=\dfrac{\Delta e}{e}=2\%$ 이므로 A국 기준으로 환율이 2% 상승한다. 이는 곧 A국 통화가치가 B국의 통화에 비해 2% 떨어진다는 것을 의미한다.

## 16 오답률 63% 정답 ③

영역 거시경제학>국민소득결정이론 　　　　난도 상

[정답의 이유]

③ 자본의 사용자 비용 공식에 따르면 투자는 자본의 증가로 표현된다. t기의 투자($I_t$)는 t기의 자본량($K_t$)에서 t−1기의 자본량($K_{t-1}$)을 뺀 것이다.

$I_t=K_t-K_{t-1}$

최적 자본량을 도출하면, $MP_K \cdot P=(r+\delta)P_K$

문제에서 주어진 정보를 대입하면 다음과 같다.

- 실질이자율이 10%인 경우
  $(50-0.1K_0)200=(0.1+0.05)10000$
  $\therefore K_0=425$
- 실질이자율이 5%인 경우
  $(50-0.1K_1)200=(0.05+0.05)10000$
  $\therefore K_1=450$
  $I_t=K_1-K_0$이므로
  $\therefore I_1=25$

---

📖 **합격생의 필기노트**

자본의 사용자비용 모형

투자 주체가 투자 과정에서 자본재 한 단위를 추가적으로 투입할 때 인식하게 되는 기회비용을 사용자비용이라고 한다. 최적 자본량은 사용자비용과 자본재의 한계생산물가치가 같아지는 수준에서 결정된다.

- 명목 사용자비용 : $P_K \cdot i + P_K \cdot \delta + (-P_K \cdot \pi^e)$
  　　　　　　　　$=P_K(i+\delta-\pi^e)$
  　　　　　　　　$=P_K(r+\delta)$
- 자본의 한계생산물가치 : $P \cdot MP_K$
- 최적 자본량의 도출 : $P_K(r+\delta)=P \cdot MP_K$

## 17 오답률 6% 정답 ③

영역 거시경제학>인플레이션과 실업 　　　　난도 하

[정답의 이유]

③ 프리드만과 펠프스가 제시한 기대가 부가된 필립스 곡선에서 인플레이션에 대한 예측은 적응적 기대 방식으로 이루어진다. 적응적 기대란 과거의 자료를 바탕으로 예상오차를 조금씩 수정하여 미래를 예측하는 것이다. 예를 들어 작년 인플레이션을 통해 올해를 추정해보는 것이 이에 해당된다.

[오답의 이유]

① 총공급을 감소시키는 충격은 실업과 인플레이션 모두를 증가시킨다. 따라서 총공급 측면에서의 충격에서는 실업과 인플레이션의 상충관계가 나타나지 않는다.

② 미래 인플레이션에 대한 합리적 기대에서라도 예상하지 못한 확장적 통화정책은 단기적으로 실제 실업률을 자연실업률보다 낮은 수준으로 하락시킬 수 있다. 그러나 이는 매우 단기간일 것이다.

④ 총공급곡선이 우상향하는 경우 재정확대 정책은 필립스 곡선 자체의 이동이 아닌 필립스 곡선 상의 이동(실업은 감소하고 인플레이션은 증가하는)을 일으킬 것이다.

## 18 오답률 55% 정답 ③

영역 미시경제학>수요·공급이론 　　　　난도 상

[정답의 이유]

③ 자동차 시장의 수입 개방 이전의 균형은 (40만대, 2억 원)이다. 개방 이후 가격은 1억 원으로 낮아지고, 거래량은 60만대로 증가하였다. 소비자잉여의 변화를 파악하면 다음과 같다.

기존 소비자잉여 $=\dfrac{1}{2}\times 40\times 2=40$

변화 후 소비자잉여 $=\dfrac{1}{2}\times 60\times 3=90$

국내 소비자잉여는 40에서 90으로 2배 이상 증가하였다.

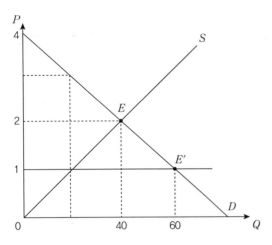

오답의 이유

① 국내 소비자잉여는 40에서 90으로 50만큼 증가하였고, 생산자잉여는 40에서 10으로 30만큼 감소하였다.

② 국내 사회적잉여의 증가분은 20(소비자잉여 증가분−생산자잉여 감소분)이고, 국내 생산자잉여 감소분은 30이므로 후자가 크다.

④ 국내 사회적잉여 증가분은 20이다. 국내 소비자잉여 증가분 50의 절반 미만이다.

## 19 오답률 33%                                정답 ④

영역 미시경제학>시장조직이론                   난도 중

정답의 이유

④ A, B가 담합을 통해서 독점적 이윤을 얻게 된다면, A, B 두 기업이 합쳐진 기업을 하나의 독점기업으로 보고 가격과 생산량을 도출하면 된다.

시장수요함수 $Q=32-0.5P(P=64-2Q)$

$MR=64-4Q$

$MC=24$

$MR=MC$, $Q^*=10$, $P^*=44$

$\pi=PQ-TC=44\times(32-0.5\times44)-24\times10=200$

독점기업의 이윤이 200이므로 A, B가 균등하게 이윤을 나누면 기업 A가 얻는 이윤은 100이다.

## 20 오답률 5%                                 정답 ②

영역 거시경제학>총수요 · 총공급이론              난도 하

정답의 이유

② 재정확대 정책은 총수요를 확장시키는 정책으로 자연산출량 증대를 일으킬 수 없다. 자연산출량은 영구적인 기술진보나 인구증가, 천연자원의 발견 등이 있어야 변화한다.

오답의 이유

① 이자율을 높이면 투자가 감소하여 총수요가 감소한다. 따라서 스태그플레이션으로 인해 높아진 실업률을 보다 높일 수 있다.

③ 재정확대 정책을 실시하면 총수요가 증가하여 현재보다 물가 수준이 더욱 높아질 것이다.

④ 스태그플레이션이 발생하였을 때 아무 조치도 취하지 않는다면, 침체가 장기화될 수 있다.

공무원

객관식 경제학

기출문제집

+빈출계산문제 50선

# PART 4

## 국회직 8급 정답 및 해설

2021.04.24. 시행

# 국회직 8급 경제학 정답 및 해설

문제편 092p

## 정답 체크

| 01 | 02 | 03 | 04 | 05 | 06 | 07 | 08 | 09 | 10 |
|---|---|---|---|---|---|---|---|---|---|
| ⑤ | ⑤ | ② | ③ | ④ | ① | ② | ④ | ① | ② |
| 11 | 12 | 13 | 14 | 15 | 16 | 17 | 18 | 19 | 20 |
| ④ | ② | ④ | ① | ② | ⑤ | ③ | ③ | ④ | ④ |
| 21 | 22 | 23 | 24 | 25 | | | | | |
| ① | ③ | ① | ② | ⑤ | | | | | |

## My Analysis

| 총 맞힌 개수 | 개 |
|---|---|
| 획득 점수 | 점 |
| 약한 영역 | |

※ '약한 영역'에는 문항별 체크리스트 상에서 자신이 가장 많이 틀린 영역을 표시해두고, 추후에 해당 영역을 집중적으로 학습하시는 데 활용하시기 바랍니다.

## 문항별 체크리스트

| 문항 | 문항 영역 | 맞힘 | | 틀림 | |
|---|---|---|---|---|---|
| | | A | B | C | D |
| 01 | 거시경제학>거시경제학의 기초 | | | | |
| 02 | 미시경제학>소비자이론 | | | | |
| 03 | 미시경제학>소비자이론 | | | | |
| 04 | 미시경제학>소비자이론 | | | | |
| 05 | 미시경제학>생산요소 시장이론과 소득분배 | | | | |
| 06 | 미시경제학>생산자이론 | | | | |
| 07 | 미시경제학>시장실패와 정보경제학 | | | | |
| 08 | 거시경제학>동태경제이론 | | | | |
| 09 | 미시경제학>소비자이론 | | | | |
| 10 | 거시경제학>화폐금융론 및 인플레이션과 실업 | | | | |
| 11 | 미시경제학>시장실패와 정보경제학 | | | | |
| 12 | 거시경제학>국민소득 결정이론과 총수요·총공급이론 | | | | |
| 13 | 국제경제학>국제무역 이론과 무역정책 | | | | |
| 14 | 거시경제학>거시경제학의 기초 | | | | |
| 15 | 거시경제학>일반균형 이론 및 후생경제학 | | | | |
| 16 | 미시경제학>수요·공급 이론 | | | | |
| 17 | 미시경제학>생산자이론 | | | | |
| 18 | 미시경제학>시장실패와 정보경제학 | | | | |
| 19 | 국제경제학>외환시장과 국제수지 | | | | |
| 20 | 거시경제학>인플레이션과 실업 | | | | |
| 21 | 거시경제학>거시경제학의 기초 | | | | |
| 22 | 거시경제학>거시경제학의 기초 | | | | |
| 23 | 국제경제학>국제무역 이론과 무역정책 | | | | |
| 24 | 거시경제학>거시경제학의 기초 | | | | |
| 25 | 거시경제학>인플레이션과 실업 | | | | |

| 미시경제학 | / 11 | 거시경제학 | / 11 |
|---|---|---|---|
| 국제경제학 | / 3 | | |

* A : 알고 맞힘     B : 찍어서 맞힘
  C : 의도·내용 파악 부족     D : 매번 틀리는 유형

**01** 오답률 5%                                          정답 ⑤

| 영역 | 거시경제학>거시경제학의 기초 | 난도 하 |

정답의 이유

⑤ 조세와 국제무역이 존재하지 않는 가장 단순한 모형에서 $Y=C+I+G$이고 이를 정리하면 $Y=\dfrac{1}{(1-c)}[I+G]$이다. $dY=d\dfrac{1}{(1-c)}G=$ 1,750억 원이고, $c=0.60$이므로 $d2.5G=1750$이다. 따라서 $dG=700$억 원이다.

**02** 오답률 10%                                         정답 ⑤

| 영역 | 미시경제학>소비자이론 | 난도 하 |

정답의 이유

⑤ 해당 함수는 레온티에프 함수로 X재와 Y재의 소비비율이 일정하다. 따라서 상대가격이 변화하더라도 X재와 Y재를 1:2비율로 소비하는 최적의 소비 선택에 영향을 미치지 않는다.

오답의 이유

① 같은 효용을 달성할 때, X재와 Y재의 비율을 판단한다. 효용 2를 달성할 때, X재는 1단위, Y재는 2단위가 필요하며 이는 소비자 A가 X재와 Y재를 1:2 비율로 소비한다는 것이다.

② 해당 함수는 레온티에프 함수이므로 어느 한 상품의 소비 증가만으로 효용이 높아지지 않는다. 가령 X=1일 때, Y>2인 구간에서 Y재 소비가 증가하더라도 소비자 A의 효용은 2로 동일하다.

③ 레온티에프 함수는 소비 비율이 정해지는 함수이다. 따라서 X재 가격이 Y재 가격보다 낮더라도 X재를 상대적으로 많이 소비하는 것은 아니다. 이는 수요함수를 통해서도 파악할 수 있다. 가령 소비자 A의 X재 수요함수와 Y재 수요함수는 $\dfrac{M}{Px+2Py}$로 동일하다.(단 Px는 X재 가격, Py는 Y재 가격, M은 소득) 따라서 Px가 Py보다 낮더라도 X재를 많이 소비하는 것은 아니다.

④ 해당 레온티에프 함수는 $Y=2X$에서 한계대체율이 정의되지 않으며 $Y>2X$에서 한계대체율은 무한대이며 $Y<2X$에서 한계대체율은 0이다.

**03** 오답률 15%                                         정답 ②

| 영역 | 미시경제학>소비자이론 | 난도 하 |

정답의 이유

② 소비자 A의 소득은 현재에만 발생하므로, 현재에는 저축자이자 미래에는 차입자가 된다. 이자율 상승 시 A점을 기준으로 예산선이 바깥쪽으로 회전이동한다. 대체효과로 인하여 현재 소비는 감소하고 미래 소비는 증가하며, 소득효과로 인하여 현재 소비와 미래 소비가 모두 증가한다. 따라서 미래 소비는 증가한다.

오답의 이유

① 선지 ②를 참고하면 현재 소비는 대체효과로 감소하고, 소득효과로 증가한다. 따라서 현재 소비는 불분명하다.

③ 대체효과는 소비자 A의 현재 소비를 감소시킨다.

④ 소비자 B의 경우 소득이 현재와 미래가 동일하므로 다음과 같은 예산선을 지닌다. 소비자 B는 효용함수의 특성에 따라 이자율 상승의 효과가 상이하다.

| 구분 | 저축자 | 차입자 |
|---|---|---|
| 대체효과<br>(저축자와 차입자가 동일) | 현재 소비 감소,<br>미래 소비 증가 | 현재 소비 감소,<br>미래 소비 증가 |
| 소득효과<br>(저축자와 차입자가 상이) | 현재 소비 증가,<br>미래 소비 증가 | 현재 소비 감소,<br>미래 소비 감소 |

이자율 상승 시 소득효과는 소비자가 저축인 경우 현재 소비를 증가시키고 차입자인 경우 현재 소비를 감소시킨다.

⑤ 소비자 B가 저축자인 경우 미래 소비는 증가하고, 차입자인 경우 미래 소비는 불분명하다.

**04** 오답률 8%                                          정답 ③

| 영역 | 미시경제학>소비자이론 | 난도 하 |

정답의 이유

③ Y재 수요함수는 예산식에 X재 수요함수를 대입함으로써 도출할 수 있다. 예산선은 $P_xQ_x+P_yQ_y=I$ 이고 $Q_x=\dfrac{I}{3P_x}$를 대입하면, $Q_y=\dfrac{2I}{3P_y}$이다.

Y재 수요의 소득탄력성은 $Em=\dfrac{dQy}{dI}\times\dfrac{I}{Qy}=\dfrac{2}{3P_y}\times\dfrac{3P_y}{2}=1$이다.

오답의 이유

① 수요함수의 형태를 미루어 해당 함수가 콥더글라스 효용함수임을 알 수 있다. 콥더글라스 효용함수의 경우 소득에서 해당 재화를 소비하는 소비액의 비율이 일정하다는 특징을 가지며, 해당 효용함수는 X재에 소득의 $\dfrac{1}{3}$을, Y재에 소득의 $\dfrac{2}{3}$를 지출한다. 이는 해당 재화의 수요함수의 양변에 해당 재화의 가격을 곱하여 나타낼 수도 있다. 가령 X재의 경우 $P_xQ_x=\dfrac{2}{3}I$, Y재의 경우 $P_yQ_y=\dfrac{1}{3}I$이다.

② 수요가 가격에 단위탄력적인 경우 수요의 가격탄력성이 1이다. 수요의 가격탄력성은 $E_p = -\dfrac{dQ}{dP} \times \dfrac{P}{Q}$ 이고, 소비자 A의 X재 수요의 가격탄력성은 $-(-\dfrac{I}{3(P_X)^2} \times \dfrac{3(P_X)^2}{I}) = 1$ 이다.

④ 수요의 교차 탄력성은 $E_c = \dfrac{dQ_X}{dP_X} \times \dfrac{P_X}{Q_Y}$ 이고 Y재 수요의 교차탄력성은 0이다.

⑤ 정상재의 경우 수요의 소득탄력성이 양수이며 Y재 수요의 소득탄력성은 1로 양수이고, X재 수요의 소득탄력성 $\dfrac{dQ_Y}{dI} \times \dfrac{I}{Q_Y} = \dfrac{1}{3P_X} \times \dfrac{3P_X}{I} = 1$ 이므로 양수이다.

## 05 오답률 14%　　　　　　　　　정답 ④

영역 미시경제학>생산요소시장이론과 소득분배　　난도 하

정답의 이유

④ 최저임금이 4,500으로 도입 시 최저임금과 노동공급곡선의 교점. 즉 $4,500 = 2,000 + 5L$을 충족하는 $L = 500$을 기준으로 $MFC_L$이 다르게 인식된다. 고용량이 500이하인 경우 $MFC_L = 4,500$이고, 500초과인 경우 $MFC_L = 2000 + 10L$이 된다.

i) 고용량이 500 이하인 경우

　$8,000 - 10L = 4,500$

　$L = 350$이고 전제와 모순되지 않으므로 정답이다.

ii) 고용량이 500 초과인 경우

　$8,000 - 10L = 2000 + 10L$

　$L = 300$이고 전제와 모순되지 않으므로 오답이다.

최저임금 도입 이후 고용량은 350이 되고, 이를 $MRP_L$에 대입하면 $MRP_L = 4,500$이다. 이는 기존$MRP_L = 5,000$보다 감소하였다.

오답의 이유

① 기업 A가 노동에 대한 수요를 독점하고 있으므로 $MRP_L = MFP_L = 2000 + 10L$에서 고용량이 결정되며 $L = 300$이다.

② 기업 A가 노동에 대한 수요를 독점하고 있으므로 한계수입생산과 임금은 동일하지 않다. 임금은 균형 L을 노동공급곡선에 대입한 3,500에 형성되고 한계수입생산은 $MRP_L$에 균형 L을 대입한 5,000이다.

③ 기존의 고용량은 300인데, 최저임금 도입 시 고용량이 350으로 증가한다.

⑤ 실업은 균형임금에서 노동공급과 실제 고용량의 차이로 도출할 수 있다. 최저임금 도입 이전 임금이 3,500에서 노동공급과 실제 고용량은 모두 300으로 실업이 발생하지 않는다. 최저임금 도입 시 임금은 4,500이고, 해당 임금에서 노동공급은 500이다. 실제 고용량은 $L = 350$이므로 $500 - 350 = 150$이 실업이므로 실업은 증가한다.

## 06 오답률 25%　　　　　　　　　정답 ①

영역 미시경제학>생산자이론　　난도 중

정답의 이유

생산량이 자연수로 정의되어 있으므로 점선택으로 생각하고 풀이한다. 기업의 이윤 $\pi = TR - TC = TR - TFC - TVC$이다. 선지를 활용하여 3개를 생산하는 경우 기업의 이윤을 구하면 $1000 \times 3 - 500 \times 3 - 1000 = 5000$이고, 4개를 생산하는 경우 기업의 이윤은 $1000 \times 4 - 600 \times 4 - 1000 = 6000$이므로 기업은 4개를 생산한다. 한편 기업이 5개를 생산하는 경우 $1000 \times 5 - 700 \times 5 - 1000 = 5000$이므로 기업은 4개를 생산하는 것에서 이탈할 유인이 없다. 또한 장기적으로 동일한 비용 구조를 가진 기업들이 이 시장에서 진입하거나 퇴출할 수 있다면 4개를 생산하는 기업의 이윤이 양수이기 때문에 진입이 발생할 것이다.

## 07 오답률 10%　　　　　　　　　정답 ②

영역 미시경제학>시장실패와 정보경제학　　난도 하

정답의 이유

ⅰ) 정부 미개입시

오염물질로 인한 주민들의 의료 비용곡선을 기업이 고려하지 않으므로

$40 - 0.5Q = 10 + 2Q$

$Q = 12$, $P = 34$

ⅱ) 정부 개입시

오염물질로 인한 주민들의 의료 비용곡선을 고려하므로

$40 - 0.5Q = 10 + 2.5Q$

$Q = 10$, $P = 35$

ⅲ) 사회적 후생의 감소분

$Q = 12$일 때 $SMC = PMC + MEC = 10 + 2.5Q$이고, $SMC = 40$이므로

$(40 - 34) \times 2 \times \dfrac{1}{2} = 6$

## 08 오답률 9%　　　　　　　　　정답 ④

영역 거시경제학>동태경제이론　　난도 하

정답의 이유

ㄴ. 황금률 자본량은 1인당 소비가 극대화되는 자본량 수준을 의미한다.

ㄹ. 인구증가율이 감소하면 필요자본량이 감소하므로 균제상태에서 1인당 산출은 증가한다.

오답의 이유

ㄱ. 균형성장경로에서는 완전고용성장이 이루어진다.

ㄷ. 균제상태에서 1인당 소득은 일정하므로 1인당 소득증가율은 0%이다.

## 09 오답률 10% 　　　　　　　　　　　　　정답 ①

영역 미시경제학>소비자이론 　　　　　　　　　난도 하

정답의 이유

불확실성이 존재하는 경우 기대효용을 기준으로 선택한다. 첫 번째 일자리는 불확실성이 존재하지 않으므로 효용은 U=140이다. 두 번째 일자리는 불확실성이 존재하므로 기대효용을 구하면, $\frac{1}{4} \times 2\sqrt{X} + \frac{3}{4} \times 2\sqrt{3600}$

$= \frac{1}{2}\sqrt{X}+900$이다.

두 번째 일자리를 선택하기 위한 X는 다음과 같다.

$\frac{1}{2}\sqrt{X}+90 \geq 140$

X≥10,000만 원=1억 원

## 10 오답률 15% 　　　　　　　　　　　　　정답 ②

영역 거시경제학> 화폐금융론 및 인플레이션과 실업 　　난도 하

정답의 이유

ㄱ. 경제활동참가율은 15세 이상 인구 중 취업자와 실업자를 합한 경제활동인구의 비율을 의미한다. 전업 학생이 졸업하고 취업하는 경우 취업자가 증가하므로 경제활동참가율은 상승한다.

ㄷ. 고용률은 15세 이상 인구 대비 취업자의 비율을 의미한다. 전업 학생이 졸업하여 바로 취업하면 취업자가 증가하므로 고용률은 상승한다.

ㅁ. 이자율이 오른다는 것은 채권의 수익률이 증가한다는 것이고, 채권의 수익률이 증가한다는 것은 채권 가격이 하락한다는 것과 동일한 의미이다. 가령 2기에 채권 가격이 1,500원이고, 이를 1기에 1,000원에 판매한다면 채권의 수익률은 50%이다. 채권의 수익률이 100%로 증가하는 경우 1기에 750원에 판매되어야 하므로 채권 가격은 감소한다.

오답의 이유

ㄴ. 실업률은 경제활동인구 대비 실업자의 비율을 의미한다. 전업 학생이 바로 취업하는 경우 비경제활동인구가 감소하고 경제활동인구가 증가하므로 실업률은 감소한다.

ㄹ. 통화공급은 신용카드 사용 한도를 포함하지 않는다.

## 11 오답률 13% 　　　　　　　　　　　　　정답 ④

영역 미시경제학> 시장실패와 정보경제학 　　　　　난도 중

정답의 이유

④ 순수전략 내쉬균형은 다른 참가자의 선택이 주어져 있을 때 자신의 최적 전략을 의미하는 내쉬전략 중 전략 변화의 유인이 없는 상태를 의미한다. 9명 모두 기여금을 내지 않는 경우. 다른 참가자가 기여금을 내지 않는데 한 참가자만 기여금을 내는 경우 납부한 기여금을 돌려받지 못하고 공공재 공급도 이루어지지 않으므로 전략 변화의 유인이 없다. 따라서 9명 모두 기여금을 내지 않는 것은 순수전략 내쉬균형이다.

오답의 이유

① 순수전략 내쉬균형은 9명 모두 기여금을 내지 않는 경우와 6명이 기여금을 내는 경우이다. 6명이 기여금을 내는 경우 기여금을 내지 않은 참가자는 기여금을 내면 공공재 공급은 동일하게 나타나나 자신의 기여금만 소비하게 되므로 3순위에서 2순위의 선호로 변화하므로 기여금을 낼 유인이 없다. 기여금을 낸 참가자는 자신이 기여금을 내지 않는 경우 공공재 공급이 이루어지지 않으므로 2순위에서 3순위의 선호로 변화하게 되므로 기여금을 내지 않을 유인이 없다.

② 9명이 모두 기여금을 내지 않는 순수전략 내쉬균형의 경우 공공재 공급은 이루어지지 않는다.

③ 9명 모두 기여금을 내는 경우 한 참가자가 기여금을 내지 않는 경우 공공재 공급은 이루어지되 자신의 기여금을 소비하지 않으므로 2순위에서 1순위로 선호체계가 변화하게 된다. 따라서 기여금을 내지 않는 선택을 할 유인이 있고 이는 순수전략 내쉬균형이 아니다.

⑤ 6명이 기여금을 내는 경우 1순위의 선호를 얻는 경기자는 존재한다.

## 12 오답률 12% 　　　　　　　　　　　　　정답 ②

영역 거시경제학>국민소득결정이론과 총수요 · 총공급이론 　난도 하

정답의 이유

ㄱ. 경제가 유동성 함정에 빠진 경우 LM곡선이 수평이다. 이는 확장적 재정정책을 수행하더라도 이자율 상승을 일으키지 않으므로 구축효과도 나타나지 않게 한다.

ㄴ. 경제정책의 동태적 비일관성이란 최초에 결정한 정책이 시간의 흐름에 따라 최적의 정책이 되지 않아 정책 변동이 일어나는 상황을 의미한다. 최적조세와 같은 재정정책에서도 경제정책의 동태적 비일관성 문제가 발생하며, 가령 신규 부동산 공급이 필요하여 공급업체에 부동산 공급 시 조세를 부과하지 않는다는 정책을 하더라도 부동산이 건설되는 경우 조세를 부과하는 것이 더욱 효율적인 선택이 되어 동태적 비일관성 문제가 발생할 수 있다.

오답의 이유

ㄷ. 재정의 자동안정화장치가 강화되면 IS가 가팔라진다. 구체적으로 비례세를 부과하는 경우 IS곡선은 $Y = c(Y-tY)+I(r)+G$이고, $Y = \frac{1}{(1-c(1-t))}[I(r)+G]$이고 승수는 $\frac{1}{(1-c(1-t))}$이다. 비례세를 부과하지 않는 경우는 $Y = \frac{1}{(1-c)}[I(r)+G]$이고 승수는 $\frac{1}{(1-c)}$이므로 재정의 자동안정화 장치가 강화되면 승수효과가 커진다.

ㄹ. 재정의 자동안정화장치는 정책의 외부시차가 없을지라도 내부시차가 있어 경기효과가 즉각적이지는 않다.

## 13 오답률 60% 　　　　　　　　　　 정답 ④

영역 국제경제학>국제무역이론과 무역정책 　　　　 난도 상

정답의 이유

④ 쿼터를 기업이 갖지 않는다고 보는 경우 기업은 수입쿼터가 부과되면 $Q_d' = Q_d - 40$에 직면하며 $MR' = 410 - 2Q = MC = 50 + 2Q$를 충족하는 Q, P는 $Q' = 90$, $P' = 320$이다. 수입쿼터 도입이전 $MC = 250$이고, 도입 이후 $MC' = 230$이므로 균형에서 한계비용은 감소한다.

오답의 이유

① X재 수입이 금지되어 있는 경우 균형에서 $MC = 50 + 2Q = MR = 450 - 2Q$을 충족하므로 $Q = 100$이고 $MR = 250$이므로 옳지 않다.

② 쿼터제를 도입하는 경우 $Q = 90$이므로 기존의 균형 $Q = 100$과 비교하여 10만큼 감소한다.

③ 쿼터제 도입 이전 $P = 350$이고 쿼터제 도입 이후 $P' = 320$이므로 30만큼 감소한다.

⑤ 국제 거래가격이 230으로 하락하더라도 쿼터제 하에서 쿼터를 기업이 갖지 않는 경우 기업 A의 생산량은 감소하지 않는다.

## 14 오답률 5% 　　　　　　　　　　 정답 ①

영역 거시경제학>거시경제학의 기초 　　　　 난도 하

정답의 이유

소득세율이 20%라는 것은 정액세가 아닌 비례세가 부과되는 것이므로 $C = c(Y - tY)$(단 t는 비례세율)이다. $dC = c(1-t)dY$이므로 $dC = 0.5(1-0.2) \times 30 = 12$만 원이다.

## 15 오답률 62% 　　　　　　　　　　 정답 ②

영역 거시경제학> 일반균형이론 및 후생경제학 　　　 난도 상

정답의 이유

② 교환에서 B에게 모든 협상력이 있다면, A의 현재 효용을 유지하되 자신의 효용을 극대화하는 선택을 할 것이다. A의 효용 $U_A = 2X_A + Y_A = 20$이고 이를 제약식으로 B의 효용극대화점을 도출한다.

Max $U_B$ s.t $2X_A + Y_A = 20$

f.o.c $MRS^B_{XY} = \dfrac{MUx}{MUy} = \dfrac{Y_B^2}{2X_B Y_B} = \dfrac{Y_B}{2X_B} = 2$

$Y_B = 4X_B$

이를 제약식에 대입하면, $2X_A + Y_A = 2(18 - X_B) + (24 - Y_B) = 2(18 - X_B) + (24 - 4X_B) = 20$

$X_B = \dfrac{20}{3}$, $Y_B = \dfrac{80}{3}$이 도출되나, 이는 Y재의 부존량인 24보다 크게 나타나므로 내부해가 아닌 구석해를 가짐을 알 수 있다. 그림을 통해 다음과 같이 도출하는 경우 $X_A = 10$, $Y_A = 0$에 도달한다. 따라서 B는 A에게 X재 2단위를 주고 Y재 4단위를 받을 것이다. 그림에서 A점이 부존량 제약으로 인해 도달하지 못하는 점이고, B점이 구석해로써 도출된 점이다.

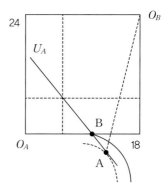

오답의 이유

① 교환이 이루어지기 전 A의 한계대체율은 효용함수가 선형이므로 효용함수의 기울기와 동일한 2이다. B의 한계대체율은 $MRS^B_{XY} = \dfrac{MUx}{MUy} = \dfrac{Y_B^2}{2X_B Y_B} = \dfrac{Y_B}{2X_B} = \dfrac{20}{20} = 1$이다.

③ 교환 후라도 A의 효용함수는 선형 효용함수이므로 한계대체율은 2로 일정하다.

④ 교환 후라도 A의 효용함수가 선형효용함수이므로 Y재에 대한 한계효용은 1로 동일하다.

⑤ 교환 후 B의 X재는 감소하므로 한계효용은 증가한다.

## 16 오답률 10% 　　　　　　　　　　 정답 ⑤

영역 미시경제학>수요 · 공급이론 　　　　 난도 하

정답의 이유

ㄱ. 총잉여는 소비자잉여와 생산자잉여의 합이며, 소비자잉여는 자신이 지불할 용의가 있는 가격에서 시장가격을 뺀 값이며, 생산자잉여는 시장가격에서 자신이 수용할 용의가 있는 가격을 뺀 값이다. 따라서 총잉여는 자신이 지불할 용의가 있는 가격에서 자신이 수용할 용의가 있는 가격을 뺀 값이다. 지불할 용의가 있는 가격은 높은 순으로 40, 30, 20, 10이고 수용할 용의가 있는 가격은 낮은 순으로 15, 20, 30, 40이다. 한 그릇을 판매하는 경우 40 - 15 = 25의 총잉여가 발생하며, 2그릇을 판매하는 경우 (40-15)+(30-20)=35의 총잉여가 발생한다. 3그릇을 판매하는 경우 지불할 용의가 있는 가격보다 수용할 용의가 있는 가격이 높으므로 총잉여는 감소하므로 총잉여를 극대화하기 위한 균형 거래량은 2그릇이다.

ㄷ. 극대화된 총잉여는 (40-15)+(30-20)=35이다.

ㅁ. 총잉여를 극대화하기 위한 균형 거래량은 2그릇이고 지불할 용의가 있는 가격이 낮은 두 소비자가 소비하지 않으면 되므로 A와 B만 소비하지 않아야 한다.

오답의 이유

ㄴ. 2그릇을 판매할 때 총잉여를 극대화 할 수 있으며, 균형가격은 30이다.

ㄹ. 2그릇을 판매하여야 하므로 판매하지 않는 판매자는 2명이어야 한다.

**17** 오답률 29% 　　　　　　　　　　　　　　정답 ③

| 영역 미시경제학>생산자이론 | 난도 중 |
|---|---|

**정답의 이유**

ㄱ. $STC = SAC(Q) \times Q$이고, $SMC = SAC(Q) + \dfrac{dSAC(Q)}{dQ}$이다. 단기 평균비용곡선이 상승할 때 $\dfrac{dSAC(Q)}{dQ} > 0$이므로 $SMC > SAC$이다.

ㄴ. $LTC = LAC(Q) \times Q$이고, $LMC = LAC(Q) + \dfrac{dLAC(Q)}{dQ}$ 장기 평균비용곡선이 하락할 때, $\dfrac{dLAC(Q)}{dQ} < 0$이므로 $LMC < LAC$이다.

ㄹ. 장기 평균비용곡선의 최소점에서 $\dfrac{dLAC(Q)}{dQ} = 0$이므로 $LMC = LAC$이고, 특정 규모의 단기 평균비용곡선과 장기 평균비용곡선은 최소점에서 만나고 장기 평균비용곡선이 상승하는 경우 $LMC > LAC$이고, 특정 규모의 단기 한계비용곡선은 특정 규모의 단기 평균비용곡선과 최소점에서 만나고 특정 규모의 단기 평균비용곡선이 우상향할 때 $SMC > SAC$이다. 또한 장기가 단기보다 한계비용이 낮기에 장기 평균비용곡선의 최소점에서 해당 규모의 단기 한계비용곡선과 장기 한계비용은 교차한다.

**오답의 이유**

ㄷ. 특정 규모의 단기 한계비용곡선이 장기 한계비용곡선과 교차할 때, 해당 규모가 최적 규모라면 단기 한계비용, 장기 한계비용, 단기 평균비용, 장기 평균비용이 모두 일치할 수 있다.

**18** 오답률 8% 　　　　　　　　　　　　　　정답 ③

| 영역 미시경제학>시장실패와 정보경제학 | 난도 하 |
|---|---|

**정답의 이유**

공공재는 특정 규모의 공공재에 대한 소비자들의 지불의사 합과 공공재 생산비용이 같아지는 지점이 사회적으로 최적이다. 특히 특정 규모의 공공재에 대한 소비자들의 지불의사 합이므로 수요곡선을 수평합하는 것이 아니라 수직합하여야 함을 유의한다. 수요곡선을 수직합하는 경우 $P = -\dfrac{1}{2}Q_A + 12$, $P = -\dfrac{1}{3}Q_B + 17+$, $P = -Q_C + 34$이고, 공공재는 모두 동일하게 소비하므로 $Q_A = Q_B = Q_C$ 이므로, $P = -\dfrac{11}{6}Q + 63$이다.

$$-\dfrac{11}{6}Q + 63 = 30$$

$$Q = 18$$

**19** 오답률 32% 　　　　　　　　　　　　　　정답 ④

| 영역 국제경제학>외환시장과 국제수지 | 난도 중 |
|---|---|

**정답의 이유**

④ 국공채 매입시 통화량이 증가하여 외환시장의 초과수요로 환율이 상승하는데, 환율이 상승에 따라 마샬-러너조건을 충족하는 경우 순수출은 증가한다.

**오답의 이유**

① 국공채 매입시 통화량이 증가하여 LM곡선은 단기적으로 우측으로 이동하나, 외환시장의 초과수요로 환율이 상승하며 IS곡선이 우측으로 이동하여 균형이 형성되므로 LM은 원위치로 돌아오지 않는다.

② IS곡선은 외환시장의 초과수요에 따른 환율상승으로 인해 우측으로 이동한다.

③ 자본이동이 완전히 자유롭고 자유변동환율제도를 채택하고 있으므로 환율상승에 따라 국내이자율은 기존 균형과 동일하다.

⑤ 자본이동이 불완전하여 BP가 우상향하나 LM곡선보다 완만한 경우를 상정하면, 국공채 매입으로 LM곡선이 우측으로 이동하는 경우 외환시장의 초과수요로 환율상승이 나타나면서 BP곡선과 LM곡선이 모두 우측으로 이동하여 자본이동이 완전하여 BP가 수평인 경우보다 우측에서 균형이 형성될 수 있다.

**20** 오답률 25% 　　　　　　　　　　　　　　정답 ④

| 영역 거시경제학>인플레이션과 실업 | 난도 중 |
|---|---|

**정답의 이유**

$Min L \ s.t \ u = u_n - (\pi - \pi^e)$

$$\dfrac{d\pi}{du} = \dfrac{12(\pi - 0.01)}{8(u - 0.02)} = 1$$

$$12(\pi - 0.01) = 8(u - 0.02)$$

장기균형에서 $u = u\pi = 0.05$이므로

$$12(\pi - 0.01) = 0.24$$

$$\pi = 0.03 = 3\%$$

## 21 오답률 9%　　　　　　　　　　　　　　　정답 ①

영역 거시경제학>거시경제학의 기초　　　　　　　　　난도 하

정답의 이유

예금통화승수(m) = $\frac{통화량}{본원통화}$ = $\frac{cr+1}{cr+rr}$(단 cr = 민간의 현금보유 비율,

rr = 지급준비율)이고, 가계가 현금을 보유하지 않으므로 cr = 0이다. 따라서 예금통화승수는 $\frac{1}{rr}$ 이다. M = m×H(단 m은 예금통화승수, H는 본원통화, M은 화폐공급량)이고 현재 법정지급준비율이 5%이고 초과지급준비금을 보유하지 않으므로 지급준비율 = 법정 지급준비율이다. 법정지급준비율을 5%인 경우 예금통화승수는 20이고, 법정지급준비율이 10%인 경우 예금통화승수는 10이 되므로 예금통화승수는 10만큼 하락한다. 또한 화폐공급량은 현재 지급준비금이 100이므로 H = 100이고, 법정지급준비율이 5%인 경우의 화폐공급량은 20×100 = 2000이나 법정지급준비율이 10%인 경우의 화폐공급량은 10×100 = 1000이므로 화폐공급량은 1000만큼 감소한다.

## 22 오답률 6%　　　　　　　　　　　　　　　정답 ③

영역 거시경제학>거시경제학의 기초　　　　　　　　　난도 하

정답의 이유

GDP 디플레이터 = $\frac{명목\ GDP}{실질\ GDP}$ ×100이다. 따라서 ㄱ은 5000×0.60이고,

ㄴ은 $\frac{6000}{100}$ ×100 = 6000이다. 따라서 선지 ①, ②, ④를 소거할 수 있다.

ㄷ은 8000 = 실질 GDP×GDP 디플레이터를 충족하여야 하므로 선지 ③, ⑤를 비교하면 선지 ③의 경우 $\frac{8000}{100}$ ×100 = 8000 으로 옳고, 선지

⑤의 경우 $\frac{6000}{\frac{100}{60}×100}$ ×100 ≠ 60000이므로 옳지 않다.

## 23 오답률 35%　　　　　　　　　　　　　　　정답 ①

영역 국제경제학>국제무역이론과 무역정책　　　　　　　난도 중

정답의 이유

ㄱ. 소규모 개방경제에서 수입국이 수입관세와 수입쿼터를 부과하는 경우 수입관세는 수입 시 가격을 관세만큼 상승시키므로 수입가격을 상승시키고, 수입 쿼터의 경우 기존 수입량보다 수입량을 감소시키기에 수입가격을 상승시킨다.

ㄴ. 수입관세를 부과하는 경우 부과 이전에 수입관세가 없었던 것과 비교하여 수입량×단위당 수입관세 만큼 관세수입을 증가시킨다. 수입관세를 부과하는 경우 국내 가격을 상승시키므로 국내 기업의 생산량이 증가하기에 생산자잉여 또한 증가한다.

오답의 이유

ㄷ. 수입국의 경우 국내기업의 생산량과 외국으로 부터의 수입량을 모두 소비하고 있다. 수입쿼터를 부과하는 경우 국내가격이 상승하며 기업은 현재 생산량에서 가격이 상승한 부분을 반영하여 생산자잉여가 증가하나, 소비자잉여는 생산량과 수입량을 모두 반영한 소비량에서 국내가격 상승 부분을 반영하여 소비자잉여가 감소하며, 가격이 상승한 부분은 양자에게 동일하게 반영되므로 소비자잉여의 감소가 생산자잉여의 증가보다 크다.

ㄹ. 수입관세를 부과하여 감소한 수입량만큼 수입쿼터를 부과한다고 생각하면, 자중손실은 동일하며 관세수입은 국내로 귀속되나 수입쿼터의 경우 상대국으로 이득이 귀속되므로 이를 고려하면 수입관세의 부과로 인한 수입국의 순국내손실이 수입쿼터의 부과로 인한 순국내손실보다 크다고 할 수 없다.

## 24 오답률 10%　　　　　　　　　　　　　　　정답 ②

영역 거시경제학>거시경제학의 기초　　　　　　　　　난도 하

정답의 이유

비협조적으로 동시에 가격결정 게임을 하는 경우 베르뜨랑 내쉬균형을 구하는 것이며, 이는 반응곡선을 통해 도출할 수 있다.

Max $\pi_A = p_A q_A - TC_A$

f.o.c $\frac{d\pi_A}{dp_A}$ = $(25 - 2p_A - 0.5p_B) - (-5 + 2.5p_B) = 0$

$BR_A : p_A = \frac{30 - 3p_B}{2}$

Max $\pi_B = p_B q_B - TC_B$

f.o.c $\frac{d\pi_B}{dp_B}$ = $(35 - 2p_B - p_A) - (-5 + 5p_A) = 0$

$BR_B : p_B = \frac{40 - 6p_A}{2}$

이를 연립하면

$p_A = \frac{160}{7}$

## 25 오답률 32%   정답 ⑤

| 영역 거시경제학> 인플레이션과 실업 | 난도 중 |

정답의 이유

⑤ 통화량 증가와 기대 인플레이션 상승 예측으로 인해 총수요곡선 좌측
이동과 총공급곡선 우측이동이 나타나게 되고 인플레이션율은 상승하
나 총생산은 동일하다. 총생산이 동일한 경우 오쿤의 법칙에 의거 실업
률도 동일하다는 것을 알 수 있다.

오답의 이유

① 통화량을 증가시키더라도 생산량은 자연율 수준에 돌아온다.

② 사람들이 인플레이션율을 상승할 것으로 기대하므로 통화량이 증가하
면서 물가수준이 상승한다. 실질화폐잔고 $L = L(Y, R)$에서는 $Y$는 자연율
상태로 회귀하므로 동일하나 $R = r + \pi$에서 $\pi$가 상승하므로 $R$이 하락
하고 실질화폐잔고는 증가한다.

③ 장기에는 총공급곡선이 수직이므로 물가는 상승하나 총생산에는 영향
을 주지 못한다.

④ 기대 인플레이션에 의한 단기 총공급 곡선의 좌측이동으로 총수요 증
가 효과가 사라진다.

# 2020 국회직 8급 경제학 정답 및 해설

문제편 099p

## 정답 체크

| 01 | 02 | 03 | 04 | 05 | 06 | 07 | 08 | 09 | 10 |
|----|----|----|----|----|----|----|----|----|----|
| ③ | ⑤ | ⑤ | 정답 없음 | ② | ① | ⑤ | ① | ④ | ③ |
| 11 | 12 | 13 | 14 | 15 | 16 | 17 | 18 | 19 | 20 |
| ② | ① | ② | ④ | ④ | ③ | ② | ③ | ④ | ② |
| 21 | 22 | 23 | 24 | 25 | | | | | |
| ① | ③ | ② | ③ | ⑤ | | | | | |

## My Analysis

| 총 맞힌 개수 | 개 |
|---|---|
| 획득 점수 | 점 |
| 약한 영역 | |

※ '약한 영역'에는 문항별 체크리스트 상에서 자신이 가장 많이 틀린 영역을 표시해두고, 추후에 해당 영역을 집중적으로 학습하시는 데 활용하시기 바랍니다.

## 문항별 체크리스트

| 문항 | 문항 영역 | 맞힘 A | 맞힘 B | 틀림 C | 틀림 D |
|----|----|----|----|----|----|
| 01 | 미시경제학>생산자이론 | | | | |
| 02 | 거시경제학>총수요·총공급이론 | | | | |
| 03 | 미시경제학>시장실패와 정보경제 | | | | |
| 04 | 미시경제학>소비자이론 | | | | |
| 05 | 미시경제학>소비자이론 | | | | |
| 06 | 미시경제학>생산자이론 | | | | |
| 07 | 미시경제학>소비자이론 | | | | |
| 08 | 거시경제학>총수요·총공급이론 | | | | |
| 09 | 거시경제학>총수요·총공급이론 | | | | |
| 10 | 거시경제학>거시경제학의 기초 | | | | |
| 11 | 국제경제학>외환시장과 국제수지 | | | | |
| 12 | 국제경제학>국제무역이론과 무역정책 | | | | |
| 13 | 거시경제학>거시경제학의 기초 | | | | |
| 14 | 미시경제학>시장실패와 정보경제학 | | | | |
| 15 | 거시경제학>국민소득 결정이론 | | | | |
| 16 | 미시경제학>수요·공급이론 | | | | |
| 17 | 미시경제학>수요·공급이론 | | | | |
| 18 | 거시경제학>총수요·총공급이론 | | | | |
| 19 | 미시경제학>생산자이론 | | | | |
| 20 | 미시경제학>생산자이론 | | | | |
| 21 | 거시경제학>국민소득 결정이론 | | | | |
| 22 | 거시경제학>동태경제이론 | | | | |
| 23 | 거시경제학>국민소득 결정이론 | | | | |
| 24 | 미시경제학>시장조직이론 | | | | |
| 25 | 국제경제학>외환시장과 국제수지 | | | | |

| 미시경제학 | / 12 | 거시경제학 | / 10 |
|---|---|---|---|
| 국제경제학 | / 3 | | |

* A : 알고 맞힘    B : 찍어서 맞힘
  C : 의도·내용 파악 부족    D : 매번 틀리는 유형

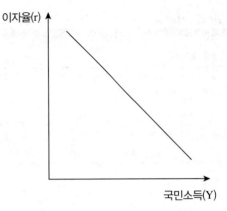

## 01 오답률 35%      정답 ③

**영역 미시경제학>생산자이론**    난도 중

[정답의 이유]

독점기업이 규제로 인해 이윤을 극대화하고 있지 못하는 상황이므로, 현 상태의 이윤과 극대화 된 이윤 간의 차이가 로비로 지출할 용의가 있는 최대 금액임을 알 수 있다.

이윤 극대화 조건 MR=MC

가격과 한계비용이 일치하므로, P=MC

MR=MC=P

ⅰ) 먼저 한계비용(MC)은

    $C=0.5Q^2+50$을 미분하면, $MC=2\times0.5Q=Q$

    ∴ MC=Q=P

ⅱ) 규제가 있는 현 상태의 이윤

    $Q=120-2P \Rightarrow Q=120-2Q$

    $3Q=120 \Rightarrow Q=40$, $P=40$

    이윤$(\pi)=TR-TC=PQ-C$

    $=40\times40-(0.5\times1600+50)=1600-850=750$

    ∴ 현 상태의 이윤=750

ⅲ) 규제가 없는 극대화 된 이윤

    MC=Q이므로, 한계수입은,

    시장 수요가 직선 식일 때, P값의 기울기×2=MR

    $Q=120-2P \Rightarrow 2P=120-Q$, $P=60-\dfrac{Q}{2}$

    $MR=60-Q$ (단, MC=MR)

    $Q=60-Q$, $2Q=60 \Rightarrow Q=30$, $P=45$

    ∴ 이윤은 $\pi=(30\times45)-(0.5\times900+50)=1350-500=850$

따라서 로비로 지출할 용의가 있는 최대 금액은 ⅲ)−ⅱ) ③ '100'임을 알 수 있다.

## 02 오답률 30%      정답 ⑤

**영역 거시경제학>총수요·총공급이론**    난도 상

[오답의 이유]

문제에 IS곡선에 대한 전제가 없으므로, 다음과 같이 나타낼 수 있다.

| 공급측 | | 수요측 | | | | |
|---|---|---|---|---|---|---|
| 국민소득 | = | 소비 | + | 투자 | + | 정부지출 |
| Y | | C | | I | | G |

ㄱ. IS곡선은 우하향의 곡선이고, 한계소비성향이 커질수록 기울기가 작아진다.

ㄴ. IS곡선의 상방의 한 점이란 뜻은 제시된 그래프의 임의의 한 점이 Y값은 유지되고 r값 방향으로 더 커지는 것을 의미한다. 이는 이자율이 커졌다는 의미로, 이자율이 커지면 투자는 작아진다. 따라서 초과수요상태가 아닌 초과공급상태이다.

ㄷ. 투자의 이자율탄력성이 작을수록 재정정책의 이자율 상승도 작아진다. 즉 정부의 팽창인 재정정책에도 불구하고 이자율 상승이 작아지는 것을 의미하므로 재정정책의 효과는 커진다.

## 03 오답률 15%      정답 ⑤

**영역 미시경제학>시장실패와 정보경제**    난도 하

[정답의 이유]

⑤ 은행이 대출이자율을 높이고 기업들이 위험한 사업에 투자하려고 하는 상황에서, 은행은 위험한 사업에 뒤따르는 투자계획과 높은 이자율을 감당할 수 있는 기업인지 여부를 확인할 수 없으므로, 역선택의 예시에는 가까우나 도덕적 해이의 예시로는 옳지 않다.

[오답의 이유]

① 은행예금보험은 정부가 은행의 파산 시 일정한 금액을 보장해주는 정책을 말한다. 정부의 정책을 이용해 고의적으로 위험한 대출을 많이 하는 것은 바람직하지 않은 행동이다.

② 경영자는 회사의 경영을 위해 회사의 돈을 지출해야 하는 것이 정당하다. 자신의 위신을 높이기 위해 회사의 돈을 과도하게 사용하는 것은 바람직하지 않은 행동이다.

③ 정부 부처는 국민의 세금으로 예산을 충당한다. 대형국책사업 자체는 문제가 되지 않으나 전제에 예산낭비가 심하다고 하였으므로, 국민의 세금으로 운영되는 정부부처로서 바람직하지 않은 행동이다.

④ 채무자들은 본디 빚을 진 상태이기 때문에 당연히 빚을 갚아야 한다. 정부의 정책을 이용해 고의적으로 빚을 갚지 않는 것은 바람직하지 않은 행동이다.

**합격생의 필기노트**

### 역선택과 도덕적 해이

| | |
|---|---|
| **역선택** | 정보를 갖지 못하거나 부족한 측의 입장에서 보았을 때, 바람직하지 못한 상대와 거래할 가능성이 높아지는 현상 |
| **도덕적 해이** | 정보를 갖지 못하거나 부족한 측의 입장에서 보았을 때 정보를 가지고 있는 상대가 바람직하지 않은 행동을 취할 가능성이 높아지는 현상 |

## 04
정답 없음

**영역** 미시경제학>소비자이론　　　　　　　　　난도 상

[정답의 이유]

위험선호자는 최소 이익에 대한 두려움보다는 최대 이익에 대한 기대가 더 크다. 즉 최대 이익이 되는 위험 상황을 선호하는 성향을 의미한다. 위험선호자의 효용함수를 예시로 들어 그래프로 표현하면 다음과 같다.

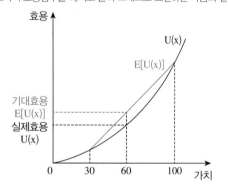

ㄱ. 위험선호자에게 있어 복권의 확실성등가를 100으로 볼 때, 기대수익은 600이다. 따라서 확실성등가는 복권의 기대수익 이상이다.

[오답의 이유]

ㄴ. 효용함수는 원점이 아닌 이익의 수준에 대해 볼록하므로 옳지 않은 설명이다.
　　(※ ㄴ까지 옳은 것으로 보아 ①이 정답이었으나, 틀린 보기로 정정되어 정답 없음으로 처리)
ㄷ. 소득의 증가에 따라 체증하고 있으므로 옳지 않은 설명이다.
ㄹ. 위험 프리미엄은 기대 수익에서 확실성 등가를 뺀 값이다. 예로 든 그래프와 같이 기대 수익(60)에서 확실성 등가(100)를 빼면 음수가 나와야 한다. 따라서 옳지 않은 설명이다.

## 05
오답률 10%　　　　　　　　　　　　　　　　정답 ②

**영역** 미시경제학>소비자이론　　　　　　　　　난도 하

[정답의 이유]

② 주어진 예산제약 아래 A씨는 빵과 옷 재화에 대해 특정한 재화에 중점을 두는 경우, 또는 모든 재화에 중점을 두는 경우 모두 자신의 모든 예산을 사용해야 효용을 극대화할 수 있다. 따라서 옳은 설명이다.

[오답의 이유]

① A씨가 효용을 극대화할 때, 빵과 옷 둘 중 하나의 재화만을 소비하는 경우도 배제할 수 없으므로 옳지 않은 설명이다.
③ 예산제약이 있다고 하더라도 효용이 극대화되는 관계에 있어서 빵과 옷의 가격 변동에 대한 전제 없이 소비량은 항상 유일하다고 보기 어려우므로 옳지 않은 설명이다.
④ 예산제약으로 A씨의 소득은 불변한다. 가격이 상승하더라도 빵이 만약 기펜재라면, 소비량이 늘어날 수 있으므로 옳지 않은 설명이다.
⑤ 빵과 옷 둘 중 하나의 재화만을 소비하는 경우에는 A씨의 소득이 증가하더라도 하나의 재화에 대한 소비량만 증가할 수 있으므로 옳지 않은 설명이다.

 **합격생의 필기노트**

### 선호체계의 공리 조건

| | |
|---|---|
| **단조성** | 상품 묶음을 비교할 때 상품이 더 많은 쪽을 선호 |
| **볼록성** | 하나의 상품으로 구성된 상품 묶음보다 다양한 상품으로 구성된 상품 묶음 쪽을 선호 |
| **완비성** | 소비 가능한 상호 배제적인 상품 묶음 간의 비교로 선호 관계의 판단 가능 |
| **연속성** | • 소비자의 선호에 갑작스러운 변화는 나타나지 않음<br>• 상품 간의 작은 차이로는, 작은 선호의 차이만 존재 |
| **이행성** | • 세 개 이상의 상품 묶음에 대한 소비자의 선호는 일관적이고, 역전되지 않음<br>• A>B>C의 관계일 때, A>C |

## 06 오답률 60%      정답 ①

**영역** 미시경제학>생산자이론      난도 상

**[정답의 이유]**

$Q=K\sqrt{L}$, $K=4$

$P>0$, $w=2$, $r=1$

이때 주어진 생산기술을 L 형태로 정리하면,

$Q^2=K^2L$

$\therefore L=\dfrac{Q^2}{K^2}$

ⅰ) 단기 총비용함수

$w\times L+r\times K=w\times\dfrac{Q^2}{K^2}+r\times K$

$=2\times\dfrac{Q^2}{16}+1\times 4$

$\therefore \dfrac{Q^2}{8}+4$

ⅱ) 장기 총비용함수

노동한계생산(MPL)$=\dfrac{K}{2\sqrt{L}}$

자본한계생산(MPK)$=\sqrt{L}$

비용극소화 조건($MRTS_{LK}$)$=\dfrac{P_L}{P_K}=\dfrac{\frac{K}{2\sqrt{L}}}{\sqrt{L}}=\dfrac{K}{2L}=\dfrac{w}{r}=2$

$\Rightarrow\dfrac{K}{2L}=2\Rightarrow 4L=K$

이를 $Q=K\sqrt{L}$에 대입하면,

$Q=4L\sqrt{L}\Rightarrow L=\left(\dfrac{Q}{4}\right)^{\frac{2}{3}}$, $K=4\left(\dfrac{Q}{4}\right)^{\frac{2}{3}}$

구해진 값을 장기총비용함수에 대입하면,

$w\times L+r\times K=2\left(\dfrac{Q}{4}\right)^{\frac{2}{3}}+4\left(\dfrac{Q}{4}\right)^{\frac{2}{3}}$

$\therefore 6\left(\dfrac{Q}{4}\right)^{\frac{2}{3}}$

ㄱ. 이윤극대화 조건의 필요조건(1계조건)과 충분조건(2계조건)을 파악하도록 한다.

- 필요조건(1계조건) : (1차미분식)

  $MR=MC$, $MR-MC=0$

- 충분조건(2계조건) : (2차미분식)

  $\dfrac{dMR}{dQ}<\dfrac{dMC}{dQ}$, $\dfrac{dMR}{dQ}-\dfrac{dMC}{dQ}<0$

단기 총비용함수를 미분하면 $\dfrac{Q}{4}+\dfrac{1}{4}$이므로, 옳은 설명이다.

**[오답의 이유]**

ㄴ. 기업에 있어 생산을 하지 않는 것이 유리한 상황은 기업 생산물의 가격이 평균가변비용의 최저점보다 낮을 때이다. 자동차의 가격 p는 0보다 크다고 하였고, 단기 총비용함수 $\dfrac{Q^2}{8}$에 Q를 곱한 평균비용가변곡선 $\dfrac{Q}{8}$는 0과 같거나 크기 때문에 최저점인 0을 고려하면 A사는 단기에서 자동차의 가격이 너무 낮더라도 평균비용가변곡선보다 크므로 생산을 계속할 것이다.

ㄷ. 장기 총비용함수의 상수를 X로 칭하고 미분하면 $\dfrac{2}{3}\times Q^{-\frac{1}{3}}-\dfrac{2}{9}\times Q^{-\frac{4}{3}}$이다. 이는 양수가 될 확률이 크므로 충분조건 0보다 작은 값으로 적절하지 않다. 즉 A기업은 장기에서 이윤창출을 위해 무한대로 생산량을 늘리게 된다는 의미가 되므로 장기에서 이윤극대화를 달성할 수 있다는 설명은 옳지 않다.

## 07 오답률 55%      정답 ⑤

**영역** 미시경제학>소비자이론      난도 상

**[정답의 이유]**

보기에서 정상재 여부를 묻고 있고, 소비자의 효용함수가 제시되어 있으므로, 소득탄력성(IED)부터 계산하는 것이 효율적이다.

소득탄력성(IED)$=\dfrac{수요량\ 변화율}{소득\ 변화율}=\dfrac{\varDelta Q}{\varDelta I}\times\dfrac{I}{Q}$이다.

X재에 대한 수요량은 소비자의 효용극대화에서 도출되므로,

Max $U=U(X,\ Y)=2\ X\sqrt{Y}$

S.t. $P_X\times X+P_Y\times Y=I$ (단, X재, Y재의 가격조건$=1$)

$\Rightarrow X+Y=I$

한계대체율 $MRS_{XY}=\dfrac{P_X}{P_Y}=\dfrac{MU_X}{MU_Y}=1$

$2\sqrt{X}+1$을 각기 X와 Y에 대하여 미분하면,

$\dfrac{MU_X}{MU_Y}=\dfrac{\frac{1}{\sqrt{X}}}{1}=\dfrac{1}{\sqrt{X}}=1$

$\therefore\sqrt{X}=1\Rightarrow X=1$

이를 대입하면, $Y=I-1$

ㄴ · ㄷ. 앞서 구한 재화 X, Y재에 대한 한계대체율을 보았을 때, $MRS_{XY} = \dfrac{P_X}{P_Y} = \dfrac{MU_X}{MU_Y} = \dfrac{1}{\sqrt{X}} = 1$이므로, 소득소비곡선식을 다음과 같이 구할 수 있다.

ⅰ) X값이 0보다 크고 1보다 작을 때

X재는 1이 되기 전까지 상대가격보다 상대효용이 더 크므로, 1이 되기 전까지 소비자의 입장에서 X재에 대한 소비량을 늘리는 것이 효용을 극대화하는 방법이다. 따라서 X재에 대한 소비량이 1이 되기 전까지 Y재에 대한 소비는 지양하기 때문에 0의 값을 가진다.

ⅱ) X값이 1일 때

X재의 상대가격과 상대효용이 같아지므로, X재에 대한 소비는 1인 상태로 유지된다. 반면 Y재에 대한 소비는 늘어나므로, 소비곡선은 Y축으로만 늘어나는 직선의 형태를 보인다.

따라서 ㄴ은 옳지 않은 설명이고, ㄷ은 옳은 설명이다.

ㄹ. 한계대체율 $\dfrac{1}{\sqrt{X}}$ 상에 Y재 소비량에 대한 함수값을 찾아볼 수 없으므로, 한계대체율이 Y재 소비량에 의해 영향을 받지 않음을 알 수 있다.

오답의 이유

ㄱ. 정상재는 소득이 증가하면 소비도 증가하는 재화이다. 소득탄력성이 0보다 크면 정상재, 0보다 작으면 열등재를 의미한다. 앞서 소득탄력성 식의 △I값은 X값의 미분값이므로, 소득이 없다. 따라서 소득탄력성이 0보다 크지 않으므로, 정상재에 해당하지 않는다.

---

**08** 오답률 25% 정답 ①

영역 거시경제학>총수요 · 총공급이론 난도 중

정답의 이유

통화공급＝본원통화×통화승수

ㄱ. 재할인율은 중앙은행이 민간은행에 대출하는 이자율을 의미한다. 재할인율이 높아지면 민간은행은 중앙은행에 대한 대출을 줄이므로 본원통화는 감소한다. 따라서 시중의 통화량은 감소하게 된다.

ㄴ. 시중은행의 법정지급준비율(rr)이 높아지면 통화승수는 작아진다. 따라서 통화량은 감소하게 된다.

오답의 이유

ㄷ. 중앙은행이 공개시장에서 국채를 매입하면 본원통화는 증가한다. 따라서 통화량은 증가하게 된다.

ㄹ. 중앙은행이 화폐를 추가로 발행하면 통화승수가 아닌 본원통화가 증가하게 된다.

---

 **합격생의 필기노트**

통화승수(현금비율은 예금기준)

$M = C + D$, $MB = C + R \left( cr = \dfrac{C}{D}, \ rr = \dfrac{R}{D} \right)$

$M = crD + D = (cr+1)D$

$MB = crD + rrD = (cr+rr)D$

$\dfrac{M}{MB} = \dfrac{cr+1}{cr+rr}$

$M = \dfrac{cr+1}{cr+rr} MB$

∴ 통화승수 $m = \dfrac{cr+1}{cr+rr}$

(M＝통화량, C＝현금보유액, D＝예금, MB＝본원통화, R＝지급준비금, cr＝현금예금비율, rr＝지급준비율)

---

**09** 오답률 28% 정답 ④

영역 거시경제학>총수요 · 총공급이론 난도 중

정답의 이유

ㄴ. 프리드만(M. Friedman)의 항상소득가설에서 항상소득은 소비자가 평생 얻어질 것으로 기대하는 평균소득을 의미하며, 임시소득은 소비자가 기대하지 않은 소득으로, 항상소득과 불일치하는 차액을 의미한다. 항상소득가설에 의하면 임시소득이 늘어날 때 소비자는 저축의 행태를 보이므로, 평균소비성향은 감소한다고 볼 수 있다.

ㄷ. 안도(A. Ando), 모딜리아니(F. Modigliani)의 생애주기가설은 소비자의 평균소비성향이 일생을 통틀어 일정한 양상을 보인다고 설명한다. 생애주기가설에 의하면 소비에 비하여 소득이 적은 유 · 소년기와 노년기에는 저축이 적으므로 평균소비성향이 높은 양상을, 소비에 비하여 소득이 많은 청 · 장년기에는 저축이 많으므로 평균소비성향이 낮은 양상을 보인다고 하였다.

오답의 이유

ㄱ. 케인스(J. M. Keynes)의 절대소득가설은 대공황 당대의 소비행태를 분석하고 소득과 소비의 관계에 대해 정립하여 한계소비성향이 평균소비성향보다 작다고 보았다. 이러한 분석은 단기소비행태를 설명하기에는 적합하였으나, 장기소비행태를 설명하기에는 부적합했다. 이후 케인즈의 연구를 비판한 쿠즈네츠(S. Kuznets)의 연구로 장기소비행태가 설명되었으므로 옳지 않은 설명이다.

## 10 오답률 8%　　　　　　　　　　　정답 ③

| 영역 거시경제학>거시경제학의 기초 | 난도 하 |

정답의 이유

GDP는 일정 기간 한 국가 내에서 생산된 최종 생산물(재화, 용역)의 가치를 합하여 화폐 단위로 나타낸 것을 의미한다.

ㄱ. B국 국적자인 김씨가 A국 방송에 출연하여 받은 금액은 A국 내에서 발생한 최종 생산물이므로, A국의 GDP에 포함된다.

ㄷ. A국의 중고차 딜러가 제공한 것은 서비스로 용역에 해당한다. 이는 A국의 GDP에 포함된다.

ㄹ. A국 소재 주택에서 발생한 임대료도 임대라는 형태로 주거 서비스를 생산한 것이므로 A국의 GDP에 포함된다.

오답의 이유

ㄴ. A국에서 생산된 자동차에 들어갈 부품은 자동차라는 최종 생산물을 생산하기 위해 사용되는 중간재에 해당하므로 A국의 GDP에 포함되지 않는다.

## 11 오답률 35%　　　　　　　　　　정답 ②

| 영역 국제경제학>외환시장과 국제수지 | 난도 중 |

정답의 이유

ㄱ. 절대적 구매력평가설에 따르면, 환율$(e) = \dfrac{\text{국내 물가수준}(P)}{\text{외국 물가수준}(P^f)}$으로 결정되므로 옳은 설명이다.

ㄹ. 이자율 평가설에 따르면, 국내 명목 이자율$(R)$=외국 명목 이자율$(R^f)$ +환율의 변동률$\left(\dfrac{\text{미래 예상환율}[E(e)] - \text{현재 환율}(e)}{\text{현재 환율}(e)}\right)$이다.

이때 전제에 물가상승률과 물가 수준의 변동이 나타나지 않으므로, 피셔방정식으로 변환$(R=r)$하여 국내 실질 이자율$(r)$=미국 실질 이자율$(r^f)$ +환율의 변동률$\left(\dfrac{[E(e)] - (e)}{(e)}\right)$로 표현할 수 있다. 다른 조건이 일정하고, 국내 실질 이자율$(r)$이 상승하면 미래환율은 상승할 것으로 예상되므로, 옳은 설명이다.

오답의 이유

ㄴ. 상대적 구매력평가설에 따르면, 환율변화율$(\bar{E})$=국내 물가상승률$(\pi)$ -외국 물가상승률$(\bar{\pi})$이다. 예를 들어 $\dfrac{1,000원}{1달러}$의 환율에서 국내 물가상승률 20%와 미국 물가상승률 10%가 반영되면 $\dfrac{1,200원}{1.1달러}$의 환율이 나타난다. 이때 환율변화율$(\bar{E})$=10%이다. 즉 기존보다 환율은 상승하므로 옳지 않은 설명이다.

ㄷ. 앞서 구한 실질 이자율의 피셔방정식에서 다른 조건이 일정하고, $r < r^f$ 라는 전제가 있으므로, $r$과 $r^f$값이 동일하려면, 미래환율은 하락해야 하므로 옳지 않은 설명이다.

피셔방정식

피셔방정식은 명목 이자율$(i)$=실질 이자율$(r)$+인플레이션율$(\pi)$이나 실질이자율을 기준으로 실질 이자율$(r)$=명목 이자율$(i)$−인플레이션율$(\pi)$로 표현할 수 있다. 여기서 명목 이자율이 R로 표현되었으므로, $R=r+\pi$임을 알 수 있다. 이때 물가상승률과 물가수준에 대해 변동이 없다고 가정하면 $\pi=0$ 즉, $R=r$이 된다.

## 12 오답률 10%　　　　　　　　　　정답 ①

| 영역 국제경제학>국제무역이론과 무역정책 | 난도 하 |

정답의 이유

각국의 쌀 1kg과 옷 1벌의 생산가치는 다음과 같다.

| 구분 | 옷 1벌에 대한 쌀의 생산가치 | 쌀 1kg에 대한 옷의 생산가치 |
| --- | --- | --- |
| A국 | $\dfrac{3}{2}$kg | $\dfrac{2}{3}$벌 |
| B국 | $\dfrac{4}{3}$kg | $\dfrac{3}{4}$벌 |

ㄱ. 무역이 이루어지기 전 A국의 쌀 1kg에 대한 옷의 생산가치는 $\dfrac{2}{3}$벌이므로 옳은 설명이다.

ㄷ. 두 국가 사이에 무역이 이루어지면 쌀에 대한 기회비용은 A국이 더 작으므로, A국이 쌀에 대해 비교우위를 가진다. 이는 A국이 B국에 쌀을 수출하는 것이 적절하다는 뜻으로 계산하면,

$\dfrac{1,400(\text{총 노동시간})}{2(\text{노동시간})} = 700$kg으로 옳은 설명이다.

오답의 이유

ㄴ. 무역이 이루어지기 전 B국의 옷 1벌에 대한 쌀의 생산가치는 $\dfrac{4}{3}$kg이므로 옳지 않은 설명이다.

ㄹ. 두 국가 사이에 무역이 이루어지면 쌀 1kg은 최소 옷 $\dfrac{2}{3}$벌, 최대 옷 $\dfrac{3}{4}$벌 사이의 가격으로 교환되므로 옳지 않은 설명이다.

**13** 오답률 30%　　　　　　　　　　　　　　　정답 ②

영역 거시경제학>거시경제학의 기초　　　　난도 중

정답의 이유

후생수준을 묻고 있으므로, 두 재화 X, Y에 대하여 라스파이레스 방식, 파셰 방식을 활용한다.

| 구분 | $Q^0(X^0, Y^0)$ | $Q'(X', Y')$ |
|------|------|------|
| $P^0(P_X^0, P_Y^0)$ | $P_X^0X^0+P_Y^0Y^0$ | $P_X^0X'+P_Y^0Y'$ |
| $P'(P_X^1, P_Y^1)$ | $P_X^1X^0+P_Y^1Y^0$ | $P_X^1X'+P_Y^1Y'$ |

| 구분 | $Q_0(20, 10)$ | $Q_1(15, 12)$ |
|------|------|------|
| $P_0(12, 25)$ | 490 | 480 |
| $P_1(15, 15)$ | 450 | 405 |

$$\therefore L_Q=\frac{480}{490},\ P_Q=\frac{405}{450}$$

② 비교연도에 비해 기준연도의 후생수준이 높았다는 것은 후생수준이 악화된 것을 의미한다. 산출된 라스파이레스 방식의 수량(소비)지수 값이 1보다 작으므로, 생활수준은 악화되었다. 따라서 적절한 평가이다.

 **합격생의 필기노트**

라스파이레스 방식, 파셰 방식

라스파이레스 방식, 파셰 방식은 물가지수 산출에 활용된다.

• 라스파이레스 방식

| 가격지수 | $L_P=\dfrac{\text{비교시점 가격}(P_1)\times\text{기준시점 수량}(Q_0)}{\text{기준시점 가격}(P_0)\times\text{기준시점 수량}(Q_0)}$ |
|------|------|
| 수량(소비)지수 | $L_Q=\dfrac{\text{기준시점 가격}(P_0)\times\text{비교시점 수량}(Q_1)}{\text{기준시점 가격}(P_0)\times\text{기준시점 수량}(Q_0)}$ |

• 파셰 방식

| 가격지수 | $P_P=\dfrac{\text{비교시점 가격}(P_1)\times\text{비교시점 수량}(Q_1)}{\text{기준시점 가격}(P_0)\times\text{비교시점 수량}(Q_1)}$ |
|------|------|
| 수량(소비)지수 | $P_Q=\dfrac{\text{비교시점 가격}(P_1)\times\text{비교시점 수량}(Q_1)}{\text{비교시점 가격}(P_1)\times\text{기준시점 수량}(Q_0)}$ |

산출된 값이 다음의 조건일 때, 기준연도에 비한 비교연도의 생활수준을 파악할 수 있다.

| 생활수준 개선 | 생활수준 악화 | 생활수준 불분명 |
|------|------|------|
| $P_Q\geqq1$ | $L_Q\leqq1$ | $L_Q>1, P_Q<1$ |

**14** 오답률 35%　　　　　　　　　　　　　　　정답 ④

영역 미시경제학>시장실패와 정보경제학　　　난도 중

정답의 이유

공공재의 경우 비배제성과 비경합성을 지니고, 이로 인한 무임승차자가 발생하므로, 같은 수요량에 대하여 소비자마다 얻는 한계편익이 다르다. 따라서 같은 가격이더라도 수요량이 다른 사적재와 달리 수요곡선을 수직 합하는 것이 바람직한 공공재 생산량 추론에 유의미하다.

ⅰ) 사회적 편익

먼저 각 수요함수를 편익(P)에 중점을 두어 정리한다.

※ 각기 '40명의, 60명의'로 표현되었으나 각 집단의 개별 수요함수로 판단하는 것이 적절함(편의상 40명 집단은 $P_A$, 60명 집단은 $P_B$로 구분)

$$Q=50-\frac{1}{3}Q\Rightarrow P_A=150-3Q$$

$$Q=100-\frac{1}{2}Q\Rightarrow P_B=200-2Q$$

각 $P_A$, $P_B$는 40명, 60명이므로, 이를 양변에 곱한다.

$$40P_A=6000-120Q$$

$$60P_B=12,000-120Q$$

$$\therefore\ \text{사회적 편익(SMB)}=40P_A+60P_B=18,000-240Q$$

ⅱ) 공공재의 최적생산량

생산비용이 $C=3000Q+10000$이라고 했으므로,

한계비용(MC)=3000

공공재의 최적생산량은 사회적 편익과 한계비용이 일치하는 점이므로,

$SMB=MC\Rightarrow18,000-240Q=3000$ 이를 계산하면

사회적으로 바람직한 공공재의 생산량(Q)은 ④ 62.5임을 알 수 있다.

**15** 오답률 7%　　　　　　　　　　　　　　　정답 ④

영역 거시경제학>국민소득결정이론　　　　　난도 하

정답의 이유

ⅰ) 균형이자율(r)

$$5000=250+0.75(5000-800)+1100-50r+1200$$

$$5000=3150-50r+2550$$

$$50r=700$$

$$\therefore r=14$$

ⅱ) 개인저축(Y－T－C)

개인저축은 국민소득(Y)－세금(T)－소비(C)로 구할 수 있으므로,

$$5000-800-250-0.75(5000-800)=3950-3150=800$$

따라서 ④ '800, 14'가 정답이 된다.

## 16 오답률 28% 정답 ③

| 영역 미시경제학>수요·공급이론 | 난도 중 |
| --- | --- |

정답의 이유

X재 시장은 사적재이므로, 같은 가격에 대하여 다른 수요량을 보인다. 따라서 $Q_A$, $Q_B$에 대하여 정리한다.

$$P=5-\frac{1}{2}Q_A \Rightarrow Q_A=10-2P$$

$$P=15-\frac{1}{3}Q_B \Rightarrow Q_B=45-3P$$

$$\therefore \ Q=Q_A+Q_B=55-5P=45$$

$$dQ=-5dP \Rightarrow -\frac{dQ}{dP}=5$$

$$\therefore \ E_d=5\times\frac{2}{45}=\frac{2}{9}$$

따라서 X에 대한 시장수요의 가격탄력성은 ③ $\frac{2}{9}$가 된다.

 **합격생의 필기노트**

수요의 가격탄력성

$$수요의\ 가격탄력성(E_d)=-\frac{수요량\ 변화율}{가격\ 변화율}=-\frac{dQ}{dP}\times\frac{P}{Q}$$

## 17 오답률 8% 정답 ②

| 영역 미시경제학>수요·공급이론 | 난도 하 |
| --- | --- |

정답의 이유

ㄱ. 정상재는 소득탄력성이 0보다 큰 재화이므로 옳은 설명이다.

ㄷ. 재화가 정상재라면 가격하락 시 실질소득이 증가하기 때문에 소비를 늘리므로 옳은 설명이다.

오답의 이유

ㄴ. 대체효과는 가격이 상승할 경우 가격이 높은 재화에 대한 소비량을 감소시키므로 옳지 않은 설명이다.

ㄹ. 정상재의 경우 가격 변화에 대한 소득효과와 대체효과는 같은 방향으로 작용한다.

## 18 오답률 29% 정답 ③

| 영역 거시경제학>총수요·총공급이론 | 난도 중 |
| --- | --- |

정답의 이유

ㄱ. 물가수준이 하락하여 실질화폐공급이 증가하면 IS-LM 모형에서 LM곡선은 우측으로 이동한다. 통화량의 증가로 실질이자율이 낮아지면 투자가 증대되어 국민소득이 증가한다.

ㄷ. 물가수준의 하락이나 통화량의 증가로 인해 가계 보유자산의 실질자산가치가 상승하면 소비가 늘어나게 된다(피구효과).

오답의 이유

ㄴ. 물가수준이 하락하면 국내 재화 대비 해외 재화의 상대가격이 높아지게 된다(실질환율 상승). 낮은 상대가격으로 국내 재화에 대한 수요량이 늘어나므로 수입이 줄어들고 순수출은 증가한다. 따라서 옳지 않은 설명이다.

## 19 오답률 35% 정답 ④

| 영역 미시경제학>생산자이론 | 난도 중 |
| --- | --- |

정답의 이유

'가격수용자인 기업'으로 미루어보아 시장의 형태가 완전경쟁시장임을 알 수 있다. 완전경쟁시장의 단기 이윤극대화는 가격(P)=한계비용(MC)을 충족할 때 가능하다.

평균비용(AC)=$\frac{총비용(TC)}{생산량(Q)}$이므로 이를 변형하면

총비용(TC)=평균비용(AC)×생산량(Q)임을 알 수 있다.

$$TC=AC\times Q=\left(\frac{300}{Q}+12+3Q\right)Q=300+12Q+3Q^2$$

이를 Q에 대해 미분하면, 한계비용(MC)=12+6Q이다.

ㄴ. 이 기업의 하락한 생산물 가격이 평균비용보다는 작으나 평균가변비용보다 크고 평균고정비용 대부분을 지불할 수 있으므로, 이 기업은 계속하여 제품을 생산하는 것이 유리하다.

MC=P이므로, 66=12+6Q ⇒ Q=9

평균비용(AC)=평균가변비용(AVC)+평균고정비용(AFC)

평균가변비용(AVC)=$\frac{가변비용}{Q}$=12+3Q=39

평균고정비용(AFC)=$\frac{고정비용}{Q}$=$\frac{300}{Q}$≒33.33

AC=39+33.33=72.33

ㄷ. 생산물의 가격이 12 이하인 경우 이 기업은 조업을 중단한다.

평균가변비용(AVC)의 최저점, Q=0

AVC=12+3Q=12

∴ 12≧P일 경우, 조업을 중단함

오답의 이유

ㄱ. 이 기업의 이윤은 900이므로 옳지 않은 설명이다.

MC=P이므로, 12+6Q=132 ⇒ Q=20

이윤(π)=총수입(TR)-총비용(TC)=가격(P)×생산량(Q)-평균비용(AC)×생산량(Q)

⇒ P×Q-AC×Q

⇒ 132×20-(300+12×20+3×20²)=2640-1740=900

## 20 오답률 60%                                             정답 ②

**영역 미시경제학>생산자이론**                          난도 상

오답의 이유

ㄱ. 생산자에게 보조금이 S만큼 지급되면 균형점은 C로 이동한다. 이때 소비량은 $Q_0 → Q_1$으로 늘고, 가격은 $P_1 → P_2$로 하락하므로, 최대 지불 의사 금액에서 실제 지불 금액 □$P_2CQ_1O$와 기존 소비자잉여를 제외한 □$P_1ACP_2$가 소비자잉여의 증가분이 된다. 따라서 옳지 않은 설명이다.

ㄹ. 보조금을 S만큼 지급한 이후 소비자잉여의 증가분은 □$P_1ACP_2$ 생산자잉여의 증가분은 □$P_1ABP_3$이다. 이때 □$P_2CBP_3$만큼 보조금을 지불하기 위한 세금을 걷었으므로, □$P_1ACP_2$, □$P_1ABP_3$를 제외한 △ABC만큼 사회적 후생이 감소하였다. 따라서 옳지 않은 설명이다.

## 21 오답률 32%                                             정답 ①

**영역 거시경제학>국민소득결정이론**                    난도 중

정답의 이유

완전고용국민소득은 한 사회의 경제체제에 존재하는 모든 자원과 노동이 생산과정에 투입되었을 때 얻어지는 국민소득수준을 의미한다.

ㄱ. 균형국민소득이 완전고용국민소득보다 더 크다는 것은 실제 소득수준이 잠재적 소득수준보다 더 크다는 것을 의미하므로 그 차인 인플레이션 갭이 존재한다.

ㄴ. 인플레이션 갭은 현 상태의 총수요가 총공급을 초과한다는 의미로, 물가의 상승과 함께 균형국민소득(실제 소득수준)이 완전고용국민소득(잠재적 소득수준)으로 소득수준이 감소하여 장기균형 상태로 수렴한다.

ㄷ. 경기침체 갭은 현 상태의 총공급이 총수요를 초과한다는 의미로, 사회 전체적으로 실업률이 증가하고 물가가 하락하기 때문에 임금 역시 하락한다. 인플레이션 갭과는 반대로 기존의 균형국민소득(실제 소득수준)이 완전고용국민소득(잠재적 소득수준)으로 소득수준이 증가하여 장기 균형상태로 수렴한다.

## 22 오답률 30%                                             정답 ③

**영역 거시경제학>동태경제이론**                        난도 중

정답의 이유

③ 솔로우 경제성장 모형에서 가장 높은 상태의 소비를 보장하는 안정상태를 황금률이라고 한다. 이때 저축이 과다하여 소비가 억제되는 상태와 저축이 부족하여 소비가 이루어지지 않는 상황 두 가지를 고려해야 한다. 따라서 상황에 대한 고려 없이 저축률 자체가 증가한다고 균제상태에서의 1인당 소비가 감소한다고 볼 수 없으므로 옳지 않은 설명이다.

오답의 이유

① 솔로우 경제성장 모형에서는 인구가 많아질수록 1인당 소유하고 있는 자본량이 줄어든다. 즉 인구증가율에 비례하여 자본이 소모되기 때문에 인구증가율이 상승하면 1인당 자본축적량은 감소한다.

② 솔로우 경제성장 모형에서는 인구증가와 저축, 투자를 통해 성장하던 경제도 1인당 자본량이 어느 수준을 넘어서면 크게 성장하지 않는다고 보았다(균제상태). 이때 생산성에 영향을 끼치는 기술수준에 의해 침체되어 있던 경제성장이 촉진될 수 있다고 보았으므로 옳은 설명이다.

④ 솔로우 경제성장 모형에서는 인구증가와 저축, 투자를 경제성장이 활성화되는 요인으로 보았다. 비록 균제상태에 도달했다 할지라도 1인당 자본축적량 자체는 저축을 통해서도 상승하므로 옳은 설명이다.

⑤ 인구증가율의 상승은 사회 전체의 인구 상승을 의미한다. 솔로우 경제성장 모형에서 인구증가율이 상승하면 1인당 자본축적량에는 변동이 있으나 소득증가율에는 영향을 끼치지 않으므로 옳은 설명이다.

## 23 오답률 65%                                             정답 ②

**영역 거시경제학>국민소득결정이론**                    난도 상

정답의 이유

- 정부이전지출을 50만큼 증가시킨다고 하였으므로, $\Delta TR = 50$
- 정부지출을 50만큼 감소시키기로 하였으므로, $\Delta G = -50$
- 이전지출에 대한 승수효과 $= \dfrac{\Delta Y}{\Delta TR}$
- 정부지출에 대한 승수효과 $= \dfrac{\Delta Y}{\Delta G}$
- 가처분소득($Y_d$) = 소득(Y) − 조세(T) + 정부이전지출(TR)

$Y = C + I + G + EX - IM$
$= 20 + 0.8(Y - 100 - 0.25Y + TR) + 80 + 0.2Y + G + 160 - 60 - 0.2Y$
$= 220 + 0.6Y + 0.8TR + G$
$\Rightarrow 0.4Y = 0.8TR + 220 + G$

- $\dfrac{\Delta Y}{\Delta TR} = \dfrac{0.8}{0.4} = 2$, $\dfrac{\Delta Y}{\Delta G} = \dfrac{1}{0.4} = 2.5$

∴ 정부 이전지출의 증가에 따른 소득 증가분 $= \Delta TR \times 2 = 100$
 정부지출 감소에 따른 소득 감소분 $= \Delta G \times 0.25 = -125$

ㄴ. 국민소득이 감소하면 가처분소득 역시 감소하게 되므로 옳은 설명이다.

ㄷ. 소비는 가처분소득의 함수인데 가처분소득이 감소하였으므로 소비 역시 감소하였다. 따라서 옳은 설명이다.

오답의 이유

ㄱ. 국민소득은 25만큼 감소하였으므로 옳지 않은 설명이다.

ㄹ. 정부의 조세수입은 소득인데 감소하였으므로 옳지 않은 설명이다.

ㅁ. 소득의 감소에 따라 수입(IM)이 감소하였으므로 순수출은 증가하였다.

## 24 오답률 30%　정답 ③

영역 미시경제학>시장조직이론　난도 중

정답의 이유

ⅰ) 독접기업의 생산량

독점시장 이윤극대화 조건 한계수입(MR)=한계비용(MC)에 따라 P에 대해 먼저 정리한다.

$2P=200-Q \Rightarrow P=100-\dfrac{Q}{2}$

$MR=100-Q$ (가격 기울기의 2배가 MR의 기울기이므로.)

$100-Q=2Q+10$

$\therefore 3Q=90 \Rightarrow Q=30$

ⅱ) 사회적 최적 생산량

$Q=200-2P$

사회적 한계비용(SMC)$=2Q+50$

사회적 한계편익(SMB)=가격(P)$=100-\dfrac{Q}{2}$

이를 연립하면, $\dfrac{5}{2}Q=50$

$\therefore Q=20$

따라서 둘 간의 차이는 10이므로, ③이 정답이 된다.

## 25 오답률 28%　정답 ⑤

영역 국제경제학>외환시장과 국제수지　난도 중

정답의 이유

ㄱ. 우리나라 기업들의 해외공장 설립이 늘어나면 외화로 전환하여 사용하기 때문에 외화수요가 늘어난다. 따라서 환율이 상승하고 원화의 가치는 하락한다.

ㄴ. 우리나라의 환율제도인 변동환율제도에서 확장적인 통화정책이 시행되면 화폐 공급이 늘어나고 물가가 상승한다. 따라서 환율이 상승하고 원화의 가치는 하락한다.

ㄷ. 국내 항공사들의 미국산 항공기에 대한 수요가 증가하면 화폐를 외화로 바꾸어 구매하기 때문에 외화 수요가 늘어난다. 따라서 환율이 상승하고 원화의 가치는 하락한다.

ㄹ. 구매력평가설(PPP)에 따라 국내 물가수준이 상승할 때 환율도 상승한다. 따라서 원화의 가치는 하락한다.

ㅁ. 이자율평가설(IRP)에 따라 국내 이자율과 해외 이자율+예상 환율 변동률은 동일해야 한다. 이때 해외 투자의 예상 수익률이 상승하더라도 국내 이자율은 영향을 받지 않으므로 현재 환율이 상승하고 원화의 가치는 하락한다.

# 2019

# 국회직 8급 경제학 정답 및 해설

문제편 106p

## 정답 체크

| 01 | 02 | 03 | 04 | 05 | 06 | 07 | 08 | 09 | 10 |
|----|----|----|----|----|----|----|----|----|----|
| ① | ④ | ② | ⑤ | ③ | ① | ⑤ | ② | ⑤ | ③ |
| 11 | 12 | 13 | 14 | 15 | 16 | 17 | 18 | 19 | 20 |
| ① | ⑤ | ② | ① | ④ | ③ | ② | ④ | ⑤ | ② |
| 21 | 22 | 23 | 24 | 25 | | | | | |
| ① | ③ | ④ | ④ | ④ | | | | | |

## My Analysis

| 총 맞힌 개수 | 개 |
|---|---|
| 획득 점수 | 점 |
| 약한 영역 | |

※ '약한 영역'에는 문항별 체크리스트 상에서 자신이 가장 많이 틀린 영역을 표시해두고, 추후에 해당 영역을 집중적으로 학습하시는 데 활용하시기 바랍니다.

## 문항별 체크리스트

| 문항 | 문항 영역 | 맞힘 A | 맞힘 B | 틀림 C | 틀림 D |
|---|---|---|---|---|---|
| 01 | 미시경제학>수요 · 공급이론 | | | | |
| 02 | 거시경제학>총수요 · 총공급이론 | | | | |
| 03 | 거시경제학>총수요 · 총공급이론 | | | | |
| 04 | 미시경제학>생산요소 시장이론과 소득분배 | | | | |
| 05 | 국제경제학>국제무역 이론과 무역정책 | | | | |
| 06 | 국제경제학>외환시장과 국제수지 | | | | |
| 07 | 미시경제학>수요 · 공급이론 | | | | |
| 08 | 거시경제학>총수요 · 총공급이론 | | | | |
| 09 | 미시경제학>소비자이론 | | | | |
| 10 | 미시경제학>시장조직이론 | | | | |
| 11 | 미시경제학>생산자이론 | | | | |
| 12 | 미시경제학>시장실패와 정보경제학 | | | | |
| 13 | 미시경제학>시장조직이론 | | | | |
| 14 | 거시경제학>거시경제학의 기초 | | | | |
| 15 | 미시경제학>게임이론 | | | | |
| 16 | 거시경제학>국민소득 결정이론 | | | | |
| 17 | 국제경제학>금융거래세 | | | | |
| 18 | 거시경제학>총수요 · 총공급이론 | | | | |
| 19 | 거시경제학>동태경제이론 | | | | |
| 20 | 국제경제학>구매평가설 | | | | |
| 21 | 미시경제학>생산자이론 | | | | |
| 22 | 미시경제학>생산요소 시장이론과 소득분배 | | | | |
| 23 | 거시경제학>총수요 · 총공급이론 | | | | |
| 24 | 미시경제학>수요 · 공급이론 | | | | |
| 25 | 미시경제학>시장조직이론 | | | | |

| 미시경제학 | / 13 | 거시경제학 | / 8 |
|---|---|---|---|
| 국제경제학 | / 4 | | |

\* A : 알고 맞힘      B : 찍어서 맞힘
C : 의도 · 내용 파악 부족      D : 매번 틀리는 유형

## 01 오답률 25%    정답 ①

| 영역 미시경제학>수요·공급이론 | 난도 중 |

[정답의 이유]

① 시장 총수요는 $Q_{시장} = Q_{갑} + Q_{을}$이고 주어진 그래프에 의해 $P = 10,000 - 2Q_{갑}$, $P = 15,000 - \frac{15}{2}Q_{을}$이므로 $P = 3,000$일 때 $Q_{갑}$과 $Q_{을}$은 각각 3,500과 1,600이다. 따라서 $Q_{시장} = 5,100$이 된다.

**합격생의 필기노트**

개별수요와 시장수요
시장수요곡선은 개별수요곡선의 수평적 합으로 도출되며($D_{시장} = d_A + d_B$) 일반적으로 시장수요곡선은 개별수요곡선보다 더 완만하다. 단, 개별 소비자들의 수요가 상호의존적일 경우에는 개별수요의 수평적 합과 시장수요가 일치하지 않는다.

## 02 오답률 55%    정답 ④

| 영역 거시경제학>총수요·총공급이론 | 난도 상 |

[정답의 이유]

총수요곡선의 이동은 단기적으로는 재화와 서비스의 산출량을 변화시키지만, 장기적으로는 물가수준에만 영향을 미치고 실질변수인 산출량에는 아무 영향을 주지 않는다. 또한 가격(물가)변수가 신축적인 장기의 경우, 경제전체의 총생산량은 노동과 자본 등의 요인에 의해서만 결정되고, 물가가 변하더라도 경제 전체의 총생산량은 변하지 않으므로 총공급곡선은 자연산출량 수준에서 수직선이 된다. 예를 들어, 최종생산물의 가격이 절반으로 떨어지는 경우 상품을 생산하는 데 투입되는 임금을 포함한 생산요소의 가격도 절반으로 떨어지고 결국 단위당 이윤은 그대로이기 때문에 총생산에는 변화가 발생하지 않는다. 따라서 부정적인 수요충격은 수요곡선을 좌측으로 이동시키며, 이로 인해 ④ 장기적으로 물가수준이 하락하고 산출량은 잠재산출량 수준으로 수렴한다.

## 03 오답률 28%    정답 ②

| 영역 거시경제학>총수요·총공급이론 | 난도 중 |

[정답의 이유]

ㄱ. 긴축적 통화정책을 실시할 경우 이자율은 상승한다.
ㄷ. 국내 이자율의 상승은 해외자본의 국내유입확대를 야기하며 이는 환율하락, 즉 국내통화가치의 상승을 초래한다.

[오답의 이유]

ㄴ. 국내 이자율의 상승으로 해외자본이 유입되며 외화의 상대적 가치가 하락한다.
ㄹ. 환율의 하락으로 수출감소, 수입증가가 일어나며 순수출이 하락한다.

**합격생의 필기노트**

재정정책과 통화정책

• 거시경제정책은 크게 재정정책과 통화정책(혹은 금융정책)으로 나뉘며, 재정정책과 통화정책의 구분은 그 정책을 사용하는 주체로 구분한다.
• 재정정책은 정부가 사용하는 것이고 세율을 조절하거나 정부지출을 조절한다. 통화정책은 중앙은행이 사용하며 기준금리 조절, 공개시장조작(국공채 매입 혹은 매각), 지급준비율 조절, 재할인율 조절이 있다.
• 재정정책과 통화정책은 경제안정화를 위한 것이다. 경기가 호황일 경우에는 긴축적 정책을 펼치고, 불황일 경우에는 경기를 진작시키는 확대적 정책을 펼친다.
• 긴축적 통화정책으로 인한 효과
  - 이자율상승 → 대출금리상승 → 대출감소/주택수요감소 → 기업투자감소/주택가격하락 → 경기위축/민간소비위축
  - 이자율상승 → 시중통화량감소 → 경기위축 → 가계소비위축
  - 채권수익률상승 → 채권구입증가/주식수요감소 → 주가하락
  - 자본의 국내유입확대 → 환율하락(원화가치상승) → 수출감소/수입증가 → 순수출감소/해외투자둔화

## 04 오답률 30%    정답 ⑤

| 영역 미시경제학>생산요소시장이론과 소득분배 | 난도 중 |

[정답의 이유]

대체효과 : 임금↑ ⇒ 여가의 기회비용↑ ⇒ 여가↓ ⇒ 노동공급↑
소득효과 : 임금↑ ⇒ 실질소득↑ ⇒ 여가↑ ⇒ 노동공급↓

⑤ 시간당 임금이 상승했을 때 노동공급이 줄어들었다는 것은 소득효과가 대체효과보다 크다는 것을 의미한다.

[오답의 이유]

① 대체효과보다 소득효과가 크다.
② 대체효과<소득효과인 경우 임금의 상승은 노동공급을 감소시키고 노동공급곡선이 후방굴절한다.
③ 대체효과>소득효과인 경우 임금의 상승은 노동공급을 증가시키고 노동공급곡선이 우상향한다.
④ 이 문제에서 노동공급이 감소하는 경우는 대체효과<소득효과인 경우이다.

**합격생의 필기노트**

여가와 노동공급
만일 여가가 열등재라면 소득의 증가는 임금수준에 관계없이 노동공급을 증가시키고, 여가가 정상재라면 소득의 증가는 여가수요를 증가시키며 노동공급을 감소시킨다.

**05** 오답률 58%  정답 ③

영역 국제경제학 > 국제무역이론과 무역정책  난도 상

정답의 이유

- X재 생산의 기회비용이자 상대가격비 = $\frac{P_X}{P_Y}$

- 비교우위에 따라 무역이 이루어질 때 교역 조건은 무역이 발생하기 이전의 양국의 국내가격비 사이에서 결정되어야만 양국 모두 무역의 이익을 얻을 수 있다.

③ Y재 수량으로 나타낸 X재의 상대가격은 기회비용 = $\frac{Y재 수량}{X재 수량}$과 같으므로 A, B국의 자전거 수량으로 나타낸 컴퓨터 가격은 각각 2대, $\frac{1}{3}$대가 되고, 교역조건은 그 사이에서 결정되어야 양국 모두 무역의 이익을 얻을 수 있다.

 **합격생의 필기노트**

교역조건의 범위
교역조건이 무역 이전 A국의 국내가격비와 같을 경우 무역이익은 전부 B국에 귀속되고 이와 반대로 교역조건이 무역 이전 B 국내가격비와 같을 경우 무역이익은 전부 A국에 귀속되기 때문에, A, B국 모두 무역으로 인하여 이익을 얻으려면 양국의 국내가격비 사이에서 결정되어야 한다.

**06** 오답률 25%  정답 ①

영역 국제경제학 > 외환시장과 국제수지  난도 중

정답의 이유

해외(A국)자본이 B국으로 유입되면 B국의 시장에 외화공급이 증가하므로 외환공급곡선이 우측으로 이동하고 외화환율이 하락(B국 화폐 강세)한다.
① 환율이 하락하면 수출이 감소하고 수입이 증가하여 상품수지가 악화된다. 또한 B국 내의 통화량이 증가하므로(화폐공급 > 화폐수요) 이자율이 하락한다.

 **합격생의 필기노트**

환율변화의 요인
외화의 수요가 증가하면 환율이 상승하고, 외화의 공급이 증가하면 환율이 하락한다.
- 외환수요↑ ⇒ 외환수요곡선 우측이동 ⇒ 환율상승
- 외환공급↑ ⇒ 외환공급곡선 우측이동 ⇒ 환율하락

**07** 오답률 65%  정답 ⑤

영역 미시경제학 > 수요 · 공급이론  난도 상

정답의 이유

예산제약 하에 효용극대화를 달성하기 위해서는 한계효용균등의 법칙 $\left( \frac{MU_X}{P_X} = \frac{MU_Y}{P_Y} \right)$과 예산제약식(PX×X+PY×Y=M)이 동시에 충족되어야 한다. X재는 수정과, Y재는 떡이라 했을 때, 문제에 의하여 PX=1,000이고 PY=3,000이므로 아래의 표와 같다.

| 수량 | X재<br>(수정과) | Y재<br>(떡) | $\frac{MU_X}{P_X}$ | $\frac{MU_Y}{P_Y}$ |
|---|---|---|---|---|
| 1 | 10,000 | 18,000 | 10 | 6 |
| 2 | 8,000 | 12,000 | 8 | 4 |
| 3 | 6,000 | 6,000 | 6 | 2 |
| 4 | 4,000 | 3,000 | 4 | 1 |
| 5 | 2,000 | 1,000 | 2 | $\frac{1}{3}$ |
| 6 | 1,000 | 600 | 1 | $\frac{1}{5}$ |

여기에서 한계효용균등의 법칙과 예산제약식을 동시에 충족하는 X재와 Y재의 수량을 찾아야한다. 먼저 한계효용균등의 법칙에 의해 $\frac{MU_X}{P_X} = \frac{MU_Y}{P_Y}$의 값이 될 수 있는 것은 6, 4, 2이며 그중에서 에산제약식 1,000×X+3,000×Y=14,000를 만족하는 X재와 Y재의 수량은 각각 5와 3이 된다. 이때 소비자가 얻는 총효용은 10,000+8,000+6,000+4,000+2,000+18,000+12,000+6,000=66,000인데 반해 소비자가 실제 지불한 화폐의 총효용은 14,000이므로 ⑤ 66,000-14,000=52,000원의 소비자잉여가 발생한다.

 **합격생의 필기노트**

한계효용균등의 법칙

- $\frac{MU_X}{P^X}$은 X재 구입에 1원을 지출할 때 추가적으로 얻는 효용의 크기를 의미한다.
- 한계효용균등의 법칙이란, X재 1원어치당 한계효용과 Y재 1원어치당 한계효용이 동일해지는 수준에서 소비를 해야 소비자의 효용이 극대화된다는 것이고, 다시 말해 각 재화 구입에 지출된 1원의 한계효용이 동일해야 한다는 것을 의미한다.
- 각 재화 1원어치의 한계효용이 동일해서, 각 재화의 소비량을 조절하더라도 총효용이 증가될 여지가 없을 때 소비자의 총효용이 극대화되기 때문이다.
- 소비자의 총효용 = Σ한계효용이다. 즉, n번째 단위의 재화를 소비할 때 소비자가 느끼는 총효용은 그 때까지의 한계효용의 합으로 구한다.

## 08 오답률 5% 　　　　　　　　　　　정답 ②

| 영역 거시경제학>총수요·총공급이론 | 난도 하 |
|---|---|

정답의 이유

$$소비승수 = \frac{\Delta Y}{\Delta C}$$

$\Delta Y = Y_1 - Y_0 = 110 - 100 = 10$

$\frac{\Delta Y}{\Delta C} = 2$ 이므로 $\frac{10}{\Delta C} = 2$ ∴ $\Delta C = 5$

② $C_1 = C_0 + \Delta C = 80 + 5 = 85$

## 09 오답률 58% 　　　　　　　　　　　정답 ⑤

| 영역 미시경제학>소비자이론 | 난도 상 |
|---|---|

정답의 이유

⑤ X재와 Y재가 서로 완전대체재일 때의 효용함수는 U(X, Y)=aX+bY의 형태가 되며 따라서 이 소비자의 효용함수 U(X, Y)=X+Y를 보아 X재와 Y재는 완전대체재이다. 즉, X재의 가격이 Y재의 가격보다 낮다면, 소득이 증가해도 이 소비자는 X재만을 소비한다.

오답의 이유

①·③ 한계대체율 $MRS_{XY} = -\frac{\Delta Y}{\Delta X} = \frac{MU_X}{MU_Y}$ 이며 U(X Y)=X+Y에서 $MU_X = 1$, $MU_Y = 1$이므로 $MRS_{XY}$로 정의할 수 있다.

② $\frac{P_X}{P_Y} < MRS_{XY}$일 경우, $\frac{P_X}{P_Y} < \frac{MU_X}{MU_Y}$가 되고, 이는 다시 $\frac{MU_Y}{P_Y} < \frac{MU_X}{P_X}$가 되므로 한계효용균등의 법칙을 만족하는 $\frac{MU_Y}{P_Y} = \frac{MU_X}{P_X}$가 되는 점까지 X재의 소비량을 증가시키고 Y재 소비량을 감소시킴으로서 추가적인 효용증대가 가능한 것이 일반적이다. 단, 문제에서 주어진 효용함수로 보아 X재와 Y재는 완전대체재이므로 이 경우 X재만을 소비하게 된다.

④ 이 소비자의 효용함수는 선형함수이다.

### 합격생의 필기노트

한계효용이론

• 두 재화 X, Y가 완전대체재일 경우 :
　U(X, Y)=aX+bY
　X재와 Y재가 일정한 비율로 언제든지 대체가 가능

• 두 재화 X, Y가 완전보완재일 경우 :
　$U(X, Y) = min\left[\frac{X}{a}, \frac{Y}{b}\right]$
　X재와 Y재를 반드시 일정한 비율로 소비해야 함

• 두 재화 X, Y가 중립재일 경우 :
　U(X, Y)=U(Y)=aY
　X재가 중립재, 즉 한계효용이 0일 경우, X재의 소비량이 효용에 영향을 미치지 않으므로 효용함수는 Y에 대한 함수가 된다.

## 10 오답률 35% 　　　　　　　　　　　정답 ③

| 영역 미시경제학>시장조직이론 | 난도 중 |
|---|---|

정답의 이유

ㄴ. 완전경쟁시장에서의 장기시장공급곡선에 관한 내용이다. 새로운 기업의 진입으로 공급이 증가하고, 생산요소수요가 증가하며 생산요소가격은 상승할 때, 비용곡선은 상방으로 이동하고 장기공급곡선은 우상향하는 형태를 띤다. 비용이 불변할 경우 장기시장공급곡선은 수평이 되고, 비용이 감소할 경우 장기공급곡선은 우하향하는 형태가 된다.

ㅁ. 자연독점의 경우, 정책당국의 규제가 없다면 독점기업은 당연히 이윤극대화를 위해 MR=MC인 지점에서 생산을 하지만 정책당국이 P=MC인 지점에서 생산하게끔 규제를 할 경우 P<ATC가 되어, $(P_{AC} - P_{MC}) \times Q_{MC}$만큼의 손실을 보므로 공급이 이루어지지 않을 수 있다. 이때 계속해서 재화생산이 이루어지도록 하기 위해서는 정부의 보조금 지급이 필요하다.

오답의 이유

ㄱ. 완전경쟁시장에는 다수의 수요자와 공급자가 존재하기 때문에, 개별 수요자와 공급자는 가격에 영향을 미칠 수 없고, 시장에서 결정된 가격을 주어진 것으로 받아들이는 가격수용자(price taker)가 된다. 완전경쟁시장에서 생산자가 직면하는 수요곡선은 일정한 가격, 즉 시장에서 결정된 가격에서의 수평선이다(완전탄력적).

ㄷ. 수요의 탄력성이 비탄력적인 구간에서는, 독점기업의 판매량이 증가할수록 독점기업의 총수입이 감소하므로 이 구간에서는 생산하지 않는다.

ㄹ. 독점적 경쟁기업이 생산하는 재화가 동질적일수록 완전경쟁에 가까워지고 수요가 탄력적이 된다. 반대로 재화가 이질적일수록 수요가 보다 비탄력적이 되므로 독점적경쟁기업이 보유하는 초과설비 규모가 증가하고, 광고경쟁 등의 비가격경쟁에 자원을 소모하며 생산비가 증가하게 된다.

## 11 오답률 30% 　　　　　　　　　　　정답 ①

| 영역 미시경제학>생산자이론 | 난도 중 |
|---|---|

정답의 이유

• 완전경쟁기업의 이윤극대화 조건은 MR(=P)=MC이므로 주어진 총비용함수 TC를 미분하여 MC를 구하면 MC=100+20q이고 P=900=100+20q=MC에서 이 기업의 이윤극대화 생산량 Q'=40이 된다.

• 생산자잉여(producer surplus)는 생산자가 최소한 받아야겠다고 생각하는 금액보다 더 받은 금액으로, 재화가격이 P'일 때 개별기업의 생산자잉여는 가격과 한계비용의 차이를 모두 합한 부분의 면적으로 측정하고, 이 경우 아래와 같다.

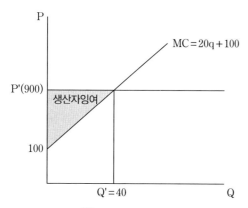

- 따라서 생산자잉여는 $\int_0^{40}[900-(20q+100)]dq$이며 이를 계산하면 16,000이 된다(이 경우 MC가 직선이므로 바로 그래프에서 면적을 계산할 수도 있다).
- 기업의 이윤은 총수입에서 총비용을 차감한 것이므로 $(P'×Q')-TC$가 되고 $900×40-TC(40)$을 계산하면 6,000이 된다.

따라서 ① 생산자잉여는 16,000, 기업의 이윤은 6,000이 된다.

## 12 오답률 60%                                              정답 ⑤

**영역** 미시경제학>시장실패와 정보경제학                    **난도** 상

정답의 이유

공급곡선과 수요곡선을 각각 P에 대하여 정리하면

$S : P=\dfrac{5}{2}Q$, $D : P=-\dfrac{5}{2}Q+1500$이다.

- 외부효과를 고려하지 않았을 경우, 시장에서의 균형은 수요곡선과 공급곡선이 만나는 지점에서 이루어지므로 $\dfrac{2}{5}P=60-\dfrac{2}{5}P$인 지점, 즉 $P_0=75$, $Q_0=30$에서 균형이 이루어진다.
- 외부효과가 있을 때 SMC가 고려되어야 하며, 완전경쟁시장일 때 MC는 공급곡선과 동일하므로 $(P)MC=\dfrac{5}{2}Q$가 된다.

SMC=EMC+PMC인데 문제에 의하여 EMC=PMC이므로 SMC=2× $\dfrac{5}{2}Q=5Q$가 된다. 외부불경제를 고려하였을 때 사회 전체적으로 바람직한 생산량은 SMC와 수요곡선이 교차하는 점이 되어야 하므로 SMC $=5Q=-\dfrac{5}{2}Q+150=D$인 Q'를 찾으면 Q'=20, 즉 사회적으로 바람직한 생산량은 20이 된다.

따라서 외부효과를 고려하지 않았을 경우와 사회적으로 바람직한 경우의 생산량은 각각 ⑤ 30, 20이 된다.

## 13 오답률 35%                                              정답 ③

**영역** 미시경제학>시장조직이론                              **난도** 중

정답의 이유

수확체증 후 수확체감이 발생하기 때문에 (단기)평균총비용곡선과 (단기)평균가변비용곡선은 U자 모양을 띠고, 한계비용곡선(MC)은 평균총비용곡선(ATC)과 평균가변비용곡선(AVC)을 각 곡선의 최저점을 지나면서 교차한다. 한계비용이 평균(총)비용보다 작으면 평균총비용은 하락하고, 반대로 평균총비용 위에 있으면 평균총비용은 상승한다. 마찬가지로 MC가 평균가변비용 아래에 있으면 AVC는 하락하고 MC가 평균가변비용 위에 있으면 AVC는 상승한다.

ㄷ. 단기평균가변비용곡선의 최저점은 MC= $\dfrac{dTC}{dQ}$=MVC+MFC= MVC(MFC는 상수의 미분값이므로 0) 평균비용은 총비용을 생산량으로 나눈 것이며, 총비용은 가변비용과 고정비용의 합(TC=VC+FC)이다. 여기서 고정비용은 일정한 상수값이고 가변비용이 변수가 되는데, 다시 말해 총비용의 변화와 평균비용의 변화는 결국 가변비용의 영향을 받으며 가변비용의 변화분이 곧 한계비용이 된다.

ㄹ. 평균총비용곡선의 최소값을 구하려면 ATC를 미분한 후 극값을 구한다.

평균비용곡선이 최소값일 때 $\dfrac{dTC}{dQ}=0$

$$\dfrac{(TC)'Q-(TC)}{Q^2}=0 \Rightarrow \dfrac{1}{Q}\left(MC-\dfrac{TC}{Q}\right)=0$$

$$\Rightarrow MC=\dfrac{TC}{Q}=ATC(\because Q\neq 0)$$

$$\Rightarrow \dfrac{1}{Q}\left(MC-\dfrac{TC}{Q}\right)=0$$

$$\therefore MC=\dfrac{TC}{Q}=ATC$$

즉, $(TC)'$=MC가 되고 결국 ATC가 최소값을 가질 때 ATC=MC, 즉 ATC의 최저점을 MC가 지나감을 알 수 있다.

오답의 이유

ㄱ. (단기)총비용곡선의 형태는 U형이 아닌 우상향하는 형태가 된다.

ㄴ. 총고정비용은 산출량과 관계없이 일정하므로, 평균고정비용은 산출량이 증가할수록 하락한다.

**14** 오답률 8%      정답 ①

| 영역 거시경제학>거시경제학의 기초 | 난도 하 |
| --- | --- |

[정답의 이유]

GDP 디플레이터는 명목가치를 실질가치로 환산할 때 사용하는 물가지수로서, 비교연도에 생산된 모든 최종생산물을 비교연도의 가격으로 구입하기 위한 지출이 기준연도의 가격으로 구입했을 경우보다 얼마나 증감했는지를 계산하여 나타낸다. 이때 대상품목은 GDP를 계산할 때 대상이 되는 품목으로서 한나라 안에서 생산한 모든 최종생산물이다. 즉, 수입하는 밀을 제외한 콩과 쌀만이 대상이 된다.

$$\frac{(3 \times 15) + (4 \times 20)}{(3 \times 10) + (4 \times 20)} \fallingdotseq 1.136 이므로$$

① 비교년도의 물가가 13.6% 상승한 것으로 볼 수 있다.

**15** 오답률 32%      정답 ④

| 영역 미시경제학>게임이론 | 난도 중 |
| --- | --- |

[정답의 이유]

ㄱ. 계약곡선은 두 사람의 무차별곡선이 접하는 점들의 집합으로 가격의 변화가 계약곡선을 이동시키지는 않는다.

ㄴ. 파레토효율이란 자원배분이 효율적인지만을 판단하는 기준이지, 소득분배가 공평한지를 고려하지는 않는다. 따라서 파레토효율성과 공평성은 전혀 무관한 개념이다.

ㄹ. A, B가 보유했던 X재화 초기소유량의 합이 A, B의 X재에 대한 수요량의 합보다 크다면, X재의 가격이 하락하여야 일반균형이 달성된다.

[오답의 이유]

ㄷ. 파레토효율점에서 A, B 두 사람의 무차별곡선이 접한다는 것은 $MRS_{XY}^A = MRS_{XY}^B$ 이므로 두 사람의 한계대체율이 서로 같게 되는 모든 점을 의미한다.

**16** 오답률 7%      정답 ③

| 영역 거시경제학>국민소득결정이론 | 난도 하 |
| --- | --- |

[정답의 이유]

문제에서 국민저축=500, T=200, G=200이며, Y=C+I+G+NX가 성립한다고 하였으므로 균형상태임을 알 수 있다. 폐쇄경제의 균형상태에서는 C+S+T=C+I+G가 성립하므로

(가) S+T=I+G

(나) 국민저축=민간저축+정부저축=S+(T-G)=500

③ (가) 식과 (나) 식을 연립하면 S+T-G=I=500이다. 따라서 S+200=500+300이 되므로 S=600이 된다.

**17** 오답률 27%      정답 ②

| 영역 국제경제학>금융거래세 | 난도 중 |
| --- | --- |

[정답의 이유]

② 해외자본의 국내투자 자금의 유입이 줄기 때문에 자본수지의 적자요인이 된다.

[오답의 이유]

① 외화의 유입을 막음으로써 환율상승(A국 통화 평가절하) 요인이 된다.

③ A국의 증권시장에 대규모 자본이 유입되는 것을 견제함으로써 변동성을 줄이는 요인이 된다.

④ 거래세를 부과하지 않았다면 대규모 자본유입이 가능해지므로, 외화 유입을 막는 요인이 된다.

⑤ A국 통화가 평가절하되므로 외자조달비용이 증가하는 요인이 된다.

 **합격생의 필기노트**

국제수지의 구성

- 경상수지
  - 상품수지(수출/수입)
  - 서비스수지(운수/여행/통신 및 기타 서비스 용역의 수입 및 수출)
  - 소득수지(직접투자소득/증권투자소득/기타투자소득 지급 및 수취)
  - 경상이전수지(해외에 대한 경상이전수입/이전지급)
- 자본수지
  - 투자수지(직접투자/증권투자/기타투자 자금의 유출 및 유입)
  - 기타자본수지(자본이전/특허권 등 기타자산)
- 준비자산증감
- 오차 및 누락

**18** 오답률 32%      정답 ④

| 영역 거시경제학>총수요·총공급이론 | 난도 중 |
| --- | --- |

[정답의 이유]

ㄱ. 장기에는 가격변수가 신축적이므로 경제전체의 총생산량은 노동과 자본 등 실물적인 요인에 의해서만 결정되며 장기에는 물가가 상승한다 하더라도 경제 전체의 총생산량이 변하는 것이 아니므로 총공급곡선은 자연산출량 수준에서 수직선이 된다. 하지만 단기에는 명목임금이나 물가 등의 가격변수가 완전신축적이지 않기 때문에 AD곡선이 우상향의 형태로 나타난다.

ㄷ. 물가가 하락하면 실질통화량$\left(\frac{M}{P}\right)$이 증가하게 되는데, 시장에 화폐공급이 증가함으로 인하여 이자율이 하락하고, 민간투자와 민간소비가 증가한다. 이를 이자율효과라고 하며, 실질잔고효과(피구효과, 부의효과), 경상수지효과와 더불어 AD곡선이 우하향하는 이유이다.

ㄹ. 총수요 AD=C+I+G+(X−M)으로 나타낼 수 있는데, 이 때 순수출(X−M)의 증가는 AD곡선을 우측으로 이동시키는 요인이 된다. IS곡선이 우측으로 이동하거나 LM곡선이 우측으로 이동하는 경우 균형국민소득(총수요)이 증가하기 때문에 AD곡선을 우측으로 이동시키는 요인이 된다. IS곡선을 우측으로 이동시키는 요인으로는 C↑, I↑, G↑, X↑, T↓, M↓ (확대재정정책)이 있으며 AD곡선을 우측으로 이동시키는 요인으로는 Mˢ↑, Mᴰ↓(확대금융정책)이 있다.

오답의 이유

ㄴ. 물가가 상승하면 생산요소의 가격이 상승하고 요소투입량이 감소하므로 AS곡선이 좌측으로 이동한다. 임금의 하락, 생산요소의 가격하락, 기술진보나 자본량의 증가로 인한 생산함수 상방이동 등이 AS곡선을 우측으로 이동시키는 요소가 된다.

**19** 오답률 56%  정답 ⑤

영역 거시경제학>동태경제이론  난도 상

정답의 이유

⑤ 1차 동차생산함수에서는 K의 승수가 황금저축률이 된다. 문제에서 s=0.5, $\alpha$=0.5로 동일하므로 황금률수준을 위한 추가조건은 없다.

 **합격생의 필기노트**

자본축적의 황금률

- 균제상태에서 1인당소비 c=f(k)−s×f(k)에서 생산함수 f(k)=y라 하면 c=y−s×y 이고, 균제상태의 조건인 s×y=(n+d)k로 인하여 c=y−(n+d)k가 된다.
- 생산함수의 미분값 f'(k)=$\alpha$·f(k)k⁻¹로 나타낼 수 있고 이를 균제상태의 또 다른 조건인 f'(k)=n+d에 대입하면 f'(k)=$\alpha$×f(k)×k⁻¹=n+d가 되며, 양변에 k를 곱하여 $\alpha$×f(k)=(n+d)k가 된다. 즉 $\alpha$×y=(n+d)k=s×y가 되고, $\alpha$×y=s×y, 즉 $\alpha$=s에 의하여 1차 동차함수에서 황금률수준을 위한 저축률은 K의 승수인 $\alpha$와 동일한 것이 된다.

**20** 오답률 32%  정답 ②

영역 국제경제학>구매평가설  난도 중

정답의 이유

ㄴ. 구매력평가설에 따라 두 나라 물가수준의 차이를 반영하는 환율은 실질환율이 아닌 명목환율 e이다.

$$e=\frac{\varepsilon \cdot P}{P_f}(P : 국내물가수준, P_f : 해외물가수준)$$

명목환율은 일반적으로 환율이라고 말하며, 자국화폐와 외국화폐의 교환비율이다. 이를 두 나라의 물가를 감안하여 조정한 환율이 실질환율이다.

오답의 이유

ㄱ. 한 재화에 대하여 하나의 가격만 성립하는 일물일가의 법칙이 국제적으로 성립할 경우 환율은 두 나라 물가수준의 비율로 나타낼 수 있다. 일물일가의 법칙이란, 완전경쟁시장에서 동일한 시점의 동일한 시장에서 동일한 재화의 가격은 같아야 한다는 균형조건으로서, 이 법칙이 성립하지 않을 경우 가격차이를 통한 차익거래가 발생하게 되고 이로 인하여 다시 일물일가의 법칙이 성립하게 된다.

ㄷ. 절대적 구매력평가설이 성립할 경우, 국내에서 생산된 재화의 가격인 P와, 원화로 표시한 외국에서 생산된 재화의 가격인 e·P_f이 동일하므로 실질환율 $\varepsilon - \frac{e \cdot P_f}{P}$=1이 된다.

**21** 오답률 58%  정답 ①

영역 미시경제학>생산자이론  난도 상

정답의 이유

ㄴ. 먼저 생산함수 Q=K⁰·⁵L⁰·⁵로 비용함수를 구하면, Q=L⁰·⁵=$\sqrt{L}$이 되고 이를 L에 대해 정리하면 L=Q²이 된다. 이를 비용함수 STC=w×L+r×K에 대입하면 STC=10Q²+r이 된다. SMC는 STC를 산출량에 대하여 미분한 것이므로, SMC=20Q가 된다. 기업의 단기 이윤극대화조건 P=SMC에 의해 P=20Q가 되고 이를 Q에 대하여 정리하면 이 기업의 공급곡선은 Q=$\frac{1}{20}$P가 된다. 문제에서 P=100, K=1, w=10으로 주어졌으므로 이를 대입하여 풀면 이윤을 극대화하는 생산량 Q=5가 된다.

오답의 이유

ㄱ. 단기의 이윤극대화 노동투입량은 25이다.

ㄷ·ㄹ. 기업의 이윤 $\pi$=P×Q−(w×L+r×K)이므로 $\pi$=250−r이다. 자본재가격이 250을 넘으면 이윤이 음의 값을 가진다.

**22** 오답률 60% 　　　　　　　　　　　　　　　　정답 ③

| 영역 미시경제학>생산요소시장이론과 소득분배 | 난도 상 |

정답의 이유

ㄱ. $VMP_L = MP_L \times P$이고, 기업의 이윤극대화를 위해 $VMP_L$이 노동을 1단위 추가로 고용하는데 드는 비용, 즉 임금과 같은 수준에서 결정되어야 한다. 그러나 노동투입량이 증가하면 노동의 한계생산물인 $MP_L$이 감소하므로 한계생산물가치곡선은 우하향 형태가 되는데, 이렇게 한계생산이 체감하기 때문에 $VMP_L$ 역시 노동의 투입이 증가함에 따라 감소하는 형태를 보인다. 따라서 $VMP_L$ 곡선은 기업의 노동투입량을 결정하는 요인이고, 즉 한계생산물곡선이 노동수요곡선이 된다.

ㄷ. 노동시장에서 수요독점력을 가진 기업은, 자신이 노동을 1단위 더 고용할 때 얻는 수입과 노동을 1단위 더 고용할 때 추가로 드는 비용이 동일해지는 점($MRP_L = MFC_L$)까지 노동을 고용한다. 그러나 이때 임금은 노동공급곡선까지의 높이에 해당하는 만큼만의 임금을 지급하므로, 임금은 완전경쟁일 때보다 낮아지고 고용량도 낮은 수준에서 결정된다. 따라서 $MPR_L = MFC_L > w = AFC_L$이다.

오답의 이유

ㄴ. 완전경쟁시장에서는 노동의 수요곡선과 공급곡선이 균형을 이루는 점에서 균형임금이 결정되고 노동량이 결정되지만, 생산물시장이 독점이 되면 완전경쟁일 때보다 생산량이 감소하므로 생산요소 고용량도 감소한다.

**23** 오답률 30% 　　　　　　　　　　　　　　　　정답 ④

| 영역 거시경제학>총수요·총공급이론 | 난도 중 |

정답의 이유

폐쇄경제의 화폐수량설을 따른다는 것은 고전학파의 화폐수요이론을 따른다는 것이다. 이때 교환방정식은 $M \times V = P \times T$ (M : 통화량, V : 유통속도, P : 물가, T : 거래량)이며 여기에서 거래량 T와 최종생산물 Y 간에는 일정한 비례관계가 성립하고, 따라서 $M \times V = P \times T$로 나타낼 수 있다.

• 2010년에는 M : 5, P : 1, Y : 1000이므로 $V_{2010} = 200$이 된다.

• 2019년에는 Y′ = 150, $V' = \frac{1}{2}V_{2010} = 10$, P′ = 1이므로 $M_{2019} = 15$가 된다.

따라서 2010년 화폐의 유통속도와 2019년 통화량은 각각 ④ '20, 15'가 된다.

**24** 오답률 63% 　　　　　　　　　　　　　　　　정답 ②

| 영역 미시경제학>수요·공급이론 | 난도 상 |

정답의 이유

문제에서 주어진 수요함수와 공급함수를 P에 대하여 정리하면,

$D : Q = 1,000 - 2P \Rightarrow P = -\frac{1}{2}Q + 500$,

$S : Q = -200 + 2P \Rightarrow P = \frac{1}{2}Q + 100$이다.

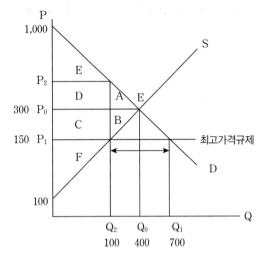

현재상태에서의 균형은 수요와 공급이 만나는 지점에서 이루어지므로 $-\frac{1}{2}Q + 500 = \frac{1}{2}Q + 100$를 정리하여 초기균형점 E를 구하면 $Q_0 = 400$, $P_0 = 300$이 된다. 최고가격이 $P_1 = 150$에서 규제되므로 이때 이루어지는 공급의 수량은 $Q_2 = -200 + 2 \times 150 = 100$이 되고, 수요의 수량은 $Q_1 = 1,000 - 2 \times 150 = 700$이 된다.

ㄱ. 가격상한제 도입 이전의 생산자잉여는 가격과 공급곡선 사이의 면적이므로, B+C+F의 넓이를 구하면

$\frac{1}{2} \times (P_0 - 100) \times 400 = \frac{1}{2} \times 200 \times 400$

∴ 생산자잉여는 40,000이 된다.

ㄷ. 가격상한제 도입으로 공급량이 $Q_0 = 400$에서 $Q_2 = 100$으로 하락하며 이로 인해 수요량은 $P_0 = 300$에서 $P_2$로 오르게 된다.

수요곡선에 의하여 $P_2 = -\frac{1}{2} \times Q_2 + 500$이므로 $P_2 = 450$, 즉 새로운 공급량에서 소비자들이 사고자 하는 가격은 450원이므로 암시장가격은 450까지 형성된다.

오답의 이유

ㄴ. 최고가격이 150으로 설정되었을 때 초과수요량은 $Q_1 - Q_2$, 즉 600이 된다.

ㄹ. 최고가격상한제로 인한 사회적잉여 감소분은 A와 B의 넓이의 합이 되므로, $(P_2 - P_1) \times (Q_0 - Q_2) \times \frac{1}{2} = 300 \times 300 \times \frac{1}{2} = 45,000$으로, 즉 사회적 후생손실은 45,000이 된다.

 합격생의 필기노트

소비자잉여와 생산자잉여

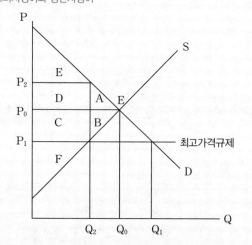

- 최고가격규제 이전의 소비자잉여 : A+D+E
  최고가격규제 이전의 생산자잉여 : B+C+F
- 최고가격상한제 실시 후 소비자잉여 : C+D+E
  최고가격상한제 실시 후 생산자잉여 : F
- 소비자잉여변화분=C−A
  생산자잉여변화분=−B−C
- 사회적잉여변화분=(C−A)+(−B−C)=−A−B가 된다. 즉, A+B의 넓이만큼 감소한다.

**25** 오답률 25%                               정답 ④

| 영역 미시경제학>시장조직이론 | 난도 중 |
|---|---|

정답의 이유

슈타켈버그 모형에서 선도자의 생산량은 독점기업의 경우와 동일하고, 추종자는 선도자의 절반만큼을 생산하는데, 이 경우 B기업이 선도자가 되어 A의 반응곡선 전체를 제약조건으로 삼아 상대방의 생산량을 예상하고 자신의 생산량을 결정하게 된다. A의 생산량은 B생산량의 절반이 된다. B기업이 먼저 자신의 생산량을 구하는데 이는 독점인 경우와 동일하므로 MR=MC인 점, 즉 ④ $Q_B = 15$가 되고, A의 생산량은 이의 절반인 7.5개가 된다.

2018.04.21. 시행

# 2018 국회직 8급 경제학 정답 및 해설

문제편 113p

## 정답 체크

| 01 | 02 | 03 | 04 | 05 | 06 | 07 | 08 | 09 | 10 |
|----|----|----|----|----|----|----|----|----|----|
| ② | ② | ④ | ⑤ | ④ | ② | ① | ⑤ | ② | ① |
| 11 | 12 | 13 | 14 | 15 | 16 | 17 | 18 | 19 | 20 |
| ④ | ③ | ③ | ⑤ | ⑤ | ③ | ④ | ③ | ④ | ② |
| 21 | 22 | 23 | 24 | 25 | | | | | |
| ⑤ | ③ | ③ | ④ | ① | | | | | |

## My Analysis

| 총 맞힌 개수 | | 개 |
|----|----|----|
| 획득 점수 | | 점 |
| 약한 영역 | | |

※ '약한 영역'에는 문항별 체크리스트 상에서 자신이 가장 많이 틀린 영역을 표시해두고, 추후에 해당 영역을 집중적으로 학습하시는 데 활용하시기 바랍니다.

## 문항별 체크리스트

| 문항 | 문항 영역 | 맞힘 | | 틀림 | |
|----|----|----|----|----|----|
| | | A | B | C | D |
| 01 | 미시경제학>시장실패와 정보경제 | | | | |
| 02 | 미시경제학>수요·공급이론 | | | | |
| 03 | 미시경제학>생산자이론 | | | | |
| 04 | 거시경제학>총수요·총공급이론 | | | | |
| 05 | 국제경제학>국제금융론 | | | | |
| 06 | 거시경제학>총수요·총공급이론 | | | | |
| 07 | 미시경제학>수요·공급이론 | | | | |
| 08 | 미시경제학>현시선호이론 | | | | |
| 09 | 미시경제학>단기비용함수와 장기비용함수 | | | | |
| 10 | 미시경제학>기업의 가치 | | | | |
| 11 | 거시경제학>합리적 기대이론 | | | | |
| 12 | 거시경제학>인플레이션과 실업 | | | | |
| 13 | 거시경제학>동태경제이론 | | | | |
| 14 | 미시경제학>소비자이론 | | | | |
| 15 | 거시경제학>투자이론 | | | | |
| 16 | 거시경제학>균형경기변동이론 | | | | |
| 17 | 국제경제학>마샬-러너조건 | | | | |
| 18 | 미시경제학>소비자이론 | | | | |
| 19 | 미시경제학>조세의 귀착 | | | | |
| 20 | 거시경제학>절약의 역설 | | | | |
| 21 | 미시경제학>시장조직이론 | | | | |
| 22 | 거시경제학>균형실업률 | | | | |
| 23 | 미시경제학>시장실패와 정보경제학 | | | | |
| 24 | 미시경제학>시장조직이론 | | | | |
| 25 | 국제경제학>국제무역이론 | | | | |

| 미시경제학 | / 13 | 거시경제학 | / 9 |
|----|----|----|----|
| 국제경제학 | / 3 | | |

* A : 알고 맞힘
  B : 찍어서 맞힘
  C : 의도·내용 파악 부족
  D : 매번 틀리는 유형

## 01 오답률 10%  정답 ②

**영역 미시경제학>시장실패와 정보경제**  난도 하

정답의 이유

② 선별은 정보를 갖지 못한 측이 상대방(정보를 가진 측)의 특성을 알아내기 위해 노력하는 것을 말한다. 통신사가 다양한 종류의 요금제도를 제시하고 서로 다른 유형의 소비자가 자신이 원하는 요금제도를 선택하게 하는 것은 선별의 예에 속한다.

오답의 이유

① 역선택은 정보의 비대칭으로 인해서 정보를 갖지 못하거나 부족한 측의 입장에서 보았을 때, 바람직하지 못한 상대와 거래할 가능성이 높아지는 현상을 말한다. 도덕적 해이는 정보를 갖지 못하거나 부족한 측의 입장에서 보았을 때 정보를 가지고 있는 상대가 바람직하지 않은 행동을 취하는 가능성이 높아지는 현상을 말한다.

정보의 비대칭성이 존재하면 역선택과 도덕적 해이의 문제가 항상 발생하기 보다는 발생할 가능성이 크다고 보는 것이 옳다.

③ 공동균형에서는 서로 다른 선택을 할 수 없다.

④ 보험회사 입장에서 해당 예는 도덕적 해이가 아니라 역선택에 해당한다.

⑤ 신호는 정보를 보유하지 못한 측이 아니라 정보를 갖고 있는 사람이 사용하는 수단에 해당한다.

## 02 오답률 12%  정답 ②

**영역 미시경제학>수요 · 공급이론**  난도 하

정답의 이유

- 보완재는 실과 바늘처럼 함께 소비할 때 더 큰 만족을 얻을 수 있는 관계에 있는 재화를 말한다. 보완재의 경우, X재의 가격이 상승(하락)하면 X재의 수요량이 감소(증가)하기 때문에, 보완재인 Y재의 수요가 감소(증가)한다.
- 대체재는 용도가 비슷하여 서로 대신하여 사용할 수 있는 관계에 있는 재화를 말한다. 대체재의 대표적인 예로는 버스와 지하철을 들 수 있고, 대체재 사이에는 경쟁 관계가 형성되므로 X재의 가격이 상승(하락)하면 X재의 수요량이 감소(증가)하기 때문에 대체재인 Y재의 수요가 증가(감소)한다.

ㄱ. 커피 원두값이 급등하게 되면 커피의 공급곡선은 왼쪽으로 이동한다.

ㄴ. 크루아상은 커피의 보완재이다. 커피의 가격이 인상되면 커피의 수요가 감소하기 때문에 보완재인 크루아상도 수요가 감소하게 되며, 이로 인해 소비자잉여와 생산자잉여도 감소하게 된다.

ㅁ. 밀크티는 커피의 대체재이다. 커피의 가격이 인상되면, 커피의 수요가 감소하게 되고 대체재인 밀크티의 수요는 증가하게 된다. 밀크티의 수요가 증가하게 되면 더 많이 팔리게 되므로 판매수입은 증가하게 된다.

오답의 이유

ㄷ. 커피의 수요 감소는 보완재인 크루아상의 수요 감소로 이어지고 이로 인해 크루아상의 거래량은 증가하는 것이 아니라 감소하게 된다.

ㄹ. 커피의 가격이 상승했으므로 대체제인 밀크티 수요가 증가하고 이로 인해 밀크티의 소비자잉여 및 생산자잉여가 증가하게 된다. 따라서 총잉여는 감소하는 것이 아니라 증가한다.

## 03 오답률 28%  정답 ④

**영역 미시경제학>생산자이론**  난도 중

정답의 이유

ⅰ) 완전경쟁시장에서 장기균형조건은 P=LMC(장기한계비용)=LAC(장기평균비용)이다.

ⅱ) LMC=4q, LAC=$2q+\dfrac{10}{q}$이고 장기균형조건을 통해 보면,

$4q(LMC)=2q+\dfrac{10}{q}(LAC)$

$2q^2=10$

$q=\sqrt{5}$, P=$\sqrt{80}(=4\sqrt{5})$이다.

ⅲ) 조건에 100개 기업이 참여하고 있다고 되어 있으므로 시장 전체 공급량은

$Q=100q=100\sqrt{5}(=25\sqrt{80})$

따라서 장기균형가격은 $\sqrt{80}$, 시장 전체의 공급량은 $25\sqrt{80}$이다.

## 04 오답률 25%  정답 ⑤

**영역 거시경제학>총수요 · 총공급이론**  난도 중

정답의 이유

ⅰ) 화폐수량설 공식은 MV=PY이다(M : 통화, V : 유통속도, P : 물가, Y : 국민소득). 이 중 PY는 명목 GDP이므로, 문제에 제시된 조건 명목 GDP(1,650조 원)과 통화량(2,500조 원)을 위 공식에 대입하면 2500V=16500이 되고 V=0.66이 도출된다.

ⅱ) V(유통속도)변화율 = $\dfrac{\Delta V(0.0033)}{V(0.66)}=\dfrac{1}{200}=0.5\%$

ⅲ) EC방정식에 따르면 M변화율+V변화율=P변화율+Y변화율이다. 여기에 앞서 도출한 V변화율(0.5%)과 문제에서 제시된 물가변화율(2%) · 실질 GDP 증가율(3%)을 대입하면,

M변화율=5-0.5 ⇒ M변화율=4.5가 나오게 된다.

## 05 오답률 28%  정답 ④

영역 국제경제학>국제금융론  난도 중

정답의 이유

ㄷ. 수출이 증가하게 되면 IS곡선이 우측으로 이동하고 소득은 증가하게 된다. 결과적으로 눈여겨 볼 부분이 '변동환율제도 하에서 평가절하가 이루어지면'이다. '평가' 절하는 고정환율제도에서만 사용되므로 해당 부분을 통해 ㄷ 보기가 잘못되었다는 것을 알 수 있다.

ㅁ. 화폐수요가 감소한다는 것은 통화량이 증가한다는 것을 의미한다. 통화량이 증가하면 외환수요의 증가를 가져오고 환율상승 압력을 가져오게 된다. 중앙은행은 원래대로 돌아가기 위해서 외환을 매각하고 통화량을 변화(감소)시키는데, 이때 LM곡선은 좌측으로 이동을 하게 되고 최초의 위치로 복귀하게 된다.

오답의 이유

ㄱ·ㄴ. 변동환율제도에서 통화량이 증가하게 된다면 LM곡선은 오른쪽으로 이동하게 된다. 이자율이 하락하고 자본이 유출되면 환율이 변동(상승)하게 되고 수출이 증가하게 된다.

ㄹ. 환율상승 압력이 발생하면 중앙은행은 이전 상태로 돌아가기 위해서 외환을 매각하고 통화량을 줄여야 한다.

## 06 오답률 5%  정답 ②

영역 거시경제학>총수요·총공급이론  난도 하

오답의 이유

ㄴ. 소비자들의 저축성향 감소는 한계소비성향이 커지는 것을 의미한다. 한계소비성향이 커지면 IS곡선의 기울기는 감소하게 되면서 곡선을 우측으로 이동시킨다.

ㄷ. 화폐수요의 이자율 탄력성이 커지면 LM곡선은 완만하게 되고 총수요곡선은 가파르게 된다.

## 07 오답률 8%  정답 ①

영역 미시경제학>수요·공급이론  난도 하

정답의 이유

ㄱ. 비탄력적인 경우 가격은 올라도 수요의 변화는 크지 않다. 따라서 총지출은 증가한다.

ㄴ. 탄력성이 커지면 내야 하는 세금은 적어지고 보조금의 혜택도 적어진다. 반대로 탄력성이 적어지면 내야 하는 세금은 많아지고 보조금의 혜택은 늘어나게 된다. 수요와 공급의 가격탄력성이 커지면 정부와 거래량이 줄어들고(세수가 줄어듦) 후생손실이 증가하게 된다.

오답의 이유

ㄷ. 독점기업의 경우 공급곡선이 존재하지 않는다. 따라서 공급의 가격탄력성은 존재하지 않는다.

ㄹ. 최저임금은 가격하한제에 해당한다. 따라서 노동의 공급보다는 수요 측면에 의해서 결정되는 것이 옳다.

## 08 오답률 30%  정답 ⑤

영역 미시경제학>현시선호이론  난도 중

정답의 이유

ㄴ·ㄷ. 공리는 특별한 증명없이 참과 거짓을 논할 수 있는 명제를 말한다. 현시선호이론에는 강공리와 약공리가 존재한다. 약공리는 '만약 한 상품묶음 $Q_0$이 다른 상품묶음 $Q_1$보다 현시선호되었다면, 어떤 경우라도 $Q_1$이 $Q_0$보다 현시선호될 수는 없다'를 말하고 강공리는 '만약 한 상품묶음 $Q_0$이 다른 상품묶음 $Q_n$보다 간접적으로 현시선호되었다면, 어떤 경우라도 $Q_n$이 $Q_0$보다 간접적으로 현시선호될 수 없다'는 것을 말한다. 결론적으로 현시선호에서 공리는 소비자의 선택행위가 일관성을 보여야 한다는 것을 말하고 있다. 그리고 현시선호의 공리를 만족시키면 우하향하는 기울기를 가지는 무차별곡선을 도출하게 된다.

ㄹ. 강공리는 약공리를 함축하고 있으므로 강공리가 만족된다면 언제나 약공리는 만족한다.

오답의 이유

ㄱ. 현시선호이론은 완전성, 이행성, 반사성이 있다는 것을 전제하는 소비자 선호체계에 반대하면서 등장한 이론이므로 이행성이 있다는 것을 전제로 한다는 내용은 잘못되었다.

## 09 오답률 25%  정답 ②

영역 미시경제학>단기비용함수와 장기비용함수  난도 중

정답의 이유

ⅰ) 조건에서 임금은 10, 자본임대료는 20, 자본 2,000 단위를 사용한다고 했으므로 고정비용 40,000을 유추할 수 있다.

ⅱ) K가 2,000이므로 $Q=L^{\frac{1}{2}} \Rightarrow L=Q^2$ 이다.

따라서 이 기업의 단기 비용함수는 ② $10Q^2+40,000$이다.

## 10 오답률 30%  정답 ①

영역 미시경제학>기업의 가치  난도 중

정답의 이유

현재가치를 구하는 식은 다음과 같다.

$$PV=\pi_0\frac{1+g}{1+i}+\pi_0\left(\frac{1+g}{1+i}\right)^2+\pi_0\left(\frac{1+g}{1+i}\right)^3+\cdots$$

$$=\frac{\pi_0}{1-\frac{1+g}{1+i}}=\frac{\pi_0}{1-\frac{i-g}{1+i}}$$

$$=\pi_0\frac{1+i}{1-g}$$

따라서 이 기업의 가치는 $PV=\pi_0\frac{1+g}{i-g}$로 계산된다는 ①은 옳지 않다.

**11** 오답률 25%                    정답 ④

영역 거시경제학>합리적 기대이론          난도 중

정답의 이유

장기균형에서는 P = Pᵉ이기 때문에 총공급곡선은 수직선이 된다 (Y = 1). 도출된 내용을 총수요곡선에 대입시키면 P = 1의 결과를 얻게 된다. 개인들이 합리적 기대를 한다면 장기적으로는 물가가 장기균형상태로 이동할 것을 예상해서 조정을 할 것이기 때문에 ④ Pᵉᵗ는 1이다.

**12** 오답률 28%                    정답 ③

영역 거시경제학>인플레이션과 실업          난도 중

오답의 이유

① 적응적 기대는 과거의 자료를 바탕으로 예상오차를 점차 수정해서 미래를 예측하는 것을 말하고, 적응적 기대에서의 경제주체는 단기적으로 보면, 경제상황에 대해 정확히 파악하지 못하기 때문에 오류를 범하게 되고 이를 시간이 지나면서 정확한 값을 찾게 되는 모습을 보인다. 따라서 적응적 기대는 경제주체들이 체계적 오류를 범한다고 보기 때문에 체계적 오류 가능성이 없다고 보는 것은 잘못된 판단이다.
② 해당 내용은 합리적 기대에 대한 정의이다.
④ 필립스 곡선이 급해지면 희생률은 작아진다.
⑤ t기의 기대 인플레이션에 영향을 주는 것은 t−1기의 인플레이션이다.

**13** 오답률 29%                    정답 ③

영역 거시경제학>동태경제이론          난도 중

오답의 이유

① 기술이 매년 진보하는 상황에서 1인당 자본량은 일정하게 유지하는 것이 아니라 계속 증가한다.
② 총자본량의 증가율은 기술진보율(2%)과 인구증가율(1%)의 합과 같다. 따라서 2%씩 증가하는 것이 아니라 3%씩 증가한다고 봐야 한다.
④ 저축률이 증가한다는 것은 투자가 많아지는 것을 뜻하므로, 1인당 자본량이 증가하게 된다. 하지만 솔로우 모형에서 장기상태의 성장률은 '0을 유지하기 때문에' 변화하지 않는다고 봐야 한다. 따라서 '1인당 자본량의 증가율이 상승한다'는 표현은 잘못된 표현이다.
⑤ 감가상각률이 증가한다는 것은 1인당 자본량은 줄어든다는 것을 의미하므로 잘못된 표현이다.

**14** 오답률 32%                    정답 ⑤

영역 미시경제학>소비자이론          난도 중

정답의 이유

주어진 문제의 비용함수[C(Q) = 100 + 2Q²]를 통해 고정비용은 100, 가변비용은 2Q², 한계비용은 4Q, 평균가변비용은 2Q라는 것을 도출할 수 있다.
⑤ 완전경쟁시장에서 최적산출량(5개)을 시장가격 20에 팔면 수입은 100, 손실은 50이다.

오답의 이유

① 기업이 속해있는 시장은 완전경쟁시장이고, 완전경쟁시장에서 기업은 시장가격을 받아들여야 한다. 또한 완전경쟁시장에서 기업이 직면하는 수요곡선은 수평선이다.
③ 4Q = 20 ⇒ 5이므로 최적산출량은 5이다.
④ 생산은 평균가변비용(AVC)보다 높은 곳에서 진행되므로 옳은 내용이다.

**15** 오답률 25%                    정답 ⑤

영역 거시경제학>투자이론          난도 중

정답의 이유

⑤ 실질이자율이 하락하는 경우에는 자본의 사용자 비용이 적어지고 자본의 한계비용을 감소시키기 때문에 투자가 증가한다.

**16** 오답률 34%                    정답 ③

영역 거시경제학>균형경기변동이론          난도 중

정답의 이유

ㄴ. '기술충격 옴 → 노동수요 증가 → 임금·실질이자율 상승 → 노동공급 증가 → 공급의 증가'가 되기 때문에 충격이 더 많이 오게 된다. 따라서 소비의 기간 간 대체효과는 크다.
ㄷ. 자본에 대한 요구가 많아지면 실질이자율 역시 같은 방향으로 움직이기 때문에 경기순행적이다.

오답의 이유

ㄱ. 흉작이나 획기적 발명품의 개발은 실물적 경비변동이론(RBC)에 해당하며, 이 경우 영구적 기술충격이 아니라 일시적 기술충격에 해당한다.
ㄹ. '생산성 상승 → 노동 수요 증가 → 실질임금 상승'으로 이어진다. 따라서 실질임금·실질이자율은 경기순행적이다.
ㅁ. 경기 상황에 따라 노동 수요가 늘어날 수 있고 줄어들 수 있으므로 생산성은 경기순응적이다.

## 17 오답률 8%　　　　　　　　　　정답 ④

**영역** 국제경제학＞마샬－러너 조건　　　　난도 하

[정답의 이유]

실질절하는 실질환율이 상승했다는 것을 의미한다. 실질환율이 상승하게 되면 수출이 증가하고 수입이 감소하게 된다. 환율이 상승하게 되면 원자재를 구입하는 사람들은 부담이 커지는데 단기적으로 보면, 무역수지적자가 발생하게 된다(그래프의 －부분).

④ 수출수요탄력성과 수입수요탄력성의 합이 1보다 커야 실질절하는 무역수지를 개선한다. 따라서 작다는 표현은 옳지 않다.

## 18 오답률 30%　　　　　　　　　　정답 ③

**영역** 미시경제학＞소비자이론　　　　난도 중

[정답의 이유]

ⅰ) 한계대체율(MRS) : $\dfrac{(20-4x)}{4}=5-x$

x가 커질수록 한계대체율(MRS)이 감소하기 때문에 무차별 곡선이 원점에 대해 볼록하게 된다. 그리고 한계대체율(MRS)과 상대 가격이 같게 되면 효용극대화가 달성된다.

ⅱ) 가격 변화 이전

$5-x=1 \Rightarrow x=4$,

$2x+2y=24$가 성립해야 하기 때문에 $y=8$이 도출된다.

ⅲ) 가격 변화 이후

상대가격이 3이 되기 때문에 $x=2$, $y=6$이 도출된다.

따라서 X재와 Y재의 최적 소비량은 ③이 정답이다.

## 19 오답률 55%　　　　　　　　　　정답 ④

**영역** 미시경제학＞조세의 귀착　　　　난도 상

[정답의 이유]

ㄴ. 수요곡선이 수평선으로 주어져 있다는 것은 완전탄력적이라는 것을 의미한다. 수요가 완전탄력적인 경우 공급자가 모든 조세를 부담하기 때문에 물품세의 조세부담은 모두 공급자에게 귀착된다는 내용은 옳은 내용이다.

ㄷ. 공급의 가격탄력성이 크면 클수록 상대적으로 수요는 덜 탄력적으로 되며, 덜 탄력적일수록 수요자에게 전가(부담)된다.

ㄹ. 법적부과 대상자보다는 경제적인 결과가 중요하다.

[오답의 이유]

ㄱ. 세금을 부여한다고 해서 수요곡선이 변화하는 것은 아니며, 사람이 최대한 낼 수 있는 것이 변화한다. 따라서 수요곡선은 이동하지 않고 공급자들에게 최대한 지불할 수 있는 금액만 떨어진다.

ㅁ. 세율 비례하는 것이 아니라 세율 제곱에 비례한다.

## 20 오답률 35%　　　　　　　　　　정답 ②

**영역** 거시경제학＞절약의 역설　　　　난도 중

[정답의 이유]

절약의 역설(저축의 역설)은 절약(저축)의 증가가 투자의 증가로 이어지지 못하고 반대로 총수요를 감소시켜 생산활동을 위축하게 됨으로 인해 국민소득이 감소되는 경우를 말한다.

ㄴ. 절약의 역설은 투자 수요의 이자율 탄력성이 적을 때 성립함으로, 이자율 변동의 영향을 적게 받을수록 절약의 역설이 발생할 가능성이 크다는 것은 옳은 내용이다.

[오답의 이유]

ㄱ. 경기가 침체되었을 때 절약을 하면 상황이 더 안 좋아지기 때문에 절약의 역설이 발생하지 않는다는 내용은 옳지 않다.

ㄷ. 고전학파가 아니라 케인즈에 해당한다.

ㄹ. 고전학파의 입장에서 임금은 신축적으로 변화하지만 케인즈는 임금을 경직적으로 보기 때문에 절약의 역설이 발생한다.

## 21 오답률 15%　　　　　　　　　　정답 ⑤

**영역** 미시경제학＞시장조직이론　　　　난도 하

[정답의 이유]

쿠르노 모형에서 각 기업은 완전경쟁시장 생산량의 $\dfrac{1}{3}$ 생산하기 때문에 두 기업의 생산량은 $\dfrac{2}{3}$이다. 완전경쟁시장에선 P＝MC이기 때문에 P＝0, 생산량은 Q＝100이다. 따라서 쿠르노 모형 생산량은 $Q\left(\dfrac{20}{3}\right)$이고, 가격은 $P\left(\dfrac{10}{3}\right)$이기 때문에 ⑤는 옳지 않다.

## 22 오답률 32%　　　　　　　　　　정답 ③

**영역** 거시경제학＞균형실업률　　　　난도 중

[정답의 이유]

ⅰ) 자연실업률 조건

sE＝fU(U : 실업자의 수, E : 취업자의 수, s : 취업자 중에 이번 기에 실직하는 비율, f : 실업자 중에 이번 기에 취업하는 비율)

$\Rightarrow$ 자연실업률＝$\dfrac{U}{E+U}=\dfrac{s}{s+f}$

ⅱ) s(취업자 중에 이번 기에 실직하는 비율)＝$1-P_{11}$

f(실업자 중에 이번 기에 취업하는 비율)＝$P_{21}$

해당 내용을 위 식에 대입하면 $\dfrac{1-P_{11}}{1-P_{11}+P_{21}}$이 나오므로 정답은 ③이다.

**23** 오답률 35%  정답 ③

| 영역 미시경제학>시장실패와 정보경제학 | 난도 중 |

정답의 이유

문제에 제시된 내용을 통해 공공재와 관련되었음을 확인할 수 있다.

ⅰ) 공공재의 수요

$p_i = 10 - Q \Rightarrow P = 10 \times (10 - Q) = 100 - 10Q$

ⅱ) 효율적인 가로등 설치 조건(최적공급조건)

$P = 100 - 10Q = 200$이므로 $Q = 8$이 도출된다.

ⅲ) 효율적인 가로등 수량을 확보하기 위해 각 가구당 지불해야 하는 비용 (개별지불의사)

$Q = 8$을 $p_i = 10 - Q$에 대입하면 $p_i = 2$가 도출된다.

따라서 $Q = 8$이므로 정답은 ③이 된다.

**24** 오답률 60%  정답 ④

| 영역 미시경제학>시장조직이론 | 난도 상 |

정답의 이유

문제에서 제시된 조건을 통해 한계비용이 다르다는 것을 알수 있고[기업 A의 한계비용($MC_A = 2$), 기업 B의 한계비용($MC_B = 4$)], 한계비용이 상이하였을 때 공식

$\left\{ Q_1 = \dfrac{a - 2C_1 + C_2}{3b}, \ Q_2 = \dfrac{a - 2C_2 + C_1}{3b} \right\}$로 푼다는 것을 생각하면서 보기를 확인하면 다음과 같다.

ㄴ. 균형가격은 $14(= 36 - 11)$이다.

ㄷ · ㅁ. 생산자잉여는 122[72(이윤 A) + 50(이윤 B)]이고 사회후생은 243[121(소비자잉여) + 122(생산자잉여)]이다.

오답의 이유

ㄱ. 균형 상태에서 기업 A의 생산량은 60이고 기업 B의 생산량은 50이다.

ㄹ. 소비자잉여는 $\dfrac{(36 - 14) \times 11}{2} = 121$이다.

**25** 오답률 55%  정답 ①

| 영역 국제경제학>국제무역이론 | 난도 상 |

정답의 이유

ⅰ) 헥셔-올린 정리

각국은 자국의 상대적으로 풍부한 부존요소를 사용하는 재화의 생산에 비교우위가 있다. 따라서 노동이 풍부한 국가는 노동집약적 생산에, 자본이 풍부한 국가는 자본 집약적 생산에 우위를 갖게 된다. 노동이 풍부한 나라는 노동을 활용하려고 하기 때문에 임금은 상승하고 자본(이자)의 가격은 떨어진다는 특징을 갖고, 반대로 자본이 풍부한 나라는 자본재 가격은 올라가고 노동재의 가격이 떨어진다는 특징을 갖게 된다.

ⅱ) 스톨퍼-사무엘슨 정리

스톨퍼-사무엘슨 정리는 무역으로 인해서 계층 간 실질 소득의 분배와 관련한 이론으로 한 재화의 상대가격이 오르면 그 재화에 집약적으로 사용되는 생산요소의 실직적인 소득은 절대적 · 상대적으로 증가하고, 반대로 다른 생산요소의 실직적인 소득은 절대적 · 상대적으로 감소한다고 말한다.

ⅲ) 문제를 통해 A국은 K(총자본)집약적 생산에, B국은 L(총노동)집약적 생산에 비교우위를 가지고 있음을 알 수 있다. 이런 상황에서 A-B국 간 무역을 진행하게 되면 ① B국의 실질임금률은 상승하고, 실질이자율은 하락하게 된다.

2017.04.22. 시행

# 국회직 8급 경제학 정답 및 해설

문제편 120p

## 정답 체크

| 01 | 02 | 03 | 04 | 05 | 06 | 07 | 08 | 09 | 10 |
|----|----|----|----|----|----|----|----|----|----|
| ⑤ | ④ | ④ | ⑤ | ⑤ | ③ | ③ | ④ | ⑤ | ① |
| 11 | 12 | 13 | 14 | 15 | 16 | 17 | 18 | 19 | 20 |
| ④ | ① | ④ | ② | ⑤ | ③ | ② | ③ | ② | ③ |
| 21 | 22 | 23 | 24 | 25 | | | | | |
| ④ | ② | ① | ⑤ | ③ | | | | | |

## My Analysis

| 총 맞힌 개수 | | 개 |
|----|----|----|
| 획득 점수 | | 점 |
| 약한 영역 | | |

※ '약한 영역'에는 문항별 체크리스트 상에서 자신이 가장 많이 틀린 영역을 표시해두고, 추후에 해당 영역을 집중적으로 학습하시는 데 활용하시기 바랍니다.

## 문항별 체크리스트

| 문항 | 문항 영역 | 맞힘 | | 틀림 | |
|----|----|----|----|----|----|
| | | A | B | C | D |
| 01 | 미시경제학>소비자이론 | | | | |
| 02 | 미시경제학>생산자이론 | | | | |
| 03 | 미시경제학>시장조직이론 | | | | |
| 04 | 미시경제학>생산자이론 | | | | |
| 05 | 미시경제학>소비자이론 | | | | |
| 06 | 미시경제학>게임이론 | | | | |
| 07 | 미시경제학>시장조직이론 | | | | |
| 08 | 미시경제학>시장실패와 정보경제학 | | | | |
| 09 | 미시경제학>시장실패와 정보경제학 | | | | |
| 10 | 미시경제학>수요·공급이론 | | | | |
| 11 | 미시경제학>수요·공급이론 | | | | |
| 12 | 미시경제학>수요·공급이론 | | | | |
| 13 | 미시경제학>조세의 귀착 | | | | |
| 14 | 국제경제학>외환시장과 국제수지 | | | | |
| 15 | 거시경제학>생산자이론 | | | | |
| 16 | 거시경제학>총수요·총공급이론 | | | | |
| 17 | 미시경제학>생산요소 시장이론과 소득분배 | | | | |
| 18 | 거시경제학>동태경제 이론 | | | | |
| 19 | 거시경제학>재정과 금융 정책 | | | | |
| 20 | 거시경제학>총수요·총공급이론 | | | | |
| 21 | 국제경제학>외환시장과 국제수지 | | | | |
| 22 | 국제경제학>외환시장과 국제수지 | | | | |
| 23 | 거시경제학>화폐금융론 | | | | |
| 24 | 거시경제학>거시경제학의 기초 | | | | |
| 25 | 거시경제학>거시경제학의 기초 | | | | |

| 미시경제학 | / 14 | 거시경제학 | / 8 |
|----|----|----|----|
| 국제경제학 | / 3 | | |

\* A : 알고 맞힘      B : 찍어서 맞힘
  C : 의도·내용 파악 부족     D : 매번 틀리는 유형

안심Touch

**01** 오답률 28%  정답 ⑤

| 영역 미시경제학>소비자이론 | 난도 중 |

정답의 이유

이자율이 상승할 때, 소득효과는 저축자의 경우 '이자율 상승 → 이자수입 증가 → 소득 증가 → 현재소비 증가'이고, 대체효과는 '이자율 상승 → 현재소비의 기회비용 상승 → 현재소비 감소, 미래소비(저축) 증가'이다.

⑤ 이자율 상승의 변화가 소비에 미치는 영향은 저축자인지 차입자인지 여부 및 소득효과와 대체효과의 상대적 크기에 따라 결정된다. 저축자를 기준으로 소득효과가 대체효과보다 클 경우 이자율 상승은 현재소비와 미래소비의 증가를 가져오지만, 소득효과가 대체효과보다 작을 경우 이자율 상승은 현재소비의 감소와 미래소비의 증가를 가져온다. 따라서 이자율이 상승하면 미래소비는 증가하고, 현재소비는 증가하거나 감소할 수 있다.

**02** 오답률 8%  정답 ④

| 영역 미시경제학>생산자이론 | 난도 하 |

정답의 이유

묶어팔기가 이윤을 증가시키는 조건은 소비자들의 지불용의에 있어서의 품목 간 역(−)의 상관관계가 존재하는 것이다. 따라서 수영복과 묶어 팔 때, 따로 팔 때보다 이득이 더 생기는 품목은 샌들이 된다. 이때 수영복(400)과 샌들(150)을 묶어서 550의 가격을 부과하면 두 명의 고객으로부터 총 1,100의 최대 수입을 얻을 수 있다.

따라서 ④ '샌들, 1100'이 정답으로 적절하다.

**03** 오답률 27%  정답 ④

| 영역 미시경제학>시장조직이론 | 난도 중 |

정답의 이유

ⅰ) 시장수요곡선은 $P=20-Q$이고, 한계비용곡선은 총생산비용[$TC(Q)=4Q$]을 미분한 $MC=4$이다.

ⅱ) 특허 기간은 독점을 의미하므로 이윤극대화 생산량은 $MR=MC$인 점에서 결정된다.

시장수요곡선은 $P=20-Q$이므로 $MR=20-2Q$

$MR=MC \Rightarrow 20-2Q=4$ ∴ $Q=8$

ⅲ) 특허가 소멸되면 완전경쟁시장이므로 이윤극대화 조건은 $P=MC$이다.

$P=MC \Rightarrow 20-Q=4$ ∴ $Q=16$

따라서 ④ 약의 특허 기간 중 생산량은 8이고, 특허 소멸 후 생산량은 16이다.

**04** 오답률 30%  정답 ⑤

| 영역 미시경제학>생산자이론 | 난도 중 |

정답의 이유

ⅰ) 완전경쟁시장의 개별 기업의 장기균형을 구하기 위해 장기평균비용곡선을 미분하면

$$-1+\frac{1}{50}q=0 \;\; \therefore \; q=500이다.$$

ⅱ) 이를 평균비용곡선식에 대입하면

$$AC(500)=40-50+\frac{1}{100}\times 50^2=15$$

ⅲ) 반도체 시장수요식에 대입하면

$$Q=25,000-(1,000\times 15)=10,000$$

따라서 ⑤ 장기균형 가격은 15이고, 기업의 수는 시장 전체 생산량을 개별기업 생산량으로 나눈 200(개)이다.

**05** 오답률 32%  정답 ⑤

| 영역 미시경제학>소비자이론 | 난도 중 |

정답의 이유

효용함수가 $U(X, Y)=\sqrt{XY}$인 경우,

수요함수는 $X=\dfrac{M}{2P_X}$, $Y=\dfrac{M}{2P_Y}$ 이다.

ㄱ. 수요함수로부터 전체 소득에서 X재에 대한 지출이 차지하는 비율을 도출하면 $P_X X=\dfrac{M}{2}$이므로 X재 가격이 변하더라도 X재 지출 비율이 항상 소득의 절반임을 알 수 있다.

ㄴ. X재와 Y재는 서로 독립재로, X재 가격 변화는 Y재 소비에 영향을 주지 않는다.

ㄷ. X재와 Y재는 모두 소득탄력성 1인 정상재이다.

ㄹ. X재와 Y재 모두 수요곡선이 직각쌍곡선의 형태를 가지므로, 수요의 법칙을 따른다.

**06** 오답률 25%  정답 ③

| 영역 미시경제학>게임이론 | 난도 중 |

정답의 이유

ㄴ. 기업 B의 Q=2일 때 이윤은 12 또는 80이고, Q=3일 때 이윤은 10 또는 60이다. 따라서 기업 B의 우월전략은 Q=2이다.

ㄷ·ㄹ. 기업 B의 우월전략은 Q=2일 때이고, 이때 기업 A의 경우 Q=3이 유리하므로 내쉬균형은 (12, 8)이다.

오답의 이유

ㄱ. 기업 A의 Q=2일 때 이윤은 10 또는 80이고, Q=3일 때 이윤은 12 또는 60이다. 따라서 우월전략이 없다.

**07** 오답률 35%　　　　　　　　　　　　　　　　　　정답 ③

영역 미시경제학>시장조직이론　　　　　　　　　　　난도 중

정답의 이유

ⅰ) 쿠르노 모형을 분석하면 기업 1의 이윤함수는
　　$PQ_1=50Q_1-Q_1^2-Q_1Q_2$로 미분하면,
　　$Q_1=\dfrac{50-Q_2}{2}$이다.

ⅱ) 같은 방법으로 기업 2의 이윤함수는
　　$PQ_2=50Q_2-Q_2^2-Q_1Q_2$로 미분하면,
　　$Q_2=\dfrac{50-Q_1}{2}$이다.

ㄱ. $PQ_1=50Q_1-Q_1^2-Q_1Q_2$
　　$=50Q_1-Q_1^2-Q_1\times\dfrac{50-Q_1}{2}=25Q_1-\dfrac{1}{2}Q_1^2$

　　이를 미분하면, $25-Q_1=0$이고 $Q_1=25$이다.
　　$Q_2=\dfrac{50-Q_1}{2}$이므로, $Q_2=12.5$이다.

따라서 기업 1의 생산량은 기업 2의 생산량의 2배이다.

ㄴ. $P=50-Q_1-Q_2$이므로 시장가격은 12.5이다.

ㄷ. $Q_1=25$, $Q_2=12.5$로 시장거래량은 37.5이다. 따라서 25보다 크다.

오답의 이유

ㄹ. 가격이 동일한 상황에서 기업 1의 생산량이 기업 2의 생산량의 2배이므로 이윤도 2배이다.

**08** 오답률 25%　　　　　　　　　　　　　　　　　　정답 ④

영역 미시경제학>시장실패와 정보경제학　　　　　　난도 중

정답의 이유

ⅰ) 생산되는 살충제의 양(ㄱ)은 $150-\dfrac{5}{2}Q=\dfrac{5}{2}Q$이므로 $Q=30$이다.

ⅱ) 사회적 한계비용은 사적한계비용의 2배이므로 $P=5Q$이다.

ⅲ) 사회적으로 바람직한 살충제 생산량(ㄴ)은 $150-\dfrac{5}{2}Q=5Q$이므로 $Q=20$이다.

따라서 ④ '30, 20'이 정답으로 적절하다.

**09** 오답률 8%　　　　　　　　　　　　　　　　　　정답 ⑤

영역 미시경제학>시장실패와 정보경제학　　　　　　난도 하

정답의 이유

ㄴ. 근로자가 채용된 후에 발생하는 비대칭 정보 문제이므로 도덕적 해이의 상황이다.

ㄷ·ㄹ. 효율임금 지급, 보수 지급 연기, 공동보험, 기초공제, 담보, 감시, 유인설계 등은 도덕적 해이의 해결방법에 해당한다.

오답의 이유

ㅁ. 신호, 평판, 표준화, 품질인증, 보증, 선별, 가입의무화, 신용할당 등은 역선택의 해결방법에 해당한다.

**10** 오답률 9%　　　　　　　　　　　　　　　　　　정답 ①

영역 미시경제학>수요·공급이론　　　　　　　　　　난도 하

정답의 이유

경유자동차 구매 수요의 경유가격 탄력성이 3이므로 경유가격을 10% 인상하면 경유자동차의 구매 수요는 30% 감소한다. 정부는 경유차의 구매 수요를 현재보다 20% 줄이고자 하므로 휘발유가격의 인상을 통해 구매 수요를 10% 증가시켜야 한다. 따라서 ① 경유자동차의 구매 수요의 휘발유가격 탄력성이 2이므로 휘발유가격을 5% 인상하면 경유자동차의 구매 수요가 10% 증가한다.

**11** 오답률 32%　　　　　　　　　　　　　　　　　　정답 ④

영역 미시경제학>수요·공급이론　　　　　　　　　　난도 중

정답의 이유

ⅰ) 수요곡선과 공급곡선을 Q에 대하여 정리하면,
　　수요곡선은 $P=-2Q+65$, 공급곡선은 $P=3Q+15$이므로,
　　$-2Q+65=3Q+15$ ∴ $P=45$, $Q=10$

ⅱ) 가격상한 또는 가격하한을 55로 설정할 때, 이는 균형가격인 45보다 높기 때문에 가격하한제임을 알 수 있다. 이때 가격상한제는 실효성이 없다.

ⅲ) 가격상한 시의 총잉여는 그래프의 $\triangle AED$에 해당한다. 따라서 2500이다.

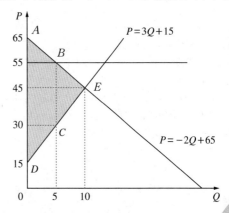

iv) 가격하한 시의 총잉여는 ΔAED에서 ΔBEC를 제외한 부분에 해당한다. 따라서 187.50이다.

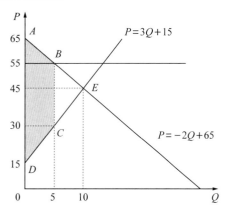

따라서 ④ '250, 187.5'가 정답으로 적절하다.

---

**12** 오답률 10%  정답 ①

영역 미시경제학>수요·공급이론  난도 하

[정답의 이유]

ㄱ. 원유의 수요와 공급이 비탄력적인 경우 원유 거래량의 하락폭은 원유 가격의 하락폭에 비해 상대적으로 작다.

ㄴ. 소비자가 상품의 가격에 상관없이 항상 일정한 액수만큼 구매하는 경우 수요는 가격에 대해 단위 탄력적이다. 이때 가격 변동률은 수요량 변동률과 일치한다.

[오답의 이유]

ㄷ. C상품의 수요의 가격탄력성은 1.2로 탄력적이므로 가격을 인상하기로 결정했다면 총수입은 감소할 것이다.

ㄹ. 담배세 인상 이후 정부의 담배세 수입이 증가했다면, 담배 수요가 가격에 대해 비탄력적임을 의미한다.

---

**13** 오답률 26%  정답 ④

영역 미시경제학>조세의 귀착  난도 중

[정답의 이유]

i) 균형을 구하면 $Q_d = Q_s$이므로

400−2P=100+3P ∴ P=60, Q=280이다.

ii) 이때 수요자에게 15의 조세를 부과할 경우, 균형가격은 54, 균형거래량은 262가 된다.

iii) 따라서 생산자가 부담하는 세금은 60이 되고, 수요자가 부담하는 세금은 9, 조세부과로 인한 경제적 순손실은 135(=15×18×0.5)가 된다.

따라서 단위당 조세의 크기는 ④ '15'가 적절하다.

---

**14** 오답률 15%  정답 ②

영역 국제경제학>외환시장과 국제수지  난도 하

[정답의 이유]

국내 생산자잉여의 변화량은 ⓐ에서 ⓐ+ⓒ로 ⓒ만큼 증가한다. 따라서 250 증가한다.

사회적 후생손실은 ⓓ+ⓕ로 100이다.

따라서 ② '250 증가, 100'이 정답으로 적절하다.

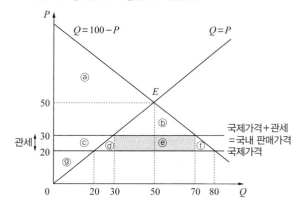

---

**15** 오답률 9%  정답 ⑤

영역 거시경제학>생산자이론  난도 하

[정답의 이유]

⑤ 불리한 공급충격이 있는 경우 단기균형은 Y<1,000, P>30이며, 이를 중앙은행이 통화량을 증가시켜 전부 수용할 경우 Y=1,000, P>30이 된다.

---

**16** 오답률 30%  정답 ③

영역 거시경제학>총수요·총공급이론  난도 중

[정답의 이유]

i) 정부지출승수는 $\dfrac{1}{1-c} = \dfrac{1}{1-0.75} = 40$이므로 정부가 재정지출을 ΔG만큼 늘리면 IS곡선은 4ΔG만큼 우측이동한다.

ii) 조세승수는 $\dfrac{-c}{1-c} = \dfrac{-0.75}{1-0.75} = -30$이므로 조세를 ΔG만큼 늘리면 IS곡선은 3ΔG만큼 좌측이동한다.

따라서 ③ IS곡선은 4ΔG−3ΔG만큼 우측이동하고, 화폐공급량을 ΔG만큼 줄이면 LM곡선은 좌측이동한다.

**17** 오답률 28%  정답 ②

영역 거시경제학 > 생산요소시장 이론과 소득분배  난도 중

정답의 이유

i ) 균형국민소득 Y=C+I+G를 구하면,

Y=50+0.75(Y−200−0.25Y)+150+250

∴ Y≒686으로 자연생산량 750보다 작아 경기침체 상황이다.

ii ) 한계조세율을 t라 하여 균형국민소득을 구하면,

Y=50+0.75(Y−200−tY)+150+250

이때 Y=7500이 되도록 하는 t의 값은 0.20이다. 따라서 한계조세율은 5%p 감소해야 한다.

따라서 ② '경기침체, 5%p 감소'가 정답으로 적절하다.

**18** 오답률 15%  정답 ③

영역 거시경제학 > 동태경제이론  난도 하

정답의 이유

③ AK 모형에서는 저축률이 증가하면 경제가 성장한다고 본다.

오답의 이유

① R&D 모형에 따르면 연구인력의 증가율이 높을수록 균제상태에서 성장률이 높아진다.

② AK 모형에서는 소득에 비례하여 인적자본이 증가하고, 그것이 물적자본 및 단순노동의 생산성을 지속적으로 향상시킨다.

④ R&D 모형에 따르면 지식이 효율적으로 생산될수록 균제상태에서 성장률이 높아진다.

⑤ AK 모형에서는 자본의 한계생산이 체감하지 않는다.

**19** 오답률 25%  정답 ②

영역 거시경제학 > 재정과 금융정책  난도 중

정답의 이유

② IS곡선의 기울기가 작고, LM곡선의 기울기가 클수록 금융정책의 효과가 크다. 투자의 이자율탄력성(d)이 클수록 IS곡선의 기울기가 작고, 화폐수요의 이자율탄력성(h)이 작을수록 LM곡선의 기울기가 크다.

**20** 오답률 6%  정답 ③

영역 거시경제학 > 총수요 · 총공급이론  난도 하

오답의 이유

ㄹ. 물가는 총수요−총공급 분석에서 내생변수이므로 총수요곡선의 이동요인이 아니다.

**21** 오답률 10%  정답 ④

영역 국제경제학 > 외환시장과 국제수지  난도 하

정답의 이유

자본이동이 완전한 경우에(i=iᵣ) 변동환율제도에서 재정정책은 효과가 없고, 금융정책은 효과가 있다. 이때 BP곡선은 수평인 상태이다.

④ 정부지출이 증가하면 IS곡선이 우측이동하고 자본수지는 흑자(ㄴ)가 된다(BP곡선 상방). 외환공급의 증가로 환율은 하락(국내통화 평가절상)하고 수출은 감소, 수입은 증가하여 경상수지는 적자(ㄷ)가 된다. 순수출 감소로 IS곡선은 좌측이동하게 되며, 균형이자율과 균형국민소득은 불변(ㄱ)이다.

**22** 오답률 25%  정답 ②

영역 국제경제학 > 외환시장과 국제수지  난도 중

정답의 이유

② 확대금융정책을 실시하면 단기자본은 유출될 가능성이 있다.

오답의 이유

① 확대재정정책은 수입을 증가, 확대금융정책은 수입을 감소시킬 우려가 있다.

③ 확대금융정책은 이자율을 하락시킨다.

④ 확대재정정책은 자국통화의 평가절상을 가져오고 이로 인해 수출이 감소한다.

⑤ 필립스곡선은 정부의 재정 · 금융정책으로 경기가 호전되고 실업률이 낮아지면 물가상승률이 높아지고, 불경기가되면 실업률이 높아지고 물가상승률이 낮아진다는 것으로 이는 케인즈정책이 유효함을 나타내주는 것이었다.

**23** 오답률 35%  정답 ①

영역 거시경제학 > 화폐금융론  난도 중

정답의 이유

① 화폐수요의 이자율탄력성이 음의 무한대일 때 LM곡선은 수평이므로 금융정책은 효과가 없다.

오답의 이유

② 소비에 실질잔고효과가 도입되면 물가 하락 시 실질잔고의 확장을 통해 IS곡선이 우측으로 이동함으로써 총수요 충격을 상쇄시키는 작용을 한다.

③ 고전학파의 화폐수량설이 성립할 때 LM곡선은 수직의 형태를 보인다.

④ 유동성함정에서 사람들은 채권의 예상수익률이 낮다고 생각한다.

⑤ 케인지안은 투자수요의 이자율탄력도가 작고 화폐수요의 이자율탄력도가 크다고 보는 반면, 통화주의자는 투자수요의 이자율탄력도가 크고 화폐수요의 이자율탄력도는 작다고 본다.

## 24 오답률 10% 정답 ⑤

**영역 거시경제학>거시경제학의 기초** 난도 하

**정답의 이유**

ㄷ. 외국인이 한국에서 생산한 것은 한국의 GDP 산출에 포함된다.

ㄹ. 전업주부의 가사노동, 즉 자가소비 농산물은 GDP에 포함되지 않는다.

ㅁ. 한국인이 외국에서 생산한 것은 한국의 GDP에 포함되지 않는다.

**오답의 이유**

ㄱ. 정부보조금 지출(이전지출)은 GDP에 포함되지 않는다.

ㄴ. 중고차의 재고 소진, 즉 지난해 생산된 자동차의 올해 판매액과 중고차 거래금액은 GDP에 포함되지 않는다.

## 25 오답률 15% 정답 ③

**영역 거시경제학>거시경제학의 기초** 난도 하

**정답의 이유**

ㄴ. 소비자물가지수는 대체효과에 따른 왜곡, 새로운 상품의 등장, 품질 변화 반영의 어려움 등으로 인해 소비자가 직면하는 물가상승을 과대 평가할 수 있다.

ㄷ. GDP 디플레이터에 수입품은 포함되지 않는다.

ㄹ. 소비자물가지수는 일정한 바스켓을 기준으로 산출하기 때문에 새로운 상품이 등장했을 때 고려되기 어렵지만, GDP 디플레이터는 새로운 상품의 도입에 따른 물가수준을 반영한다.

**오답의 이유**

ㄱ. 소비자물가지수는 소비자가 구입하는 상품이나 서비스의 가격변동을 나타내는 지수로, 서울을 포함한 전국 주요도시에서 매월 489개 상품 및 서비스 품목의 가격을 조사하여 라스파이레스방식에 의하여 산출한다. 변화하는 바스켓에 기초하여 계산된 물가지수는 파셰지수이다.

ㅁ. 소비자물가지수와 생산자물가지수는 라스파이레스 방식으로 계산한다.

# PART 5

## 국가직 9급 정답 및 해설

2021.04.17. 시행

# 국가직 9급 경제학 정답 및 해설

문제편 128p

## 정답 체크

| 01 | 02 | 03 | 04 | 05 | 06 | 07 | 08 | 09 | 10 |
|---|---|---|---|---|---|---|---|---|---|
| ② | ① | ④ | ① | ③ | ① | ② | ② | ③ | ③ |
| 11 | 12 | 13 | 14 | 15 | 16 | 17 | 18 | 19 | 20 |
| ② | ② | ② | ① | ④ | ② | ③ | ④ | ④ | ① |

## My Analysis

| 총 맞힌 개수 | 개 |
|---|---|
| 획득 점수 | 점 |
| 약한 영역 | |

※ '약한 영역'에는 문항별 체크리스트 상에서 자신이 가장 많이 틀린 영
역을 표시해두고, 추후에 해당 영역을 집중적으로 학습하시는 데 활용
하시기 바랍니다.

## 문항별 체크리스트

| 문항 | 문항 영역 | 맞힘 | | 틀림 | |
|---|---|---|---|---|---|
| | | A | B | C | D |
| 01 | 거시경제학>국민소득이론 | | | | |
| 02 | 거시경제학>화폐금융론 | | | | |
| 03 | 미시경제학>시장실패와 정보경제학 | | | | |
| 04 | 거시경제학>인플레이션과 실업 | | | | |
| 05 | 국제경제학>외환시장과 국제수지 | | | | |
| 06 | 거시경제학>동태경제이론 | | | | |

| 07 | 미시경제학>후생경제학과 시장실패 | | | | |
|---|---|---|---|---|---|
| 08 | 거시경제학>재정과 금융정책 | | | | |
| 09 | 거시경제학>화폐금융론 | | | | |
| 10 | 미시경제학>생산자이론 | | | | |
| 11 | 미시경제학>생산자이론 | | | | |
| 12 | 미시경제학>소비자이론 | | | | |
| 13 | 국제경제학>국제무역이론과 무역정책 | | | | |
| 14 | 미시경제학>생산자이론 | | | | |
| 15 | 국제경제학>국제금융이론 | | | | |
| 16 | 거시경제학>국민소득결정이론 | | | | |
| 17 | 거시경제학>국민소득결정이론 | | | | |
| 18 | 미시경제학>생산자이론 | | | | |
| 19 | 미시경제학>생산자이론 | | | | |
| 20 | 거시경제학>화폐금융론 | | | | |
| 미시경제학 | | / 8 | 거시경제학 | | / 9 |
| 국제경제학 | | / 3 | | | |

\* A : 알고 맞힘
 B : 찍어서 맞힘
 C : 의도 · 내용 파악 부족
 D : 매번 틀리는 유형

## 01 오답률 9% 정답 ②

영역 거시경제학>국민소득이론 난도 하

정답의 이유

② 2020년 GDP에 포함되는 것은 2020년에 국내에서 생산한 것과 관련되어 있다. 속지주의를 택하므로 2020년에 외국 기업이 부산 공장에서 생산한 자동차는 2020년 GDP에 포함된다.

오답의 이유

① 미국 공장에서 생산한 반도체이므로 2020년 미국 GDP에 포함된다.

③ 2019년 한국 GDP에 포함된다.

④ 2019년 한국 GDP에 포함된다. 중고 거래는 해당 연도 GDP에 포함되지 않는다. 해당 연도에 새로이 생산한 것이 아니기 때문이다.

**합격생의 필기노트**

GDP의 정의

국내총생산(Gross Domestic Product, GDP)은 한 나라의 영역 내에서 가계, 기업, 정부 등 모든 경제주체가 일정기간 동안 생산한 재화 및 서비스의 부가가치를 시장가격으로 평가하여 합산한 것으로 여기에는 비거주자가 제공한 노동, 자본 등 생산요소에 의하여 창출된 것도 포함되어 있다.

## 02 오답률 8% 정답 ①

영역 거시경제학>화폐금융론 난도 하

정답의 이유

① 중앙은행이 국채를 매입하면 본원통화량이 증가하게 된다. 본원통화량이 증가하면 본원통화에 통화승수를 곱한 값인 통화량은 증가한다.

오답의 이유

② 재할인율을 인상하면 통화량은 감소한다.

③ 법정지급준비율을 인상하면 통화승수가 감소하여 통화량은 감소한다.

④ 지급준비금에 대한 이자율을 인상하면 지급준비금의 양이 늘어난다. 통화량은 감소한다.

**합격생의 필기노트**

통화량의 결정

통화량(M)=통화승수(m)×본원통화(H)이다.

통화승수는 은행의 지급준비율에 반비례한다.

## 03 오답률 12% 정답 ④

영역 미시경제학>시장실패와 정보경제학 난도 하

정답의 이유

④ 코즈의 정리는 거래비용이 없거나 작은 거래 당사자 간에 적용되면 문제해결이 용이하다는 것을 보여준다. 만약 거래비용이 크다면 코즈의 정리가 적용될 여지는 작아진다.

오답의 이유

① 코즈 정리는 정부의 개입이 필요 없다고 본다. 자율적인 거래 당사자 간의 거래로 외부효과의 문제를 해결할 수 있다고 본다.

② 오염물질을 배출할 수 있는 권리가 기업 A에게 있다면 지역주민들이 기업 A에게 오염 정화 비용을 지불함으로써 문제를 해결할 수 있다.

③ 지역주민들에게 깨끗한 강을 이용할 수 있는 권리가 인정된다면 기업 A는 오염 정화 비용을 감수하여 문제를 해결할 수 있다.

## 04 오답률 15% 정답 ①

영역 거시경제학>인플레이션과 실업 난도 하

정답의 이유

① 구직단념자들은 일할 의사가 없는 자들로 비경제활동인구에 속한다. 만약 일할 의사를 가지게 되고, 아직 취업하지 못한 상태라면 경제활동인구 중 실업자에 해당하게 된다. 지난달까지 구직단념자였던 많은 사람들이 이번 달에 구직 활동을 시작하였다면, 비경제활동인구는 줄어들고 경제활동인구 중 실업자는 늘어날 것이다. 실업률이 실업자/경제활동인구라는 것을 고려하면, 실업률이 상승할 것이다.

오답의 이유

② 고용률=취업자/생산가능인구이다. 생산가능인구에 변함이 없으며, 취업자가 줄었는지는 제시되지 않았다.

③ 경제활동참가율=경제활동인구/생산가능인구이다. 경제활동인구가 늘어났으므로 경제활동참가율은 상승할 것이다.

④ 비경제활동인구는 줄어들었다.

## 05 오답률 30% 정답 ③

영역 미시경제학>수요 · 공급이론 난도 중

정답의 이유

③ 가격탄력성이 1인 경우에 한계수입(MR)은 0이고 총수입은 극대화된다. 총수입극대점은 총수입곡선의 접선의 기울기로 이때 접선의 기울기가 0인 경우에 한계수입이 0이 된다.

오답의 이유

① 가격탄력성이 1보다 작은 경우에 생산량을 증가시키면 가격은 크게 하락한다. 따라서 총수입은 감소할 것이다.

② 가격탄력성이 1보다 작은 경우에 한계수입은 음(−)이다.

④ 독점기업의 경우 한계비용이 0일 때 수요의 가격탄력성은 1이다. 이윤극대 생산량이 MR=MC이므로, MC=0 → MR=0이다.

**06** 오답률 13%　　　　　　　　　　　　　　　　정답 ①

영역 거시경제학>동태경제이론　　　　　　　　　난도 하

정답의 이유

① 솔로우 경제성장 모형에 따르면 저축률과 관계없이 모든 나라의 1인당 경제성장률은 0으로 수렴할 것이다.

오답의 이유

② 저축률이 높아지면 1인당 소득수준은 높아진다.

③ 인구증가율이 높아지면 1인당 소득수준은 낮아진다.

④ 감가상각률이 높아지면 1인당 소득수준은 낮아진다.

 **합격생의 필기노트**

솔로우 경제성장 모형

솔로우 경제성장 모형에 따르면 $\Delta k = sf(k) - (n+\delta)k$이다. 1인당 자본 증가량＝저축률×1인당 생산－(인구증가율＋감가상각률)×1인당 자본량이라는 뜻이다. 이 때 $\Delta k$가 0으로 수렴한다는 것이 솔로우 경제성장 모형의 결론이다.

**07** 오답률 28%　　　　　　　　　　　　　　　　정답 ②

영역 미시경제학>후생경제학과 시장실패　　　　　난도 중

정답의 이유

② 공공재의 최적 수량은 사회적 한계편익과 사회적 한계비용이 같아지는 수준에서 결정된다.

세 가구의 한계편익을 모두 합하면 사회적 한계편익이 된다.

$\sum W = W_1 + W_2 + W_3 = 600 - 4T$

이때 한계비용(MC)는 200이므로 $600 - 4T = 200$에서 $T = 100$이다.

 **합격생의 필기노트**

공공재 최적 수량 결정

공공재의 최적 수량은 사회적 한계편익＝사회적 한계비용(SMB＝SMC)의 수준에서 결정된다. 이 때 사회적 한계편익은 사적 한계편익(PMB)의 합이며, 사회적 한계비용은 사적 한계비용(PMC)의 합이다.

**08** 오답률 11%　　　　　　　　　　　　　　　　정답 ②

영역 거시경제학>재정과 금융정책　　　　　　　　난도 하

정답의 이유

② 재정정책의 구축효과는 화폐수요의 이자율 탄력성이 작을수록 커진다. 재정정책이 효과적이기 위해서는 케인즈 학파가 가정한 IS-LM 모형대로 IS곡선이 가파르고 LM곡선이 완만해야 한다. IS곡선이 가파르기 위해서는 투자의 이자율 탄력성이 작고, LM이 완만하기 위해서는 화폐수요의 이자율 탄력성이 커야 한다.

오답의 이유

① 투자의 이자율 탄력성이 클수록 재정정책에 따른 이자율 상승 시 투자가 크게 감소한다. 구축효과가 커지는 것이다.

③ 재정정책은 통화정책과 비교하여 외부시차가 짧은 반면 내부시차가 길다.

④ 확장적 통화정책이 국민소득을 증대시키는 정도는 IS곡선이 완만하고, LM곡선이 가파를수록 커진다. 즉 투자의 이자율 탄력성이 클수록 IS곡선이 완만하므로 적절하다.

**09** 오답률 6%　　　　　　　　　　　　　　　　　정답 ③

영역 거시경제학>화폐금융론　　　　　　　　　　난도 하

정답의 이유

③ 화폐수량설에서는 $MV = PY$가 성립한다. 통화량이 2배 증가하면 물가가 2배 증가하고, 실질소득과 화폐유통속도는 일정하다. 명목소득은 물가에 실질소득을 곱한 값이므로, 명목소득도 두 배 증가한다.

 **합격생의 필기노트**

화폐수량설

화폐수량설에 따르면 $MV \equiv PY$이다. 이는 항등식으로, 항상 성립하는 등식이라는 것이다. 또한 화폐수량설에 따르면 실질소득 Y는 자연산출량 수준에서 일정하며, 화폐유통속도 V도 일정한 수준이다. 따라서 M을 변화시키는 통화정책은 물가 P만을 변화시킬 뿐 실질변수에 아무 영향을 미치지 못한다. 화폐중립성과 관련이 있다.

**10** 오답률 35%　　　　　　　　　　　　　　　　정답 ③

영역 미시경제학>생산자이론　　　　　　　　　　난도 중

정답의 이유

③ 독점적 경쟁시장에서 각 기업은 장기균형 상태에서 0의 이윤을 가진다. 장기에 이윤이 양(＋)이라면 신규 기업의 진입이, 음(－)이라면 기업의 퇴출이 일어나기 때문이다.

오답의 이유

① 시장가격이 평균비용보다 높은 경우 이윤이 양(＋)이므로 신규 기업이 진입한다. 이윤은 $PY - TC$이다. 이를 Y로 나누면 $P - AC$가 된다.

② 독점적 경쟁시장에서는 제품가격보다 제품 차별화를 통해 경쟁한다.

④ 장기균형 상태에서 시장가격은 장기평균비용과 일치하기 때문에 이윤이 0이다.

## 11 오답률 10%　　　　　　　　　　　정답 ②

영역 미시경제학>생산자이론　　　　　　　　　난도 하

정답의 이유

② 독점 기업이 서로 다른 수요곡선을 가진 시장에서 판매하는 경우. $MR_1$ $=MR_2=MC$가 성립한다. 문제의 식에 따르면 $200-2Q_1=80-Q_2=$ 20이다. $Q_1=90$, $Q_2=60$이 도출된다.

 **합격생의 필기노트**

다시장 독점

독점기업이 한 시장이 아닌 서로 다른 수요 곡선을 가진 두 개의 시장에서 독점력을 행사하는 경우가 있다. 두 시장 모두에서 독점 기업은 가격 설정력(price-setting)을 가지고 있기 때문에 두 시장에서 서로 다른 가격을 책정하여 이윤을 극대화할 수 있다. 두 시장 각각의 한계수입과. 독점 기업의 한계비용이 같아지는 수준에서 가격을 결정한다.

## 12 오답률 30%　　　　　　　　　　　정답 ②

영역 미시경제학>소비자이론　　　　　　　　　난도 중

정답의 이유

② 효용을 극대화하는 소비자는 다음과 같은 방식으로 소비량을 결정한다.

Max U=XY　　　　s.t. $M=P_xX+P_yY$

$$MRS_{XY}=\frac{Y}{X}=\frac{P_x}{P_y}$$

위 식에 문제에서 주어진 관계를 대입하면 $2=\frac{3}{P_y}$이고 $P_y=\frac{3}{2}$가 된다.

## 13 오답률 28%　　　　　　　　　　　정답 ②

영역 국제경제학>국제무역론 이론과 무역정책　　　　난도 중

정답의 이유

② 기존의 $P_0$에서 $P_1$으로 국내 가격이 국제 가격과 같은 수준으로 상승한다. 이는 A국에서 X재의 자유무역이 허용되어 더 이상 기업들이 국내 소비자에게 $P_0$에 생산물을 공급할 유인이 없기 때문이다.

오답의 이유

① 수출량은 $\overline{Q_1Q_2}$이다.

③ 국내 소비자들은 기존의 $P_0$보다 더 높은 가격인 $P_1$을 지불하게 되므로 소비자잉여는 감소한다.

④ 국내에 $\overline{Q_1Q_2}$만큼 초과 공급이 발생하고, 이는 수출량의 크기이다.

## 14 오답률 30%　　　　　　　　　　　정답 ①

영역 미시경제학>생산자이론　　　　　　　　　난도 중

정답의 이유

① 토마토 생산량에 따른 비용과 수익구조를 나타내면 다음과 같다.

| Q | AFC | AVC | AC | TC | TR | π |
|---|-----|-----|-----|-----|-----|-----|
| 0 | 35 | 0 | 35 | 35 | 0 | −35 |
| 1 | 35 | 24 | 59 | 59 | 15 | −44 |
| 2 | 18 | 20 | 38 | 75 | 30 | −45 |
| 3 | 12 | 20 | 32 | 96 | 45 | −51 |
| 4 | 9 | 21 | 30 | 120 | 60 | −60 |
| 5 | 7 | 23 | 30 | 150 | 75 | −75 |

시장에서 결정된 가격은 P=15이므로 TR−TC는 항상 음(−)이다. 이윤을 극대화하는 생산량은 Q=0이다.

## 15 오답률 35%　　　　　　　　　　　정답 ④

영역 국제경제학>국제금융이론　　　　　　　　　난도 중

정답의 이유

④ 구매력평가 환율을 구하면 다음과 같다.

| 가격<br>연도(년) | 빅맥 가격 | | 구매력평가 환율(원/달러) |
|---|---|---|---|
| | 한국(원) | 미국(달러) | |
| 2030 | 4,000 | 4 | 4,000/4＝1000 |
| 2031 | 5,400 | 4 | 5,400/4＝1350 |
| 2032 | 4,800 | 5 | 4,800/5＝960 |

오답의 이유

① 구매력평가설로 측정한 2030년 적정환율은 1,000원/달러이다.

② 구매력평가설로 측정한 2031년 적정환율은 1,350원/달러이다. 전년도에 비해 35%상승하였다.

③ 구매력평가설로 측정한 2031년 적정환율은 960원/달러이다. 시장환율은 1,200원/달러이므로, 적정환율이 실제 환율에 반영되어 환율이 하락한다면, 달러에 대한 원화가치는 상승한다.

## 16 오답률 28%　　　　　　　　　　　정답 ②

영역 거시경제학>국민소득결정이론　　　　　　　　난도 중

정답의 이유

② 국민소득 항정식은 Y=C+I+G+(X−M)이다. 식을 변형하면 (Y−T−C)+(T−G)−I=(X−M)이 성립한다. 민간저축＋정부저축−투자=순수출이 되는 것이다. 문제에 대입하면 (900−600)+(−200)−I=−100이다. 따라서 I=2000이다.

## 17 오답률 12%

정답 ③

**영역** 거시경제학>국민소득결정이론 난도 하

[정답의 이유]

③ b는 한계소비성향을 의미한다. b가 커지게 되면 소비함수의 기울기가 증가한다. Y축 절편인 a는 일정하므로 한계소비성향은 커지고, 평균소비성향도 커진다.

APC+APS＝1이므로 평균소비성향이 커지면 평균저축성향은 작아진다.

[오답의 이유]

① 정부지출승수는 $\dfrac{1}{1-MPC}$이다. MPC가 커지므로 승수는 작아진다.

② 한계소비성향은 커진다.

④ 평균소비성향은 커진다.

 **합격생의 필기노트**

평균소비성향과 한계소비성향

평균소비성향은 $\dfrac{C}{Y}$이고 한계소비성향은 $\dfrac{\Delta C}{\Delta Y}$이다. 직선의 소비함수에서 Y축 절편이 0이라면 평균소비성향과 한계소비성향은 같아진다. 직선의 소비함수에서 함수의 기울기는 한계소비성향과 동일하다.

## 18 오답률 10%

정답 ④

**영역** 미시경제학>생산자이론 난도 하

[정답의 이유]

④ 수요독점 노동시장에서는 기업에게 임금결정력(price-setting)이 있다. 따라서 한계요소비용곡선과 한계생산가치곡선이 교차하는 점에서 고용량을 결정한다.

[오답의 이유]

① 수요독점 노동시장은 완전경쟁적인 노동시장의 경우에 비해 고용이 감소한다.

② 수요독점 노동시장은 완전경쟁적인 노동시장의 경우에 비해 임금이 하락한다. 수요독점적 착취가 일어나는 것이다.

③ 수요독점 노동시장에서는 한계요소비용곡선과 한계생산가치곡선이 교차하는 점에서 고용량이 결정된다.

**합격생의 필기노트**

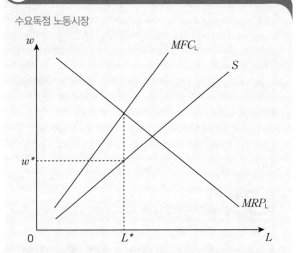

수요독점 노동시장

수요독점 노동시장에서는 한계요소비용곡선(MFC)과 한계생산가치곡선(MRP)이 교차하는 점에서 고용량(L*)이 결정된다. 임금(w*)은 결정된 고용량을 공급곡선에 대입한 수준에서 결정된다.

## 19 오답률 8%

정답 ④

**영역** 미시경제학>생산자이론 난도 하

[정답의 이유]

④ 범위의 경제는 규모의 경제와 관련이 없다. 규모의 불경제란 상품의 생산량을 늘리면 평균비용이 상승하는 것을 말한다. 이는 하나의 기업이 2가지 이상의 제품을 함께 생산할 경우, 2가지를 각각 따로 생산하는 경우보다 생산비용이 적게 드는 현상인 범위의 경제와 관련이 없다.

[오답의 이유]

① 두 개 이상의 재화를 동시에 생산하여 결합하는 결합생산물의 경우 범위의 경제가 발생할 수 있다.

② 범위의 경제란 한 기업이 여러 제품을 동시에 생산함으로써 각각 제품을 생산하는 경우보다 비용상 이점을 가지는 것을 의미한다.

③ 어떤 한 제품을 생산하는 과정에서 부산물이 다른 제품을 생산할 때 쓰인다던가 하는 것이 범위의 경제가 발생하는 원인이다.

## 20 오답률 15% 　　　　　　　　　　　　정답 ①

**영역** 거시경제학>화폐금융론 　　　　　　　난도 하

[정답의 이유]

① 저축성 예금은 M2에 속하고, 현금은 M1에 속한다. M1은 M2에 포함되는 관계이다. 따라서 저축성예금에서 300,000원이 현금으로 인출되었다면, M1은 증가하고, M2는 변함이 없다.

 **합격생의 필기노트**

통화지표

- 본원통화 : 화폐발행액+한국은행에 예치한 금융기관의 원화예치금
- M1 : 현금+요구불예금, 수시입출식 저축성예금
- M2 : M1+기간물 정기예금, 적금+시장형금융상품(CD, RP)+실적 배당형금융상품(금전신탁, 수익증권 등)+금융채
- Lf : M2+M2 중 만기 2년 이상 예·적금 및 금융채+한국증권금융(주)의 예수금+생명보사(우체국보험 포함) 보험 계약 준비금 등

# 2020 국가직 9급 경제학 정답 및 해설

문제편 133p

## 정답 체크

| 01 | 02 | 03 | 04 | 05 | 06 | 07 | 08 | 09 | 10 |
|----|----|----|----|----|----|----|----|----|----|
| ④ | ② | ④ | ④ | ④ | ④ | ③ | ① | ② | ② |
| 11 | 12 | 13 | 14 | 15 | 16 | 17 | 18 | 19 | 20 |
| ② | ① | ② | ① | ③ | ④ | ③ | ④ | ② | ① |

## My Analysis

| 총 맞힌 개수 | 개 |
|---|---|
| 획득 점수 | 점 |
| 약한 영역 | |

※ '약한 영역'에는 문항별 체크리스트 상에서 자신이 가장 많이 틀린 영역을 표시해두고, 추후에 해당 영역을 집중적으로 학습하시는 데 활용하시기 바랍니다.

## 문항별 체크리스트

| 문항 | 문항 영역 | 맞힘 A | 맞힘 B | 틀림 C | 틀림 D |
|---|---|---|---|---|---|
| 01 | 미시경제학>소비자이론 | | | | |
| 02 | 국제경제학>외환시장과 국제수지 | | | | |
| 03 | 거시경제학>총수요·총공급이론 | | | | |
| 04 | 미시경제학>생산자이론 | | | | |
| 05 | 국제경제학>국제금융론 | | | | |
| 06 | 거시경제학>화폐금융론 | | | | |
| 07 | 미시경제학>생산요소 시장이론과 소득분배 | | | | |
| 08 | 미시경제학>소비자이론 | | | | |
| 09 | 국제경제학>국제무역 이론과 무역정책 | | | | |
| 10 | 국제경제학>국제무역 이론과 무역정책 | | | | |
| 11 | 미시경제학>소비자이론 | | | | |
| 12 | 거시경제학>동태경제 이론 | | | | |
| 13 | 미시경제학>시장실패와 정보경제학 | | | | |
| 14 | 거시경제학>총수요·총공급이론 | | | | |
| 15 | 미시경제학>소비자이론 | | | | |
| 16 | 거시경제학>화폐금융론 | | | | |
| 17 | 거시경제학>거시경제학의 기초 | | | | |
| 18 | 미시경제학>게임이론 | | | | |
| 19 | 미시경제학>생산요소 시장이론과 소득분배 | | | | |
| 20 | 거시경제학>인플레이션과 실업 | | | | |

| 미시경제학 | / 9 | 거시경제학 | / 7 |
|---|---|---|---|
| 국제경제학 | / 4 | | |

\* A : 알고 맞힘          B : 찍어서 맞힘

C : 의도·내용 파악 부족          D : 매번 틀리는 유형

**01** 오답률 8% 　　　　　　　　　　　　　　정답 ④

영역 미시경제학>소비자이론 　　　　　　　　　난도 하

정답의 이유

④ 시장 균형을 구하면 $9-P=2P$, $P^*=3$, $Q^*=6$이다. 소비자잉여는 개별 소비자의 최대지불용의에서 가격을 뺀 값을 모두 더한 것이다. 그래프에서 보면 가격에서의 수평선과 수요곡선 사이의 넓이이다.

소비자잉여 : $(9-3)\times6\div2=18$이다.


**02** 오답률 10% 　　　　　　　　　　　　　　정답 ②

영역 국제경제학>외환시장과 국제수지 　　　　　난도 하

정답의 이유

② 달러 수요가 증가하면, 외환시장에서 달러의 가격인 환율이 상승한다. 이 경우 수출 상품의 국제 시장에서의 상대 가격은 낮아지며, 가격 경쟁력이 높아진다.

오답의 이유

① 환율이 상승하므로 달러 대비 원화의 가치는 하락한다.

③ 미국으로부터 수입되는 상품의 원화표시 가격은 상승한다.

④ 환율이 상승하므로 미국 유학 중인 자녀에게 생활비를 보내는 부모의 부담은 커진다.


**03** 오답률 8% 　　　　　　　　　　　　　　정답 ④

영역 거시경제학>총수요·총공급이론 　　　　　난도 하

정답의 이유

④ 총수요가 감소하면 총수요·총공급 곡선에서 총수요 곡선이 왼쪽으로 이동한다. 장기 총공급 곡선은 잠재 생산량 수준에서 수직이고, 불변하므로 물가만 낮아진다.

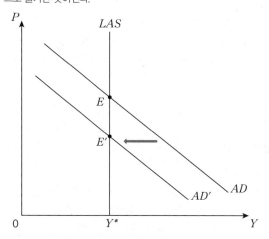


**04** 오답률 12% 　　　　　　　　　　　　　　정답 ④

영역 미시경제학>생산자이론 　　　　　　　　　난도 하

정답의 이유

④ 고정비용이면서 매몰비용인 경우도 있다. 고정비용은 생산량이 늘어남에 따라 그 규모가 변하지 않는 비용을 의미하고, 매몰비용은 이미 지출해서 회수할 수 없는 비용을 말한다. 두 개념은 서로 관계가 없다.

오답의 이유

① 매몰비용의 뜻은 일단 지출된 후 어떠한 방법으로도 회수할 수 없는 비용이다.

② 매몰비용의 기회비용은 0이므로 현재의 합리적 판단에 고려 대상이 아니다.

③ 일단 지출된 후에 의사결정 과정에서 고려할 필요가 없는 비용이다.


**05** 오답률 35% 　　　　　　　　　　　　　　정답 ④

영역 국제경제학>국제금융론 　　　　　　　　　난도 중

정답의 이유

④ 자본이동이 완전히 자유로운 소규모 개방경제 국가이므로 BP곡선은 국제이자율 수준에서 수평이다. 또한 변동환율제인 IS–LM–BP 모형에서 확대금융정책을 실시하면 조정과정에서 환율이 상승하며 새로운 균형에서 국민소득은 증가하게 된다.

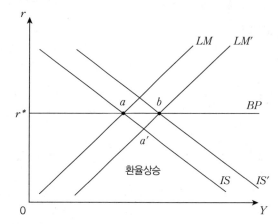

오답의 이유

① 확대재정정책은 IS를 우측으로 이동시킨다. 환율이 하락하며, 조정과정에서 국민소득은 원래의 균형점으로 되돌아온다.

② 확대재정정책은 IS를 우측으로 이동시키며, 환율이 하락한다.

③ 확대금융정책은 LM을 우측으로 이동시키고, 환율이 상승하며 국민소득을 증가시킨다.

**06** 오답률 28% 정답 ④

**영역** 거시경제학>화폐금융론 난도 중

정답의 이유

④ 두 번째 조건에 따라 초과지급준비금이 없고, 네 번째 조건에 따라 현금통화비율(C/M)이 0이면 통화승수는 지급준비율의 역수이다. 따라서 통화승수는 1/0.1 = 10이고, 1조 원의 국채 매입은 1조 원의 본원 통화 증가를 뜻하므로 10조 원만큼 통화량이 증가한다.

 **합격생**의 **필기노트**

통화승수
통화승수를 쉽게 계산하는 방법에는 두 가지가 있다.

- $m = \dfrac{cr+1}{cr+rr}$ ($cr = \dfrac{C}{D}$, $rr = \dfrac{R}{D}$)

- $m = \dfrac{1}{cr+rr(1-cr)}$

(M = 통화량, MB = 본원통화, C = 민간의 현금보유액, D = 예금, R = 지급준비금)

**07** 오답률 13% 정답 ③

**영역** 미시경제학>생산요소시장이론과 소득분배 난도 하

정답의 이유

③ 효율적 임금가설에 따르면 효율적 임금은 노동시장의 시장균형 임금보다 높은 수준이고, 이러한 차이로 인해 비자발적 실업이 발생한다고 본다.

오답의 이유

① 효율적 임금가설은 노동시장에서 비자발적 실업이 발생하는 원인을 '효율적 임금'의 존재라고 본다.
② 효율적 임금가설은 노동자가 기업을 위해 더 일할수록(노력할수록), 임금이 상승한다고 본다.
④ 효율적 임금가설에 따르면 효율적 임금은 시장의 균형임금보다 높으며, 하방경직성이 있어 비자발적 실업이 발생한다고 본다.

**08** 오답률 8% 정답 ①

**영역** 미시경제학>소비자이론 난도 하

정답의 이유

① $EU = p_1 U_1 + p_2 U_2$

기대효용(EU) $= \dfrac{1}{2} \times \dfrac{1}{100} \times \sqrt{64}$ 만 원 $+ \dfrac{1}{2} \times \dfrac{1}{100} \times \sqrt{196}$ 만 원 $= 11$

**09** 오답률 10% 정답 ②

**영역** 국제경제학>국제무역이론과 무역정책 난도 하

정답의 이유

② 각 재화의 기회비용을 기준으로 표를 재구성하면 다음과 같다. 예를 들어 쌀의 기회비용은 옷 생산량/쌀 생산량으로 표시된다.

| 구분 | 한국 | 베트남 |
|---|---|---|
| 쌀(섬) | 옷 5/6벌 | 옷 3/4벌 |
| 옷(벌) | 쌀 6/5섬 | 쌀 4/3섬 |

쌀 생산의 기회비용은 베트남이 더 적고, 옷 생산의 기회비용은 한국이 더 적다. 따라서 한국은 옷에, 베트남은 쌀에 비교우위를 가진다.

**10** 오답률 15% 정답 ②

**영역** 국제경제학>국제무역이론과 무역정책 난도 하

정답의 이유

② 소규모 개방경제에서 관세를 부과하면 국제가격은 관세부과분만큼 상승한다. 새로운 균형은 P = 108에서 형성된다. 자중손실은 관세부과로 인한 사회 총 잉여의 감소분이다. 관세부과로 인해 생산자잉여는 늘어났지만 이를 상쇄하여 소비자잉여가 더 크게 감소하였다. 그 크기는 색칠한 부분만큼의 넓이이다.

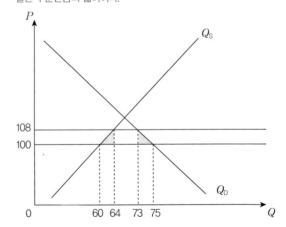

**11** 오답률 5% 정답 ②

**영역** 미시경제학>소비자이론 난도 하

정답의 이유

② 열등재의 정의는 수요의 소득탄력성이 0보다 작은 재화로써, 소득이 늘어날수록 그 수요가 적어지는 재화를 뜻한다. 수요의 소득탄력성이 0보다 큰 재화를 정상재(normal goods)라고 한다.

**12** 오답률 12%　　　　　　　　　　　　　　　정답 ①

영역 거시경제학＞동태경제이론　　　　　　　난도 하

정답의 이유

ㄱ. 솔로우 모형은 생산성의 변화가 없을 시 장기균형으로 균제상태를 제시한다. 균제상태란 1인당 산출량, 자본량, 소비 등이 일정 비율로 성장하는 것을 뜻한다. 솔로우 모형에서 지속적인 경제 성장을 가능하게 하는 요소는 생산성 증가뿐이다.

오답의 이유

ㄴ. 국민저축률의 감소는 균제상태에서의 1인당 자본량을 감소하게 한다. 하지만 지속적인 자본량 변화를 유발하지 못한다.

ㄷ. 인구증가율의 증가는 균제상태에서의 1인당 자본량을 감소하게 한다. 하지만 지속적인 자본량 변화를 유발하지 못한다.

**13** 오답률 15%　　　　　　　　　　　　　　　정답 ②

영역 미시경제학＞시장실패와 정보경제학　　난도 하

정답의 이유

ㄱ. 외부효과란 어떤 개인이나 기업과 같은 경제주체의 행위가 수요·공급과 같은 가격 결정과정을 통하지 않고 다른 개인이나 기업 등의 경제주체에 영향을 미치는 것을 말한다. 외부효과가 발생하면 자원의 비효율적 배분이 일어난다.

ㄷ. 생산측면에서 부정적 외부효과가 발생하는 경우는, 사회적 비용보다 사적 비용이 작아 개인은 그 비용을 작게 평가하여 오염물질 등을 사회 최적 수준보다 더 많이 생산하게 된다.

오답의 이유

ㄴ. 소비측면에서 긍정적 외부효과가 발생하는 경우, 사회적 편익보다 사적 편익이 작아 사회적으로 바람직한 수준보다 과소 생산된다.

**14** 오답률 11%　　　　　　　　　　　　　　　정답 ①

영역 거시경제학＞총수요·총공급이론　　　　난도 하

정답의 이유

① 확장적 통화정책은 단기적으로 이자율의 하락을 통해 투자율을 증가시킨다. 하지만 장기적으로는 물가가 상승하며 모든 실질적 지표는 원래대로 되돌아온다.

오답의 이유

② 확장적 통화정책은 단기적으로 이자율을 하락시킨다. 장기적으로도 물가를 상승시킨다.

③ 확장적 재정정책은 단기적으로 총수요를 증가시킨다. 단기적으로 이자율을 상승시켜 민간투자를 위축시킨다.

④ 확장적 재정정책은 내부 시차가 길고 외부 정책 시차가 짧다.

**15** 오답률 9%　　　　　　　　　　　　　　　정답 ③

영역 미시경제학＞소비자이론　　　　　　　　난도 하

정답의 이유

③ A는 배재성과 경합성을 가진 사적재화, B는 한적한 유료도로와 같은 재화, C는 공유재, D는 비배제성과 비경합성을 가진 공공재이다. C는 공유자원으로 누구나 사용할 수 있는 비배제성을 가졌지만, 한 사람의 사용으로 다른 한 사람의 가용자원이 줄어드는 경합성을 가졌다.

오답의 이유

① 무임승차 문제가 발생하는 것은 공공재인 D이다.

② 혼잡한 유료 고속도로는 A에 해당한다.

④ D재화는 무임승차 문제가 발생한다.

**16** 오답률 5%　　　　　　　　　　　　　　　정답 ④

영역 거시경제학＞화폐금융론　　　　　　　　난도 하

정답의 이유

④ 수량방정식은 $MV = PY$를 성립시킨다. 통화량 $M = 1000$억 원이고, 물가 $P = 100$이므로 이 조건을 충족하는 것은 화폐유통속도 $V = 20$이고, 실질 GDP $Y = 200$억 원인 경우이다.

**17** 오답률 10%　　　　　　　　　　　　　　　정답 ③

영역 거시경제학＞거시경제학의 기초　　　　난도 하

정답의 이유

③ 실질 GDP는 기준연도 가격을 기준으로 한다.
실질 $GDP = 20 \times 200 + 20 \times 200 = 8000$
명목 GDP는 당해연도 가격을 기준으로 한다.
명목 $GDP = 20 \times 200 + 30 \times 200 = 10000$
GDP 디플레이터는 명목 GDP를 실질 GDP로 나눈 값($=125$)이다.

**18** 오답률 12%　　　　　　　　　　　　　　　정답 ④

영역 미시경제학＞게임이론　　　　　　　　　난도 하

정답의 이유

④ 내쉬균형은 게임 이론에서 경쟁자 대응에 따라 최선의 선택을 하면 서로가 자신의 선택을 바꾸지 않는 균형상태를 말한다. 즉 상대방의 전략이 주어졌을 때, 내 보수를 극대화하는 전략의 짝이다.

- 경기자 1의 입장에서 판단하면, 경기자 2가 A를 선택한 경우 B를 선택한다.
- 경기자 2가 B를 선택한 경우 B를 선택한다.
- 경기자 2의 입장에서 판단하면, 경기자 1이 A를 선택한 경우 B를 선택한다.
- 경기자 1이 B를 선택한 경우 B를 선택한다.

따라서 내쉬균형은 경기자 1과 경기자 2가 모두 B를 선택하는 것이다.

**19** 오답률 8%                                        정답 ②

영역 미시경제학>생산요소시장이론과 소득분배          난도 하

정답의 이유

② 로렌츠곡선이 서로 교차하는 경우 소득분배상태는 서로 비교할 수 없다.

오답의 이유

① 소득분배가 완전히 균등한 경우, 로렌츠곡선은 대각선 그 자체가 된다.

③ 로렌츠곡선에서 지니계수를 도출할 수 있다. 그 값은 $\dfrac{\alpha}{\alpha+\beta}$이다.

④ 지니계수의 값은 0~1 사이이며, 그 값이 클수록 더 불평등하다는 것을 뜻한다.

 **합격생의 필기노트**

로렌츠곡선과 지니계수
로렌츠곡선은 하위 x%의 가구가 y%의 소득이 분배될 때의 확률 분포를 누적 분포 함수의 그래프로 나타낸 것이다. 가구의 누적 백분율은 x축에, 소득의 비율은 y축에 표시한다. 로렌츠 곡선은 재산의 분포를 나타내는 데에도 사용될 수 있으며 사회적 불평등의 정도를 측정하는 척도로 사용한다. 지니계수는 대각선과 로렌츠 곡선 사이의 면적을 대각선 이하의 삼각형 넓이의 비율로 나눈 것이다. 0~1 사이의 값을 가지며, 완전 평등한 상태면 0이고, 완전 불평등한 사회라면 1의 값을 가진다.

**20** 오답률 5%                                        정답 ①

영역 거시경제학>인플레이션과 실업                     난도 하

정답의 이유

① 필립스 곡선의 기울기는 사람들이 합리적 기대를 할수록, 물가가 신축적일수록 커진다. 무비용 반인플레이션은 실업을 부담하지 않고 인플레이션만 낮추는 것을 의미하는데, 필립스 곡선의 기울기가 클수록 무비용 반인플레이션이 가능하다.

2019.04.06. 시행

# 2019 국가직 9급 경제학 정답 및 해설

문제편 138p

## 정답 체크

| 01 | 02 | 03 | 04 | 05 | 06 | 07 | 08 | 09 | 10 |
|----|----|----|----|----|----|----|----|----|----|
| ③ | ④ | ③ | ③ | ① | ② | ④ | ② | ① | ④ |
| 11 | 12 | 13 | 14 | 15 | 16 | 17 | 18 | 19 | 20 |
| ② | ④ | ④ | ② | ② | ④ | ④ | ① | ① | ② |

## My Analysis

| 총 맞힌 개수 | | 개 |
|---|---|---|
| 획득 점수 | | 점 |
| 약한 영역 | | |

※ '약한 영역'에는 문항별 체크리스트 상에서 자신이 가장 많이 틀린 영역을 표시해두고, 추후에 해당 영역을 집중적으로 학습하시는 데 활용하시기 바랍니다.

## 문항별 체크리스트

| 문항 | 문항 영역 | 맞힘 | | 틀림 | |
|---|---|---|---|---|---|
| | | A | B | C | D |
| 01 | 거시경제학>총수요 · 총공급이론 | | | | |
| 02 | 미시경제학>소비자이론 | | | | |
| 03 | 미시경제학>수요 · 공급이론 | | | | |
| 04 | 미시경제학>생산요소시장이론과 소득분배 | | | | |
| 05 | 미시경제학>소비자이론 | | | | |
| 06 | 미시경제학>소비자이론 | | | | |
| 07 | 거시경제학>거시경제학의 기초 | | | | |
| 08 | 거시경제학>거시경제학의 기초 | | | | |
| 09 | 미시경제학>소비자이론 | | | | |
| 10 | 미시경제학>생산자이론 | | | | |
| 11 | 미시경제학>소비자이론 | | | | |
| 12 | 거시경제학>총수요 · 총공급이론 | | | | |
| 13 | 거시경제학>국민소득결정이론 | | | | |
| 14 | 거시경제학>동태경제이론 | | | | |
| 15 | 거시경제학>인플레이션과 실업 | | | | |
| 16 | 국제경제학>외환시장과 국제수지 | | | | |
| 17 | 거시경제학>총수요 · 총공급이론 | | | | |
| 18 | 미시경제학>생산요소시장과 소득분배 | | | | |
| 19 | 국제경제학>국제무역이론과 무역정책 | | | | |
| 20 | 국제경제학>국제무역이론과 무역정책 | | | | |

| 미시경제학 | / 9 | 거시경제학 | / 8 |
|---|---|---|---|
| 국제경제학 | / 3 | | |

\* A : 알고 맞힘
 B : 찍어서 맞힘
 C : 의도 · 내용 파악 부족
 D : 매번 틀리는 유형

안심Touch

**01** 오답률 10%  정답 ③

| 영역 거시경제학>총수요 · 총공급이론 | 난도 하 |

[정답의 이유]

③ 중앙은행의 공개시장 조작은 국공채나 기타 유가증권을 사거나 팔아 본원통화의 양을 조절하는 것이다. 국공채나 기타 유가증권을 사면 본원통화가 늘어나고, 팔면 본원통화가 줄어든다. 본원통화의 증감은 통화량의 증감에 영향을 줘 이자율을 하락(감소)시키고 경제 내 총수요를 늘린다(줄인다).

[오답의 이유]

① 주식시장에서 주식의 매입 매도는 공개시장조작 정책과 관련이 없다.
② 중앙은행의 기준금리 정책과 관련된 설명이다.
④ 중앙은행의 재할인율 정책과 관련된 설명이다.

 **합격생의 필기노트**

중앙은행의 공개시장조작
통화정책의 일종이다. 중앙은행이 단기금융시장이나 채권시장과 같은 공개시장에서 금융기관을 상대로 국공채 등 유가증권을 사고 팔아 금융기관과 민간의 자금사정을 변화시키고 이를 통해 유동성을 조절하는 정책수단이다. 본원통화 그 자체를 증감시키고, 이로 인해 통화량이 변화하는 통화정책이다.

**02** 오답률 6%  정답 ④

| 영역 미시경제학>소비자이론 | 난도 하 |

[정답의 이유]

④ 소득에 대한 효용이 원점에 대해 볼록한 형태인 경우, 한계효용이 체증하는 위험선호자라고 할 수 있다.

[오답의 이유]

①·② 乙은 위험선호적이다.
③ 乙의 효용곡선은 항상 원점에 대해 볼록한 형태이다. 위험에 대한 선호는 변화하지 않는다.

 **합격생의 필기노트**

위험에 대한 선호의 판단
x축이 소득이고, y축이 효용인 효용함수에 대한 것
• 위험회피적 : 한계효용 체감, 원점에 대해 오목
• 위험중립적 : 한계효용 불변, 선형 효용함수
• 위험선호적 : 한계효용 체증, 원점에 대해 볼록

**03** 오답률 6%  정답 ③

| 영역 미시경제학>수요 · 공급이론 | 난도 하 |

[정답의 이유]

③ 막걸리 생산에 고용되는 노동자의 임금이 상승하면 비용이 상승하여 막걸리의 공급곡선은 왼쪽으로 이동한다. 막걸리에 대한 소비자의 선호가 증대되면 막걸리의 수요곡선은 오른쪽으로 이동한다. 결과적으로 균형가격은 상승하고, 균형거래량 변화는 알 수 없다.

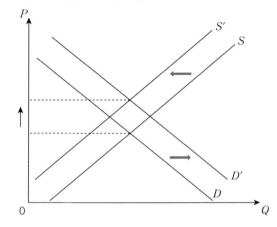

**04** 오답률 15%  정답 ③

| 영역 미시경제학>생산요소시장이론과 소득분배 | 난도 하 |

[정답의 이유]

③ ⅰ) 첫 번째 선택권의 현재가치, $PV_1 = 200 + \dfrac{200}{1+r}$

ⅱ) 두 번째 선택권의 현재가치, $PV_2 = 100 + \dfrac{305}{1+r}$

두 선택의 현재가치를 동일하게 하는 이자율은 $PV_1 = PV_2 \rightarrow r^* = 0.05$

**05** 오답률 8%  정답 ①

| 영역 미시경제학>소비자이론 | 난도 하 |

[정답의 이유]

① 이미 지급한 수리비는 매몰비용이므로 선택 시 고려하면 안 된다. 선택지는 3가지로 나눌 수 있다. 3가지 선택지의 가치를 계산하면 다음과 같다.

ⅰ) 추가로 손질해서 파는 경우 : 36만 원－20만 원＝16만 원
ⅱ) 그대로 보유하는 경우 : 13만 원
ⅲ) 현재 상태로 파는 경우 : 10만 원
따라서 ⅰ) 추가로 손질해서 파는 것이 가장 이득이다.

## 06 오답률 35% 정답 ②

**영역** 미시경제학>소비자이론 난도 중

정답의 이유

② 2개의 재화에 대해 콥-더글라스 효용함수를 가진 소비자가 재화를 소비하는 경우 재화 간 한계대체율(MRS$_{XY}$)이 두 재화의 상대가격(P$_X$/P$_Y$)과 같아야 한다. 그러므로 효용을 극대화하는 소비선택에서 한계대체율은 2이다.

오답의 이유

① $\alpha$가 1보다 크다면 X재에 대한 한계효용은 체증한다. $\alpha$가 1과 같으면 X재에 대한 한계효용은 불변이며, $\alpha$가 1보다 작으면 X재에 대한 한계효용은 체감한다.

③ 콥-더글라스 효용함수에서 각 재화의 소비량은 소득에 정비례한다. 따라서 소득이 2배로 증가하면 두 재화의 소비량은 모두 2배로 증가한다.

④ 콥-더글라스 효용함수이므로, $\alpha$와 $\beta$의 크기가 같다면 X재 가격이 Y재의 2배이므로, Y재의 소비량이 X재의 소비량보다 2배 많다.

## 07 오답률 10% 정답 ④

**영역** 거시경제학>거시경제학의 기초 난도 하

정답의 이유

ㄴ. 호황기에는 총수요가 상승하며, 물가상승의 압력을 받는 문제가 발생할 수 있다.

ㄹ. 공행성이란 경기변동의 과정에서 여러 변수가 일정한 관련을 갖고 함께 움직이는 경향을 의미한다. 경기변동 과정에서 국내총생산이 증가하면, 실업률은 감소한다. 반면 국내총생산이 감소하면, 실업률은 증가한다.

오답의 이유

ㄱ. 호황기는 GDP 갭이 양(+)이다.

ㄷ. 불황기에는 국내총생산이 장기추세치보다 낮다.

## 08 오답률 8% 정답 ②

**영역** 거시경제학>거시경제학의 기초 난도 하

정답의 이유

② 당해에 발생한 재고는 그 해 투자에 포함된다. 하지만 작년에 생산된 재고가 올해 팔리는 경우, 이는 투자나 국내총생산에 포함되지 않는다.

오답의 이유

① 총수요 중 소비에는 수입 소비재에 대한 지출이 포함된다.

③ 정부지출에는 이전지출이 포함된다.

④ 순수출은 개방경제에서 0이 될 수도 있고, 음(-)이 될 수도 있다.

## 09 오답률 6% 정답 ①

**영역** 미시경제학>소비자이론 난도 하

정답의 이유

① '유료도로'인 경우 대가를 지불해야 해당 재화를 사용할 수 있다는 뜻이므로, '배제성'이 있다는 것이다. '무료도로'의 경우 '비배제성'을 가지고 있다. '막힌다'라는 것은 한 사람의 재화 사용이 다른 사람의 재화 사용을 제한한다는 것이므로 '경합성'을 띈다는 것이다. 따라서 ㉠은 경합성과 배제성을 모두 가진 '사적 재화', ㉡은 비경합성과 배제성을 가진 '클럽재', ㉢은 경합성과 비배제성을 가진 '공유자원', ㉣은 비경합성과 비배제성을 가진 '공공재'이다.

## 10 오답률 30% 정답 ④

**영역** 미시경제학>생산자이론 난도 중

정답의 이유

④ 고정비용이 18,000원, 가변비용이 24,000원이므로 총비용은 42,000원이다. 그런데 평균비용이 10.5원이므로 현재 생산량은 42,000/10.5 = 4,000이다.

∴ 평균가변비용=가변비용/생산량=24,000/4,000=6원이다.

오답의 이유

① 시장가격과 한계비용이 같은 점에서 이윤이 극대화된다. 현재는 시장가격보다 평균비용이 높으므로 오히려 생산량을 늘려야 한다.

② 평균가변비용의 최저점에서 한계비용은 평균가변비용과 같아진다. 한계비용도 6이다.

③ 기업의 조업중단점은 평균가변비용의 최저점보다 가격이 낮을 때이다. 지금은 조업을 중단할 필요가 없다.

## 11 오답률 5% 정답 ②

**영역** 미시경제학>소비자이론 난도 하

정답의 이유

② 기회비용이란 선택에 따른 진정한 비용으로, '여러 대안들 중 하나의 대안을 선택할 때 선택하지 않은 대안들 중 가장 좋은 것, 즉 차선의 가치'를 말한다. 문제의 자금을 다른 선택에 써서 얻을 수 있었던 가치의 총합을 구하면 된다. 자금의 기회비용은 이자이다. 따라서 총 3,000만 원에 이자율 5%를 적용한 150만 원이 기회비용이 된다.

안심Touch

**12** 오답률 7%          정답 ④

| 영역 거시경제학>총수요 · 총공급이론 | 난도 하 |
| --- | --- |

정답의 이유

④ 국제유가 상승은 생산비용을 상승시켜 총공급곡선을 왼쪽으로 이동시킨다. 결과적으로 소득은 감소하고 물가는 상승한다. 이를 비용인상 인플레이션이라고 한다.

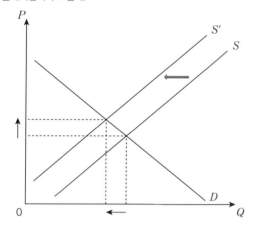

**13** 오답률 15%          정답 ④

| 영역 거시경세학>국민소득결정이론 | 난도 하 |
| --- | --- |

정답의 이유

④ 대외수최 요소소득이 대외지급 요소소득보다 클 경우, 국내총생산은 국민총생산보다 작다.

오답의 이유

① GDP는 일정기간 동안 발생하는 총량을 측정하는 유량이다.
② 중간재의 가치는 GDP의 계산에 포함되지 않는다. GDP는 1년 동안 발생한 최종생산물의 가치를 총합하여 측정한다.
③ 어느 나라의 수출품 가격이 하락하면 실질무역손실이 발생한다. 국내총생산은 국내총소득보다 커진다.

 **합격생의 필기노트**

국내총생산(GDP), 국민총생산(GNP), 국내총소득(GNI)의 관계
• GDP＝한 나라의 모든 경제주체가 1년 동안 생산한 재화 및 서비스의 부가가치 총합
• GNP＝GDP+NFIA(해외순수취요소소득)
• GNI＝GNP+TOT(실질무역손익)

**14** 오답률 5%          정답 ②

| 영역 거시경제학>동태경제이론 | 난도 하 |
| --- | --- |

정답의 이유

② 솔로우 경제성장 모형에 따르면 $\Delta k = sf(k) - (n+\delta)k$이다. 균제조건은 $sy = (n+\delta)k$이다.
$0.3\sqrt{k} = 0.1k$이므로 $k^* = 90$이고, 이 때 $y^* = 30$이다. 균제상태에서의 1인당 생산량은 30이다.

**15** 오답률 35%          정답 ②

| 영역 거시경제학>인플레이션과 실업 | 난도 중 |
| --- | --- |

정답의 이유

② 희생률은 희생률은 인플레이션을 1퍼센트 낮추기 위해서 포기하여야 하는 한 해 GDP의 크기를 의미한다. $\dfrac{\Delta GDP}{\Delta 인플레이션율}$으로 표현할 수 있다. 희생률이 5라면 인플레이션을 2 낮출 때 GDP는 10만큼 감소하여야 한다. 오쿤의 법칙에 의하여 GDP가 2 줄어들 때 실업률은 1 늘어나므로 결과적으로 실업률은 5 늘어난다. 이를 정리하면 다음과 같다.

희생률 : $\dfrac{\Delta GDP}{-2} = 5$, $\Delta GDP = -10$

오쿤의 법칙 : $\dfrac{\Delta GDP}{\Delta 실업률} = -2$

따라서 $\Delta$실업률＝5(실업률은 5% 포인트 증가)

**16** 오답률 10%          정답 ④

| 영역 국제경제학>외환시장과 국제수지 | 난도 하 |
| --- | --- |

정답의 이유

④ 외국 증권투자자가 국내 주식시장에서 매입한 주식 대금은 자본금융계정에 포함된다.

오답의 이유

① 경상수지 중 소득수지에 포함된다.
② 경상수지 중 경상이전수지에 포함된다.
③ 경상수지 중 서비스수지에 해당된다.

 **합격생의 필기노트**

경상수지
경상수지는 상품수지, 서비스수지, 소득수지, 경상이전수지의 4가지로 나뉜다. 상품수지는 상품의 수출입거래에서 발생하는 국제수지로서 상품의 수출액과 수입액의 차액을, 서비스수지는 외국과의 서비스의 수출액과 수입액의 차액을, 소득수지는 외국과 거래에서 노동소득이나 투자소득으로 벌어들인 돈과 나간 돈의 차액을, 경상이전수지는 무상원조 등 대가가 따르지 않는 국제거래 수지를 말한다.

**17** 오답률 9%                                           정답 ④

**영역** 거시경제학>총수요 · 총공급이론                    난도 하

[ 정답의 이유 ]

④ 통화주의학파는 경기변동에 대해 재량보다 준칙에 의한 통화정책을
  강조하였다. 대표적인 것이 테일러 준칙이다.

[ 오답의 이유 ]

① 케인즈학파는 고전학파와 달리 공급이 아닌 수요의 감소가 경기후퇴
  의 원인이라고 보았다. 따라서 경기회복을 위해 적극적인 확장적 재
  정 · 금융정책이 필요하다고 보았다.

② 새케인즈학파는 합리적 기대 가정을 일부 수용하였으나 가격경직성으
  로 인하여 수요 충격에 따른 산출량 변동이 증폭될 수 있음을 강조하
  였다.

③ 새고전학파는 단기적 경기변동을 화폐적 충격과 실물 부분의 기술충
  격에 대한 최적행위와 시장청산의 결과로 설명하였다.

**18** 오답률 11%                                          정답 ①

**영역** 미시경제학>생산요소시장과 소득분배                 난도 하

[ 정답의 이유 ]

① 평균세율은 총세금을 총소득으로 나눈 값이다. 한계세율은 해당 소득
  수준에서 적용되는 세율을 의미한다.

  • 총세금＝2,000만 원×10%＋3,000만 원×20%＋2,000만 원×30%
    ＝1,400만 원
  • 총소득＝7,000만 원
  • 평균세율＝총세금/총소득＝20%
  • 한계세율＝해당 소득 수준에서 적용되는 세율＝30%

**19** 오답률 30%                                          정답 ①

**영역** 국제경제학>국제무역이론과 무역정책                 난도 중

[ 정답의 이유 ]

① 교역조건은 양국의 Y재에 대한 기회비용의 중간 수준에서 결정된다.
  현재 생산가능곡선에서 Y재에 대한 기회비용은 기울기의 역수로 나타
  낼 수 있다. 甲국의 Y재에 대한 기회비용은 X재 2단위이고, 乙국의 Y
  재에 대한 기회비용은 X재 4단위이다. 교역조건은 Y재 1단위당 X재
  2~4단위이다.

[ 오답의 이유 ]

② X재의 기회비용은 생산가능곡선이 기울기이다. 따라서 甲국의 X재 기
  회비용은 Y재 1/2단위이다.

③ X재 생산의 기회비용이 더 낮은 국가가 X재 생산에 비교우위가 있다.
  생산가능곡선 상에서 기울기가 작은 乙국이 X재에 비교우위가 있다고
  할 수 있다. 甲국은 Y재에 비교우위가 있다.

④ 甲국이 Y재 생산에, 乙국이 X재 생산에 절대우위가 있다.

**20** 오답률 10%                                          정답 ②

**영역** 국제경제학>국제무역이론과 무역정책                 난도 하

[ 정답의 이유 ]

ㄱ. 레온티에프 역설에 따르면 각국은 비교우위를 가진 재화를 수출한다.

ㄷ. 헥셔–올린 이론에 따르면 요소풍부성에 대한 기준을 요소부존량으로
  보았다. 레온티에프의 역설 또한 요소풍부성의 기준을 요소부존량으
  로 보았다.

[ 오답의 이유 ]

ㄴ. 레온티에프 역설은 헥셔–올린 이론(요소비율이론)의 결론과 반대되는
  실증적 연구이다.

ㄹ. 레온티에프 역설은 헥셔–올린 이론이 미국의 현실과 부합하지 않음을
  실증적으로 검증하였다.

2018.04.17. 시행

# 2018 국가직 9급 경제학 정답 및 해설

문제편 143p

## 정답 체크

| 01 | 02 | 03 | 04 | 05 | 06 | 07 | 08 | 09 | 10 |
|----|----|----|----|----|----|----|----|----|----|
| ④ | ② | ① | ② | ③ | ④ | ④ | ① | ③ | ② |
| 11 | 12 | 13 | 14 | 15 | 16 | 17 | 18 | 19 | 20 |
| ③ | ③ | ④ | ② | ① | ③ | ③ | ④ | ① | ③ |

## My Analysis

| 총 맞힌 개수 | 개 |
|----|----|
| 획득 점수 | 점 |
| 약한 영역 | |

※ '약한 영역'에는 문항별 체크리스트 상에서 자신이 가장 많이 틀린 영역을 표시해두고, 추후에 해당 영역을 집중적으로 학습하시는 데 활용하시기 바랍니다.

## 문항별 체크리스트

| 문항 | 문항 영역 | 맞힘 | | 틀림 | |
|----|----|----|----|----|----|
| | | A | B | C | D |
| 01 | 거시경제학>총수요·총공급이론 | | | | |
| 02 | 미시경제학>생산자이론 | | | | |
| 03 | 거시경제학>국민소득 결정이론 | | | | |
| 04 | 미시경제학>생산자이론 | | | | |
| 05 | 미시경제학>소비자이론 | | | | |
| 06 | 거시경제학>총수요·총공급이론 | | | | |
| 07 | 미시경제학>생산자이론 | | | | |
| 08 | 미시경제학>생산자이론 | | | | |
| 09 | 거시경제학>동태경제이론 | | | | |
| 10 | 국제경제학>국제무역이론과 무역정책 | | | | |
| 11 | 거시경제학>인플레이션과 실업 | | | | |
| 12 | 미시경제학>생산요소 시장이론과 소득분배 | | | | |
| 13 | 미시경제학>소비자이론 | | | | |
| 14 | 국제경제학>외환시장과 국제수지 | | | | |
| 15 | 미시경제학>생산자이론 | | | | |
| 16 | 미시경제학>생산자이론 | | | | |
| 17 | 미시경제학>게임이론 | | | | |
| 18 | 거시경제학>총수요·총공급이론 | | | | |
| 19 | 거시경제학>국민소득 결정이론 | | | | |
| 20 | 미시경제학>수요·공급이론 | | | | |
| 미시경제학 | / 11 | 거시경제학 | | / 7 | |
| 국제경제학 | / 2 | | | | |

* A : 알고 맞힘      B : 찍어서 맞힘
   C : 의도·내용 파악 부족      D : 매번 틀리는 유형

**01** 오답률 15%        정답 ④

영역 거시경제학>총수요·총공급이론     난도 하

정답의 이유

④ LM곡선이 수평이기 때문에 구축효과가 없다. 투자와 정부지출은 외생변수이고, 정부지출의 승수는 다음과 같다.

- $MPC = \dfrac{\Delta C}{\Delta Y} = 0.75$

- 정부지출 승수 $= \dfrac{1}{1-MPC} = \dfrac{1}{1-0.75} = 4$

따라서 정부지출승수=4이고 정부지출이 1조 원 증가하면 국민소득은 4조 원 증가한다.

**합격생의 필기노트**

정부지출승수

$Y = C+I+G$라는 케인즈 방식의 폐쇄경제 총생산 식에서 $C = C_0 + MPC(Y-T)$이고 투자와 정부지출이 총소득(Y)와 상관없이 결정된다면(외생변수라면), 정부지출을 1단위 늘렸을 때 소득은 $\dfrac{1}{1-MPC}$만큼 증가한다. 이처럼 정부지출을 늘릴 경우 총소득은 더 크게 증가하는 것을 정부지출승수라고 한다.

**02** 오답률 6%        정답 ②

영역 미시경제학>생산자이론     난도 하

정답의 이유

② 평균비용(AC)=TC/Q

$AC = 20Q - 15 + \dfrac{4500}{Q}$

f.o.c $\dfrac{dAC}{dQ} = 20 - \dfrac{4500}{Q^2} = 0$

$\therefore Q^* = 15$

**03** 오답률 6%        정답 ①

영역 거시경제학>국민소득결정이론     난도 하

정답의 이유

① 한계소비성향이란 가처분소득이 변화하였을 때 소비의 변화분을 의미한다.

$MPC = \dfrac{\Delta 소비}{\Delta 가처분소득} = \dfrac{7천\ 달러}{1만\ 달러} = 0.7$

한계저축성향 = 1 - 한계소비성향 = 0.3

$MPS = 1 - MPC = \dfrac{\Delta 저축}{\Delta 가처분소득} = 0.3$

**04** 오답률 8%        정답 ②

영역 미시경제학>생산자이론     난도 하

정답의 이유

② 완전경쟁시장에서도 이윤극대화 조건은 P=MC이다. 하지만 기업은 현재 단기적으로 300만 원의 경제적 이윤을 얻고 있으므로 P>AC임을 알 수 있다. 따라서 이 기업은 현재 단기적으로 AC>MC이다.

오답의 이유

① 완전경쟁시장에서는 어느 기업도 초과이윤을 얻는 것이 불가능하다.

③ 완전경쟁시장에서 개별 기업은 가격에 영향을 주지 못한다. 가격 수용자(price-taker)이다.

④ 현재 MC>AC이다. MC>AC인 경우에는 생산량이 증가할 때 AC가 증가한다.

**05** 오답률 30%        정답 ③

영역 미시경제학>소비자이론     난도 중

정답의 이유

③ 두 개의 재화에서 효용을 극대화하는 가격과 각 재화의 한계효용 비는 다음과 같다.

$\dfrac{MU_X}{P_X} = \dfrac{MU_Y}{P_Y}$. 효용을 극대화하려면 1원당 한계효용이 각 재화마다 모두 같아야 한다는 것을 의미한다. 이에 따라 ⅰ)이 도출된다.

ⅰ) $\dfrac{2}{Q_X} = \dfrac{1}{2Q_Y}$ (한계효용 극대화)

ⅱ) $0.5Q_X + 2Q_Y = 120$(예산제약)

연립하면, $Q_X^* = 120$, $Q_Y^* = 30$

**06** 오답률 15%        정답 ④

영역 거시경제학>총수요·총공급이론     난도 하

정답의 이유

④ 화폐수요의 이자율 탄력성이 클수록 LM곡선이 완만하다. LM 곡선이 완만할수록 정부지출 증가에 따라 IS 곡선이 오른쪽으로 이동하였을 시 이자율 상승 폭이 작아 구축효과가 작아진다. 따라서 화폐수요의 이자율 탄력성이 클수록 정부지출 증대 효과가 크다.

오답의 이유

① 정부지출승수가 클수록 정부지출 증대 효과는 크다.

② 한계소비성향이 클수록, 정부지출승수가 증가한다. 따라서 정부지출 증대 효과가 크다.

③ 투자의 이자율탄력성이 클수록 구축효과가 커진다. 따라서 정부지출 증대 효과가 작아진다.

**합격생의 필기노트**

**구축효과**

구축효과란 정부의 지출 확대가 민간의 투자를 감소시키는 현상이다. 정부 지출의 증가로 이자율이 오르면 기업의 투자가 감소하고 총수요가 줄어들게 된다. 구축효과의 경로는 일반적으로 정부지출 증가 → 소득 증가 → 화폐수요 증가 → 화폐시장 초과수요 → 이자율 상승 → 투자 감소이다.

## 07 오답률 5% 정답 ④

**영역 미시경제학>생산자이론** 난도 하

[정답의 이유]

④ 판매수입(TR)=PQ= $-3P^2+480p$  f.o.c $\dfrac{dTR}{dP}=-6P+480=0$

$P^*=80$을 더하여, 수요곡선이 직선인 경우 그 중점의 가격과 수량에서 판매수입이 극대화된다. 판매수입이 가격과 생산량을 변으로 하는 직사각형의 크기라고 생각하면 이해가 될 것이다.

## 08 오답률 10% 정답 ①

**영역 미시경제학>생산자이론** 난도 하

[정답의 이유]

① 독점적 경쟁 시장에서도 장기균형에서 모든 기업의 이윤은 0이 된다. 기업의 이윤이 0이 된다면 균형가격은 평균비용과 같게 된다(P=AC).

[오답의 이유]

② 독점적 경쟁 시장에서 장기적으로 기업들의 균형산출량은 평균비용이 극소화되는 산출량보다 적다. 기업들은 유휴 설비를 가지게 되기 때문이다.

③ 독점적 경쟁 시장에서 각 기업의 재화는 차별적이므로 어느 정도 시장 지배력이 있다. 반면 시장 진입과 퇴출이 자유로운 것은 완전경쟁시장과 비슷하다.

④ 독점적 경쟁 시장은 재화가 차별적이다. 각 기업들은 서로 강한 대체성을 가지지만 완전한 대체성을 가지지는 않는 상품을 생산하면서 경쟁한다.

## 09 오답률 35% 정답 ③

**영역 거시경제학>동태경제이론** 난도 중

[정답의 이유]

③ 성장회계에 따르면, 경제성장률=총요소생산성의 기여도+자본의 기여도+노동의 기여도이다. 이 때 자본의 기여도=자본배분율×자본 증가율이며, 노동의 기여도=노동배분율×노동 증가율이다.

| 구분 | 경제성장률 | 총요소생산성 기여도 | 자본 기여도 | 노동 기여도 |
|---|---|---|---|---|
| A국 | 9 | 2 | 4 | 3 |
| B국 | 7 | 3 | 2 | 2 |
| C국 | 8 | 1 | 5 | 2 |

이때 총요소생산성의 기여도가 가장 큰 것은 B국이다.

[오답의 이유]

① 자본기여도가 가장 큰 것은 C국이다.

② A국의 경우 자본이 성장률에 가장 큰 기여를 했다.

④ C국의 총요소생산성기여도는 1%이다.

 **합격생의 필기노트**

**성장회계**

성장회계란 경제 성장의 요인을 분석하는 작업 중의 하나로 한 경제의 성장률을 노동, 자본, 총요소생산성 각각의 기여도로 분해해 각 요인별 기여도를 계산하는 것이다. 한 경제의 총생산 함수를 다음과 같이 제시한다.

$$Y=AK^\alpha N^\beta$$

양변에 ln을 취하고 시간에 대해 전미분하면(로그근사화) 다음과 같다. Y의 증가율=A의 증가율+$\alpha$(K의 증가율)+$\beta$(N의 증가율)이다. 따라서 '경제성장률=총요소생산성 기여도+자본기여도+노동기여도'인 것이다.

## 10 오답률 15% 정답 ②

**영역 국제경제학>국제무역이론과 무역정책** 난도 하

[정답의 이유]

② 수입할당제 또한 관세부과와 같이 국내가격을 상승시킨다.

[오답의 이유]

① 관세가 부과되어 수입품의 가격이 올라가면 수입국 생산자들도 높은 가격에 상품을 팔게 된다.

③ 무역구제란 다른 나라의 불공정 무역관행에 대처하기 위한 조치를 말하며, 반덤핑관세조치, 상계관세조치 및 긴급수입제한조치 등이 있다. 상계관세의 경우 외국 공급자가 자국 정부로부터 보조금을 지급받아 수출 경쟁력이 높아졌다면 그 물품에 대해 국내 산업을 보호하기 위해 부과하는 관세이다.

④ 관세를 부과하면 정부수입이 증가하고, 수입할당제를 실시하면 수입업자의 수입이 증가된다.

**11** 오답률 8%      정답 ③

영역 거시경제학>인플레이션과 실업      난도 하

정답의 이유

③ 비자발적 실업에는 경기적 실업과 구조적 실업이 있고, 자발적 실업에는 마찰적 실업이 있다.

오답의 이유

① 실업률은 실업자 수/경제활동인구로 정의된다. 구직 단념자는 비경제활동인구로 분류된다. 구직 단념자를 실업자로 분류하면 다른 조건이 동일할 때 실업률은 상승할 것이다.

② 완전고용실업률 하에서도 마찰적 실업 등이 존재하므로 실업률은 0%가 아닐 수 있다.

④ 자연실업률에 구조적 실업은 포함된다.

**12** 오답률 10%      정답 ③

영역 미시경제학>생산요소시장과 소득분배      난도 하

정답의 이유

③ 지니계수가 0일 때 소득분배는 완전히 균등한 상태이다.

오답의 이유

① 십분위분배율은 (최하위 40% 소득계층의 점유율)/(최상위 20% 소득계층의 점유율)이다. 십분위분배율의 값이 커질수록 더 불평등한 분배 상태를 나타낸다.

② 로렌츠곡선이 대각선과 일치할 경우 지니계수는 0이다.

④ 지니계수의 값은 0과 1 사이인데, 지니계수의 값이 커질수록 불평등한 분배 상태를 나타낸다.

 **합격생의 필기노트**

로렌츠곡선과 지니계수
로렌츠곡선은 하위 x%의 가구가 y%의 소득이 분배될 때의 확률 분포를 누적 분포 함수의 그래프로 나타낸 것이다. 가구의 누적 백분율은 x축에, 소득의 비율은 y축에 표시한다. 로렌츠 곡선은 재산의 분포를 나타내는 데에도 사용될 수 있으며 사회적 불평등의 정도를 측정하는 척도로 사용한다. 지니계수는 대각선과 로렌츠 곡선 사이의 면적을 대각선 이하의 삼각형 넓이의 비율로 나눈 것이다. 0~1 사이의 값을 가지며, 완전 평등한 상태면 0이고, 완전 불평등한 사회라면 1의 값을 가진다.

**13** 오답률 5%      정답 ④

영역 미시경제학>소비자이론      난도 하

정답의 이유

④ 어느 한 재화가 다른 재화와 비슷한 유용성을 가지고 있어 한 재화의 가격이 상승하면 다른 재화의 수요가 증가하는 경우 서로 대체관계에 있다고 말한다. 돼지고기와 닭고기가 서로 대체관계에 있고, 돼지고기의 가격이 하락한다면 대체재인 닭고기의 수요가 감소할 것이다. 닭고기의 수요가 감소한다면 닭고기의 균형가격은 하락하고, 균형거래량도 감소할 것이다.

**14** 오답률 6%      정답 ②

영역 국제경제학>외환시장과 국제수지      난도 하

정답의 이유

② A : 외환의 구매력을 나타낸다. 해외에서 X라는 물건이 3달러($P^*$)의 가격을 가지고 있다고 하자. 외화 1단위로 살 수 있는 X의 개수는 $1/3$개이다. 따라서 외환의 구매력은 $1/3(1/P^*)$라고 할 수 있다. A은 $1/P^*$이다.

     B : 원화의 구매력을 나타낸다. 위와 마찬가지로 $1/P$이다.

     C : 구매력평가에 따른 환율은 $P/P^*$가 된다. 한편 실질 환율은 각 국가의 재화의 상대가격이다. 따라서 $E \times P^*/P$이다.

**15** 오답률 8%      정답 ①

영역 미시경제학>생산자이론      난도 하

정답의 이유

① 요소를 각각 h배 증가시킬 때 생산량이 h배 미만이 되는 경우를 규모에 대한 수익 감소라고 한다.

오답의 이유

④ 한계생산이 체감하는 것과 규모에 대한 수익 증감은 관련이 없다.

 **합격생의 필기노트**

규모에 대한 수익
생산함수가 $Q = f(L, K)$로 제시된 경우를 살펴본다(L은 노동, K는 자본이다).

- 규모에 대한 수익 감소(DRS) : $f(hL, hK) < hf(L, K)$
- 규모에 대한 수익 불변(CRS) : $f(hL, hK) = hf(L, K)$
- 규모에 대한 수익 증가(IRS) : $f(hL, hK) > hf(L, K)$

**16** 오답률 25%　　　　　　　　　　　　　　　정답 ③

| 영역 미시경제학>생산자이론 | 난도 중 |
|---|---|

정답의 이유

③ 공장이 2개로 나뉘어져 있는 경우, 해당 기업의 이윤극대화 조건은 각 공장마다 같은 한계비용으로 재화를 생산하는 것이다.

이윤 극대화 조건 : $MC_1 = MC_2$

이에 따르면 $12Q_1 = 8Q_2$이다.

총 생산량이 100이므로 $Q_1 + Q_2 = 100$

이를 연립하면 $Q_1^* = 40$, $Q_2^* = 60$이다.

**17** 오답률 35%　　　　　　　　　　　　　　　정답 ③

| 영역 미시경제학>게임이론 | 난도 중 |
|---|---|

정답의 이유

③ 개발에 참여하면 정부는 개발에 참여하는 기업에 각 30억 원의 개발비용을 지원하므로 A의 개발비용은 20억 원, B의 개발비용은 10억 원이다. 이를 바탕으로 보수행렬을 나타내면 다음과 같다.

| 구분 | | B | |
|---|---|---|---|
| | | 참여 | 참여X |
| A | 참여 | −5, 5 | 10, 0 |
| | 참여X | 0, 20 | 0, 0 |

A의 입장에서 B가 참여하는 경우 참여X를 선택한다. B가 참여하지 않는 경우 참여를 선택한다. B의 입장에서 A가 참여하는 경우 참여를 선택한다. A가 참여하지 않는 경우에도 참여를 선택한다. 따라서 내쉬균형은 A가 참여하지 않고 B가 참여하는 것이다.

**18** 오답률 13%　　　　　　　　　　　　　　　정답 ④

| 영역 거시경제학>총수요 · 총공급이론 | 난도 하 |
|---|---|

정답의 이유

④ 중앙은행이 지급준비율을 인하하면 통화량이 확대된다. 통화량이 확대 효과는 개인과 기업이 더 많은 현금을 보유하고자 할수록 더 작아진다. 현금보유비율이 높을수록 통화승수가 작아지기 때문이다.

오답의 이유

① 재할인율을 인하하면 본원통화가 확대되어 통화량이 확대된다.

② 시중은행으로부터 국공채를 매입하면 본원통화가 확대되어 통화량이 확대된다.

③ 지급준비율 정책은 통화승수에 영향을 미치며, 공개시장 조작 정책은 본원통화 규모에 영향을 미친다. 이외에도 재할인율 정책이 본원통화 자체에 영향을 준다.

**19** 오답률 10%　　　　　　　　　　　　　　　정답 ①

| 영역 거시경제학>국민소득결정이론 | 난도 하 |
|---|---|

정답의 이유

① 리카도 대등정리에 따르면 정부지출이 변하지 않으면, 조세 정책은 민간의 소비에 변화를 일으키지 못한다. 예를 들어 1기 조세가 증가하면 민간은 2기에 조세가 감소할 것이라고 예상하여 저축을 줄인다. 결국 소득구조는 일정하며 소비양상도 변화하지 않는다.

오답의 이유

② 조세가 감소하면, 1기에 민간저축이 늘어난다.

③ · ④ 조세가 증감해도 차입제약이 없는 경우 1기에 민간소비는 늘거나 줄어들지 않는다.

🖐 **합격생의 필기노트**

리카도 대등정리

리카도 대등정리(Ricardian equivalence theorem)는 정부지출수준이 일정할 때, 정부지출의 재원조달 방법(조세 또는 채권)의 변화는 민간의 경제활동에 아무 영향도 주지 못한다는 것을 보여주는 이론이다.

**20** 오답률 10%　　　　　　　　　　　　　　　정답 ③

| 영역 미시경제학>수요 · 공급이론 | 난도 하 |
|---|---|

정답의 이유

③ 자중손실 = 세금 × 거래량감소분/2이다.

문제의 경우 $10 \times 100/2 = 500$이다.

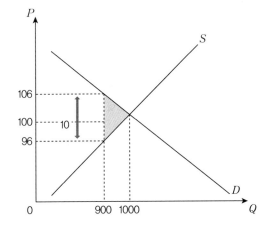

2017.04.08. 시행

# 국가직 9급 경제학 정답 및 해설

문제편 147p

## 정답 체크

| 01 | 02 | 03 | 04 | 05 | 06 | 07 | 08 | 09 | 10 |
|----|----|----|----|----|----|----|----|----|----|
| ② | ① | ② | ① | ② | ③ | ② | ④ | ④ | ① |
| 11 | 12 | 13 | 14 | 15 | 16 | 17 | 18 | 19 | 20 |
| ③ | ① | ④ | ② | ② | ② | ① | ③ | ④ | ④ |

## My Analysis

| 총 맞힌 개수 | 개 |
|---|---|
| 획득 점수 | 점 |
| 약한 영역 | |

※ '약한 영역'에는 문항별 체크리스트 상에서 자신이 가장 많이 틀린 영역을 표시해두고, 추후에 해당 영역을 집중적으로 학습하시는 데 활용하시기 바랍니다.

## 문항별 체크리스트

| 문항 | 문항 영역 | 맞힘 | | 틀림 | |
|----|----------|---|---|---|---|
| | | A | B | C | D |
| 01 | 거시경제학>화폐금융론 | | | | |
| 02 | 거시경제학>화폐금융론 | | | | |
| 03 | 거시경제학>인플레이션과 실업 | | | | |
| 04 | 거시경제학>국민소득결정이론 | | | | |
| 05 | 미시경제학>수요·공급 이론 | | | | |
| 06 | 미시경제학>소비자이론 | | | | |
| 07 | 거시경제학>화폐금융론 | | | | |
| 08 | 미시경제학>소비자이론 | | | | |
| 09 | 국제경제학>외환시장과 국제수지 | | | | |
| 10 | 거시경제학>동태경제이론 | | | | |
| 11 | 국제경제학>국제무역이론과 무역정책 | | | | |
| 12 | 거시경제학>국민소득결정이론 | | | | |
| 13 | 미시경제학>소비자이론 | | | | |
| 14 | 미시경제학>생산자이론 | | | | |
| 15 | 거시경제학>총수요·총공급이론 | | | | |
| 16 | 거시경제학>총수요·총공급이론 | | | | |
| 17 | 미시경제학>수요·공급이론 | | | | |
| 18 | 거시경제학>총수요·총공급이론 | | | | |
| 19 | 미시경제학>수요·공급이론 | | | | |
| 20 | 국제경제학>국제무역이론과 무역정책 | | | | |

| 미시경제학 | / 7 | 거시경제학 | / 10 |
|---|---|---|---|
| 국제경제학 | / 3 | | |

\* A : 알고 맞힘
 B : 찍어서 맞힘
 C : 의도·내용 파악 부족
 D : 매번 틀리는 유형

안심Touch

## 01 오답률 8% 　　　　　　　　　정답 ②

| 영역 거시경제학>화폐금융론 | 난도 하 |
| --- | --- |

정답의 이유

② 고전학파는 화폐가 중립적이라고 주장하였다. 화폐수량방정식에 따르면 $MV = PY$인데, 실질변수인 $Y$는 일정하고 $V$ 또한 안정적이므로 통화량인 화폐공급량 $M$을 증가시키더라도 실질 변수에는 아무런 영향을 미치지 못하고 명목 변수인 물가 $P$만 상승한다는 것이다.

오답의 이유

① 고전학파에 따르면 화폐공급량을 증가시키면 명목소득은 물가의 상승으로 증가할 수 있다.

③·④ 화폐는 중립적이므로 화폐공급량을 늘려도 실질소득에는 변화가 없다.

## 02 오답률 10% 　　　　　　　　　정답 ①

| 영역 거시경제학>화폐금융론 | 난도 하 |
| --- | --- |

정답의 이유

화폐의 기능에는 교환의 수단, 가치저장의 수단, 회계의 단위가 있다.

(가) : 화폐는 교환을 매개하는 수단이다. 과거 물물교환 경제 시대에는 서로 원하는 물건끼리 교환하기 위하여 시간과 비용을 소모하여야 했다. 하지만 화폐의 등장으로 원하는 물건을 화폐를 지불하여 구입할 수 있으며, 자신의 물건을 화폐로 교환할 수 있게 되었다.

(나) : 화폐를 소유하고 있음으로써 자신의 재산을 과거로부터 미래까지 저장할 수 있게 되었다. 물건으로 이를 보관하면 식품은 썩거나 가축은 죽어 없어져 가치가 변할 수 있지만 화폐는 그러하지 않았다. 화폐는 가치저장 수단으로도 기능하는 것이다.

## 03 오답률 15% 　　　　　　　　　정답 ②

| 영역 거시경제학>인플레이션과 실업 | 난도 하 |
| --- | --- |

정답의 이유

② 제시된 실업의 형태는 마찰적 실업이다. 마찰적 실업 혹은 탐색적 실업이란 새로운 일자리를 탐색하거나 이직을 하는 과정에서 일시적으로 발생하는 실업을 의미한다. ②의 산업구조 재편 등 경제구조의 변화로 인한 실업은 구조적 실업이다.

오답의 이유

① 완전고용상태에서도 마찰적 실업은 존재할 수 있다. 따라서 완전고용상태라고 항상 실업률이 0인 것은 아니다.

③ 실업 보험 급여 등의 실업자 보호 정책을 실시하면 실업자는 좀 더 자신에게 맞는 직장을 탐색하는 기간이 길어지게 되고, 경제의 마찰적 실업은 많아진다.

④ 정부가 실직자 재훈련 및 직장 알선 노력을 하면 실업자의 직장 탐색 기간이 줄어든다. 따라서 마찰적 실업이 줄어들 수 있다.

## 04 오답률 15% 　　　　　　　　　정답 ①

| 영역 거시경제학>국민소득결정이론 | 난도 하 |
| --- | --- |

정답의 이유

(가) 새로운 기술 등장으로 대기 오염물질의 배출량은 줄었지만, 생산된 제품의 양은 같다. GDP의 측정은 한 해 동안 모든 경제주체들이 생산한 최종생산물의 시장가치로 측정된다. 오염물질의 경우 최종생산물이 아니며, GDP에 포함되지 않는다. 이처럼 실질적으로 국민 생활에 긍정적 효과를 미치는 오염물질 감축 등이 GDP에 포함되지 않는 것은 GDP 측정의 한계이다.

(나) 주부의 가사노동과 같이 시장에서 거래되지 않는 재화나 서비스의 가치는 GDP에 포함되지 않는다. 하지만 보모를 고용하여 임금을 지급하였다면, 시장에서 보육이라는 서비스가 거래된 것이므로 GDP에 포함된다. 따라서 GDP는 그만큼 증가한다.

📖 **합격생의 필기노트**

GDP 측정의 한계

- 시장을 통하지 않고 거래되는 재화와 서비스(지하경제나 가사노동)은 GDP 계산에서 제외된다.
- 생산과정에서 발생하는 환경오염이나 인적 재해 등은 고려하지 못한다.
- 총량 개념으로 측정되기 때문에 국민들의 소득 분배 상황을 보여주지 못한다.

## 05 오답률 11% 　　　　　　　　　정답 ②

| 영역 미시경제학>수요·공급이론 | 난도 하 |
| --- | --- |

정답의 이유

② 가격상한제란 정부가 특정 재화나 서비스의 가격이 일정수준 이상으로 오르지 못하도록 인위적으로 규제하는 것을 말한다. 시장에서 너무 높은 가격이 형성되는 경우 정책적으로 이를 제한하는 것이다. 시장균형 가격보다 낮은 수준에서 임대료를 설정하게 되면 단기적으로든, 장기적으로든 초과수요가 발생하나, 그 크기는 다르다.

주택시장의 경우 단기적으로는 공급이 제한되어 있어 수직의 단기공급곡선을 가지고 있다. 하지만 장기적으로는 공급량이 신축적이므로 우상향하는 장기공급곡선을 가진다. 따라서 가격상한제를 실시할 때 발생하는 초과수요의 크기는 더욱 커지게 된다.

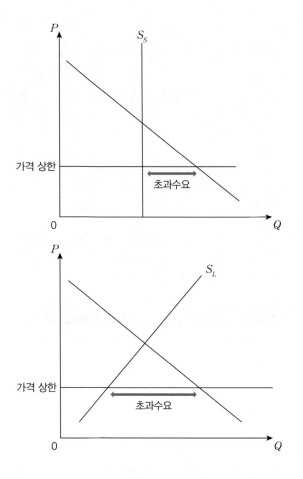

## 06 오답률 5% 　　　　　　　　　　정답 ③

영역 미시경제학＞소비자이론 　　　　　　　　난도 하

[정답의 이유]

③ 고가품일수록 과시욕으로 가격이 상승할 때 오히려 소비량이 더 증가하는 경우를 베블렌 효과라고 한다. 자신을 다른 사람들과 차별화하기 위해 다른 사람들의 소비량이 적을수록 그 상품을 더 선호하는 것은 스놉(속물) 효과라고 한다.

[오답의 이유]

①·②·④ 밴드웨건 효과란 다수의 소비자나 유행을 따라 상품을 구입하는 현상을 의미한다.

## 07 오답률 35% 　　　　　　　　　　정답 ②

영역 거시경제학＞화폐금융론 　　　　　　　　난도 중

[정답의 이유]

② 기대 수익률과 표준편차를 각각 R과 $\sigma$로 표시한다.

$R_K=0.24$, $\sigma_K=0.28$, $R_F=0.040$이다. 이 두 자산으로 구성된 포트폴리오 P의 기대수익률 $R_p=0.150$다. 포트폴리오를 구성하는 위험자산 K와 무위험자산 F의 비율을 각각 $\alpha$와 $(1-\alpha)$라고 하자.

$R_P=\alpha R_K+(1-\alpha)R_F=0.24\alpha+0.04(1-\alpha)$

$\sigma^*=\dfrac{11}{20}$

문제에서는 P의 표준편차를 묻고 있다.

$\sigma_P=\alpha\sigma_K+(1-\alpha)\sigma_F$

$\sigma_P=\dfrac{11}{20}\times0.28+\dfrac{9}{20}\times0\%=15.4\%$ (무위험자산의 표준편차＝0)

따라서 포트폴리오 P의 수익률의 표준편차는 15.4%이다.

## 08 오답률 30% 　　　　　　　　　　정답 ④

영역 미시경제학＞소비자이론 　　　　　　　　난도 중

[정답의 이유]

④ A점에서 무차별곡선의 접선의 기울기는 예산선의 기울기보다큰 상황이다($MRS_{XY}>\dfrac{P_X}{P_Y}$). $MRS_{XY}=\dfrac{MU_X}{MU_Y}>\dfrac{P_X}{P_Y}$이므로 $\dfrac{MU_X}{P_X}>\dfrac{MU_Y}{P_Y}$이다. 즉 X재의 1원당 한계효용은 Y재의 1원당 한계효용보다 크다.

[오답의 이유]

① 한계대체율은 무차별곡선의 접선의 기울기이다. A점에서 접선의 기울기는 B점에서 접선의 기울기보다 크다.

② 무차별곡선은 원점에서 멀리 떨어질수록 더 큰 효용을 나타낸다. 따라서 원점에서 멀리 떨어진 $U_1$의 어떤 상품묶음이 $U_0$의 어떤 상품묶음보다 효용이 크다.

③ 효용극대화를 위해서는 무차별곡선이 예산선과 접하여야 한다. 현재 B점의 무차별곡선 기울기는 예산선의 기울기보다 작다. 즉 한계대체율이 가격비율보다 작은 상황이다($MRS_{XY}<\dfrac{P_X}{P_Y}$). 따라서 X재의 소비량을 줄이고 Y재의 소비량을 늘려야 한다.

**09** 오답률 15%                 정답 ④

영역 국제경제학>외환시장과 국제수지       난도 하

[정답의 이유]

ㄴ. 고정환율제도하에서는 재정정책이 통화정책보다 더 효과적이다. 확장적 재정정책을 실시할 경우 환율 하락 압력이 발생하는데, 고정환율을 유지하기 위해 중앙은행이 외환을 매입하여 시중 통화량이 증가하면 국민소득이 더욱 증가하기 때문이다. 반면 확장적 통화정책을 실시하면 환율 상승 압력이 발생하고, 환율 유지를 위해 중앙은행이 외환을 매도하면 시중 통화량이 감소하여 국민소득이 감소한다. 목표한 만큼 경기회복효과가 발생하지 않는다.

ㄷ. 변동환율제도에서는 외환의 수급에 따른 외환시장의 초과수요, 초과공급을 환율이 자동적으로 해소해주기 때문에 중앙은행이 독립적으로 통화정책을 실시할 수 있다.

[오답의 이유]

ㄱ. 변동환율제도에서는 외환시장의 수급상황이 환율에 의해 조정되므로 국내 통화량에 영향을 미치지 못한다. 하지만 고정환율제도 내에서는 환율이 고정되어 있으므로 외환수급상황이 국내 통화량에 영향을 미치게 된다.

**10** 오답률 12%                 정답 ①

영역 거시경제학>동태경제이론           난도 하

[정답의 이유]

① 내생적 성장이론은 솔로우 성장 모형이 주장하는 수렴가설과 달리 개발도상국과 선진국의 경제 구조 수렴 현상이 일어나지 않을 것이라고 예측한다. 솔로우 성장 모형은 자본의 한계생산 체감을 가정하지만 AK 모형은 가정하지 않는 것이 가장 큰 이유라고 할 수 있다.

[오답의 이유]

② 내생적 성장 모형에서 저축률의 상승은 영구적인 경제성장률을 높일 수 있다.

③ 내생적 성장 모형 중 AK 모형의 생산함수 가정은 Y＝AK이다. 노동단위당 자본의 수확체감의 법칙이 성립하지 않는다.

④ AK 모형은 솔로우 성장 모형과 달리 자본의 개념에는 물적 자본 이외에 인적자본까지 포함한다.

 **합격생의 필기노트**

내생적 성장이론과 AK 모형

내생적 성장이론은 정부나 민간의 노력에 따라 경제성장률 자체도 변화가 가능하다는 이론이다. 솔로우 모형이 설명하지 못하는 현실 문제를 설명하기 위해서 등장하였으며, 대표적인 솔로우 모형의 한계는 경제성장의 원동력에 대한 설명과 현실에서 지속적으로 나타나는 국가 간 성장률의 격차였다. AK 모형의 가장 큰 특징은 생산함수가 자본에 대해 수확불변임을 가정한 것이다.

**11** 오답률 10%                 정답 ③

영역 국제경제학>국제무역이론과 무역정책     난도 하

[정답의 이유]

③ 관세를 부과하는 경우도 정부의 개입이 있는 것으로 시장의 효율성은 저해된다. 따라서 자중손실(dead－weight loss)이 발생하게 되며, 전체 사회후생은 감소할 것이다.

[오답의 이유]

① 관세를 부과하면 수입품의 국내가격은 상승한다. 생산자는 더 높은 가격에 상품을 더 많이 팔 수 있다. 국내생산이 증가한다.

② 관세를 부과하는 경우 수입량에 관세를 곱한 값만큼 정부의 재정수입이 증가한다.

④ 자유무역을 하고 있다가 관세를 부과하는 경우, 그만큼 수입량이 줄어들게 된다. 국제수지는 단순하게 수출－수입으로 정의할 수 있는데, 수입이 줄어들므로 국제수지는 개선된다.

**합격생의 필기노트**

관세부과의 효과

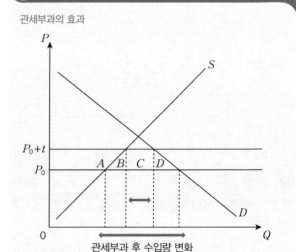

관세부과 후 수입량 변화

| | |
|---|---|
| 소비자잉여 | －(A+B+C+D) |
| 생산자잉여 | A |
| 재정수입 | C |
| 총잉여 | －(B+D) |

**12** 오답률 10%  정답 ①

| 영역 | 거시경제학>국민소득결정이론 | 난도 하 |

정답의 이유

① GDP 디플레이터 $=\dfrac{\text{명목 GDP}}{\text{실질 GDP}}\cdot$ 실질 GDP와 같이 나타내어 표를 정리하면 다음과 같다. 실질 GDP $=\dfrac{\text{명목 GDP}}{\text{GDP 디플레이터}}$ 로 계산한다.

| 연도 | 명목 GDP | GDP 디플레이터 | 실질 GDP |
|------|----------|----------------|----------|
| 2010 | 5,000 | 100 | 50 |
| 2011 | 5,200 | 105 | 49.5 |
| 2012 | 5,600 | 110 | 50.9 |

따라서 실질 GDP가 가장 큰 연도는 2012년도이고, 가장 작은 연도는 2011년도이다.

**13** 오답률 12%  정답 ④

| 영역 | 미시경제학>소비자이론 | 난도 하 |

정답의 이유

④ 甲은 주어진 소득 하에서 효용을 극대화하는 상품 묶음을 선택하는 상황에서 모든 상품의 가격이 3배 오르고, 소득도 3배 늘었다. 가격과 소득의 변화에 따라 甲의 예산선이 변화하지 않았다면, 甲은 기존에 소비하던 상품 묶음을 변화시키지 않았을 것이다. 예를 들어, 갑이 X, Y 2 재화를 소비하고, 소득이 M인 경우를 생각해보자.

甲의 기존 예산선 : $P_X X + P_Y Y = M$

모든 상품의 가격이 3배 오르고, 소득도 3배 오른 후 예산선은 다음과 같다.

甲의 변경 후 예산선 : $3P_X X + 3P_Y Y = 3M$

변경 후 예산선의 양변을 3으로 나누면 기존 예산선과 같아진다. 따라서 甲은 기존에 소비하던 상품의 수요를 변화시키지 않을 것이다.

**14** 오답률 32%  정답 ②

| 영역 | 미시경제학>생산자이론 | 난도 중 |

정답의 이유

② 독점기업은 이용자 간 거래가 불가능한 서로 다른 두 집단에 대해 가격차별을 실시할 수 있다. 이때 독점기업이 이윤을 극대화하기 위해서는 두 집단의 한계수입과 한계비용이 같아야 한다.

A집단 : $P_A = 20 - 2Q_A$, $MR_A = 20 - 4Q_A$
B집단 : $P_B = 14 - Q_B$, $MR_B = 14 - 2Q_B$
한계비용 : $MC = 10$

따라서 $MR_A = MR_B = MC$이기 위해서는 $Q_A^* = \dfrac{5}{2}$, $Q_B^* = 2$이고, $P_A^* = 15$,

$P_B^* = 12$이다. 독점기업은 A집단에게 B집단보다 높은 가격으로 가격차별을 시행한다.

오답의 이유

① 문제와 같은 가격차별은 이용자 간의 거래가 불가능하고, 이용자 집단이 명확히 구분되는 경우 사용할 수 있다.

③ 독점기업은 하나의 가격을 두 시장에 동일하게 적용하는 것보다, 가격차별을 실시함으로써 이윤을 증가시킬 수 있다.

④ A와 B 두 집단에 대한 한계수입이 모두 한계비용인 10과 같을 때 이윤이 극대화된다.

**15** 오답률 8%  정답 ②

| 영역 | 거시경제학>총수요·총공급이론 | 난도 하 |

정답의 이유

② 예상치 못한 화폐공급 감소는 총수요의 감소를 유발시킨다. AD 곡선이 왼쪽으로 이동하고, AS 곡선에는 변화가 없다. 따라서 AS 곡선 상에서 균형점이 이동하며 초기 C점에서 B점으로 이동한다. 또한 필립스곡선 상에서 살펴보면, 총수요-총공급 그래프 상에서 국민소득이 줄고, 물가수준은 하락하였으므로 인플레이션율은 하락하고 실업률은 상승하는 2점이 적절하다.

**16** 오답률 29%  정답 ②

| 영역 | 거시경제학>총수요·총공급이론 | 난도 중 |

정답의 이유

② 균형재정승수란 정부가 정부수입과 정부지출의 균형을 유지하는 상황에서 정부지출을 늘리는 경우 국민소득이 얼마나 증가하는가를 나타내는 것이다. 즉 $\Delta G = \Delta T$인 상황에서(정부지출과 조세를 동일한 크기만큼 증가시키는 경우) 국민소득의 증가분이다.

• 정부지출승수 : $\dfrac{\Delta Y}{\Delta G} = \dfrac{1}{1 - MPC} = \dfrac{1}{1 - 0.8} = 5$

• 조세승수 : $\dfrac{\Delta Y}{\Delta T} = \dfrac{-MPC}{1 - MPC} = \dfrac{-0.8}{1 - 0.8} = -4$

• 균형재정승수 : $\dfrac{\Delta Y}{\Delta G} + \dfrac{\Delta Y}{\Delta T} = 5 - 4 = 1$

균형재정승수는 1이다.

## 17 오답률 6% 　　　　　　　　　　　　　　　　정답 ①

| 영역 미시경제학>수요 · 공급이론 | 난도 하 |
| --- | --- |

정답의 이유

① 부과되고 있던 물품세가 감소한 경우, 공급자는 부과되던 세금을 납부하지 않아도 되므로 생산을 늘린다. 공급곡선은 하방으로 이동하고, 균형가격은 하락하고 균형거래량도 증가한다.

오답의 이유

② 소비자가 지불하는 가격은 낮아지고 거래량도 증가한다.

③ · ④ 공급자가 세제개편 후에 받는 가격은 세제개편 전보다 높아지고, 거래량은 증가한다.

## 18 오답률 15% 　　　　　　　　　　　　　　　　정답 ③

| 영역 거시경제학>총수요 · 총공급이론 | 난도 하 |
| --- | --- |

정답의 이유

③ LM 곡선의 기울기가 가파를수록 화폐수요의 이자율 탄력성이 작다는 것이고, 이 경우 재정정책을 실시할 때 구축효과가 커서 국민 소득의 증가폭이 작아진다. 재정정책을 실시하여 정부지출이 증가할 때 이자율이 상승하는데, 이자율 상승 폭을 결정하는 것이 화폐수요의 이자율 탄력성이다. 화폐수요의 이자율 탄력성이 작을수록 이자율이 크게 상승하고 투자의 감소폭이 크다. 구축효과가 커져 재정정책의 효과성이 감소하는 것이다.

오답의 이유

① LM 곡선이 수직인 경우에는 재정정책을 통한 IS 곡선 이동은 별다른 효과가 없다. 정부지출 증가에 따른 국민소득 증대효과는 이자율 상승으로 인한 투자 감소(구축효과)로 모두 상쇄된다.

② IS 곡선의 기울기가 가파를수록 재정정책으로 인한 국민소득의 증가폭은 커진다. IS 곡선이 가파르다는 것은 투자의 이자율 탄력성이 작다는 것이다. 정부지출 증가로 인한 이자율 상승이 있더라도 투자의 이자율 탄력성이 작다면 투자가 감소하는 구축효과의 크기는 작아진다.

④ 유동성함정이 있는 경우, LM 곡선은 수평이다. 이 때 통화정책을 실시하는 것은 아무런 정책효과를 얻을 수 없다.

## 19 오답률 8% 　　　　　　　　　　　　　　　　정답 ④

| 영역 미시경제학>수요 · 공급이론 | 난도 하 |
| --- | --- |

정답의 이유

④ 세금이 부과되면 소비자잉여와 생산자잉여는 감소한다. 하지만 조세수입은 증가하며, 그 감소분과 증가분을 모두 합한 것이 사회후생의 변화분인데, 그 값은 음(-)이다. 사회적 후생손실이 존재하는 것이며, 이를 초과부담(Excess Burden)이라고 한다.

오답의 이유

① · ② 공급 또는 수요의 가격탄력성이 비탄력적일수록 조세 부과 시 발생하는 후생손실은 작아진다. 조세 부과에 따른 거래량 변화가 작기 때문이다. 경제적 후생손실은 탄력성에 비례하기 때문이다.

③ 조세 부과 시 거래량이 감소하고 소비자잉여와 생산자잉여는 각각 감소한다.

## 20 오답률 5% 　　　　　　　　　　　　　　　　정답 ④

| 영역 국제경제학>국제무역이론과 무역정책 | 난도 하 |
| --- | --- |

정답의 이유

④ 립진스키 정리란 어떤 생산요소의 부존량이 증가하게 되면 그 생산요소를 집약적으로 사용하는 재화의 절대생산량은 증가하고, 다른 재화의 절대생산량은 감소한다는 이론이다.

오답의 이유

① 헥셔-올린 정리에 관한 설명이다.

② 요소가격 균등화 정리에 관한 설명이다.

③ 스톨퍼-사무엘슨 정리에 관한 설명이다.

# 합격의 공식 시대에듀 PSAT 시리즈

## 시대에듀와 함께 PSAT 합격의 꿈을 이루세요!

### 5급 공채 시험 대비

### 7급 공채 시험 대비

### 민간경력자 채용 시험 대비

---

## 시대에듀 PSAT 도서 시리즈

### 5급 PSAT

■ **행시 최종합격생 7인의 5급 PSAT 유형별 기출공략**
  [언어논리 / 자료해석 / 상황판단]
  – 최근 14개년 5급 PSAT 기출문제를 유형별로 구분하여 엄선 수록
  – 상세하고 정확한 해설 및 유형별 풀이 노하우 수록

■ **행시 최종합격생 7인의 5급 PSAT 전과목 6개년 기출문제집**
  – 2017~2021년 5급 PSAT 기출문제를 과목별·연도별로 구성
  – 핵심을 파악하는 정확한 해설

### 7급 PSAT

■ **7급 PSAT 필수기출 500제** [언어논리 / 자료해석 / 상황판단]
  – 최근 14개년 5급 공채, 민간경력자 PSAT 등 기출문제 선별 수록
  – 2021년 시행 7급 PSAT 최신기출문제와 2020년 시행 7급 PSAT 모의평가 수록

■ **기출로 풀어보는 7급 PSAT 전과목 모의고사**
  – 2021년 시행 7급 PSAT 최신기출문제와 2020년 시행 7급 PSAT 모의평가 수록
  – 5급 공채, 민간경력자 PSAT 기출문제 중 7급 PSAT 출제경향에 맞춰 선별한 모의고사 3회분 수록

■ **행시 최종합격생 7인의 7급 PSAT 전과목 단기완성 + 필수기출 300제** [언어논리 / 자료해석 / 상황판단]
  – 2021.7.10. 시행 7급 PSAT 전과목 최신기출문제 수록
  – 영역별 필수이론과 필수기출문제 300제(영역별 100제) 수록

### 민간경력자 PSAT

■ **민간경력자 PSAT 11개년 전과목 기출문제집**
  – 2011~2021년 민간경력자 PSAT 기출문제 수록
  – 'Check! PSAT 필수유형 30' 제공

■ **행시 최종합격생 7인의 민간경력자 PSAT 고난도 최종모의고사**
  – 2021.07.10. 시행 민간경력자 PSAT 최신기출문제 수록
  – 행시 최종합격생들이 엄선한 최적의 5급 PSAT 기출문제로 고난도 최종모의고사 3회분 구성

※ 도서의 구성 및 세부사항은 변경될 수 있습니다.

공무원 객관식

# 경제학

## 기출문제집
## +빈출계산문제 50선

정답 및 해설

공무원 객관식

# 경제학

## 기출문제집
## +빈출계산문제 50선

공무원 객관식

# 경제학

## 기출문제집
## + 빈출계산문제 50선